清代价值尺度

货币比价研究

王宏斌 著

生活·讀書·新知 三联书店

目 录

导　论

一　选题意义

货币是商品流通的车轮,货币的使命是充当周而复始的商品流通的永动机。从本质上说,商品流通是货币流通的基础,货币流通是商品流通的表现形式。在商品流通和货币流通的关系上,商品流通始终是第一位的,它不但决定货币流通的速度,也决定其流通的方向。尽管从本质上说货币流通是由商品流通决定的,但在形式上商品流通却是通过货币流通反映出来,并通过货币流通来实现,货币流通是否顺畅,直接影响着商品流通。二者之间的辩证关系是,商品流通决定货币流通,货币流通反作用于商品流通。从这种关系上讲,货币流通实际是一个国家的商品流通的晴雨表,商品流通是否顺畅可以从货币流通状况中测试出来。就货币流通的影响来说,货币价格变化不仅影响着货币流通状况,而且严重影响着商品价格的波动。因此,研究货币价格变化问题始终是古今中外经济史研究的重大课题之一。

清代中国处于白银时代,实行的是银两与制钱并用的货币制度。当时管理货币发行的户部官员不懂得主币和辅币的关系,只是认定白银与国家发行的制钱之间应当有一个固定的比价。在他们看来,朝廷的一个圣旨既然可以改变一个人的富贵贫贱命运,国家用法令来确定银钱之间的比值也是完全可以做到的。于是,在不考虑白银、紫铜、白铅(锌)、黑铅、锡等金属价格在市场上随时随地会发生变化的情况下,便认为市场上银钱比价应是白银一两兑换制钱一千文。他们将市场上一两白银兑换的制钱数量超过一千文的现象,称为"银贵钱贱";而将不足一千文的兑换现象,叫做"银贱钱贵"。在他们看来,无论是"银贵钱贱",还是"银贱钱贵",都是不正常的。为了在流通领域里实现这种假想的比价,清朝的理财家们想尽了种种办法,采取了种种措施。诸如,禁止私铸和私毁,禁止使用前朝铜钱和铜器;大力开采滇铜和白铅,大量采购洋铜;或者添炉加卯,或者停炉减卯;或将大制钱改为小制钱,或将小制钱改为大制钱;或者规定按比例搭收和搭放,或者印制钞票、大钱等价值符号代替其流通;或者强调以货易货,制订法令严禁白银和制钱流出和流入,有时是单一的手段,有时是综合性措施,一切的一切,都是为了实现这一假想的标准比价。事实上,清代市场上的银钱比价始终变化无常,波动不已,不仅一两银子兑换一千文制钱的年头极为罕见,就连一两银子兑换制钱九百五十至一千零五十文的年头也不多。

而更为可笑的是,自从规定"每十文准银一分,永著为令"之后,[1]有清一代君臣,便为实现这样一个假想比价折腾了二百六十余年。当货币比价发生较大变化时,他们为了平抑其比价,采取种种调整措施,但始终不明白这些措施中,哪些措施有助于货币正常流通,哪些措施无助于流通规律,哪些措施干扰了货币的流通。并且在经受了一连串的失败之后,他们仍然执迷不悟,不改初衷,直到大清王朝垮台之日,也未彻底放弃这个看似现实而又飘渺不定的目标。的确如马克思所说,"受恋爱愚弄的人,甚至还没有因钻研货币本质而受愚弄的人多。"[2]

在世界各国历史上,无论在中世纪还是在近现代,无论在东方还是西方,为了掌握点金术,为了控制货币的供应和价格,各国政府无一例外地

---

〔1〕 刘锦藻编:《清朝文献通考》卷13,钱币1,上海:商务印书馆,1936年,第4967页。

〔2〕 【德】马克思(Marx,Karl)、恩格斯(Engels,Friedrich)著,中共中央编译局编译:《马克思恩格斯全集》第13卷,北京:人民出版社,1962年,第54页。

都进行了反复尝试。不过，无论在程度上还是在方式上，都从未奏效[1]。他们有关铸币输出或熔化的禁令，从来不是有效的。这是由于金属货币，“与其价值相比，容积如此微小的商品很容易私运出境，更易于熔化，因而即使采用非常严厉的措施，也无法制止这些行为。很普通的利润就会使人们甘冒政府权力所加于这些行为的一切风险。”[2]

迄今为止，对于清代的价值尺度变化，仍然缺乏系统的专门研究，尤其是缺乏结合中国社会经济变迁和世界金银价格变革的综合研究，不能不影响关于清代货币经济发展水平的认识。清代每一次银钱比价波动不仅对当时的国家财政和社会经济生活产生了一定影响，而且有时还对政治、军事和外交事件产生一定刺激作用。对于经济史研究者来说，缺乏一个货币的价值标准，研究任何问题，都将是困难的。研究清代货币价格波动问题，测试各个时期的经济发展状况，自然是学术界比较关注的重要课题之一。在笔者看来，要说明清代银钱比价波动的真实原因，至少从事实、理论和逻辑等各个方面需要注意和考察以下这些问题。

一、清初规定一两白银兑换一千文制钱。这种规定只是一种假设还是对于银钱比价的一种正确的认识？即使这种认识在当时是合理的，这种规定是否应当长期坚持呢？特别是白银和铜、铅、锡合金价格发生变化之后，坚持上述规定是否合理，是否违背经济规律？

二、清代理财家考察银钱比价因素时，比较重视国内贵金属的绝对数量。按照他们的设想，国内有一两白银，就应当有一千文制钱。二者似乎都有一个常量。无论是白银，还是制钱，它们其中任何一种数量发生了变化，都会影响二者之间的比价。那么，这个常量究竟是多少呢？

三、在中国市场上，究竟需要多少吨白银和多少吨铜、铅、锡合金才能

---

[1] “我们假定各种事物是自由放任的。但各国政府并不总是听任各种事物自由发展。它们都阻碍货币的数量按照自然规律来自我调整，而力图随心所欲地加以控制。”（【英】约翰·穆勒著，胡企林、朱泱译：《政治经济学原理及其在社会哲学上的若干应用》下卷，北京：商务印书馆，1991年，第27页。）

[2] 【英】约翰·穆勒著，胡企林、朱泱译：《政治经济学原理及其在社会哲学上的若干应用》下卷，北京：商务印书馆，1991年，第28页。

维持银钱比价的平衡？对于这个常量，清代的理财家从未进行过系统统计。只是根据银钱比价波动情况猜测白银和制钱绝对数量发生了增减变化。这种猜测是否合理呢？

四、当货币流通领域发生银贵钱贱现象时，究竟是银贵导致钱贱还是钱贱引起银贵？当货币流通领域出现银贱钱贵时，究竟是银贱导致钱贵还是钱贵引起银贱？清代的理财家通常在国内白银和制钱的绝对数量上寻求答案。

五、现代的研究者对于银贵钱贱（或者银贱钱贵现象）应当有一个正确的判断。那么，判断的标准是什么？长时段的系统的物价指数作为判断银贵或钱贱的标准是否可靠呢？

六、如果是银贵导致钱贱，造成银贵的原因是什么？究竟是国内白银绝对减少引起的呢？还是国际市场上银价的正常波动造成的？如果是银贱导致钱贵，造成银贱的原因是什么？究竟是国内白银绝对数量增加引起的呢？还是国际市场上银价的正常波动造成的？

七、如果是钱贱引起银贵，那么，造成钱贱的原因是什么？究竟是制钱的绝对数量增加引起的？还是制钱的质量变劣造成的？抑或是铸造铜钱的铜铅锡合金材料价格降低造成的？如果是钱贵引起银贱，那么，造成钱贵的原因是什么？究竟是制钱的绝对数量减少引起的？还是制钱的质量提高造成的？抑或是铸造铜钱的铜铅锡合金材料价格提高造成的？

八、从统计资料来看，清代银钱比价从清初到清末始终在波动，不是银贵钱贱，就是银贱钱贵，一两白银兑换一千文制钱的时段非常短暂。可以说，银钱比价变化是绝对的，不变则是相对的。清廷认为一两白银兑换一千文制钱是正常的，高于一千文或者低于一千文都是不正常的。为此，多次制订政策加以干预。清廷的这种干预政策是否合理？强行干预是否有效？

九、在和平时期，金融流通与商品经济的发展紧密联系在一起，在经济繁荣时期，贵重的金属通常被更加贵重的金属所取代，从铜本位发展到银本位，从银本位逐渐过渡到金本位。而在社会动荡时期（即战争和自然灾害时期），这种发展序列是否会被打乱。如果被打乱，那么，货币流通领域会发生什么现象？在清代社会动荡时期为何总是出现“银贱钱贵”的现象？怎样理解这一规律？

二　学术回顾

关于制钱的铸造与铸局。清朝定鼎燕京之后，先后设置宝泉局和宝源局，分别隶属于户部和工部。各省也根据需要建立了铸钱局，在全国形成了一个庞大的铸钱体系。彭泽益通过对京局设备和铸钱规模的考察，指出，清代铸钱的性质和作用，在不同时期具有不同的特点[1]。王德泰针对彭泽益在文章中提出的观点，指出自清初开始，宝源局与宝泉局就保持着二比一的铸钱比例，这种比例一直维持到19世纪初期（即宝泉局铸钱五十三万串，而宝源局铸钱一百一十三万串）[2]。研究各省铸钱局的文章都有一些[3]。特别是新疆区位特殊，盛行普尔钱，铸钱制度甚有特色，这方面的研究文章相对比较集中[4]。

---

〔1〕 彭泽益：《清代宝泉宝源局与铸钱工业》，《中国社会科学院经济研究所集刊》第5辑，中国社会科学出版社，1983年。

〔2〕 王德泰：《十九世纪初户工二局铸钱比数辨证》，《西北师范大学学报》2002年2期。

〔3〕 吴榕：《清代湖北铸钱》，《湖北钱币论文集》，1985年；夏彤：《乾隆以前宝浙局及其制钱概述》，《浙江金融》1987年增刊；顾亦陶：《贵州宝黔局铸钱始末及若干问题辨析》，《贵州文史丛刊》1991年3期；蔡声健：《清朝山西制钱初探》，《中国钱币》1992年4期；黄礼传：《再探清代嘉道咸的宝安局钱》，《安徽钱币》1993年2期；徐钢：《从几枚清代广西制钱看宝桂局铸钱与清代币制》，《广西金融研究》1995年1期；陈梧年：《雍正时期宝巩局设置始末和所铸制钱版别》，《中国钱币》1995年4期。

〔4〕 穆渊：《略论清代前期南疆的普尔钱》，《新疆大学学报》1990年1期；《清代前期北疆的制钱与铸局》，《新疆大学学报》1990年3期；《清代新疆货币的特点、发展阶段及有关问题》，《新疆大学学报》1993年1期；汪海平：《清代乾嘉道三朝新疆制钱述评》，《喀什师范学院学报》1990年2—3期；吴元丰：《清乾隆年间新疆新普尔钱的铸造流通及其作用》，《西域研究》1997年1期。著作方面，穆渊著有《清代新疆货币史》，新疆大学出版社，1994年。

关于清代货币政策的研究，也有一些值得关注的成果。1986年，谭平认为清廷处理币制问题主要采用行政和法律手段，很少采用经济手段。清廷的处理货币问题缺少宏观、长远的考虑，因此无法从根本上解决问题[1]。邓亦兵认为，清代货币流通量以市场调节为主，以政府调控为辅。政府的货币政策总是跟在市场调节之后进行的。她认为，从时间上来说，在清代前期政府的干预手段强硬一些，嘉庆、道光时期开始减弱，逐渐被国际市场所左右[2]。李强在他的论文中也关注了清代的货币政策[3]。私铸与私销是金属货币时代常有的现象，这个问题自然长期困扰清代的统治者。戴建兵从币材、币制等多方面分析了私铸产生的原因[4]。王光越认为，通常发生在货币流通量不足情况下，尽管私铸数量很大，质量低劣，而对货币比价影响不是很大[5]。郑永昌也认为，私铸是制钱不足在市场上的自我调适现象[6]。叶世昌认为，私铸与私销之所以难于禁绝，主要是官员损公肥私造成的，制钱质量的恶化是吏治恶化的反映[7]。郑起东也认为私铸与私销的现象存在，屡禁不止，是由于官商勾结的结果[8]。

由于"银贵钱贱"、"银贱钱贵"、"金贵银贱"等问题长期困扰中国近代社会经济生活，从20世纪下半叶开始到如今，许多人都参与了货币比价的研究，并且取得了一些重要成绩。杨端六在《清代货币金融史稿》中说："从顺治元年到嘉庆十二年（1644—1807）一百六十四年间，在封建王朝统治之下，表现出相当的长期稳定。制钱的重量，从一钱到一钱四分，而以一钱二分为久，银钱比价虽不能完全稳定在一千文之上，而始终动摇于一千文上下，幅度不很大。其间除康熙三十六年到五十六年的二十一

[1] 谭平：《清代的货币问题及清政府的对策》，《国内外经济管理》1986年21期。

[2] 邓亦兵：《清代前期政府的货币政策——以京师为中心》，《北京社会科学》2001年2期。

[3] 李强：《清乾隆年间制钱的流通与政府的应对》，《学术探索》2004年5期。

[4] 戴建兵：《清代私铸小议》，《中国钱币》1998年3期。

[5] 王光越：《试析乾隆时期的私铸》，《历史档案》1988年1期。

[6] 郑永昌：《清代乾隆年间的私钱流通与官方因应政策之分析——以私钱收买政策为中心》，《台湾师范大学学报》1997年25期。

[7] 叶世昌：《乾隆时期的私钱和禁私钱政策》，《中国钱币》1998年3期。

[8] 郑起东：《晚清私铸及其社会经济影响》，《近代史研究》1995年4期。

年间，因小钱关系，比价高达一千文以上，其余一百多年，差不多都在一千文以下。”[1]对于清代银钱比价变化来说，这种阶段划分不仅是不准确的，而且描述过于模糊，难免使人误入歧途。

彭信威在其《中国货币史》中说：“大体上说来，清初的百多年间，钱价比价稳定。铜钱虽每年铸造，但因铜的供给有限，不能大量增加，全国每年铸造数目，平均大概有三十万万文，赶不上人口的增加，所以铜钱多少有一点紧缩的现象。历代的用钱政策，也还算稳健，雍正年间更是实现紧缩，除产铜的云南以外，制钱对白银的价格是很高的。”又说，“清朝政府的政策，既是极力维持银钱间的比价，而实际上在清初的百多年间，白银一两所换得的制钱的数目自七八百文到八九百文。”[2]这种说法与流通领域的情况有很大距离。实际上，清代前一百年的银钱比价波动同晚清一百年一样，始终处在上涨与下跌的激烈变化之中。即使某一时期银钱比价表面看来相对稳定，而实际上是金属价格与货币质量和重量改变和作用的结果。这正像人们对于大海的观察，往往停留在表层一样，很少深入研究其潜流作用。

石毓符采用了杨端六的观点，他在《中国货币金融史略》中也说：从顺治朝到嘉庆中期，“银钱比价大都偏低，一般在一千文以下……其间也有几次在千文以上，例如康熙九年(1670)，三十六年到六十年(1697—1717)，还有雍正七年(1729)，乾隆五十六年到六十年(1791—1795)，这里除康熙年间那次因小钱关系持续了二十一年外，其他几次时间都很短，幅度也不大。”[3]又说，“银钱比价经历了一百六十多年的相对稳定时期，到了嘉庆十三年之后，便发生了激烈变化，银价突然昂贵，变为‘钱贱银昂，商民交困’了。……自嘉庆十三年至咸丰六年近半个世纪是银价激烈上涨时期，银每两换制钱数由一千二三百文涨至二千文以上，为清朝开国一百六十余年来所未有，这对清朝统治者的震动很大。”[4]

---

〔1〕 杨端六：《清代货币金融史稿》，北京：生活·读书·新知三联书店，1962年，第192页。

〔2〕 彭信威：《中国货币史》，上海：上海人民出版社，1958年，第570—571页。

〔3〕 石毓符：《中国货币金融史略》，天津：天津人民出版社，1984年，第115页。

〔4〕 同上书，第118页。

魏建猷也持相同的观点，他在《中国近代货币史》中说："清代货币问题发展的趋势，到了嘉庆末年，银价即逐渐昂贵。"[1]类似的说法当然还有很多。[2]

许多学者针对某一时期的银钱比价变化进行了讨论。在叶世昌先生看来，道光时期的银贵钱贱，主要是由白银外流导致的，其次才是制钱质量下降的因素。"但制钱质量下降不可能在短期内使钱价大幅度地贬值。"[3]

郑友揆根据安徽屯溪物价资料整理了1761—1864年的银钱比价，认为安徽屯溪与直隶宁津的银钱比价趋势一致，但两者数值有所不同，应该是两地的货币计算方法差异造成的。[4]同时，他还分析了银钱比价与物价之间的关系。

彭泽益和汪敬虞着重分析了鸦片战后银贵钱贱的影响。彭泽益认为，鸦片战争后，中国货币流通中发生的银贵钱贱问题，是由白银大量外溢直接引起的[5]。汪敬虞也认为，银贵钱贱现象则在一定程度上加强了中国工农结合的小农经济对机制洋货的抵制。[6]

王宏斌在《晚清货币比价研究》中[7]，按照银价上涨与下跌的趋势，将乾隆中期到宣统朝的银钱比价变化分为六个时期：(一)乾嘉时期的银价逐渐上涨(1766—1820)；(二)道咸时期的银贵钱贱(1821—1854)；(三)太平天国时期的银价暴跌(1854—1865)；(四)同治中后期银价的再

---

〔1〕 魏建猷：《中国近代货币史》，安徽：黄山书社，1986年，第1页。

〔2〕 例如，"清初百余年间，白银继续从国外流入，银价下跌，银钱比价大多在一千文以内。"(叶世昌：《鸦片战争前后我国的货币学说》，上海：上海人民出版社，1963年，第6页。)

〔3〕 叶世昌：《中国金融史》第一卷，北京：中国金融出版社，2002年，第545页。

〔4〕 郑友揆：《十九世纪后期银价钱价的变动与我国物价及对外贸易关系》，《中国社会经济史研究》1986年第2期。

〔5〕 彭泽益：《鸦片战后十年间银贵钱贱波动下的中国经济和阶级关系》，《19世纪后半期的中国财政与经济》，北京：人民出版社，1983年，第24—71页。

〔6〕 汪敬虞：《关于鸦片战后十年间银贵钱贱影响下的中国对外贸易问题》，《中国经济史研究》2006年第1期。

〔7〕 王宏斌：《晚清货币比价研究》，开封：河南大学出版社，1990年。

度增昂(1866—1874);(五)光绪时期银价下落(1875—1904);(六)清末银价增昂(1905—1911),并一一探讨其成因和影响。

王德泰通过对19世纪初至鸦片战争前洋铜价格的变化及洋铜在当时铸钱用铜中所占比重大小的分析,认为嘉道时期不同身份的商人采办洋铜的价格虽然有升有降,但总体是下降的,下降幅度并不大。“同一时期洋铜自乾隆初期以降输入中国的数量逐渐减少,到嘉道时期已占不到全国鼓铸用铜的十分之一。因此,洋铜价格的下降没有给铜钱质量带来多大影响,洋铜价格的下降与鸦片战争前的银贵钱贱之间也没有因果关系”。〔1〕在他看来,白银外流仍然是这一时期“银贵钱贱”的主要原因。

林满红认为,19世纪上半叶的中国银价增长与这一时期发生的南美独立战争有关,由于战争时期,白银减产,导致欧洲贵金属供应紧张,进而导致欧洲人对于中国茶丝等商品购买力的减弱,从而影响到中国白银的供应,而鸦片走私进一步加剧了中国白银数量的紧缺,这是当时“银贵钱贱”的世界性问题。〔2〕

关于乾隆前期钱价高昂问题,袁一堂认为主要是供应量不足造成的。而供应量不足乃是当时铸钱能力低下、生产技术手段落后造成的。〔3〕针对前一观点,一些学者认为,乾隆时期的钱价昂贵不是铸造量不足问题,“钱荒”问题根本不存在。〔4〕

瑞士学者傅汉思曾经分析了清代前期物价波动和政府调整货币措施,认为政府所采取的货币政策及其相关理论,主要目的在于防范货币危

---

〔1〕 王德泰:《嘉道时期洋铜价格与银贵钱贱关系的考察》,《兰州大学学报》2002年第3期;《试论白银外流与鸦片战争前的银贵钱贱问题》,《中国经济史研究》2000年第4期;《论鸦片战争前的钱贱及其社会影响》,《福建论坛》2008年12月。

〔2〕 林满红:《明清的朝代危机与世界经济萧条——十九世纪的经验》,《新史学》1990年第1卷4期;《中国的白银外流与世界金银减产》,《中国海洋发展史论文集》第4辑,台北:中山人文社会科学研究所印,1991年。

〔3〕 袁一堂:《清代钱荒研究》,《社会科学战线》1990年2期。

〔4〕 杜家骥:《清中期以前的铸钱量问题——兼析所谓“钱荒”现象》,《史学集刊》1999年1期。

机的出现，是因时制宜的措施。[1]郭成康认为，白银大量流入、制钱投放量增多是造成18世纪物价持续上涨的货币因素。[2]

美国著名史学家马士认为，白银外流没有影响广州以外的中国市场，道光时期"银贵钱贱"主要是钱币质量变劣造成的。[3]美国学者张馨保认为，除了鸦片输入造成的白银外流之外，铜钱质量变劣也是"银贵钱贱"的原因之一。[4]

上述研究成果，就货币史和金融史来说，具有一定学术价值。但就流通领域的银钱比价的波动来说，由于缺乏长时段的关照，要么是约略性的看法，要么是阶段性的成果，未能形成全面、系统而深入的专门考察；加之学人彼此使用的理论工具不同，各种解释难免互相抵牾。

此外，为了说明世界白银对于中国白银货币化的影响，一些学者对于外国白银的流出和流入进行了卓越的研究，主要有全汉昇、艾维泗(Willion S. Atwell)、弗林(Dennis O. Flynn)和吉拉尔德兹(Arturo Giraldez)等人。[5]

回顾一个多世纪以来关于清代制钱的研究成果，可以看出，在这一领域取得了一些进展。然而，仍有明显不足之处。主要表现在两个方面：一是缺乏对清代制钱的系统研究，二是研究状况不平衡。对于清代银钱问题的研究突破，在很大程度上决定于史料的充分掌握。由于史料分散，数据采集不易，深入研究存在困难。现在，由于清史纂修工程的顺利进行，

---

〔1〕 傅汉思：《清代前期的货币政策和物价波动》，《中国钱币》1995年3期。

〔2〕 郭成康：《十八世纪物价问题与政策对策》，《清史研究》1996年1期。

〔3〕 马士：《中华帝国对外关系史》，生活·读书·新知三联书店，1957年中译本。

〔4〕 张馨保：《林钦差与鸦片战争》，福建人民出版社，1989年中译本。

〔5〕 全汉昇的主要著作有：《中国经济史论丛》上下册，台北：稻乡出版社，1991年；《明清间美洲白银输入中国的估计》，《中央研究院史语所集刊》第66本，第一分册，1995年。Willion S. Atwell, "Notes on Silver, Foreign Trade, and the Late Ming Economy", *Ching-Shil Wen-ti*, 3/8: 1–33, 1977; "International Bullion Flows and the Chinese Economy Circa 1530 – 1650", *Past and Present*, 95: 68–99, 1982; "Ming Observations on the 'Seventeeth-Century Crisis' in China and Japan", *Journal of Asian Studies*, Vol. 45: 223–244, 1986; Dennis O. Flynn and Arturo Giraldez, "Born with a 'Silver Spoon': the Origin of World Trade in 1571", *Journal of World History*, Vol. 6: 201–221, No. 2, 1995.

大批档案数字化，有了这一条件，清代的银钱比价研究应当有所深化。

基于这种研究现状，近五十年来出版的各种中国近代史学术著作和教材在谈及这一问题时，大都认为道光时期的"银贵钱贱"问题是货币流通领域的特有现象，把当时的"银贵钱贱"归咎于鸦片走私造成的白银外流，认为这一问题的出现标志着清王朝的由盛而衰的变化。

例如，陈旭麓在其《近代中国八十年》中这样写道："当时中国通用的货币是白银和制钱，规定每两银子换制钱一千文。尽管市价与官价间容有出入，直到嘉庆朝为止，波动幅度一般都没有超过两百文。"[1]

再如，近代史教材方面可以中华书局出版的发行量最大的《中国近代史》为代表，说法也相当模糊，"过去白银一两折换铜钱一千文左右，三十年代末增至一千六百多文。"[2]

中国近代经济史的研究者谈及道光朝以前的银钱比价，也是笼统地说："原来一千铜钱可换得一两白银。"[3]

纵观有清一代银钱比价变化，我们认为上述说法是不正确的。大量统计资料显示：从1644年到1911年，金融市场上不是"银贵钱贱"就是"银贱钱贵"。当"银贵钱贱"时，一两白银可以换到一千二百文、一千三百文、一千四百文、一千五百文，有时超过二千文，甚至高达三千文、八千文，远比道光时期还要严重得多；而在"银贱钱贵"时期，一两白银有时只能兑换制钱六百至七百文。这说明清代前期的银钱市场比价同晚清一样，始终在波动，不仅不是稳定的，变化幅度还是相当大的。一两白银兑换制钱一千文的现象是偶然发生的，银钱比价的波动却是经常发生的。

关于银钱比价波动问题，过去的研究结论和看法存在很大差异。这些差异的存在，与其说是研究方法的对立，不如说是对"事实"的把握程度不同造成的。他们大都是根据清初确定的一两银子兑换制钱一千文这个假想标准进行的，认为正常也罢，反常也好，都是以这个假定的标尺为

---

〔1〕 陈旭麓：《近代中国八十年》，上海：上海人民出版社，1983年，第24页。

〔2〕 中国近代史编写组：《中国近代史》，北京：中华书局，1986年，第7页。

〔3〕 陈绍闻、郭庠林：《中国近代经济史》，上海：上海人民出版社，1983年，第15页。

标准的。在笔者看来，设定这个标尺是没有道理的。因为，规定“每钱一千值银一两”，本身没有任何科学依据。如果确认这个标准，那就必须确定白银、紫铜、白铅（锌）、黑铅、点锡等金属价格在中国市场上永远保持不变；不仅如此，还必须规定制钱的重量及其合金比例永远固定不变；同时还必须保持生产、运输、加工制钱的劳动时间和成本永远固定不变。没有这三个必须固定的前提条件，判定任何时候、任何地点的银钱市场比价正常与反常、稳定与变化、变化大与小，都是没有意义的，都是令人难以信服的。

三　研究内容和方法

清代谈论货币问题的朝野人士，在探讨银钱比价波动的原因时，总是基于银两和制钱在市场上单一比价的变化，判断银、钱孰贵孰贱，很少有人联系物价说明问题。因此，在“银贵钱贱”时，他们不知道究竟是“银贵”引起了“钱贱”，还是“钱贱”引起了“银贵”；同样，在“银贱钱贵”时，他们也弄不清究竟是“银贱”引起了“钱贵”，还是“银贵”导致了“钱贱”。为了跳出上述思维怪圈，本书将使用系统的粮价或物价资料，判断银价是否发生变化，再具体分析银钱比价变化的原因。

本书各章所谈论的银钱比价波动，既不以“每钱一千值银一两”这样一个虚假标尺为衡量银钱比价上涨或下跌幅度的基本标准，也不以这样一个标尺来划分银钱比价波动的时段。而以银钱比价在大部分省区内开始上涨或下跌的市场比价为基点，观察其达到顶端时的上涨或下跌幅度；并按照变化趋势划分时段，以银钱比价在全国范围内出现上涨或下跌年度为起始点，到全国范围内银钱比价发生反方向变化为终点。

本书主要围绕四个方面的内容展开研究：一是重建有关银钱比价波动的事实，划分银钱比价波动的阶段，说明银价上涨或下跌的幅度以及影响的范围；二是详细说明当时朝野人士围绕着各个时段银钱比价的变化展开的讨论和采取的措施，分析其利弊得失；三是借用物价、粮价和金属系统价格资料，关注制钱质量和重量的变化，分析银钱比价变化数据，构建系统的价值资料体系；四是介绍后人研究成果，说明各种看法的理论依据和历史事实，展开充分的学术对话，说明自己的观点和依据。

笔者在搜集银钱比价数据方面，在搜集黄金、白银、紫铜、白铅、黑铅和点锡价格方面，在整理粮价资料方面，下了将近三十年的功夫，不仅系统地查阅了原始档案资料，而且广泛阅读了清代各种论著和笔记，并且根据这些可靠的物价资料，进行大量推算和评估。经过必要的运算和分析之后，我们认为，清代市场上银钱比价的每一次波动都是可以理解的。

毫无疑问，阅读这些数字资料是很枯燥的，不过应当清楚的是，人们衡量所谈论的事物，只有用数字加以表达时，才真正对它有了几分了解；而当我们还不能采用数量统计和定量分析时，对于它的了解就是肤浅的和不能令人满意的。也许这种了解是认知的开端，但在思想上则很难说已经步入了科学的阶段。

本书是在一组论文的基础上形成的。由于发表的每篇论文需要一定的独立性，各篇之间不可避免地出现重复叙述的地方，在编写成书的过程中，笔者为了删去重复的地方，已经做了一定努力，但很难完全抹掉所有的痕迹，希望读者见谅。

第一章　顺治与康熙初年的“银贵钱贱”（1644—1674年）

为了消除前人存在的种种误解，我们根据银钱比价波动的趋势，按照银钱比价在全国范围内出现上涨或下跌年度为起始点，直到全国范围内银钱比价发生反方向变化为终点，将清代银钱比价的变化大致分为十一个时期。本章首先考察1644—1674年（从顺治元年到康熙十三年）的银钱比价波动情况。

一　1644—1681年银钱比价的波动形势

1644年（顺治元年），在中国历史上是一个异乎寻常的年头，明朝覆灭、李自成败走、清军入关，一件件大事，令人惊心动魄。清军占领北京之后，最初规定一两白银相当于700枚制钱，〔1〕1645年，“定钱制，每文重一钱二分……凡七文准银一分，旧钱以十四文准银一分。官以此征收，民

---

〔1〕银两是清代货币的最基本单位，而就各地区来说，衡器并不完全一致，因此，银两的重量略有差异。库平银两为国家税收的单位，一两约为37.31克；关平银两是海关征税的标准单位，一两约重37.48克；漕平银两为征收漕粮折色的计算标准，一两约重36.66克。至于各地平色，名目繁多，大小不一，需要仔细分辨。

以此输纳。"[1]1646 年,又规定:"每十文准银一分,永著为令。"[2]这一官定比价,从此成为清朝皇帝及其大臣们调剂银钱比价的标准。但这个标准只是皇帝偶发的意念,[3]是一种虚幻的想法,并无任何科学依据。

为了维持这一官定比价,几乎每一位皇帝和他的大臣们都为此进行了尝试和努力,或者谕令银两与钱文按比例搭配使用,或者严禁私毁和盗铸,并多次改变制钱的质量与重量,甚至下令收缴和销毁民间的铜器,禁止输出、输入贵金属,但在市场上这一官定比价一直形同虚设。事实证明,货币流通规律并不以任何个人的意志为转移。下表是根据当时官员的奏报和各种书籍记载,制作的 1628—1684 年(明崇祯元年到清康熙二十三年)银钱比价变化表。

表 1-1　1628—1684 年各省区银钱市场比价变动情况一览表

年份	市价	银钱比价资料	地区	资料来源
1628	833—1098	崇祯初,铜钱虽大,异乎隆、万,然而京局所铸,大小轻重犹是,若京师每千价银一两二钱,外省犹兑九钱一千【分】。	江南	叶梦珠:《阅世编》卷七,钱法,第 194 页。
1632	1200	壬申夏,白米每斗价钱一百二十文,值银一钱。	江南	叶梦珠:《阅世编》卷七,食货一,第174 页。
1639	1579—1667	至十二年间,钱价日减,米价顿长,斗米三百文,计银一钱八九分,识者忧之。	江南	叶梦珠:《阅世编》卷七,食货一,第174 页。

〔1〕 刘锦藻编:《清朝文献通考》卷 13,钱币 1,上海:商务印书馆,1936 年,第 4966 页。

〔2〕 顺治三年,"又更定钱值,户部议定:制钱行使原系每七文准银一分,钱价既重,小民交易不便,应改为每十文准银一分,永著为令。"(刘锦藻编:《清朝文献通考》卷 13,钱币 1,第 4967 页。)

〔3〕 我们不知道这个比价是否经过某些大臣的推算。即使这个推算在当时是存在的也是合理的,而随着时间的推移,这个标准变得毫无科学根据,仍然是个人意志的产物。

续表

年份	市价	银钱比价资料	地区	资料来源
1640	1667	十三年,戊寅夏,价至六钱耳,百物腾贵。	江南	叶梦珠:《阅世编》卷七,钱法,第194页。
1641	2000—2500	庚辰、辛巳之间,递减至四五钱一千。	江南	叶梦珠:《阅世编》卷七,钱法,第194页。
1642	2041—2400	然未有若十五年春之甚者。时钱价日贱,每千值银不过四钱九分,白米每石纹银五两,计钱十二千有奇。	江南	叶梦珠:《阅世编》卷七,食货一,第174页。
1642	2400—2500	十五年,圆麦每石价银【钱】六千,计银不下二两五六钱,小麦亦如之。	江南	叶梦珠:《阅世编》卷七,食货一,第175页。
1643	3333	癸未而后,每千兑银不过三钱有奇。而钱之所重,每千不过三斤有零而已。	江南	叶梦珠:《阅世编》卷七,钱法,第194页。
1644	3000	庚辰、辛巳之间(1640—1641),递减至四五钱一千。癸未(1643)而后,每千兑银不过三钱有奇。而钱之所重,每千不过三斤有零而已。	江南	叶梦珠:《阅世编》卷七,钱法,第194页。
1644	2000—3333	甲申以后,因南北间阻,布商不行,棉花百斤不过值钱二千文,准银五六钱而已。	江南	叶梦珠:《阅世编》卷七,食货四,第178页。
1645	3000	甲申、乙酉之际,(棉布每匹)值钱二三百文,准银不及一钱。	江南	叶梦珠:《阅世编》卷七,食货四,第178页。

续表

年份	市价	银钱比价资料	地区	资料来源
1645	8333	迨乎乙酉（1645），大兵既下江南，前朝之钱废而不用。是时，每千不过值银一钱二分。较之铜价且不及，而钱之低薄，虽鹅眼、綖缳不能喻矣。	江南	叶梦珠:《阅世编》卷七,钱法,第194页。
1646	2439	《顺治三年席费》:其时兑钱一千,只须银四钱一分耳。	江南	龚炜:《巢林笔谈》卷六,第148页。
1651	2083	顺治通宝初颁,官实每千准银一两,然当钱法敝极之后,奉行甚难……每千值银止值四钱八分。	江南	叶梦珠:《阅世编》卷七,钱法,第194页。
1661	1818	（制钱每千值银）亦不能至五六钱,积轻之势使然耳。	江南	叶梦珠:《阅世编》卷七,钱法,第194页。
1663	3000	三百文合银一钱。	山东	高珩:《行钱议》,《清经世文编》卷五十三。
1669	1111	于是钱价顿长,价至每千兑银九钱有奇。	江南	叶梦珠:《阅世编》卷七,钱法,第194页。
1670	1182	十年,辛亥,早米价每石一千三百文,计银一两一钱。	江南	叶梦珠:《阅世编》卷七,食货一,第175页。
1670	1250	今京城钱约略每千文不过值银八钱。	京师	《皇朝经世文编》卷五十三,北京:中华书局,1992年,第59页。

续表

年份	市价	银钱比价资料	地区	资料来源
1672	1111	十二年，壬子秋，新米七百文，计银六钱三分。	江南	叶梦珠：《阅世编》卷七，食货一，第175页。
1673	1227	现在户部每发一千作银一两，而市肆贸易每钱一千竟作八钱一二分不等也。	京师	《请诏令宜信疏》，《皇朝经世文编》卷9，治体三，政本上。
1673	1818—3333	至十二年，甲寅，四月，闻八闽之变，三吴钱价顿减，初犹五六钱一千，后直递减至三钱。	江南	叶梦珠：《阅世编》卷七，钱法，第194页。
1674	2813	银一两合制钱二千零八十三文。	安徽	《湖州市志》，第1426页。
1678	1150—1075	十七八年之间，每千价银又兑至八钱七八分及九钱二三分。	江南	叶梦珠：《阅世编》卷七，食货一，第194页。
1679	1250—1428	银一两合一千二百五十文至一千四百二十八文。	京师	陈昭南：《雍正乾隆年间的银钱比价变动》，台北：商务印书馆，1966年，第24页。
1679	1250—1430	今各省炉铸已通行矣。定例钱一千算银一两，民间则算银七八钱，一也；宝泉局钱，论官价则增息，论民价则亏本，二也。	各省	徐旭龄：《通行钱法疏》康熙十八年，贺长龄辑，魏源编：《皇朝经世文编》卷53，户政28，钱币下，第21页。

续表

年份	市价	银钱比价资料	地区	资料来源
1681	1250 1000—865	私铸复盛，钱复滥恶，每千所重，至恶者亦不过二三斤。价犹值银八钱外，其官局厘钱，每千价银几及一两，甚有一两零四分者。	江南	叶梦珠：《阅世编》卷七，钱法，第195页。
1682	1111	二十一年夏，圆麦三百五十文一石，准银三钱一分五厘。	江南	叶梦珠：《阅世编》卷七，食货三，第177页。
1684	850	银一两价钱"八百五十文"。	京师	陈昭南：《雍正乾隆年间的银钱比价变动》，第24页。
1684	800—900	定例每钱一串值银一两，今每银一两仅得八九百文不等。钱日少而贵者，皆由奸宄不法之徒毁钱作铜，牟利所致。	全国	《清圣祖实录》卷116，康熙二十三年九月丙寅。

从表1-1可以看出，1628—1684年的银钱比价始终在激烈波动。市场上银钱比价不是"银贵钱贱"，就是"银贱钱贵"，从未出现过一两白银正好兑换制钱一千文的情况，官方关于银钱比价的规定形同虚设。

自1644年开始到1681年止，银钱比价一直高于清廷的规定，即一两白银兑换的制钱通常远远多于一千文，持续时间为37年。这是清朝第一个所谓"银贵钱贱"时期。而就银钱比价的变化趋势来看，此次银价的增昂至少应从1632年算起，到1674年开始出现重大转折，持续时间长达42年。就表面看来，1674年到1681年每两银价仍在一千文以上，实际上已经处在下跌阶段了。关于1674年以后银钱比价下跌的成因，我们将在下一章分析。本章着重分析的是1632年到1674年间的银钱比价波动原因。

明末清初的银钱比价波动幅度很大。一两白银可以换到1200文、

1300 文、1400 文、1500 文、2000 文，有时高达 2800 文、3300 文，最高时甚至达到 8000 文左右，这比道光朝、咸丰朝发生的大幅度变化还要严重得多。银钱比价的这种变化，显然是激烈的，绝非是后人所说的“相对稳定的”。

这一时期的银钱比价变化与当时的物价波动一样，与明末清初激烈动荡的社会政治环境有很大关系。时人记载道：“崇祯三年（1630），庚午，年荒谷贵，民多菜色。郡县施粥赈饥。予时尚幼，未知物价。然越二载，壬申（1632）夏，白米每斗价钱一百二十文，值银一钱，民间便苦其贵。则庚午之米价，概可知已。迨秋成，早米每石价钱止六百五六十文耳。自是而后，米价大约每以千文钱内外为率。至十二年（1639）间，钱价日减，米价顿长，斗米三百文，计银一钱八九分，识者忧之。然未有若十五年（1642）春之甚者。时钱价日贱，每千值银不过四钱九分，白米每石纹银五两，计钱十二千有奇。自此以往，米价以二三两为常。迄于本朝顺治三年（1646），斗米几及千文。四年（1647），白米每石纹银四两。六年（1649），己丑，大熟，糯米每石止一两二钱，川珠米每石银九钱。七年（1650）二月，白米每石价一两，九月，新米价至二两，糯米一两八钱，白米二两五钱。八年（1651），辛卯，二月，白米每石三两；三月，每石三两五钱；四月，每石四两；六月，长至四两八九钱，几及五两一石；七月，新谷石价二两。次年（1652），壬辰夏，白米每石价四两。秋旱，新米无收，郡城米价二两五六钱。次年（1653），癸巳，亦如之。嗣后，以次递减。至十四年（1657）十月，每石米价止八钱，亦有六七钱者。十六年（1659）闰三月，米价又增至一两。十八年（1661）十月，白米每石一两五钱，新米一两三钱。十一月，新米一两八钱，白米二两。康熙元年（1662）正月，白米二两，糙米一两九钱。七月，早米一两二钱，糯米一两三四钱。自此以后，米价又渐减，然未有如八年（1669）己酉之贱者。九年【应为八年】，新米每石纹银六钱，后至五钱有奇，后至五钱。若四、五、六月间预借米钱，秋成还米者，石价不过三钱一二分而已。九年（1670），庚戌，大水。六月，白米长至一两三钱。八月，新米九钱；九月中，八钱，糯米七钱；十月，石米九钱，糯米八钱有奇；十月中,石米一两三钱,糯米稍差。十年(1671),辛亥,早米价每石一千三百文,计银一两一钱。十二年(1673),壬子秋,新米七百,计银六钱三分。嗣后,以此为常。"[1]

从这一记载可以看出,明末清初天灾与人祸交替发生,社会激烈动荡,供求关系严重混乱,不仅银钱比价发生激烈波动,而且百物贵贱腾翔,变幻莫测。因此,我们在研究这一时期的银钱比价波动情况时,必须将其置于三十余年的大动荡环境之下。"物价之不齐也,自古而然。不意三十余年来,一物而价至于倍蓰什百,且自贵而贱,自贱而贵,辗转不测,不知何时而始……大约四方无事,则生聚广而嵇迁易,贵亦贱之征也;疆国多故,则土产荒而道途梗,贱亦贵之忧也。"[2]

二　清廷的各种调剂措施

由于市场上银钱比价一直高于官定比价,1651 年,清廷不得不利用改变铜钱重量的方法,试图调节银钱市场比价。"户部议言:钱为国宝,务厚且大,始定制每文重一钱,继重一钱二分五厘,仍照定制每钱百文准银一钱。"[3]即针对"银贵钱贱"的现象,户部官员认为,银贵钱贱是由钱小造成的,因此决定改变制钱的重量,先是"一钱",后是"一钱二分五厘"。但是,这一措施似乎效果不佳。因为,1657 年,"官钱壅滞",钱价"愈贱"。

1661 年,在山东每两白银可以兑换制钱 3000 文。户部大臣认为这是铸钱太多造成的,于是采取三项措施来稳定银钱比价:一是增强制钱流通的信用,谕令各省征收钱粮,兼收银钱,比例为"银七钱三";二是试图

[1] 叶梦珠:《阅世编》卷七,食货一,北京:中华书局,2007 年,第 174—175 页。
[2] 同上书,第 174 页。
[3] 刘锦藻编:《清朝文献通考》卷 13,钱币 1,上海:商务印书馆,1936 年,第 4967 页。

垄断铸币利益，禁止地方铸币；三是进一步加重铜钱重量，为“一钱四分”。[1]

1671年、1672年，由于各地官员没有奏报市场上银钱兑换率的不正常情况，可以暂时推定这两年的银钱比价开始下落，逐渐接近官定比价。但是，这种下落幅度相当有限，从1673年开始，银钱比价又开始大幅度上涨。此次银钱比价上涨在“三藩之乱”区域变化幅度最大。“四月，闻八闽之变，三吴钱价顿减，初犹五六钱一千，后直递减至三钱。”[2]即一两白银换钱1800余文，迅速上涨至3300余文。安徽的银钱比价波动也相当明显，“银一两合制钱二千零八十三文”。此后银钱比价逐渐下落，给事中姚文然上奏指出：“今京城钱值每千文不过值银八钱。”[3]由此推算，当时银一两至少可以换制钱1250文。康熙帝责令负责钱法的堂官前往宝泉、宝源二局调查原因，厘剔弊端。[4]

清廷的货币政策有时可以影响货币比价的变化，但无法决定其变化趋势。清廷的“每十文准银一分”的规定在市场上很少被执行，事实证明完全是一种虚设。西方货币史家曾经明确指出：在中世纪的欧洲，“金币的价值实际是随着金银比率的变动而发生变动的，对于金银币强加一固定比率的种种努力都是无效的”；[5]在清王朝统治下的中国，银钱之间的比价实际是随着银、铜、铅、锡等金属价值的变动而变动的，任何个人企图对银两与制钱强加一个固定比率的各种行政措施同样也都是不成功的。

---

[1] “户部奉上谕：鼓铸之法原以裕国便民，今各省开炉太多，铸造不精，以致奸民乘机盗铸，钱愈多而愈贱，私钱公行，官钱壅滞，官民两受其病。欲使钱法无弊，莫若鼓铸归一。其各省铸一概停止，独令京局鼓铸。务比旧钱体质更加宽厚，每文重一钱四分。”（刘锦藻编：《清朝文献通考》卷13，钱币1，第4968—4969页。）

[2] 叶梦珠：《阅世编》卷七，食货一，第194页。

[3] 姚文然：《请停鼓铸事宜疏》，《皇朝经世文编》卷53，北京：中华书局，1992年，第59页。

[4] “今闻钱法渐弛，鼓铸滋弊，以致制钱日少，价值腾贵。著户部、工部、督察院堂官同诣钱局亲查，厘剔弊端。”（刘锦藻编：《清朝文献通考》卷14，钱币2，第4973页。）

[5] 【英】约翰·F. 乔恩著，李广乾译：《货币史》，北京：商务印书馆，2002年，第25页。

三　时人关于银钱比价变化的各种看法

每当市场上银钱比价激烈波动之时，人们对于银钱比价波动的原因便有各种猜测。从史料来看，在这一时期，时人很少考虑白银数量和价格对于比价的影响，大都认为银钱之间比价的变化，是制钱数量和质量出现了问题。与此相关联的问题是，民间盗铸制钱现象严重，也影响银钱比价的波动。

"庚辰、辛巳之间(1640—1641)，递减至四五钱一千。癸未(1643)而后，每千兑银不过三钱有奇。而钱之所重，每千不过三斤有零而已。迨乎乙酉(1645)，大兵既下江南，前朝之钱废而不用。是时，每千不过值银一钱二分。较之铜价且不及，而钱之低薄，虽鹅眼、綖环不能喻矣。顺治通宝初颁，官实每千准银一两，然当钱法敝极之后，奉行甚难……每千值银止值四钱八分，亦不能至五六钱，积轻之势使然耳……(癸丑)四月，闻八闽之变，三吴钱价顿减，初犹五六钱一千，后直递减至三钱。"[1]

在明末清初这样一个特殊时期，铜钱质量低劣，行将废止，加之政治动荡，导致信用恐慌，银价居高而不下。这种认识有一定道理。一般来说，政治变乱造成的社会动荡对于社会经济生活必然产生冲击力，银钱比价可能发生非理性变化。但是，在清代有一个规律，一般在政治动荡的初期表现为银价大幅度提高，钱价大幅度贬值；随着时间的推移，政治动荡的进一步加剧，商品生产遭受重创，各种物品紧缺，银钱比价就会朝着相反的方向迅速变化，银价开始贬值，钱价相应昂贵，远远超出和平时期的比价水平。关于这个问题，我们将在本书相关章节中加以重点讨论。

"今京城钱值约略每千文，不过值银八钱，若各省开局，铸钱愈多，则

[1] 叶梦珠：《阅世编》卷七，食货一，第194页。

钱值愈贱……伏乞特沛纶音,敕部速议,应停者,停;应减者,减。其余愿开铸者地方,仍行开铸,各从民便。”[1]这是说,铸钱数量太多,导致钱价低贱;只要控制住制钱的发行数量,就可以稳定住银钱比价的变化。

现在的问题是,究竟是什么力量左右着银钱比价在不断波动呢?假若我们考虑到制钱本身重量与质量还有一系列变化,可能产生各种假象,深入探讨其根本原因,设法触摸银钱比价变化的客观规律,就显得十分必要了。

四 影响本时期银钱比价波动的主要因素

清代前期银钱比价始终在波动,当采购币材困难,铸币出现工本不敷局面时,当银钱比价波动,在地方影响到田赋收入时,当铸币投放社会,在军营遇到抵制时,通常会引起清朝理财家和各地官员的重视,引起一番讨论。归纳时人关于银钱比价波动原因的看法,大致有两种:一种是铸币重量或重或轻造成的,另一种是铸币数量或多或少导致的。他们很少考虑国际国内市场上金属材料价格波动对银钱比价产生的内在影响,很少考虑战争、自然灾害等重大事件对经济的破坏和影响。

在具体分析清代前期各个时期银钱比价波动原因之前,我们需要了解三个最基本的因素:一是金属价格变化情况,二是制钱的重量变化情况,三是制钱的合金比例变化情况。

第一,关于金属价格变化情况的考察

这里我们必须首先明确这样一个道理,金属货币的价值主要决定于

[1] 姚文然:《请停铸钱事宜疏》,康熙九年,贺长龄辑、魏源编:《皇朝经世文编》卷53,户政28,钱币下,北京:中华书局,1992年影印本,第59页。

本身的金属的实际重量和质量,而不是其数量的多与少。对此,大卫·李嘉图曾经给予非常科学的论断:“黄金和白银像一切其他商品一样,其价值只与其生产以及运上市场所必需的劳动量成正比例,金价约比银价贵十五倍,这不是由于黄金的需求大,也不是因为白银的供给比黄金的供给大十五倍,而只是因为获取一定量的黄金,必须花费十五倍的劳动量。”〔1〕约翰·穆勒也相当明确地指出:“货币是一种商品,其价值亦与商品的价值相同,就一时而言,为其需求与供给所决定,就终极与平均而言,则为其生产费所决定。”〔2〕詹姆斯·斯图亚特最先发现了一国商品流通只能吸收一定量的货币的原理。他说:“商品的市场价格是由需求和竞争的复杂作用决定的,需求和竞争同一国中存在的金银数量完全无关。那么,不需要用作铸币的金银又怎样呢?它们当作贮藏货币积累起来,或当作奢侈品的原料被加工。如果金和银的数量低于流通所需要的水平,人们会用象征性的货币或其他辅助手段来代替金银。如果一个有利的汇率使国内货币过剩,同时又切断了把它运出国外的需要,那么,货币常常就会在保险箱里堆积起来,就像躺在矿山里一样无用。”〔3〕以上这些关于金属货币的科学论断,先是被亚当·斯密加以继承,接着经过银行学家图克的发展,最后被马克思总结、吸收和完成,使之成为金属货币的精确定义和重要规律,劳动价值论一直到现在还放射着灿烂的光芒。

清代前期市场上无论是“银贵钱贱”,还是“银贱钱贵”,银钱之间的比价波动情况实际反映的是银、铜、铅、锡等金属材料市场价格的变化情况,而贵金属市场价格的变化,短期内反映的是市场上的供求关系,长期反映的是劳动价值的变化。因此,我们应当循着金属货币的这个科学原理来揭示清代前期发生的“银贵钱贱”和“银贱钱贵”的奥秘。

---

〔1〕【英】大卫·李嘉图:《政治经济学及赋税原理》,北京:商务印书馆,1962年,第301页。

〔2〕【英】约翰·穆勒(John Stuart Mill):《政治经济学原理》(*The Principle of Political Economy*),Ashley's,1926,p. 486。

〔3〕转引自【德】马克思著,中央编译局译:《政治经济学批判》,北京:人民出版社,1976年,第145页。

表 1-2　1646—1690 年铜铅锡价格及其金属比价一览表

年份	金属价格资料	金属比价	资料来源
1646	收旧钱,"每斤给值八分"。	1:200	《清朝文献通考》卷 13,钱币 1,第 4966 页。
1661	收旧钱,"每斤给值七分"。	1:229	《清朝文献通考》卷 13,钱币 1,第 4970 页。
1664	采购铜斤,"每斤定为六分五厘"。	1:246	《清朝文献通考》卷 14,钱币 2,第 4971 页。
1671	旧钱,"每斤照铜价给值六分五厘"。	1:246	《清朝通典》卷 10。
1673	"许增脚价银五厘",每斤铜七分。	1:229	《清朝文献通考》卷 14,钱币 2,第 4971 页。
1683	每斤铜价六分五厘,脚价每斤五厘。	1:229	《清朝文献通考》卷 14,钱币 2,第 4973 页。
1684	"铜价每斤值银一钱四五分不等"。	1:110	《清圣祖实录》卷 116,康熙二十三年七月丙寅。
	云南铜价,每斤五分四厘。	1:296	《清朝文献通考》卷 14,钱币 2,第 4974 页。
	云南白铅价,每斤五分五厘。	1:291	《清朝文献通考》卷 14,钱币 2,第 4974 页。
1686	官定采购铜价,"每斤合计银一钱"(加水脚费三分,合计一钱三分)。	1:123	《清朝文献通考》卷 14,钱币 2,第 4975 页。
1688	"每斤增给银三分五厘以足一钱"(加水脚费三分,合计一钱三分)。	1:123	《清朝文献通考》卷 14,钱币 2,第 4975 页。
1690	私钱"照铜价每斤给银一钱收买"(加水脚费三分,合计一钱三分)。	1:123	《清朝通典》卷 10,食货 10,第 2076 页。

从表 1-2 中的统计数据来看,银铜之间的比价变化趋势大致可以分为三个时期:

(一)1644—1672 年,每斤废铜或旧钱的平均价格是七分银子,银铜之间的比价是1∶229；

（二）1673—1687年，洋铜每斤在市场上价格最高为"铜价每觔值银一钱四五分不等"，这里以每斤价值一钱七分计算，则银铜之间的比价为1∶114；

（三）1688—1714年，洋铜价格回落，最低时每一百斤价值白银十两左右，银铜之间的比价为1∶160。（详见本书表3-3）

第二，关于制钱重量变化情况的考察

探索清代前期银钱比价的波动原因，不仅需要了解铸造制钱所使用的紫铜、白铅、点锡等合金材料的价格变化情况，而且需要关注制钱重量的变化情况。清代铸币实行的是国家垄断制度，无论是铸币的重量和形制还是其合金成分都是由皇帝的谕令来规范的，因此被称为"制钱"。官方文件对此都有详细记录。现将清代制钱重量变化情况列为表1-3。

表1-3　1644—1911年制钱重量变化情况一览表[1]

起始年份	停止年份	制钱重量	持续时间
1644	1645	一钱	1年
1645	1651	一钱二分	6年
1651	1657	一钱二分五厘	6年
1657	1684	一钱四分	27年
1684	1702	一钱	18年
1702	1734	一钱四分	32年

[1] "顺治元年，置户部宝泉局，设炉五十座，铸顺治通宝钱，一面铸'宝泉'二字，用清文；一面铸年号，用汉文，颁行天下。每文重一钱，以红铜七成、白铅三成配搭鼓铸。每铜百斤准耗十有二斤，支给匠工物料等项钱二千六百九十五文。京局每年额铸钱三十卯，遇闰加铸三卯。二年，题准铸钱每文重一钱二分。八年，议准：宝泉局鼓铸制钱每文改重一钱二分五厘，不得轻重违式。十年，题准铸造制钱，务令精工，背铸（转下页注）

续表

起始年份	停止年份	制钱重量	持续时间
1734	1852	一钱二分	118 年
1852	1895	一钱	43 年
1895	1905	七分	10 年
1905	1911	六分	6 年

资料来源:《世宗宪皇帝上谕内阁》卷137,雍正十一年十一月十六日;参考《清朝文献通考》卷13—18,《清朝续文献通考》卷19—24,《皇朝政典类纂》卷58—60。

汉文'一厘'两字,户部增一汉文'户'字。铸不合式者,参究。十四年,题准宝泉局铸钱改重一钱四分。十八年,题准以万二千八百八十串为一卯,铸康熙通宝制钱,颁行天下。康熙二十三年,议准鼓铸制钱每文重一钱,每年额铸钱四十卯。四十一年,覆准宝泉局鼓铸制钱,仍照顺治十四年钱式,每文重一钱四分,每铜百斤准耗九斤,支给匠工物料等项钱千九百七十四文,务令分两准足,精工鼓铸。六十一年,题准:铸雍正通宝制钱,颁行天下。雍正四年,奏准宝泉局于旧例四十卯外,加铸一卯。五年,定嗣后铜铅各半配搭鼓铸。六年,奏准宝泉局收见存黄铜器皿百余万斤,于原定额铸卯钱外,陆续加铸钱九卯。十二年,题准制钱改铸一钱二分,颁行开铸省分,照式鼓铸。"(《钦定大清会典则例》卷四十四,户部,钱法一,京局鼓铸。)1855 年(咸丰五年),甘肃已经开始铸造"八分"重制钱。"臣博采舆论,体察情形,与在省司道悉心商酌,莫若将制钱分两量为变通,俾不废制钱之名而稍省制钱之费。于事较为有济。查定例制钱每千重七斤半,每文重一钱二分。现时钱价甚贱,而甘省购买废铜每斤需钱一百八十文。若照定式鼓铸制钱,不特奸民私销改铸大钱为利甚厚,即销铜售卖,每斤亦可获利数百文。官局日铸,奸民日销,于圜法殊无裨益。历代钱法轻重不等,率与时为变通。若将制钱分两减为每文八分,每千仅重五斤,可省铜三分之一。则奸民销铜售卖,无所获利。臣曾饬局试铸,规式较小。而轮廓字画尚属分明。亦无漏风缺边等弊。"(《陕甘总督易棠奏为酌拟变通制钱分两以资节省事》,咸丰五年正月初十日,录副奏折,档号:03-9513-013。)"又谕:易棠奏酌拟变通制钱分两一折,甘肃省铜价甚贵,且须兼铸大钱,若制钱分两仍按每文重一钱二分鼓铸,非独工料过重,亦易启奸民私销、改铸之弊。所有该省宝巩局鼓铸制钱分两,著照易棠所请酌量变通,每钱一文减为八分。每千以重五斤为率。仍著督饬局员认真经理,务期制作精良。"(《清朝续文献通考》卷20,钱币2,第7702页。)光绪十三年,闽浙总督杨昌濬等率先在福建开始以机器铸造八分五厘重的制钱。光绪十五年四月,广东也开始用机器压铸制钱,最初,"奏定每文重一钱,嗣以铜价渐增,奏改八分。彼时洋铜每百斤计银十三四两。二十年冬前,督臣李瀚章因赔累太多,遂停鼓铸。二十二年,江南、湖北运铜,托粤代铸,奏准每文重七分,时铜价已二十一两,铸钱一千,赔钱二三百文。至二十四年,每百斤价至二十八两矣。照此铜价核计,每文六七分重,每千文须赔钱四五百文。(转下页注)

第三，关于制钱合金比例变化情况的考察

清代的制钱名义上是铜钱，实际是以铜为主要成分的铜、锌、铅、锡等合金币。大致说来，铜作为主要币材，由于性能燥烈，需要加入其他金属成分，才能使铸币光洁圆润。我国铸造铜、锌、铅、锡合金币的历史悠久，至少从唐代开始就已熟练使用了这种技术，由于官方试图垄断铸币权，开元年间就曾经下令禁止民间买卖铜、锌、铅、锡。明代工人配铸铜钱分为"四火黄铜"与"二火黄铜"，所谓"黄铜"，即红铜与白铅熔合而成者也。清初铸钱主要是收买前朝旧钱、废铜，根据经验分别成分，配铸铜钱，并无固定的比例。1684年，开海贸易后，始酌定比例，要求各地海关按照"铜六铅四"的合金比例采购、运输铸币材料。"户部议定：凡铜斤仍由关办，铅斤由部发银交商人承办，解局配用。"〔1〕是时，云南省铜贱铅贵，铜价每斤五分四厘，白铅价每斤五分五厘，不得已，"准以铜八铅二配铸。"〔2〕此后又多次改变制钱合金比例。详细情况如表1-4：

若铸八分，则所赔累更多。粤东制钱短少，特铸造小银元，通行已久，街市借此周转。"(《两广总督谭钟麟奏为鼓铸八分重制钱俟铜价稍平再行开铸事》，光绪二十五年正月十九日，录副奏折，档号：03－9535－011。)根据这一资料，广东于1889年至1894年曾经用机器压铸八分重制钱。1896年至1898年曾代江南和湖北压铸六七分重小制钱。但这不是全国性的制钱重量变化，故在表中不录。

〔1〕 刘锦藻编：《清朝文献通考》卷14，钱币2，第4974页。

〔2〕 同上。

表 1-4　1644—1911 年制钱合金成分变化情况一览表[1]

起始年份	改变年份	制钱合金一百斤成分	持续时间
1644	1684	京局红铜 70 斤，白铅 30 斤。	40 年
1684	1727	京局铜 60 斤，白铅 40 斤；云南铜 80 斤，白铅 20 斤。	43 年
1727	1740	京局等铜 50 斤，白铅 50 斤；云南铜 60 斤，白铅 40 斤。	13 年
1740	1794	京局等铜 50 斤，白铅 41.5 斤，黑铅 6.5 斤，锡 2 斤。	54 年
1794	1799	京局等铜 60 斤，白铅 40 斤。	5 年
1799	1800	京局铜 52 斤，白铅 41.5 斤，黑铅 6.5 斤。	1 年
1800	1805	京局铜 52 斤，洋铜 2 斤，白铅 36.5 斤，高锡 1.5 斤，黑铅 8 斤。	5 年
1805	1877	京局铜 54 斤，白铅 42.75 斤，黑铅 3.25 斤。	72 年
1877	1879	京局铜 60 斤，白铅 40 斤。	2 年
1879	1905	京局红铜 30 斤，滇铜 30 斤，黄铜 10 斤，黑铅 10 斤，白铅 20 斤。	26 年
1905	1911	京局铜 55 斤，白铅 45 斤。	6 年

资料来源：《清朝文献通考》卷 13—18，《清朝续文献通考》卷 19—24，《皇朝政典类纂》卷 58—60。

马克思在《政治经济学批判大纲》中明确指出："金属的货币，金或银，假使通过掺入低级金属来伪造，货币就贬值，物价就上涨。因为，在这种场合价值尺度就不再是比方说一盎司黄金底生产费用，而是已经掺入

[1] "顺治元年，置户部宝泉局，设炉五十座，铸顺治通宝钱，一面铸'宝泉'二字，用清文；一面铸年号，用汉文。颁行天下。每文重一钱，以红铜七成、白铅三成配搭鼓铸。每铜百斤准耗十有二斤，支给匠工物料等项钱二千六百九十五文。京局每年额铸钱三十卯。遇闰加铸三卯……（雍正）五年定，嗣后铜铅各半配搭鼓铸……（乾隆）五年议准，嗣后宝泉、宝源二局鼓铸，按铜铅百斤内用红铜五十斤，白铅四十一斤八两，黑铅六斤八两，铜锡二斤配搭，改铸青钱，与旧铸黄钱一同行用。"（《钦定大清会典则例》卷四十四，户部，钱法一，京局鼓铸。）

三分之一铜等等那样的生产费用了。(如果伪造铸币只限于改变或伪造金属重量等分部分底名称,例如把八分之一盎司称为一索维林,那就是让尺度完全照旧不变,而只改变它的名称。假使从前是四分之一盎司黄金被称为一索维林,而现在则是八分之一盎司,那么一索维林所表示的价格便只是八分之一盎司的黄金。因此,大约需要两枚索维林才能表示从前一索维林所表示的价格。)或者伪造只限于改变贵金属等分部分底名称,尺度照旧不变。但每一等分部分却用两倍于从前的法郎等等来表示。另一方面,假使完全废除货币的基体,金或银,而用代表定量的现实货币的符号——纸币来代替,那么,在流通需要的数量以内,纸币倒可以按照十足的金银价值来通用。"[1]

这种情况完全适应于清代的制钱。清代的制钱主要成分是铜,但在铸造的过程中,按照法律规定,掺入了一定比例的白铅、黑铅和点锡等低级金属,所以,它的价值不能简单按照其重量表示铜的价值,只能按照合金比例来计算其金属价值。清代的制钱按照枚和文来计算,每文或每枚重量分别为"一钱四分"、"一钱二分五厘"、"一钱二分"、"一钱"、"八分"、"七分"和"六分",由于各个时期制钱的重量不同,制钱的购买力自然也不同。两枚重量为"七分"或"六分"的制钱,在市场上的购买力与重量为"一钱四分"或"一钱二分"的制钱相当。咸丰时期,一枚当十大钱的重量相当于两枚制钱,尽管有官方的规定,一枚大钱在市场上购买力只能是两文,而不是十文。事实充分证明,金属货币的价格主要决定于金属价格,即主要决定于其内在的价值。这个内在的价值,就是物化在其中的社会必要劳动时间。

五　西欧的"价格革命"与中国的银钱比价

在关注明末清初的物价时,有人已经把探索的目光投向遥远的西方,

---

〔1〕【德】马克思:《政治经济学批判大纲》第1卷,第165页。

认为16世纪和17世纪中国的物价变化与当时西欧发生的"价格革命"存在着某种联系[1]。由于银钱比价与物价之间的关系十分紧密,在此我们不能不关注这一革命对于中国流通领域的影响。

"价格革命"是地理大发现的重要经济后果之一,对于西欧资本主义的发展,起了相当大的推动作用。从1492年到1502年,哥伦布率领船队四次横渡大西洋,开启了欧洲人向美洲新大陆殖民的通道。1545年与1548年,在秘鲁的波托西(Potosi)、墨西哥的萨卡特卡斯(Zacatecas)相继发现银矿,接着开始大规模开采。根据沃德·巴雷特(Ward Barrett)研究,16世纪美洲的白银产量为17000吨;17世纪,由于采用银汞混合提纯技术,白银产量提高到42000吨;18世纪,生产效率进一步提高,白银产量为74000吨。"从1545年到1800年,美洲出产了133000吨白银。"这意味着世界的白银产量由1500年的3500吨,增加到1800年的168000吨,相当于欧洲原有白银存量的五倍左右。不过,这个数字尚未包括其他各地的白银产量,相当于世界白银总产量的15%[2]。与此同时,美洲的黄金也源源不断运往欧洲。尤其是在发现丰富的金矿之后,运往西欧的黄金数量迅速增加。据巴西历史学家研究,运到西欧的黄金约有1428.5—1714.4吨[3]。因此,巴雷特指出:"从1493年到1800年,全世界85%的白银和70%的黄金都出自美洲。"[4]大量白银流入西欧产生了两个重要后果:一是促进了西欧社会经济的发展,加强了欧洲对亚洲贸易中的实力,强化了东西方的经济联系,促进了全世界大市场的初步形成;二是大量金银输入欧亚大陆,引发了旧大陆的"价格革命"。白银价格的波动,则是对技术进步和机会成本的合理回应。

---

[1] "鉴于叶梦珠的记载恰巧与欧洲'价格革命'时间吻合,而三吴又是中晚明时期中国最大的出口加工区,这样的价格变动与当时白银输入渠道受到阻断的事实不可能无关。"胡小伟:《明清之际的"价格革命"》,《中外企业文化》2008年第9期。

[2] 【德】安德列·贡德·弗兰克:《白银资本:重视经济全球化中的东方》,北京:中央编译出版社,2011年,第134页。

[3] 【英】E. E. 里奇、C. H. 威尔逊主编,张锦冬等译:《剑桥欧洲经济史》第四卷,北京:经济科学出版社,2003年,第407页。

[4] 【德】贡德·弗兰克著,刘北成译:《白银资本:重视经济全球化中的东方》,第134页。

从16世纪30年代起，首先在西班牙和葡萄牙，农产品和手工业产品的价格都有大幅度的提高。16世纪中期，其他西欧国家也普遍出现了物价连续飞涨的情况。16世纪末，西欧国家的商品价格已经上涨了两倍以上。其中西班牙由于掠夺的金银最多，上涨的程度高达四倍多。其他国家如英国、法国和德国，一般也在两倍左右。关于这场“价格革命”，已有多种解释。

其一，早在“价格革命”发生初期，西班牙的萨拉曼卡学派就认为，本国的物价上涨是由于美洲金银的大量输入导致的。这种观点经过现代经济学家费雪阐释之后，影响十分巨大。在费雪看来，货币也好，物价也好，决定于这样一个简单的公式，即 MV = PT，此处的 M 代表货币的数量，V 代表货币的流通速度，P 代表商品的价格，T 代表劳动和商品的交易量。他认为，在均衡条件下，价格水平是货币供给量的函数[1]。这一方程式使人们对于物价和货币价格的理解比较简单明确，因此影响很大。早在1895年，德国史学家韦埃伯在其著作中就将16世纪的物价上涨归因于每周的金银流入。进入20世纪，美国的历史学家汉密尔顿利用塞维利亚港账本，使用大量统计数据，对此进行了深入论证。这样的货币数量论很快成为主导地位的解释模式。然而这种解释模式，未能解释“价格革命”的真正原因，尤其是不能解释物价上涨的时间、地区等因素。因为，接受这种观点的人，不仅将“T”和“V”看成是不变的量，而且依赖于“M”的数量来判断“P”的变化，同时还要假设流入西欧的贵金属全部将成为流通中的铸币，而不考虑贵金属流入其他国家和贮藏的情况。这种解释的最大问题是，无法说明贵金属输入量与“价格革命”的时间不一致问题。例如，1501—1562年西班牙的物价平均上升为2.8%，1562—1600年平均为1.3%，由此可见16世纪前半期物价上涨较猛。但是，金银流入西班牙是从16世纪中叶才开始明显增大，16世纪90年代和17世纪初期达到高峰[2]。在金银输入较少的16世纪前半叶，为什么会出现物价快速上涨？在贵金属输入较多的16世纪90年代和17世纪初期，为什么会出现物价

[1] Irving Fisher, *The Pur Chasing Power of Money*, New York: Macmillan, 1911.

[2] 姚凯：《“价格革命”原因质疑》，《世界历史》1987年第3期。

趋于稳定状态？再如，英国的物价在16世纪前半叶，与15世纪末相比，上涨了四倍，而同一时期输入英国的贵金属却是有限的。显然，西欧物价的上涨幅度与贵金属输入量大小之间并不存在真正的比例关系。此外，特别令人奇怪的是，17世纪、18世纪，美洲的贵金属继续大量输入西欧，这并未引起欧洲各国物价的持续上涨。

其二，金银价值的贬值与其生产技术的提高有密切关系。从15世纪中期开始，中欧的白银生产技术就有明显提高，一方面因发明了从富铜矿中分离出银的技术，另一方面发明了排水机器和鼓风炉，使白银产量大幅度提高。尤其是在美洲发现富银矿，特别是采用银汞混合提纯技术，使白银产量进一步提高。英国古典经济学家亚当·斯密等人认为，由美洲输入的贵金属，因为生产技术的改进，其单位时间产量有所提高，金属单位所包含的劳动量相应减少，导致价格降低，物价自然上涨。马克思显然继承了这种观点，苏联的学者也从劳动价值论出发，认为贵金属的价值降低，使以贵金属为价值尺度的商品价格大幅度上涨。贵金属生产费用上涨，则一切商品价格下跌；贵金属生产费用下跌，则一切商品价格上涨。这种解释已经接近社会的真相，但是，显然这不是“价格革命”的唯一原因。因为，“价格革命”时期的西欧各国的物价并非是普遍上涨，在各类物价中上涨的幅度也有较大差异。大抵说来，西欧的农产品上涨幅度较大，工业产品上涨幅度参差不齐。如果把英国1451年至1500年的物价指数确定为100，在1501年至1560年，英国的未加工的农产品上涨到179，工业制品仅为116；在1583年至1592年，未加工的农产品上涨到262，而工业制品仅为150。社会经济问题总是一果而多因，利用贵金属的自身贬值也不能完全说明问题。

其三，自然灾害频繁发生与“价格革命”之间存在着密切联系。持这种观点的人认为，16世纪的物价上涨主要是由粮食价格飞涨引起的，西欧许多地方粮食歉收，不得不依赖于进口。导致粮食歉收的原因则与当时的气候变迁有很大关系，古贝尔在对博韦地区研究中发现，在17世纪前后，每三十年就出现一次比较严重的粮食歉收（1597，1630，1661，1691，1725），将这种现象与太阳活动的黑子周期和耀斑联系起来，认为粮食歉收与自然环境变化之间存在某种联系。在他看来，漫长的16世纪和17

世纪前半叶，气候变化对农业歉收产生了重要影响，这正是西欧农产品价格涨幅快于工业产品的真实原因[1]。

其四，欧洲人口的快速增长与“价格革命”之间也存在某种联系。罗杰·莫尔斯（S. J. Roger Mols）认为，欧洲人口在1500年大约在8000万—8500万，1600年大约在10000万—11000万，而1700年为12000万，1800年为19000万。1800年的人口是1500年人口的2.23倍。人口的增长需要大量的消费品，尤其是粮食。在自然灾害袭击下，粮食供应不足，导致粮价攀升，引发物价持续上涨。“欧洲的通货膨胀，除了西班牙之外，主要是由人口和需求的增长导致的，而不是由新的美洲货币供应造成的”。[2]这种观点也有一定道理，但是，从消费的角度来看，人口的增加必然导致消费品需求的增加，同时也应导致货币需求的增加。同样是需求增加，为何出现粮价上涨，贵金属反而贬值的现象呢？

对于“价格革命”来说，上述四种解释都存在着局限性，都不足以单独解释其奥秘。“价格革命”的原因是多种的复杂的，任何一种解释都不能完全说明问题。要想科学解释“价格革命”，需要综合分析。在笔者看来，采集金银技术的进步，使物化在其中的劳动量减少，是贵金属贬值，西欧物价普遍上涨的最重要原因；16世纪和17世纪的自然灾害频发导致西欧粮食歉收频繁发生，引起农产品价格飞涨，诱发物价大幅度提升也是重要原因之一；至于人口的增殖，显然也加剧了消费品供应的紧张，对于“价格革命”也起了一定的推波助澜的作用。除了上述三种原因之外，美洲贵金属大量开采和输出，不仅满足了西欧对贵金属的需求，而且使贵金属通过洲际贸易大量转运到亚洲，使世界经济联系日益紧密[3]。对于“价格革命”来说，充足的贵金属供应，对于解决工业发展的急需，对于西

---

〔1〕 朱明：《16世纪西欧“价格革命”新探》，《史学理论研究》2008年第4期。

〔2〕 William S. Atwell, *International Bullion Flows and the Chinese Economy Circa: 1530 – 1650* [J], Pastand Present, 1982(95): 68 – 90.

〔3〕 Richard Von Glahn, “Money Use in China and Changing Patterns of Global Trade in Monetary Metals, 1500 – 1800”, in Dennis O. Flynn, et al, eds., *Global Connections and Monetary History, 1470 – 1800*, Ashgate Publishing Limited, 2003, pp. 187 – 201.

欧贸易的资金需求，都起了重要促进作用。所以，贵金属的充足供应，无论对于西班牙、英国，还是欧洲和亚洲都不是坏事，都是值得肯定的。

至于说，美洲贵金属的大量开采，贵金属通过西欧商人的贩运，大量来到中国。“综合上述一些有关白银生产和转移的估算，从16世纪中期到17世纪中期，美洲生产了30000吨，日本大约生产了8000吨，总计38000吨。如果减去留在美洲以及在转运中流失了的难以确定的一部分，最终流入中国的7000吨到10000吨的确是一个很可观的数字。也就是说，即使按照冯·格拉汗的保守估算，中国也占有了世界白银产量的1/4到1/3”。这对于中国社会经济来说，毫无疑问，在一定程度上缓解了对贵金属的急需，有利于经济朝着白银化的方向发展[1]。

不过，把明末清初的物价飞涨归因于西欧的“价格革命”，从而归因于美洲盛产贵金属和大量输出，未免过于牵强。根据冯·格拉汗的估算，“1631—1635年为436吨，1636—1640年为573吨（其中496吨是从日本进口），1641—1645年为249吨（其中209吨从日本进口），1646—1655年为186吨，以后进口量重新上升。”[2]作者认为，这是一个相当保守的估算。即使根据这一保守估算，明末清初仍有大量白银流入中国，也就是说，中国的白银数量始终在增加。而明末清初的中国的“银贵钱贱”，显

〔1〕 金银的主要输入者和再输出者是西欧和南欧，因为它们要以此来弥补与其他地区（除了美洲和非洲）之间的长期而巨大的结构性贸易赤字。当然，欧洲人之所以能接受非洲和美洲的金银而不大量地返回金银，主要是由于他们在转手输出亚洲商品时扮演着中间人的角色。西欧与波罗的海、东欧、西亚有直接的贸易赤字，与印度有直接的或间接通过西亚的贸易赤字，与东南亚有直接的或间接通过印度的贸易赤字，与中国有间接的通过上述所有地区和日本的贸易赤字，因此把大量白银和一些黄金转手输出到这些地区。表明欧洲结构性贸易赤字的一个数据是，在总出口中，黄金和白银从未少于2/3。例如，在1615年，荷兰东印度公司全部出口物中实物只占6%的价值，金银则占94%的价值（Das Gupta and Pearson，1987：186）。实际上，在1660—1720年这六十年间，贵金属占该公司向亚洲输入总值的87%。出于同样的原因，代表制造业和其他“提倡出口”的利益集团的英国政府，在授予英国东印度公司的特许状上要求，英国出口产品至少要占该公司出口总值的1/10。

〔2〕 Von Glahn，Richard：“Myth and Reality of China’s Seventeenth Century Monetary Crisis”，*The Journal of Economic History* 56，No. 2（June 1996）：p. 444.

然与上述统计相矛盾。

明末清初的中国物价飞涨，毕竟有其自身的特殊原因[1]。第一，连年自然灾害，尤其是陕北持续干旱，粮食严重歉收，饥饿和沉重的徭役逼迫农民离乡背井。大量流民流离失所，盗匪丛起，农民起义连绵不绝。在这种情况下，物价飞涨，民不聊生，属于中国自身的问题，并且是周期性发作，这与西欧的"价格革命"没有必然联系。第二，清初的物价腾贵伴随着银贵钱贱，铜钱的购买力下降更为明显。这与西欧的贵金属贬值明显不同。第三，清初的米价腾贵、物价腾贵与银贵钱贱最初结伴而行，但在政治动荡局面趋于平静之后，米价、物价迅速下落（表1-5），而银钱比价却居高不下，这种变动的不一致，与西欧的"价格革命"有所不同。因此，利用西欧的"价格革命"，尤其是利用贵金属大量生产，运往西欧来解释明末清初的物价飞涨是不合适的。

表1-5　清初的江南米价与物价指数（1650—1680年）

年份	米价 1760/80 = 100	物价 1760/80 = 100	年份	米价 1760/80 = 100	物价 1760/80 = 100
1650	97.40	111.26	1657	37.88	49.06
1651	211.03	161.48	1658	73.05	80.61
1652	178.57	142.98	1659	108.22	111.26
1653	146.10	122.12	1660	100.11	90.93
1654	135.28	109.45	1661	91.99	68.38
1655	135.28	101.49	1662	91.99	76.45
1656	86.58	76.20	1663	48.70	54.96

〔1〕关于明王朝灭亡与白银之间的关系，以及中国与"17世纪普遍危机"的关系，在西方史学界有很大争议，问题主要集中在17世纪中叶流入中国的白银是否有所减少。贡德·弗兰克总结当时统计成果，认为白银输入中国确有减少。（【德】贡德·弗兰克：《白银资本：重视经济全球化中的东方》，第224—225页。）既然白银输入确有减少，也就意味着受了"17世纪普遍危机"的影响。不过这种影响到底有多大？是否足以摧毁明王朝的统治？应是中国学者的重要研究课题。

续表

年份	米价 1760/80 = 100	物价 1760/80 = 100	年份	米价 1760/80 = 100	物价 1760/80 = 100
1664	51.41	54.65	1673	32.47	24.88
1665	54.11	53.37	1674	32.47	39.60
1666	37.88	41.98	1675	37.88	43.62
1667	32.47	36.34	1676	43.29	46.91
1668	29.76	31.31	1677	43.29	46.91
1669	27.06	27.50	1678	48.70	43.09
1670	54.11	69.38	1679	97.40	61.94
1671	70.34	84.57	1680	124.46	97.41
1672	59.52	65.08			

资料来源：本表数据摘自《300年来米价、物价及货币兑价》，载《清代以来的粮价：历史学的解释与再解释》，第168—169页。江南米价见 Wang Y. C.,"Food Supply and Grain Prices in the Yangtze Delta,1638 - 1935",in Thomas G. Rawski and Lillian M. Li edited *Chinese History in Economic Perspective*,35 - 68,University of California Press,1992。物价原始资料来源于《阅世编》、《历年记》和《一斑录》，吴承明于1997年对此进行了整理，详见《18至19世纪上叶的中国市场》，见《中国的现代化：市场与社会》，第265页，北京：生活·读书·新知三联书店，2001年。《阅世编》系明末清初江南文人叶梦珠之笔记；《历年记》是清初上海县人姚廷遴的笔记；《一斑录》，又名《醒世一斑录》，系郑光祖所撰，版本颇多，主要记录道光、咸丰年间各地游历见闻。这些数据来自文人著作的零星记载，加上部分账本，不是完整的数据序列，仅具有参考价值。

六　关于顺治与康熙初年银钱比价波动原因的分析

现在，我们开始对1644—1674年这三十年间银钱比价波动原因进行具体分析。在正式推算之前，我们还有三个问题需要加以简单说明。

第一，关于铸币利润。在市场上，铸币的价值一般大于铸成一枚制钱重量的合金的价值，理由很简单，铸造活动赋予金属材料的特殊形式,使随身携带硬币的人在从事交易时能节省一切称量和化验费用。因此,在计算这些费用时,必须包括铸币的劳动时间,这和制成的衣服价值比本身的衣料价值要大的道理是一样的。在任何时代任何国家,铸币活动对于政府或个人来说,都是追求利润的活动,都是追求铸币工本费以外的利润活动。既然是企业逐利活动,经营者就希望铸成的货币在进入流通渠道时能够获得一定的铸币利润。一般来说,从铸币投放市场的价格中除去铸币时的原材料费和加工费,就是铸币利润,这在清代被称为"钱息"。铸币利息的高低标志着铸币价值的大小。由于铸币量十分巨大,铸币是一种加工普通商品的活动,铸币利息不会太高。只要铸币机构继续开工,继续把铸币顺利投入市场,就一定会有铸币利益。在没有利润的情况下,在企业亏损的情况下,任何时代任何国家,这种活动就会自动停止。合法的铸币机关也好,非法的私铸者也好,都不能自己决定铸币的利润。这一利润是以铸币在市场上的接受情况而定。铸币的市场情况是指,当时已经铸成硬币的金属与未铸成硬币的金属的相对供应量与需求量情况。

第二,材料损耗与工料费。在各地铸币局中材料损耗通常有一个固定的比例,1722 年以前按规定一担合金材料的损耗为十二斤,以后为九斤。例如,1700 年规定"每铜百斤准耗铜十二斤",1723 年规定"每铸铜铅百斤准耗九斤"。[1]加工费,包括工人的薪水和铸币消耗的煤炭等物料价值,[2]这在官方铸币局中是按照铸币数量扣算的。例如,1700 年规定,铜一百斤,"铸钱十串五十文有奇,支给匠工、物料等项钱二千六百九十五文。"[3]1723 年规定,"京局每铜铅百斤给工钱一千九百五十九文。"是年,各省匠工物料贵贱不一,"云南定每百斤为一千八百二十文,嗣后,

---

〔1〕 刘锦藻编:《清朝文献通考》卷 15,钱币 3,第 4977—4981 页。

〔2〕 "每炉额设炉头一人,其所需工价有八行匠役:曰看火匠,曰翻砂匠,曰刷灰匠,曰杂作匠,曰锉边匠,曰滚边匠,曰磨钱匠,曰洗眼匠,例给钱文;所需料价:曰煤,曰罐子,曰黄沙,曰木炭,曰盐,曰串绳;又有炉头银红,炉匠头银及自局解部车脚,具例给银两。"(刘锦藻编:《清朝文献通考》卷 16,钱币 4,第 4998 页。)

〔3〕 刘锦藻编:《清朝文献通考》卷 14,钱币 2,第 4977 页。

贵州局、四川局也照云南之例；若苏州、江宁二局每百斤工料费为一千五百一十文有奇，浙江局每百斤工料费为一千七百七十文”。[1]此后，损耗比例固定不变，而加工费用还时有调整。

第三，利用洋铜价格进行推算的理由。这里我们主要选择洋铜的价格，而不使用滇铜，主要原因是滇铜价格资料记录比较混乱。应该说，滇铜在矿区的征收价格是比较低廉的，但在运输过程中逐渐增加了费用，到达远离矿区的市场上以后，滇铜价格已经接近于洋铜。例如，乾隆三十四年，有人奏议说：“闽浙、湖北及江南、江西旧买洋铜，每百斤价皆十七两五钱，而滇铜价止十一两，较少六两五钱，其改买宜矣。然此诸路者，其运费杂支每铜百斤，例销之银亦且五六两，合之买价，常有十六七两，其视洋铜之价，未见大有多寡。加以各路运官贴费，自一二钱至五六钱，则已与洋铜等价矣。”[2]

下面要进行一系列的推算，文中自然会有大量的数字。毫无疑问，阅读这些数字材料是很枯燥的，不过应当清楚的是，人们衡量所谈论的事物，只有用数字加以表达时，才真正对它有了几分了解；而当我们还不能用数字来表达它时，关于它的了解就是肤浅的和不能令人满意的，也许这种了解是认知的开端，但在思想上则很难说已经步入了科学的阶段。

1644 年，江南市场上流通的铜钱主要是崇祯年间的官私小铜钱，据时人记载：这种小铜钱，“每千兑银不过三钱有奇。而钱之所重，每千不过三斤有零而已。”[3]按照这一记载，当时每两白银换铜钱 3333 文，每千文重量为三斤，每文重量平均为四分八厘，每两白银所换铜钱重量大约在十斤左右，比价为 1∶160。

清廷规定新制钱重量为一钱，每七文准银一分，即七百文换银一两。当年收购旧钱价格每担为八两，银铜之间的比价为 1∶200，是时，白铅价比较昂贵，与铜价没有大的差额，此处计算暂时忽略其差价。按照规定：

---

〔1〕 刘锦藻编：《清朝文献通考》卷 15，钱币 3，第 4981 页。

〔2〕 王太岳：《铜政议下》，贺长龄辑，魏源编：《皇朝经世文编》卷 52，户政 27，第 28 页。

〔3〕 叶梦珠：《阅世编》卷七，钱法，第 194 页。

铸币重量为一钱，每百斤铜铅材料耗损为十一斤。一百斤铜铅合金属，除去十一斤损耗，可以铸造这样的制钱 14240 枚。从中扣除加工费 2695 文，尚余制钱 11545 文。若以金属材料一担价值八两推算，平均每两白银投资，所得制钱为 1443 文[1]，相当于官定比价的两倍还要多，铸币利益为 106%。正在流通的小铜钱，每两白银可以兑换 3300 文，新的制钱重量为一钱，相当于前朝小铜钱的二倍。一两白银与新制钱的市场比价应为一千五六百文。清廷规定七百文新制钱换银一两，由于铸币利益过高，市场不能接受，因此，"甫经发行，即行壅滞"。

1645 年，鉴于一钱重的制钱不能按照官定比价流通，清廷被迫采取新的措施，开始铸造"一钱二分"的制钱。当年每担"旧钱"的收购价格仍为八两。一百斤金属材料除去损耗十一斤，可以铸造 11867 枚，从中扣除加工费 2695 文，尚余 9172 文。按金属材料计算，投资白银一两可以得到 1147 文。这一年官定比价制钱七百文换银一两，铸币利益为 64%，因此，不可能解决市场上的"银贵钱贱"问题。迫不得已，清廷在次年下令大幅度提高银钱兑换率，规定制钱一千文换银一两。

即使将银两与制钱的兑换率提高到 1∶1000，"银贵钱贱"问题事实上仍然不能得到解决。因为在铜价不变的情况下，白银一两可以得到标准制钱 1147 文，本身就有 15% 的利润。更何况当年每一百斤的金属材料加工费定得过高（即 2695 文，后来逐渐降低到 1510—1974 文），至少多了 700—800 文，实际铸币利益高达 25%。因此，这一时期的白银一两在市场上换 1200—1300 文制钱，属于正常现象，"银贵钱贱"的形势不可能得到改变。

1651 年，为了改变市场上的"银贵钱贱"局面，清廷再一次增加了制钱的重量，为"一钱二分五厘"。是时，一担废铜的收购价格仍为八两，扣除材料损耗和加工费，一两白银可以铸成重量为"一钱二分五厘"的制钱 1087 文，考虑到加工费多扣除了 700—800 文，事实上金属投资一两白银

〔1〕 1600 × (100 − 11) ÷ 10 = 14240 文；(14240 − 2695) ÷ 8 = 1443 文；以下计算方法相同，为了节约文字，只列举计算条件，不再说明计算方法。

可以得到1206文制钱，铸币利益仍然在19%。少量增加铸币的重量虽然可以影响银钱比价，而不可能改变"银贵钱贱"的基本形势。1657年，由于市场上"银贵钱贱"比先前有所加重，清廷不得不采取多项措施来调节银钱比价，其中之一就是再次提高铸币的重量，为"一钱四分"。

到了1661年，"银贵钱贱"的形势不仅没有改变，而且进一步加重了。原来是这一年铜价又下跌了，一百斤铜价只有七两银子，银与铜之间的比价变为1:229。1664年，铜价进一步下跌，每担铜的采购价格仅为六两五钱，这是清代最大的银铜比价1:246。在一百斤铜价银6.5两的情况下，清廷规定铸造"一钱四分"重的制钱，"每铜百斤准耗铜十二斤，铸钱十串五十文有奇，支给匠工、物料等项钱二千六百九十五文。"[1]即一百斤铜材料，扣除十二斤损耗，可以铸成1057文，从中再扣除2695文匠工炉火等加工费用，尚有7035文。按照每担铜价银6.5两计算，平均每投资一两白银可以得到1132枚制钱。看来这一数据是当时经过精细推算得到的，正是官方期望得到的理想比价。然而，理想终归是理想，理想的设计不一定在市场中得到实现。一直到1670年流通领域仍然是"银贵钱贱"，京城制钱"每千文不过值银八钱"，即一两银子可以兑换制钱1250文。

导致这种结果的原因是，扣除的加工费过高。这一时期的加工费为2695文，比雍正时期规定的加工费1959文高了731文。如果将这一高出的加工费计入铸造费用，则投资一两白银，可以得到的一钱四分重制钱不是1132文，而是1194文，这与市场上的比价就完全接近了。市场上一两白银兑换1250文，铸造1194文制钱的成本价格为一两，多余的50文可以看成是铸币利润。银钱的市场比价略高于铸造成本价格，属于正常现象。总的来说，采取了这些措施后，市场上的银钱比价开始接近于官定的固定比价。

通过上述考察可以得到这样一个认识，银钱比价的任何一次变化都是可以理解的，只要有了真实的金属价格资料，通过精密的推算都是可以求得的；银与钱的价值都是随着国际国内市场上金属材料价格波动发生

---

〔1〕 刘锦藻编：《清朝文献通考》卷14，钱币2，第4977页。

变化的，不仅与各自数量的增减没有多大关系，更与参照物的数量变化完全无关；就制钱而言，它的价值既受市场上币材价格的直接影响，同时与其重量、质量不时变化发生密切联系；一般来说，制钱的市场价格均高于铸币的原材料价格。这是因为，在铸币上面投入了新的劳动。正如，一件衣服的价值通常要高于其衣料的价值一样，铸币的价值要高于其铸币材料的价值〔1〕。但是，由于铸币是一种普通的劳动，投入一枚铸币的劳动量毕竟是有限的，它的价值不可能很高。所以，我们说制钱的价值略高于其金属材料价值是正常的，而低于其金属材料或大大高于其金属材料的现象都是不正常的现象。

小　结

（一）银钱比价变化是经常发生的，那种认为嘉庆朝以前银钱比价基本稳定的说法，缺乏依据，是错误的推论。

（二）明末清初的银钱比价变化或物价变化与西欧的“价格革命”联系在一起，过于牵强。发生在中国的物价暴涨暴跌以及银钱比价的激烈波动原因，均可以从中国内部的社会政治经济变化中得到合理解释。

（三）清初的银钱比价的波动，主要是银、铜、锌等贵金属价格变化的结果；尤其是与制钱质量的变化有着密切关系。金属铸币的价值变化与其数量增减关系不大；清廷对于银钱比价的干预，即各种调剂措施，对于银钱比价的影响是有限的，可以影响银钱比价的幅度，而不能影响银钱比价变化的趋势。

---

〔1〕“铸币的价值虽然不能小于其所含有的金银，但却可以、而且作为制造品自然可以大于其所含有的金银，这同亚麻织品的价值大于同等重量的亚麻纱，属于同一原理。”（【英】约翰·穆勒著，胡企林、朱泱译：《政治经济学原理及其在社会哲学上的若干应用》下卷，北京：商务印书馆，1991 年，第 28 页。）

第二章　康熙中期银价暴跌的成因（1674—1690年）

在前一章中，我们看到清廷为了维持一两白银兑换制钱一千文这一规定，采取了多种调剂措施，其中最重要的措施，就是改变制钱的重量，首先是将制钱重量由“一钱”改为“一钱二分”，然后改为“一钱二分五厘”，第三次改为“一钱四分”[1]。由于制钱的重量增加，质量相应提高，价值自然增加，市场上的银钱比价发生相应变化，逐渐朝着清廷期望的比价靠近。不料，在1673年，银钱比价又突然发生反方向变化。银一两兑换制钱高达2800—3300文。然而，正当人们对于这样一个高比价的出现感到莫名其妙时，银钱比价开始戏剧性地大幅度下跌，在短短十余年时间里每两银价下跌至800—900文。银钱比价的这种忽高忽低变化，令人感到诧异。究竟是什么原因导致银钱比价发生如此戏剧性的变化呢？

一　1674—1690年银钱比价暴跌情况

银钱之间的比价，从根本上说，就是银铜之间的比价，银钱、银铜的比价变化在各地市场上总是完全一致的。银钱比价变化有其自身规律，任何人想改变这个规律，都是不会成功的。清朝官员却总是忽视这个基本

---

〔1〕《钦定大清会典则例》卷四十四，户部，钱法一，京局鼓铸。

道理，总想进行违反常识的尝试。例如，在没有任何科学根据的情况下，即贸然规定一两白银兑换制钱一千文，并且为了维持这一比价，采取了各种调剂措施。户部的官员试图将市场上的银钱自然比价，固定在官方比价范围之内；他们总是希望铜价贱而钱价贵，企求出现江湖术士点金术的效应，掌握铸币的巨大利益。清初的一位学者针对户部官员的企图，明确告诫说："今国用告匮，生财之道无不俱举。势必重议鼓铸，议鼓铸势必孰求所以贵钱而贱铜之术。然愚以为国家但有行钱之法，无贵钱之法。钱诚行，则钱自贵。但有采铜之法，无贱铜之法。钱诚贵，则铜即不贱，而利自多。今为贵钱之术者，吾不能曲为之阿也……今国家必无贵钱之法也，夫铜即未铸之钱，钱即已铸之铜。贵，则俱贵；贱，则俱贱。必无有此贵而彼贱者。"[1]这种认识相当深刻，可惜这一真知灼见到现在尚未引起研究者的重视。

1674—1690 年的银价下跌情况，最初很少引起社会的关注。因为清廷的理财官正在为银价的长期居高不下所困扰。当银价大幅度跌落到每两只能兑换八九百文时，他们才感觉到出现了新的问题，急急忙忙寻求对策。关于此次银价跌落的情况，详见表 2-1。

表 2-1　1673—1702 年各省区银钱市场比价变动情况一览表

年份	银钱比价	原始资料	地区	资料来源
1673	1818—3333	四月，闻八闽之变，三吴钱价顿减，初犹五六钱一千，后直递减至三钱。	江南	叶梦珠：《阅世编》卷七，钱法，第 195 页。
1674	2813	银一两合制钱二千零八十三文。	安徽	《湖州市志》，第 1426 页。

〔1〕 夏骃：《鼓铸议》，《皇朝经世文编》卷 53，户政 28，钱币下，第 14 页。按语：夏骃，字文茵，号宛来，浙江乌程人，举康熙己未博学鸿词，缘事未试，有《烂溪集》《交山平寇本末》等。

续表

年份	银钱比价	原始资料	地区	资料来源
1678	1150—1075	十七八年之间，每千价银又兑至八钱七八分及九钱二三分。	江南	叶梦珠：《阅世编》卷七，钱法，第195页。
1679	1250—1430	今各省炉铸已通行矣。定例钱一千算银一两，民间则算银七八钱，一也；宝泉局钱，论官价则增息，论民价则亏本，二也。	各省	徐旭龄：《通行钱法疏》，康熙十八年，贺长龄辑，魏源编：《皇朝经世文编》卷53，户政28，钱币下，第21页。
1681	1250 1000—865	私铸复盛，钱复滥恶，每千所重，至恶者亦不过二三斤。价犹值银八钱外，其官局厘钱，每千价银几及一两，甚有一两零四分者。	江南	叶梦珠：《阅世编》卷七，钱法，第195页。
1682	1111	二十一年夏，圆麦三百五十文一石，准银三钱一分五厘。	江南	叶梦珠：《阅世编》卷七，食货三，第177页。
1684	850	银一两价钱"八百五十文"。	京师	陈昭南：《雍正乾隆年间的银钱比价变动》，第24页。
1684	800—900	定例每钱一串值银一两，今每银一两仅得八九百文不等。钱日少而贵者，皆由奸宄不法之徒毁钱作铜，牟利所致。	全国	《清圣祖实录》卷116，康熙二十三年九月丙寅。
1685	833	私钱顿贱，官钱每千几值纹银一两二钱矣。	江南	叶梦珠：《阅世编》卷七，钱法，第195页。

续表

年份	银钱比价	原始资料	地区	资料来源
1689	990	每千不及值银一两。	江南	叶梦珠:《阅世编》卷七,钱法,第195页。
1690	971	二月,私钱之禁复严,市中不复通用,积弊为之一洗。制钱每千价至纹银一两二三分。	江南	叶梦珠:《阅世编》卷七,钱法,第195页。
1691	3030	钱价益减,现在每千市价三钱二三分不等。	直隶	铁保纂修:《钦定八旗通志》卷202,嘉庆四年刊本。
1702	1429	每千文准银七钱。	京师	刘锦藻编:《清朝文献通考》卷14,钱币2,第4977页。

从表2-1可以看出,此次银价变化先是大幅度上涨,接着是暴跌。到1673年,银价再次暴涨至3000余文。而后是持续不断的下跌,到1684年下跌至每两换钱850文,而后徘徊在800—900文,直到1691年银价才再次出现大幅度增长,前后持续了十六年。即使以银价低于一千文为标准,持续的时间也有八年之久。这是清朝的第一个所谓“银贱钱贵”时期。

关于这一时期银钱比价波动情况,清初文人叶梦珠曾经分析指出:“四月,闻八闽之变,三吴钱价顿减,初犹五六钱一千,后直递减至三钱。积钱之家,坐而日困,典铺尤甚。有司严禁曲喻之,而不可挽。十五年以后,封疆渐宁,钱价以次渐长。十七八年之间,每千价银又兑至八钱七八分及九钱二三分,几乎厘钱矣。”[1]在他看来,这一时

〔1〕 叶梦珠:《阅世编》卷七,钱法,第195页。

期的银钱比价变化与"三藩之乱"有密切关系。银价在三吴地区的暴涨和暴跌是"八闽之变"的成因,银价在后来渐趋稳定也是"封疆渐宁"的结果。这种看法虽然只是直观的描述,缺乏理论深度的思辨,然而却是很有道理的,因为他触及了流通领域的一个规律性问题。下文对此将重点讨论。

二 时人关于银钱比价变化的一致看法

由于政治动荡成为焦点问题,人们对于1673年和1674年中国流通领域出现的短暂的银价暴涨问题很少加以讨论。户部官员关注的重点问题只是钱贵,他们认为一两白银兑换的制钱不满一千,是由于钱少造成的。钱少是由于铜价昂贵,民间毁钱铸器造成的。

基于这种认识,钱法侍郎陈廷敬于1684年建议改制小钱。"今日民间所不便者,莫过于钱价甚贵。定制每钱一千,值银一两。今则每银一两仅得钱八九百文。其故由于制钱之少。夫国家岁岁制钱,宜乎钱日多而贱,今乃日少而贵。盖因奸宄不法毁钱作铜,以牟厚利之所致耳。夫销毁制钱,著之律令,其罪至重。然而不能禁止者,厚利之所在故也。今铜价每斤值银一钱四五分,计银一两仅买铜七斤有余。而毁钱一千,得铜八斤十二两,即以今日极贵之钱,用银一两所换之钱,可毁铜至十余斤者乎?铜价既贵,奸人争毁制钱以为射利之捷径。鼓铸之数有限,销毁之途径无穷,安得不日少而日贵乎?苟不因时变通,其将无所底止矣。"〔1〕

这是认为货币价值决定于一定的货币数量。货币数量少则价值贵,货币数量多则价值贱,货币数量与其价格成反比例关系。如果用M代表

〔1〕 陈廷敬:《制钱销毁滋弊疏》,康熙二十三年八月十七日,《午亭文编》卷30,乾隆年间刻本。

货币的数量(Money),用P代表货币的价格(Price),1代表一种货币的总价值,则方程式为 $MP = 1$。这个方程式既可以解释银价的变化,也可以解释钱价的增减,还可以解释银钱比价的变化。当白银的公式为 $M_1P_1 = 1$,制钱的公式为 $M_2P_2 = 1$ 时,便假定 $P_1 : P_2$ 应是 1∶1000,即一两白银兑换 1000 文制钱。这样当银价增加或减少时,自然会影响到制钱价格的高或低;当钱价增加或减少时,也会影响到银价的高或低,属于非常典型的中国货币数量说。

这种货币数量学说与西方流行的货币数量学说有所不同。西方的货币数量说,强调的是货币与物价之间的联系,最典型的是费雪的公式:$MV = PT$。它的意思是,货币(Money)数量乘以流通速度(Velocity)等于商品和服务的价格(Price)乘以其生产和销售的交易量(Transactic)。认为货币数量增加,而流通速度和交易量不变,那么商品和服务的价格就应该随着货币的增加而相应地上涨。中国的货币数量论者很少联系物价看问题,单纯强调货币自身数量的多少,认为"物多则贱,寡则贵"。制钱数量多了,制钱价格就会下跌;制钱数量少了,制钱价格就会提高。银两的高低价格变化,也是这种简单的反比例关系。

此处需要注意的是,陈廷敬看到了钱价与铜价的密切关系,并且以铜价昂贵说明销毁制钱的非法牟利行为,颇有道理。不过,他的错误在于,把当时的制钱看成是纯铜制钱,事实上,清代的制钱都是铜、锌(白铅)、铅(黑铅)、锡等合金铸成的。在制钱的各种合金比例中,各个朝代有所不同,铜所占的比重时有变化,有时为70%,有时为60%,有时为50%,既无纯铜制钱,也无低于50%铜的制钱。

九卿奉旨讨论,一致认为,"非严立科条不能禁其不毁制钱也。"户部官员阿兰泰、佛伦、马世济等人支持陈廷敬的意见,同样认为:"欲除毁钱之弊,求制钱之多,莫若鼓铸稍轻之钱。毁钱为铜,既无厚利,则其弊自绝。"[1]

康熙皇帝对于这一观点曾经有所怀疑,但在众多官员的建议下,还是

---

[1] 《清圣祖实录》卷116,康熙二十三年七月丙寅。

批准了这一请求，于是铸钱机构开始大规模铸造重量为“一钱”的小制钱。

私毁制钱现象是可以理解的。因为青铜和黄铜可以用于铸造各种器皿，如果铜匠以其铸造技术精良，所得到的铸器利益足够大，就会这样做。毁钱铸器的多了，制钱的数量就会相应减少，可能影响其供求关系，制钱的价格就会有所增昂。这是十分正常的现象。一般来说，毁钱铸器导致的制钱价格的提升是有限度的，不会严重偏离其自身金属应有的价值。

为了迅速改变“银贱钱贵”的局面，清廷连续采取三项措施：一是减轻了制钱重量，由原来的每枚重量“一钱四分”，改为“一钱”；二是降低了制钱的质量，下令铸造铜白铅（锌）合金制钱，“以铜六铅四配铸”；〔1〕三是增加了铜斤的收购价格，试图通过价格调节，刺激开矿的积极性，以增加铜的采购量。〔2〕

三 米价、物价与银钱比价

为了研究本期银钱比价波动的成因，我们首先需要借助粮价或物价指数作一简单判断。从表2-2中可以看出，在本期中间出现了一次米价、物价上涨的过程，但持续时间不长。米价、物价于1679年开始快速上涨，到1680年达到高峰，然后开始回落，到1684年，回落到1678年的水平。1685年以后的波动虽有较大起伏，可能是原始数据不足造成的，属于正常变化。总的来说，米价与物价变化一致。

本期钱价波动与米价、物价相比，既有一致的地方又有不一致的地

〔1〕 刘锦藻编：《清朝文献通考》卷14，钱币2，第4974页。

〔2〕 1686年，九卿科道奏议：“各省铜产不能充裕，价值渐昂，每斤原价银六分五厘，诚有不敷，今酌增三分五厘，每斤合计银一钱。”（刘锦藻编：《清朝文献通考》卷14，钱币2，第4975页。）

方。一致的地方是，当物价快速上涨时，钱价也随之大幅度上涨。不一致的地方是，当米价、物价于1680年达到高峰时，钱价却在四年之后才达到最大值。1684年850文可以兑换白银一两，而后徘徊在800—900文，并未随着米价、物价的快速下跌而下跌。总的来说，尽管存在着不一致，钱价的升值与贬值趋势与米价、物价是一致的，而银价则正好与此相反。也就是说，随着米价、物价的提高和钱价的升值，白银的购买力相应减弱；随着米价、物价的回落和钱价的贬值，白银的购买力逐渐恢复到先前的水平。

表2-2　康熙中期米价与物价指数（1676—1695年）

年份	米价 1760/80 = 100	物价 1760/80 = 100	年份	米价 1760/80 = 100	物价 1760/80 = 100
1676	43.29	46.91	1686	54.11	55.03
1677	43.29	46.91	1687	59.52	61.50
1678	48.70	43.09	1688	32.47	38.54
1679	97.40	61.94	1689	59.52	63.32
1680	124.46	97.41	1690	54.11	48.35
1681	81.17	85.58	1691	54.11	43.00
1682	37.88	62.83	1692	37.88	33.99
1683	48.70	58.08	1693	54.11	46.91
1684	48.70	40.88	1694	59.52	44.35
1685	48.70	45.17	1695	37.88	58.05

资料来源：本表数据摘自《300年来米价、物价及货币兑价》，载《清代以来的粮价：历史学的解释与再解释》，第168—169页。江南米价见Wang Y. C.，"Food Supply and Grain Prices in the Yangtze Delta，1638 – 1935"，in Thomas G. Rawski and Lillian M. Li edited *Chinese History in Economic Perspective*，35 – 68，University of California Press，1992。物价原始资料来源于《阅世编》《历年记》和《一斑录》，吴承明于1997年对此进行了整理，详见《18至19世纪上叶的中国市场》，见《中国的现代化：市场与社会》，第265页，北京：生活·读书·新知三联书店，2001年。

四　关于本时期“银贱钱贵”原因的分析

如前所述，清代前期市场上无论是出现“银贵钱贱”，还是发生“银贱钱贵”，银钱之间的比价波动情况实际反映的是银、铜、白铅等金属材料市场价格变化的情况，而金属市场价格的变化，短期内反映的是市场上的供求关系，长期反映的是劳动价值的变化。因此，我们应当循着金属货币的这个科学原理来揭示清代前期发生的“银贵钱贱”和“银贱钱贵”的奥秘。

表 2-3　1673—1697 年铜铅价格及其金属比价一览表

年份	金属价格资料	金属比价	资料来源
1673	“许增脚价银五厘”，每斤铜七分。	1∶229	《清朝文献通考》卷 14，钱币 2，第 4971 页。
1683	每斤铜价六分五厘，脚价每斤五厘。	1∶229	《清朝文献通考》卷 14，钱币 2，第 4973 页。
1684	“铜价每斤值银一钱四五分不等”。 云南铜价，每斤五分四厘。 云南白铅价，每斤五分五厘。	1∶110 1∶296 1∶291	《清圣祖实录》卷 116，康熙二十三年七月丙寅。 《清朝文献通考》卷 14，钱币 2，第 4974 页。 《清朝文献通考》卷 14，钱币 2，第 4974 页。
1686	官定采购铜价，“每斤合计银一钱”。	1∶160	《清朝文献通考》卷 14，钱币 2，第 4975 页。
1688	“每斤增给银三分五厘以足一钱”。	1∶160	《清朝文献通考》卷 14，钱币 2，第 4975 页。
1697	私钱，“均照铜价每斤给银一钱”。	1∶160	《清朝文献通考》卷 14，钱币 2，第 4976 页。

清朝初期铸钱的原材料，主要是废铜和旧钱，随着时间的推移，废铜与旧钱越来越少。在这种情况下，开采滇铜和输入洋铜是解决铸钱材料的两个途径。但这一时期对于清廷来说，正是“三藩之乱”造成的社会动

荡之时，难以从吴三桂控制的区域顺利得到滇铜，只能依赖于洋铜。表2-3告诉我们，1684年，“铜价每斤值银一钱四五分不等”，银铜之间的比价是1∶110；1686年，铜价有所回落，最低时每一百斤价值白银十三两左右（采购洋铜价格为每斤一钱，脚价银为五分，实际支付三分），银铜之间的比价为1∶123。是时，白铅价格较为稳定，1684—1714年，一担白铅的价格为5.5两，银铅之间的比价为1∶291。

1684年，开海贸易后，始酌定铸钱比例，要求各地海关按照“铜六铅四”的合金比例采购铸币材料。“户部议定：凡铜斤仍由关办，铅斤由部发银交商人承办，解局配用。”[1]是时，云南省铜贱铅贵，铜价每斤五分四厘，铅价每斤五分五厘，不得已，“准以铜八铅二配铸”。[2]此后又多次改变制钱合金比例。

现在，我们来具体分析这一时期的银价大幅度下跌问题。1674年，清朝的理财官正在密切关注“银贵钱贱”时，金融市场突然转变为“银贱钱贵”。到1682年，纹银一两只能兑换制钱“八九百文”。尤其是到了1687年，这种情况更为严重。关于此次“银贱钱贵”，官方一致认为是制钱的绝对数量减少导致的，而制钱数量的减少是民间私毁铸器造成的。在清代官员看来，白银和制钱的价值与其数量之间，存在着两种反比例关系。第一，白银与铜钱的价值决定于本身的数量。随着白银、铜钱数量增多，其价格相应降低；随着白银、铜钱数量的减少，其价格相应提高。第二，银两与钱文这两种货币之间构成反比例关系，银两数量增加，银价下跌，则引起钱贵；银两数量减少，银价上涨，则导致钱贱。同样推理，制钱数量增加，制钱价格降低，就会引起银贵；制钱数量减少，制钱价格提升，就会导致银贱。

实际上导致这一时期“银贱钱贵”的原因是复杂的。首先，是市场上的铜价大幅度上涨促成的，“铜价每斤值银一钱四五分不等”。[3]银铜之

---

〔1〕 刘锦藻编：《清朝文献通考》卷14，钱币2，第4974页。

〔2〕 同上。

〔3〕 《清圣祖实录》卷116，康熙二十三年七月丙寅。

间的比价下落为1:114,或1:123。由于铜价大幅度上涨,制钱价值相应增加是自然而然的事情。

当一担铜价银14.5两,一担白铅价银5.4两时,铜铅合金的比例是60%和40%时,每担铜铅的合金价值为10.86两[1],继续铸造"一钱四分"重的制钱,扣除损耗十一斤,可以得到10171文制钱,扣除加工费2695文,即一两白银相对应的制钱量是688文。即使不扣除加工费,一两白银成本费也在937文上下。因此,一两白银在市场上的价格跌至1000文以下,毫不奇怪。

不过,事物的变化总是复杂的,还有一些因素必须加以考虑。即当时的市场上的制钱并非全是重量为"一钱四分"的铜钱,顺治朝和康熙初年铸造的重量为"一钱"、"一钱二分"、"一钱二分五厘"的制钱仍在正常流通,数量相当巨大。考虑到这些因素[2],市场上每两白银所换制钱数量应当在900—1000文。但是,市场上为什么会出现低于900文,甚至只能兑换830文的现象呢?为什么会一度出现制钱流通价格远远高于其生产成本的现象呢?流通领域中的戏剧性变化与其当时的社会环境变化有着密切关系。

五 "三藩之乱"与银价的暴跌

仔细观察有清一代的银钱比价的变化,可以发现这样一个规律。每当国内政治局势发生大动荡之时,物价开始暴涨,随之发生短暂的银价腾

[1] 每担铜价银14.5两,每担白铅价银5.4两,每担铜铅的合金比例是铜为60%,白铅为40%,按照这一价格和比例推算,每担铜铅合金材料价银10.86两(14.5×60%+5.4×40%=10.86)。1600×(100-11)÷14=10171文;(10171-2695)÷10.86=688文;10171÷10.86=937文。

[2] 1600×(100-11)÷12=11867文;(11867-2695)÷10.86=845文;11867÷10.86=1093文。

贵的现象;但是,随着战争的持续进行,卷入战争的地区商品经济遭受严重破坏,银钱比价就会朝着相反的方向发展,紧随着银价腾贵,便是银价的持续大幅度下跌。银价下跌的幅度之大,一般会大大低于战争爆发之前的水平。康熙时期的平定“三藩之乱”战争是如此,乾隆前期镇压四川土司起事如此,镇压大小和卓木叛乱是如此,乾隆后期镇压台湾林爽文起义也是如此。局部的战争引起局部钱价暴涨,全局性的战争引起全国性的银价大幅度下跌。

我们先把目光放大到我们论述的这个时期之后的一段时间,简略地考察战争时期银钱比价的波动情况。1746 年(乾隆十一年),陕西巡抚陈弘谋奏报说:“陕西钱价向来每银一两易钱八百文以上,近则只易钱七百二三四十文,其昂贵为历年所未有。”[1]然而这并非是该省银价的最低点,两年后,“西安省城每银一两只换钱六百十余文,各省未有如此贵价者。”[2]西安此次银价下跌,钱价增昂,既是由于四川大规模用兵,又是由于历年“陕省积歉”造成的。1747 年,四川大金川土司莎罗本起兵反抗,清廷派遣重兵前往镇压,大兵经过陕西,该省供役浩繁,政治动荡,加之自然灾害袭击,连年歉收,市场混乱,“钱价之昂为历来所未有。”[3]为了平抑钱价,陕西巡抚将 2880 串钱文立即投入市场,“省城有此钱文易银,市价日渐平减。上年冬内每银一两易钱六百余十文,今则每银一两易钱七百余十文。”[4]经过官方干预,陕西省的银价仍然没有恢复到“向来每银一两易钱八百文以上”的水平。

乾隆初期,大小和卓木相继在新疆发动叛乱,战火燃烧至甘肃一带。1755 年,清廷派遣军队平叛,历时七年之久,打败叛军,活捉大小和卓木,天山南北完全归入清朝版图。战前,全国各地的每两银价大都在 800—

---

〔1〕 陈弘谋:《申铜禁酌鼓铸疏》,《皇朝经世文编》卷 53,第 27 页。

〔2〕 《陕西巡抚陈弘谋奏报开炉试铸钱文以平钱价事》,乾隆十三年十二月二十九日,朱批奏折,档号:04 -01 -35 -1239 -018。

〔3〕 《陕西巡抚陈弘谋奏报陕省钱价渐平事》,乾隆十四年六月二十五日,朱批奏折,档号:04 -01 -35 -1240 -008。

〔4〕 同上。

900 文。战时，西北一带经济破败不堪。“甘肃地方连年办理军需，以致兰、凉、甘、肃一带钱价昂贵……每银一两易钱六百七八十文至七百四五十文不等”。1759 年，兰州一带又遭受旱灾袭击，在战争与灾害双重打击下，经济再度遭受重创，钱价高腾，“每银一两仅易钱五百七八十文至六百二三十文不等。”〔1〕

乾隆后期，天地会活动比较活跃，清廷视其为异端，必欲除之而后快。1786 年，林爽文在台湾率众起义，攻克彰化，建立政权，年号天顺。旋即占领诸罗。天地会众庄大田在凤山起义响应。清廷派出大批军队前往镇压。当时，清军在台湾遇到的困难之一就是“钱价增昂”。1787 年 12 月 7 日，福建巡抚徐嗣曾奏报说：“台湾自用兵以来，车运军装夫脚并给发义勇口粮，在在需用钱文，以致钱价增昂，即内地亦有日增之势，恐将来逐渐增昂，于民用官需均有窒碍，不可不急筹调剂。”〔2〕为此，他请求朝廷敕令浙江、江苏两省各借拨制钱十万串，尽快解送福建，以济要需。1788 年春天，浙江解送的第二批制钱五万串尚未运到，闽浙总督李侍尧已奏报，“军务已经告竣，闽省钱价已平。”关于此次台湾战乱的钱价增昂幅度有多大，在奏报中没有确切的数字。

在政治动荡时期，金属货币流通为什么会发生这样的变化？马克思曾经指出：“作为一般的规律，可以这样说，在和平时期，以金银货币变成奢侈品为主，只有在动荡的局面下，才以奢侈品倒过来变成条块或铸币。”〔3〕英国货币学家杰科布观察到这样一种现象，“在动荡不安的时期，特别是内乱外患时期，金银器急速变成货币；而在太平繁荣时期，货币就变成食具和饰品。”〔4〕在和平年代，由于社会政治生活相对安定和商

---

〔1〕《署理甘肃按察使明德奏为兰、凉、甘、肃一带钱价昂贵请敕湖北督抚陆续拨钱万串转送泾州事》，乾隆二十四年八月二十五日，朱批奏折，档号：04－01－01－0233－009。

〔2〕《钦定平定台湾纪略》卷 41；《清高宗实录》卷 1291，乾隆五十二年十月壬戌。

〔3〕【德】马克思著，中央编译局译：《政治经济学批判》，《马克思恩格斯全集》第 13 卷，第 125—126 页。

〔4〕【英】杰科布：《贵金属生产和消费的历史研究》第 2 卷，第 357 页；转引自《马克思恩格斯全集》第 13 卷，第 126 页注释。

品经济的繁荣，人们总是努力积累贵金属，以便购买高昂的奢侈品，如豪华的房屋和设备、金属器皿和首饰。为了防备意外的事故给人们的突然打击，还要大量贮藏贵金属（金银首饰也是贮藏的美学形式），这种做法特别在东方民族（中国和印度等地）中盛行；在动荡不安的时代，特别是在内乱外患时期，在遭受严重自然灾害的地方，社会对贵金属的需求就会发生很大的变化，战争和灾荒会迫使人们将金银器皿变成货币，将深深埋藏的金银取出来以便换取救命的粮食和招募兵员，这样一来加入货币流通之渠的贵金属就会突然增多，形成供大于求的局面。然而，社会对作为贵金属辅币的价值符号（例如制钱）的需求不但不会因战争与自然灾害减少，反而由于战争破坏了商品流通，原来铜符号在极小的买卖中的流通速度相对减缓（制钱的流通次数减少），便会突然显得不足。社会对它的需求便随着战争的广度和深度，以及自然灾害的程度而增长。一言以蔽之，就是战争和自然灾害能急剧改变社会对贵金属及其辅币的不同需求，从而影响二者的比率。

流通所需要的货币数量，不但决定于投入流通的商品价格，而且还决定于货币周转的速度。货币的周转既不是由一个中心点出发，也不是由周围的一切点复归于一个中心点；而是从无限众多的点上出发，而又复归于无限众多点上。流通手段的速度因此只能在一定限度内代替流通媒介的数量。同一数量的货币不论速度如何，只能陆续地完成一系列的支付。因此，流通需要一定数量的货币。这个数量始终处在流通之中，始终处在变化之中，很难计算，也很难把握。这只能根据商人们交换商品时的感觉。

至于因政治动荡引起的银价下跌幅度，非常难于估价。这既要看政治动荡对于社会经济造成的破坏的强度有多大，同时还要考虑到供求关系紧张导致钱价上涨，及其对于金属材料价格的影响。例如，在 1674 年以前，每担铜价银只有七两左右，而在 1684 年每担铜的价格突然上涨到了十四五两，两年之后，一担铜的价格只有十三两左右。从这些数据来看，政治动荡的冲击不仅影响了银钱比价，而且也影响了市场上铜价的大幅度上涨。这个现象既往很少引起货币学家的关注。

小　结

（一）1674—1690 年间发生的“银贱钱贵”是在战争环境下发生的，银价从每两 2800—3300 文迅速下跌至 800—900 文，变化幅度很大。

（二）在本期中间出现了一次米价、物价上涨与回落的过程，与此同时，流通领域也经历了一次银价暴跌、钱价大幅度上涨的过程。尽管米价、物价上涨与回落和钱价的升值与贬值存在着时间的不一致，但二者的变化趋势一致，彼此之间不无联系。

（三）利用制钱数量的减少解释康熙中期“银贱钱贵”问题，从理论上讲是错误的，属于货币数量说。事实证明，金属铸币的价格变化与其数量增减关系不大。

（四）康熙中期的“银贱钱贵”成因较为复杂，可以从铜价的大幅度增昂，制钱生产成本相应提高，得到合理的解释；同时也应重视战乱的影响。由于“三藩之乱”，南北政治大动荡，社会经济生活遭受破坏，金属货币流通“一般规律”发生变化，钱价大幅度增昂，大大超出了制钱生产的工本费用。

第三章　康熙后期的银价再度上涨（1690—1705 年）

关于康熙后期的“银贵钱贱”在当时尽管引起了官方的高度重视，然而至今尚未引起学者的关注和探讨。尤其是康熙皇帝晚年对于处理此次“银贵钱贱”政策的多次反思和认真总结，尚未引起学界应有的重视。今天看来，康熙皇帝关于金属货币问题的认识颇有价值，非常值得研究和借鉴。

一　1690—1705 年的银价上涨情况

如前一章所说，由于“银贱钱贵”的局面得不到缓解，清朝的户部官员认为，这是钱少导致的，而钱少是由于民间私毁制钱造成的。为了防止私毁，于 1684 年开始改变铸币重量，大力鼓铸、发放“一钱”重的制钱。四年之后，云南市场上突然发生“千钱值银不过三四钱”的现象，接着，这种情况迅速影响到全国。到 1691 年，京畿地区也出现了“钱价益减，现在每千市价三钱二三分不等”局面。此后虽然有所改变，但直到 1705 年，京师的银价仍然保持在“银一两合钱一千四五百文”的水平上。关于本时期的银钱比价波动情况，详见表 3-1。

表 3-1　1684—1706 年各省银钱市场比价变动情况一览表

年份	银钱比价	原始资料	地区	资料来源
1684	850	银一两价钱“八百五十文”。	京师	陈昭南:《雍正乾隆年间的银钱比价变动》,第 24 页。
1684	800—900	定例每钱一串值银一两,今每银一两仅得八九百文不等。	全国	《清圣祖实录》卷 116,康熙二十三年九月丙寅。
1685	833	私钱顿贱,官钱每千几值纹银一两二钱矣。	江南	叶梦珠:《阅世编》卷七,食货一。
1688	2857	鼓铸日增,钱价日减,千钱值银不三四钱。	云南	铁保纂修:《钦定八旗通志》卷 191,嘉庆四年刊本。
1689	990	每千不及值银一两。	江南	叶梦珠:《阅世编》卷七,食货一。
1690	971	二月,私钱之禁复严,市中不复通用,积弊为之一洗。制钱每千价至纹银一两二三分。	江南	叶梦珠:《阅世编》卷七,食货一。
1691	3030	钱价益减,现在每千市价三钱二三分不等。	直隶	铁保纂修:《钦定八旗通志》卷 202,嘉庆四年刊本。
1702	1429	每千文准银七钱。	京师	刘锦藻编:《清朝文献通考》卷 14,钱币 2,第 4977 页。
1705	1400—1500	银一两合钱一千四五百文。	京师	陈昭南:《雍正乾隆年间的银钱比价变动》,第 24 页。
1706	700—800	康熙四十五六年间,每银一两仅可兑钱七八百文。	京师	《大义觉迷录》,奉旨讯问曾静口供二十四条之第十八条。

本书在探讨清代银钱比价波动情况时,非常重视云南市场上银钱比价波动情况,但一般不将该省区的变化作为起始点来考察。主要原因是,

云南是产铜区，与其他省区市场上的银钱比价波动情况有所不同。该地区铜价时常受到超经济干预，不是正常的市场价格，不正常的铜价不能不影响及钱价。

从表3-1中可以看出，自1690年开始到1705年为止，这是清朝历史上第二个“银贵钱贱”时期，持续时间为十五年。1688年9月，云贵总督范承勋奏报：“鼓铸日增，钱价日减，千钱值银不三四钱。”[1]由此可以推知，当年云南市银一两换钱2500—3000文。云南作为铜矿的主要产区，铜价比其他省区应当便宜一些，在市场上钱价的兑换率也应当贱于其他省区，这属于正常现象。但是，由于“千钱值银不三四钱”，就远远偏离了国内大部分市场的价格，成为了不正常现象。关键是这种不正常现象，很快影响到了全国的银钱市场比价。1690—1705年的“银贵钱贱”，尽管不及顺治、康熙初年的银钱比价的变化幅度，尽管持续时间只有十五年，但也是全国性“银贵钱贱”时期之一。“每千市价三钱二三分”，其上涨幅度也是相当惊人的。

二　官方的调剂措施

目睹“银贵钱贱”的严重形势，官方认为是民间私铸小钱造成的。1690年，清廷下令全国各地收买小钱。户部奏议：“民间私钱在京城限六月交送户部，照铜价每斤给银一钱收买、改铸。在外，以文到日为始，亦限六月。各州县动库银，照铜价收买，解布政司。”[2]显然，收买小钱的措施未见成效。1691年的广东，“钱价益减，现在每千市价三钱二三分不等。”[3]由此可以推知，当时广东银一两可以换钱三千文。

---

〔1〕 铁保：《钦定八旗通志》卷191，嘉庆元年刊本。

〔2〕 刘锦藻编：《清朝文献通考》卷14，钱币2，第4975页。

〔3〕 铁保：《钦定八旗通志》卷202，嘉庆元年刊本。

1697 年,“银贵钱贱”形势依然严峻,康熙皇帝仍然认为是制钱重量不足,便利私铸导致的[1],遂下令严厉查禁私铸,并制订官员失察处分则例。但是,京城银价依然昂贵如故。1702 年,清廷再次改变了铜钱的重量,下令开始铸造一钱四分重的制钱。大学士等会议钱法,认为:“见今私铸者多,官钱壅滞,若不少更旧制,钱法颇难疏通。”“更定钱制每文重一钱四分。”[2]

1706 年,“以旧小制钱价值甚贱,大钱壅滞,大学士等议请官为收买。上令户部动支库银十万两,遣官会同五城御史收买旧小制钱。”[3]这里的“小钱”指的是 1702 年以前铸造的重量为“一钱”的制钱,“大钱”指的是 1702 年开始铸造的重量为“一钱四分”的制钱。这说明在铸造“一钱四分”重的制钱之后,“银贵钱贱”的形势并未立即改变。为此,清廷不得不下令各级官员收缴“旧小制钱”。[4]由于银钱比价在本年突然发生变化,“每银一两仅可兑钱七八百文”,清廷的货币政策不得不发生相应的变化,由禁私铸改变为禁私毁。[5]

从上述情况来看,市场上的银钱比价尽管受到清廷货币调剂政策的某些影响,但是,二者的比价变化始终遵循市场的规律,从未接受清廷颁布的官定比价。即使个别年代出现了白银一两值钱千文的兑换率,那也是金融市场上的自然波动的结果,而不是清朝皇帝的意志的体现。现在的问题是,究竟是什么力量左右着此次银钱比价的波动呢?

---

[1] “今岁田禾大有,而米价仍贵。询之土人,皆云:钱贱所以米贵。又闻小钱从山东来者居多。先年,佛伦、科尔坤管钱法时,请将钱式改小。朕每谓钱改小易,改大难。钱价若贱,诸物腾贵,今果(如)朕言。”(刘锦藻编:《清朝文献通考》卷 14,钱币 2,第 4976 页。)

[2] “新铸制钱每千文准银一两,旧铸小制钱每千文准银七钱,俟三年后,新钱足用,则旧钱可渐次令其各自销毁。”(刘锦藻编:《清朝文献通考》卷 14,钱币 2,第 4977 页。)

[3] 刘锦藻编:《清朝文献通考》卷 14,钱币 2,第 4977 页。

[4] “来年征收山东钱粮,其银一两折钱二千。”(刘锦藻编:《清朝文献通考》卷 14,钱币 2,第 4978 页。)

[5] “近闻奸民私销小制钱,作废铜变卖,较之钱价获利以倍,于钱法转滋弊端,应亟行禁止。”(刘锦藻编:《清朝文献通考》卷 14,钱币 2,第 4979 页。)

三　玄烨等人的看法

在第二个“银贵钱贱”时期（1690—1706），时人的惯性思维仍旧是，白银价格的上涨与制钱价格的降低是由于制钱数量增加造成的，而制钱数量的增加是由于制钱减重，铸造制钱有利可图的结果，私铸防不胜防。

1697年12月22日，康熙皇帝谕令户部：“朕顷谒陵时，见用小钱者甚众，所换之数亦多旧钱，及两局之钱使用者少，此实非益民之事。今岁田禾大有，而米价仍贵。询之土人，皆云：钱贱，所以米贵。又问：小钱从何而来？皆云：由山东来者多。由此观之，自古以钱法为难，诚然。先年，科尔坤、佛伦管钱法时，题请将钱式改小。朕每谓：钱改小，易；改大，难。钱价若贱，则诸物腾贵。后因题请再三，方始准行。今果如朕言。”[1]康熙皇帝在此所说的“先年”“将钱式改小”这件事，显然是指1684年宫廷关于制钱重量由“一钱四分”改为“一钱”的讨论。在此，康熙皇帝表达了他先前的顾虑，不得不俯从九卿意见，被迫改变初衷的情况。

1706年5月23日，康熙皇帝谕令大学士，对于私钱采取“和平处置”办法。“今钱价甚贱，不便于民……钱价贱者，皆私钱多之故也。果欲力禁小钱，何难之有。明代尚能行纸钞，岂有不能禁私钱之理。但与其严行禁止，毋宁和平处置，在京收买。准如尔等所议，至天津、临清地方，亦当遣贤能官各一员，即支该地方饷银各一万两收买，专差侍郎穆旦督买，视钱价贵后，不时奏闻。山陕两省贩去制钱甚多，著行文山陕、直隶督抚查察紧要关口，严令擒拿。如擒获时，将贩运之人从重治罪，其钱入官。”[2]

---

〔1〕《清圣祖圣训》卷二十七，康熙三十六年十一月丙戌。

〔2〕同上书，康熙四十五年四月己亥。

显然,这是认定这一时期的钱价低贱是私钱大量进入流通之渠造成的。在康熙皇帝看来,私钱之多,已经在流通领域达到了排斥官方制钱的程度。这就是劣币驱逐良币“格雷欣法则”。

所谓“格雷欣法则”,是指货币流通中一种货币排斥另一种货币的现象。在两种名义价值相同而实际价值不同的货币同时流通时,实际价值高的货币,即所谓良币,必然被收藏而退出流通;实际价值低的货币,即所谓劣币,则充斥市场。1858 年,英国经济学家亨利·麦克劳德在其《政治经济学概要》中首次用“格雷欣法则”命名了这一现象。

在此,我们需要指出的是,康熙晚期流通渠道的银钱比价变化,决不简单是私钱充斥造成的。在清廷采取了强有力的查禁措施后,私钱问题受到了压制。而“银贵钱贱”的问题并没有得到解决。显然,产生“银贵钱贱”的根本原因,官方尚未真正找到。

康熙皇帝晚年终于意识到,货币流通及其比价变化,有其自身规律,必须尊重,不能强行干预,亦不必强行干预。即使强行干预,也没有好的社会经济效果。他说:“朕理事年久,洞悉钱法,钱价随时不同。铜价贵,即毁制钱作铜卖;铜价贱,即盗铸小钱,则私铸之人有益;用大钱,则私铸之人无利。然小钱又不可禁。今大小钱并用,于民甚便。钱法流行,无如我朝。南之云南、贵州,北至蒙古,皆用制钱,从古所未有。禁小钱甚易,但于民无益耳。治天下当宽裕、仁慈,以因人性,不可拂逆。即如满洲、蒙古各方之人,饮食日用,其性各殊,必欲一之,亦断不可行矣。”[1]这种认识尽管尚未真正触摸到货币价值变化的奥秘,但在那个时代,能够对于货币价格变化采取宽容的态度,实属不易。与同时代的许多官员和学者相比,在货币政策方面,康熙皇帝尊重货币流通规律的“无为之治”政策,不失为明智之举。

---

〔1〕《清圣祖圣训》卷二十七,康熙五十三年七月己未。

四 米价、物价与“银贵钱贱”

从表3-2可以看出，在这二十年间，米价和物价各有一次小幅度回落，尽管时间有些不一致，属于正常现象。这说明，白银的购买力没有大的变化。同一时期的“银贵钱贱”，主要因素不在白银，而在制钱。每两银价由八九百文，上涨至一千四五百文，甚至高达三千余文，尽管时间短暂，却是很不正常的。

表3-2 康熙中期米价与物价指数(1686—1705年)

年份	米价 1760/80 = 100	物价 1760/80 = 100	年份	米价 1760/80 = 100	物价 1760/80 = 100
1686	54. 11	55. 03	1696	37. 88	56. 36
1687	59. 52	61. 50	1697	43. 29	58. 23
1688	32. 47	38. 54	1698	48. 70	59. 41
1689	59. 52	63. 32	1699	46. 54	55. 55
1690	54. 11	48. 35	1700	44. 91	51. 79
1691	54. 11	43. 00	1701	43. 29	51. 94
1692	37. 88	33. 99	1702	49. 78	57. 75
1693	54. 11	46. 91	1703	56. 28	62. 11
1694	59. 52	44. 35	1704	62. 77	63. 97
1695	37. 88	58. 05	1705	69. 26	66. 31

资料来源：本表数据摘自《300年来米价、物价及货币兑价》，载《清代以来的粮价：历史学的解释与再解释》，第168—169页。江南米价见Wang Y. C.，“Food Supply and Grain Prices in the Yangtze Delta，1638 – 1935”，in Thomas G. Rawski and Lillian M. Li edited *Chinese History in Economic Perspective*，35 – 68，University of California Press，1992。物价原始资料来源于《阅世编》、《历年记》和《一斑录》，吴承明于1997年对此进行了整理，详见《18至19世纪上叶的中国市场》，见《中国的现代化：市场与社会》，第265页，北京：生活·读书·新知三联书店，2001年。

五　影响本期银钱比价波动的主要因素

在我们开始对1690—1705年的银钱比价原因分析之前，有两个问题需要加以简单说明。

第一，材料损耗与工料费。在清代各地铸币局中材料损耗通常有一个固定的比例，1700年规定："每铜百斤准耗铜十二斤"；1723年规定，"每铸铜铅百斤准耗九斤"。[1]加工费，包括工人的薪水和铸币消耗的煤炭等物料价值[2]，这在官方铸币局中是按照铸币数量扣算的。例如，1700年规定：铜一百斤，"铸钱十串五十文有奇，支给匠工、物料等项钱二千六百九十五文。"[3]1723年规定，"京局每铜铅百斤给工钱一千九百五十九文。"是年，各省匠工物料贵贱不一，"云南定每百斤为一千八百二十文，嗣后，贵州局、四川局也照云南之例；若苏州、江宁二局每百斤工料费为一千五百一十文有奇，浙江局每百斤工料费为一千七百七十文"。[4]此后，损耗比例固定不变，而加工费用还时有调整。

第二，清代制钱的铜斤来自两个方面：国外主要是购买日本商铜，国内主要是收购滇铜。尤其是清代前期，从日本进口的铜斤数量十分巨大。例如，据日本人统计，自1622年至1708年（明天启二年至清康熙四十七年，日本宽文二年至宝永五年），日本输出铜114498700斤，平均每年的输

---

〔1〕 刘锦藻编：《清朝文献通考》卷15，钱币3，上海：商务印书馆，1936年，第4977—4981页。

〔2〕 "每炉额设炉头一人，其所需工价有八行匠役：曰看火匠，曰翻砂匠，曰刷灰匠，曰杂作匠，曰锉边匠，曰滚边匠，曰磨钱匠，曰洗眼匠，例给钱文；所需料价：曰煤，曰罐子，曰黄沙，曰木炭，曰盐，曰串绳；又有炉头银红，炉匠头银及自局解部车脚，具例给银两。"（刘锦藻编：《清朝文献通考》卷16，钱币4，第4998页。）

〔3〕 刘锦藻编：《清朝文献通考》卷14，钱币2，第4977页。

〔4〕 同上书，卷15，钱币3，第4981页。

出量为 1331380 斤。[1]

这里我们主要选择洋铜的价格,而不使用滇铜,主要原因是滇铜价格资料记录比较混乱。应该说,滇铜在矿区的征收价格是比较低廉的,但在运输过程中逐渐增加了费用,到达远离矿区的市场上以后,滇铜价格已经接近于洋铜[2]。奏报中滇铜价格大多是官方的采购价格,是一种被扭曲了的价格,不便用于市场分析。

现在,我们开始推算。首先,要注意的是,1688—1714 年,洋铜价格已经大幅度回落,每担价银在十三两左右,银铜之间的比价为 1∶123。同一时期,白铅价格基本稳定,每担白铅价银为五两五钱,白银与白铅之间的比价为 1∶291。详见表 3-3。

表 3-3　1684—1715 年铜铅锡价格及其金属比价一览表

年份	金属价格资料	金属比价	资料来源
1684	铜价每斤值银一钱四五分不等。	1∶110	《清圣祖实录》卷 116,康熙二十三年七月丙寅。
	云南铜价,每斤五分四厘。	1∶296	《清朝文献通考》卷 14,钱币 2,第 4974 页。
	云南白铅价,每斤五分五厘。	1∶291	《清朝文献通考》卷 14,钱币 2,第 4974 页。
1686	官定采购铜价,"每斤合计银一钱"。	1∶160	《清朝文献通考》卷 14,钱币 2,第 4975 页。
1688	"每斤增给银三分五厘以足一钱"。	1∶160	《清朝文献通考》卷 14,钱币 2,第 4975 页。

[1] 【日】本宫泰彦著,陈捷译:《中日交通史》下册,北京:商务印书馆,1931 年,第 336 页。

[2] 例如,乾隆三十四年,有人奏议说:"闽浙、湖北及江南、江西旧买洋铜,每百斤价皆十七两五钱,而滇铜价只十一两,较少六两五钱,其改买宜矣。然此诸路者,其运费杂支每铜百斤,例销之银亦且五六两,合之买价,常有十六七两,其视洋铜之价,未见大有多寡。加以各路运官贴费,自一二钱至五六钱,则已与洋铜等价矣。"(王太岳:《铜政议下》,贺长龄辑,魏源编:《皇朝经世文编》卷 52,户政 27,北京:中华书局,1992 年影印本,第 28 页。)

续表

年份	金属价格资料	金属比价	资料来源
1690	私钱“照铜价每斤给银一钱收买”。	1:160	《清朝通典》卷10。
1697	私钱，“均照铜价每斤给银一钱”。	1:160	《清朝文献通考》卷14，钱币2，第4976页。
1699	商人采购洋铜，每斤给银一钱，脚价银五分，“实给三分，节省二分”。	1:123	《清朝文献通考》卷14，钱币2，第4976页。
1703	洋铜“均照每斤铜价一钱，水脚五分”。	1:107	《清朝文献通考》卷14，钱币2，第4977页。
1705	滇铜，“每百斤定价九两二钱”。	1:174	《清朝文献通考》卷14，钱币2，第4977页。
1706	采购洋铜，“每斤部定价银一钱”，“又本关自贴水脚银五分”。	1:107	嵇曾筠编:《浙江通志》卷86。
1715	采购洋铜，“每斤增定铜价银一钱二分五厘，水脚银三分”。	1:103	《清朝文献通考》卷14，钱币2，第4979页。
	采购白铅，“每斤定价银六分二厘五毫，水脚银三分”。	1:173	《清朝文献通考》卷14，钱币2，第4979页。

1684年以后的制钱重量为“一钱”，合金比例仍然是，铜60%，白铅40%；当时一担铜价银13两，一担白铅价银5.5两；一担合金材料折合银10两，损耗为9斤。根据这些条件，100斤合金材料可以加工成14560枚重量为“一钱”的制钱，按规定扣除加工费1974文之后，我们推算的结果是，一两银的金属材料可以铸造1259文[1]。因此，白银一两在市场上高于其工本费用，换制钱1400—1500文是正常的。

直隶等省区的银钱比价过高，显然是不正常的，原因是滥铸劣质小钱造成的。此次铸币改革的失败教训使清朝的统治者有所醒悟，康熙帝指出:“朕每谓钱改小易，改大难。”银钱比价这种混乱变化，迫使清廷不得不

〔1〕 推算方法是:1600×(100－9)÷10＝14560文;(14560－1974)÷8.2＝1535文。

再次将铸币的重量改为“一钱四分”。1702 年,“大学士等会议钱法。奏言:见今私铸者多,官钱壅滞,若不少更旧制,钱法颇难流通。”[1]从这一年开始,“一钱四分”重的制钱陆续投放市场,三年之后为了疏通流通渠道,清廷下令开始收缴“旧小制钱”(即“一钱”制钱)。这种情况一直持续到1717 年,市场上的银钱比价才由“银贵钱贱”逐渐转变为“银贱钱贵”。

小 结

(一)清代的银钱比价变化是经常发生的,康熙中期的“银贵钱贱”发生在政治稳定,经济发展时期。尽管持续时间只有十五年,钱价下跌幅度巨大。一般情况下,按照原材料和加工费流通的制钱价格是不会降低的,除非原材料价格发生变化。

(二)本期米价和物价的波动是正常的,白银的购买力没有大的变化。本期“银贵钱贱”,主要因素不在白银,而在制钱。

(三)本时期的钱价下跌显然是铜价下跌造成的,市场上每担铜价银 14.5 两下跌至 13 两,下跌率为 10%,铜价下跌,钱价随之下跌。

(四)利用银两与制钱数量的增加或减少,解释当时的“银贵钱贱”或“银贱钱贵”问题,从理论上讲是错误的。金属铸币的价格变化与其数量增减关系不大。

---

〔1〕 刘锦藻编:《清朝文献通考》卷 14,钱币 2,第 4977 页。

第四章　从康熙晚期到乾隆中期银价的再度下跌(1706—1770年)

有清一代,银钱比价波动不已,不是"银贵钱贱",便是"银贱钱贵",从未有过真正的稳定时期。即使从市场上看,某一时期的银钱比价大致接近,但这只是表象。表面的银钱比价稳定,或者是多种金属价格激烈波动的结果,或者是制钱重量和质量发生变化导致的,或者是诸多因素合力造成的。也就是说,表面的稳定,恰恰是背后的不稳定因素相互作用的结果。正像波涛汹涌的大海一样,无时无刻不在流动。表层的暂时平静恰恰是底层流、深层流、中层流相互作用的结果。

一　1705—1770年的银钱比价波动情况

如前所说,康熙中期货币流通领域发生"银贵钱贱"问题后,清廷连忙采取措施加以调剂,先是将制钱的重量由"一钱"再次调整为"一钱四分",接着开始对"私钱"采取"和平处置"办法,即派遣官吏大量收购民间"私钱";与此同时,还严格规定责任制,勒令地方官积极查拿私铸制钱等非法行为。但是,这些措施在次第实施之后,效果并不明显。正当清廷无计可施之时,市场上的银钱比价突然转变为"银贱钱贵"。此次"银贱钱贵"发生后,清廷又手忙脚乱地采取新的措施,或者改变制钱的重量,或者改变制钱的质量,或者大力采购洋铜,或者谕令各省铸币局添卯加炉大量鼓铸,或者禁止和搜购民间使用铜器,但是这些措施收效甚微,银钱比价始终徘徊在七八百文之间,无论是康熙皇帝的"和平处置"办法,雍正皇帝的严禁措施,还是乾隆皇帝的"以不治治之",都无法摆脱"银贱钱贵"的困局。

表 4-1　1705—1770 年各省银钱市场比价一览表

年份	银钱比价	原始资料	地区	资料来源
1705	1400—1500	银一两合钱一千四百至一千五百文。	京师	陈昭南:《雍正乾隆年间的银钱比价变动》,台北:商务印书馆,1966年,第24页。
1706	700—800	康熙四十五六年间,每银一两仅可兑钱七八百文。	京师	《大义觉迷录》,奉旨讯问曾静口供二十四条之第十八条。
1707	700—800	康熙四十五六年间,每银一两仅可兑钱七八百文。	京师	《大义觉迷录》,奉旨讯问曾静口供二十四条之第十八条。
1720	780	银一两合钱七百八十文。	京师	陈昭南:《雍正乾隆年间的银钱比价变动》,第24页。
1721	780	银一两合钱七百八十文。	京师	陈昭南:《雍正乾隆年间的银钱比价变动》,第24页。
1722	780	京城制钱,旧时每市银一两易钱八百八十文,今银一两易钱七百八十文,钱价日贵。	京师	刘锦藻编:《清朝文献通考》卷14,钱币2,第4980页。
1723	800	银一两合钱八百文。	京师	陈昭南:《雍正乾隆年间的银钱比价变动》,第6页。

续表

年份	银钱比价	原始资料	地区	资料来源
1724	909	湖南、湖北从前以粮船载回制钱行销。今已久停。闻彼地现今每钱一千可卖银一两一钱。	湖南 湖北	《世宗皇帝朱批谕旨》卷一百七十六。
1726	1400	滇省钱法，不能流通别省，日铸日多，愈多愈贱。现今每银一两已换钱一千四百文。	云南	《世宗皇帝朱批谕旨》卷一百二十五。
1726	400 1600	广西钱价甚贵，每银一两换大钱四百文，换小钱一千六百文。每大钱一文作小钱四文使用。	广西	《世宗皇帝朱批谕旨》卷五十四。
1726	909—1000	每净钱一千易银一两一钱，次净钱一千易银一两。	湖南	《世宗皇帝朱批谕旨》卷十二，上。
1726	900	今山西严禁私钱之后，每银一两仅易钱九百文上下不等。钱价日昂，则升米、尺布其价暗增。	山西	《世宗皇帝朱批谕旨》卷四十一。
1727	1724—1923	每市钱一千值银五钱二三分至七八分不等，而每千中模糊破损不堪上串者十居其四。	江西	《世宗皇帝朱批谕旨》卷十二，下。
1727	980—1020	其钱价每银一两换大钱九百八九十文至一千一二十文不等。	陕西	《世宗皇帝朱批谕旨》卷五十。
1727	1000	今银一两可兑制钱一千。	京师	《大义觉迷录》，奉旨讯问曾静口供二十四条之第十八条。

续表

年份	银钱比价	原始资料	地区	资料来源
1728	910—930	省城换钱纹银一两得换钱九百三十文。省城以外,即便减去,递推递远至外府州县村庄,每逢集期始有钱换,一两纹银不过换钱九百一二十文。	河南	《世宗皇帝朱批谕旨》卷一百二十六,之十二。
1728	900	京师目下市价每银一两可易九百余文矣。	京师	《世宗皇帝朱批谕旨》卷一百二十六,之十二。
1729	1400—1500	向来钱价每银一两换大制钱一千五百有零及一千四百余文不等。	云南	《世宗皇帝朱批谕旨》卷四十五。
1729	1000	沿途钱价每两换大钱一千文,间有低昂,相去亦不过一二分。	山西陕西	《世宗皇帝朱批谕旨》卷五十三。
1729	1020	近闻马兰峪地方每银一两换大制钱一千零二十余文。	直隶	《世宗皇帝上谕内阁》卷七十八。
1729	830	今每纹银一两易钱八百二三十文。	福建	录副奏折,档号:03-0739-027。
1731	1000	现今每两合钱(京钱)至二千文。	直隶	《世宗皇帝上谕内阁》卷一百零四。
1731	950	定价每市平纹银一两换大制钱九百五十文,俟市价渐增,官价亦渐增添。	京师	《清世宗实录》卷108,雍正九年七月戊辰。
1732	900	银一两合钱九百文。	京师	陈昭南:《雍正乾隆年间的银钱比价变动》,第6页。
1732	820	是以钱价昂贵,每银一两仅兑钱八百一二十文。	陕西	《世宗皇帝上谕内阁》卷一百十九。

续表

年份	银钱比价	原始资料	地区	资料来源
1733	880	银一两合钱八百八十文。	京师	陈昭南:《雍正乾隆年间的银钱比价变动》,第6页。
1734	860	银一两合钱八百六十文。	京师	陈昭南:《雍正乾隆年间的银钱比价变动》,第6页。
1735	840	银一两合钱八百四十文。	京师	陈昭南:《雍正乾隆年间的银钱比价变动》,第6页。
1736	1000	每银一两,连扣耗银一钱五分,共折交制钱一千一百五十文。	直隶	《清高宗实录》卷29,乾隆元年十月戊子。
1737	800	见在京城每纹银一两换大制钱八百文,较之往时稍觉昂贵。	京师	刘锦藻编:《清朝文献通考》卷16,钱币4,第4994页。
1737	760	江省钱文甚属昂贵,每九八色银一两只换大钱七百五六十文。	江苏	录副奏折,档号:03-0487-017。
1738	760	钱价至今未平,每银一两只换制钱七百五六十文。	京师	录副奏折,档号:03-0768-017。
1738	880—900	从前钱价每市平银一两可换制钱九百或八百七八十文。	江苏	朱批奏折,档号:04-01-35-0139-027。
1738	815—785	每银一两得换制钱八百一十五文,延至本年二月二十日以来,又忽每银一两仅换钱七百八十五文。	河南	录副奏折,档号:03-0768-010。

续表

年份	银钱比价	原始资料	地区	资料来源
1738	760	近日钱价转昂,白金一两仅易钱七百五六十文,民甚为苦。	京师	朱批奏折,档号:04-01-35-1228-011。
1738	830 800 800 800	现在保定钱价库平纹银一两只兑制钱八百三十文,闻京中之钱市平一两只兑制钱八百文,采访山东、河南等省,钱价大概相同。	直隶 山东 河南 京师	朱批奏折,档号:04-01-35-1227-024。
1738	1052 800	因途中见官钱价贵,所用尽属小钱,每钱一千约价九钱四五分不等……大者则系官钱,每银一两仅换八百余文。	福建 江西 广东	朱批奏折,档号:04-01-35-1229-002。
1739	740	今则每银一两只换钱七百三四十文。	江苏	朱批奏折,档号:04-01-35-0139-027。
1739	800 760	数年以来,京城钱价每纹银一两买得制钱八百文或七百五六十文不等。	京师	朱批奏折,档号:04-01-35-1229-012。
1739	730	近年钱价每九七银平一两只兑钱七百三十二三文不等,是兑钱一千必须银一两三钱九分内外矣。	福建	朱批奏折,档号:04-01-35-1229-014。
1739	710	浙省钱文每九七银平一两换钱七百一十余文,闽省内地钱文每纹库银一两换钱八百余文。	浙江 福建	朱批奏折,档号:04-01-35-1229-025。

续表

年份	银钱比价	原始资料	地区	资料来源
1739	1600 1000 810—820	该地民间使用小钱,从前番银一两,换钱一千五六百文,后减至一千有零。本年六月,每两仅换小钱八百一二十文,兵民力不能支。	台湾	《清高宗实录》卷 100,乾隆四年九月己酉。
1739	730	现在每银一两仅可换钱七百二三十文。	江苏	朱批奏折,档号:04-01-35-1229-018。
1740	730	浙省自停铸而后,钱价每串贵至一两三钱四五分,今渐贵至一两四钱,厥由钱少之故。	浙江	户科题本,档号:02-01-04-13453-011。
1740	800	从前每番银一两易小钱一千五百文,近止易八百余文。	福建	刘锦藻编:《清朝文献通考》卷16,钱币 4,第4996 页。
1740	770	惟是各省钱价昂贵,每制钱百文,易银一钱二三分不等。	河南	《清高宗实录》卷 115,乾隆五年四月丙戌。
1740	714	目下江苏钱价,每千需银一两四钱有零。	江苏	《清高宗实录》卷 118,乾隆五年六月辛未。
1741	830	近年钱价每两仅换八百,或八百二三十文不等。照九百文报销,应赔银一钱上下。	京师	朱批奏折,档号:04-01-01-0061-048。

续表

年份	银钱比价	原始资料	地区	资料来源
1741	740—760 740—760 740—760 740—760 830—840	臣自广东，由江西、江南、山东各省赴京，随地咨访，纹银库戥每两仅换钱七百四五十文至六十文不等，惟京师之钱稍贱，然每两亦不过换钱八百三四十文。	广东 江西 江南 山东 京师	朱批奏折，档号：04-01-35-1231-023。
1741	769—833	每钱换银一两二三钱，军民苦累。	湖北	《清高宗实录》卷137，乾隆六年二月乙丑。
1742	800	每银一两向兑制钱八百二十文不等。今只兑制钱八百文，较前日已少兑制钱二十文不等。	京师	录副奏折，档号：03-0769-043。
1742	780—800	奴才访闻得沿途钱价每纹银一两兑换制钱七百八十文至八百文不等。按之钱数，与京城相仿，但本处使用市平，较之京平每两约大五分。依次核算，似觉稍昂。	直隶 山西	朱批奏折，档号：04-01-22-0013-025。
1742	770	每库平纹银一两仅换钱七百七十文。	福建	朱批奏折，档号：04-01-35-1233-002。
1742	770—780 820—830	闽省钱价未鼓铸之前，每纹银一两易钱七百七八十文。自上年十月间，开铸青钱，搭放兵饷之后，今每纹银一两易钱八百二三十文。	福建	录副奏折，档号：03-0739-027。
1742	800	至今每两兑大制钱八百文。	京师	录副奏折，档号：03-0769-045。
1743	840	今自新钱每两易钱八百四十文之外。	江西	录副奏折，档号：03-0491-047。

续表

年份	银钱比价	原始资料	地区	资料来源
1743	880	核计成本,每银一两,铸出钱八百九十文,是以题明每银一两,只折给钱八百八十文,余钱一十六文,充作钱局公费。	江南	《清高宗实录》卷204,乾隆八年十一月乙酉。
1743	880	部议饷银一两折钱八百八十文。	广西	朱批奏折,档号:04-01-30-0483-002。
1743	780—820	现在陕省白银一两,但得易钱七百八九十文至八百一二十文。	陕西	朱批奏折,档号:04-01-35-1234-002。
1743	805	每纹银一两换钱八百五文,钱价亦平。	福建	朱批奏折,档号:04-01-22-0016-092。
1743	840—850 820—850 800	钱价每两换制钱八百四五十文不等……三月初十日入河南境……钱价每两换制钱八百二十文至四五十文不等……三月十九日入湖广境地方,惟上年雨水亦多,收成微有欠薄,米价稍昂,现在州县分别缓征平粜,民情亦各帖然,钱价每两换制钱八百文。	直隶 河南 湖北	朱批奏折,档号:04-01-22-0015-004。
1743	770—862	制钱每千文价银一两一钱六分至一两三钱	湖北	朱批奏折,档号:04-01-39-0214-006。

续表

年份	银钱比价	原始资料	地区	资料来源
1744	800—862	(武昌府)制钱每千文价银一两一钱六分至一两二钱五分,(汉阳府)制钱每千文价银一两一钱四分。(安陆府)制钱每千文价银一两一钱八分。	湖北	朱批奏折,档号:04-01-22-0018-031。
1744	700—820	广东按察使张嗣昌奏称:粤东需钱甚广,每库纹银一两换钱七百余文至八百一二十文不等,且薄小破烂,杂以前代古钱。盖因钱少价昂,相沿行用。	广东	《清高宗实录》卷220,乾隆九年七月甲申。
1744	805	每银一两换钱八百五文。	福建	录副奏折,档号:03-9727-002。
1744	800—862	制钱每千文价银一两一钱六分至一两二钱五分。	湖北	朱批奏折,档号:04-01-24-0031-034。
1745	800—862	制钱每千文价银一两一钱六分至一两二钱五分。	湖北	朱批奏折,档号:04-01-24-0035-032。
1745	730—740	陕西钱价向来每银一两易钱八百文以上,近则只易钱七百二三四十文,其昂贵为历年所未有。	陕西	陈弘谋:《申铜禁酌鼓铸疏》,《皇朝经世文编》卷53,北京:中华书局,1992年影印本,第27页。
1746	800—869	制钱每千文价银一两一钱五分至一两二钱五分。	湖北	朱批奏折,档号:04-01-39-0215-036。

续表

年份	银钱比价	原始资料	地区	资料来源
1747	1246	改铸八分重之小钱,搭放兵饷……所用铜价,照定价支给报销。其市用京墩小钱,定为每千文易银一两;放饷所用八分重之小钱,照成本计算,每银一两给钱一千二百四十六文。	湖北	《清高宗实录》卷287,乾隆十二年三月辛亥。
1748	700	各省钱价昂贵,不独东省为然。据奏纹银一两换大制钱七百余文,与现在京师钱价亦约略相同。	山东 京师	《清高宗实录》卷321,乾隆十三年闰七月己巳。
1748	700	康熙年间,每银一两易钱一千,少亦九百文,今只易七百余文。	山东	《清高宗实录》卷323,乾隆十三年八月辛亥。
1748	770	今钱一文重一钱二分,每钱一千重七斤八两,以现今钱价计算,约值银一两三钱有余。	山东	《清高宗实录》卷323,乾隆十三年八月辛亥。
1748	735	地方钱价仍昂,每串贵至一两三钱五六分至四钱不等。臣在浙东见市上钱桌每银一两仅换钱七百文内外不等。	浙江	朱批奏折,档号:04-01-35-1239-012。
1748	610	现今西安省城每银一两只换钱六百十余文,各省未有如此贵价者。	陕西	朱批奏折,档号:04-01-35-1239-018。
1748	800	委员经理,以平市价,使纹银一两易制钱八百文。	直隶	《清高宗实录》卷327,乾隆十三年十月己酉。

续表

年份	银钱比价	原始资料	地区	资料来源
1749	610	上年冬内每银一两易钱六百十余文,今则每银一两易钱七百余十文矣。	陕西	朱批奏折,档号:04-01-35-1239-018。
1749	1200—1300	民间市价与官价不甚相悬殊,其大理、迤西一带,每银一两可换钱一千二三百文不等。	云南	朱批奏折,档号:04-01-35-1240-009。
1749	800	请于局中余钱内,酌发数千串,交各铺户出易,每钱一千文交库纹一两二钱五分。	直隶	《清高宗实录》卷353,乾隆十四年十一月甲戌。
1750	680—700 680—700	江浙两省钱米向来昂贵,钱价,每京平纹银一两仅易大钱七百文及六百八九十文不等。	江苏 浙江	《钦定南巡盛典》卷八十九,乾隆十四年十二月十九日。
1750	900	每库平一两易钱九百文。	广西	朱批奏折,档号:04-01-35-1245-020。
1751	750—790	省城市价库平足纹一两换钱七百五六十至八九十文。	山西	《清高宗实录》卷381,乾隆十六年正月戊辰。
1751	780	省会现在钱价,银一两易钱七百八十一文,在晋不为甚昂。	山西	《清高宗实录》卷381,乾隆十六年正月戊辰。
1751	820	本年五月间,库平银每两仅易钱八百一二十文,较常时短至三四十文。	福建	《清高宗实录》卷393,乾隆十六年六月甲子。
1751	850—860	按以市价,每市平纹银一两换钱八百五六十文。今库平较市平稍重,酌定每银一两换给官钱九百文。	广西	朱批奏折,档号:04-01-35-1246-025。

续表

年份	银钱比价	原始资料	地区	资料来源
1752	780—790	臣于上年四月到任时，省城钱价每银一两可换钱七百八九十文。	河南	录副奏折，档号：03－0771－037。
1753	790—800	现在市价每银一两易钱七百八九十文至八百文不等。	陕西	录副奏折，档号：03－0771－053。
1753	780—860	今省南各处钱价，每银一两换钱自七百八九十文至八百三四十文不等；省北各处每银一两自八百二三十至六七十文不等。	山西	录副奏折，档号：03－0771－033。
1753	820—860	各属现在钱价，每银一两易钱八百二三十文至五六十文不等。	山东	录副奏折，档号：03－0771－034。
1753	830—870	现在开、商、陈、许四府州县所属每银一两换钱八百三十文至八百六七十文不等；漳、卫、怀、河四府，汝、陕二州所属自八百一二十文至八百五六十文不等；而南、汝、光三府所属竟有换自九百文者，较上年价值悬殊。	河南	录副奏折，档号：03－0771－037。
1753	830—850	现在各属所报，每银一两可换钱八百三五十文。	江西	录副奏折，档号：03－0771－039。
1753	830—870	据方观承奏称：目下各处市集钱价，每银一两换钱八百三十文至七十文不等。通州船艘通行，乃向来钱贵之时，今每银一两仍换钱八百四十文。	直隶	《清高宗实录》卷435，乾隆十八年三月乙酉。

续表

年份	银钱比价	原始资料	地区	资料来源
1753	820—830	现在银一两换钱八百二三十文不等。	湖北	录副奏折,档号:03-0771-044。
1753	860 910—950	现在银价亦为八百六十文,至南宁、太平、思恩等府原有九百一十文至九百五十文。	广东 广西	录副奏折,档号:03-0771-056。
1753	880	现在省城及各属所报钱价,每纹银一两换制钱八百八十余文,较从前已为平减。	广东	录副奏折,档号:03-0771-046。
1753	800—880	湖南各属现在钱价每两库平纹银自八百至八百八十文不等。	湖南	录副奏折,档号:03-0771-047。
1753	830—860	通省钱价,下游每两可易钱八百三十文、四十文不等;上游每两可易钱八百五十文、六十文不等。	福建	录副奏折,档号:03-0771-048。
1753	780—830	现在钱价每库平纹银一两换钱七百八九十文至八百二三十文不等。	江苏	录副奏折,档号:03-0771-051。
1753	780—840	现在安省钱价,惟徽州府属每银一两换钱七百八九十文。缘该郡崇山叠嶂,转运维艰,向较他处稍贵,其余府州县俱自八百文至八百三四十文不等。	安徽	录副奏折,档号:03-0771-052。
1753	880—900	每市平银一两可易钱八百八九十文至九百文不等。	四川	录副奏折,档号:03-0771-055。

续表

年份	银钱比价	原始资料	地区	资料来源
1753	840—940	现在河东各属每银一两换钱八百四五十文以至九百三四十文;河西各属每银一两换钱八百二三十文以至八百七八十文不等,即兰州省会之区,亦每两易钱八百三四十文。	甘肃	录副奏折,档号:03-0771-059。
1753	870—880	现在纹银一两易钱八百七八十文。	直隶	录副奏折,档号:03-0771-076。
1754	750—760	白金(此处的白金是指银)一两易钱七百五六十文。	京师	《清朝经世文编》卷53,户政28,第68页。
1754	600	查甘肃一带,向银钱少,价本昂贵。近日挽运军粮车辆帮凑,钱价益见昂贵,每银一两仅易钱六百文。	甘肃	录副奏折,档号:03-0772-037。
1754	860—890	上年九十月至今,省城以及各府每银一两可买钱八百五六十文至八九十文不等。	山东	录副奏折,档号:03-0772-037。
1754	750—600	近日钱价较陕西稍昂,河东各属每银一两换钱七百五六十文;河西及近省一带每两仅换六百有奇。	甘肃	录副奏折,档号:03-0814-022。
1754	1000	现在豫省钱价甚平,拟将应发廪给口粮,批每银一两给大制钱一千文。	河南	《清高宗实录》卷475,乾隆十九年十月乙亥。

续表

年份	银钱比价	原始资料	地区	资料来源
1759	870—920	是以年来省会钱价稍平,每两换钱八百七八十文至九百一二十文不等。	福建	《严禁富户典铺盐商囤积钱文奸商私贩出境》,《福建省例钱法例》。
1759	819	元宝银一两合制钱八百十九文;俸禄银一两合制钱八百十三文。	山西	录副奏折,档号:03-0862-011。
1759	714	银一两合制钱七百一十四文。	贵州	《清朝文献通考》卷17,钱币5,第5013页。
1759	800	以每银一两折钱八百文为率。	甘肃	《清高宗实录》卷580,乾隆二十四年二月戊午。
1759	670—750 570—630	现在甘肃一带,钱价日平,每银一两易钱六百七八十文至七百四五十文。惟兰州、平凉等处按月赈济,灾民及拨运陕粮脚价均系支给银两,而灾民车户在在易钱买食,以致钱价高腾。现在每银一两仅易钱五百七八十文至六百二三十文不等。	甘肃	朱批奏折,档号:04-01-01-0233-009。
1759	830—840	河西一带每银一两前岁易钱五百七八十文至六百二三十文者。	甘肃	朱批奏折,档号:04-01-35-1260-025。
1760	830—840	乃自今岁入春以后,每银一两仍只换钱八百四十文,而目下则又贵至每两八百三十文。	福建	《严禁富户典铺盐商囤积钱文奸商私贩出境》,《福建省例钱法例》。

续表

年份	银钱比价	原始资料	地区	资料来源
1760	730—790	去岁及本年正二月已易钱七百二三十文至七百八九十文不等。	甘肃	朱批奏折，档号：04-01-35-1260-025。
1760	813	元宝银一两合制钱八百十三文；俸禄银一两合制钱八百零六文。	京师	录副奏折，档号：03-0862-011。
1761	862	每钱一串易银一两一钱六分。	湖南	《清高宗实录》卷647，乾隆二十六年十月己丑。
1761	850—890	今则每银一两易钱八百四五十文至八百八九十文不等。	直隶	朱批奏折，档号：04-01-35-1260-025。
1761	961—998	省局余钱原议按照市价每钱一串易库平纹银一两四分。今市价每串只需库平纹银一两二厘，各属钱价亦俱平减。	贵州	朱批奏折，档号：04-01-35-1260-035。
1761	570—760	从前每银一两仅易钱五百七八十文至六百二三十文者，今河西每银一两易钱七百二三十文至七百五六十文矣。	甘肃	朱批奏折，档号：04-01-35-1260-005。
1761	800—900	现在钱价顿减，每银一两易钱八百余文至九百文不等。	陕西	朱批奏折，档号：04-01-35-1261-012。
1761	806	元宝银一两合制钱八百零六文；俸禄银一两合制钱八百文。	京师	录副奏折，档号：03-0862-082。
1762	806	元宝银一两合制钱八百零六文；俸禄银一两合制钱八百文。	京师	录副奏折，档号：03-0862-086。

续表

年份	银钱比价	原始资料	地区	资料来源
1762	900	每两以九百文制钱支放。	京师	录副奏折,档号:03-0753-039。
1762	850	每银一两换大钱八百五十文。	甘肃	录副奏折,档号:03-0862-084。
1763	813	元宝银一两合制钱八百十三文;俸禄银一两合制钱八百六文。	京师	录副奏折,档号:03-0863-038。
1763	850	银一两合钱八百五十文。	京师	陈昭南:《雍正乾隆年间的银钱比价变动》,第8页。
1763	870	每银一两照时价仅换钱八百七十余文。	江苏	《清高宗实录》卷693,乾隆二十八年八月甲寅。
1764	806	元宝银一两合制钱八百零六文;俸禄银一两合制钱八百文。	京师	录副奏折,档号:03-1395-025。
1764	870	银一两合制钱八百七十文。	京师	陈昭南:《雍正乾隆年间的银钱比价变动》,第8页。
1764	900	经前司详定每银一两易钱九百文。	福建	《钱价报销易银章程》,《福建省例平粜例》。
1765	926	元宝银一两合制钱九百二十六文;俸禄银一两合制钱九百一十七文。	京师	录副奏折,档号:03-0864-024。
1765	890	银一两合制钱八百九十文。	京师	陈昭南:《雍正乾隆年间的银钱比价变动》,第8页。

续表

年份	银钱比价	原始资料	地区	资料来源
1766	930—940	元宝银一两合制钱九百三十四文;俸禄银一两合制钱九百二十六文。	京师	录副奏折,档号:03-0864-063。
1767	926	元宝银一两合制钱九百二十六文;俸禄银一两合制钱九百十七文。	京师	录副奏折,档号:03-0865-109。
1767	830	按制钱八百三十文作银一两交炉头易银给发。	京师	刘锦藻编:《清朝文献通考》卷18,钱币6,第5019页。
1767	950	差得兴泉永道条禀:钱价今昔不同,银贵钱贱,不敷易银交库,不得不筹调剂之法。查通省钱价,每市平纹银一两换钱九百五十文。	福建	《折收小户钱粮详候核示征收章程》,《福建省例征收例》。
1769	930—940	元宝银一两合制钱九百三十四文;俸禄银一两合制钱九百二十六文。	京师	录副奏折,档号:03-0866-126。
1770	1010—1050	闰五月各报钱价,(闽县等县)每两易钱自一千零一十文至一千零五十文不等;(长乐等县)每两易钱自九百八十文至一千文不等;(漳浦等县)每两易钱九百五十文至一千零五十文不等。	福建	《钱价报销易银章程》,《福建省例平粜例》。
1770	952	元宝银一两合制钱九百五十二文;俸禄银一两合制钱九百四十三文。	京师	录副奏折,档号:03-0867-096。

续表

年份	银钱比价	原始资料	地区	资料来源
1770	940	递年以来,市卖钱价日益平贱,官钱壅滞,不能行销。乾隆三十五年二月内,经臣酌情将官钱每银一两增换钱九百四十文,奏蒙圣恩俞允。	江西	朱批奏折,档号:04-01-35-1283-027。
1770	1200	云南钱价,每银一两,易钱一千一二百文,市价已属太贱。	云南	《清高宗实录》卷866,乾隆三十五年八月辛巳。
1770	980—1020	近年换九百八九十文至一千一二十文不等。	直隶 河南	朱批奏折,档号:04-01-35-0482-008。

从表 4-1 和图 4-1 可以看出,此次"银贱钱贵"始于 1706 年,终于 1770 年,持续时间最久,长达六十五年,历经康熙、雍正和乾隆三个皇帝统治。这是清朝的第二个"银贱钱贵"时期,银钱比价长时间徘徊在七百至九百文,最低时为五六百文,最高时在一千二百文。最低与最高时的银价都是短暂的,也都是特殊原因造成的。

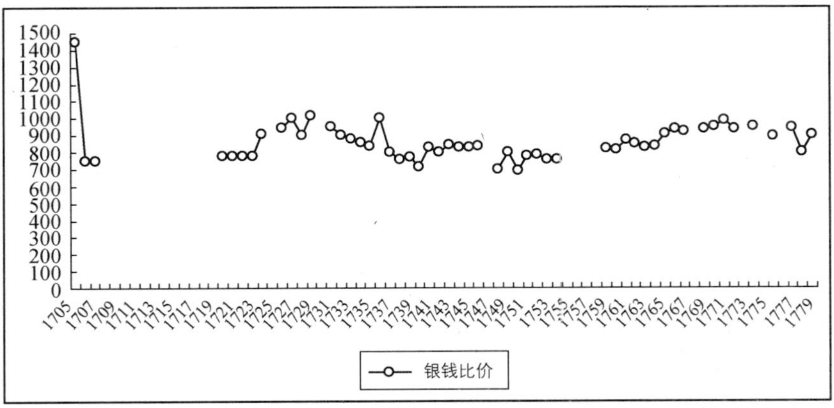

图 4-1　本图依据本书附表 12 提供的数据制成

（一）银价最低的成因。如前所说，战乱导致商品经济遭受破坏，导致银钱比价激烈波动，通常会出现"银贱钱贵"问题。1748 年，"西安省城每银一两只换钱六百十余文，各省未有如此贵价者。"[1]西安此次银价下跌，钱价增昂，既是由于四川大规模用兵，又是由于"陕省积歉"造成的。1747 年，四川大金川土司莎罗本起兵反抗，清廷派遣重兵前往镇压，大兵经过陕西，该省供役浩繁，政治动荡，加之自然灾害袭击，连年歉收，市场混乱，"钱价之昂为历来所未有。"[2]为了平抑钱价，陕西巡抚将 2880 串钱文立即投入市场，"省城有此钱文易银，市价日渐平减。上年冬内每银一两易钱六百余十文，今则每银一两易钱七百余十文。"[3]

同样，1754 年甘肃钱价昂贵，也是伊犁用兵引起的。"甘肃一带，向因钱少，价本昂贵。近日挽运军粮车辆帮凑，钱价益见昂贵，每银一两仅易钱六百文。"[4]

1759 年到 1761 年的甘肃"钱价昂贵"显然是战乱和自然灾害双重因素造成的。"甘肃一带，钱价日平，每银一两易钱六百七八十文至七百四五十文。惟兰州、平凉等处按月赈济，灾民及拨运陕粮脚价均系支给银两，而灾民车户在在易钱买食，以致钱价高腾。现在每银一两仅易钱五百七八十文至六百二三十文不等"。[5]1761 年，"从前每银一两仅易钱五百七八十文至六百二三十文者，今河西每银一两易钱七百二三十文至七百

---

[1] 《陕西巡抚陈弘谋奏报开炉试铸钱文以平钱价事》，乾隆十三年十二月二十九日，朱批奏折，档号：04－01－35－1239－018。

[2] 《陕西巡抚陈弘谋奏报陕省钱价渐平事》，乾隆十四年六月二十五日，朱批奏折，档号：04－01－35－1240－008。

[3] 同上。

[4] 《陕甘总督刘统勋奏请拨省局钱文解赴甘肃平钱价事》，乾隆十九年十一月初四日，录副奏折，档号：03－0772－037。

[5] 《署理甘肃按察使明德奏为兰凉甘肃一带钱价昂贵请敕湖北督抚陆续拨钱万串事朱批奏折》，乾隆二十四年八月二十五日，档号：04－01－01－0233－009。

五六十文矣”。[1]是时，“因甘肃钱价昂贵，且在办理军需之际。”[2]

事实上，自然灾害对于商品经济的破坏结果与战乱一样，在清代伴随着重大自然灾害的发生，流通领域也经常出现“银贱钱贵”的现象，这是一种规律。

这样的事例还有很多。例如，1627 年（天聪元年），在满族贵族控制的东北地区出现严重饥荒，“斗米价银八两，人有相食者。国中银两虽多，无处贸易，是以银贱而诸物腾贵。良马一，银三百两；莽缎一，银百五十两；布匹一，银九两。盗贼繁兴，偷窃牛马，或行劫杀。”[3]从这一段史料中可以看出，在饥荒时期，市场上诸物腾贵，“银两虽多，无处贸易。”这是一个很有趣的现象。

1803 年夏天，黄河在河南封丘衡工漫口，“省城钱价骤昂，每银一两不过易钱七百二三十文。”[4]

1841 年 8 月 2 日，黄河在开封附近溃堤而出，大水很快包围了开封城。在此以前，开封市的银价通常是“一千六七百文”。8 月 4 日，也就是水围开封的第三天，开封城内“银价骤减，每两易一千文，复减至八九百文，较平时几减至大半，粮价腾贵，米面俱增一倍，蔬菜全无，城市几于罢市”。第六天，“银价愈降愈下，甚至每两只肯换钱六七百文，是银贱钱贵，较平时相去倍而又倍。以极难得之钱，买倍贵之物”，民生困窘异常。[5]

1851 年 9 月 15 日夜间，风雨交加，河水高过堤顶，徐州丰县三堡出现漫水，转致堤身坐蛰，很快刷宽至四五十丈，接着漫口迅速扩大至一百八十五丈，河水均由三堡决口漫溢而出，掣动大溜，分作两股，奔涌入海。此次，黄河决口对于丰县、沛县等处造成严重损失。此前，苏北每两银价在

---

〔1〕《甘肃巡抚明德奏报河东钱价已平请停运楚钱事》，乾隆二十六年正月二十九日，朱批奏折，档号：04－01－35－1260－005。

〔2〕《清高宗实录》卷 631，乾隆二十六年二月己丑。

〔3〕《清太宗实录》卷 3，天聪元年九月戊午。

〔4〕《河南巡抚马慧裕奏为查明工次钱价并酌定料物土方价值事》，嘉庆八年十一月二十六日，朱批奏折，档号：04－01－05－0094－028。

〔5〕《汴梁水灾纪略》，河南大学图书馆藏稿本，署名痛定居士。

二千六百文以上，黄河决口之后迅速跌至一千五六百文，下跌38%。

上述事件都是孤立的，彼此之间看似缺乏联系，内中却隐藏着一个定律：凡是遭受严重自然灾害袭击的地区，凡是商品经济遭受严重破坏的市场，大多会发生“银贱钱贵”的现象。这个道理，如同政治动荡时期的发生“银贱钱贵”现象一样，都是由于社会经济生活混乱，商品经济遭受重创，市场萧条，制钱流通频率大为降低，供求关系紧张，因此，导致钱价相对增昂，银价相对跌落。不过，这种因突发事件引起的银钱比价变化往往是暂时的，是局部的，也是可以调剂的。

（二）银价最高的成因。云南银两价格较高，“每两白银兑换制钱均在一千二百文和一千五百文之间”，属于局部地区的特殊现象。主要原因应当归之于本省产铜，铜斤价格较低。

1727年的江西银价偏高，主要是小钱导致的。“每市钱一千值银五钱二三分至七八分不等，而每千中模糊破损不堪上串者十居其四。”[1]

这一时期按照制钱重量的不同，以1740年为界，可以划分为前后两个阶段。前一阶段的“银贱钱贵”的钱重“一钱四分”，后一阶段的“银贱钱贵”的钱重是“一钱二分”。因此，银钱比价的情况相当复杂，数据虽然相近，其金属含量不同，“银贱钱贵”的程度自然也是不同的。

二　清廷对于“银贱钱贵”的应对措施

此次“银贱钱贵”突然发生于1706年，银价在京师的市场上发生暴跌事件，“每银一两仅可兑钱七八百文”。[2]使康熙皇帝及其大臣们感到莫名其妙，不知发生了什么问题。

1717年，清廷下令沿海商人禁止往南洋贸易，沿海商业活动受到沉

---

〔1〕《世宗皇帝朱批谕旨》卷十二，下。

〔2〕《大义觉迷录》，奉旨讯问曾静口供二十四条之第十八条。

重打击，国内市场上的金融形势迅速发生变化，银价下跌，铜价上涨，钱价进一步提高。1722 年，户部奏报："京城制钱，旧时每市银一两易钱八百八十文，今银一两易钱七百八十文，钱价日贵，民间日用以钱交易，资用甚艰。"〔1〕

进入雍正皇朝，依然是"银贱钱贵"。雍正皇帝雄心勃勃，以为真的找到了制钱流通的奥秘，不仅下令改变了制钱的铜铅比例，而且改变了制钱的重量，还制订法令禁止民间使用铜器，试图彻底扭转"银贱钱贵"的局面，但是，他还是以失败告终。〔2〕

1723 年，雍正皇帝谕令改变制钱的金属比重，规定京师户、工二局铸钱合金比例是 60% 铜，40% 白铅；云南铸钱合金比例为 80% 铜，20% 白铅。

在雍正皇帝看来，钱价昂贵是由于钱少，钱少是因民间毁钱铸器造成的。一般来说，金属货币的价值超过其所含的金属价值，属于正常的现象。这是因为，人们在铸币时花费了一定的劳动量。正是由于铸币价值高于其金属价值，国家机关或私人才愿意从事合法的或非法的铸币活动。当铸币的价值接近其金属价值时，当金属价值升值时，这些铸币就会被牟利者熔化成条块，加工成其他器物。因此，在金属货币时代，每当价格发生波动，私铸与私销活动往往随之而起，不足为奇。

为了保障铸造制钱的铜源，为了抑制铜价，雍正皇帝决定采取比他的父亲更加严厉的措施〔3〕，屡颁谕旨，禁止藏匿、私用，"务令法在必行，事期有济"。1726 年（雍正四年），再严官民使用铜器之令，规定除三品以上

---

〔1〕 刘锦藻编：《清朝文献通考》卷 14，钱币 2，第 4980 页。

〔2〕 雍正十一年十一月十六日谕内阁："今宝泉、宝源二局额铸钱文，岁计亏折工本约银三十万两。朕思钱重铜多，徒滋销毁，且奸民不须重本，便可随时熔化……若照顺治二年之例，每文铸重一钱二分，在销毁者无利，而私铸者亦难。似属权衡得中，可以行之久远。"（《清世宗实录》卷 137，雍正十一年十一月癸巳。）

〔3〕 1673 年（康熙十二年）曾经谕令：除现有铜器外，此后铸造铜器不许超过五斤，违禁者，官员革职，旗人鞭一百，枷一月，汉民杖责四十，流三千里；1679 年（康熙十八年），补充规定，除了限制在五斤以下的军器、乐器、脸盆、铜镜、锁钥、等子、天平、砝码、刀鞘、纽扣等生活必需品之外，其他器物一概禁止。

官员准用铜器外，其余人等一概不许使用铜器，要求在三年内，官民人等应将黄铜器具全部呈报官府，按价收购。1727 年，严禁铺户铸造黄铜器具，违者，要求照例治罪。是年，进一步限制铜器的使用范围，规定除了一品官员外，其余官民人等一概不得使用铜器。有的人认为，既然是禁止黄铜器皿，应当更加彻底一些，最好是一品官员之家也不准使用。湖广总督岳起龙奏请说："臣不揣冒昧，恳请敕部通行严禁，凡一品官员之家所有黄铜器皿悉令缴出，嗣后一概不得利用，则奸匠已知无可藏蓄、销售之处，自必不肯违禁私造，黄铜悉得缴官，将来泉源日裕，流弊不杜而自除矣。"〔1〕雍正皇帝认为，钱价昂贵，由于黄铜器皿未能禁绝，而黄铜器皿未能禁绝则是各级官吏奉行不力所致，"与一品之家用与不用，何涉？"1735 年（雍正十三年），进一步规定，各地铺户不得将黄铜器皿充作白铜和古器货卖，所有黄铜器皿限制在一年全部缴官收买，限满不交，照私卖黄铜器皿例治罪。

由于钱价居高不下，禁铜令效果不佳，雍正皇帝认为，钱贵固然由于钱少，同时也与制钱重量有关。于是，谕令改变制钱的重量，由"一钱四分"减为"一钱二分"。从 1734 年开始，各地官局大量铸造重量为"一钱二分"的制钱。这种制钱发行之后，仍然无法改变"银贵钱贱"的趋势。1740 年，福建台湾方面报告："从前每番银一两易小钱一千五百文，近只易八百余文。"〔2〕

1738 年，直隶按察使多纶奏请改变制钱重量。在他看来，"大抵钱文轻重应视铜价为准，一千之钱合铜若干，一斤之铜值银几何。合而计之，千钱之铜适值一两，然后千钱之价市得一两之数。纵或稍有长落之时，不过上下三五十文之间。倘千钱之铜只值银七八钱，而欲以一千兑银一两，必不能也。铜贱钱贵，利徒必冒法而私铸；如千钱之铜值银一两二三钱，

---

〔1〕《世宗宪皇帝朱批谕旨》卷 81。

〔2〕这种钱的合金比例为，"每红铜五十斤，配合白铅四十一斤八两，黑铅六斤八两，再加点锡二斤，共为百斤。即铸成青钱，以所铸钱复投炉内，熔成铜斤，锤击即碎，不能打造器皿。犹恐不肖奸民将铅锡提出，取铜获利，复用接红铜炉熔试，每大钱四串，加火耗银一两有奇，分得红铜五斤八两，止值银一两六钱，较之原用工本，亏折甚多。"（刘锦藻编：《清朝文献通考》卷 16，钱币 4，第 4997 页。）

而欲银一两兑钱一千，必不能也。铜贵钱贱，利徒必干禁而私毁。是又理势之所必至者也。”[1]这种关于银钱比价的认识是相当深刻的。

他认为当下的钱价昂贵是由于铜价的昂贵造成的，在铜价不变的情况下，无论是查处私毁，还是大力鼓铸“一钱二分”重的制钱，都无法改变“银贱钱贵”的局面。“现在所铸之钱，每文重一钱（这是实际重量，名义上仍为一钱二分。——笔者注），合计一千文共重六斤四两，若熔而为铜，每斤以二钱五分计之，当值银一两五钱六分。以目下钱价论之，制钱一千可兑银一两二钱，以银一两二钱买钱一千，熔铜转卖，犹可得利银三钱六分。”[2]

基于这样的推算，他建议改变制钱的重量，“为今之计，似应将宝源、宝泉二局及滇省所铸之钱暂减三分，每钱一文止铸七分，计钱一千文，共重七十两，合用铜四斤六两，以时值铜价每斤合银二钱五分计之，千钱之铜只值银一两九分。如是，而以银一两兑钱一千，私毁卖铜，除去折耗炭火，无利可图，必不禁而自息矣。”显然，他的目的是为了防范私毁，并维持官定的名义比价。不过，他的推算方法有误。

按照多纶的计算方法，当时每担铜价银高达二十五两。如统计所示，这一时期每担洋铜价银一般是二十两上下；即使商铜的价格达到二十五两，铸造制钱的金属也并非全是商铜，制钱的合金比例是60%的铜，40%的白铅。白铅价值较低，每担价银不过六两二钱。所以，多纶的推算结果有误，不可能得到户、工二部官员的认可。他的建议自然得不到采纳。

内阁学士祖尚志也持类似观点，“盖以市价每黄铜器皿一斤值银三钱三分，红铜器皿一斤值银三钱六七分至四钱不等。而制钱一百三十三文足合库平一斤，时值钱价计银一钱六分，此销毁所不免也。如制钱之时值不为过高，仅可打造黄铜器皿，其销毁犹少；若铜质愈

[1] 《直隶按察使多纶奏请改铸钱文以缓钱价事》，乾隆三年二月初六日，朱批奏折，档号：04-01-35-1227-024。

[2] 同上。

高，并可打造红铜器皿，其销毁更甚。"[1]这里将铜器的价值与制钱的价格加以比较，说明存在销毁制钱的可能性，自然有一定道理。问题是，此处的铜器是什么样的铜器，是粗加工的铜器还是精加工的铜器，我们不知道工匠施加了多少劳动？价格究竟是贵重还是便宜？难以做出评判。

闽浙总督郝玉麟认为，"物多则价贱，物少则价贵。"制钱之所以价格昂贵，在于钱文数量不足，"欲求钱价平减，必须钱文充裕。惟有照前鼓铸。"[2]正白旗蒙古参领四十七认为，"钱贵由于钱少，而钱少由于私毁、囤积者之多。"[3]他接着猜测道："何以见其销毁之弊也？京城制造黄铜器皿匠户不下几百铺，而铜自设官买运以来，并未见有商人贩铜到京售卖者，若非销毁制钱，则彼制器之铜何所从出？即人家旧碎铜器出卖，其为铜几何，安能以有限之废铜供无穷之制造？况制钱每年鼓铸，而今顺治、康熙时钱已皆不见于京城，即雍正时钱近亦觉其甚少，若非销毁，未必尽关转运外省之故也。"[4]为此，他建议控制市场，限制黄铜等各种器皿价格，"每斤定价银一钱八分"，以为这样就可以杜绝销毁。但他不知道政治命令在商品流通市场上作用有限，假若黄铜价格一纸命令可以控制，清廷早就应该控制银钱比价了。

1739年，浙江巡抚卢焯建议对于市场上的黄铜器皿进行最高限价。在他看来，钱贵由于钱少，钱少由于私毁。私毁由于黄铜器皿市价高昂，毁钱铸器有利可图。"查旧钱重一钱四分，每串在九斤以外，时价一两三钱五分。制造黄铜器皿，仍是九斤以外，提作红铜亦五斤有零。现在熟黄铜器皿时价每斤二钱四分，生黄铜器皿每斤一钱七八分不等，红铜器皿每斤三钱

---

[1] 《内阁学士祖尚志奏陈平准钱价办法三款事》，乾隆四年三月初九日，朱批奏折，档号：04-01-35-1229-012。

[2] 《闽浙总督郝玉麟奏为浙江钱价过昂请开炉鼓铸钱文事》，乾隆四年三月十八日，朱批奏折，档号：03-01-35-1229-014。

[3] 《正白旗蒙古参领四十七奏报铜价日昂请禁囤积事》，乾隆三年五月二十九日，录副奏折，档号：03-0768-017。

[4] 同上。

一二分不等。是销毁制钱一串可获利数钱,是以愚民敢于犯法。"[1]为了制止私毁制钱,应使私毁铸器者无利可图,最好的办法就是对于黄铜器皿实行最高限价。这个办法显然不太高明,未被乾隆皇帝采纳。

有人从人口增加的角度开始思考问题。"用钱之处日益广,而生齿日益繁,用钱之人亦日益众。现在钱文不敷应用,彰彰明甚。夫使钱文之少在于销毁,销毁之禁可加严也。在于埋藏,则埋藏之家可劝之出也。今乃不在销毁、埋藏,而在于用钱之人日多,用钱之处日广,实在之钱文不敷生民之应用。"[2]这种看法也不得要领。雍正、乾隆时期,中国人口的确是一个快速增长期,人口的增长当然需要一定量的货币供应来满足其需求。但是这种需求应当表现在完成社会商品总量的交换需求方面,不是简单的人口增加。商品交换在当时是由银和钱共同完成的,人口增长对货币的需求,应当包括制钱与白银两个方面,不应是单独对制钱的需求。而钱价的昂贵,是指钱价对于银两的上涨。

议者或云钱文轻铸则私毁绝迹;或云商铜流通则民无私毁;或云各省鼓铸则钱多价贱;或云禁止打造器皿则铜有余,可杜私毁之弊;或云人口增加,需要增加制钱数量。此数者,均以制钱数量之多寡,猜测钱价之高低,这无非是 $MP=1$ 的简单的反比例公式。他们所开列的解决方案,也无非是设法保持或增加制钱的流通数量。惟有浙江布政使张若震,建议从技术上解决私毁问题。

他说:"钱价之贵由于私毁,欲清其弊当绝其源。"建议改变制钱的合金成分,铸造一种可以防止私毁的"青钱"。"臣留心体察,访之老年炉匠,佥云:每百斤配合铜铅一百斤之内,再加点锡三斤,即成青钱,不加点锡,便是黄铜。点锡为铜铅之母,一经掺入,复投炉内,不能铜自为铜,而铅自为铅。设有销毁,只可改作乐器,此即所谓响铜,仅能论斤出卖,难作小件,民间无利可图,是以青钱至今无人销毁,非若不加点锡之黄件,可以

[1] 《浙江巡抚卢焯奏请定黄铜器价以杜毁钱以平钱价事》,乾隆四年七月初八日,录副奏折,档号:03-0768-039。

[2] 《广东粮驿道朱叔权奏陈平抑钱价事宜》,乾隆六年二月十五日,朱批奏折,档号:04-01-35-1231-023。

熔化，改铸别物。”〔1〕户部试铸获得成功，于是，各官局开始铸造，在清朝铸钱的历史记录中又有了“青钱”和“黄钱”的名目。所谓“青钱”者，是指加入黑铅和锡而改变颜色的制钱，此前未加入黑铅和锡铸成的钱呈黄色，因此叫做“黄钱”。

“青钱”投入市场后，由于毁钱提炼纯铜工序较为复杂，无利可图，有效防止了私毁。但是，防止了私毁，并不能解决钱价的昂贵问题。在制钱数量不断增加的情况下，其价格并未因此跌落，反而继续上涨。由此可见，制钱数量的多少不是钱价增减的主要因素。从 1741 年到 1760 年这二十年，一两白银兑换的制钱通常不到八百文，最低时甚至不足七百文。〔2〕其昂贵情形“为历年所未有”。〔3〕

1752 年，直隶总督方观承认为：乡村富户罕识平色，一切行使俱用钱文，钱质之重百倍于银，藏贮可免盗窃。制钱价格长期居高不下，主要原因是民间喜欢用钱，“富户积钱”造成的。事实上，贮藏手段是货币的职能之一。这本身是正常现象。把贮藏制钱看成不正常现象显然是错误的。但是，当时清廷认可这种看法，谕令各省查禁囤积制钱问题。各省督抚对于本省的用银用钱现状均有客观认识，绝大多数人并不认为囤积制钱是“银贱钱贵”的原因。很有价值，耐人寻味。

山东巡抚杨应琚表示赞成，在他看来，“东省富户积钱之风究未尽息，自应仿照直省规条，一体查禁。第东省民间多系零星交易，其在三十两以上者素不多见。应请酌量减轻以二十两为率。凡民间交易在二十两以上者不准用钱。”〔4〕

---

〔1〕《浙江布政使张若震奏为钱价日昂请改铸青钱以杜私毁事》，乾隆四年十月十六日，朱批奏折，档号：04－01－35－1279－027；席裕福辑：《皇朝政典类纂》卷 64，钱币 7，台北：文海出版社，1982 年影印本，第 7 页。

〔2〕“每京平一两仅易大钱七百文及六百八九十文不等。”（高晋、阿桂等编：《钦定南巡盛典》卷 89，文渊阁四库全书，史部 416—417 册。）

〔3〕陈弘谋：《申铜禁酌鼓铸疏》，贺长龄辑，魏源编：《皇朝经世文编》卷 53，北京：中华书局，1992 年影印本，第 27 页。

〔4〕《署理山东巡抚杨应琚覆奏令民间交易银钱并用富户出易余钱以至钱价承平事》，乾隆十八年五月初二日，录副奏折，档号：03－0771－034。

河南巡抚蒋炳也表示支持。在他看来，该用钱的地方自当用钱，该用银的项目也当用银。“州县收粮，零星小户，例准收钱；平粜谷石，概收钱文，在官亦多存积。但令随收随易，俱不得积存署内，凡一切日用买办亦概用银，以为民倡。又工程领出帑银，除零星工价给发钱文外，其购料等项，动用即以原银给发，不得用钱，以图省便。”[1]

但是，绝大多数督抚大员对于方观承的看法不以为然。山西巡抚胡宝瑔在覆奏中指出：“晋省所在皆山，地多硗瘠，出产米粮不敷食用，少有积钱之事，况山西之民工于贸易，即巨商富室亦以懋迁有无，计权子母为事，停本积钱又非所业。就晋省人情风土而论，与直省各有不同。”[2]

甘肃巡抚鄂乐舜奏报说：甘省地处边陲，民贫土瘠，素鲜殷实巨户，间有家道稍裕之家，凡有田房交易，粮食买卖，价少者用钱，价多者用银，“如价至数十两以上，则无不用银交易，即零星所入钱文，随时出易，以图置产发运。……民风朴质，亦向无埋藏地窖及散置米谷等弊。”[3]

署两江总督鄂容安说，“藏钱之弊盛于北而不盛于南，禁止藏钱之法亦止可行于北而不可概行于南。江苏八府三州，虽用银用钱多寡不同，而囤积埋藏则各属均不多见。”[4]江西界于闽浙、江南、湖北之间，四通八达，“商贾善于经营，不肯藏积钱文，坐失子母，是以民间一切交易，买卖约至数十两者，未闻概用钱文。”[5]“江南民多识字，村妇孺子多知平色，书算实与直属不同。至于巨贾富商躲在通都大邑，墙高宇峻，盗贼无从觊觎，何用蓄此繁重之物？虽市廛贸易之辈类多用钱，然利权子母，大都朝

---

[1] 《河南巡抚蒋炳覆奏钱价大势平减事》，乾隆十八年五月十七日，录副奏折，档号：03－0771－037。

[2] 《署山西巡抚胡宝瑔奏复钱价昂贵富户将钱报官出易民间交易银钱事》，乾隆十八年五月初四日，录副奏折，档号：03－0771－033。

[3] 《甘肃巡抚鄂乐舜奏复查办通省钱价大势平减事》，乾隆十八年八月初七日，录副奏折，档号：03－0771－059。

[4] 《署理两江总督鄂容安覆奏查办钱价不甚昂贵事》，乾隆十八年七月，录副奏折，档号：03－0771－051。

[5] 《署两江总督鄂容安奏复钱价平减仍留心稽查不使囤积钱文事》，乾隆十八年五月十六日，录副奏折，档号：03－0771－039。

入暮出，以流通始得蝇头微利，谁肯存积埋藏？”[1]

署理湖广总督恒文说：“楚省民风，举凡交易，用银者居多……民间尚无囤积钱文之事。”[2]

广东巡抚苏昌覆奏说：“民间只零数用钱，自十两以外，概用花边番银。……民间用钱不似北省之广，随便将银兑换，从无藏积之事。”[3]

署理湖南巡抚范时绶说：“湖南素来用钱者较少。湖南地气潮湿，积钱恐致锈损，实与北省情形不同。”[4]

闽浙总督喀尔吉善说：“闽省民间实无直隶地方富户将钱文盈千累万窖藏囤贮情事。”[5]

署理陕西巡抚尹继善说，陕西“从无多藏钱文、囤积不售之弊”[6]。

署理四川总督黄廷桂说：“川省边地素鲜富户，且地气潮湿，埋藏易致锈坏，积钱之家原少，是以各处市肆钱文颇为充裕。”[7]

署两广总督班第说，粤西民间，“实无藏贮钱文之事。”[8]

安徽巡抚张师载分析说：“北省务农者多，村庄富户当春播秋收之后，粜买钱文，日用之外，转运非其所长，是以藏积在家，在所不免。若南方地窄人稠，城乡闹市百货汇聚，民间家道富裕，即不皆为耕耘，居奇通

---

〔1〕《署理两江总督鄂容安覆奏查办钱价不甚昂贵事》，乾隆十八年七月，录副奏折，档号：03－0771－051。

〔2〕《署理湖广总督恒文奏为钱价不昂，无囤积钱文事》，乾隆十八年五月二十九日，录副奏折，档号：03－0771－044。

〔3〕《广东巡抚苏昌等覆奏查办各处钱价并无昂贵事》，乾隆十八年五月十六日，录副奏折，档号：03－0771－046。

〔4〕《署理湖南巡抚范时绶覆奏查办各处钱价以防藏积事》，乾隆十八年五月二十六日，录副奏折，档号：03－0771－047。

〔5〕《闽浙总督喀尔吉善等奏陈查办钱价并无藏积事》，乾隆十八年六月，录副奏折，档号：03－0771－048。

〔6〕《署理陕西巡抚尹继善奏为查办各处钱价并无藏积事》，乾隆十八年七月十六日，录副奏折，档号：03－0771－053。

〔7〕《署理四川总督黄廷桂奏为通省钱价平减事》，乾隆十八年七月十二日，录副奏折，档号：03－0771－055。

〔8〕《署两广总督班第奏报通省钱价平减事》，乾隆十八年七月初八日，录副奏折，档号：03－0771－056。

利，常恐资本不敷转运，谅未肯以日有生息之钱久为封埴，致增朽贯之虞。且南方银自足纹以至八九成，俱可通使，彼用其戥法，又能毫厘不爽，非若北省之但知足纹、九八、九七戥法之制，不能纤悉毕知。是南方用银之便与用钱等，原不必专以储钱为得计也。今安省府州在江北者多，民间生计与江南不甚相远。惟凤、颍两府稍类北省。然素称歉薄之区，而大宗厚积，亦不易得。”〔1〕

从各个督抚关于用钱与用银的描写现状来看，大体上反映了各个省区的商品经济发展状况。一般来说，用银程度比较高的省区，商品经济较为发达；而用钱较多的省区，商品经济明显欠发达。但无论发达还是欠发达，贮藏制钱的风气都不是很严重。显然，贮藏制钱不是导致“银贱钱贵”的原因。

这里不是有无囤积制钱问题。我们在此需要说明的是，即使存在囤积居奇现象，从经济学的理论上看，这也不是制钱价格增加的原因。“商品的市场价格是由需求和竞争的复杂作用决定的。需求和竞争同一国中存在的金银数量完全无关。那么，不需要用作铸币的金银又怎样呢？它们当作贮藏货币积累起来，或当作奢侈品的原料被加工。如果金和银的数量低于流通需要的水平，人们会用象征性的货币或其他辅助手段来代替金银。如果一个有利的汇率使国内货币过剩，同时又切断了把它运出国外的需要，那么，货币常常就会在保险箱里堆积起来，就像躺在矿山里一样无用。”〔2〕据此，我们认定制钱的囤积不会影响银钱比价的变化。

从以上所述各个年代的银钱比价波动情况来看，我们可以得到这样的结论：清廷的货币政策有时可以影响货币比价的变化，但无法决定其变化趋势。清廷的“每十文准银一分”的规定在市场上很少被执行，事实证明完全是一种虚设。即使个别年代出现了一两白银换制钱一千文的兑换率，那也是金融市场上的银钱比价自然波动的结果，而不是清朝皇帝的意志的体现。现在的问题是，究竟是什么力量左右着银钱比价在不断波动呢？

---

〔1〕《安徽巡抚张师载奏陈查办各处钱价并无囤积事》，乾隆十八年七月二十八日，录副奏折，档号：03－0771－052。

〔2〕中央编译局编译：《马克思恩格斯全集》第13卷，第166—167页。

三　时人关于银钱比价变化的各种看法

在第二个“银贱钱贵”时期（1706—1770），人们对于货币比价的波动与先前一样，仍然认为制钱数量减少是其价值增加的根本原因，而制钱数量减少是由于民间毁钱为器造成的。有所不同的是，康熙、雍正、乾隆三位皇帝分别采取了有所差异的货币政策。

1722年，户部、工部官员主张收买废旧铜器，大力鼓铸制钱，借以改变“银贱钱贵”的状况。康熙皇帝晚年主张采取较为宽松的货币政策。他畅谈了他的心路历程：

> 朕抚御环区，时以生民为念。凡各省将军、督抚、提镇差遣进折之人及从外省来者，必询问雨旸、收获与米粮物价。今年五月间，因京师钱价渐长，故将应给兵丁月饷银钱兼放，至今尚未得平。昔年因钱价贵，管理钱法侍郎陈廷敬、阿兰泰、佛伦、马世济等条奏：奸宄图利，毁钱作铜，以致钱价腾贵。如将制钱铸重一钱，则钱价即平，于民甚便。九卿照陈廷敬等所奏议覆准铸小钱。朕迟回数月，不肯准行。是时科尔坤、佛伦屡奏：将制钱铸小甚有裨益，始从其请。迨后私铸甚多，朕以制钱仍应照旧铸大者为善，故特降谕旨。而九卿复请鼓铸大钱，将小钱销毁。朕念小钱行之已久，忽又专行大钱，未知于民有无利益，暂令大小兼用，试行三年，一次奏闻。于是大小并行，自后钱价并未见长，于民亦甚便利，此皆朕所理之事，所降谕旨，皆有记注可据也。再，从前商人办买铜斤时，钱价尚平，自赵申乔奏请交八省督抚采买，遂致迟误。部臣将迟误官题参，朕以采办铜斤，始改交八省，若将初次违限官治罪，似属冤抑，故暂行宽恕。其后铜斤虽陆续解送，而不能

全到，有误鼓铸矣。铜斤少则鼓铸误，鼓铸误则钱价贵甚矣。凡事不可执一，须随时立法也。铸钱一事从前屡经更改，今钱价何故骤贵？如何使之得平？交九卿詹事科道会同确议具奏，可否鼓铸小制钱与大制钱兼用，其一并议之。[1]

雍正皇帝登基之后，一改老皇帝的各项宽松政策，主张以“严”字绳天下。他的货币政策与康熙皇帝也截然不同。在他看来，钱价昂贵，由于制钱数量减少；而制钱数量减少，乃是民间毁钱铸器造成的。民间之所以毁钱铸器，是因为制钱的“铜六铅四搭配”，含铜成分较高引起的。为此，他决定禁止三品以下官员和老百姓使用铜器。

钱文乃民间日用之所必需，向因钱价昂贵，朕悉心筹划至再，至三。今鼓铸日增，而钱文不见其多，价仍复不减，是必奸民图利，以销毁制钱，打造器皿之事。若不禁铜器，则钱价究不能平，而无以便民间之用。从前九卿议令：不许制造黄铜器皿，其已成之铜器有情愿出卖者，俱作废铜交官，给与价值。朕思如此奉行，究不能尽除积弊，且些微物件亦难汇集交官，终属有名无实。嗣后京城之内，除三品以上官员准用铜器外，其余人等不得用黄铜器皿，定限三年，令其将所有黄铜器皿悉行出卖，当官给与应得之价，如旗人，则于本旗交出领价；汉官民人，则于五城该管之处交出领价。不论轻重多寡，随便收买，不许发价之人丝毫扣克。违者，重治其罪。如此，庶可以永杜毁钱制器之弊，而国宝流通，民用充裕，实为大有裨益。[2]

明年，雍正皇帝再次谕令说：

---

〔1〕《圣祖仁皇帝御制文集》第四集，卷十九，康熙六十一年九月初十日。

〔2〕《清世宗圣训》卷二十三，雍正四年九月丙申日。

民生日用所需，制钱最为切要。朕特为便民起见，屡颁谕旨，严禁销毁制钱，并令京城及各省督抚驻扎之省城，不许铸造黄铜器皿。三品以下官员及兵民人等，不得私用，此朕欲期钱文丰裕，为小民易于资生，非朕有所需用也。已曾谆切详谕，不啻再三。京城现今奉行，钱价已觉稍平。乃近闻各处督抚驻扎之省城，铜器店内仍用黄铜铸造者甚多，此明系各省督抚不实力奉行，徒以告示晓谕，虚文掩饰而已。朕向因钱局鼓铸日增，而钱文日见短少，即知有销毁制钱，铸造铜器之弊。嗣于京城内屡次拿获销毁制钱之奸民，而钦差官员至甘肃地方，亦见有毁钱为器者。省会乃督抚驻节之区，耳目最近，政令易行，非若远乡僻壤之难于稽察也。若果实心遵奉，甚属易事。朕为制钱筹划，宵旰焦劳，各省地方官办运铜斤，亦甚费经营，跋涉之苦，然后官局得以鼓铸钱文，以资百姓之用。夫以铸钱如此之难，而奸棍贪财射利，竟将已成之钱，复行销毁。故禁用黄铜者，所以杜毁钱之源也。今特再加训诫，各省督抚务宜实力奉行，倘仍前疏忽，定将督抚严加处分。至从前曾斟酌三品以上，许用黄铜器皿，今犹觉滥用者多，嗣后惟一品官员之家，器皿许用黄铜，余著通行禁止。[1]

尽管在雍正皇帝在位期间，采取了种种严厉措施，例如，严禁销毁制钱，严禁囤积居奇，严禁一品以下官员及军民人等使用黄铜器皿，大力购买洋铜，搜集搜购铜器，开采滇铜，鼓铸制钱，等等，也未能改变流通领域的“银贱钱贵”基本状况。社会上一时谣诼纷纷，从不同方面表达对于雍正统治方式的强烈不满。曾静在其《知新论》中这样说：“即观铸钱一事，自癸卯到今六年(1723—1728)，尚铸个钱不顺。勉强铸就的，糊糊涂涂，不明不白，民间无人肯受。谣曰：‘雍正钱，穷半年。’若身上有一个雍正

---

〔1〕《清世宗皇帝上谕内阁》卷六十一，雍正五年九月初二日。

钱，即投之沟壑。"[1]这一指责遂成为曾静案的重大罪证之一。雍正皇帝的辩护词虽然絮絮叨叨，但也道出其良苦用心，值得咀嚼。他说：

制钱为民间日所必需，务宜轻重适均，流通无弊，方于民生有益。钱文字画之清楚与否，皆关铜铅之多少，此人人所知者。向年圣祖皇帝时所铸制钱，以铜六铅四搭配，虽钱文字画清楚，而铜多于铅，遂有奸民销毁制钱改造器皿者，因而钱价日昂。康熙四十五六年间，每银一两仅可兑钱七八百文。朕在藩邸时，深悉其弊，是以令钱局以铅铜各半搭配鼓铸，使奸民无销毁之利。今银一两可兑制钱一千，小民并受其利。其钱文字画虽未甚精工，然惟铜铅相半，方能禁止销毁，而制钱可得流通便民，并非吝惜铜斤而多加铅两也。且铸钱由模范而成，其样钱谓之祖钱，轮廓匀厚，字画完整。由祖钱套出，谓之母钱，即逊于祖钱。再由母钱套出，是谓铸钱，今民间日用之官钱也。较之祖钱，更不逮矣。盖即一板之内，所铸二枝之钱，下沉者必重，在中者适均，在上者必轻，而字画亦因之而不能一式完美。此从来铸钱皆然，非独今日之雍正钱为然也。乃曾静不知钱法，信狂妄之说，遂肆讥议，任意蛊惑咒诅，何殊昏梦中之呓语乎！至云"投之沟壑"，尤为可笑。民间所有之钱，必以银两兑易而来，岂有以银易之物而委之沟壑乎！至于贸易之人，当其受钱之时，必细视钱文而后交易，若以雍正钱为不祥之物，孰肯收受！况既以货物售卖，人虽至愚，孰肯以银与货物换得之钱而轻弃之沟壑也！今直省内外，果不肯用雍正钱文乎？即如曾静之家，至为贫薄，然囊箧中亦必有制钱收贮，然后可以易米买薪，何以不投而弃之乎？江南地方，因雍正钱文尚少，元年、二年间，有以旧钱十文易一雍正钱以为宝玩者。其重雍正钱文何以又如此？向湖南之人情与江南迥别乎？至于铸钱未能流

[1] 《大义觉迷录》，奉旨讯问曾静口供二十四条之第十八条。

通普遍，此则事理之常，明而易见者。圣祖皇帝在位六十余年，康熙铸钱尚有流行未到之处。又如广东高、雷、廉等府，至今尚用宋时旧钱，并元、明代之钱亦流通未至。自雍正元年以来，甫及七年，所铸钱文，欲令遍及天下并荒僻之处，亦有是理乎！[1]

雍正皇帝的辩护词写于1729年（雍正七年），内中称"今银一两可兑制钱一千"的确是事实，但是这种现象的出现十分短暂，仅仅限于当年的京师、直隶、陕西、山西等地区，同一年的福建仍然是每两白银只能兑换制钱八百三十文。1731年之后，各省仍然是"银贱钱贵"。由于铸造"一钱四分"重的制钱无利可图，加之"银贱钱贵"的局面难于扭转，雍正皇帝不得不于1734年（雍正十二年）下令改变其重量，减低为"一钱二分"。

乾隆皇帝即位后，开始改变乃父"严猛"的政治作风，反复宣传"宽猛相济"的治国方针。户部尚书海望不失时机地陈述了雍正朝严禁铜器的弊端，奏请乾隆皇帝废除雍正朝的禁铜令。1736年3月30日，海望奏请道：

近年以来，鼓铸无缺，价值昂贵。建议者莫不多求禁铜之法，而臣独以弛禁为请者，诚以钱贵之害小，累民之害大，仅禁黄铜，已为深扰，而弊窦多端，概禁黄白器皿，滋扰尤深，而于钱法亦终无裨益也，臣请详悉敷陈，伏祈圣主采择。夫铜器散布民间，相习甚久，一旦禁使勿用，则其情有所不便，而易生藏匿之心，往往迁延而不交，交纳而不尽，缓之，则互相观望；急之，则百弊丛生，是以展限之奏请屡闻，收买之告竣无日，胥吏借此需索，刁民借此讹诈，得贿，则卖官法；不得贿，则入人罪，搜括难尽，用法不均。其弊一也。民隐既难上达，有司未必皆贤，民间交纳铜器，或有侵蚀扣克，仅得半价者；或有除去使费，空手而归者。名为收铜，实为勒取。其弊二也。此等铜质，本极粗杂，加之锈烂，一经钱局熔

[1] 《大义觉迷录》，奉旨讯问曾静口供二十四条之第十八条。

化，折耗甚多，任务价不减收买之时，原费帑金即所得不偿所失，鼓铸毫无所益。其弊三也。又况黄铜乃系红铜白铅配搭而成，是以百万斤之黄铜器皿，其中即有红铜五六十万斤，今禁用黄铜，而不禁红铜，是较之未禁之先，铜又多费。而适以昂其价值，速其私毁，是故未禁黄铜之先，白铜甚少，既禁黄铜之后，白铜甚多，岂白铜之所产果多，皆奸匠销毁制钱，掺药煮白以成器皿，博厚利耳。其弊四也。凡此四弊，若不究其根源，以酌变通之计，徒将一切铜器概行禁止，臣窃以为不可。何则？铜器之禁，若止行京师，则他处仍得贩卖，于事无济。若通行直省，则普天之下，业此者不下数万户，藉此以衣食者不下数十万人。今既禁使勿造，是伊等平日所造器皿，务必令其交官，以备鼓铸矣。夫民间铜本，原溢于官价，加以工本为数更多，必若合算工本，全数散给，则小民虽不至于亏本，已有失业之苦，而于国帑亦大有折损。若只照官价收买，则铜本既属不敷，而工价又无所出，此等小民皆属借贷经营，生计甚薄，一旦失其所依，欲改业，则无门；欲坐食，则无本。其何以堪！夫鼓铸钱文，原为便民利用，今因鼓铸需用，而顿使民间失业，是欲便民，而适以累民。我皇上轸恤商民无微不至。即一夫不获，尚廑宸衷，岂忍使数十万人之流离失所乎！臣又考之史书，而知禁铜，乃前代权宜之计，非可常行者也。铜器为民间必需之物，故前代亦有因铜禁既严，采买于官，而鬻之于民者，既而官烦民病，仍听民间造器，而官为立价，辗转弥缝，迄无善法。其事已大可概见矣。我国家钱货流通，圣祖仁皇帝六十余年，未尝下一禁铜之令，而铜未尝不足于用。故曰：禁铜足以扰民，而于钱法究无裨益也。又闻古语云铜贵钱重，则有私营销毁之弊；铜贱钱轻，则滋私铸射利之端。是以钱文轻重，必须随铜价之低昂而增减，庶可杜私毁私铸之弊。[1]

---

〔1〕《江南通志》卷八十二，乾隆元年二月十九日，户部尚书海望奏折。

这一奏折，于当年5月29日经过九卿会议讨论，一致认为海望所陈符合事实，“应将收买黄铜器皿及禁用黄铜之处悉行停止，嗣后民间买卖悉听其便。”旋即得到乾隆皇帝批准。

大致说来，乾隆皇帝采取的货币政策与康熙朝晚期相近，除了正常打击私铸、私毁，积极筹办洋铜，大力开采滇铜，尽可能添卯加铸制钱等正常措施之外，既没有采用雍正朝的严禁使用铜器的极端措施，也没有随意改变制钱的重量，可谓“以不治治之”〔1〕。

乾隆初年，为了摆脱“银贱钱贵”的困扰，朝野上下提出了许多建议，“议者或云钱文清轻，则私毁绝迹；或云商铜流通，则民无私毁；或云各省鼓铸，则钱多价贱；或云禁止打造器皿，则铜有余，可杜私毁之弊。”〔2〕例如，1738年，直隶按察使多纶认定，“物多则贱，物少则贵。此为一定之理。”各省钱价昂贵大概相同，认为必定有不法之徒，私毁制钱，“所以日事鼓铸，而钱不见其充裕也。”在他看来，制钱价格昂贵，由于毁钱铸器造成的。为了防止盗铸，他建议铸造七分重的小钱。“为今之计，似应将宝源、宝泉二局及滇省所铸之钱暂减三分，每钱一文只铸七分，计钱一千文共重七十两，合用铜四斤六两……如是，而以银一两兑钱一千，私毁卖铜，除去折耗炭火，无利可图，必不禁而自息矣。私毁之弊除，鼓铸之钱日多，民间之钱断未有不充裕者也。钱既充裕，其价断未有不平者也。”〔3〕内阁侍读学士祖尚志等人也持类似看法，他也建议改变制钱的重量，借以防止私毁。〔4〕这种靠改变制钱重量的做法康熙朝已经多次试验，只能造成

〔1〕“如果系商人有意高抬（盐价），致淡食病民，自应力为禁约。如不过时长时落，则如京师钱价，竟可以不治治之。”（《清高宗实录》卷367，乾隆十五年六月己亥。）又，瑚宝奏请铸造当二钱，乾隆认为瑚宝知其一不知其二，强调“民间即受钱贵之累，不如以不治治之”（《清高宗实录》卷341，乾隆十四年五月戊辰）。

〔2〕《浙江布政使张若震奏为钱价日昂请改铸青钱以杜私毁事》，乾隆四年十月十六日，朱批奏折，档号：04-01-35-1229-027。

〔3〕《直隶按察使多纶奏请改铸钱文以缓钱价事》，乾隆三年二月初六日，中国第一历史档案馆藏，朱批奏折，档号：04-01-35-1227-024。

〔4〕《内阁侍郎学士祖尚志奏陈平准钱价办法三款事》，乾隆四年三月初九日，朱批奏折，档号：04-01-35-1229-012。

流通渠道内的价值符号混乱，并非正确的解决方案，也没有得到乾隆皇帝认可。每当某种硬币的金属价值超过其流通价值的时候，这些硬币就会被熔化掉，变成其他器物，或者被输出到其他国家。因此，销毁制钱本身就是一种自然的调节活动。这种活动不会严重影响制钱的价格，不会严重影响以前比价的变化。

还有人认定，钱贵由于钱少，而钱少由于整个社会重钱轻银。福州将军新柱说："近年以来，无论一切零星买卖皆用钱文，即买卖田产、房屋以及婚娶聘礼，自数十串以至二三百串，无不行用钱文。但钱之为用，取义于泉，欲其流通，不欲其壅滞。中人之家日率用钱一二百文。一处交易而聚钱一二百串，则万家不能流通矣。是以闽省开铸以来，每年虽出钱三万串，而钱价究未能平，民用仍未充裕者，实由整宗用钱之所致。"〔1〕为此，他建议朝廷下令，禁止民间大宗交易用钱，凡是价银一两以上者，必须用银交易，囤积制钱之弊由此可以不禁而自除。这种看法也比较肤浅。

在各种防止私毁的办法中，只有浙江布政使张若震的建议得到了采纳。张若震同样认为，只有铸造青钱，才能防止私毁；只有防止了私毁，才能平抑钱价。"臣留心体察，访之老年炉匠，佥云：每配铜铅一百斤之内，再加点铜（锡）三斤，即成青钱；不加点铜（锡），便是黄铜。点铜（锡）为铜铅之母，一经掺入，复投炉内，不能铜自为铜，而铅自为铅。设有销毁，只可改作乐器，此即所谓响铜，仅能论斤出卖，难作小件，民间无利可图，是以青钱至今无人销毁，非若不加点铜（锡）之黄钱可以熔化，改铸别物。"〔2〕这一建议经过试验，得到采纳。从此以后，私毁制钱现象大为减轻。不过，对于平抑钱价来说，这一措施并未奏效。因为钱价的昂贵，并非是制钱数量减少造成的。

---

〔1〕《福州将军新柱奏请敕令民间交易银钱兼用以平钱价事》，乾隆十一年十二月十八日，录副奏折，档号：03－0771－021。

〔2〕《浙江布政使张若震奏为钱价日昂请改铸青钱以杜私毁事》，乾隆四年十月十六日，朱批奏折，档号：04－01－35－1229－027。

四　银钱比价与粮价

无论是“银贵钱贱”，还是“银贱钱贵”，均是指银钱二者之间的价格变化。单纯就银钱比价波动，说明其变化的原因，有可能陷入自证的泥沼。面对“银贵钱贱”现象，说不清究竟是“银贵”引起了“钱贱”，还是“钱贱”导致了“银贵”；同样道理，在解释“银贱钱贵”时，也难以说明究竟是“银贱”引起“钱贵”，还是“钱贵”导致“银贱”。清代的理财家和学者囿于这种局限，经常陷入货币的重重迷雾之中。

“当两种货币的价值发生变动时，最好是能有一种方法可以确定究竟是哪一种货币的实际价值有所上涨，哪一种货币的实际价值有所下跌。这一点，只有把它们依次和一种不变的标准尺度相比较才能办到，这种尺度本身不能发生其他各种商品那样的变动。不过，这样的尺度在商品中实难找到，因为任何一种商品本身都会和其价值需加确定的物品一样发生变化，换句话说，没有一种商品生产所需的劳动量能够无所增减。”〔1〕

尽管如此，我们在研究银钱比价变化的原因时，不关注同一时期的物价和粮价的变化，很难冲出货币价格布下的迷阵。

康熙皇帝非常重视雨雪等气候对于农业生产的影响，非常重视粮食价格对于老百姓生活的影响，要求各级官员按时奏报各地情况，逐渐形成为一种奏报制度。正是有了这一制度，各省督抚奏报的粮价清单为我们系统分析粮价波动情况提供了比较充足的数据资料。

---

〔1〕【英】彼罗·斯拉法主编，郭大力、王亚南译：《李嘉图著作和通信集》第1卷，第35页。

表 4-2　京师与保定粮价波动情况一览表(1736—1770 年)

(单位:库平银两)

年份	稻米	上等粟米	白麦	高粱
1736	1. 8000	1. 1600	0. 8900	0. 7200
1737	2. 1000	1. 3100	1. 4700	0. 8500
1738	2. 1100—2. 6800	1. 4400—1. 7400	1. 6000—1. 9500	0. 9600—1. 4000
1739	2. 0000—3. 4500	1. 4720—1. 8000	1. 1110—1. 8800	0. 8150—1. 6900
1740	1. 5500—3. 0700	1. 3400—1. 6470	1. 3500—1. 8600	0. 8000—1. 1400
1741	1. 5800—2. 6000	1. 2400—1. 5000	1. 3000—2. 0000	0. 6600—0. 9400
1742	1. 8700—2. 6000	1. 3000—1. 5400	1. 4300—1. 9500	0. 6900—1. 0000
1743	2. 1600—3. 1200	1. 4000—1. 6400	1. 5400—2. 3500	0. 8500—1. 1700
1744	2. 4700—2. 7000	1. 8800—2. 0000	2. 1600—2. 5000	1. 2400—1. 3500
1745	1. 8000—2. 7700	0. 9400—1. 2000	1. 7800—2. 2300	0. 6600—1. 5000
1746	2. 0000—2. 5000	1. 0500—1. 3500	1. 8300—2. 7000	0. 7000—1. 0000
1747	2. 1500—3. 2500	1. 0500—1. 3000	1. 8300—2. 6000	0. 6300—0. 9500
1748	2. 3000—3. 5000	1. 3500—1. 8600	1. 9300—2. 5400	0. 8000—1. 3800
1749	2. 1400—2. 8000	1. 3500—2. 0000	1. 7200—2. 1300	0. 8500—1. 3000
1750	2. 2000—3. 2000	1. 2800—1. 9000	1. 5000—2. 0000	0. 9200—1. 2500
1751	2. 6500—3. 4000	1. 7500—2. 3000	1. 6000—2. 5800	1. 1000—1. 8000
1752	2. 3000—3. 5000	1. 7000—2. 3000	1. 6000—2. 7800	1. 1000—1. 7400
1753	2. 3000—3. 1000	1. 6000—2. 0000	1. 5100—2. 2500	0. 9000—1. 2100
1754	2. 2000—3. 1000	1. 5400—2. 0000	1. 5500—2. 2000	1. 0000—1. 3200
1755	2. 2700—3. 5000	1. 2000—1. 4800	1. 4200—1. 9400	0. 7200—1. 0900
1756	2. 2000—3. 1000	1. 2800—1. 6800	1. 4200—1. 7700	0. 7500—1. 1400
1757	2. 5000—3. 6500	1. 4200—2. 0000	1. 5800—2. 1600	0. 7700—1. 2900
1758	2. 6000—3. 5600	1. 6500—2. 4900	1. 8000—2. 7900	0. 9900—1. 7300
1759	2. 6000—3. 9400	1. 6000—2. 5600	2. 5000—3. 2300	1. 1000—1. 6700
1760	3. 8000	1. 8500	2. 7000	1. 5000

续表

年份	稻米	上等粟米	白麦	高粱
1761	2.4000	1.4000	1.4500	0.9000
1762	2.1000	1.8000	2.3000	1.3500
1763	2.1000	2.3500	2.2500	1.8000
1764	2.2000	1.9000	1.8500	1.0000
1765	2.2000	1.2500	1.8000	0.8000
1766	2.2000	1.3000	1.2500	0.8500
1767	2.2000	1.3500	1.9000	1.0000
1768	2.4600—3.9200	2.0500—2.4400	1.7000—2.3500	1.2000—1.6500
1769	2.2000	1.7500	1.8000	1.2500
1770	2.1500	1.7500	2.1000	1.2000

资料来源:本表数据录自中国第一历史档案馆馆藏朱批奏折和录副奏折。就地区而言,主要是顺天府府尹和直隶总督奏报的粮价清单。由于数据资料很多,本表主要选录的是每年三月份的清单,在缺乏三月清单的情况下,则选录邻近月份的清单。因此,可以把这些数据看成是每年春天的粮价资料。

无论是细心观察表4-2,还是粗略浏览图4-1,读者都会发现,以白银为价值尺度的粮价始终都在波动。就短时段来说,稻米、粟米、白麦和高粱的价格始终在变化,大致说来,每隔五年左右,都要经历一次周期性的变化,高低价格之间相差一般不会超过一两。就长时段来说,从1736年到1770年的三十五年间,无论是南方运来的大米,还是北方所产的粟米、白麦和高粱,除了1760年至1766年间由于粮食丰歉经历了一次较大的价格起伏外,其他年代粮食价格略呈上升趋势。

1736—1740年,京师、保定每担稻米、上等粟米、白麦和高粱的平均价银2.264两、1.4379两、1.4471两和0.995两,这四担粮食合计价银6.1435两;1641—1645年,该地区每担稻米、上等粟米、白麦和高粱平均价银2.365两、1.544两、1.844两和1.006两,四担粮食合计价银6.759两,平均上涨率为10%;1751—1755年,该地区每担稻米、上等粟米、白麦和高粱平均价银2.832两、1.687两、1.68两和1.198两,四担粮食合计

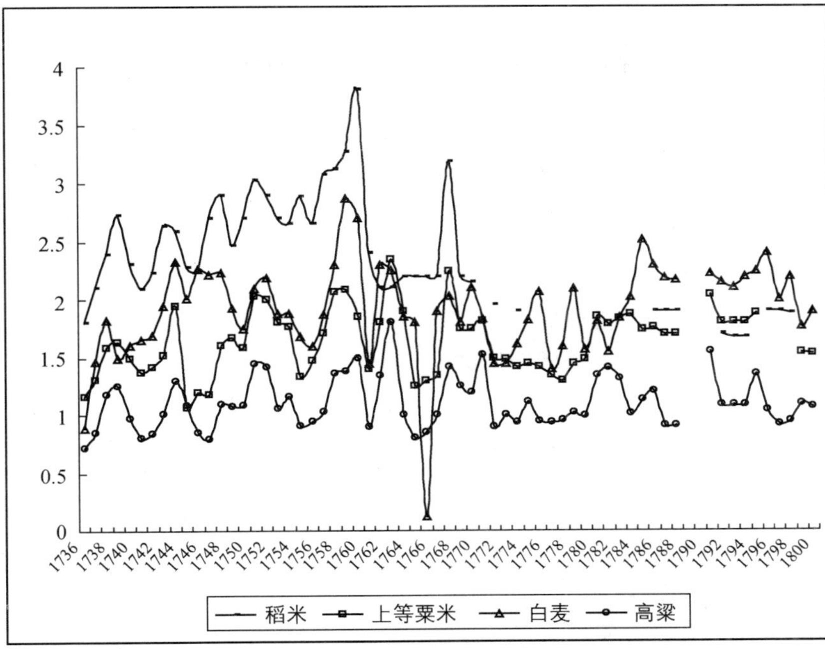

图 4-2 本图粮价数据与表 4-1 一致

价银 7.397 两，与 1736—1740 年相比，平均上涨率为 20% 左右；1756—1760 年，该地区每担稻米、上等粟米、白麦和高粱平均价银 3.175 两、1.838 两、2.265 两和 1.244 两，四担粮食合计价银 8.522 两，与 1736—1740 年相比，平均上涨率为 38.7%；但是，从 1761 年开始，该地区粮价开始大幅度下跌，1761—1765 年，该地区每担稻米、上等粟米、白麦和高粱的平均价格分别下跌到 2.2 两、1.74 两、1.93 两和 1.17 两，合计价银 7.04 两。这个粮食价位与 1736—1740 年相比，仍然高了 14.6%。此后维持在这个水平上。总的来说，与 1736—1740 年相比，本期粮价除了 1756—1760 年特别高外，其他年度的粮价上涨了 15% 左右，呈现出“银贱粮贵”的形势。

由于表 4-2 不能反映 1736 年以前的粮价波动情形，我们暂时难以判断这种“银贱粮贵”形势究竟是白银价格下跌造成的，还是粮食价格上涨导致的。

这里我们还需要摘录江南米价、物价等指数，以便互相参考、质证。观察1701—1770年的江南米价与物价波动情形（表4-3），大致可以1737年为界，划分为前后两个阶段：前一阶段自1701年到1737年，米价与物价基本稳定，略有上升，但上涨幅度不大，基本上徘徊在50—60之间，低于50和超过60的年份不多。后一阶段，米价、物价均从60左右，上涨到100上下，米价、物价均提高了40左右。由此可见，白银的购买力在1737年以后不断减弱。这种情况与京师、保定的粮价波动虽有相似之处，而上涨幅度又稍稍大于京师、保定的粮价。

表4-3　从康熙四十年到乾隆三十五年的米价物价指数（1701—1770年）

年份	米价 1760/80 = 100	物价 1760/80 = 100	年份	米价 1760/80 = 100	物价 1760/80 = 100
1701	43. 29	51. 94	1716	54. 11	60. 29
1702	49. 78	57. 75	1717	54. 11	60. 19
1703	56. 28	62. 11	1718	43. 29	53. 33
1704	62. 77	63. 97	1719	37. 88	49. 56
1705	69. 26	66. 31	1720	43. 29	52. 71
1706	75. 76	70. 20	1721	48. 70	56. 14
1707	70. 34	68. 57	1722	54. 11	60. 04
1708	86. 58	76. 85	1723	54. 11	59. 63
1709	64. 93	66. 17	1724	64. 93	65. 84
1710	48. 70	56. 92	1725	64. 93	66. 14
1711	43. 29	53. 63	1726	48. 70	57. 01
1712	37. 88	50. 20	1727	70. 34	68. 93
1713	48. 70	57. 39	1728	64. 93	65. 91
1714	48. 70	57. 46	1729	64. 93	65. 64
1715	64. 93	66. 59	1730	64. 93	65. 34

续表

年份	米价 1760/80 = 100	物价 1760/80 = 100	年份	米价 1760/80 = 100	物价 1760/80 = 100
1731	64. 93	65. 06	1751	104. 43	92. 21
1732	70. 34	67. 59	1752	125. 00	99. 92
1733	75. 76	70. 10	1753	93. 61	86. 13
1734	64. 93	64. 66	1754	88. 74	86. 42
1735	54. 11	58. 87	1755	102. 27	96. 52
1736	54. 11	59. 04	1756	14. 72	117. 54
1737	59. 52	62. 34	1757	91. 99	94. 13
1738	70. 34	68. 46	1758	94. 69	95. 85
1739	75. 76	71. 79	1759	105. 52	100. 31
1740	64. 93	66. 98	1760	117. 96	105. 99
1741	72. 51	71. 83	1761	98. 48	97. 24
1742	82. 79	78. 00	1762	103. 35	100. 92
1743	86. 58	80. 92	1763	98. 48	99. 51
1744	83. 87	80. 63	1764	94. 15	97. 87
1745	76. 84	77. 95	1765	104. 43	103. 52
1746	74. 13	77. 29	1766	103. 89	103. 58
1747	87. 12	84. 74	1767	90. 37	95. 76
1748	110. 39	96. 33	1768	93. 61	97. 85
1749	91. 45	87. 46	1769	106. 60	105. 20
1750	88. 74	85. 72	1770	108. 22	105. 86

资料来源：本表数据摘自《300年来米价、物价及货币兑价》，载《清代以来的粮价：历史学的解释与再解释》，第169—171页。江南米价见 Wang Y. C.，“Food Supply and Grain Prices in the Yangtze Delta，1638－1935”，in Thomas G. Rawski and Lillian M. Li edited *Chinese History in Economic Perspective*，35－68，University of California Press，1992。物价原始资料来源于《阅世编》、《历年记》和《一斑录》，吴承明于1997年对此进行了整理，详见《18至19世纪上叶的中国市场》，见《中国的现代化：市场与社会》，第265页，北京：生活·读书·新知三联书店，2001年。

与本期粮价、物价在18世纪40年代开始上涨有所不同,流通领域呈现的“银贱钱贵”形势,却是从1706年开始,长期持续。本期银钱比价通常保持在700—900文之间,最低时只有500—600文。由此可以得出结论,粮价、物价普遍出现上涨趋势。这种现象至少可以说明,作为价值尺度的白银价格有所下跌,下跌幅度大约在15%—40%之间。既然白银的价格有所下跌,本时期的银钱比价的波动显然与白银价格变化有密切关系。因此,研究本时期的银钱比价变化,必须关注银价变化的因素。

不过,由于制钱流通毕竟与一般商品不同,制钱作为价值尺度,还会有自身的因素。因此,我们还要关注铜、锌、铅、锡等金属材料价格的变化,考察制钱质量和重量的变化,尤其是需要考察在白银购买力减弱的情况下,制钱在变化中的变化。

五 1703—1770年铜铅锡价格波动概况

由于白银购买力的减弱,百货价格普遍上涨。这只能理解为一种概况。具体到百货来说,价格变动实际是参差不齐的。所以,我们在研究银钱比价变化原因时,既要注意银价的变化,又要考察各种金属价格的变化。从银价的变化中理解铜、铅、锌、锡的价格变化,从银、铜、铅、锌、锡的比价变化中理解银钱之间的变化。

在清代市场上,无论是出现“银贵钱贱”还是发生“银贱钱贵”,银钱之间的比价波动情况实际反映的是银、铜、铅、锡等金属材料市场价格的变化情况,而金属市场价格的变化,短期内反映的是市场上的供求关系,长期反映的是劳动价值的变化。因此,我们应当循着金属货币的这个科学原理来揭示清代前期发生的“银贱钱贵”的奥秘。

从表4-4中的统计数据来看,银铜之间的比价变化趋势大致可以分为四个时期:

表 4-4　1703—1770 年铜铅锡价格及其金属比价变化一览表

年份	金属价格资料	金属比价	资料来源
1703	均照每斤铜价一钱,水脚五分。	1:107	《清朝文献通考》卷 14,钱币 2,第 4977 页。
1705	滇铜,"每百斤定价九两二钱"。	1:174	《清朝文献通考》卷 14,钱币 2,第 4977 页。
1706	洋铜,"每斤部定价银一钱","又本关自贴水脚银五分"。	1:107	嵇曾筠编:《浙江通志》卷 86。
1715	采购洋铜,"每斤增定铜价银一钱二分五厘,水脚银三分"; 采购白铅,"每斤定价银六分二厘五毫,水脚银三分"。	1:103 1:173	《清朝文献通考》卷 14,钱币 2,第 4979 页。
1716	下令收购废铜,"每斤定价银一钱,脚费五分"; 红铜,"每斤给银一钱七分五厘"。	1:107 1:91	《清朝文献通考》卷 14,钱币 2,第 4979 页。 程嘉谟编:《钦定大清会典则例》卷 44。
1718	将原来节省的水脚银二分,增入正价内,"为每斤价银一钱四分五厘"。加上水脚银三分,为一钱七分五厘。	1:91	《清朝文献通考》卷 14,钱币 2,第 4979—4980 页。
1721	洋铜,"每斤照定价一钱四分五厘,水脚三分"。	1:91	《清朝文献通考》卷 14,钱币 2,第 4980 页。
1722	"每铅一斤增价二分,为八分二厘五毫,仍给水脚银三分……铅价渐平,仍复每斤六分二厘五毫之例。"	1:143 1:174	《清朝文献通考》卷 14,钱币 2,第 4980 页。
1724	废铜,"每斤给银一钱五分……如有红铜,每斤给银一钱七分五厘"。	1:107 1:91	《清朝文献通考》卷 15,钱币 3,第 4983 页。

续表

年份	金属价格资料	金属比价	资料来源
1727	每百斤滇铜运至汉口价银“十三两以外”，再运到京城，需脚费三两。	1:100	《清朝文献通考》卷15，钱币3，第4986页。
1730	“部价铜斤每担必需十八九两至二十两不等”。	1:80	《世宗朱批谕旨》，雍正八年八月二十八日。
1732	铅“每斤给价银六分二厘五毫，水脚银三分”。	1:173	《清朝文献通考》卷15，钱币3，第4989页。
1733	“每斤节省银一分五厘，定价四分七厘五毫”，水脚银仍为每斤三分。	1:206	《清朝文献通考》卷15，钱币3，第4989页。
1735	定例商人捐铜，“熟铜每斤价银一钱一分九厘九毫”。	1:133	程嘉谟编：《钦定大清会典则例》卷44。
1738	今之铜贵，每斤值至二钱五六分，相去一倍有余。	1:64	朱批奏折，档号：04－01－35－1227－024。
1740	现在厦门洋商带来之铜，其价甚贵，每斤需银二钱八分。而交商采买洋铜，官价每斤只有一钱四分五厘。缘向日洋商领价，先在内地营运，俟得利后，方始置货出洋，旷日无期，缓不济急。	1:57	录副奏折，档号：03－0769－002。
1740	“见今洋铜市价每百斤约需纹银二十两，与部定价每百斤给银十四两五钱者，多寡悬殊……今议酌中定价，照十七两五钱之数收买。” 收买锡，“每百斤照洋锡之例价银十三两五钱，其自广东运京每百斤给水脚银一两八钱七分”。	1:80 1:91 1:104	《清朝文献通考》卷16，钱币4，第4997页。

续表

年份	金属价格资料	金属比价	资料来源
1743	收买锡价,“每百斤给价银十有四两一钱一厘五毫”。	1∶113	程嘉谟编:《钦定大清会典则例》卷44。
1744	保定、西安商办洋铜,“每铜百斤合脚价以十四两核算”。	1∶114	《清朝文献通考》卷16,钱币4,第5000页。
1745	收购白铅,“应照黑铅增价之例,每百斤以一两五钱收买”,于定价外每百斤“水陆脚价银三两一钱”。 洋锡“每百斤实需银十三两五钱”。	1∶347 1∶119	《清朝文献通考》卷16,钱币4,第4997页。 《清朝文献通考》卷16,钱币4,第5001页。
1746	办解洋铜,“其价奉部定,每百斤十三两”。 滇铜,“向例每余铜百斤给价八两三钱,今增十三两”。	1∶123 1∶123	“清代钞档”,乾隆十一年五月初六日,湖北巡抚开泰题本。 嵇璜编:《皇朝通志》卷90。
1749	京局黑铅,议定每百斤价银三两六钱,自湖南运京水脚银一两。 锡,“每百斤给银十有三两五钱”。	1∶348 1∶119	《清朝文献通考》卷17,钱币5,第5007页。 程嘉谟编:《钦定大清会典则例》卷44。
1750	官商采购洋铜,“每百斤价银十三两”。	1∶123	“清代钞档”,乾隆十五年正月二十日,江西巡抚阿思哈题本。
1753	洋铜,“每一百斤给价银十四两”。	1∶114	程嘉谟编:《钦定大清会典则例》卷218。
1755	采购洋铜,办铜150万斤,约需本银288000两,平均每百斤为19两。	1∶84	《清朝文献通考》卷17,钱币5,第5010页。
1760	广东白铅,“每百斤价银四两九钱”。	1∶327	《清朝文献通考》卷17,钱币5,第5013页。

续表

年份	金属价格资料	金属比价	资料来源
1762	汉口铜在十八两之外。	1:89	《清朝文献通考》卷17,钱币5,第5005页。
1763	汉口铜每百斤需银十九两……每百斤复减价至十七两五钱。	1:84 1:91	《清朝文献通考》卷17,钱币5,第5015页。
1768	苏州洋铜市价,“每百斤二十五两七分九厘”。	1:64	刘铭皖主修:《苏州府志》卷17。

(一)1703—1715年,洋铜价格回落,最低时每一百斤价值白银15两左右,银铜之间的比价为1:107;

(二)1716—1729年,洋铜价格持续上涨,每一百斤维持在17.5两左右,银铜之间的比价为1:91;

(三)1730—1750年,每一百斤价格为14.5两左右,银铜之间的比价为1:110,福建银与铜之比是1:57,这是清代前期洋铜价格最贵时期;

(四)1750—1768年市场铜价最高,每一百斤铜价值银19—25两,银铜之间的比价仅为1:84或1:64。

清代前期,滇铜尚未得到充分开采,铸钱不得不依赖于“洋铜”。当时的洋铜主要是指东洋铜。所谓的东洋铜,就是日本铜。雍正时期,日本产铜可供中国商人购买的不及三百万斤。中国前往日本贸易的商船八十余只,无法满足需要,只好按次分年轮流购买。康熙、雍正年间,“每年可以得铜之船不过三十余只,每船得铜八百余箱,约共二百数十余万斤。”[1]乾隆前期输入中国的日本洋铜大致在150万斤到200万斤之间,后来,由于滇铜产量提高,中国对日本洋铜的依赖逐渐减小,进口数量逐渐减少。如表4-5所示,到嘉庆道光年间,每年进口的日本洋铜不过六七十万斤。

---

〔1〕《江苏巡抚尹继善奏请展现采办洋铜事》,雍正九年三月初三日,朱批奏折,档号:04-01-35-1226-021。

表 4-5　1751—1837 年日本输出铜斤情况一览表[1]

公历纪年	中国帝王年号	日本天皇年号	每年平均输出铜斤
1751—1763	乾隆	宝历	2000000
1764—1788	乾隆	明和、安永、大明	1500000
1789—1803	乾隆、嘉庆	宽政、享和	1300000
1804—1817	嘉庆	文化	1000000
1818—1829	嘉庆、道光	文政	700000
1830—1837	道光	天宝	600000

清初，实行八省委官采买铜斤制度，湖南、湖北和广东重点采购滇铜，江苏、浙江、安徽、江西和福建负责采购洋铜。于是，五省办铜道府群集于苏州，争买而价昂，价昂而亏损。"参官至七十五员，欠铜至三百八十七万斤。"1720 年，江海关监督刘保柱奏请自任买铜，九卿议驳，不许。李绂奏请苏州、杭州二巡抚在定海和上海负责收购洋铜，行之数年。江苏、浙江巡抚委托专员负责采购，"洋商刁措，委员赔累。"又用分省采买制度，"各省道府仍聚苏州，争先购买，规免处分，率皆预给商银，以其必得。"事久弊生，倭人刁狡，探知商领官银，勒有年限，多立名色，挟取不赀。日本德川幕府开始限制铜的出口。于 1715 年（清康熙五十四年，日本正德五年）开始在长崎颁发通商照票信牌，中国人称其为倭照。规定，无信牌不许贸易。每张大照索银二千六七百两，小照亦索一千七八百两白银不等。为了得到贸易权，中国铜商不得不花钱购买倭照。

日本将军在长崎委派译司六人负责管理贸易，要求译司无论贸易船只多寡，每年要交纳金片二万片。译司亏空，试图将亏空转嫁于中国商人。于额定每船货本一万两十纲四百箱之内，扣留 150 箱，仅发交 250

---

[1] 【日】本宫泰彦著，胡锡年译：《日中文化交流史》，北京：商务印书馆，1980 年，第 681 页。

箱。中国商船带回的铜斤开始减少。

1724年,署江苏巡抚何天培奏报说:"东洋开采日久,铜矿日减,每年江浙二省通商出洋者不过三十六船。从前每船载铜九万五千斤,近因采铜渐少,每船只得七万五千斤,约收江南海关者十八九船,合计可得铜一百三四十万斤,止敷承办一半之数,尚需一半,实属无从采买。"[1]

但是,当时由于国内银贱钱贵,清廷试图通过大量采购洋铜,大量鼓铸制钱,来改变银钱比价,担心采买耽误时间,要求江西、安徽、浙江、福建和江苏五省共同承办"辛亥年"(1731年)洋铜采购事宜。江苏巡抚尹继善,感觉这种方法不妥,立即奏报说,日本出售铜斤,预发倭照,"辛亥年"的倭照已经于1730年发出,难以改变。尤其是,洋铜一年产量有限,无法满足中国需求。"无如洋铜一年之产,不足应内商两年之需,其辛亥年轮番照船出口到洋,彼此交易,守候风信,本年秋冬尚且不能全回。若壬子轮番照船仍须守至壬子本年甫能得铜。出洋虽早,回棹仍迟。守候既已需时,限期难保无误。是从前之承办运解,皆由于产铜有限,办运之艰难,非因发银不早也。"[2]

乾隆初年,铜商除了购买倭照之外,还要支付租船、运脚等费用,还要接受日本人的勒索和勒措,采办洋铜更加困难,亏损更加严重。"租船之费务须一千二三百两;水手、伙长、舵工、总管、行商、财富下逮厮役约共一百余人,辛工约需银一千二三百两;出洋之日,每船预购两年饭食,又需银一千余两。官银初领,已虚费五六千两矣。比至日本,狡倭刁措商货之价,则减前一半;倭铜之价则又加倍,货多铜少,官商赔累。"[3]买铜之官多已破产,买铜之商无不倾本。国际市场上铜价昂贵不能不影响到铜价的波动。

为了减轻铜商负担,经云南巡抚张允随奏请,东洋贸易允许以商铜抵

---

〔1〕 嵇璜等编:《清朝文献通考》卷15,钱币考3,上海:商务印书馆,1936年,第4982页。

〔2〕 《江苏巡抚尹继善奏请展限采办洋铜事》,雍正九年三月初三日,朱批奏折,档号:04-01-35-1226-021。

〔3〕 《户部左侍郎李绂奏请停买洋铜以滇蜀之铜运京事》,乾隆六年正月十七日,朱批奏折,档号:04-01-35-1226-127。

税，每斤按一钱四分五厘折算。福州将军策楞认为不妥。在他看来，内地铜价每斤一钱九分八厘，即每担价银十九两八分。“今若每斤只准税银一钱四分五厘，连所免加耗银，亦只得一钱五分九厘五毫，每斤亏价三分八厘五毫，商贾势不乐从。……此于商贾诚有未便者也。”[1]

1738年，宝苏局为了开炉鼓铸，避开官商，另外招商负责购买铜斤。从此开始，铜商有分为官商和民商两类：民商每担价银十五两三钱，官商仍为十二两。

1744年议定：由范毓馪每年所办洋铜一百三十万斤，分别解运保定、西安各三十万斤，江西、湖北各二十五万斤，江苏二十万斤[2]。

1749年，为了调动商人采购洋铜的积极性，户部议定每年购买洋铜十五船，其中由民商负责采办十二船，办铜一百五十万斤，官收百分之五十，另外百分之五十可以自由出售。后来，又有民商加入，但须附于十二额商名下。额商开始办运铜斤后，解决了中国商人的恶性竞争问题，但仍然不能解决欠铜问题。因为，欠铜问题是由日本人造成的。

1762年，江西巡抚汤聘这样奏报说：“自乾隆九年部议：奏蒙恩准，行令办商范清注于乾隆十年、十一年每年办运江西铜二十五万斤，又于十一年议减，自乾隆十二年至二十五年，每年仅办江西铜五万三千三百斤零，已照原额减去五分之四。范商仍不能依限照数源源接济，是以乾隆二十二年起，照乾隆八年之例，委员前往苏州自行采买，复又定立章程，限以二十五个月办洋铜二十五万斤，以补商运之不足。今二十一年，该商尚欠铜三万五千八百六十一斤，二十二、三、四、五等年份每岁额铜全无解运，共积欠铜二十四万九千斤。”[3]

---

[1] 《署理福州将军兼管海关事宜策楞奏请敕江浙二省仍招商办运洋铜事》，乾隆五年八月初七日，朱批奏折，档号：04－01－35－1231－017。

[2] 《户部尚书海望奏议闽浙总督那苏图请范毓馪承办洋铜分拨闽省鼓铸钱文事》，乾隆九年四月二十三日，朱批奏折，档号：04－01－35－1234－018。

[3] 《江西巡抚汤聘奏报洋铜不能接济设法筹办铜斤以供鼓铸钱文事》，乾隆二十七年十月十三日，朱批奏折，档号：04－01－35－1264－041。

表 4-6　乾隆道光年间日本输入中国的铜斤(1755—1795,1821—1851 年)

(单位:斤)

年份	输入铜斤	年份	输入铜斤	年份	输入铜斤
1755	1869729	1789	1377858	1828	902912
1756	1862738	1790	1106874	1829	202500
1757	1714985	1791	1308124	1830	922875
1758	2148013	1792	1207500	1831	631968
1759	2097789	1793	1220162	1832	947953
1760	1847638	1794	1106874	1833	526640
1761	2453885	1795	905640	1834	737296
1762	1733698	1778	1447577	1835	937921
1763	1824163	1779	1528218	1836	551718
1764	1712505	1780	1354218	1837	963000
1765	1648262	1781	1606843	1838	601875
1766	1901893	1782	1535981	1839	802500
1767	1512685	1783	1336238	1840	401250
1768	1523764	1784	2338334	1841	702187
1769	1228565	1785	1811643	1842	401250
1770	1865988	1786	1645451	1843	601875
1771	1516197	1787	1384899	1844	702187
1772	1408505	1821	702187	1845	601875
1773	1352483	1822	601875	1846	601187
1774	1933596	1823	702187	1847	501562
1775	1600977	1824	902812	1848	601875
1776	1851172	1825	902812	1849	601875
1777	1254276	1826	860881	1850	401250
1788	1879647	1827	944743	1851	401250

资料来源:摘自日本人山胁悌二郎的《长崎的唐人贸易》,转印自《明清时期中日长崎商船贸易》,《中国史研究》1986 年第 2 期。

表4-6是日本学者统计的由日本长崎港输入中国的铜斤数量，从中可以看出，从1755年到1795年间，每年中国进口的日本洋铜数额基本稳定，大致在100万到200万斤之间，超出200万斤的年份是1758年、1759年和1761年，低于100万斤的是1795年。也就是说，这一时期，中国对洋铜的需求是稳定的，日本的洋铜生产和供应也是稳定的，没有大起大落。

与此同时，如果发现西洋商船携带铜斤，福建或广东官员也会设法购买。例如，1848年元月，福建省龙溪县商人陈馨前往泰国贸易，返回时被风漂往日本，遂将南洋货物销售给日本人，并在日本采购洋铜99000斤、黑铅34000斤，驶回厦门。经过协商，陈馨表示愿意将这批铜铅卖给官府。铜每担十七两五钱、铅每担五两二钱。〔1〕1749年4月，福建海关也按上述价格收购了林发春采购的1119箱铜斤，共称收净铜107402斤，"每百斤查照乾隆十三年奏准收买陈馨自日本洋铜之例，给价十七两五钱，共应给价银一万八千七百九十五两四钱九分九厘三毫二丝七忽五微"〔2〕。

1748年5月，西洋商人地保卢携带一万三千斤铜进入黄埔，照收购夷商约闰时之例，每百斤给价银十七两，并免其关税。〔3〕1749年7月，照前例收购夷商过未吐净铜4953斤，收购夷商乞成净铜4981斤，"每百斤给价银一十七两纹马，免其关税"〔4〕。

同样白铅（锌）价格也经过了由贱而贵，再由贵而贱的复杂变化。总的来说，变化幅度尽管不及铜价之大，但也值得重视。就其比价波动情况来讲，大致可以分为五个时期：

（一）1704—1714年，一担白铅的价格为5.5两，白银与白铅之间的

---

〔1〕《闽浙总督喀尔吉善奏报闽省动项采买洋铜事》，乾隆十三年四月二十七日，朱批奏折，档号：04－01－35－1239－106。

〔2〕《闽浙总督喀尔吉善奏报闽省动项收买洋铜以资鼓铸钱文事》，乾隆十四年六月二十二日，朱批奏折，档号：04－01－35－1240－007。

〔3〕《户部尚书傅恒题为会议广东咨部采买洋铜给价事》，乾隆十三年四月十一日，题本，档号：02－01－04－14216－014。

〔4〕《广东巡抚岳浚奏为泰和、义丰两行收买夷商洋铜免其输税事》，乾隆十四年六月二十八日，题本，档号：02－01－04－14329－001。

比价为1∶291；

（二）1715—1721年，白铅价格逐渐上涨，每担为9.25两，银铅之间的比价为1∶173；

（三）1722—1732年，白铅价格每担上涨，最高时每担达到11.25两，银铅之间的最小比价为1∶142；

（四）1733—1744年，白铅价格有所减落，每一百斤价格为7.75两，银铅之间的比价为1∶206；

（五）1745—1770年，由于贵州等省盛产白铅、黑铅，厂价每担只有1.5两左右，加上运输到京城的费用，每担逐渐降到4.9两银子，银铅比价为1∶327。

尽管锡在清代铸币的合金成分中所占比例不大，这里也需要引起我们的注意。1740年，清廷开始下令铸造"青钱"，当时锡每一百斤的价格为15.37两；1743年，降为14.1015两；1745年，再降低为13.5两，此后一百余年都比较稳定，总体来说，价格波动不大，对于银钱比价波动影响有限。

从上述情况来看，本期的银铜比价变化相当大，先是由1∶107，变为1∶91，再变为1∶123，再变为1∶84或1∶64。本期的银铅（白铅，即锌）比价也经历了较大变化，从1704年开始的铅价上涨，到1732年已经达到高峰，先由1∶291，变为1∶173，再变为1∶142，1733年以后，铅价有所回落，银铅比值为1∶206、1∶327。这种金属比价变化，与其说是"铜贵"或"铅贵"导致的，莫如说是"银贱"更为合适。因为，白银在这一时期对于各种商品的购买力都相应减弱了。

六　关于本期银钱比价波动原因的分析

现在，我们开始对1705—1770年六十五年间银钱比价波动原因进行具体分析。在正式推算之前，我们还有三个问题需要加以简单说明。

材料损耗与工料费。在各地铸币局中材料损耗通常有一个固定的比例,1722 年以前按规定一担合金材料的损耗为十二斤,以后为九斤。例如,1700 年规定:“每铜百斤准耗铜十二斤”;1723 年规定,“每铸铜铅百斤准耗九斤”。[1]加工费,包括工人的薪水和铸币消耗的煤炭等物料价值,[2]这在官方铸币局中是按照铸币数量扣算的。例如,1700 年规定:铜一百斤,“铸钱十串五十文有奇,支给匠工、物料等项钱二千六百九十五文。”[3]1723 年规定,“京局每铜铅百斤给工钱一千九百五十九文。”是年,各省匠工物料贵贱不一,“云南定每百斤为一千八百二十文,嗣后,贵州局、四川局也照云南之例;若苏州、江宁二局每百斤工料费为一千五百一十文有奇,浙江局每百斤工料费为一千七百七十文”。[4]此后,损耗比例固定不变,而加工费用还时有调整。

在这次长达六十五年的“银贱钱贵”时期,大致以 1740 年为界,可以划分为前后两个阶段。前一阶段的钱重“一钱四分”,后一阶段的钱重“一钱二分”。无论是前一阶段还是后一阶段,这一时期的“银贱钱贵”,如同先前的“银贵钱贱”一样,都可以从铜、锌、铅、锡等金属材料价格的变化中找到根据。

据统计资料记载,1722 年,“京城制钱,旧时每市银一两易钱八百八十文,今银一两易钱七百八十文。”是时流通的主要铸币是“一钱四分”重的大制钱,铜铅合金之比为 6:4,一担铜价银 17.5 两,一担铅价银 9.25 两,1 担铜铅合金材料费为 14.2 两白银;材料消耗仍为 9 斤;加工费则有

---

〔1〕 刘锦藻编:《清朝文献通考》卷 15,钱币 3,上海:商务印书馆,1936 年,第 4977—4981 页。

〔2〕 “每炉额设炉头一人,其所需工价有八行匠役:曰看火匠,曰翻砂匠,曰刷灰匠,曰杂作匠,曰锉边匠,曰滚边匠,曰磨钱匠,曰洗眼匠,例给钱文;所需料价:曰煤,曰罐子,曰黄沙,曰木炭,曰盐,曰串绳;又有炉头银红,炉匠头银及自局解部车脚,具例给银两。”(刘锦藻编:《清朝文献通考》卷 16,钱币 4,第 4998 页。)

〔3〕 刘锦藻编:《清朝文献通考》卷 14,钱币 2,第 4977 页。

〔4〕 同上书,卷 15,钱币 3,第 4981 页。

所降低,为 1959 文;[1]根据这些数据推算,结果是一两银换钱不足 600 文。

铸币价值低于市场流通价格,铸币局处在亏损状态,这种现象是不正常的。京局如此,各省铸币局大都如此,"江南铸钱二十串,需银二十四两一钱而赢,浙江铸钱二十串,需银二十五两五钱而赢。"[2]即投资银一两,铸钱 784—830 文。

不过,考虑到官方与私人铸币经常采用偷工减料的手段,市场上银钱比价的"不正常",只能用铸币形制的"不正常"来解释了。1725 年,雍正帝指出:"今私铸钱每文只重八九分,一炉之外,别无锉滚、磨洗等事,俗称为沙板,为锤扁,既省铜斤又省工力。所以,不法之徒宁蹈死而不肯悛改。"[3]

在这里我们需要指出的是,当时市场上白银一两易钱 780 文,是铜铅价格大幅度上涨的结果,是白银购买力减弱的结果,而不是铸币数量不足造成的。是时,正是云南产铜旺盛,洋铜进口日益增多之时,[4]自然也不是国内铜斤绝对数量减少造成的。

1734 年,铸造"一钱四分"重的制钱依旧处在亏损状态,"宝泉、宝源二局见在每年正额铸钱六十万二千六百八十七串有奇,每串需工本银一两四钱三厘有余,以钱一串抵银一两计之,每年约亏折三十万两。"[5]按照这种说法,铸造 1000 文制钱的工本银为"一两四钱三厘",也就是说,投资白银一两只能铸造 713 文制钱。铸币"亏损"显然是一个不争的事实。是时,流通的制钱重量应当普遍低于"一钱四分",因为在市场上,"每银一两仅兑钱八百一二十文。"[6]制钱的市场比价高于铸币的成本价格一百余文,可以用铸币本身的减轻和变劣来解释。为了改变铸钱亏

---

[1] "京局每铜铅百斤给工料钱一千九百五十九文。"(刘锦藻编:《清朝文献通考》卷 15,钱币 3,第 4981 页。)

[2] 刘锦藻编:《清朝文献通考》卷 15,钱币 3,第 4985 页。

[3] 同上书,第 4984 页。

[4] 魏能涛:《明清时期中日长崎商船贸易》,《中国史研究》1986 年第 2 期。

[5] 刘锦藻编:《清朝文献通考》卷 15,钱币 3,第 4990 页。

[6] 席裕福纂修:《皇朝政典类纂》卷 64,钱币 7,台北:文海出版社,1982 年影印本,第 5 页。

损局面，是年经过九卿会议，将制钱重量由“一钱四分”改为“一钱二分”。

制钱重量改变六年之后，市场上流通的虽然主要是“一钱二分”重的制钱，而“银贱钱贵”形势并未因此改变。1740 年，京城市银一两易钱在 830 文左右，这一比价仍然是市场上的铜价昂贵造成的。是时，采购一担铅的成本费尽管已经大幅度下跌，价银 4.6 两，而铜价却长期居高不下，一担铜价银 20 两左右，官商采购每担的成本费仍然是 17.5 两。按照铜铅合金 6:4 推算，一担合金材料价银 12.34 两。除了九斤的损耗之外，一担铜铅可以铸造“一钱二分”重的制钱 12133 枚，扣除加工费 1959 文，平均投资白银一两，只能得到 824 枚制钱。这一比率与市场上的银钱比价基本接近。诚实铸币显然无利可图，铸币利益自然只能依靠偷工减料来维持。为了进一步降低铸币成本，同时也是为了防止私毁制钱，是年清廷决定改变铸币合金比率：铜 50%，白铅 41.5%，黑铅 6.5%，锡 2%。

1742 年，闽浙总督提供了一份宝福局铸币工本费的详细资料。这份清单可以作为我们研究清代铸钱的工本费标本。

> 闽省台湾一郡，前因钱价昂贵，请将存贮黄铜器皿开局鼓铸，运济台地。共发过生铜三千三百七十九斤，该价银三百二十四两二钱五分四毫；熟铜七万六千九十七斤零，该价银九千一百二十六两三钱三分九厘零；铜板一千五百七十三斤零，该价银一百八十八两八钱三分八厘零；白铅一万一十三斤，内候补知县卢兆聘赴浙省运闽白铅九千七十七斤，该价银六百六十五两六钱九分八厘零；又，侯官县巡检冯廷俊闽省采买白铅九百三十六斤零，每斤照浙价运费，价银八分一厘零，该价银七十六两七钱一分二厘零；黑铅四千二百九十三斤零，内卢兆聘赴浙省运闽黑铅三千四百三十斤，该价银一百四十二两四钱五分八厘零；又，万廷俊闽省采买黑铅八百六十三斤零，每斤照浙价运费价银五分一毫零，该价银十三两二钱八分六厘零。以上共铜铅九万五千三百五十七斤零，共价银一万五百六十七两五钱八分三厘零。每百斤除耗九斤，共

> 除耗铜铅八千五百八十二斤零，实铸净铜铅八万六千七百七十五斤，每钱一文重一钱二分，共铸出钱一万一千五百七十串，每秤照浙例给炭罐工料银一千八百六十六两八钱一分九厘零。又卢兆聘赴浙解运黑白铅一万二千五百零七斤，每百斤脚价银七钱，共给脚价银八十七两五钱四分九厘零。又，盘费银二十两。又，运台铸钱木桶、扛夫、船载、委官押运钱文，盘费共给银二百一十六两二千一分三厘。又设局添造修理炉房及铁木器具、挑铜运脚、浙匠来闽回浙等项，共给银一百三十三两九钱一厘零。通共工本银一万二千八百九十一两二钱五分六厘零，共铸出钱一万一千五百七十串，每串计开钱本银一两一钱一分四厘零。内应扣归台湾府库抬脚银十三两八钱九分，应听台府于放给兵饷内扣还外，应归司库钱本银一万二千八百七十七两三钱六分零。[1]

按照这一清单，铸造一千文重量为"一钱二分"的标准制钱需要工本银一两一钱一分四厘，也就是说，投资一两白银可以得到制钱 898 枚制钱，与下述江南铸造制钱的工本费相近。按照这种推算结果，市场上的银钱比价远远高于铸造工本价格，铸币局有利可图。事实则不然。此处我们需要注意的是，宝福局的铜斤价格较低。铜铅 95357 斤，价银不过 10567 两，平均每担铜合金价银 11.08 两。事实上，同一时期，每担合金一般在 13—14 两之间。

制钱合金比例改变之后，"银贱钱贵"的形势未能得到改变。1740—1760 年，银钱比价处于最低时期，一两白银通常只能换制钱 700—800 文，最低时甚至不足 700 文[2]。这是因为铜价持续昂贵造成的。1743 年，江苏巡抚奏报："江南设局鼓铸，核计成本用银铸出钱八百九十六文，是以题明每

---

〔1〕《闽浙总督那苏图题为台湾钱价昂贵请将福州存贮收黄铜开局鼓铸事》，乾隆七年十月初六日，题本，档号：02－01－13453－011。

〔2〕"每京平一两仅易大钱七百文及六百八九十文不等。"（高晋、阿桂等编：《钦定南巡盛典》卷 89，文渊阁四库全书，史部 416—417 册。）

银一两只折给饷钱八百八十文,余钱十六文充作钱局公费及运送饷钱之水脚等项。"[1]在当时铜价、铅价比较昂贵的形势下,投资一两白银铸造896文,唯一的方法就是偷工减料。即使这样,铸币利益也不会很大。

这种情况一直持续到1769年,市场上的洋铜价格大都在20两银左右。洋铜价格最高年度是1768年,一担铜价银25两;铅价则有所下跌,一担价银4.3两;一担锡的价格仍为13.5两,一担铜、铅、锡合金材料折合银14.978两。投资金属材料一两白银,扣除损耗和加工费,铸造标准制钱不过679文。

所以,本期市场上的"银贱钱贵"形势,即一两白银易钱700—800文,主要是白银购买力、铜铅锡等金属价格复杂变化的结果。

通过上述考察,可以得到这样一个认识,银钱比价的任何一次变化都是可以理解的,只要有了真实的金属价格资料,通过精密的推算都是可以求得的。银与钱的价值都是随着国际国内市场上金属材料价格波动发生变化的,不仅与各自数量的增减没有多大关系,更与参照物的数量变化完全无关。就白银来说,本期的粮价、物价和钱价的普遍提高,主要是白银的购买力造成的;就制钱而言,它的价值既受市场上币材价格的直接影响,同时与其重量、质量不时变化发生密切联系。

七 "银贵钱贱"与铜钱数量

本期的"银贱钱贵"与制钱数量的多少关系不大,根本原因是"铜贵和铅贵"造成的,而"铜贵"与"铅贵"则是由于白银的购买力减弱的缘故。根据彭信威先生的统计,从康熙朝到雍正朝,如表4-7所示,铸钱数量除了1722—1726年有所下降外,其余年代都呈增加趋势,尤其是1727年以后,每年的铸造量通常是1721年前的二三倍,铸造数量十分巨大。

---

[1] 刘锦藻编:《清朝文献通考》卷16,钱币4,第5000页。

表 4-7　康熙雍正年间铸造制钱数量统计表(1662—1734 年)

(单位:文)

年份	铸造数额	年份	铸造数额	年份	铸造数额
1662	297896380	1687	289936700	1711	374933400
1663	295725360	1688	289869080	1712	374936800
1664	295909500	1689	289930650	1713	375629800
1665	298652400	1690	289930600	1714	386559900
1666	295879800	1691	289921050	1715	386559900
1667	293953600	1692	289925400	1716	398969900
1668	287133400	1693	289958670	1717	399167300
1669	287656560	1694	236536550	1718	413268800
1670	290543250	1695	236940670	1719	437455800
1671	290475830	1696	237063050	1720	437325800
1672	298652400	1697	237063060	1721	437325800
1673	293476680	1698	238065400	1722	461700
1674	293477530	1699	238065400	1723	499200
1675	293476600	1700	238065800	1724	409200
1676	231365360	1701	238065800	1725	675160
1677	231365360	1702	238065800	1726	675160
1678	231365360	1703	238066800	1727	723528000
1679	231365300	1704	238065900	1728	746304000
1680	231365360	1705	238065900	1729	748480000
1681	231398600	1706	238075800	1730	757865000
1682	294851480	1707	238085900	1731	1048759660
1683	294851480	1708	268422600	1732	910171120
1684	294851480	1709	294942600	1733	684362000
1685	294851480	1710	297963400	1734	685390000
1686	289869080				

资料来源:彭信威:《中国货币史》下册,第 535—536 页。除了 1722 年和 1724 年的数据系来自《清朝文献通考》之外,其余数据均摘自《清实录》。

林满红等人提供的乾隆时期的制钱铸造额数量(表 4-8)更加巨大。总之,康熙、雍正、乾隆三朝的制钱铸造量十分巨大,岁岁都有大量铜钱加入流通之渠。流通领域里除了这些新增加的铜钱外,还有大量的旧钱和私钱。旧钱是指前朝的合法铸币，既包括顺治、康熙、雍正三朝的各种铸币，也包括明朝的铸币。明朝旧钱之所以继续在流通渠道内流通，以其质量和重量得到市场承认，各地官员对此查禁并不严格。私钱是指非法铸造的铜钱，既有官方的私铸，又有民间的私铸。由于铸钱技术简单，设备简陋，只要有利可图，私铸在所难免。一般来说，私钱与官方铸钱质量相近，才能顺利进入流通之渠。乾隆时期，各地官员奏折中经常提及"私钱充斥"现象。由此可见，康熙、雍正、乾隆三朝铜钱的流通数量十分巨大。任何人想对它的流通量做出精确的估计都是困难的。在此，我们也不必停留过久。

总而言之，康熙、雍正、乾隆三朝的铜钱铸造量十分巨大（表4-8），流通渠道内的铜钱供应量是充足的，1706年到1770年的"银贵钱贱"，与制钱数量变化无关。

表4-8　乾隆时期各地铸局的铜钱铸造量（1736—1795年）

（单位：1000文）

年份	各省铸钱局					宝泉宝源	总计
	北部	中部	南部	西南部	小计		
1736—1745	32000	134000	1016000	5779000	6961000	9865000	16826000
1746—1755	1189000	1477000	2927000	8028000	13621000	12355000	25976000
1756—1765	1967000	3140000	3889000	13241000	22237000	14161000	36398000
1766—1775	1563000	2240000	3384000	10186000	17373000	13859000	31232000
1776—1785	1533000	1692000	3117000	7049000	13391000	13728000	27119000
1786—1795	1427000	1028000	2891000	4827000	10173000	12542000	22715000
总计	7711000	9711000	17224000	49110000	83756000	76510000	160266000

资料来源："史馆档"食货志，钱法（台北：故宫）；内阁汉文题本（北京：中国第一历史档案馆）。

不过，有人会指出，这一时期不仅存在私毁制钱现象，而且存在囤积制钱现象，这些非法行为势必影响制钱的流通数量。笔者认为，由于铜价高昂，销毁制钱，熔成条块出售或铸造其他铜器在所难免。但销毁制钱的行为，只能发生在制钱的流通价格接近其金属价格的前提下，也就是说，制钱在市场上价格低贱，可以当做金属条块来使用，这在当时肯定是个别现象。因为，在本期内，流通渠道内的一直表现为"钱贵"。在"钱贵"的情况下，私铸是常见的弊端；私毁，无利可图，很少发生。所以，我们说，私毁对于制钱的供应量影响不大。至于囤积制钱问题，肯定也不是常见的现象，如前所说，各省督抚对此已有比较一致的看法。在此无须赘言。

小结

（一）此次"银贱钱贵"持续时间长达六十五年之久，清廷为了使市场上的银钱比价接近官定比价，采取了种种调剂办法，但成效甚微；无论是康熙皇帝的"和平处置"，抑或是雍正皇帝的严禁官民使用铜器，还是乾隆皇帝的"以不治治之"，在货币流通的客观规律面前，政治影响都相当有限。

（二）以白银为价值尺度的粮价、物价和钱价变化情形来看，本期的白银购买力明显减弱。因此，从 1706 年到 1770 年的"银贱钱贵"，可以说主要是由白银方面引起的。

（三）此次"银贵钱贱"单从钱价的数量上来看，银钱比价波动幅度似乎不大。然而，这只是一个表象。银钱比价数据的表面稳定是由于铜铅等金属价格激烈波动的结果。每担洋铜的价格由 15 两左右，逐渐上涨至 17.5 两，然后又下跌至 13—14 两，最后上涨到 19—25 两之间；白铅的价格波动也相当剧烈，先是由每担 5.5 两，逐渐上涨到 9.25 两，再涨至 11.25 两，然后开始回落，下跌至 7.75 两，再跌至 4.9 两，变化幅度相当巨大。因此，我们应当透过表象看本质。

（四）由于白银购买力的减弱，百货价格普遍上涨。这只能理解为一种概况。具体到百货来说，价格变动实际是参差不齐的。所以，我们在研究银钱比价变化原因时，既要注意银价的变化，又要考察各种金属价格的变化。从银价的变化中理解铜、铅、锌、锡的价格变化，从银、铜、铅、锌、锡的比价变化中理解银钱之间的变化。

（五）本期的“银贱钱贵”，与其说是“铜贵”和“铅贵”造成的，莫如说是白银的购买力减弱的结果。统计资料显示，在1706年到1770年，制钱的铸造量十分巨大，加之官民私铸和前代旧钱，流通渠道内的制钱数量是充足的，有关制钱的供求矛盾对于银钱比价变化影响不大。

（六）凡是遭受严重自然灾害袭击的地区，凡是商品经济遭受严重破坏的市场，大多会发生“银贱钱贵”的现象。这个道理，如同政治动荡时期发生“银贱钱贵”现象一样，都是由于社会经济生活混乱，商品经济遭受重创，市场萧条，制钱流通频率大为降低，供求关系紧张，因此，导致钱价相对增昂，银价相对跌落。不过，这种因突发事变引起的银钱比价变化往往是暂时的，是局部的，也是可以调剂的。

第五章　乾隆中后期“银贵钱贱”问题的第三次出现(1771—1797年)

长期以来,人们在探索银钱比价变化问题时,比较重视道光时期的“银贵钱贱”,比较重视鸦片偷漏白银出境的外部因素,忽略了乾隆中后期的“银贵钱贱”,忽略了银价上涨的中国经济内部原因。所以,不可能正确揭示“银贵钱贱”的奥秘,不可能正确认识“银贵”所反映的经济问题的深刻含义。

一　1771—1797年银钱比价的波动形势

乾隆中后期,中国的商品经济空前活跃,资本主义生产关系处在萌芽状态。伴随着商品经济的活跃和资本主义萌芽的催生,国内市场上的银钱比价从1771年开始持续上涨,引起朝野人士的普遍关注。与前期相比,这一时期人们在探讨其原因时,尽管仍然关注制钱的数量变化,但开始考虑白银数量的变化,开始考虑国际贸易的出入超形势的变化。正当人们把探索的目光逐渐集中到“重银”问题时,银钱比价从1797年又开始发生变化,进入持续下跌过程。本章我们着重探讨1771—1797年的“银贵钱贱”问题。

表 5-1　1771—1803 年各省区银钱比价波动情况一览表

年份	银钱比价	原始资料	地区	资料来源
1771	940—1040	现在省城市平每两易钱九百四十文，而外州县有每两易钱一千四十文者。	山西	朱批奏折，档号：04-01-30-0481-009。
1772	930—940	元宝银一两合制钱九百三十四文；俸禄银一两合制钱九百二十五文。	京师	录副奏折，档号：03-0869-096。
1772	980—990	嗣因市钱价愈平减，每银一两换至九百八九十文。商民因市钱价贱，均兑市钱，以致官钱不能销售。	江西	朱批奏折，档号：04-01-35-1283-027。
1772	900	查通省钱价，每银一两，约换制钱九百文上下。	山东	《清高宗实录》卷917，乾隆三十七年九月辛酉。
1773	1200	银价渐昂，库平纹银一两易钱一千二百文。	云南	录副奏折，档号：03-0778-066。
1773	1000	年来市价一两易钱一千有零。	广西	朱批奏折，档号：04-01-35-1287-007。
1774	952	元宝银一两合制钱九百五十二文；俸禄银一两合制钱九百四十三文。	京师	录副奏折，档号：03-0870-089。
1776	885	现在京师钱价日增，纹银一两只易大制钱八百八十五文，较之四月少换制钱七十文。	京师	朱批奏折，档号：04-01-35-1300-018。
1776	909	据报每市平纹银一两易大制钱九百零九文。	京师	朱批奏折，档号：04-01-35-1385-001。

续表

年份	银钱比价	原始资料	地区	资料来源
1776	950—885	本年四月以前，京城钱价每市平纹银一两易大制钱九百五十余文。及至五月初间忽钱价日渐加长一二十文不等……至二十三日，据报市价增至每纹银市平一两只易大制钱八百八十五文。	京师	录副奏折，档号：03-0782-026。
1776	885	现在京师钱价日增，纹银一两只易大制钱八百八十五文，较之四月少换制钱七十文。	京师	《清高宗实录》卷1009，乾隆四十一年五月丙申。
1778	943	元宝银一两合制钱九百四十三文；俸禄银一两合制钱九百三十四文。	京师	录副奏折，档号：03-9994-003。
1778	890	现在省城钱价每市平银一两换制钱八百九十文，较之数年以来每银一两换制钱九百九十文及一千文，已属增昂。	陕西	录副奏折，档号：03-0784-098。
1778	1100	滇省因钱多价贱，每银一两可易制钱一千一百余文。	云南	《清高宗实录》卷1063，乾隆四十三年七月庚戌。
1779		据周元理奏：近日保定省城钱价较往年增长数十文。	直隶	《清高宗实录》卷1073，乾隆四十三年十二月乙亥。
1779	800	京师钱价自春间渐至增长，现在旗民换钱，每市平一两只合制钱八百文有零。	京师	《清高宗实录》卷1085，乾隆四十四年六月戊辰。

续表

年份	银钱比价	原始资料	地区	资料来源
1780	900	现在直隶省城并近省地方,每银一两易钱九百十文,钱价过昂。	直隶	《清高宗实录》卷1104,乾隆四十五年四月己酉。
1785	975—1016	龙文镖换库平纹银二百两,孙丰泰等照本城市价每两合制钱九百七十五文换交。龙文镖因县属河西务地方每纹银一两换大制钱一千零十六文,即将孙丰泰等传至署中。令家人张用传谕:将发换银两照河西务市价找补。	直隶	录副奏折,档号:03-1430-008。
1785	700—800	各属市价系制钱八百文合银一两,惟吐鲁番宜禾等处,系制钱七百文合银一两。	吐鲁番	《清高宗实录》卷1222,乾隆五十年正月己未。
1786	954	元宝银一两合制钱九百五十四文;俸禄银一两合制钱九百四十五文。	京师	录副奏折,档号:03-0905-049。
1787	1000	元宝银一两合制钱一千文;俸禄银一两合制钱九百九十文。	京师	录副奏折,档号:03-0923-020。
1787	1000	元宝银一两合制钱一千文;俸禄银一两合制钱九百九十文。	京师	录副奏折,档号:03-0924-010。
1787	160	照喀喇沙尔之例,每银一两改折给普尔钱一百六十文。	喀什	《清高宗实录》卷1280,乾隆五十二年六月甲辰。
1788	1000	元宝银一两合制钱一千文;俸禄银一两合制钱九百九十文。	京师	录副奏折,档号:03-0923-025。

续表

年份	银钱比价	原始资料	地区	资料来源
1788	1100	盐政穆腾额以易银一两需钱一千一百余文,钱贱赔折。	直隶	朱批奏折,档号:04－01－35－0482－008。
1791	1100	江苏省自夏秋以来,市集钱价低贱,每银一两可换大钱一千一百余文,钱价日见平贱。	江苏	朱批奏折,档号:04－01－35－1334－016。
1792	1025	元宝银一两合制钱一千二十五文;俸禄银一两合制钱一千十五文。	京师	录副奏折,档号:03－0943－023。
1792	1020	元宝银一两合制钱一千二十文;俸禄银一两合制钱一千零十文。	京师	录副奏折,档号:03－0946－003。
1793	1040	元宝银一两合制钱一千四十文;俸禄银一两合制钱一千三十文。	京师	录副奏折,档号:03－0947－047。
1794	1090	元宝银一两合制钱一千九十文;俸禄银一两合制钱一千八十文。	京师	录副奏折,档号:03－0957－063。
1794	1100—1200	各州县开报:现今每库平纹银一两易钱一千一百有零至一千二百文不等。	河南	录副奏折,档号:03－0806－035。
1794	1050—1150	现在钱价每银一两换钱一千数十文至一千一百数十文。	江西	录副奏折,档号:03－0806－025。
1794	1300—1400	现在库平纹银每两可易钱一千三四百文。	京师	录副奏折,档号:03－0805－081。

续表

年份	银钱比价	原始资料	地区	资料来源
1794	910—1180	现在省城市价每库平纹银一两易制钱一千文，外州县间有一二处，每银一两易钱九百一十文至一千一百八十文，其余自一千文至一千数十文、一千一百文不等。	山西	朱批奏折，档号：04－01－35－1343－030。
1794	1500—1600	现在偏僻州县民间自严挑剔，每银一两尚不过易钱一千余文。至通衢市镇每两易钱一千五六百文不等。	湖南	朱批奏折，档号：04－01－35－1344－015。
1794	1300	现在省城各属每库纹银一两可换市足钱一千三百文。	安徽	朱批奏折，档号：04－01－35－1343－034。
1794	1400	据长麟奏：该省钱价，每银一两易钱一千四百文，是钱价已为极贱。	广东	《清高宗实录》卷1460，乾隆五十九年九月戊子。
1794	2400—2500	滇省近年每纹银一两换钱至二千四五百文，钱价实为过贱。	云南	《清高宗实录》卷1454，乾隆五十九年六月丁卯。
1795	2500	该省现在每银一两换钱至二千五百余文，价值太贱，亦由该省为产铜之区，采买便易。	云南	《清高宗实录》卷1466，乾隆五十九年十二月乙卯。
1795	1600—1700	大钱价值每银一两易钱不过一千六七百文。	云南	录副奏折，档号：03－0808－002。
1795	1000	直隶、江苏等省现因钱价过贱，奏明全行停铸。查晋省每银一两尚只易钱千文以内，市价未为昂贵。	山西	《清高宗实录》卷1471，乾隆六十年二月壬午。

续表

年份	银钱比价	原始资料	地区	资料来源
1796	1120	元宝银一两合制钱一千一百二十文;俸禄银一两合制钱一千一百一十文。	京师	录副奏折,档号:03－1885－041。
1796	1190	元宝银一两合制钱一千一百九十文;俸禄银一两合制钱一千一百八十文。	京师	录副奏折,档号:03－1891－045。
1796	1300—1400	嘉庆元年,银价顿贵,每两可换钱一千三四百文。	江苏	《履园丛话》卷1。
1796	1200—1300	自五十八九年至嘉庆元、二等年易换库平纹银一两需制钱一千二三百文不等。	直隶河南	朱批奏折,档号:04－01－35－0482－008。
1797	1300—1400	惟钱价较贱,每银一两易钱一千三四百文不等。	广西	朱批奏折,档号:04－01－30－0483－002。
1797	1300	银一两换钱一千三百文。	江南	《中国近代货币史资料》第一辑,上册,第9页。
1797	1205	元宝银一两合制钱一千二百五文;俸禄银一两合制钱一千一百九十五文。	京师	录副奏折,档号:03－1900－098。
1797	1200	元宝银一两合制钱一千二百文;俸禄银一两合制钱一千一百九十文。	京师	录副奏折,档号:03－1898－069。
1797	1205	元宝银一两合制钱一千二百五文;俸禄银一两合制钱一千一百九十五文。	京师	录副奏折,档号:03－1900－097。

续表

年份	银钱比价	原始资料	地区	资料来源
1798	1195	元宝银一两合制钱一千一百九十五文；俸禄银一两合制钱一千一百八十五文。	京师	录副奏折，档号：03－1902－054。
1798	1185	元宝银一两合制钱一千一百八十五文；俸禄银一两合制钱一千一百七十五文。	京师	录副奏折，档号：03－1902－078。
1798	1185	元宝银一两合制钱一千一百八十五文；俸禄银一两合制钱一千一百七十五文。	京师	录副奏折，档号：03－1903－056。
1799	1050—1150	（西安府）库平每纹银一两换钱自一千五十文至一千一百二十文；（延安府）库平每纹银一两换钱自一千文至一千一百五十文；（凤翔府）库平每纹银一两换钱自九百文至一千一百二十文。	陕西	朱批奏折，档号：04－01－25－0344－009。
1799	1050—1150	今自嘉庆四年春间起，远近行销各处每易库平纹银一两止需制钱一千数十文至一千一百数十文不等。	直隶 河南	朱批奏折，档号：04－01－35－0482－008。
1802	1250—1350	年来，银价库平一两，值京钱二千五六七百文不等，时赢时绌，无甚悬殊。	京师	王兆琛：《请严禁州县加增钱粮疏》，盛康编：《皇朝经世文编》卷36，户政8，赋役3。
1803	720—730	豫省近来钱价本昂，每银一两不过易钱七百二三十文。	河南	朱批奏折，档号：04－01－05－0094－028。

1771年，山西巡抚朱珪率先报告：山西数年以来，钱价日趋平贱。“现在省城市平每两易钱九百四十文，而外州县有每两易钱一千四十文者”。[1]同时，贵州、江西、直隶等省区也相继出现“市钱价贱”局面。许多档案资料记录了此次“钱价日就平减”的基本事实。[2]尤其是1790年以后，“银贵钱贱”达到了比较严重的程度，各地官员纷纷奏报：“银价日昂，百物因之腾贵。”[3]

从表5-1和图5-1可以看出，这一时期的银价上涨趋势，起于1771年，迄于1797年。也可以1787年为界，分为两个阶段。前一阶段十七年，银价上涨得较为缓慢，参照的基点是此前的八百至九百文，上涨的幅度不大，每两白银合制钱大致在九百至一千文。由于这一时期的银价没有突破官定比价（即银一两换钱一千文），在征收漕粮和赋税的地方官员看来，这是正常的。但在各省负责铸币的官员看来，已经是不正常的了。他们认为“钱价有减无增”，[4]整个铸钱行业的价格等于边际成本，也就是说达到了利润为零的水平，铸币无利可图，江苏、江西、湖北、湖南、广西、四川、直隶、山西、陕西等省督抚纷纷奏请减卯、停铸。

后一阶段十年，于1787年银价突破一千文之后，开始持续上涨，1794—1797年间达到高峰。1794年，京师官员奏报说：“现在库平纹银每两可易钱一千三四百文”；[5]湖南省的“通衢市镇”上的银价上涨幅度较大，“现在偏僻州县民间自严挑剔，每银一两尚不过易钱一千余文。至通衢市镇每两易钱一千五六百文不等”；[6]安徽巡抚奏报说：“现在省城各

---

[1] 《护理山西巡抚朱珪奏为钱价平贱酌减鼓铸事》，乾隆三十六年十月二十四日，朱批奏折，档号：04-01-30-0481-009。

[2] “迨至二十八九年以来，钱价日就平减。”（刘锦藻编：《清朝文献通考》卷18，钱币6，第5020页。）

[3] 刘锦藻编：《清朝续文献通考》卷19，钱币1，北京：商务印书馆，1955年，第7683页。

[4] 刘锦藻编：《清朝文献通考》卷18，钱币6，第5020页。

[5] 《大学士阿桂等奏请拨出库帑银两平易钱价事》，乾隆五十九年六月十七日，录副奏折，档号：03-0805-081。

[6] 《湖南巡抚姜晟奏报筹议调剂钱价事宜》，乾隆五十九年七月二十四日，朱批奏折，档号：04-01-35-1344-015。

属每库纹银一两可换市足钱一千三百文”;[1]两广总督长麟奏报说:“该省(广东)钱价,每银一两易钱一千四百文,是钱价已为极贱”;[2]1796年,直隶和河南“自五十八九年至嘉庆元、二等年易换库平纹银一两需制钱一千二三百文不等”;[3]1797年,江南地区银一两换钱一千三百文。[4]与此同时,其他省的官员也纷纷报告说:“现在直省钱价甚贱”;[5]云南银价上涨得更加离奇,纹银每两可以兑换制钱高达2400—2500文。

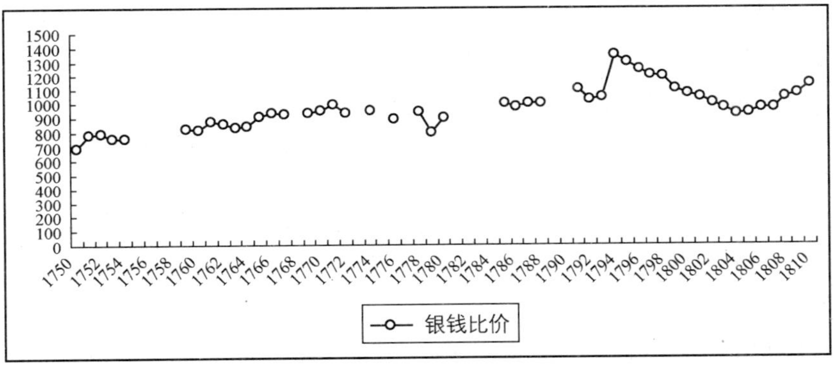

图5-1　资料来源：此表数据主要摘自附表12，摘录的重点地区是京师和江南，如果当年没有这两个地方的银钱比价资料，就摘取与其邻近省区的数据。所以，这些数据主要来自京师、江南、直隶、山东、河南、山西、浙江、安徽、江西、湖北和湖南。

由此可见,此次“银贵钱贱”的发生既不是局部的,也不是暂时的。就其空间范围来讲,已经波及到全国各个省区;就时间长度来讲,持续了二十七年。就其银钱比价上涨的幅度而言,也是比较大的,大致由

---

〔1〕《护理安徽巡抚周樽奏报遵旨酌筹调剂钱价事》,乾隆五十九年七月初三日,朱批奏折,档号:04-01-35-1343-034。

〔2〕《清高宗实录》卷1460,乾隆五十九年九月戊子。

〔3〕《长芦盐政董椿奏请俟查看钱价涨落酌减盐价事》,嘉庆四年四月二十五日,朱批奏折,档号:04-01-35-0482-008。

〔4〕中国人民银行总行参事室金融史料组编:《中国近代货币史资料》第一辑,上册,第9页。

〔5〕《清高宗实录》卷1458,乾隆五十九年八月甲子。

800—900 文上涨到 1300—1400 文，银价上涨了五百文，上涨率为 62.5%。

二　官方的应对措施

最初，官方认为此次“银贵钱贱”是流通渠道内小钱充斥造成的。而小钱之所以充斥，一是由于官局铸钱不如式，二是民间私铸，借机掺入。

1790 年发现江西宝昌局所铸工料钱“字画多有模糊，铜质亦甚粗糙”，不能如式。7 月 22 日，乾隆皇帝为此通谕各省督抚稽查官局铸钱不能如式问题。“各省设立官局，鼓铸制钱，其轻重厚薄，原有部颁一定分两，岂容丝毫偷减、草率，致私铸得以乘机掺杂。今江西省局所铸工料钱文，每卯皆有额定数目，与正额制钱随时解验，皆系官为鼓铸，何以斤两多有参差不齐？则正额钱文亦恐不能如式。何裕成久任江西巡抚，未能留心稽查、严禁，实难辞咎，着交部议处。江西一省如此，各省钱局亦难保无此弊。”[1]通谕各督抚务须督率道府局员认真稽查，并令藩司于解收局钱之时，无论正额、工料，按卯亲加提验。如所铸钱文有偷减铜斤，节省火工，不能遵照部式，立即拨回另铸。并将局员、炉匠参处、责惩。

1791 年，江苏巡抚长麟奏请调剂本省市集钱价。在他看来，钱价下跌是“银少钱多”造成的，乾隆皇帝表示完全认同。谕令指出：“该省现在钱价过贱，诸物未免增昂。推原其故，自因银少钱多，以致物价日贱，物价愈昂。朕即想及该省暂停鼓铸，自可调剂得宜……本日复与军机大臣讲求，推原该抚所称：将江省各营兵饷暂以银两散放，并请来春暂缓开炉一节，系为一时调剂起见，与朕初意相合。看来长麟于地方事务尚能留心，应照所请办理。”[2]同时，要求各省督抚就该省有无私钱、小钱之处，据

---

〔1〕《清高宗实录》卷 1356，乾隆五十五年六月庚申。

〔2〕《清高宗实录》卷 1389，乾隆五十六年十月庚申。

实覆奏。

1792年春天，长麟为此覆奏说明，“江苏省钱价低贱，并无私铸私贩小钱”。[1]1793年，湖广总督毕沅奏报，湖北自1790年开始，已经收买小钱309000余斤。1794年8月，川陕总督福康安奏报：“川北一带，民间行用，俱系局铸大钱，而钱价总未加昂。到省后，与孙士毅当面讲求，总由川省水陆交冲，各省商旅往来，钱文类多夹杂。自定金川以后，百货通行，小钱充斥。”乾隆皇帝认为，“小钱滋弊之由，究于各省局员将官钱私行减小，额外多铸小钱，希图赢余肥橐，以致流行各省，日积日多。”[2]

为此，清廷再次督促各省督抚大力查禁小钱。经户部讨论，规定：“每小钱一斤给制钱六十文，毋拘钱数多少，即数文、数百文者，均准其赴官呈出，易换大钱。并予一年之限收买净尽。再有私行藏匿不赴官呈缴者，查出比照经纪铺户收剪边钱，掺和货卖之例，分别钱数。若十千以上者，照掺和私钱行使充军例，量减一等治罪。不及十千者，枷号一月，杖一百。”[3]

1795年，查禁小钱期限已满，“而京城钱价近又减落”。乾隆皇帝对此感到困惑不解，但他实在找不到“银贵钱贱”的根源，只能坚持认定是小钱尚未查禁净尽的缘故。在他看来，京师地方虽然辽阔，而人烟稠密，并无偏僻处所，奸徒无从藏匿偷铸，所有小钱应当都是从外地运来。“否则，各省现俱停铸，京城户、工二局亦各减卯，并将应发兵饷实支银两。又，赏借王公及文武各官俸银，银多钱少，钱价自当上涨，何以日就减落，其为小钱未净情弊显然。”[4]再次通谕各省督抚及管关各员，此后必须实心查禁，“清其源以杜其弊，务期圜法肃清，国宝流通，钱价增平不可。”[5]

---

〔1〕《两江总督长麟奏为遵旨查明江苏省钱价低贱并无私铸私贩小钱情形事》，乾隆五十七年三月二十一日，朱批奏折，档号：04－01－30－0482－033。

〔2〕《清高宗实录》卷1459，乾隆五十九年八月庚午。

〔3〕刘锦藻编：《清朝续文献通考》卷19，钱币1，第7686页。

〔4〕《清高宗实录》卷1489，乾隆六十年十月丁未。

〔5〕刘锦藻编：《清朝续文献通考》卷19，钱币1，第7686页。

嘉庆皇帝登基之后，继续认定“银价昂贵”是由于小钱尚未禁绝。1796年，谕令指出：“若不清其源而绝其流，于事终属无益。”[1]要求各省必须如式鼓铸制钱，认真查拿私铸。

尽管采取了上述种种措施，而成效甚微[2]。那么，究竟是什么力量左右着此番银价上涨呢？此次“银贵钱贱”与前两次“银贵钱贱”的原因到底有何不同呢？

三　银钱比价与粮价

在研究银钱比价变化时，清代的君臣，通常是就银钱比价自身的变化讨论银价或钱价的涨跌。由于缺乏必备的物价资料，时常弄不清当时导致银钱比价变化的主要原因。这里我们先看一看以白银为价值尺度的粮价波动情形。

如表5-2和图5-2所示，1770—1775年每担稻米、粟米、白麦和高粱每年平均价银是2两、1.594两、1.69两和1.112两，合计6.396两；1796—1800年这几种粮食每担的每年平均价格是1.893两、1.535两、2.053两和1.011两，合计6.492两。本期后五年与前五年相比，粮食价格相当，只有白麦价格略有上涨，其他三种粮食均有微量下跌。这说明这三十五年间银粮比价基本稳定。

---

〔1〕《清仁宗实录》卷10，嘉庆元年十月乙亥。

〔2〕“各国政府凭借货币的供给人为地控制货币价值的这种尝试，在程度上，甚或在方式上，都从未奏效。它们有关铸币输出或熔化的禁令，从来不是有效的。与其价值相比，容积如此微小的商品很容易私运出境，更易于熔化，因而即使采用非常严厉的措施，也无法制止这些行为。很普通的利润就会使人们甘冒政府权力所加于这些行为的一切风险”（【英】约翰·穆勒著，胡企林、朱泱译：《政治经济学原理及其在社会哲学上的若干应用》下卷，北京：商务印书馆，1991年，第28页）。

表 5-2 京师与保定粮价波动情况一览表(1770—1800 年)

(单位:银两/担)

年份	稻米	上等粟米	白麦	高粱
1770	2. 1500	1. 7500	2. 1000	1. 2000
1771	/	1. 5200—2. 1000	1. 4100—2. 2500	1. 5000—1. 5500
1772	1. 9500	1. 5000	1. 4500	0. 9000
1773	/	1. 2200—1. 7600	1. 3000—1. 6000	0. 8000—1. 2000
1774	1. 9000	1. 4200	1. 6200	0. 9300
1775	/	1. 1500—1. 7500	1. 3000—2. 3500	0. 8500—1. 3400
1776	/	1. 1500—1. 7000	1. 3000—2. 8300	0. 7500—1. 1300
1777	/	1. 1000—1. 6000	1. 1000—1. 7000	0. 7000—1. 1700
1778	/	1. 0000—1. 6000	1. 1000—2. 1000	0. 7000—1. 2000
1779	/	1. 0000—1. 9000	1. 4300—2. 7500	0. 7500—1. 2800
1780	/	1. 1200—1. 8500	1. 1500—1. 9900	0. 7800—1. 2000
1781	/	1. 4200—2. 2800	1. 3300—2. 3000	0. 9900—1. 7000
1782	/	1. 4700—2. 1000	1. 3100—1. 8000	1. 2000—1. 6300
1783	/	1. 4900—2. 1800	1. 3000—2. 3800	0. 9500—1. 6800
1784	/	1. 3800—2. 3600	1. 1900—2. 8500	0. 9600—1. 5600
1785	/	1. 3700—2. 1000	1. 2200—3. 8000	0. 9000—1. 3700
1786	1. 9000	1. 7600	2. 3000	1. 2100
1787	1. 9000	1. 7000	2. 1900	0. 9100
1788	1. 9000	1. 7000	2. 1700	0. 9100
1789	/	/	/	/
1790	/	/	/	/
1791	/	1. 5300—2. 5500	1. 8000—2. 6400	1. 1500—1. 9500
1792	1. 7000	1. 8000	2. 1500	1. 0800
1793	1. 6700	1. 8000	2. 1000	1. 0800
1794	1. 6700	1. 8000	2. 2000	1. 0800

续表

年份	稻米	上等粟米	白麦	高粱
1795	/	1.5300—2.2200	1.5900—2.9000	0.8600—1.8500
1796	1.9000	/	2.4000	1.0400
1797	1.9000	/	2.0000	0.9200
1798	1.8800	/	2.2000	0.9400
1799	/	1.2000—1.8800	1.4000—2.1300	0.7600—1.4200
1800	/	1.2000—1.8600	1.4000—2.4000	0.8000—1.3300

资料来源:本表数据摘自中国第一历史档案馆藏的粮价清单。大致以顺天府尹和直隶总督奏报为主,选摘每年三月份京师与保定的粮价。如果缺乏三月份的粮价数据,则摘录邻近月份的粮价数据。因此,这一粮价表可以看成是该地区每年春天的粮食平均价格。

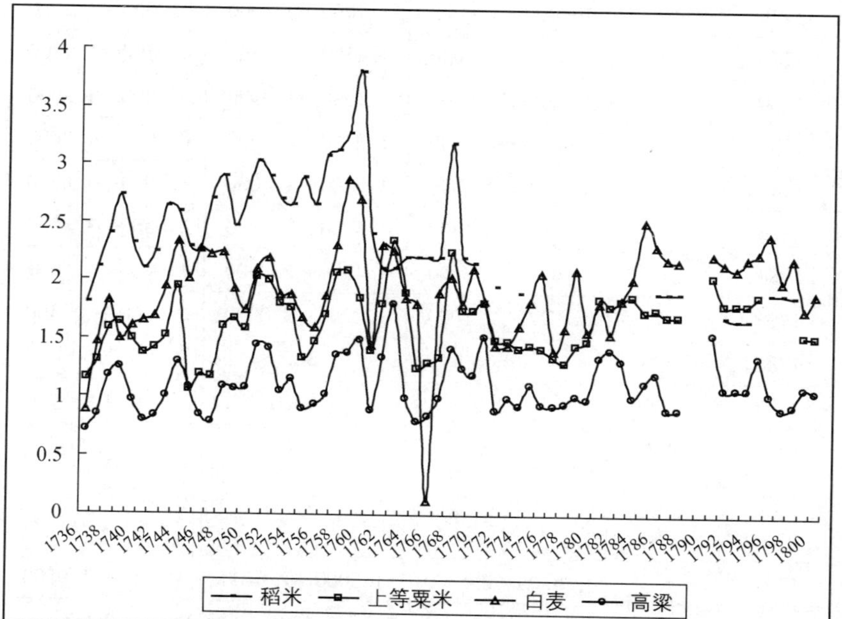

图 5-2　此图根据表 4-2 和表 5-2 的数据绘制而成

再就江南米价与物价来看(表 5-3),这一时期前十七年,米价、物价与1770年以前持平，从1788年开始，米价逐渐回落，到1800年回落到1740年的水平。与此同时，物价指数也开始回落，但与米价下跌不同步，到1796—1800年，仅仅回落85—88，下跌率为12%—15%。米价、物价的普遍下跌，意味着白银购买力的增强。参考前述京师、保定粮价稳定情况，对照银钱比价波动情况，我们可以肯定，这一时期白银的购买力有所增强。由此可以判断，这一时期流通领域发生的银钱比价变化，主要因素在于"银贵"，其次才是"钱贱"。市场是看不见的手，劳动价值决定一切，随着市场的发展，白银的价格不可能恒定不变，必将向其生产成本靠近。

表5-3　从乾隆三十六年到嘉庆五年的米价物价指数(1771—1800年)

年份	米价 1760/80=100	物价 1760/80=100	年份	米价 1760/80=100	物价 1760/80=100
1771	87.66	93.78	1786	142.31	126.77
1772	83.87	91.27	1787	118.50	116.19
1773	73.59	85.35	1788	87.66	99.95
1774	88.20	93.70	1789	80.63	96.06
1775	110.93	105.53	1790	78.84	93.85
1776	113.09	106.47	1791	79.00	95.27
1777	101.19	100.21	1792	74.13	92.22
1778	94.69	96.89	1793	73.59	92.02
1779	126.08	112.87	1794	77.92	116.39
1780	101.19	101.09	1795	74.13	93.03
1781	90.91	95.89	1796	66.56	88.19
1782	107.14	120.53	1797	63.85	86.34
1783	110.93	108.57	1798	62.77	85.30
1784	95.78	102.51	1799	64.93	86.22
1785	113.09	112.01	1800	68.18	87.98

资料来源：本表数据摘自《300年来米价、物价及货币兑价》，载《清代以来的粮价：历史学的解释与再解释》，第171—172页。江南米价见Wang Y. C.,"Food Supply and Grain Prices in the Yangtze Delta,1638－1935",in Thomas G. Rawski and Lillian M. Li edited *Chinese History in Economic Perspective*,35－68,University of California Press,1992。物价原始资料来源于《阅世编》、《历年记》和《一斑录》，吴承明于1997年对此进行了整理，详见《18至19世纪上叶的中国市场》，见《中国的现代化：市场与社会》，第265页，北京：生活·读书·新知三联书店，2001年。

四　小钱与“银贵钱贱”

如前所说,1787年以前的银价增昂是在官定比价之下进行的,因而没有引起人们的重视。后来,银钱市价之比大大超过了规定,使长期以来的“银贱钱贵”转变为“银贵钱贱”。由于它直接影响国计民生,很快引起朝野人士的重视。御史富稼首先上奏指出“银价日昂”,由于“官局制钱不能如式”和民间盛行“私铸”〔1〕。

诚如马克思所说:“由于流通过程本身所引起的金属货币的第二次理想化,即货币的名义含量与实际含量的分离,一部分被政府、一部分被私人冒险家所利用,它们伪造了各式各样的铸币。”〔2〕

毋庸讳言,铸币作为一种迅速致富的手段,许多私人试图通过铸造不足值的货币,窃夺社会财富。乾嘉时期,在四川和云南产铜地区就有许多私铸团伙。封建政府则是最大的货币伪造者,当它对铸币所施的伎俩还不过分,还没有超出流通需要量的界限时,破坏了的铸币,还可以按照足值的铸币继续流通,并为流通渠道所容纳。由于封建统治者对货币的追求毫无止境,当它无限制地进行伪造活动时,这些价值符号势必充塞流通之渠,到了一定限度,这些不足值的货币必然贬低到接近它的“实际含量”附近。

清廷于1734年规定制钱重一钱二分,直到1855年的一百多年间,在规制上维持不变。实际上各地钱局在铸钱时,经常采用减轻铸币和降低含铜量的办法进行“伪造”活动。例如嘉庆时期,“江苏省宝苏局所铸官钱,铜少铅多,而官铜偷铸小钱,每钱一千不及四斤,民间号为局私。自苏

〔1〕 刘锦藻编:《清朝续文献通考》卷19,钱币1,第7683页。

〔2〕 【德】马克思著,中央编译局译:《政治经济学批判》,北京:人民出版社,1976年,第76页。

松至浙江、江西流通寝广，以致银价日贵”。[1]贵州也铸有小钱，号为“底火钱”。小钱充斥市场，造成了制钱的贬值。这是银价相对升值的不可忽视的因素。

不过，清廷在发现了这个问题后，如前所述，立即采取了几项重大措施来平减银价。1790 年，连发五道上谕，严令各级官员查禁“官局制钱不能如式”和“民间私铸”，限期收毁小钱。次年，又下令部分钱局停铸和减卯。到 1793 年，仅两湖地区就收毁小钱多达 309000 斤。[2]由此可见，措施是强有力的。

1797 年，署理广西巡抚台布对于广西市场上流通的制钱质量有一个实事求是的报告，他说：“臣于五月抵粤，即赴西隆军营，往返经过各属地方，留心察看情形，民间均属乐利。惟钱价较贱，每银一两易钱一千三四百文不等。臣恐有私钱、小钱掺和行使，随将市易钱文沿途密行查验，均系一律制钱，并无私钱夹杂。”[3]

显然，这一时期的“银贵钱贱”不是民间私钱造成的。不过，不足值的货币必然贬低到它的实际含量的水平上，制钱本身的减重变劣应是银价相对增昂的原因之一。有人估计制钱减重是银价少量（10%）上涨的原因之一。[4]大体符合事实。

还有的人认为制钱质量变劣是银贵钱贱的根本原因，他们说：“铜钱质量变劣及其相应的贬值，要求有更多的现钱，所以在 19 世纪开头三十年，每年铸造的货币多达 18 世纪的八倍，按格雷欣法则，银因此在流通领域里消失，这就增加了对银的需要，从而提高了银的价值。纵然铜钱本身的贬值完全说明了铜钱交换价值的损失的原因。”[5]持这种观点的人显

---

〔1〕 席裕福、沈师徐编：《皇朝政典类纂》钱币 7，上海图书集成局，1902 年，第 155 页。

〔2〕 刘锦藻编：《清朝续文献通考》卷 19，钱币 1，第 7684 页。

〔3〕 《署理广西巡抚台布奏为粤西钱贱银贵请将兵饷减搭钱文并酌减炉座以疏钱法事》，嘉庆二年十二月十四日，朱批奏折，档号：03－01－30－0483－002。

〔4〕 石毓符：《中国货币金融史略》，第 119 页。

〔5〕 费正清主编，中国社会科学院历史研究所编译室译：《剑桥中国晚清史》上册，第 191 页。

然没有注意到清廷为维持银钱比价的稳定而采取的种种强有力的措施，也没有考虑银价上涨的幅度有多大，把问题看得似乎过于简单了。

五　影响本时期银钱比价波动的金属价格和成分因素

清代前期市场上无论是出现“银贵钱贱”还是发生“银贱钱贵”，银钱之间的比价波动情况实际反映的是银、铜、铅、锡等金属材料市场价格变化情况，而贵金属市场价格的变化，短期内反映的是市场上的供求关系，长期反映的是劳动价值的变化。

表 5-4　1772—1800 年铜铅锡价格及其金属比价变化一览表

年份	金属价格资料	金属比价	资料来源
1772	洋铜，“每百斤价皆十七两五钱”。 滇铜每百斤价格，“常有十六七两”。	1:91 1:94	《皇朝经世文编》卷 52，户政 27，第 28 页。
1777	每红铜百斤，给本银十一两，水脚银五两一分零。	1:100	《福建省例》捐款例。
1781	苏州办解洋铜，“每百斤价银十七两五钱”。	1:91	“清代钞档”，乾隆四十六年十月十九日和珅等题本。
1782	“每正铜一斤贴银一钱八分余，铜一斤补给价银一钱四分”。 贵州黑铅运输到汉口，“每一百斤定价银三两七钱九分有奇”。	1:100 1:422	《皇朝政典类纂》卷 66，钱币 9，第 6 页。 《皇朝政典类纂》卷 67，钱币 10，第 6 页。
1790	宝直局办解洋铜，“每百斤价银一十四两”。	1:114	“清代钞档”，乾隆五十五年十二月初一日和珅等题本。

续表

年份	金属价格资料	金属比价	资料来源
1797	商人自备资本,办解洋铜,“每一百斤给价银十五两三钱”。	1:105	《皇朝政典类纂》卷66,钱币9,第7页。
1800	各省办解洋铜,“每铜百斤价银概以十三两五钱九分三厘为准”。	1:118	《清朝续文献通考》卷19,钱币1,第7689页。

从表5-4中可以看出,从1771年开始,国际市场的洋铜价格开始徐徐下落,流通领域内的银钱比价亦随之发生变化,几年之后不仅改变了“银贱钱贵”的局面,而且又一次出现了“银贵钱贱”的局面。

1770—1797年间,洋铜价值有所减低,每一百斤价格从17.5两回落到15.3两左右,银铜之间的比价由1:91,提高到1:105。铅价也有所下跌,由每担价银4.6两,逐渐跌落到最低点,每担价银只有3.79两,银铅之间最大的比价为1:422。锡价每担仍然保持在13.5两左右,加之合金比例较小,点锡对于银钱比价波动影响可以忽略。

大致说来,乾隆时期的制钱金属比例基本稳定,质量稳定。因为制钱的金属比例已经到达含铜的最小比例,如果继续减少铜的比例,铸造成的制钱易碎,而改变其他金属比例,达不到节约成本的目的。光绪年间,有一位日本人对于乾隆年间宝泉局、宝源局所铸的制钱进行了成分分析,得到的数据如下[1]:

表5-5　乾隆制钱金属比例一览表

	铜	白铅	黑铅	锡	铁	银	砂
宝泉局	56.11	36.50	4.42	1.09	1.61	0.04	0.22
宝源局	56.88	39.40	2.38	0.52	0.66	0.03	0.15

〔1〕【日】日本东亚同文会编,贺绂冕译:《中国经济全书》第1册,第206页。

这一时期，按照规定，铸造制钱的合金比例是：紫铜50斤，白铅41.5斤，黑铅6.5斤，锡2斤。一担铜铅锡的原材料费折合银9.74两；从中扣除9%的材料损耗，一担金属材料可以铸造12133枚标准制钱，再扣除1959文加工费，投资白银一两可以铸币1045文。按照这一比价，市场上不应发生严重的“银贵钱贱”问题。当时官方的推算也是这样。1772年，江西巡抚海明奏报说：“官钱照市卖价值每银一两换钱九百九十文，较之成本每钱一千需银九钱六分零，尚余银四分有零。”[1]按照这个推算，投资白银一两可以得到的制钱是1041枚，与我们的推算结果完全一致。

问题是乾隆后期的制钱重量普遍没有达到规定的标准。光绪年间，英国驻上海领事馆经过采集样品，对于乾隆以后各个朝代的钱币进行了定量分析，报告认为乾隆钱100枚的重量是12.19盎司，折合9.1447两（当时中国1市两等于1.333盎司），平均每文重量只有9.1447分，相当于标准制钱重量的75%，一担铜铅可以铸造9.1447分重的铜钱16178文，扣除加工费，投资金属材料一两白银至少可以得到1424文。这正好是当年的市场银钱比价[2]。

清朝官员最初意识到，“钱贱”是由官铸、私铸“小钱”造成的，于是采取稽查、收缴措施。但是，由于收缴的“小钱”只是形制特别小的劣质小钱，官方铸造的大量不足质的“制钱”不在禁止之列，因此，查禁措施未能阻止住钱价跌落的势头，货币回笼政策自然效果不佳。1795年，乾隆皇帝准备离开皇位时不得不承认调剂钱价措施归于失败，“乃自查禁以来已逾年余，而京城钱价近又减落。”[3]制钱的价格跌落到它的金属含量水平附近，说明制钱的壅滞现象是存在的。

---

〔1〕《江西巡抚海明奏报酌增兑换钱数事》，乾隆三十七年四月二十四日，朱批奏折，档号：04-01-35-1283-027。

〔2〕铸币的价值虽然不能小于其所含有的金银，但却可以、而且作为制造品自然可以大于其所含有的金银，这同亚麻织品的价值大于同等重量的亚麻纱，属于同一原理。（【英】约翰·穆勒著，胡企林、朱泱译：《政治经济学原理及其在社会哲学上的若干应用》下卷，北京：商务印书馆，1991年，第28页。）

〔3〕刘锦藻编：《清朝续文献通考》卷19，钱币1，第7686页。

笔者对于乾隆时期的制钱也曾做过搜集和分析研究，在搜集的样品中，的确有一些重量不足一钱的小钱，但将100枚制钱放在一起称量，平均每枚重量为1.095钱[1]。考虑到流通过程中的磨损因素，乾隆钱的重量一般情况下不会低于一钱一分。一担铜、铅、锡合金，扣除9%的损耗费，可以铸造重量为1.1钱的制钱13236文，从中扣除1959文的加工费，乾隆时期投资一两白银所得到的制钱为1157枚。如果不扣除加工费，每两白银的价值是1358文，市场上的钱价实际仍在其金属含量的水平上波动。也正是由于鼓铸制钱无利可图，可能还要赔上部分加工费，京师和各省铸币局才先后被迫宣布停铸和减卯。

六　“重银轻钱”与“银贵钱贱”

根据前面分析，可以看出，除了铜价相对下跌对于“钱贱”有较大影响之外，导致1771—1797年银价增昂的因素还存在于运动着的中国经济内部，即商品经济的发展，社会财富的增长，在货币流通领域里，比较贵重的金属（银）排挤不大贵重的金属（铜），要求独自担负货币的职能，潜在地起着一定作用。

马克思说：“财富的增长使比较贵重的金属代替不大贵重的金属行使价值尺度的职能，铜为银所代替，银为金所代替，尽管这个顺序是同诗人想象的年代顺序相抵触的。”[2]乾嘉时期，农业、手工业和商业都有了新的发展，与此同时，国内和国际市场都进一步扩大。广东佛山镇的各种

---

〔1〕 笔者在河北省文物保护所随机抽取100枚乾隆钱，称得重量为415克，按照1盎司等于28.350克，1市两等于1.333盎司换算，合10.95两，即一枚制钱的重量为1.095钱。

〔2〕 【德】马克思著，中央编译局编译：《资本论》第1卷，北京：中国社会科学出版社，1983年，第79页。

铁器行销全国,享有“佛山之冶遍天下”的盛名,[1]苏州的纺织品,南京的绸缎,景德镇的瓷器,台湾的蔗糖,安徽、福建与湖南的茶叶,河南与东北的棉花也都顺畅地行销各地。例如南京所产绸缎,“北趋京师,东北并高句丽、辽沈,西北走晋绛,逾大河上秦雍甘凉,西抵巴蜀,西南之滇黔,南越五岭、湖湘、豫章、两浙、七闽,溯淮泗,道汝洛”[2],行销全国各地。这时的城市商业也更加繁荣了。例如,苏州城内洋货、皮货、绸缎、衣饰、金玉、珠宝、参药诸店,戏园、游船、茶肆、酒楼,“如山如林,不知几千万人”。1789年到达广州贸易的外国商船有八十六艘。来华的外国人不仅大宗收购中国的茶、丝,而且也贩运中国的棉布。美国商船是中国棉布的最大主顾。茶、丝、棉布大批走向国际市场,又进一步促使内地农产品商品化,经济作物面积不断扩大。湖州出现了“桑麻万顷”之家。松江地区种棉者多,“而种稻者少”。所有这一切,都说明了乾嘉时期的中国商品经济呈现了前所未有的繁荣。这是封建社会长时期停滞中的进步。社会财富的增长,商品经济的发展,尤其是走入世界市场的茶丝、棉布商品,必然要求货币流通与之相适应。

货币运动是商品经济的反映。乾嘉时期,随着商品经济的发展,货币流通领域发生了相应的变化,出现了白银排挤制钱的现象。从下述几个方面,我们大体可以看到“制钱”正在被白银从货币流通领域里驱赶出来。首先,从价值尺度、流通手段和支付手段方面看,“制钱”已沦落到无足轻重的地位了。赋税是清政府的主要财政来源,按照规定“小民完粮纳课均需以钱易银”[3];清廷的第二项财政收入是商税(关税、盐税、漕税及矿税),全部征银,以库平银或关平银为征收标准。银两成为封建政府搜刮社会财富的价值尺度。清政府的财政支出,主要用于宫廷开支、兵饷与官俸等,也全部用银两核算。“部司库藏皆以银为出入”[4];“俸饷

---

〔1〕 屈大均:《广东新语》卷16,康熙三十九年刻本。

〔2〕 《江宁上元两县志》卷7,食货考,同治朝修。

〔3〕 中国史学会编:《鸦片战争》第1册,第139页。

〔4〕 席裕福、沈师徐编:《皇朝政典类纂》卷61,钱币4,台北:文海出版社,1982年,第5页。

捐赎无不以银起数”[1]。在重要的商业活动中，制钱几乎没有任何地位，“商贾转输百货则以银”[2]。制钱与白银相比，主要缺点是价值低，体积大，携带不便，再加上不同地区以及不同时间铸造的钱币规格不同，计算方法繁难，流通区域受到很大限制；而白银价值高，体积小，易于携带，经过辨认成色，权衡轻重便可在全国各地流通。在商业活动中，人们必定冷落制钱而选择银块作为流通手段。有人对江苏市场用银的情况作了这样的描述，“惟江苏为居货通商之地，户口殷繁，五方杂处，民间贸易大者固皆用银，而肩挑背负日趁分文之穷黎，既不识银色高低，又不知戥头轻重，故以用钱为便”[3]。有人对浙江的市场用银情况作了这样的记录，“臣生长浙江，如宁波、温州、台州等府，无论大小交易，皆但知用银而不知用钱，即厘数之间，亦皆用银，故一切小本经营，每人皆带有小戥一杆”[4]。

有人概括上面这些情况说：“国之赋税，银也；官之禄赐，银也；士马之刍粮，银也；隶役之廪饩，银也；宾客之赂遗，商贾之交通，银也。总天下之万货制之于银，自天子至氓隶，非银莫为用。”[5]“总天下之万货制之于银”是乾隆时期白银排挤制钱情形的最好写照。它说明制钱所担负的价值尺度、支付手段和流通手段等职能大大地削弱了。

从货币的储藏情况看，乾嘉时期，无论是政府的库藏还是拥有货币的私人都将白银作为储藏对象。“朝廷以府库积藏，天下之人，小者积以箱箧，大者积以瓮窖”[6]，“近世贵人富商多藏银”[7]，“富商大贾藏镪数千

---

〔1〕 中国史学会编:《鸦片战争》第1册，第542页。

〔2〕 包世臣:《庚辰杂著二》，《安吴四种》卷26，光绪十四年(1888)重印本。

〔3〕 《江苏巡抚张渠奏请开炉鼓铸钱文以平钱价事》，乾隆四年六月初九日，朱批奏折，档号:04-01-35-1229-018。

〔4〕 《广东粮驿道朱叔权奏陈平抑钱价事宜》，乾隆六年二月十五日，朱批奏折，档号:04-01-35-1231-023。

〔5〕 赵靖、易梦虹编:《中国近代经济思想资料选辑》上册，第206页。

〔6〕 中国史学会编:《鸦片战争》第1册，《钱法议》。

〔7〕 同上书，第540页。

万"[1]。藏银已经代替了藏钱,成为人们的一种社会习惯。当时,由于银行业的初级阶段——钱庄尚不十分发达,私人藏银无限零碎,数额之大,难以估计。乾隆时期的和珅,道光时期的琦善可谓达官贵人藏银之代表,其藏量之惊人,以至民间出现"和珅跌倒,嘉庆吃饱"的歌谣。不过,最大的窖藏者当然是朝廷。乾隆四十六年十月,大学士等奏称:"现在统计部库每年出入大数,约余银九百万两有奇。"乾隆五十七年,户部总册奏称:上年各省实征岁入银 4359 万余两,开支俸薪、兵饷、驿站等费银 3177 万余两,"余银一千八十一万余两"。每年结余在一千万两左右,余银数量确实大得惊人,这就是保证国库长期存银五千万至七千万两的根本因素。魏源在《圣武记》卷 11《兵志兵饷》中,总论乾隆年间国库存银之多时,作了如下的概括:"康熙六十一年,户部库存八百余万。雍正间渐积至六千余万,自西北两路用兵,动支大半。乾隆初,部库不过二千四百余万,及新疆开辟之后,动帑三千余万,而户库反积存七千余万。及四十一年两金川用兵,费帑七千余万,然是年诏称库帑仍存六千余万,及四十六年之诏,又增至七千八百万。且普免天下钱粮四次,普免七省漕粮二次,巡幸江南六次,共计又不下二万万两,而五十一年之诏,仍存七千余万。又逾九年而归政,其数如前,是为国朝府藏之极盛也。"[2]普遍藏银的社会习惯使有的人认为,藏银是银价上涨的原因,"银之用广,富贵家争藏银,银日少",银少而贵[3]。

如果说,制钱在国内流通领域里还有一些地盘的话,那么在对外贸易中,制钱是没有任何地位的。因为在世界商品市场上,一切货币失去了铸币形态,而直接以贵金属的原来形态出现。当时充当世界货币的贵金属是金银,铜块早已失去了这个资格。

由上所述,大体可以看到制钱正从货币流通领域里被白银排挤出来,其货币职能已经残缺不全了。这个问题已被当时留心财政的人模糊地感

---

[1] 赵靖、易梦虹编:《中国近代经济思想资料选辑》上册,第 175 页。

[2] 魏源:《圣武记》卷 11,《兵志兵饷》,台北:文海出版社,1967 年影印本,第 7 页。

[3] 包世臣:《庚辰杂著二》,《吴安四种》卷 26。

到了，他们说："十数年内银贵，而公私交病者，以仅以银为币，不惟珠玉黄金不为币，而钱亦不为币故也。"[1]

这与乾隆初年京畿和福建的重用制钱现象正好相反。1742年6月10日，正蓝旗汉军都统伊勒奏报说：京畿附近各州县，"各处交易无论大小皆使钱文，其故固有一等奸商每遇交易，兑银时，搅乱成色，使用大戥，百姓畏其刁难，虽有交易需银至二三十两之数，亦必讲用钱文，希冀清楚"。[2]1744年12月14日，山东监察御史杨开鼎指出："京城一切交易，用钱较便于用银。"[3]1747年元月28日，福建将军新柱奏报："近年以来，无论一切零星买卖，皆用钱文，即买卖田地、房屋以及婚娶聘礼，自数十串以至二三百串，无不行用钱文。"[4]是时，闽浙总督与福建巡抚敕令各州县，"民间买卖米麦、布匹等货，凡成石成匹以上，概不许用钱。其余升斗、尺寸零星交易听从民便。一两以上仍用银两各在案。无如小民积习相沿，整宗用钱之弊牢不可破"。[5]白银已经渗透到社会各个角落，促使社会各阶层产生了对白银的需求，这一巨大的对白银的需求，与当时中国白银储存量不足的矛盾凸显了出来，求大于供，白银价格相应提高。

乾隆晚期，许多人认为，"用银太重，用钱太轻"，是银贵钱贱的原因。应当说，这种观点反映了白银排挤制钱的实际情况，但是，他们没有进一步去根究其经济原因，而停留在"重银轻钱"的观念上。所以在提出的币制改革建议中，有的主张"重钱"，有的主张"重钞"，试图从观念形态里取缔白银，这当然是违背货币流通规律的。

"随着交换日益突破纯粹地方的限制，从而商品价值日益代表一般

---

〔1〕 赵靖、易梦虹编：《中国近代经济思想资料选辑》上册，第20页。

〔2〕 《正蓝旗汉军都统伊勒奏请禁乱使戥头搅乱银色而平钱价事》，乾隆七年五月初八日，录副奏折，档号：03－0769－045。

〔3〕 《山东道监察御史杨开鼎奏陈酌筹钱法使钱价渐平而国宝流通事》，乾隆九年十一月十一日，录副奏折，档号：03－0770－034。

〔4〕 《福州将军新柱奏请敕令民间交易银钱兼用以平钱价事》，乾隆十一年十二月十八日，录副奏折，档号：02－0771－021。

〔5〕 同上。

人类劳动，货币形式也就日益转到那些天然适于执行一般等价物这种社会职能的商品身上，即转到贵金属身上”。[1]“银贵钱贱”是白银排斥铜钱的结果，重银轻钱则是白银排斥制钱在观念上的反映，它根源于乾嘉时期生产力的发展，商品生产的扩大，市场的繁荣与对外贸易的发展。万明在研究晚明白银货币化时曾经指出：“白银货币化的意义，不仅在于中国货币从贱金属向贵金属的转变，铜币经济到白银经济的上升，而且是社会非货币经济向货币经济转化的过程，是社会经济货币化的过程。”[2]如果把白银货币化看成是一个漫长的过程，这个判断既适应于晚明，又适应于清代中期。

商品交换的迅速发展对于货币流通提出了新的要求，结果把白银推到了更为重要的位置。白银作为币材有显著的优越性，不仅性能稳定，易于分割，而且体积小而价值高，便于携带，在国内市场上比黄铜更加适宜充当价值尺度、流通手段、支付手段和储藏手段等重要职能。社会对白银需求的不断增大，与当时中国白银流通数量的明显不足构成矛盾。解决这种矛盾，要么有丰富的银矿可供开采，要么通过国际贸易增添白银。可是，这两个条件都不具备。当时的采矿技术和银矿不足，不能为国内的货币流通提供足够的补充。对外贸易虽然长期处于顺差地位，每年有相当大的出超数额，可是这个数额在嘉庆年间逐渐被鸦片走私贸易所抵消，进口的白银数量在减少，不能满足中国的市场需要。需求大于供给，“银贵钱贱”日益严重。

如果我们把目光移到明朝中后期，同样也会发现类似的现象。当时由于商品经济的发展，出现了银价上涨的情况，由银贵而引发了一场关于币制改革的争论。为了满足宫廷和社会对白银的需求，明朝政府矿使四出，加紧银矿开采。这种活动由于复杂的社会原因归于失败。尽管如此，它说明商品经济发展到一定程度后，白银必定被社会选择为主要流通手段，因供求矛盾银价相对升值。这种原因，在明代在清代都是难于揭破的

---

[1] 【德】马克思著，中央编译局编译：《资本论》第1卷，第69页。

[2] 万明主编：《晚明社会变迁问题与研究》，北京：商务印书馆，2005年，第243页。

谜。魏源在探索清朝"银贵钱贱"的原因时,也注意到明朝"银贵"的史实,但他找不到答案,只好留下"未有知其由者"的感叹[1]。

必须指出,制钱在乾嘉时期的小商品贸易中和下层人民的日常生活中还占有一定位置。之所以如此,一是由于我国的商品经济的发展还没有达到完全废除制钱制度的程度,商品经济发展不平衡,自然经济还在广大地区占有优势;二是银两制度本身存在的缺点,还离不开制钱的辅助。当时中国白银还停留在条块状态,没有采取铸币形态,所以在日常的小额贸易中白银不如制钱计枚核值使用简便。

乾隆时期日益发展的中外贸易,急需一种简单划一、成色重量一定的银铸币。前面谈到"洋钱"在中国流通"畅行无忌","价虽浮而人乐用",正好反映出这种社会的强烈要求。

我们还应该注意到,本时期的"银贵钱贱"发生在白银源源不断输入情况之下。如表5-6所示,单单英国东印度公司输入中国的白银每年就有数十万两,这是无可争议的事实。按照货币数量论者的简单观点,随着数量的增加,白银的市场价格应当减低,这时的制钱价格应当相应升值,事实则恰恰相反。面对这种情况,货币数量论者该作何解释呢?

表5-6 英国东印度公司对华白银输出(1760—1823年)

(单位:海关两)

年份	对华输入	年份	对华输入	年份	对华输入
1760	765414	1765	1690479	1770	822044
1761	216000	1766	1930593	1771	879630
1762	322410	1767	620040	1772	574872
1763	528690	1768	521427	1773	81452
1764	338781	1769	489186	1776	394016

〔1〕 中国史学会编:《鸦片战争》第1册,第554页。

续表

年份	对华输入	年份	对华输入	年份	对华输入
1777	230400	1791	172800	1801	7792
1778	90720	1792	518400	1803	1376886
1783	8460	1796	120960	1804	795062
1786	2062082	1797	626965	1815	1048272
1787	1912320	1798	1326830	1816	2452511
1788	2094878	1799	1623171	1820	1898863
1789	1321920	1800	421442	1823	659998
1790	2106041	/	/	/	/
				总计	33121032

资料来源：1760—1799 年的数字见：Pritchard，p. 399；1800—1823 年的数字见：W. E. Cheong，"Mandarins and Merchants，Jardine Mastheson & Co. a China Agency of the Early Nineteenth Century"，p. 19，Bangkok，1979。

小　结

（一）乾隆时期的银钱比价由"银贱钱贵"变为"银贵钱贱"的大致时间是乾嘉之际，而银价的增昂是从乾隆中期开始的，持续时间二十七年之久。此次银钱比价波动，在乾隆末年引起朝野热烈讨论。

（二）参考京师、保定的粮食价格，对照江南米价和物价的回落情况，再看流通领域里发生的"银贵钱贱"情况，我们认定，本期的白银购买力有所提高。

（三）造成银价增昂的原因是多方面的，既有"钱贱"的因素，又有"银贵"的因素；既有外部的冲击，又有内部经济的潜在因素。就制钱本身来讲，铜价下跌与铜钱变劣所造成的钱贱不能低估。就"银贵"方面来讲，主要原因在于中国社会经济内部，即生产力的发展，社会财富的增长，商品经济的发展和中外贸易的扩大,要求比较贵重的金属代替不太贵重的金属,并要求贵金属采取铸币形态。社会对贵金属的需求不断增长,日渐形成重银轻钱,银贵而钱贱。如果继续正常发展下去,白银势必将制钱很快排挤出流通领域而独占货币宝座,中国的货币制度将由银钱并用时期过渡到银本位时期。

(四)研究乾隆时期的银价增昂情况,不仅可以提示"钱贵钱贱"的最初的真实动因,发现商品经济的发展在流通领域里的表现情况,而且有助于对 19 世纪 50 年代末期所发生的银价下跌原因的思索。

(五)乾隆时期的"银贵钱贱"发生在白银数量不断输入情况之下,货币数量论者无法正确解释本时期白银数量增加情况下的"银贵"现象。

第六章　嘉庆初年银价的暴跌问题（1797—1805 年）

就银钱比价波动的大趋势来看，于 1797—1805 年间中国货币流通领域又发生了一次短暂的银价下跌问题。由于这一时期的银价下跌幅度不算大，持续时间也不够长。因此，这一问题尽管在当时引起了官方的重视，而在后来却很少引起学界的关注。

一　1797—1805 年银钱比价波动形势和官方的应对措施

如前所述，乾隆晚期各地市场上再次出现了“银贵钱贱”形势，为了把银钱比价维持在“官定”比价的水平上，乾隆皇帝和他的大臣们采取了多项措施，试图遏制银价上涨的势头。在各种调剂措施均告失败的情况下，正当乾隆皇帝和他的大臣们对此感到茫然无解时，白莲教起义爆发了，银钱比价立即发生变化，由先前的“银贵钱贱”，很快演变为“银贱钱贵”。这种银价下跌情况一直持续到 1803—1805 年，达到最低点，而后再次转变为持续上涨的局面。具体情况大致如表 6-1。

从表 6-1 可以看出，自 1797 年开始，全国市场上又经历了一次“银贱钱贵”，历时不过八年。此次“银贱钱贵”是突然发生的，1797 年以后，京师的银价是持续下跌。由于钱价昂贵，清廷认为这是连年停铸，制钱供应

表 6-1 1797—1810 年各省区银钱比价波动情况一览表

年份	银钱比价	原始资料	地区	资料来源
1796	1300—1400	嘉庆元年,银价顿贵,每两可换钱一千三四百文。	江苏	《履园丛话》卷 1。
1796	1200—1300	自五十八九年至嘉庆元、二等年易换库平纹银一两需制钱一千二三百文不等。	直隶河南	朱批奏折,档号:04 -01-35-0482-008。
1797	1300—1400	惟钱价较贱,每银一两易钱一千三四百文不等。	广西	朱批奏折,档号:04 -01-30-0483-002。
1797	1300	银一两换钱一千三百文。	江南	《中国近代货币史资料》第一辑,上册,第 9 页。
1797	1205	元宝银一两合制钱一千二百五文;俸禄银一两合制钱一千一百九十五文。	京师	录副奏折,档号:03-1900-098。
1797	1200	元宝银一两合制钱一千二百文;俸禄银一两合制钱一千一百九十文。	京师	录副奏折,档号:03-1898-069。
1797	1205	元宝银一两合制钱一千二百五文;俸禄银一两合制钱一千一百九十五文。	京师	录副奏折,档号:03 -1900 -097。
1798	1195	元宝银一两合制钱一千一百九十五文;俸禄银一两合制钱一千一百八十五文。	京师	录副奏折,档号:03-1902-054。
1798	1185	元宝银一两合制钱一千一百八十五文;俸禄银一两合制钱一千一百七十五文。	京师	录副奏折,档号:03 -1902 -078。

续表

年份	银钱比价	原始资料	地区	资料来源
1798	1185	元宝银一两合制钱一千一百八十五文;俸禄银一两合制钱一千一百七十五文。	京师	录副奏折,档号:03－1903－056。
1799	1050—1150	(西安府)库平每纹银一两换钱自一千五十文至一千一百二十文;(延安府)库平每纹银一两换钱自一千文至一千一百五十文;(凤翔府)库平每纹银一两换钱自九百文至一千一百二十文。	陕西	朱批奏折,档号:04－01－25－0344－009。
1799	1050—1150	今自嘉庆四年春间起,远近行销各处每易库平纹银一两只需制钱一千数十文至一千一百数十文不等。	直隶 河南	朱批奏折,档号:04－01－35－0482－008。
1802	1250—1350	年来,银价库平一两,值京钱二千五六七百文不等,时赢时绌,无甚悬殊。	京师	盛康编:《皇朝经世文编》卷36,户政8,赋役三。
1803	720—730	豫省近来钱价本昂,每银一两不过易钱七百二三十文。	河南	朱批奏折,档号:04－01－05－0094－028。
1803	917	元宝银一两合制钱九百零十七文;俸禄银一两合制钱九百零九文。	京师	录副奏折,档号:03－1908－047。
1803	909	元宝银一两合制钱九百零九文;俸禄银一两合制钱九百零一文。	京师	录副奏折,档号:03－1908－041。
1804	870	元宝银一两合制钱八百七十文;俸禄银一两合制钱八百六十二文。	京师	录副奏折,档号:03－1908－085。

续表

年份	银钱比价	原始资料	地区	资料来源
1806	930—910	近来市价较昂,四月以前每库平纹银一两易制钱九百二三十文不等,现在时价库纹一两易钱八百九十余文至九百一二十文不等。	京师	录副奏折,档号:03-1855-023。
1808	1000	元宝银一两合制钱一千文;俸禄银一两合制钱九百九十文。	京师	录副奏折,档号:03-1930-045。
1809	1000	元宝银一两合制钱一千文;俸禄银一两合制钱九百九十文。	京师	录副奏折,档号:03-1938-022。
1809	1010	元宝银一两合制钱一千一十文;俸禄银一两合制钱一千文。	京师	录副奏折,档号:03-1938-020。
1810	1099	元宝银一两合制钱一千九十九文;俸禄银一两合制钱一千零八十七文。	京师	录副奏折,档号:03-1954-048。

数量不足造成的,谕令先前停炉减卯的各省铸钱局重新开炉鼓铸、复卯[1]。

1802年,给事中鲁兰枝奏请木兰行围延期举行。在他看来,停止木兰围猎活动,可以节省银两,可以阻遏银价下跌。嘉庆皇帝则认为“银价日贱”,是因为镇压白莲教起义,投放白银过多造成的,与木兰围猎活动没有什么关系[2]。

---

〔1〕 刘锦藻编:《清朝续文献通考》卷19,钱币1,第7688页。

〔2〕 “此事朕未尝不多方调剂,或加卯鼓铸,或搭放俸饷,总未能减落。推原其故,皆由年来所发内帑过多,辗转流通,以致银价日贱,钱价日增。即现在有军务省份,因鼓铸稀少,钱价亦多昂贵,此近日情形大率如此。亦必不因停围即骤能平价,至随围官员兵丁,向例俱赏给帮银,并豫支俸饷,用示体恤。”(《清仁宗实录》卷99,嘉庆七年六月丁卯。)

1804 年,面对各地发生的“钱价腾贵”现象,朱桓认为,“钱价之昂贵”,总不外局中短铸及奸商私毁二端。“京城钱价昂贵由于局中短铸,每届卯期,除交卯呈验若干外。其余支发各项钱粮,多给票于钱肆中兑领,此由监督兼摄部务,不常川在局所致。”[1]户部对此表示否认,辩护说,户工两局鼓铸制钱,按卯兑现验收,存贮司库,发放时,则有御史铜银库司员赴局监督支放,并无该御史所称之弊,但不否认外省可能存在短铸现象。针对该御史所称“钱贵由于私毁”,户部官员表示基本认可,同样认为银价下跌是制钱数量不足造成的。“外省设立钱局按卯鼓铸,何以钱价腾贵更甚于京师?自由各该省督抚及各该地方官不实力督办,或系局中短铸,或有奸徒私毁,以致钱文不能充裕,价值日昂。”[2]为此,奏请皇帝通谕步军统领衙门与各省督抚严厉查禁私毁弊端,同时要求各省按照定额,加紧鼓铸制钱。

1805 年,银价依旧低贱,钱价“仍未稍为平减”。嘉庆皇帝认为,制钱数量不足,乃是查禁私毁效果不佳,各级官员办事不力所致。为此,再次颁发谕令,指责说:“近年京师钱价昂贵,节经降旨查禁私贩外出,并令户、工两局按卯鼓铸,毫无短缺。而价值仍未稍为平减。风闻各省钱局不能如数鼓铸。该督抚等并不实力查办,以致日形短绌。前于嘉庆五年间曾经降旨谕令停铸省份概行复卯,其中有数省奏明不能遽复者,而每岁报部照旧鼓铸者居多,无如承办之员冀图偷减工本,并不遵照定例,妥为经理。名为开炉,而其实仍未复卯。各省商贾市易流通,专赖京局钱文,以资转运,无怪乎局钱按卯鼓铸,而钱数不见其增,钱价不见其减也。”[3]

货币生产有其来潮和退潮,一个国家要进行贸易,必须有一定数量的金属货币,这个数量随着情况的需要而变化,时而增多,时而减少,货币量的这种涨落,无须政治家的任何命令,通常通过鼓铸和停铸来自行调剂。当货币贮藏导致货币供应量不足时,铸币活动变得有利可图,铸币厂就会

---

〔1〕《户部尚书禄康等奏报核议京城钱价过昂一案缘由并请饬地方严短铸私毁情弊事》,嘉庆九年十一月二十四日,录副奏折,档号:03-1854-017。

〔2〕刘锦藻编:《清朝续文献通考》卷 19,钱币 1,第 7689 页。

〔3〕同上,第 7690 页。

开始工作，直到货币需求得到满足为止；当货币渠道内，货币数量过多时，社会需求相对减弱，铸币活动无利可图，就会自动停铸。如果铸币的市场价格接近其生产成本价格，一部分货币就会被销毁成条块。

总之，是两个吊桶轮流工作。货币供应量不足时，金属条块就会变化为铸币，货币超出市场需求时，铸币就会熔化成条块，或被贮藏起来。因此，从某种意义上讲，民间销毁铸币不过是调节货币供应量的一种"非法"手段而已。

二 银钱比价与粮价物价

为了弄清本期银钱比价变化的原因，我们在此先看一看粮价的变化情况。从表6-2看出，1796—1800年稻米、粟米、白麦和高粱的每年平均价格是1.893两、1.535两、2.053两和1.011两，合计6.492两；1801—1805年，这几种粮食平均价银2.8两、2.133两、2.204两和1.407两，合计8.544两；而1806—1810年，这几种粮食每年平均价银依次是2.65两、2.238两、2.415两和1.375两，合计7.755两；1811—1815年平均价银2.65两、2.636两、3.28两和1.634两，合计10.2两。由此可以看出，自1795年以后，粮价开始上涨，白银的购买力逐年下降。与1796—1800年度相比，1801—1805年度白银购买粮食的力度减弱了31.6%；1806—1810年度减弱了19.5%，1811—1815年度减弱了57%。白银对粮食的购买力持续减弱，要么是粮价上涨的结果，要么是白银价值降低的结果。那么，到底是银价降低导致粮食价格上涨呢，还是粮食价格上涨使白银购买力减弱呢？抑或是两个因素兼备呢？

由于粮食属于刚性物品，需求缺乏弹性，一旦遭遇自然灾害，出现歉收，短期价格起伏变化较大，用以说明物价变化情况，需要格外谨慎。现在我们需要借助表7-6提供的各项物价指数，考察银钱比价波动的原因。从表中可以看出，到1804年时，直隶银价下跌到920文，与乾隆末年的"一

表 6-2　京师与保定粮价波动情况一览表(1796—1820 年)

(单位:银两/担)

年份	稻米	上等粟米	白麦	高粱
1796	1. 9000	/	2. 4000	1. 0400
1797	1. 9000	/	2. 0000	0. 9200
1798	1. 8800	/	2. 2000	0. 9400
1799	/	1. 2000—1. 8800	1. 4000—2. 1300	0. 7600—1. 4200
1800	/	1. 2000—1. 8600	1. 4000—2. 4000	0. 8000—1. 3300
1801	/	1. 3000—1. 9800	1. 7500—2. 8100	0. 8300—1. 4300
1802	/	2. 2000—2. 8200	1. 6500—2. 9100	1. 1300—2. 2000
1803	2. 8000	2. 6500	2. 7500	1. 7500
1804	/	1. 6200—2. 5100	1. 4200—2. 4300	0. 9700—1. 6600
1805	/	1. 4000—2. 2000	1. 3700—2. 2000	0. 9000—1. 4500
1806	/	1. 5000—2. 4000	1. 5500—2. 4000	0. 9500—1. 8000
1807	/	1. 6900—2. 7000	1. 6500—2. 7000	1. 2000—2. 5000
1808	/	1. 6900—2. 7000	1. 6500—2. 7000	1. 5000—2. 5000
1809	2. 6500	2. 4000	3. 1000	1. 2300
1810	2. 6500	2. 4500	2. 6500	1. 3000
1811	2. 6500	2. 6000	2. 9000	1. 5500
1812	2. 6500	2. 4000	2. 6500	1. 2000
1813	2. 6500	2. 6200	3. 1000	1. 2400
1814	/	2. 2000—3. 5000	2. 7000—5. 2000	1. 3800—2. 7000
1815	/	2. 0200—3. 4000	2. 7000—4. 9000	1. 3800—2. 9000
1816	/	1. 2800—2. 8000	2. 5000—4. 0000	1. 0000—2. 4000
1817	/	1. 5500—3. 2500	2. 2600—3. 2000	1. 1500—2. 2000
1818	/	1. 7000—2. 9500	2. 1000—3. 2400	1. 1000—1. 9600
1819	/	1. 3000—2. 3700	1. 8000—2. 8800	0. 9000—1. 6000
1820	/	1. 2500—2. 9400	1. 5900—2. 6000	0. 9000—1. 3000

资料来源:本表数据摘自第一历史档案馆藏的粮价清单。大致以顺天府尹和直隶总督奏报为主,选摘每年三月份京师与保定的粮价。如果缺乏三月份的粮价数据,则摘录邻近月份的粮价数据。因此,这一粮价表可以看成是该地区每年春天的粮食平均价格。

千三四百文”相比，下跌了四五百文，下跌幅度相当大。而就物价来说，无论是零售物价指数还是农产品零售物价指数，抑或是手工业产品零售物价指数，在1800—1810年均有一些变化。但这种变化幅度有限，而且呈起伏状态，属于物价的正常波动。这至少说明白银的购买力在嘉庆初年尚未发生增值的趋势。

但是，研究者提供的另一份成果告诉我们（表6-3），在嘉庆皇帝统治的前十年，无论是粮价还是物价，都经历了一次较大的起伏变化。从时间来看，前五年（1796—1800），江南米价和物价基本稳定，后五年（1801—1805）则呈现快速上涨的势头。从上涨的指数来看，1805年达到最高点，在短短五年间，米价和物价指数由先前的68.18、87.98，迅速上涨至150.97、163.88，各自上涨了一倍左右。

表6-3　从嘉庆元年到嘉庆十年的米价物价指数（1796—1805年）

年份	米价 1760/80 = 100	物价 1760/80 = 100	年份	米价 1760/80 = 100	物价 1760/80 = 100
1796	66.56	88.19	1801	84.95	98.46
1797	63.85	86.34	1802	108.22	111.78
1798	62.77	85.30	1803	134.20	125.43
1799	64.93	86.22	1804	145.56	131.47
1800	68.18	87.98	1805	150.97	163.88

资料来源：本表数据摘自《300年来米价、物价及货币兑价》，载《清代以来的粮价：历史学的解释与再解释》，第172页。江南米价见Wang Y. C.，“Food Supply and Grain Prices in the Yangtze Delta，1638 - 1935”，in Thomas G. Rawski and Lillian M. Li edited *Chinese History in Economic Perspective*，35 - 68，University of California Press，1992。物价原始资料来源于《阅世编》《历年记》和《一斑录》，吴承明于1997年对此进行了整理，详见《18至19世纪上叶的中国市场》，见《中国的现代化：市场与社会》，第265页，北京：生活·读书·新知三联书店，2001年。

综合以上资料和分析，可以看出，嘉庆初年白银的购买力情况异常复杂。在华北白银对于物价的购买力没有大的变化，而对于粮食的购买力则明显减弱；而在江南地区，无论是米价还是物价都有较大幅度上涨，白银的购买力明显减弱了一半。银价与钱价相比,银价趋于下跌趋势,钱价有所升值。

三　影响本时期银钱比价的制钱金属价格与成分分析

清代前期市场上无论是出现"银贵钱贱"还是发生"银贱钱贵",银钱之间的比价波动情况实际反映的是银、铜、铅、锡等金属材料市场价格变化情况。不了解金属价格变化对于银钱比价的影响,关于银钱比价的讨论的思维活动,不能离开贸猜的方法。

表 6-4　铜铅锡价格及其金属比价变化一览表(1790—1808 年)

年份	金属价格资料	金属比价	资料来源
1790	宝直局办解洋铜,"每百斤价银一十四两"。	1:114	"清代钞档",乾隆五十五年十二月初一日和珅等题本。
1792	闽省只准照原定价银一十四两五钱报销。	1:110	《建省例》捐款例,第 356 页。
1797	商人自备资本,办解洋铜,"每一百斤给价银十五两三钱"。	1:105	《皇朝政典类纂》卷 66,钱币 9,第 7 页。
1800	各省办解洋铜,"每铜百斤价银概以十三两五钱九分三厘为准"。	1:118	《清朝续文献通考》卷 19,钱币 1,第 7689 页。
1803	白铅"每一百斤合价银四两二钱三毫三丝九忽八尘,令各省照此齐价采买"。	1:381	载龄编:《户部则例》卷 37,第 9 页。

续表

年份	金属价格资料	金属比价	资料来源
1803	委员赵宜霖赴苏采买洋铜二十五万斤,每百斤价银一十四两,共银三万五千两等语。	1:114	户部尚书禄康《题为直隶题销委员赵宜霖赴苏采买洋铜事》,嘉庆八年二月二十九日,题本,档号:02-01-04-18472-004。
1806	商铜,"按例价十二两采买"。	1:133	《清朝续文献通考》卷19,钱币1,第7690页。
1808	各省办解洋铜,户部议准:"每一百斤无分水陆以十二两为准"。	1:133	《钦定大清会典则例》卷218,户部。

第一,关于金属价格变化。如表6-4所示,1790年,洋铜每担价银为十四两,1797年,洋铜价值有所增加,每担价银十五两三钱,银铜之间的比价上涨到1:105;但是到了1800年,洋铜价格又有所降低,每担价格为十三两五钱九分三厘,银铜之间的比例是1:118;到了1806年,铜价进一步下跌,每担价格不过12两。

同样铅价在此期间也是最低点,每担价银只有4.2两,或3.79两,银铅之间最大的比价为1:381或1:422。这一时期的锡价为13.5两,银与锡的比价为1:119。

第二,关于制钱合金比例变化。如表6-5所示,制钱的合金比例,乾隆朝制钱最为稳定,嘉庆朝的制钱成分变化最多。铜50斤,白铅41.5斤,黑铅6.5斤,锡2斤,这个比例自1740年确定之后,五十五年之后才发生一次变化。从嘉庆四年开始,在短短六年时间里,经历了三次变化。第一次变化,增加黑铅的成分,由于乾隆五十九年将制钱比例改为铜六成,白铅四成之后,110万余斤黑铅堆积无用。为了利用这一批黑铅,于1799年,经过户部、工部共同商议,将制钱比例修改为"每一百斤用铜五十二斤,白铅四十一斤八两,黑铅六斤八两,三色配铸"。[1]第二次变化,由于因

〔1〕 刘锦藻编:《清朝续文献通考》卷19,钱币1,第7688页。

添卯鼓铸，担心黑铅难以为继。于1800年决定减少黑铅的比例，“黑铅六斤半内，减用黑铅三斤四两，即将所减铅斤加添滇铜二斤，白铅一斤四两，以之配铸。”〔1〕第三次变化，意在提高合金中的铜的比例。每百斤内，“减去白铅五斤，加添洋铜二斤，高锡一斤八两，黑铅一斤八两。”〔2〕

表6-5　制钱合金成分变化情况一览表（1740—1820年）

起始年份	改变年份	制钱一百斤的合金成分	持续时间
乾隆五年	乾隆五十九年	京局等铜50斤，白铅41.5斤，黑铅6.5斤，锡2斤。	55年
乾隆五十九年	嘉庆四年	京局等铜60斤，铅40斤。	5年
嘉庆四年	嘉庆五年	京局等铜52斤，白铅41.5斤，黑铅6.5斤。	2年
嘉庆五年	嘉庆十年	京局等铜54斤，白铅42.75斤，黑铅3.25斤。	8年
嘉庆十年	嘉庆二十五年	京局等铜56斤，白铅37.75斤，黑铅4.75斤，高锡1.5斤。	16年

资料来源：刘锦藻编：《清朝续文献通考》卷19，钱币1，第7683—7690页。

根据这一时期的铜、铅、锡等金属价格和成分变化（表6-5），我们对于本时期的银钱比价可以进行数据分析了。

1797年，每担铜价银是15.3两，每担白铅价银4.2两；按照规定，当年制钱的合金比例是六成铜，四成白铅，一担合金材料约合银10.86两。这一时期的每担的铸钱损耗仍为9%，加工费为1959文，制钱标准重量仍为“一钱二分”。我们的推算结果是投资一两白银可以得到937枚标准制钱。实际上，根据英国驻上海领事馆的采样分析，嘉庆制钱每百枚重量10.73盎司〔3〕，折合8.05两，即每枚制钱重量为8.05分。按照这一重量推算，投资一两白银可以得到1485枚制钱。

〔1〕　刘锦藻编：《清朝续文献通考》卷19，钱币1，第7688页。

〔2〕　同上，第7690页。

〔3〕　梁启超：《滥铸铜元小史》，《饮冰室文集》二十一，第15页。

1800 年，每担铜价银 13.593 两，每担白铅价银仍为 4.2 两，黑铅每担价银 3.79 两，按照规定，合金比例是铜 52 斤，白铅 41.5 斤，黑铅 6.5 斤；一担合金材料约合银 9.06 两。制钱重量、损耗比例和加工费与 1797 年相同，推算的结果是，投资一两白银可以得到标准制钱 1123 枚，投资一两白银可以得到重量为 8.05 分的制钱 1996 枚。

1806 年，每担洋铜价银 12 两，白铅价银 4.2 两，黑铅价银 3.79 两，高锡价银 13.5 两，按照规定，合金比例是铜 56 斤，白铅 37.75 斤，黑铅 4.75 斤，高锡 1.5 斤，一担合金材料费是 7.69 两；制钱重量、损耗和加工费与 1800 年相同，推算的结果是，投资一两白银可以得到标准制钱 1323 枚，投资一两白银可以得到重量为 8.05 分的制钱 1996 枚。

从上述分析情况可以看出，市场上的钱价一般均高于其铸造的工本费用。如果考虑到制钱的重量和质量低于规定的标准，嘉庆制钱的重量通常在 8.05 分，铸币利益还要高得多。制钱重量若按照平均 8.05 分推算，1806 年投资一两白银可以得到这样的制钱 1996 枚。而当年的银钱市场比价是 900 余文，铸币利益十分巨大。银钱比价在其金属价值含量附近上下波动是正常的，铸币获得一定利息也是正常的。但是，钱价过高，每两利息 1000 余文，则是很不正常的。究竟是什么原因导致本期内钱价如此高昂呢？

四　国内战争与“银贱钱贵”

我们在探讨清代各个时期银钱比价变化原因时，发现各个时期的银钱比价波动大都与当时的国际市场上金属价格变化关系紧密，只有三个时期比较特殊，一是清代前期的“三藩之乱”时期，二是清代中期的“白莲教起义”时期，三是清代晚期的“太平天国起义”时期。究竟是什么原因导致这三个时期银钱比价波动与其金属价格分离？答案是货币流通规律在战争时期发生了变化。

“作为一般的规律，可以这样说，在和平时期，以金银货币变成奢侈品为主，只有在动荡的局面下，才以奢侈品倒过来变成条块或铸币为主”。[1]货币学家认为，在和平年代，由于社会政治生活相对安定和商品经济的繁荣，人们总是努力积累贵金属，以便购买高昂的奢侈品，如豪华的房屋和设备、金属器皿和首饰。为了防备意外的事故给人们的突然打击，还要大量贮藏贵金属（金银首饰也是贮藏的美学形式），这种做法特别在东方民族（中国和印度等地）中盛行；在动荡不安的时代，特别是在内乱外患时期，在遭受严重自然灾害的地方，社会对贵金属的需求就会发生很大的变化，战争和灾荒会迫使人们将金银器皿变成货币，将深深埋藏的金银取出来以便换取救命的粮食和招募兵员，这样一来加入货币流通之渠的贵金属就会突然增多，形成供大于求的局面。然而，社会对作为贵金属辅币的价值符号（例如制钱）的需求不但不会因战争与自然灾害减少，反而由于战争破坏了商品流通，原来铜符号在极小的买卖中的流通速度相对减缓（制钱的流通次数减少），便会突然显得不足。社会对它的需求便随着战争的广度和深度，以及自然灾害的程度而增长。一言以蔽之，就是战争和自然灾害能急剧改变社会对贵金属及其辅币的不同需求，从而影响二者的比率，下面有两个例证，可以证实这个“一般规律”。

爆发于1796年（嘉庆元年）的白莲教起义，波及川、楚、陕、豫、甘等省。白莲教起义者在历时九年多的战斗中，攻占州县204个，击毙清军副将以下将弁400余名，提镇等等武职大员20余名。清廷从十六个省征调了大批军队，耗费军饷2亿两，相当于四年的全国财政收入，元气大伤，此后清王朝的政治统治逐渐走向衰落。正是这场国内战争造成的社会动荡和经济破坏使流通领域产生了“银贱钱贵”。

据《清高宗实录》记载：国库存银之多，空前绝后。康熙中年，国库存银已经很多，四十五年、四十八年有银五千余万两，超过前代。雍正七年八年，库银有六千余万两，又超过了前代。乾隆时期，国库存银不仅数量

〔1〕【德】马克思著，中央编译局译：《政治经济学批判》，《马克思恩格斯全集》第13卷，第125—126页。

巨大,而且持续稳定。乾隆三十七年,户部银库存银多至八千余万,超过了雍正朝,前代各君更加无法与之比较。乾隆三十七年正月,库银有八千余万两;四十一年十月,部库存银六千余万两;四十二年正月,库银还有七千余万两;四十六年八月,库银有七千余万两;四十九年八月,库银七千余万两;五十一年闰七月,七千余万两;六十年,七千余万两(表6-6)。与此同时,“各省藩库,积存充裕”。各省布政使司的藩库存银,也非常多。乾隆二十八年,广东藩库的“田房税契银两”积至一百二十余万两之多。三十六年,陕西藩库贮存之银“现有四百三十三万三千余两”。四十七年,浙江藩库存银一百零一万余两。四十九年,河南藩库存银二百五十余万两,甘肃有四百七十余万两。五十年,山东藩库有银三百九十六万余两。正是由于乾隆时期国库、藩库贮藏的白银数量巨大,使嘉庆皇帝在镇压白莲教起义时,可以通过军饷的支出,向社会大规模投放白银。

表6-6 户部银库存银数目表(1736—1775年)

(单位:万两)

年份	国库存银	年份	国库存银	年份	国库存银
1736	3395	1750	2807	1763	4192
1737	3438	1751	3079	1764	4706
1738	3485	1752	3249	1765	5427
1739	3258	1753	3863	1766	6033
1740	3048	1754	3987	1767	6661
1741	3146	1755	3760	1768	6650
1742	3274	1756	4299	1769	7182
1743	2912	1757	4322	1770	7622
1745	3190	1758	4015	1771	7729
1746	3317	1759	3638	1772	7894
1747	3463	1760	3673	1773	7874
1748	3236	1761	3549	1774	6967
1749	2746	1762	3663	1775	7390

资料来源:《清高宗实录》,乾隆四十年正月二十九日,《军机大臣奏报康雍乾年间户部银库存银数目》。

战争时期,川、楚、陕、甘、豫五省的市场上突然增加了2亿两白银,必然对各种物价造成影响,对于流通领域的银钱比价造成相应影响。不过,这只是问题的一个方面。在动荡时期,在商品市场受到扰乱的地方,货币运动与和平时期不同,制钱的价格将有所增昂。有许多例证,可以互相佐证。

在世界范围内,最明显的例证莫过于第一次世界大战造成的金银比价的突然大幅度变化。如表6-7所示,战前在伦敦市场上,1914年每盎司白银的售价是25便士,战争爆发后,银价首先是下跌,紧接着就是暴涨,每盎司白银的售价在1916年是31.25便士,1917年是40.75便士,1918年是47.50便士,1919年是57便士,1920年是61.5便士,此后,银价迅速下落,七年后才返回战前的售价水平。

表6-7　1905—1927年每盎司白银在伦敦的售价

（便士/盎司）

年份	银价	年份	银价	年份	银价
1905	27.75	1916	31.25	1922	34.50
1908	24.50	1917	40.75	1923	32.00
1912	/	1918	47.50	1924	34.00
1913	/	1919	57.00	1925	32.00
1914	25.25	1920	61.50	1926	28.75
1915	23.75	1921	36.75	1927	26.00

资料来源:A. W. Pinnick, *Silver and China*, Shanghai, 1930.(毕匿克著,王栋译:《银与中国》,上海:商务印书馆,1933年,第9—11页。)

此次世界范围内的金银比价大幅度变化,既不能用金银产量的变化说明问题,也不能用金银产量比例的不同说明问题,只能在战时供求关系中寻找答案。战争时期,如表6-8和表6-9所示,金银产量较之战前都有所下降。1922年与1913年相比,黄金的世界产量下降了29%;1921年与1913年相比,世界白银产量下降了23%,世界黄金产量的下降幅度显然多于白银。但是,1920年伦敦大条银的售价相当于1914年的2.4倍,如此巨大的银价变化,使用任何货币数量学说都难以解释。战争时期,社会动荡，欧洲各国的商品经济遭受重创，导致社会对贵金属的需求发生不同变化，白银价格暴涨，金价相对下跌，导致金银比价发生巨大变化。这是战争时期货币流通的一种规律，即在两种金属依法充当价值尺度的国家，比较贵重的金属价格大幅度下跌，不太贵重的金属大幅度上涨。以金银为主要货币材料的欧洲国家，在战乱时期通常是银价大幅度上涨；以银铜铅为主要货币材料的中国，在社会动荡时期通常是铜钱价格大幅度上涨。在清代的中国，这样的例证有很多，康熙时期的“三藩之乱”是如此，乾隆时期台湾的天地会起义、大小金川之乱也是如此，咸丰同治时期的太平军等农民起义时期更是如此。这是战争时期货币流通的“一般规律”。

表 6-8　1908—1913、1922—1927 年世界的黄金总产量

（单位：百万磅）

第一次世界大战爆发前		第一次世界大战结束后	
年份	金产量	年份	金产量
1908	88.4	1922	65.5
1909	90.6	1923	75.5
1910	91.0	1924	81.0
1911	92.2	1925	81.0
1912	93.0	1926	82.0
1913	91.9	1927	82.0

资料来源：资耀华：《金贵银贱之根本研究》，上海华通书店，1930 年，第 188—189 页。

表 6-9　1907—1927 年世界的白银总产量

（单位：盎司）

年份	银产量	年份	银产量	年份	银产量
1907	184206984	1814	168452942	1921	171310322
1908	203131404	1915	184204745	1922	213637744
1909	212149023	1916	168843000	1923	243329995
1910	221715763	1917	174187800	1924	239131107
1911	226192923	1918	198168408	1925	243386392
1912	224310654	1919	176459609	1926	243000000
1913	223907845	1920	174212686	1927	254000000

资料来源：资耀华：《金贵银贱之根本研究》，上海华通书店，1930 年，第 181—188 页。

我们看到1803年的河南银钱比价最为特殊，每两白银只能兑换“七百二三十文”，这样的银价要比其他省区低得多，很不正常。查阅历史资料，我们得知河南当年的社会经济受到了双重破坏，既遭受了白莲教起义产生的政治动荡的冲击，又受到了当年夏天旱灾、蝗灾和黄河漫溢的严重影响。

是年春天，旱魃袭击河南，大面积缺少雨水，夏粮歉收。然而，祸不单行，接着遭受蝗灾。夏天，蝗虫在江苏沿海地方迅速滋生，而后形成迅速向周边省区飞行，豫东也受重灾。据河南巡抚马慧裕奏报，蝗虫自考城东北一带入境，飞向豫东虞城、商丘、宁陵、睢州、兰阳、陈留、祥符等处地方，又造成八州县粮食歉收[1]。秋天，又遭黄河水灾。10月24日（九月初九日），大雨昼夜不停，河水陡涨，卫粮厅属衡家楼地方南岸忽生滩嘴，挺入河心，将全河大溜逼向北岸，冲刷河堤。27日夜间风雨大作，溜势益猛，河堤告急，派人抢修。27日下午，正在抢修之际，堤身突然倾倒，登时过水三十余丈，由于地势建瓴，东西两岸冲刷，漫口逐渐扩大至一百八十余丈，河水大溜途经长垣，侵及直隶、山东，淹没大量房屋和田地，并于张秋横穿运河，东趋盐河，至利津入海[2]。水灾发生后，嘉庆皇帝立即颁发谕旨，免去嵇承志河南巡抚职务，令马慧裕接任，全力整顿河务。

正是这一连串灾难，使河南经济遭受重创，钱价陡长。“自衡工漫口以后，省城钱价骤昂，每银一两不过易钱七百二三十文。”[3]由于钱价昂贵，官府拨付二十五万两白银抢修险工，如果兑换成制钱发放土方工钱，钱数势必大减，担心民工滋事。河南巡抚马慧裕奏请适当提高银价，按照水灾发生之前的银价（850文）发放引河民工工钱，得到皇帝批准。

关于自然灾害造成的经济破坏和钱价昂贵事例很多。例如，1737年，巡视南城御史王文璇奏报：“近日京城内外，钱价日昂。”在他看来，京城的钱价昂贵是由钱少造成的。他说：“臣遍行访察，缘自七月以来，雨

---

〔1〕《清仁宗实录》卷115，嘉庆八年六月壬辰。

〔2〕《清仁宗实录》卷121，嘉庆八年九月庚戌、庚申。

〔3〕《河南巡抚马慧裕奏为查明工次现在钱价并酌定料物土方价值事》，嘉庆八年十一月二十六日，朱批奏折，档号：04－01－05－0094－028。

泽过多,民间乏食,争向五城米厂粜买恩发平粜官米,计八、九两月解入户部买米钱文已至二三万串,未经发出,民间转运自觉短少,更兼奸商闻有恩旨借给兵饷,居奇囤积,希图重利,奸牙串通,高抬时价,以致日渐昂贵。"[1]王文璇知其一不知其二,钱商囤积居奇是假象。真实的原因在于,在自然灾害的袭击下,由于商品供应突然断绝,日常小额贸易发生严重问题,在这一领域扮演媒介作用的制钱无法迅速完成周转,流通频率随之发生问题,一下子紧张起来。市场上之所以产生制钱缺乏的现象,这是关键的问题。至于钱商囤积居奇,有意抬高市价,那也是他们利用了制钱供应紧张的局面,无非是起到了推波助澜的作用而已。

小　结

(一)自1797年开始,全国市场上又经历了一次短期的"银贱钱贵",历时不过八年。此次"银贱钱贵"是突然发生的,京师的银价自1797年开始持续下跌,其他各地大都如是,尤其是河南省的银价最低,只能换"七百二三十文"。

(二)与1796—1800年度相比,1801—1805年度白银购买粮食的力度减弱了31.6%,1806—1810年度减弱了19.5%,1811—1815年度减弱了57%。白银购买粮食的力度持续减弱。嘉庆初年,在华北白银对于其他零售商品的购买力没有出现减弱的迹象,除了粮食之外,以白银为价值尺度的各项物价变化幅度有限。在江南地区,无论是米价还是物价都有较大幅度上涨,白银的购买力明显减弱了一半。对比各种资料,可以看出,这一时期粮价、物价和钱价受到了政治动荡的扰乱。

(三)嘉庆制钱的重量通常在8.05分,按照这个重量推算,1806年投

[1] 《巡视南城御史王文璇奏为钱价日昂兵食不敷请增发兵饷钱文事》,乾隆二年闰九月初一日,朱批奏折,档号:04-01-01-0018-058。

资一两白银可以得到这样的制钱1996枚。而当年的银钱市场比价是九百余文,铸币利益十分巨大。银钱比价在其金属价值含量附近上下波动是正常的,铸币获得一定利息也是正常的。但是,钱价过高,每两利息一千余文,则是极不正常的。

(四)在这政治危机四伏的年月,一方面是库藏的白银大量投入市场,另一方面是市场遭受破坏,加剧了对制钱的需求。在镇压白莲教起义的过程中,清廷在川、楚、陕、甘、豫五省的市场上陆续投放了2亿两白银。大量白银进入流通渠道,必然对各种物价造成影响。尤其是在商品市场受到扰乱的地方,货币运动与和平时期不同,制钱的价格比和平时期有较大增昂。

(五)河南省的银价之所以特别低,一两白银只能换到"七百二十三十文",主要是黄河水灾造成的。

第七章 嘉庆道光时期的“银贵钱贱”及其成因(1805—1853年)

“银贵钱贱”自嘉庆中期开始再次困扰清廷,到道光时期成为危及清朝政治统治的严重金融问题,先后引发了第一次鸦片战争、太平天国农民起义等一系列震惊中外的重大历史事件。嘉庆、道光时期的“银贵钱贱”,不仅是当时朝野上下密切关注的社会问题,而且是中外史学家特别注目的重大研究课题。破解本期“银贵钱贱”之谜,因此成为中国近代货币史、金融史、经济史研究者的重要任务之一。围绕着这样一个问题有着各种各样的猜测,相关的研究成果已经很多,但是,各种解释时而接近真相,时而远离事实,至今仍然迷雾重重。越是迷雾重重,越是激起研究者的兴趣。因此,我们不得不用较大的篇幅,继续探索其成因。

一 1804—1853年银钱比价波动形势

就国内而论,除了中华人民共和国成立前后发表过专门探讨的论文外,在所有有关中国近代货币、近代经济和鸦片战争的著作中,无一不论及这个问题,几乎众口一词地认为,鸦片大量输入,白银大量外流,国内流通的白银绝对数量减少是“银贵钱贱”的根本原因。国外的论者通常从制钱减重变劣方面思考问题。早期以著名的中国问题专家马士为代表,他认为道光时期银钱兑换率从“一千文到一千二三百文”,不是对外贸易失去平衡造成的,也不是鸦片输入造成的,而是"可以用铜钱的铸造情形充分予以说明的"。"从乾隆年间(1736—1795)的足重铜钱起到嘉庆年间(1796—1820),钱的分量已逐渐减低,而道光年间(1821—1850)铸钱分量减低更甚。铜钱本身价值的损失足以使其交换价值丧失百分之二十至百分之三十"。[1]近期以费正清编《剑桥中国晚清史》这部名著为代表,同样认为:"铜钱本身的贬值完全说明了铜钱交换价值损失的原因。"[2]国内着眼于银少而贵,国外考虑的是钱小而贱,观点如此不同,孰是孰非?需要深入研究,才能得到正确的结论。这里我们先了解一下当时的银钱比价波动情况。详见表7-1。

表7-1　各省区银钱比价市场波动情况一览表(1804—1853年)

(单位:文/两)

年份	银钱比价	原始资料	地区	资料来源
1804	870	元宝银一两合制钱八百七十文;俸禄银一两合制钱八百六十二文。	京师	录副奏折,档号:03-1908-085。
1806	930—910	近来市价较昂,四月以前每库平纹银一两易制钱九百二三十文不等,现在时价库纹一两易钱八百九十余文至九百一二十文不等。	京师	录副奏折,档号:03-1855-023。
1808	1000	元宝银一两合制钱一千文;俸禄银一两合制钱九百九十文。	京师	录副奏折,档号:03-1930-045。

---

〔1〕【美】马士著,张汇文译:《中华帝国对外关系史》(*The International Relations of the Chinese Empire*)第1册,商务印书馆,1963年,第232页。

〔2〕费正清编,中国社会科学院历史研究所编译室译:《剑桥中国晚清史》(*The Cambrige History of China*, Volume 10, *Late Ch'ing, 1800-1911*)上册,第191页。

续表

年份	银钱比价	原始资料	地区	资料来源
1809	1000	元宝银一两合制钱一千文;俸禄银一两合制钱九百九十文。	京师	录副奏折,档号:03－1938－022。
1809	1010	元宝银一两合制钱一千一十文;俸禄银一两合制钱一千文。	京师	录副奏折,档号:03－1938－020。
1810	1099	元宝银一两合制钱一千九十九文;俸禄银一两合制钱一千零八十七文。	京师	录副奏折,档号:03－1954－048。
1811	1064	元宝银一两合制钱一千六十四文;俸禄银一两合制钱一千五十二文。	京师	录副奏折,档号:03－1965－034。
1812	1064	元宝银一两合制钱一千六十四文;俸禄银一两合制钱一千五十二文。	京师	录副奏折,档号:03－1978－016。
1813	1020	元宝银一两合制钱一千二十文;俸禄银一两合制钱一千一十文。	京师	录副奏折,档号:03－1990－022。
1814	1064	元宝银一两合制钱一千六十四文;俸禄银一两合制钱一千五十二文。		录副奏折,档号:03－2003－034。
1817	1240—1250	银一两合制钱一千二百四十五文。	直隶	严中平:《中国近代经济史统计资料选辑》,第37页。
1818	1350—1360	近来省城银价增昂,现在市间库平纹银每两易换制钱一千三百五六十文,省外各属市价约略相等。	福建	朱批奏折,档号:04－01－35－1359－056。

续表

年份	银钱比价	原始资料	地区	资料来源
1818	1300	银价增昂,每两换钱一千三百余文。	京师	席裕福编:《皇朝政典类纂》卷64,第19页。
1819	1340—1350	现在闽省银价,每两库平仍换制钱一千三百四五十文,较之上年六七月间,价值所减无多。	福建	朱批奏折,档号:04-01-35-1359-023。
1819	1600—1700 1300—1400	臣闻直隶、山东、山西、河南、江浙、湖广等处,每银一两易钱至一千六七百文及一千三四百文不等。	直隶 山东 山西 河南 江浙 湖广	录副奏折,档号:03-1859-055。
1820	1185	银一两合制钱一千一百八十五文;俸禄银一两合制钱一千一百七十五文。	京师	录副奏折,档号:03-2057-025。
1821	1270—1280	近日苏松钱价,纹银一钱兑制钱一百二十七八文。	江苏	盛康编:《皇朝经世文续编》卷36,户政8,赋役3,第5页。
1821	1266	银一两合制钱一千二百六十六文。	直隶	严中平:《中国近代经济史统计资料选辑》,第37页。
1822	1252	银一两合制钱一千二百五十二文。	直隶	严中平:《中国近代经济史统计资料选辑》,第37页。
1823	1249	银一两合制钱一千二百四十九文。	直隶	严中平:《中国近代经济史统计资料选辑》,第37页。

续表

年份	银钱比价	原始资料	地区	资料来源
1823	1208	捐洋钱四千七百三十三元,合足钱四千一百一十七千六百二十文。	江苏	李文海等编:《中国荒政全书》第二辑第三卷,第642页。
1824	1269	银一两合制钱一千二百六十九文。	直隶	严中平:《中国近代经济史统计资料选辑》,第37页。
1824	1240	现在省城市价每库平纹银一两换钱一千二百四五十文不等。	福建	录副奏折,档号:03-9496-033。
1825	1254	银一两合制钱一千二百五十四文。	直隶	严中平:《中国近代经济史统计资料选辑》,第37页。
1826	1271	银一两合制钱一千二百七十一文。	直隶	严中平:《中国近代经济史统计资料选辑》,第37页。
1826	1150—1230	每库平纹银一两易钱一千一百五十至一千二百三十文。	江苏	录副奏折,档号:03-9497-023。
1827	1300	淮北豫省各岸,以银一两作制钱一千三百文折合出价;安省各岸以银一两作制钱一千二百五十文。	直隶 河南 安徽	《清宣宗实录》卷111,道光六年十二月戊申。
1827	1340	银一两合制钱一千三百四十文。	直隶	严中平:《中国近代经济史统计资料选辑》,第37页。

续表

年份	银钱比价	原始资料	地区	资料来源
1827	1300	直隶总督那彦成等原奏内称:现在纹银一两易制钱一千三百文。	直隶	《驳长芦盐价改用银桩疏》,道光七年,葛士浚编:《皇朝经世文续编》卷42,户政19,盐课1。
1827	1160—1200	近年各省商货未能流通,来者日少,银价增长,然每银一两亦不过值钱一千一百六七十文至二百文不等。	江苏	朱批奏折,档号:04-01-35-1362-008。
1828	1339	银一两合制钱一千三百三十九文。	直隶	严中平:《中国近代经济史统计资料选辑》,第37页。
1828	1280—1300	自上年秋冬至今,各省商贾俱系汇票往来,并无现银运到。因此,银价顿长,钱价愈贱,竟至每银一两易制钱一千二百八九十文至三百余文不等。	江苏	朱批奏折,档号:04-01-35-1362-008。
1828	1280	据长洲、元和、吴县赴司另银九万两,按照时价每两易钱一千二百八十文,计易钱一十一万五千二百串。	江苏	朱批奏折,档号:04-01-01-0797-037。
1828	1360—1370	现在每市平纹银一两易制钱一千三百六七十文不等。	河南	朱批奏折,档号:04-01-35-0362-017。

续表

年份	银钱比价	原始资料	地区	资料来源
1828		该县钱粮每两向折京钱三千四百文,本年三月间,知县又欲每两加二百文。有乡间百姓进署恳求照旧完纳,该县痛加杖责。	山东	《皇朝续文献通考》卷2,田赋考2,田赋之制。
1828	1300—1350	宁海州每银一两折收京钱四千二百;诸城县每银一两折收京钱四千二百六十;本年黄县以加增钱粮滋事,则借银价昂贵为辞。……年来通省银价,库平一两值京钱二千六七百文不等。时盈时绌,无甚悬殊。	山东	《清宣宗实录》卷163,道光八年十二月癸未。
1829	160	其余各城均系按成分别支给,每银一两,均折普尔钱一百六十文。	新疆	《清宣宗实录》卷149,道光八年十二月癸巳。
1828	1200—1300	道光八九年间,帮费虽大,而银价尚未大长,每两兑钱千二三百;洋钱每元兑钱九百零。	江苏	魏源:《上江苏巡抚陆公论海漕书》,盛康编:《皇朝经世文续编》卷49,户政21,漕运下,第37页。
1829	1400	朕闻河南本年银价,大钱一千四百有奇。地方官征收钱粮,如新郑、禹州、许州、灵宝等州县每两竟折大钱两千及两千三百文,较之去年各加二百文之多。	河南	《清宣宗实录》卷163,道光九年十二月丁丑。

续表

年份	银钱比价	原始资料	地区	资料来源
1829	1400	每银一两易钱一千四百文。	京师	《清宣宗实录》卷163，道光九年十二月丁丑。
1829	1379	银一两合制钱一千三百七十九文。	直隶	严中平：《中国近代经济史统计资料选辑》，第37页。
1829	1349	自上年冬由司照拨银两，陆续易换，计已换银十万两，易钱一十三万四千九百四十余千。	河南	录副奏折，档号：03－3366－005。
1830	1350	黄县征收钱粮，向来每两折京钱三千四百文。李肇敏因银价昂贵，每两加钱二百文……现在山东银价，约京钱二千七百文，照黄县所折银数，已多收钱六百余文。	山东	《清宣宗实录》卷164，道光十年正月乙卯。
1830	1364	银一两合制钱一千三百六十四文。	直隶	严中平：《中国近代经济史统计资料选辑》，第37页。
1830	1350	现在每银一两换钱一千三百五十余文。	福建	录副奏折，档号：03－9497－068。
1831	1370—1400	陕省银钱价值每两易钱九百余文以内。	陕西	录副奏折，档号：03－9497－084。
1831	1388	银一两合制钱一千三百八十八文。	直隶	严中平：《中国近代经济史统计资料选辑》，第37页。

续表

年份	银钱比价	原始资料	地区	资料来源
1831	1250	经署理吉林将军印务原任大学士富俊奏准,以新城局所收大租钱文按二吊五百市钱合银一两搭放。彼因市集银价每两合换市钱不过二吊四五百文,官兵应领俸饷均以成数折钱搭放。	吉林	录副奏折,档号:03 -9500 -015。
1831	1350	近时每银一两易制钱一千三百数十文。计领饷钱一千,仅合市价银七钱五六分。	直隶	朱批奏折,档号:04-01-35-1363-027。
1831	1300	每银一两合市价一千三百文。	山西	《中国近代货币史资料》第一辑,上册,第79页。
1831	1400	现在每银一两易钱多至一千四百余文。	陕西	录副奏折,档号:03 -9497 -084。
1832	1387	银一两合制钱一千三百八十七文。	直隶	严中平:《中国近代经济史统计资料选辑》,第37页。
1833	1362	银一两合制钱一千三百六十二文。	直隶	严中平:《中国近代经济史统计资料选辑》,第37页。
1834	1356	银一两合制钱一千三百五十六文。	直隶	严中平:《中国近代经济史统计资料选辑》,第37页。

续表

年份	银钱比价	原始资料	地区	资料来源
1835	1400—1500	道光十五年前,银价一千四五百文。	京师	汤成烈:《治赋篇四》,盛康编:《皇朝经世文续编》卷34,户政6,赋役1,第9页。
1835	1420	银一两合制钱一千四百二十文。	直隶	严中平:《中国近代经济史统计资料选辑》,第37页。
1835	1000	市换钱价每银七钱有零易钱一千文。	湖北	录副奏折,档号:03-9501-027。
1836	1400	银一两合制钱一千四百文。	直隶	严中平:《中国近代经济史统计资料选辑》,第37页。
1837	1487	银一两合制钱一千四百八十七文。	直隶	严中平:《中国近代经济史统计资料选辑》,第37页。
1837	1500—1600	近年市肆制钱壅滞,未能流通,以致钱价日贱,每库平银一两易制钱一千五六百文不等。	四川	录副奏折,档号:03-9499-016。
1837	1500—1600	今日畿辅一带及各省地方,每市平银一两易制钱一千五六百文不等,实为数十年来未有之事。	直隶 河南	录副奏折,档号:03-9499-017。
1838	1600—1700	近年银价日昂,纹银一两易制钱一串六七百文。	京师	《清宣宗实录》卷310,道光十八年五月丁未。

续表

年份	银钱比价	原始资料	地区	资料来源
1838	1429	道光十八年，因钱价过贱，每钱一千仅合市纹银七钱。	湖南	录副奏折，档号：03－9501－028。
1838	1500—1600	银一两合制钱一千五百六十文。	直隶	严中平：《中国近代经济史统计资料选辑》，第37页。
1838	1600	近年银价递增，每银一两易制钱一千六百有奇，非耗银于内地，实漏银于外夷。	京师	《清宣宗实录》卷309，道光十八年闰四月辛巳。
1838	1500	今银一两值制钱一千五百文，非银不足，何以至此。	各省	录副奏折，档号：03－9499－018。
1838	1600	各省银价每两大抵为一千六百文上下。	全国	《筹办夷务始末》（道光朝）卷1，第2页。
1838	1429	每银七钱易制钱一千。	贵州	录副奏折，档号：03－9501－034。
1838	1429	今则纹银七钱易钱一千。	广西	录副奏折，档号：03－9499－070。
1838	1600—1700	何以纹银一两易制钱一串六七百文之多。	盛京	录副奏折，档号：03－9490－044。
1839	1637	银一两合制钱一千六百三十七文。	直隶	严中平：《中国近代经济史统计资料选辑》，第37页。

续表

年份	银钱比价	原始资料	地区	资料来源
1839	1630	本年五月，江西省城银价长至制钱一千，兑库纹六钱一分，是银每两为钱一千六百三十文。	江西	包世臣:《银荒小补说》，道光十九年六月六日，盛康编:《皇朝经世文续编》卷58，户政30，钱币上，第19页。
1839	1900—1950	近年以来，银价每两渐次长至三吊八九百文，所有街市布棉等项物价俱随银行增长。	吉林	录副奏折，档号:03－9500－015。
1839	1400—1500	浙省近年银价每两易钱一千四五百文不等。	浙江	朱批奏折，档号:04－01－35－1366－046。
1840	1750—1800	乾隆嘉庆年间，每年交地基银，自十两至三十两不等，每两折京钱一千七八百文……今则每两易京钱三千五六百文。	蒙古喀喇沁	《清宣宗实录》卷334，道光二十年五月丙申。
1840	1600—1700	银一两合制钱一千六百七十八文。	直隶	严中平:《中国近代经济史统计资料选辑》，第37页。
1840	1600—1570	上年冬间，商贾用银较多，骤长至一千六百文。幸为日不久，旋即减落。本年二月以后，又渐长至一千五百七十文，迄今未见减贱。	浙江	朱批奏折，档号:04－01－35－1366－046。

续表

年份	银钱比价	原始资料	地区	资料来源
1840	1300	即以道光二十年论,都中银价每两换制钱一千三百文。	京师	录副奏折,档号:03-9507-060。
1841	1643	银一两合制钱一千六百四十三文。	直隶	严中平:《中国近代经济史统计资料选辑》,第37页。
1841	1667—1724	每钱千文易银五钱八九分至六钱不等。	江西	录副奏折,档号:03-9501-020。
1842	1470	银一两合制钱一千四百七十文。	直隶	严中平:《中国近代经济史统计资料选辑》,第37页。
1842	1612	今则每钱一千文只能易银六钱一二分不等。	湖北	录副奏折,档号:03-9501-027。
1842	1470—1480	现在市价每银一两易大制钱一千四百七八十文,较之十年间停止鼓铸时,每银一两易大制钱一千三百数十文,钱价更轻。	直隶	录副奏折,档号:03-9501-022。
1842	1480	此刻省城市价每银一两换制钱一千四百八十文。	陕西	录副奏折,档号:03-9501-0029。
1842	1590	现在省城市价每库平纹银一两换钱一千五百九十文,外府钱价约略相等。	福建	录副奏折,档号:03-9501-030。
1842	1587	每银六钱三分即可换制钱一千。	贵州	录副奏折,档号:03-9501-034。

续表

年份	银钱比价	原始资料	地区	资料来源
1842	1429 以上	道光十八年停铸局钱以后,迄今四载,每钱一千止合市纹银七钱以内。	湖南	录副奏折,档号:03 - 9501 - 028。
1843	1656	银一两合制钱一千六百五十六文。	直隶	严中平:《中国近代经济史统计资料选辑》,第37页。
1843	1500—1600	时价则纹银一两合制钱一千五六百文不等。	浙江	录副奏折,档号:03 - 9502 - 029。
1843	1540	现在银价,每两易钱一千五百四五十文,比前更为增昂。	山西	录副奏折,档号:03 - 9502 - 006。
1843	1620	每银一两易钱一千六百二十文。	江苏	《中国近代货币史资料》第一辑,上册,第79页。
1843	1667	现在市价每钱千文易市平银六钱三分,合之库平,不过六钱。	湖北	录副奏折,档号:03 - 9502 - 026。
1843	1600 以上	道光二十年及二十一年,每银一两不过换钱一千三百文及一千四百八十余文……今则每两换钱一千六百数十文。	陕西	录副奏折,档号:03 - 9502 - 009。
1844	1700	现在市价每两易钱一千七百数十文不等。	福建	录副奏折,档号:03 - 4180 - 066。
1844	1725	银一两合制钱一千七百二十五文。	直隶	严中平:《中国近代经济史统计资料选辑》,第37页。

续表

年份	银钱比价	原始资料	地区	资料来源
1844	1630	本年五月,江西省城银价长至制钱一千兑库纹六钱一分,是银每两为钱一千六百三十余文。	江西	包世臣:《安吴四种》卷26,第15页。
1845	2000 2200—2300	窃维银价之昂,未有甚于今日者,京中纹银每两易钱几及二千文外,省则每两易制钱二千二三百文不等。	京师 各省	刘良驹:《请饬定银钱划一章程疏》,道光二十五年,盛康编:《皇朝经世文续编》卷58,户政30,钱币上,第31页。
1845	2025	银一两合制钱二千零二十五文。	直隶	严中平:《中国近代经济史统计资料选辑》,第37页。
1845	2000 2200—2300	京中纹银每两易制钱几及二千文,外省则每两易制钱二千二三百文不等。	京师 外省	录副奏折,档号:03-3385-075。
1846	2230 1980	查直、豫两省各州县报到本年十月份银钱价值,内钱数最多者,河南商水县,每两二千二百三十文;钱数最少者,直隶高邑县,每两一千九百八十文。	河南 直隶	录副奏折,档号:03-3260-030。
1846	1900	如现在时价换一千九百有奇,部改为一千八百,则耳目不至乎大骇,而官民皆得以相安。	京师	曾国藩:《奏为贵钱贱银以平银价疏》,《皇朝经世文四编》卷21,户政,屯垦,第7页。

续表

年份	银钱比价	原始资料	地区	资料来源
1846	2208	银一两合制钱二千二百零八文。	直隶	严中平:《中国近代经济史统计资料选辑》,第37页。
1846	1800—1200	本年七月内臣甫到西安省城,每纹银一两可换制钱一千八百余文,迨至九十月间,每两仅换钱一千二三百文不等,较前两月顿减钱五百余文之多。	陕西	林则徐:《遵议御史刘良驹条奏银钱划一章程请仍循旧章办理折》,录副奏折,档号:03-9503-046。
1846	1600	银价每两换钱一千六百文有零。	广西	录副奏折,档号:03-9503-020。
1846	1600	其时,中牟大坝甫经合拢,援照大工之案,以钱一千六百文作银一两。	河南	录副奏折,档号:03-9341-027。
1847	2167	银一两合制钱二千一百六十七文。	直隶	严中平:《中国近代经济史统计资料选辑》,第37页。
1847	2400	我县地丁每两征民间制钱二千四百文。近年银价太高,加以解库平色各费,官无平余。	浙江	《镜湖自撰年谱》,道光二十七年。
1848	2300	银一两合制钱二千三百文。	直隶	严中平:《中国近代经济史统计资料选辑》,第37页。
1849	2354	银一两合制钱二千三百五十四文。	直隶	严中平:《中国近代经济史统计资料选辑》,第37页。

续表

年份	银钱比价	原始资料	地区	资料来源
1850	2230	银一两合制钱二千二百三十文。	直隶	严中平:《中国近代经济史统计资料选辑》,第37页。
1851	1500—1600	惟向来兴举大工,往往银价骤落,钱价骤长。属瘠贫之所,钱店资本无多,加以转运艰难,现钱甚少。目下每银一两仅易制钱一千五六百文。	江苏	录副奏折,档号:03-4463-016。
1852	2000	昔日两银换钱一千,则石米得银三两,今日两银换钱二千,则石米仅得银一两五钱。	江苏	礼部侍郎曾国藩:《奏为备陈民间疾苦事》,咸丰元年十二月十八日,录副奏折,档号:03-4185-009。
1853	2000	咸丰三年,粤匪窜陷金陵,长江梗塞,不得已改收折色,定为每石一两三钱,当时银价每两换钱二千余文,米价每石不过一千余文,故一两三钱,民犹病其重也。	江苏	曾国藩:《遵议筹运京仓疏》,同治二年,盛康编:《皇朝经世文续编》卷48,户政20,漕运中。
1853	1700—1800	近年银价固属昂贵,然系由渐而长,每两纹银不过合京钱四吊文,为日已久,军民相安。惟自二月十五日,关闭钱铺不下百余处之后,每两只合京钱三吊三四百文。现时每两换京钱四吊三四五六百文不等。	京师	录副奏折,档号:03-9506-059。

续表

年份	银钱比价	原始资料	地区	资料来源
1853	2300 2600—2700	现在都中已至二千三百文,外省有至二千六七百文者。	京师 外省	录副奏折,档号:03－9507－060。
1853	2000	每银一两折给钱文二千文。	河南	朱批奏折,档号:04－01－01－0861－092。

从表7-1可以看出,此次银价增昂是从1805年开始的,到1820年道光皇帝登基时并未止步,历经道光朝,到1853年达到高峰,历时四十八年。就其银价波动的情况来看,大致可以分为三个阶段:第一阶段,自1805年到1827年,在这二十二年间,银价上涨到每两兑换制钱1300文的水平,与乾嘉之际的银价水平相当,并稳定下来〔1〕;第二阶段,自1828年开始,到1844年,银价每两上涨至1600—1700文;第三阶段,银价自1845年开始扶摇直上,到1853年达到高峰,这一时期,银价普遍达到2300—2400文,或2600—2700文〔2〕,使人惊诧不已〔3〕。

关于这一时期"银贵钱贱"的原因,当时的人们曾经有过种种猜测:有的从白银的数量来思考问题,大致有两种意见:一是认为"洋钱"在中国广泛流通,纹银被套购出境,白银数量减少,导致"银贵而钱贱";二是鸦片大量走私,白银大量外流,银贵而钱贱。

有的着重从制钱的角度思考问题,也有两种意见:一是"钱票夺取制钱地位",钱价因而下跌说,即认为钱票代替制钱加入流通,使制钱的数量有所增加,钱多则价跌,银价相对上涨,推原其故,由于"奸商"使用

〔1〕 严中平:《中国近代经济史统计资料选辑》,第37页。席裕福、沈师徐编:《皇朝政典类纂》卷64,第19页。

〔2〕 《工科掌印给事中汪元方奏为银贵钱贱农民以银课税不堪重赋请酌变银价事》,咸丰三年十一月十六日,录副奏折,档号:03－9507－060。

〔3〕 关于咸丰朝的银钱比价波动情况及其成因,详见拙著《论太平天国时期银价下落问题》,《近代史研究》1987年第6期。

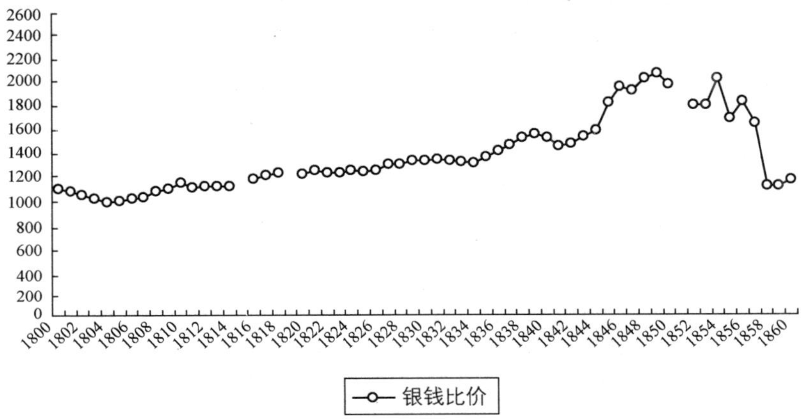

图 7-1　资料来源：此表数据根据附表 12 制作。摘录的重点地区是京师和江南，如果当年没有这两个地方的银钱比价资料，就摘取与其邻近省区的数据。所以，这些数据主要来自京师、江南、直隶、山东、河南、山西、浙江、安徽、江西、湖北和湖南。

钱票[1]；二是制钱减重说，即认定制钱减小，质量变劣，可以说明“银贵钱贱”。

有的从人口增加角度思考问题，即人口越来越多，费用越来越大，“钱由官铸，岁岁而增之，银不能给也。”[2]这是人口增长导致白银价格昂贵说；还有重银轻钱说，即“历代所铸之钱流行宇内，然自小民日用之外，殆无用钱之处，此制钱所以日轻也。部司库藏皆以银为出入，此纹银所以日重也”，银价日益上涨[3]。真是众说纷纭，莫衷一是。

目前为史学家所肯定的只有两种：一是鸦片大量偷漏白银，国内白银

---

〔1〕 席裕福、沈师徐编：《皇朝政典类纂》卷 60，钱币 3，第 15 页。

〔2〕 文庆等纂：《筹办夷务始末》（道光朝）卷 3，中华书局，1964 年，第 24 页。

〔3〕 席裕福、沈师徐编：《皇朝政典类纂》卷 61，钱币 4，第 5 页。

绝对数量减少,银少则贵;二是铜制钱减重导致钱值下跌,银价相对增昂,“铜钱本身的贬值完全说明了铜钱交换价值的损失的原因”。这两种观点,虽各有一定道理,但并不能完全揭示嘉道年间“银贵钱贱”的真正奥秘。

二　洋钱与“银贵钱贱”

针对“银贵钱贱”不可扭转的趋势,有人开始认识到“银贵钱贱”不单单是钱多的问题,也有银少的问题。1814 年,户部左侍郎苏楞额首次提出“白银外流说”。他说:“近年以来,夷商贿通洋行商人藉护回夷兵盘费为名,每名将内地足色银两私运出洋,复将低潮洋钱运进,任意欺蒙商贾,以致内地银两渐形短绌。”[1]

1822 年,御史黄中模指出,近来各省市肆银价愈昂,钱价愈贱。臣细加采访,实因广东洋面偷漏依然如故,以致内地银两减少。“广东民间喜用洋钱,其风渐行于江浙等省,于是洋商私用纹银收买洋钱,与江浙茶客交易,作价反高于纹银。其洋船出口,虽经两广总督设有员弁巡查,无如查弊之人即作弊之人,率皆贪得陋规,私行纵放。广东省城多布奸徒,与海口员弁素相交流,包送货船出洋,是以肆无忌惮。此在洋商自以为得计,殊不知洋钱熔化仅得七八成低银,洋商与夷人兑换,则皆十足纹银,而作价反低于洋钱,暗中亏折殊甚”。[2]

1829 年,御史章沅也提出类似看法,他认为“银贵钱贱”由于银少,银少由于“洋钱”私易白银出洋。“洋人赋性狡黠,纯用机心,卖

〔1〕 王先谦:《东华续录》,嘉庆朝二十七,第 3 页。

〔2〕 《掌贵州道监察御史黄中模奏为广东等地银两偷漏出洋请饬广东督抚及各省关一体严密查拿等事》,道光二年二月十二日,录副奏折,档号:03 - 9495 - 031。

物则必索官银、制钱，买物则概用番银。夷钱银低钱薄，仅当内地银钱之十七，或仍以番银给还，则断不收纳。是以番银之行日广，官银之耗日多。”[1]再次请求道光皇帝谕令两广总督查处这一流弊。为此，道光皇帝发布上谕，要求各海口查禁分销。“朕闻外夷洋钱有大髻、小髻、蓬头、蝙蝠、双柱、马剑诸名，在内地行使，不以买货，专以买银，暗中消耗，每一元抵换内地纹银，计折耗二三分，自闽广、江西、浙江、江苏，渐至黄河以南。各省洋钱盛行，凡完纳钱粮及商贾交易，无一不用洋钱。番舶以贩货为名，专带洋钱，至各省海口收买纹银，致内地银两日少，洋钱日多。近年银价日昂，未必不由于此。若不究明弊源，严行查禁。不特徒滋纷扰，转使作奸犯科之辈无所顾忌”。[2]这种观点较之此前单从制钱质量或者重量解释银钱比价的涨落显然进了一步。

历史进入乾嘉时期，我国的商品经济有了明显的发展，作为流通手段和支付手段的纹银已不能满足资本周转迅速的要求。因为每块白银没有统一的规格，重量成色各异，每次支付都需要经过鉴别成色和权衡轻重的复杂手续。这种繁难的支付方法很不利于商业活动，中国商品市场上这时急需一种成色重量和规格一定的银币。正当此时，由于中外贸易的发展，洋钱以其取携便而无事称量大量出现在中国商品市场上，受到了人们的欢迎。“自粤贩愈通愈广，民间用洋钱之处转比用银为多”；[3]“洋钱一项，江苏商贾辐辏，行使最多”；[4]“江浙盛行外洋银钱”；[5]洋钱在“两广、楚汉、江浙、闽省畅行无忌……内地银两反觉难于转运”。[6]洋

---

〔1〕 刘锦藻编：《清朝续文献通考》卷19，钱币1，第7692页。

〔2〕 同上。

〔3〕 《两江总督陶澍、江苏巡抚林则徐奏折》，道光十三年四月初六日，《林文忠公（则徐）政书》甲集，江苏奏稿卷2，上海：商务印书馆，1935年，第16页。

〔4〕 中国人民银行总行参事室金融组编：《中国近代货币史资料》第一辑，上册，第14页。

〔5〕 同上书，第13页。

〔6〕 王彦威、王亮编：《清朝外交史料》，嘉庆朝四，第17页。

钱由南而北,自广东、福建、江西、浙江、江苏渐至黄河以南各省。[1]1799年查抄和珅的家产,其中有外国银元58000元。由此可以想见,洋钱也大量流到了北京。在这些地区里,洋钱在交易中广泛使用,而且还用于捐款、交纳地丁税和漕银。[2]例如,乾隆年间的广东孝寺捐款碑和道光二年广东南海神庙捐款碑上都刻着各家各户捐赠洋钱的数量。"民间用洋钱之处转比用银为多"。[3]

就贸易来说,一个国家在世界上的地位,无论哪一方面都同一个城市在一个国家的地位,或者一个家庭在一个城市中的地位一样。在商业交往中,金银与其他商品毫无区别,人们从金银多的人手中,拿来转

---

〔1〕 江苏省广泛使用洋钱的情况,从1823年太仓的一份捐助名单中可以了解大概。道光三年,淫雨浃旬,苏松大水,娄东平地水深数尺,灾黎嗷嗷待哺。官方倡导捐赈,绅士积极响应。太仓州捐钱捐银如下:钱风孙共捐钱三百三十千九百文。在城汪天和、贝春和、汪大晟、洪怡泰四典共捐洋钱一千六百元。直塘双凤洪悦来、顾中和两典共捐银五百元。沙溪吴长生、陶南隆、陶庆隆三典共捐洋钱三百元。盐公堂捐洋钱二百二十元。钱应兰捐洋钱三百元。龚润捐洋钱一百四十元。孙九成捐洋钱一百二十元。萧勤侯捐洋钱八十元。顾昌绪捐洋钱六十元。王殿文捐洋钱六十元。汪之槐捐洋钱五十元。陈圣和捐洋钱五十元。张润捐洋钱四十元。沈程万捐洋钱四十元。曹元燮捐洋钱四十元。徐半野捐洋钱四十元。罗建章捐洋钱三十六元。童显忠、杨赞先、胡琢堂、陶逵吉、李鸣盛、邓晋阶各捐洋钱三十元。曹济川捐洋钱二十六元。杨元贞、赵芳蓴、曹济若、严振彩、顾彦臣、徐商伯、杨正林、包钜才、乔麟瑞、陆饴燕、钱镛、顾德佩、顾亮揆、范丕臣、陆起韶、黄恂如、曹志周各捐洋钱二十元。钱炳臣、杨景之、王介惠、黄方为、朱起元、周景臣各捐洋钱十六元。周云臣捐洋钱十五元。龚文虎、周辅臣、胡荆良、周显臣各捐洋钱十二元。陆伦一、陆士达、陆厚重、李奕傅、胡侣章、凌杨武、王中孚、杨肇基、王凤冈、朱汉珍、龚见三、顾元钟、顾士昌、顾毓松、龚万千、王秀卿、朱绮石、王宪卿、支昌谟、顾本立、吴应麟、张潮宗、张招大、张振采、张鼎和、龚国栋各捐洋钱十元。孙驭明、朱余周各捐洋钱十一元。陶其木、沈万荣、胡鲁深各捐洋钱八元。沈占云、沈揆谐各捐洋钱七元。蔡楚珍、龚锦文各捐洋钱六元。陆遵泰、高炳文、陆承诰、张维则各捐洋钱五元。"以上共捐钱三百三十千九百文,又捐洋钱四千七百三十三元,合足钱四千一百一十七千六百二十文。"(《娄东荒政汇编》,李文海、夏明方主编:《中国荒政全书》第二辑第三卷,北京古籍出版社,2004年,第641—642页。)

〔2〕 中国人民银行总行参事室金融史料组编:《中国近代货币史资料》第一辑,上册,第7页。

〔3〕 赵靖、易梦虹编:《中国近代经济思想资料选辑》上册,中华书局1982年版,第75页。

交给出售货物的人手中。金银流向出售货物较多的国家,是正常的现象。[1]外国银元流入中国始于明清之际,是由西班牙、葡萄牙商人携带而来的。乾嘉时期,在中国流通的外国银元有西班牙的"本洋",荷兰的"马钱"(又名"马剑"),西欧的"十字钱"和美国的银元。[2]"马钱"、"十字钱"和美国的银元流通的数量和范围都很有限,只有"本洋"流通最广,数量最大。"本洋"的产地是西班牙殖民地——墨西哥,铸于1535—1821年间,原定成色为937/1000,后来降低到902/1000;在中国流通的有大、中、小三等,大的约重七钱二分,中的是半元三钱六分,小的一钱八分。三等之中,又以大的为主。"洋钱"与纹银相比,因其使用简便,"价虽浮而人乐用"[3]。那么,"洋钱"与纹银之间的浮额究竟有多少?1814年户部左侍郎苏楞额上奏说,夷商用"洋钱"换取纹银,"洋钱重七钱三分五厘",由于在江、浙、闽畅行无阻,价值每元提高七八分,此说不确。当时粤督蒋攸铦复奏:洋钱折算纹银,每元按七钱二分计算,而洋钱成色合足纹总有九成,可见纹银与洋钱折换并不吃亏,此说也不确。[4]

《中国和勇敢的新世界》的作者作了精确的分析,由于当时中国没有精确手段确定洋钱的纯度,因此往往估计过高。在广州的兑换率是这样的:"一百块旧西班牙银元,相当于七十四两银锭;一百块新西班牙银元,相当于七十二两银锭。而银锭的纯度一般是94%,旧西班牙银元的纯度只有90%,加上西班牙银元重量不足,因此一百块旧西班牙银元有纯银41600谷(grains),而七十四两标准银锭则有42120谷,比西班牙银币多

---

〔1〕 事实上,美洲白银几乎无所不在。从波士顿到哈瓦那,从塞维利亚到安特卫普,从摩尔曼斯克到亚历山大港,从君士坦丁堡到科罗曼德尔,从澳门到广州,从长崎到马尼拉,商人们都使用西班牙比索或里亚尔作为标准的交换媒介;这些商人甚至对千里之外的波托西、利马、墨西哥以及印度群岛某些地方铸造的银币的纯度都了如指掌。

〔2〕 刘锦藻编:《清朝续文献通考》卷16,钱币4,第5002页。

〔3〕 中国人民银行总行参事室金融史料组编:《中国近代货币资料》第一辑,上册,第15页。

〔4〕 王彦威、王亮编:《清代外交史料》,嘉庆朝四,第16—18页。

520 谷，或者说多 1.25%。"[1]"洋钱"本身的价值加上铸币的工本费用和社会供求关系较为紧张，与银块之间的比价存在着少量的浮额，这就为一些外国奸商留下了钻营的机会。例如，道光年间，就有人利用西班牙加罗拉四世币的比价浮额发了一笔小财。这在金属货币时代的各国都是司空见惯的事情，毋庸奇怪。

"洋钱"在中国如此盛行，兑换又有浮额，并且发现有人进行投机活动，自然引起清朝理财家的重视。嘉道年间，清廷为此下达了许多命令和订立了严格的章程，禁止白银出洋，禁止"洋钱"偷易白银；甚至规定中外贸易"止准以货易货"；还规定外国商人在华贸易"不准以洋银易货"。[2]以为如此便可以使"洋银当塞其来路，使之日少，其用可不禁而自绌；纹银当断其去路，使之日多，其价可不减而自平"。[3]其实，他们并未真正找到"银贵钱贱"的根本原因，有关措施也不可能奏效。试图把对外贸易调整到以货易货的原始阶段，从一个侧面流露出闭关保守主义的思想倾向。

诚然，"洋钱"在中国商品市场上大量流通，必然影响中国的银钱制度，私易白银出洋也会影响银钱比价。但它不可能是乾嘉时期银价上涨的主要原因。因为，"货币一越出国内流通领域，便失去了在这一领域内获得的铸币、辅币、价格标准和价值符号等地方形式，又恢复原来的条块的形式"[4]。"洋钱"进入中国也必然脱掉其民族服装，还原为条块形态，经过检验成色，权衡轻重，才能按照它的实际含量进入中国流通之渠，中国所实行的银两制度对"洋钱"在中国流通也要起限制作用。再从商人所具有的那种"计及锱铢"的心理看，他们也不会盲目地接受外国的银

---

[1] 谭中：《中国和勇敢的新世界》(Tan Chung, *China and the Brave New World*)，第 172—173 页。

[2] 中国人民银行总行参事室金融史料组编：《中国近代货币史资料》第一辑，上册，第 1—20 页。

[3] 《浙江巡抚富呢扬阿奏为遵旨体察钱贱银贵情形筹议便民除弊各事据实覆奏事》，道光十三年五月二十日，录副奏折，档号：03－9498－020。

[4] 【德】马克思著，中央编译局编译：《资本论》第 1 卷，第 123 页。

币,使“夷人独逞其诈,内地甘受其欺”。[1]有些“洋钱”在中国市场上之所以无法流通,而被中国商人熔成条块使用,就在于其本身成色和规格不稳定。例如,对于早期流入的西班牙银元,“闽广各省,必锥烂用之”。而对于西班牙新铸的银元,“江浙商民乐其便易,市井贸易,惟此信行。”[2]因此,我认为两广总督李鸿宾的说法接近史实。1830年,李鸿宾对“洋钱”在中国流通情况调查后说:“其偷换纹银,不过纸包布裹,夹入他货之内,零星收取,以冀积而成多。若专载洋钱收买纹银,则为数甚巨,势难掩人耳目,岂非自寻败露!至内地商贾贸易,洋钱与纹银价各不同,皆按色扣算。”[3]这是说,洋钱与纹银发生兑换关系时,价格不同,皆按成色和重量兑换;有人利用比价差额进行投机活动,但并不严重。由此可以想见,“洋钱”偷易白银的情况不会很严重,不可能严重影响银钱之间的比价。

关于金银铸币在市场上增加的价值,西班牙银元是一个相当典型的例证。当北美合众国决定铸造银币时,它满足于把西班牙银元简单地打上本国的印记,而对于它的成色和重量基本不动,以为这样的银元就可以顺利进入中国的市场。但是在中国,一百个美元买不到一百个西班牙银元的东西。美国政府规定,一切运往中国的硬币应当是本国铸造的银元,指望用这种方法使出口商选择自己国家的产品,但是并不成功。有人对此进行了深入分析,明确回答说,关键的问题是,“一金衡磅的西班牙银元含纯银十盎司十五本尼威特(合二十分之一盎司),而一金衡磅的美国银元则合纯银十盎司十四本尼威特又五格令。”[4]本来,西班牙政府可以利用市场的这种铸币利润,有人为此建议大量输出银元,“可是,它却

---

[1] 中国人民银行总行参事室金融史料组编:《中国近代货币史资料》第一辑,上册,第4页。

[2] 周腾虎:《铸银钱说》,刘锦藻编:《清朝续文献通考》卷20,钱币2,第7700页。

[3] 中国人民银行总行参事室金融史料组编:《中国近代货币史资料》第一辑,上册,第7页。

[4] 【法】莎伊著,陈福生、陈华驿译:《政治经济学概论》,北京:商务印书馆,1997年,第258页。

认为应当禁止这项有利的贸易。"[1]因为,铸币利益毕竟是有限的。把金银块铸成货币形式,多多少少可以增加其价值,而增加价值的大小和社会从铸币所得到的便利呈反比例关系。由于独占铸币权利,合法的铸币机关可以获取相当的铸币利润,不过,国家机关在履行铸币的职能时,不可企求利润的进一步扩大。市场的供求关系将限制这种对于利润的追求欲望。尤其是金银这类铸币,在进入国际交流渠道时,将再度以金银的条块形式出现,不管它是以铸币化成条块,还是以金银重量来评价,它都要失去民族性格,不复是价值符号,而是一定数量的金银条块。因此在最发达的国际交易中,又出现了金银,完全像在原始的物物交易形式一样。

至于说"洋钱"为什么大量出现在中国商品市场上,道理很简单,那是中国对外贸易长期处于出超地位所形成的。[2]据彭信威估计:"自康熙二十年(1681)到道光十三年(1833)那一百五十三年中,输入中国的银币和银块纯额有七千多万两,合银元约一亿。"[3]这个巨大的数目足以说明"洋钱"是怎样流入中国的。

总之,清朝理财家们根据"洋钱"在中国广泛流通和纹银之比的浮额,推断"洋钱"是"银贵钱贱"的根本原因,是不正确的。史实也证明,由于判断的失误,清廷为此所进行的努力也归于失败。19 世纪 30 年代,人们目睹鸦片泛滥成灾,银钱比价飞速上涨,便放弃了这个观点。虽然如此,它作为影响银钱比价的因素还是存在的。我们不否认洋钱对于中国银两制度的冲击,但不赞成把银钱比价的上涨归之于银元在中国的大量流通。

---

[1] 【法】莎伊著,陈福生、陈华驿译:《政治经济学概论》,第 258 页。

[2] 中国贸易造成的金融后果是,中国凭借着在丝绸、瓷器等方面无与匹敌的制造业和出口,与任何国家进行贸易都是顺差。因此,正如印度总是短缺白银,中国则是最重要的白银净进口国,用进口美洲白银来满足它的通货需求。美洲白银或者通过欧洲、西亚、印度、东南亚输入中国,或者用从阿卡普尔科出发的马尼拉大帆船直接运往中国。中国也从日本获得大量的银和铜,通过中亚的内陆贸易获得一些银和铜(见第三章)。中国既进口黄金,也出口黄金,这取决于黄金、白银之间比价的变动情况。总体上看,在许多世纪里,白银是向东流动(除了从日本向西流动和从阿卡普尔科通过马尼拉向西流动外),黄金是通过陆上和海上向西流动。有些向东流动的黄金也流向欧洲。

[3] 彭信威:《中国货币史》,上海人民出版社,1958 年,第 782 页。

三　鸦片与“银贵钱贱”

鸦片走私，偷漏白银，造成“银贵钱贱”的观点，于嘉庆年间就有人提出：“惟买食鸦片，则其银皆归外夷，每年国家正供并盐关各课，不过四千万，而鸦片一项散银于外夷者，且倍差于正赋。夫银币周流不息，何以近来银价日高，市银日少？究厥漏卮，实由于此。”〔1〕这一观点在官方文书中正式提交出来是在1822年，御史黄中模说：“臣更闻迩来洋商与外夷勾通贩卖鸦片烟，海关利其重税，遂为隐忍不发，以致鸦片烟流传甚广，耗财伤命，莫此为甚。”〔2〕19世纪30年代，人们公认鸦片偷漏白银是“银贵钱贱”的主要原因。“夫货币流通只在天壤，何以今昔情形如此悬绝，臣愚以为纹银出洋及鸦片入关之禁不严，恐将来内地银两有日少而无日增也。”〔3〕“禁烟一物，贻害尤甚，骗银几何。闻广东海口每岁多出银至三千余万，福建、浙江、江苏各海口出银不下千万。天津海口出银亦二千余万。臣初闻骇异，以为断不至此。既而思之，今日食禁烟者无处不有，无论远省近省通都大邑、偏僻州县，降而至于乡曲小民，均有食者。此无怪耗银之日多也。此银一到外夷，永不与中国流通，又无怪银之日短也。”〔4〕

这种观点已为近代史专家充分肯定。外国史学家也认定，“只是由于英国人诉诸在印度专门为他们生产的鸦片，才在19世纪最终扭转了这种形势。”“中国经济只是在19世纪初才急剧失序。鸦片贸易及其引起的大量白银外流动摇了整个经济体系。这种衰败过程在鸦片战争和中国

〔1〕包世臣：《庚辰杂著二》，《安吴四种》卷26，咸丰元年白门小倦游阁刊。

〔2〕王彦威、王亮编纂：《清代外交史料》，道光朝一，故宫博物院1933年编印，第13页。

〔3〕《掌陕西道监察御史刘梦兰奏为京畿及各省地方银价过昂请严申海口一体严禁纹银出洋鸦片入关以平市价事》，道光十七年六月初二日，录副奏折，档号：03－9499－017。

〔4〕《掌浙江监察御史朱成烈奏为风俗奢侈及吸烟等弊日深以致银价昂贵请饬严禁纹银出口》，道光十七年六月，录副奏折，档号：03－9499－018。

‘崩溃’时达到顶峰。”[1]

笔者认为,鸦片偷漏白银是19世纪30年代“银贵钱贱”的重要原因之一,不是乾嘉时期“银贵钱贱”的唯一原因。因为,就整个中外贸易的白银流向看,鸦片偷漏的白银尚不足以导致本时期银价的大幅度上涨。

按照马克思的观点,1830年以后中国白银才开始出超,他说:“1830年以前,由于中国在贸易方面一直是出超的,所以白银不断地从印度、英国和美国输入中国。”[2]马士也持类似看法,他说:“在1818年到1830年期中,所知道的进口金银(主要是由美国船输入的)为数已达600万元,所知道的出口数额(全部是由英国船只运往印度的)约在400万元之谱;从1831年以后,这种趋势转变了,进口减到很小的数量,而只能增加运输金银的方法,才可以使贸易平衡。”[3]根据严中平等人的统计,中国对外合法贸易直到1833年仍保持着出超地位,从中扣除鸦片每年偷漏出去的白银数额,中国白银从1827年才开始由入超变为出超。详见表7-2。

表7-2　1770—1829年白银流出流入情况简表

(单位:银两)

年度	合法商品每年出口值 I	合法商品每年入口值 II	合法贸易出超 III = I - II	走私鸦片估计每年值 IV	白银流入流出情况 V = III - IV
1770—1774	4,362,676	2,094,336	2,268,340		2,268,340
1775—1779	4,752,989	1,995,913	2,730,076		2,730,076
1780—1784	5,008,263	1,994,617	3,013,646		3,013,646
1785—1789	8,454,720	4,489,527	3,965,193		3,965,193

〔1〕【德】贡德·弗兰克著,刘北成译:《白银资本:重视经济全球化中的东方》,北京:中央编译出版社,2011年,第258页。

〔2〕《马克思恩格斯论中国》,北京:人民出版社,1957年,第23页。

〔3〕【美】马士著,张汇文等译:《中华帝国对外关系史》第1卷,北京:商务印书馆,1963年,第230页。

续表

年度	合法商品每年出口值 I	合法商品每年入口值 II	合法贸易出超 III = I - II	走私鸦片估计每年值 IV	白银流入流出情况 V = III - IV
1790—1794	7,348,420	5,876,663	1,471,757		1,471,757
1795—1799	7,937,254	5,908,937	2,028,317		2,028,317
1800—1804	10,391,797	8,727,364	1,664,433	1,869,993	-205,560
1805—1806	11,168,783	12,348,319	-1,179,536	2,092,779	-3,272,315
1817—1818	11,910,183	10,449,605	1,460,578	3,008,520	-1,547,942
1818—1819	14,415,017	10,002,162	4,412,855	3,416,400	996,455
1819—1820	14,987,020	6,708,128	8,278,892	4,172,400	4,106,492
1820—1821	13,374,090	7,173,709	6,200,381	6,048,576	151,805
1821—1822	15,567,652	8,639,688	6,927,964	6,351,840	576,124
1822—1823	15,150,148	6,896,615	8,253,533	5,752,080	2,501,453
1823—1824	13,877,022	7,869,570	6,007,452	6,224,114	-216,662
1824—1825	15,422,345	9,182,859	6,239,486	5,707,800	531,686
1825—1826	16,707,521	9,710,322	6,997,199	5,477,904	1,519,295
1826—1827	13,734,706	10,284,627	3,450,079	6,957,216	-3,507,137
1827—1828	13,784,148	8,380,235	5,403,913	7,506,137	-2,102,224
1828—1829	13,901,480	8,805,107	5,096,373	9,899,280	-4,802,907

资料来源：1770—1806 年的进出口值，根据严中平等编《中国近代经济史统计资料选辑》第 4—5 页；缺少 1807—1816 年的统计数据。1817—1829 年的白银出入数根据《中国近代经济史统计资料选辑》第 36 页；1800 年前的鸦片贸易已计入合法商品入口值中；1800 年东印度公司正式宣布不再经营鸦片，鸦片偷漏白银应从这一年开始算起；1800—1807 年的鸦片值是根据姚薇元《鸦片战争史实考》所统计的鸦片箱数，按市价估算。

根据上表提供的数据，可以肯定，鸦片走私偷漏白银绝对不是1805年至1827年"银贵钱贱"的决定性因素。因为这一时期鸦片所偷漏的白银数量尽管在急剧增加，但还没有达到改变白银流向的程度。"银贵钱贱"是在白银继续流入中国情况下发生的，国内的白银绝对数量的增加与银价的相对增昂是相互矛盾的。

根据巴雷特的估算，从1600年到1800年，亚洲大陆至少吸收了经欧洲转手的美洲白银三万二千吨，经马尼拉转手的三千吨以及来自日本的大约一万吨。总数至少为四万五千吨。按照阿特曼的估算，欧洲转运到亚洲的白银的比例更高，那么，亚洲应该直接从欧洲获得五万二千吨白银，另外还有从大西洋转经波罗的海和利凡特而获得的白银以及从跨太平洋海运获得的白银。这些加起来，多达六万八千吨，占1500年到1800年有记载的世界白银产量的一半。亚洲（日本除外）也自产白银，尤其在小亚、波斯和中亚。其中也有一部分转移到中国。另外，云南和中国其他地区也自产一些白银。[1]因此，中国的白银存量是十分巨大的。从1827年开始的白银少量流出，不足以改变中国的白银流通数量。尤其是在1827年前，"银贵钱贱"的发生是伴随着白银大量流入的情况发生的。所以，我们说，鸦片偷漏白银出境无法揭示从1797年就开始的银价上涨原因，也不能说明乾嘉之际外国银币继续流向中国情况下所产生的"银贵钱贱"问题。

但这并不是说，鸦片偷漏白银与乾嘉时期的"银贵钱贱"毫无关系。因为鸦片偷漏白银毕竟使入口白银锐减，这同国内市场日益增大的对白银的需求发生了矛盾，从这个意义上讲，它也是导致"银贵钱贱"的诸因素之一。鸦片走私贸易日益严重，引起白银大量外流，白银在国内的绝对数量减少导致银贵而钱贱。这种观点早在嘉庆末年就已经有人提出。道光初年又有更多的人提出了类似的观点，他们痛斥鸦片在道德上和财政上对中国人的危害，"耗财伤命，莫此为甚"。[2]19世纪30年代，随着鸦

---

〔1〕【德】贡德·弗兰克著，刘北成译：《白银资本：重视全球视野下的东方》，第138页。

〔2〕《清代外交史料》，道光朝一，故宫博物院1933年编印，第13页。

片走私贸易的数量激增，烟毒蔓延全国，银价飞速上涨，人们公认鸦片偷漏白银，是“银贵钱贱”的主要原因。这种观点不仅在当时十分流行，即使到今天，仍为国内学者所充分肯定。现在的有关近代鸦片的著作与讲义无不坚持这种观点，在人们看来，它似乎已经成为无可怀疑的定论。事实上，恐怕问题并不如此简单。这里的关键问题不是白银是否外溢，而是白银外流是否一定引起银价的大幅度上涨。

（一）在白银内流的情况下，中国的白银价格屡次出现大幅度上涨。清朝对外合法贸易，在18—19世纪相当长的时间内，都处于顺超地位。根据严中平等人的统计，从中扣除鸦片走私偷漏的白银数额，大约在1827年，即道光七年，白银的流向才开始发生变化，由入超变为出超。[1]而在此以前，已经发生了三次“银贵钱贱”。

第一次“银贵钱贱”发生在清初，1644—1684年，一两白银可以换到1200文、1300文、1400文、1500文、2000文，有时高达2800文、3300文，最高时甚至达到8000文左右。

第二次“银贵钱贱”发生在康熙中期，1690—1705年，“每千市价三钱二三分”。

第三次“银贵钱贱”发生在乾隆中期，1771—1797年，每两纹银价格由八百文上涨至一千三百文。

由于这三次“银贵钱贱”都是发生在白银大量内流时期。在白银大量内流时期，可以发生“银贵钱贱”，足以说明，“银贵钱贱”的发生，与白银数量在国内的增减关系不甚密切。

（二）在白银外流的情况下，中国的白银价格屡次出现大幅度下跌，可以进一步证明白银外流，即国内白银绝对数量的减少，不是银价变化的决定因素。除了太平天国时期、光绪时期两次银价大幅度下跌，都发生在白银继续外流情况下之外，下面还有几个鲜明的例证，提醒我们对传统的观点进行深刻的反思。

第一，1841年8月2日，黄河在开封附近溃堤而出，大水很快包围了

〔1〕 严中平等编：《中国近代经济史统计资料选辑》，第36页。

开封城。在此以前,开封市的银价通常是“一千六七百文”。8月4日,也就是水围开封的第三天,开封城内“银价骤减,每两易一千文,复减至八九百文,较平时几减至大半,粮价腾贵,米面俱增一倍,蔬菜全无,城市几于罢市”。第六天,“银价愈降愈下,甚至每两只肯换钱六七百文,是银贱钱贵,较平时相去倍而又倍。以极难得之钱,买倍贵之物”,民生困窘异常。一个月后,开封府为解决制钱流通的困难,不得不专门设局强制征收制钱,试图缓解“银贱钱贵”的金融恐慌,整顿市场上的严重混乱。[1]这次局部地区的银价下跌就大的环境来说,是发生在白银外流时期;具体到开封来说,被水包围之后,白银不可能大量流入,制钱也不可能外溢。“银贱钱贵”,显然不是银多钱少造成的。实际上它与市场混乱,商品经济遭受破坏有着密切的关系。

第二,1846年8月,林则徐被调到陕西当巡抚。这位在鸦片战争时期,曾经认为当时的“银贵钱贱”是由于鸦片偷漏白银,力主严禁鸦片,积极领导抗英斗争的伟大爱国者,在到达西安三个月后,发现了一个令他不可思议的问题。他说:“本年七月内,臣甫到西安省城,每纹银一两可换制钱一千八百余文,迨至九十月间,每两仅换一千二三百文不等,较前两月顿减五百文之多。众人皆以为诧异。访询其故,则佥称:岁歉粮贵之时,银价必然跌落。……且当陕省银贱之际,邻省银价仍昂,而未闻有市侩贩钱来陕买银,以图获利者。”[2]林则徐在这里明确说明,当地的“银贱钱贵”与银钱数量的变化没有什么关系,不是“市侩”投机活动造成的,而与自然灾害袭击下的商品粮减少相联系。仅仅由于粮食歉收,就能导致银价在三个月内“顿减五百文之多”,并且人们凭经验总结得到了一个规律——“岁歉粮贵之时,银价必然下落”。

第三,1908年全国各省区的银价大都上涨到1800—1900文,或2000余文,而陕西、甘肃则因连年大旱,“饥民哀号遍野”,商品经济遭受严重

---

[1] 《汴梁水灾纪略》,河南大学图书馆藏稿本,署名痛定居士。

[2] 中山大学历史系中国近代史教研室编:《林则徐集》奏稿下,北京:中华书局,1965年,第492页。

破坏，导致“钱价奇贵，每银一两只能换制钱九百文”。[1]处于同一时期，有的省区银价上涨，有的省区银价下跌，如此奇怪的现象用国内白银绝对数量的增加与减少来解释，人们是难以相信的。

上述三个例证都是在全国性的“银贵钱贱”大背景下发生的。无论是1841年8月被洪水围困的开封，1846年秋天自然灾害困扰的西安，还是1908年旱灾袭击下的陕甘地区，所出现的银价跌落，都不是当地货币数量的明显变化引起的。这些无可争议的例证又都是发生在国家白银外流时期，因此，可以断言，以白银外流量的多少解释银价增昂的程度是不科学的，令人难以置信的。

上述一连串的事实，不能不使我们产生一团团的疑云。为什么在国内白银绝对数量不断有所增加情况下乾嘉时期会出现“银贵钱贱”？为什么在白银外流情况下，有的地区有时会发生银价大幅度下跌？究竟金属货币的价值与数量有无必然的联系？这些问题都需要从理论上加以解决。

（三）姑且撇开其他因素不论，单从理论上进行分析，用国内贵金属数量的增减来解释商品的价格和贵金属之间比价的变化也是不科学的。这种货币数量观点不仅是中国货币学说史上的一种通病，而且是英国古典经济学家也常犯的错误，马克思在《政治经济学批判》中，曾经针对休谟等人的错误观点，明确指出：“（金银等贵金属）它们的生产费用的每一增减，在世界市场上以同样的程度影响着它们的相对价值。这种相对价值，与不同各国流通领域吸收多少金银完全无关。”[2]在另外的地方，马克思谈及金银比价问题时，又说：“任何商品的市场价格都暂时地取决于供求关系，只有在几年以内平均起来，才取决于生产费用。”这是说，金银这类特殊的商品与一般商品一样，除了短时期内取决于供求关系之外，必须归之于生产这些金属所花费的劳动时间和强度的变动。也就是说贵金属的价格取决于社会必要劳动量和供求关系。在生产金银等贵金属的国

[1] 《陕西总督升允奏设立官银钱局》，光绪三十四年十月初六日，《政治官报》第364号。

[2] 【德】马克思著，中央编译局译：《政治经济学批判》，《马克思恩格斯全集》第13卷，第141页。

家，一定量的劳动时间直接体现在一定量的金银价值中。在既不产金，也不产银的国家，是通过迂回的办法达到同样的结果的，是用本国的商品，即本国平均劳动的一部分去同那些有金矿或者有银矿的国家，直接地或间接地交换物化在金银中的劳动时间的一定量，来决定贵金属的相互比价。“在作为尺度的这一职能上，货币对于它自身的数量大小是漠不关心的，或者说，现存的货币数量是无关重要的。但在作为交换手段，作为交通工具的货币职能上，它的数量就很重要了。”[1]

西方货币数量论者认为，货币价格决定于一个国家用于交换的商品总量和货币总量。在他们看来，一个国家的商品价格提高了，意味着货币价值贬低了，而货币价值的贬低由于货币数量的增加。相反，当一个国家的商品价格跌落了，就意味着货币价值提高了，而货币价值的提高由于货币数量的减少。“因为商品是按照价值多少盎司的黄金评价的，而这个国家的黄金数量减少了，所以价格要下跌。”马克思认为这样的推理是令人可笑的。

按照劳动价值论，“黄金作为价值指标的效用，不会因为黄金在某个特殊国家里存量的增减而受影响。即使能够通过银行所采取的措施，把这个国家流通的全部纸币和金属货币数额减少一半，这个国家里的货币和商品的相对比价将照旧不变。”[2]这种说法是正确的。

到目前为止，马克思对于金属货币价值及其流通规律的论断还没有受到有力的挑战，其正确性毋庸置疑。根据上述理论，我们可以得出这样的结论：在以白银和紫铜为主要币材的中国，银两与制钱的市场比价，除了短时期内受到社会供求关系支配之外，主要取决于生产这些贵金属所需要的劳动时间和生产技术的变动，应当取决于国际市场上贵金属的价格与货币汇率的变化；而不应当取决于金属货币的流出与流入，不应当取决于国内白银与制钱绝对数量的增加与减少。以鸦片走私输入，白银外流来解释“银贵钱贱”，正是从国内贵金属绝对数量的大小变化来思考问题的，是一种典型的货币数量观点。在研究晚清货币比价时，不考虑社会

---

〔1〕【德】马克思：《政治经济学批判大纲》第1卷，第141页。

〔2〕【英】约翰·吉里布兰·胡巴德著：《通货国家》，伦敦，1843年，第44—46页。

的供给与需求，不考察生产价格的变化，不注意国际市场上的贵金属价格的变动，不研究影响货币比价的客观环境，不综合分析货币流通各种机制，就不可能得出比较正确的结论。

总而言之，无论从理论上分析，还是列举的一连串事实，都说明简单以一个国家白银流通数量的增减（白银的输出与输入），来解释国内贵金属的比价——这里主要指银两与制钱的比价，即银与铜的比价——的变化是不科学的，这正是马克思在《政治经济学批判》中反复批判的货币数量观点。到此为止，我们尽管没有排除白银外流在一定条件下对“银贵钱贱”的影响作用（这个条件下面还要论及），也可以断言，鸦片偷漏白银出境，使国内白银绝对数量减少，不是道咸时期导致“银贵钱贱”的决定性因素。银钱比价的上涨与国内白银数量的变化并无必然的联系。

四　世界白银产量的减少与中国的“银贵钱贱”

与前述鸦片走私，白银外流，导致中国“银贵钱贱”的观点相联系，近来有一位知名学者提出了一个新的观点。林满红女士在研究道光年间的货币问题时说：“19 世纪初世界范围内的金银减产，不仅减少了在中国的白银套汇交易，而且也刺激了鸦片的输入。……换而言之，由于英国人没有足够的白银，鸦片被用于交换茶叶和生丝。”又说：“拉美白银的短缺也促使更多商人从事对中国的鸦片输入。”[1]

在她看来，19 世纪上半叶的中国流通领域发生的“银贵钱贱”应当着眼于外部原因的考察，这个外部原因就是拉美独立战争。拉美独立战争导致白银产量减少；世界货币供应量不足，英国等国开始用鸦片代替白银来购买中国生丝和茶叶；中国的商品不景气，导致中国白银外流。因此，中国的“银贵钱贱”与世界白银产量减少存在着重要联系。这种观点显

---

〔1〕 林满红：《银线：19 世纪的世界与中国》，南京：江苏人民出版社，2011 年，第 103 页。

然接受了德国史学家贡德·弗兰克《白银资本》的影响,具有世界性的视角,研究中国问题,能够放眼全球,关注复杂的国际联系,别开生面,值得赞赏。但在细读之后,结论令人失望。

大家知道,拉美独立战争开始于1810年4月,结束于1826年,持续时间为十六年。就白银主要产区而言,从1810年战争爆发到1821年墨西哥城宣布独立,时间为十年。在这十年当中,1815年至1820年,墨西哥地区相对平静,没有大的战事,所以,拉美独立战争对于墨西哥的战争影响时间大致为六年。墨西哥尽管经历的战争时间不长,作为世界上的白银主要产区,白银产量还是受到了一定影响。根据统计,在拉美独立战争期间,世界白银产量的确有所减少。如表7-3所示,在拉美独立战争爆发之前,每年世界白银平均产量为28700000盎司,战争期间减产至每年平均17400000盎司,或14800000盎司,这是不争的事实。问题是,白银产量的减少是否影响了世界的银价?尤其是能否影响中国的“银贵钱贱”?

表7-3 1741—1910年世界金银产量一览表

(单位:1000盎司)

年份	平均年产量		年份	平均年产量	
	金	银		金	银
1741—1760	791	17100	1841—1850	1762	25000
1761—1780	665	21000	1851—1860	6313	26500
1781—1800	572	28300	1861—1870	6108	39000
1801—1810	572	28700	1871—1880	5472	66800
1811—1820	368	17400	1881—1890	5200	97200
1821—1830	457	14800	1891—1900	10165	161400
1831—1840	652	19200	1901—1910	18279	182600

资料来源:Vilar, *A History of Gold and Money*, p. 331;【日】早阪喜一郎:《银价と银为替》,第53页。(1金盎司等于31.103克,约合中国库平银0.8336两。)

1820年代的白银产量比1800年代的减少了48.5%,黄金产量1820年代比1810年代的减少了20.1%,银价在这一时期有所波动,英国的银价有所上涨，美国的银价却有所下跌。参考下图。

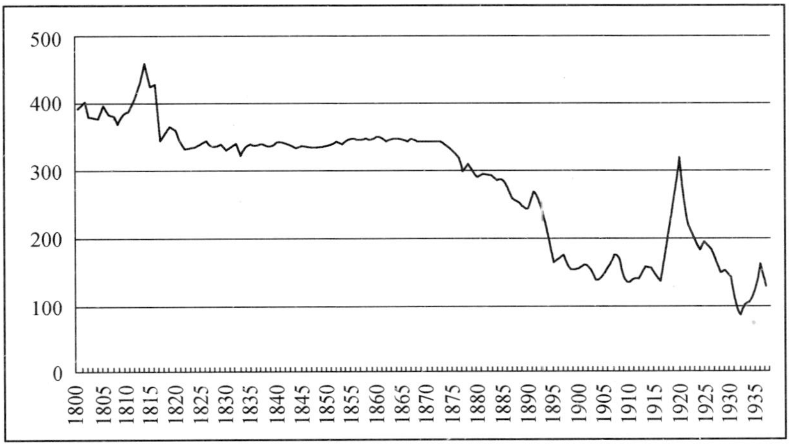

资料来源：Roy W. Jastram, *Silver, The Restless Metal*,Table 16:The Index of the Price of Silver England,1273-1979, pp.189-193.

图 7-2 英国银价（1800—1936 年，1930 年 =100）

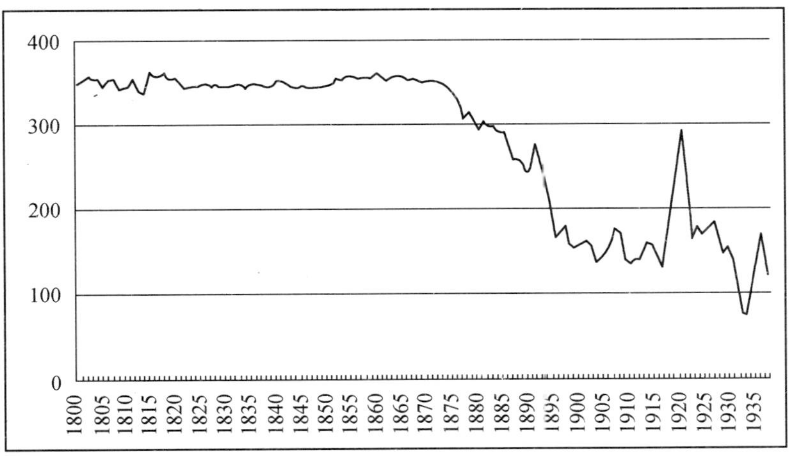

资料来源：Roy W. Jastram, *Silver, The Restless Metal*,Table 20:The Index of the Price of Silver United States, 1800-1979, pp.204-205.

图 7-3 美国银价（1800—1936 年，1930 年 =100）

很多人喜欢用费雪方程式说明货币的价格和物价问题,即 MV = PT。它的意思是,货币(Money)数量乘以流通速度(Velocity)等于商品和服务的价格(Price)乘以其生产和销售的交易量(Transactic)。按照这种观点,货币供应数量应当与其需求保持平衡。货币供应数量大于其需求,货币价格则下跌;货币供应数量小于其需求,货币价格则上涨。货币的价值决定于货币的数量。这样的理论建立在这样一个假设之上,无论是一个国家也好,一个国际贸易区也好,抑或是全世界,都需要一个合理的货币供应量,才能保证货币价格的稳定。问题是,这样的合理的货币供应量,是怎样确定的。就本时期来说,是否意味着拉美独立战争爆发之前的世界金银产量就是合理的,战争时期金银产量的减少就是不合理的?战争之后,世界每一年的金银产量都不同,而其价格却长期保持稳定,难道说,这五十余年的世界金银价格稳定是由世界各地的金银矿主每一年彼此心灵沟通的数量决定的?即使这些矿主可以通过协调决定世界金银的产量,那他们是如何知道地球东半球与西半球的合理的货币供应量的?实际上,决定金银价值的因素,在供给方面决定于劳动生产成本,在需求方面是人们建立在金银基础上的购买力需求。不是货币的供应量决定商品的总需求,而是商品的总需求决定货币的供应量。

人们一直在争论,美洲新增的货币量是否真的像汉密尔顿所计算的那么多,是否货币的流通速度也发生了变化,生产和交易量究竟增加了多少,对这些事件的发生起了多大作用。总之,究竟是什么因素导致欧洲的"价格革命"?物价实际上涨了多少,是在什么时候上涨的?[1]美国史学家杰克·戈德斯通考察了许多人的观点,得出一个有相当说服力的论断:欧洲(除西班牙之外)的通货膨胀主要是由人口和需求的增长导致的,而不是由新的美洲货币供应造成的。

拉美独立战争导致世界白银产量减少,货币供应量减少导致中国白

---

〔1〕【美】杰克·戈德斯通(Jack Goldstone)著,关永强译:《为什么是欧洲:世界史视角下的西方崛起(1500—1850)》(*Why Europe? The Rise of the West in World History, 1500 - 1850*),杭州:浙江大学出版社,2010 年,第 94—101 页。

银外流，中国白银外流导致“银贵钱贱”。在笔者看来，要想使这一观点成立，至少需要解决以下四个矛盾。

第一，根据 Roy W. Jastram 的统计，自 1810 年至 1820 年，英国与美国的白银价格的确有所波动。如果世界白银产量的减少意味着货币供应量的减少，必然导致银价上涨，那么，在同一时期，英美两个国家银价为何发生截然相反的变化？

第二，无论是英国还是美国，银价的上涨或下跌的时间均未超过 1820 年。从图中我们看到，自 1820 年开始，英美两国的银价都进入五十年相对稳定期。但是统计表告诉我们，拉美独立战争结束后，世界白银产量变化很大，1841—1850 年，平均每年产量为 250 万盎司，1851—1860 年每年平均白银产量 265 万盎司。尤其是内华达发现科姆斯托克银矿后，白银产量迅速增长，1861—1870 年每年平均白银产量为 390 万盎司[1]，这个数据不仅远远超过战时，而且超过了战前。假若世界白银产量减少，白银供应量减少，导致白银价格上涨这个货币数量论观点能够成立；那么，在 19 世纪 60 年代，随着世界白银产量的增加，货币供应量充分，势必引起白银价格下跌。但是，为什么没有立即发生呢？

第三，拉美独立战争对于世界各国银价的变化即使有影响，也是短暂的。如图所示，无论是英国的银价上涨，还是美国的银价下跌，此次银价波动均从 1810 年前后开始，到 1820 年戛然而止，历时不过十年左右。而战争持续了十六年（1810—1826 年），白银产量减少的时间约有三十年。从图中我们看到，英国和美国的银价在 1820 年以后是长期稳定，显然，世界白银产量的变化与英国和美国的银价变化时间很不一致。这该作何解释？拉美独立战争导致的白银产量减少对于英、美等国的银价影响是暂

〔1〕 美国内华达州的科姆斯托克银矿发现于 1859 年，这是一个丰富的银矿，每吨矿石可以产银数千克。比较贫瘠的银矿，每吨产银不过几十克。正是由于银矿丰富，投入较少的劳动（或成本），即可获取高额的报酬，所以，白银的劳动量相应减少，导致白银价格相应下跌。这才是世界白银在 19 世纪 70 年代后期价格开始波动的主要原因。

时的,不仅对于战争结束之后没有影响,就是对于战争的最后阶段(1821—1826 年)也影响不大。

第四,即使世界白银产量减少,可以解释 1810 年到 1820 年英国和美国银价上涨或下跌的原因,但也无法说明中国“银贵钱贱”产生的症结。道理很简单,中国这一时期的银价上涨是从 1805 年开始的,到 1853 年才达到顶峰,“银贵钱贱”持续时间将近半个世纪。这种银价上涨的态势,显然与英美等国的银价短暂变化(上涨或下跌),而后长期保持稳定不协调。“自 1833 年至 1873 年间,伦敦银条的平均价格变化无多,在这个时期中,每标准英两(即盎司 ounce)的价格从未超过或低于六十便士很多,这种银价的稳定大半由于偶然的结果。”[1]这里我们暂且不管这些“偶然的结果”。需要指出的是,既然英国、美国、西班牙、墨西哥、印度和中国同属一个国际贸易区,为何英国和美国的银价上涨或下跌是短暂的(只有十年左右)?而中国的“银贵钱贱”为何持续了将近半个世纪之久?这种时间上的不一致,该作何解释?证据永远不能平息这个争端。这并不是因为证据本身是不重要的,而是因为它在我们的实际争论中起不了那么大的作用。

总之,世界金银产量变化与金银比价变化缺乏必然联系。无论是利用世界白银产量的变化说明世界各国白银价格的变化,还是利用世界金银产量变化说明中国的银钱比价变化,都无助于问题的解决。因为,世界白银产量的变化与白银价格的变化从来都是不一致的。金银等金属价格同其他商品一样,决定于物化在其中的必要劳动时间,而不取决于金银数量的增加和减少。我们必须牢记,劳动价值论才是颠扑不破的真理。金银等贵金属和其他商品时价不时变化的原因完全相同。在劳动价值论的前提下,我们并不一概反对供求关系对于商品价格的影响,但应当看到,这种影响毕竟是短暂的,任何商品的价格在受到供求关系短暂影响后,必定会回归到其内在价值上。因此,把中国 19 世纪前半叶的“银贵钱贱”

---

〔1〕 A. W. Pinnick, *Silver and China*, Shanghai, 1930. 毕匿克(Pinnick, A. W.)著,褚保时、王栋译:《银与中国》,上海:商务印书馆,1933 年,第 9—11 页。

归之于拉美独立战争，白银产量的减少，显然内在矛盾多多，难以自圆其说。笔者赞同世界性的视角，承认大洋彼岸相互影响的因素，但认为对于这些因素可能产生的影响，必须进行恰如其分的估价。遥远西方的一片落叶，不可能在东方产生地震效应。

五　银钱比价与粮价

要想弄清银钱比价变化的原因，我们必须将视野扩展到白银的购买力上。首先观察一下粮价的变动情况。

从表7-4中可以看出，六十年间，1815年直隶粮价最高，这是由于当年自然灾害造成的。据直隶总督那彦成奏报，先是遭受旱灾，接着遭遇水灾。旱灾的重点地区为顺天东路、西路、南路三路，正定、保定、河间三府，复州、深州二直隶州，“所属各州县境内所种二麦，上年冬雪甚少，本年自春徂夏，雨泽又复愆期，以致麦苗枯萎，未能长发。直至五月十二日以后，始得透雨，大田尚可播种，二麦实已歉收。”[1]水灾的重点地区则在南部，大名等县百姓灾难深重，先于嘉庆十年，遭遇卫水倒灌，全部淹没，“嗣于十二、三、四、五、六等年连被水灾，以致积涝未涸，小民失业，已历九年之久。”[2]然而，祸不单行，到了秋季，武清等二十八州县再次遭遇大面积水灾[3]。清廷不得不为此连续颁发蠲免钱粮谕旨。

---

〔1〕《直隶总督那彦成奏为通州等州县二麦被旱歉收请缓征本年钱粮事》，嘉庆二十年六月二十七日，录副奏折，档号：03－9773－002。

〔2〕《直隶总督那彦成奏为大名等县被水灾情缓征钱粮事》，嘉庆二十年六月初一日，录副奏折，档号：03－9773－001。

〔3〕《直隶总督那彦成奏报扎名永清等州县被水灾来春应行接济情形事》，嘉庆二十年十二月十八日，录副奏折，档号：03－9773－007。

表 7-4 京师与保定粮价波动情况一览表(1800—1860 年)

(单位:银两/担)

年份	稻米	上等粟米	白麦	高粱
1800	/	1. 2000—1. 8600	1. 4000—2. 4000	0. 8000—1. 3300
1801	/	1. 3000—1. 9800	1. 7500—2. 8100	0. 8300—1. 4300
1802	/	2. 2000—2. 8200	1. 6500—2. 9100	1. 1300—2. 2000
1803	2. 8000	2. 6500	2. 7500	1. 7500
1804	/	1. 6200—2. 5100	1. 4200—2. 4300	0. 9700—1. 6600
1805	/	1. 4000—2. 2000	1. 3700—2. 2000	0. 9000—1. 4500
1806	/	1. 5000—2. 4000	1. 5500—2. 4000	0. 9500—1. 8000
1807	/	1. 6900—2. 7000	1. 6500—2. 7000	1. 2000—2. 5000
1808	/	1. 6900—2. 7000	1. 6500—2. 7000	1. 5000—2. 5000
1809	2. 6500	2. 4000	3. 1000	1. 2300
1810	2. 6500	2. 4500	2. 6500	1. 3000
1811	2. 6500	2. 6000	2. 9000	1. 5500
1812	2. 6500	2. 4000	2. 6500	1. 2000
1813	2. 6500	2. 6200	3. 1000	1. 2400
1814	/	2. 2000—3. 5000	2. 7000—5. 2000	1. 3800—2. 7000
1815	/	2. 0200—3. 4000	2. 7000—4. 9000	1. 3800—2. 9000
1816	/	1. 2800—2. 8000	2. 5000—4. 0000	1. 0000—2. 4000
1817	/	1. 5500—3. 2500	2. 2600—3. 2000	1. 1500—2. 2000
1818	/	1. 7000—2. 9500	2. 1000—3. 2400	1. 1000—1. 9600
1819	/	1. 3000—2. 3700	1. 8000—2. 8800	0. 9000—1. 6000
1820	/	1. 2500—2. 9400	1. 5900—2. 6000	0. 9000—1. 3000
1821	/	1. 2300—2. 2000	1. 5900—2. 5000	0. 8700—1. 3800
1822	/	1. 3800—2. 2000	1. 6500—2. 4000	1. 0400—1. 6500
1823	/	1. 7200—2. 7200	1. 6800—2. 7000	1. 2800—2. 0500
1824	/	1. 9500—3. 6000	1. 8600—3. 3000	1. 2800—2. 7800

续表

年份	稻米	上等粟米	白麦	高粱
1825	/	1. 7100—2. 9100	1. 8500—3. 4000	1. 4100—2. 5800
1826	/	1. 7300—2. 6500	1. 7800—3. 2000	1. 0000—2. 0600
1827	/	/	/	/
1828	/	1. 6300—2. 6200	1. 4200—2. 8000	0. 9300—2. 1200
1829	/	1. 3100—2. 4000	1. 3300—2. 7000	0. 8000—1. 5000
1830	/	1. 2300—2. 5000	1. 4500—2. 6000	0. 9000—1. 4100
1831	/	1. 4000—2. 4200	1. 5700—2. 5600	0. 9000—1. 3800
1832	/	1. 7000—2. 5800	1. 7000—2. 7200	1. 0000—1. 4500
1833	/	1. 9000—3. 2000	1. 8000—3. 3500	1. 2000—2. 1700
1834	/	1. 6000—2. 7200	1. 8900—3. 3400	1. 0600—1. 6000
1835	/	1. 6800—2. 7400	1. 9000—3. 6500	1. 0000—1. 5100
1836	/	1. 9500—3. 4800	2. 2500—3. 6000	1. 0000—2. 5500
1837	/	1. 8000—3. 4000	2. 0500—3. 6000	1. 0000—2. 5000
1838	/	1. 6000—3. 0600	2. 1500—3. 4000	0. 9000—2. 5500
1839	/	1. 6000—2. 8000	2. 1700—3. 1100	0. 8000—1. 9700
1840	/	1. 5500—2. 8000	2. 3000—3. 5700	1. 0500—1. 6800
1841	/	1. 2000—2. 4000	1. 8500—3. 2000	0. 6500—1. 6800
1842	/	1. 2000—2. 2500	1. 5400—2. 7800	0. 7400—1. 3500
1843	/	1. 2500—2. 3500	1. 7500—2. 9600	0. 8000—1. 4500
1844	/	1. 2500—2. 2400	1. 7500—2. 8100	0. 7500—1. 3700
1845	/	/	/	/
1846	/	1. 4800—2. 4200	1. 9000—2. 6000	0. 8800—1. 4600
1847	/	1. 1600—2. 3000	1. 4500—2. 6000	0. 8000—1. 4100
1848	/	1. 1000—2. 2000	1. 6900—2. 6000	0. 8000—1. 3100
1849	/	1. 1000—2. 4000	1. 6500—2. 6000	0. 8000—1. 4000
1850	/	1. 0500—2. 5500	1. 2800—2. 6000	0. 7400—1. 4100

续表

年份	稻米	上等粟米	白麦	高粱
1851	/	1. 0300—2. 0500	1. 2500—2. 2000	0. 7400—1. 2100
1852	/	/	/	/
1853	/	1. 0900—2. 1900	1. 1200—2. 2700	0. 5400—1. 2000
1854	/	0. 9900—2. 2500	0. 9200—2. 2700	0. 4400—1. 2200
1855	/	0. 9900—2. 1000	0. 9200—2. 2300	0. 4400—1. 2000
1856	/	0. 9900—2. 1000	0. 9200—2. 2300	0. 4400—1. 2000
1857	/	0. 9900—2. 1000	0. 9200—2. 5500	0. 4400—1. 6500
1858	/	1. 2800—3. 2600	1. 2000—3. 6000	0. 8000—1. 9800
1859	/	1. 2400—3. 2600	1. 1400—3. 0600	0. 6600—1. 9800
1860	/	1. 1000—3. 2600	1. 3000—3. 7200	0. 6100—2. 0000

资料来源：本表数据摘自中国第一历史档案馆藏的粮价清单。大致以顺天府尹和直隶总督奏报为主，选摘每年三月份京师与保定的粮价。如果缺乏三月份的粮价数据，则摘录邻近月份的粮价数据。因此，这一粮价表可以看成是该地区每年春天的粮食平均价格。

嘉庆、道光、咸丰时期，直隶粮价长期保持较高价位，略如表 7-4、图 7-4和表 7-5 所示[1]。1796—1800 年，平均每担上等粟米的价银 1. 535 两、白麦价银 2. 053 两、高粱价银 1. 011 两，购买这三担粮食需要花费白银 4. 599 两。1801—1805 年，平均每担上等粟米价银 2. 133 两、白麦价银 2. 204 两、高粱价银 1. 407 两，三担粮食合计价银 5. 744 两，这五年粮价上涨了 29%；1806—1810 年，平均每担上等粟米价银 2. 238 两、白麦价银 2. 415 两、高粱价银 1. 551 两，三担粮食合计价银 6. 204 两，这五年

〔1〕 江南米价也是这样。研究者认为，从 18 世纪开始，米价经历了两次主要的上涨：第一次时间较长，18 世纪上半期而渐至终止；第二次发生在 18 世纪末 19 世纪初，比较突然，幅度也很大。在第一次上升后，粮价稳定在较高水平，全汉昇有“18 世纪中国的物价革命”一说（全汉昇：《美洲白银与十八世纪中国物价革命的关系》，《中国经济史论丛》第二册，香港：香港中文大学新亚书院新亚研究所，1972 年）。但在第二次突发性的上升后，米价逐渐走低，陷入被经济史学家称为“道光萧条”的时期。

粮价比上个世纪末上涨了34%;此后,粮价居高不下,尤其是1811—1815年,平均每担上等粟米价银2.636两、白麦价银3.28两、高粱价银1.634两,三担粮食合计价银7.55两,比18世纪末上涨了64%;1816年以后粮价开始下跌,但大多数年代仍然比18世纪末高了20%—40%。只有1851—1855年间粮价低于18世纪末,相当于18世纪末的90%;1856—1860年的粮价很快又超过了18世纪末。

大致说来,除了1815年的自然灾害原因之外,1805—1850年的粮价与1796—1800年相比,是长期居高不下。粮价在通常情况下可以代表物价。用粮价来衡量,与18世纪末相比,白银的购买力在1805—1850年不仅没有增长,反而有所下降,呈现的是"银贱粮贵"。只有1851—1855年间银价有所增强,粮价有所减少。因此,利用鸦片输入,白银输入减少,说明嘉庆、道光时期的"银贵钱贱"恐怕是行不通的。

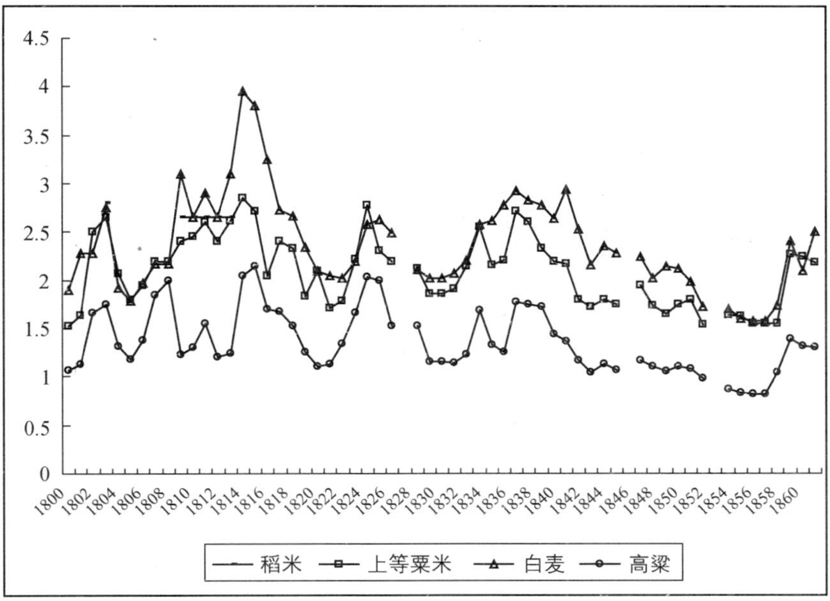

图7-4　根据表7-4粮价资料,取平均数据制成

如果说一个地区的粮价波动，由于发展的不平衡性以及丰歉等原因，不足以代表全国粮价的波动情况；如果说一位督抚的奏报，由于种种原因，存在虚假信息，不可完全采信。那么，把粮价的波动范围扩大到八个省区，把政府的报告扩大到八个督抚，显然可以克服上述缺陷和弊端。为了科学说明问题，有人选取沿海的山东、江苏、福建，长江中下游的湖北、安徽，西南的广西，西部的陕西，北部的山西粮价作为研究对象，制成指数表7-5。

仔细观察八省粮价五十年指数，我们可以发现，中间三十年（1811—1840年）各省粮价指数大体稳定，变化幅度不大。最后十年（1841—1850年）与第一个十年（1801—1810年）相比，除了湖北、陕西情况比较特殊外，其他各省粮价都比较接近。也就是说在这两个十年中，粮价较为低贱，白银的购买力较强。至于湖北和陕西在第一个十年粮价之所以特别昂贵，粮价指数高达160—170，是因为川、楚、陕、甘、豫发生白莲教起义，社会剧烈动荡造成的。

就中间的三十年来说，八省粮价稳定，说明白银的购买力没有发生大的变化。就最后一个十年来说，粮价较低，呈现了“银贵粮贱”的现象，似乎与“银贵钱贱”的趋势一致。但是，我们还应看到，最后十年的粮价与第一个十年的粮价水平相若。假若说，最后十年的“粮贱”，意味着“银贵”，那么第一个十年的“粮贱”是否也意味着“银贵”呢？如果说这两个十年都是“银贵”，而且水平相近，那么，该如何解释1840年代鸦片走私，白银外流，导致银价昂贵的持续发展趋势？如何解释银钱比价不断上涨的趋势？

纵观八省粮价波动情况，我们没有看到粮价波动与钱价波动的一致性。不仅在发展趋势上没有一致性，而且在白银对于粮食和制钱的购买力方面，差异也很大。1840年代，银两对于制钱来说，它的购买力增强了一倍多，而银两对于粮食来说，购买力提高不过20%—30%。所以，用鸦片输入，白银外流，银价提高，银两的购买力增强，来解释“银贵钱贱”问题，处处存在矛盾。

表 7-5　八省粮价指数简表(1800—1850 年)

年份	山东	江苏	福建	湖北	安徽	广西	陕西	山西
1800	73. 0	63. 3	76. 4	/	75. 0	78. 8	83. 2	79. 3
1801	72. 4	78. 2	74. 9	100. 3	76. 0	81. 7	174. 2	80. 1
1802	73. 5	88. 3	72. 7	106. 2	75. 6	85. 3	174. 4	85. 2
1803	73. 8	104. 3	72. 6	118. 7	81. 0	89. 0	166. 0	86. 0
1804	73. 9	114. 6	74. 4	117. 3	97. 1	90. 2	168. 5	88. 4
1805	73. 8	124. 4	76. 4	132. 8	113. 3	90. 4	170. 0	92. 5
1806	74. 3	139. 4	80. 6	126. 8	121. 3	92. 0	241. 7	101. 8
1807	75. 7	106. 4	92. 4	165. 9	102. 6	93. 9	141. 4	105. 1
1808	84. 9	120. 1	104. 2	131. 2	103. 6	95. 8	114. 9	105. 5
1809	99. 9	118. 3	103. 2	115. 0	103. 2	98. 4	116. 3	103. 9
1810	124. 4	103. 2	106. 7	104. 2	96. 8	98. 8	108. 3	105. 4
1811	132. 5	97. 4	109. 2	100. 2	94. 8	97. 3	118. 4	109. 3
1812	138. 4	110. 5	110. 1	110. 5	107. 1	96. 1	121. 3	110. 0
1813	141. 4	113. 1	105. 2	110. 4	104. 6	95. 9	127. 2	110. 0
1814	145. 1	124. 9	104. 4	125. 4	125. 4	95. 8	154. 0	113. 9
1815	129. 8	117. 6	99. 2	114. 1	116. 2	93. 3	115. 1	110. 5
1816	114. 6	110. 8	103. 7	110. 7	106. 9	93. 0	112. 7	107. 1
1817	108. 2	97. 9	94. 7	101. 8	96. 3	93. 3	110. 0	104. 2
1818	100. 6	95. 3	85. 3	95. 6	94. 7	94. 5	116. 3	108. 9
1819	95. 4	90. 7	82. 0	91. 9	90. 4	94. 7	106. 5	103. 9
1820	97. 8	95. 2	88. 5	94. 5	92. 7	96. 1	102. 6	102. 0
1821	100. 0	100. 0	100. 0	100. 0	100. 0	100. 0	100. 2	100. 0
1822	105. 6	99. 3	90. 4	95. 5	97. 0	98. 5	93. 7	97. 2
1823	112. 4	105. 1	89. 5	90. 9	102. 9	95. 9	95. 9	96. 0
1824	112. 5	117. 2	92. 4	99. 1	113. 9	94. 7	95. 8	96. 3
1825	107. 6	105. 6	94. 7	101. 0	96. 0	92. 9	97. 1	95. 6

续表

年份	山东	江苏	福建	湖北	安徽	广西	陕西	山西
1826	112.2	102.0	103.6	95.1	91.4	92.3	96.7	97.1
1827	107.5	99.6	95.6	92.2	92.4	91.4	101.7	98.0
1828	97.9	94.4	87.9	89.5	89.6	90.0	99.6	98.5
1829	88.3	93.9	88.7	88.3	89.5	89.0	102.3	95.3
1830	84.1	94.8	91.5	90.5	93.8	89.6	102.4	92.3
1831	81.7	103.7	94.3	97.6	104.3	89.3	100.6	90.8
1832	89.5	115.0	99.1	105.1	119.8	89.7	95.9	95.0
1833	101.6	118.4	106.2	103.7	114.3	89.6	107.8	106.5
1834	100.8	128.3	112.0	103.0	120.1	91.1	106.3	108.5
1835	108.5	107.8	106.3	100.0	107.5	89.0	107.6	106.6
1836	109.2	92.2	107.6	99.0	95.1	87.1	120.9	111.6
1837	105.9	83.6	105.9	90.5	85.8	86.5	115.4	113.9
1838	99.8	75.0	89.1	88.7	80.0	86.6	104.3	114.6
1839	94.1	80.3	81.0	89.3	80.3	86.5	93.0	111.3
1840	90.7	92.8	82.6	91.2	91.1	86.2	90.3	110.1
1841	80.5	97.9	79.5	93.9	95.4	86.9	88.5	101.8
1842	80.9	102.3	83.6	97.9	96.7	86.7	89.8	99.1
1843	82.0	94.1	85	90.7	86.8	87.1	83.8	98.2
1844	80.4	86.1	90.0	81.6	77.9	86.8	82.2	97.2
1845	80.8	71.8	84.3	75.2	70.9	86.1	77.8	90.4
1846	76.1	61.2	78.6	73.0	67.4	85.4	79.6	89.0
1847	79.4	62.7	77.8	73.5	68.3	84.7	98.1	90.9
1848	75.5	65.3	73.6	73.3	70.1	84.7	90.1	88.3
1849	70.4	78.4	71.5	80.6	78.3	84.4	74.2	77.5
1850	70.7	84.8	72.7	82.7	84.9	85.8	72.5	70.5

表 7-6　直隶省粮食五年平均价格表(1806—1860 年)

(单位:银两/担)

年份	上等粟米	白麦	高粱	合计	指数
1796—1800	1.535	2.053	1.011	4.599	100
1801—1805	2.133	2.204	1.407	5.744	124.90
1806—1810	2.238	2.415	1.551	6.204	134.90
1811—1815	2.636	3.28	1.634	7.55	164.17
1816—1820	2.139	2.617	1.451	6.207	134.96
1821—1825	2.162	2.293	1.624	6.079	132.18
1826—1830	2.0088	2.16	1.34	5.5088	119.78
1831—1835	2.194	2.448	1.327	5.969	129.79
1836—1840	2.404	2.82	1.6	6.824	148.38
1841—1845	2.0175	2.33	1.0988	5.4463	118.42
1846—1850	1.776	2.097	1.101	4.974	108.15
1851—1855	1.636	1.6475	0.8988	4.1823	90.94
1856—1860	1.958	2.064	1.176	5.644	122.72

资料来源:此表是根据表 7-4 制成,为了便于观察,取五年平均价格。

六　银钱比价与物价

如果说,八省粮价指数与直隶保定府粮价一样,仍然存在先天的缺陷和局限性,仍然不能反映当时白银实际购买力与银钱比价波动的不一致情况。现在,我们只能借助于零售物价的标尺。从表 7-7 中,我们看到银钱比价经历了下跌之后,由 1808 年的 1040 文开始持续上涨,到 1849 年上涨到 2355 文,上涨了 1300 余文。细心的读者想必注意到,此处的数字是经过了算术平均,没有反映当时的最高价格。可以设想,在银钱比价的市场上一两白银兑换的制钱数量可能还要高一些。单从数字来看,1849年的银价相当于1808年的2.26倍,银钱比价变化的确很大,似乎是白银的购买力大幅度提高了。

以1820年的物价指数为100,直隶省宁津县大柳镇前后二十余年零售物价波动幅度不过是10%上下,波动范围大都在90—110。农产品、手工业产品的零售价格也是这样,低于90的年份不过是1800年、1830年、1831年三个年头。高于110的年份也不多,只有1814年、1815年、1834年、1850年四个年头而已。与同一时期银钱比价的长时期的持续增长特点相比,不仅不成比例,而且相关性并不密切。这种现象长期以来一直被研究者所忽视,令人遗憾。

通过以上考察,我们可以发现,嘉庆、道光时期白银对于零售商品的购买力并没有随着银钱比价的变化大幅度提高,即使在1846年以后有一点提高,而提高的幅度也不大。

表7-7 直隶宁津县乡镇的零售物价和银钱比价指数(1800—1850年)

(1821年=100)

年份	银钱比价	银钱比价指数	零售物价指数	农产品零售物价指数	手工业产品零售物价指数
1800	1070.4	84.5	84.5	78.5	90.4
1801	1040.7	82.2	99.8	96.7	102.8
1802	997.3	78.7	100.8	97.0	104.5
1803	966.9	76.3	98.7	102.4	95.0
1804	919.9	72.6	94.6	92.1	97.1
1805	935.6	73.9	90.5	92.2	88.8
1806	963.2	76.1	98.2	103.8	92.2
1807	969.9	76.6	104.0	112.1	95.9
1808	1040.7	82.1	104.2	111.8	96.6
1809	1065.4	84.1	102.8	105.3	100.4
1810	1132.8	89.4	103.7	105.5	101.9

续表

年份	银钱比价	银钱比价指数	零售物价指数	农产品零售物价指数	手工业产品零售物价指数
1811	1085. 3	85. 7	104. 5	105. 6	103. 3
1812	1093. 5	86. 3	104. 5	106. 0	102. 9
1813	1090. 2	86. 1	104. 4	106. 3	102. 4
1814	1101. 9	87. 0	116. 5	125. 7	107. 3
1815	/	/	115. 5	117. 7	113. 3
1816	1177. 3	93. 0	103. 8	101. 9	105. 6
1817	1216. 6	96. 1	96. 8	91. 4	102. 2
1818	1245. 4	98. 3	103. 0	99. 6	106. 4
1819	/	/	101. 1	101. 9	100. 2
1820	1226. 4	96. 8	99. 6	101. 9	97. 3
1821	1266. 5	100	100	100	100
1822	1252. 0	98. 9	103. 0	101. 9	104. 0
1823	1249. 2	98. 6	103. 1	102. 5	103. 8
1824	1269. 0	100. 2	101. 5	98. 3	104. 8
1825	1253. 4	99. 0	105. 1	101. 3	108. 9
1826	1271. 3	100. 4	101. 7	99. 6	103. 7
1827	1340. 8	105. 9	98. 0	95. 6	100. 3
1828	1339. 3	105. 7	97. 9	100. 2	95. 5
1829	1379. 9	109. 0	91. 6	89. 6	93. 6
1830	1364. 6	107. 7	85. 1	80. 3	89. 9
1831	1388. 4	109. 6	87. 9	85. 7	90. 1
1832	1387. 2	109. 5	95. 0	96. 4	93. 7
1833	1362. 8	107. 6	104. 5	110. 1	98. 9
1834	1356. 4	107. 1	112. 6	127. 6	97. 6
1835	1420. 0	112. 1	110. 0	117. 2	102. 8

续表

年份	银钱比价	银钱比价指数	零售物价指数	农产品零售物价指数	手工业产品零售物价指数
1836	1487. 3	117. 4	106. 3	111. 5	101. 2
1837	1559. 2	123. 1	/	/	/
1838	1637. 8	129. 3	/	/	/
1839	1678. 9	132. 6	/	/	/
1840	1643. 8	129. 8	/	/	/
1841	1546. 6	122. 1	/	/	/
1842	1572. 2	124. 1	/	/	/
1843	1656. 2	130. 8	99. 5	97. 7	101. 2
1844	1724. 1	136. 1	99. 9	99. 5	100. 3
1845	2024. 7	159. 9	101. 5	98. 8	104. 2
1846	2208. 4	174. 4	/	/	/
1847	2167. 4	171. 1	/	/	/
1848	2299. 3	181. 5	/	/	/
1849	2355. 0	185. 9	/	/	/
1850	2230. 3	176. 1	116. 4	112. 2	120. 7

资料来源:河北宁津县大柳镇统泰升记商店的出入银两流水账、买货总账、四乡账、四街账柴胡店账。原账册藏于北京图书馆。严中平:《中国近代经济史统计资料选辑》,第37—38页,原编者注:按天录用银钱兑换资料,以算术平均法结算为年平均比值;农产品包括大米、花生二项,手工业产品包括芦席、酒、木炭、桐油、红砂糖、白毛边纸等十类。物价指数计算办法:以每月十五日或最接近十五日的一天为准,每月摘录一项数字。如该月价格变化剧烈,则摘录两项,然后计算年平均。指数为各项产品价比的算术平均。

与严中平提供的物价指数不同,吴承明的物价指数变化很大。从吴氏统计来看,物价自1800年开始暴涨,到1805年达到163. 88,此后开始下跌,到1811年下落到126. 62;1812年又开始上涨,到1815年涨至148. 12,此后开始徐徐下落,到1831年跌至117. 79;1832年又一次开始上涨,到1835年涨至131. 36,此后是持续回落。本期物价先是经历一次暴涨,然后是快速下跌,接着是两次间歇性调整。总的情况是物价在嘉庆朝上涨幅度较大，在道光朝逐渐回落到乾隆中期（1760—1780 年）的水平上。换句话说，本期的白银的购买力在嘉庆朝减落了 40%—50%，而在道光朝逐渐恢复到乾隆中后期的水平上。银价的变化对于本期的粮价和物价都产生了重要影响。既然本期的银价变化对于粮价和物价的影响很大，那么，本期的银钱比价受到银价波动的影响在所难免。

上述两份物价，如此不同，我们无从判断，何者为是，何者为非。如果两者都是真实的，则应理解为这两个统计结果反映了两个地区之间的差异。

就全国银钱比价变化趋势来说，与这两个物价指数均有不一致的地方。第一，全国银钱比价自 1805 年以后是持续上涨，其间钱价仅有一次短暂的（1840—1842 年）小幅度下跌，1849 年的钱价相当于 1808 年的 2.3 倍；从严中平的统计来看，除了个别年头外，本期华北物价基本稳定，上下波动范围不超过 10%；从吴承明的统计来看，物价先是经历一次暴涨，接着是两次间歇性调整。依照严中平的物价统计，可以认定嘉庆、道光时期的物价稳定，白银的购买力稳定；依照吴承明的统计，白银购买力在嘉庆、道光年间经历了一次先跌后涨的过程。只不过这种先跌后涨，是经过三次反复完成的。物价指数变化高不过 160，低不过 90。咸丰时期，物价最高，白银购买力最低；道光时期，物价有所下降，白银购买力有所提升。直到 1843 年以后，白银的购买力才提升到乾隆中后期的水平。

尽管严中平与吴承明的物价统计信息很不一致，但在这两个统计中至少可以得到一个结论，即嘉庆、道光时期的白银购买力变化与其在国内的流通数量关系不大。因为，按照严中平的统计，鸦片走私造成的对外贸易逆差应从 1827 年开始，在白银大量外流情况下，白银的购买力保持了基本稳定。按照吴承明的统计，白银在道光时期购买力增强虽然与白银的大量流出一致，但却无法解释嘉庆时期白银购买力为何大幅度贬值。这样，就出现了悖论。因此，利用“鸦片输入—白银外流—国内白银减少—银价相应提高—银贵导致钱贱”这样的简单推理，来解释嘉庆、道光年间的银价变化，无论从理论上看，还是从事实上说，都是悖论，令人难以信服。导致嘉庆、道光年间的“银贵钱贱”问题的原因极其复杂，古今货币数量论者无论采用哪一种数量统计方法，都无法科学揭示这一时期银钱比价波动的奥秘。

表 7-8　从嘉庆六年到道光三十年的米价物价指数（1801—1850 年）

年份	物价 1760/80 = 100	年份	物价 1760/80 = 100	年份	物价 1760/80 = 100
1801	98.46	1818	119.67	1835	131.36
1802	111.78	1819	114.68	1836	117.31
1803	125.43	1820	119.86	1837	112.82
1804	131.47	1821	112.89	1838	110
1805	163.88	1822	118.00	1839	03
1806	138.74	1823	121.46	1840	112.61
1807	124.57	1824	143.71	1841	119.33
1808	141.52	1825	116.61	1842	122.08
1809	141.12	1826	109.36	1843	119.48
1810	132.93	1827	108.67	1844	104.33
1811	126.62	1828	109.71	1845	104.82
1812	131.82	1829	109.82	1846	98.82
1813	129.57	1830	108.74	1847	87.87
1814	134.85	1831	117.79	1848	96.50
1815	148.12	1832	120.48	1849	85.24
1816	128.71	1833	148.95	1850	97.47
1817	115.69	1834	130.39		

资料来源：本表数据摘自《300 年来米价、物价及货币兑价》，载《清代以来的粮价：历史学的解释与再解释》，第 172—173 页。江南米价见 Wang Y. C.，“Food Supply and Grain Prices in the Yangtze Delta，1638 – 1935”，in Thomas G. Rawski and Lillian M. Li edited *Chinese History in Economic Perspective*，35 – 68，University of California Press，1992。物价原始资料来源于《阅世编》、《历年记》和《一斑录》，吴承明于 1997 年对此进行了整理，详见《18 至 19 世纪上叶的中国市场》，见《中国的现代化：市场与社会》，第 265 页，北京：生活 · 读书 · 新知三联书店，2001 年。

七　钱票与“银贵钱贱”

“钱票”是社会经济发展的产物。最初使用汇票是为了节省由一地把金属铸币运往另一地的费用和风险。一位英国人谈及汇票流行的情况，对于我们认识钱票的作用很有帮助。

他说：“假定伦敦有十个制造商，将制品卖给约克郡的十个店主，由他们零售；再假定约克郡有制造其他商品的十个制造商将商品卖给伦敦的十个店主。在这种情况下，伦敦的十个店主就无须每年运送畿尼到约克郡付给那里的制造商，而约克郡的十个店主也无须每年运送同样多的畿尼到伦敦。约克郡的制造商们只须由当地各店主处收取那笔钱，而报以承认钱已收讫的证书；证书中并应指示各自在伦敦的债务人，将他们手头的现金付给伦敦的制造商们，以便以与抵消约克郡方面的债务相同的方法抵消伦敦方面的债务。运送货币方面的一切费用和风险都因此而免除。这种处理债务转移的证书，现在称为汇票。它们是以某人的债务与另一个人的债务相调换的票据；也可能是以应于某地偿还的债务与应于另一地偿还的债务相调换的票证。”[1]这是汇票产生的最清楚说明。

由于在商业活动中运送大宗金属铸币和条块既不安全又不方便，于是一种信用纸币，经过汇票的孕育而诞生了，它实际上是一种金融行业用于随时支付金银的承诺。中国的这种可以兑现的纸币最早出现于宋代，叫做“交子”和“会子”。18 世纪末和 19 世纪初，欧洲银行开始大量发行银行券以代表适当的金银，这种可以兑换金银的纸币成为成长中工业经济的主要货币。由于国家银行制度的日益完善，纸币逐渐脱离了金属依靠，现在各国的纸币大多没有固定的金属含量，是一种凭借国家信用，而不是凭借金银贮藏量发行的货币。

---

〔1〕《大不列颠票据信用的性质和作用的探讨》，伦敦，1802 年，第 24 页。

乾隆、嘉庆、道光时期中国的钱庄、银号也利用自身的信用发行“钱票”。这标志着我国金融业的进步与发展水平。而当时有的人对于这种金融现象不能理解，认为钱票大量出现乃是一种社会欺诈行为。1838年，成都将军宝兴奏请说：“近年银价日昂，纹银一两易制钱一串六七百文之多，推原其故，总由奸商低昂其价，希图多易，视银两所出钱票，注写外兑字样，数十吊与有现钱百十吊以上，辗转磨兑，经旬累月，现钱不能到手，而实银已运往他乡。”[1]因此，奏请严禁各钱铺，不准支吾磨兑。道光皇帝谕令各省督抚妥议章程，奏明办理。

山西巡抚申启贤认为，钱票“未可遽行禁止”。在他看来，由于长江以北地区，用银之处少，而用钱之处多。货物在价值千文以下者，通常用现钱交易，“若至数十千、数百千以上，不特转运维艰，且盘查短数，收剔小钱，尤非片时所能完竣，事宜江浙闽广等省行用洋钱，直隶、河南、山东、山西等省则用钱票”。洋钱之所以未在江北地区盛行，是由于民间使用钱票，起了抵制作用。“洋钱之不行于江北等省，未始非因钱票便民，为之抵制。若一旦禁绝钱票，民间向来用钱交易者，恐难改用银两。若俱用现钱，则搬运查数既费周折，更恐藏钱无多，一时转运不及，势必江北各省亦效江南等省行用洋钱，是从前被外洋暗中折耗者，仅止大江以南，而今则益以江北等省。且因银出外洋而银少，因银少而价昂。今欲平银价，趋之使受外洋之折耗是漏卮更甚矣”。如果禁止商人使用钱票，洋钱势必在江北地区流行，禁止使用钱票，显然弊大于利。就事实来说，向来不使用钱票的江南地区，银价之昂贵与江北又相当，显然，银价昂贵与钱票关系不大。“江浙等省不用钱票，迩来之昂亦与江北各省相埒，执此以观，又非尽由钱票之故”。[2]

山东巡抚认为，银价之昂并非“由于钱票之盛行”。“盖钱票之行，惟西北诸省为盛，缘西北诸省陆路多而水路少，商民交易势不能尽用银两，

---

[1] 《盛京将军宝兴奏为钱票磨兑弊端日深以致银价日昂请严禁钱铺支吾磨兑以现钱交易事》，道光十八年五月初七日，录副奏折，档号：02－9490－044。

[2] 《山西巡抚申启贤奏为遵议钱铺支吾磨兑之弊酌议章程并查明钱票情形事》，道光十八年六月二十五日，录副奏折，档号：03－9499－048。

现钱至十千以上，即须马驮车载，自不如钱票有取携之便，无盘运之烦。如果行之无弊，不独无碍银价，抑且甚便于民。夫行使钱票自昔已然，而银价之昂于今为甚。银贱之时，既不因行用钱票而抬高，银贵之时，又岂能因禁用钱票而减遏。况各省钱铺未必皆用钱票，而银价之昂，各省皆同，更可见银价之昂，并非因盛行钱票而起也”。[1]但是，钱票发行辗转磨兑，尤其是外地兑换，容易滋生弊端。对于钱票的外地兑换应加强管理，而不必强行禁止钱票在本省的使用。

河南巡抚桂良奏报本省钱票行使并无流弊，银价昂贵与钱票无关。他说：“查的豫省一百七厅州县，开设钱铺以现钱交易者居多。间有希图携带省便，行用钱票之处，该铺户所出之票，无论何人何时，一经持票取钱，无不随到随付。”与奉天等省辗转磨兑情形“迥不相同”，“豫省虽有行用钱票之名，实与交易现钱无异，相安已历多年，自应听从民便”。[2]

江苏巡抚陈銮也说，本省客商贩运货物，皆以纹银或洋钱交易，民间日用零星使用现钱，市廛买卖均照时价作算。民间为了携带便利，间有使用银票者，均能随时支取，“与存贮现钱无异，并不辗转磨兑”。[3]

是时，林则徐在湖北巡抚任上，他经过调查之后，得出的结论是，钱票的发行与流通使用，虽有个别欺诈行为，而就总体来说，是有利于商业发展的，可以加强管理，而不必设法禁止。这是一个非常理智的判断。关于钱票发行的流弊，他分析指出：“钱票之流弊在于行空票而无现钱。盖兑银之人，本恐钱重难携，每以用票为便，而奸商即因以为利，遇有不取钱而开票者，彼即啖以高价，希图以纸易银。愚民小利是贪，遂甘受其欺而不悟，迨其所开之票积之盈千累百，并无实钱可支，则于暮夜关歇潜逃。兑银者持票控追，终成无着。此奸商以票骗银之积弊也。”针对这种金融诈

---

〔1〕《山东巡抚经额布奏为遵议钱铺磨兑酌定章程并查明本省无钱票外兑情弊事》，道光十八年七月初七日，录副奏折，档号：03－9499－050。

〔2〕《河南巡抚桂良奏为遵议钱票磨兑弊端酌定章程并豫省查无钱票情弊事》，道光十八年八月二十日，录副奏折，档号：03－9499－062。

〔3〕《江苏巡抚陈銮奏报查明本属钱铺无虚出钱票辗转磨兑情弊事》，道光十八年八月二十二日，朱批奏折，档号：04－01－35－1366－035。

骗伎俩，林则徐建议采用五家钱庄、票号相互担保的方法。“如有一家逋负，责令五家分赔。其小铺五家互结，复由年久之大铺及殷实之银号加结送官。无结者，不准开铺。如违，严究，并拘拿脱逃之铺户，照诓骗财物例计赃，从重科罪”。[1]要求金融行业相互担保，共同承担责任，直到如今，仍然是国家立法防范金融欺诈的重要方法。林则徐非常清晰地认识到钱票是金融业发展的合理产物，便民而利商，与“银贵钱贱”无关。他驳斥说：“钱票之通行业已多年，并非始于今日。即从前纹银每两兑银一串之时，各铺亦未尝无票，何以银不如是之贵。即谓近日奸商更为诡猾，专以高价骗人，以只能每两多许制钱数文及十数文为止，岂能因用票之故，而将银之仅可兑钱一串者，忽抬至一串六七百文之多。恐必无是理也。”[2]接着，他指出，市侩骗人无论银贵还是钱贵都可能发生，不必抬高银价或钱价。在他看来，在出现银荒情况下，“钱票”流通正好补助了白银的流通之缺，不仅没有必要禁止，一旦禁止将会加重银荒形势，担心出现“捉襟见肘”的局面。“近来纹银之绌，凡钱粮、盐课、关税一切支解皆已极费经营，犹藉民间钱票通行，稍可济民用之不足。若不许其用票，恐捉襟见肘之状更有立至者矣”。[3]林则徐关于钱票的上述认识是基本正确的，既没有因为市侩利用钱票进行欺诈活动，也没有因为有人指责其扰乱金融秩序，导致“银贵钱贱”，而否定其流通作用。

从上述奏折来看，多数督抚一致认为，银价昂贵与民间使用钱票无关，不必强行禁止。这些看法都是正确的。在西方政治经济学史和货币理论史上，斯图亚特提出这样一个问题，究竟是流通中的货币量决定于商品的价格，还是商品价格决定于货币量？在他看来，不是流通中的货币量决定商品价格，而是商品价格决定流通中的货币量。金属货币数量的多少同商品价格水平的高低没有多大关系。“每个国家的流通，必须同生产投入市场的商品的居民的生产活动相适应……因此，如果一国的硬币

---

〔1〕 中山大学历史系编：《林则徐集·奏稿》中册，北京：中华书局，1965年，第599页。
〔2〕 同上。
〔3〕 同上。

太少，与提供销售的产业活动的价格不成比例，人们就会想出象征性的货币之类的办法，为此创造一个等价物。但是，如果金属货币在比例上超过了产业活动的规模，它就不会使价格提高，也不会进入流通。它将当作贮藏货币堆积起来”。[1]这是说，流通中的货币量必须同进入市场的商品价格相适应。如果流通中的货币量太少，同进入市场的商品价格不相适应，人们就会用象征性的货币作为补充手段来代替金属货币；如果金属货币太多，超过了进入市场的商品流通的需要，多余的金属货币就会成为贮藏手段，一般不会引起商品价格的相应上涨。因此，我们说“钱票”的出现，是市场上流通需要创造出来的“等价物”，用以代替大额制钱或白银流通。“钱票”的出现不会影响银钱比价的变化。

八 小钱与“银贵钱贱”

那么，道光时期的制钱质量与重量又有什么变化呢？这一时期的银价增昂是否如马士等人的分析：“兑换率的增长是可以用铜钱的铸造情形充分予以说明的”，或者是“铜钱本身的贬值完全说明了铜钱交换价值损失的原因”？

首先考察一下制钱是否严重变劣变小。从制度上讲，在道光三十年间，制钱没有什么明显变化，只是到1852年以后迫于币材的匮乏，清政府才开始于铸大钱的同时，鼓铸一些重量为一钱的制钱。从实际的流通情形来看，钱币学者所收藏的道光时期的制钱与乾隆、嘉庆时期的制钱样式大小基本一致，从中看不出制钱比以前又有所减重变劣。[2]这一时期，钱价较低，获利无多，尽管不能说彻底杜绝了私铸现象，但就事实来看，无论

---

〔1〕【英】斯图亚特：《政治经济学原理研究》，引自《马克思恩格斯全集》第13卷，第157页。

〔2〕梁启超：《各省滥铸铜元小史》，《饮冰室合集》文集第九册，中华书局，1989年重印本，第16页。

是官方的“局私”也好，还是民间的私铸也罢，即使有，也并不严重。至于从日本进口宽永钱，则更为罕见。这可以从闽浙总督程祖洛和福建巡抚魏元烺的奏折中得到证实。

> 查闽省宝福局鼓铸钱文已停十载，从前开铸之时，系委督粮道监视，每十日一卯，每卯铸钱一千二百串，炉头仅只四人，趋事赴工已无暇隙，且铜铅等项由官收发，委属无从私铸小钱。访之民间，佥称：自来亦未闻有局私名目。其宽永钱出在外番，闽省惟厦门一处，从前偶有番舶入口贸易，不免将宽永钱零星流入内地，亦千分中之一，十数年来，番舶查无到口，宽永钱无自而来。近岁又严禁，夷钱已消除已尽，屡向市中兑钱检视，并无掺杂，是官局私铸并宽永钱就闽省而论，二者均不致为圜法之累。又，所奏蠹吏包庇私铸私贩一款，查闽省延平、建宁等府山高林密，难免奸民潜匿其中，搭厂私铸。道光五年间，建宁府属之松溪县拿获私铸一案，将该犯老李并不首之厂主张三满一并拟徒。又，八年间，建宁府之瓯宁县地方有奸民甫经私铸，即据地保报官，获犯陈辉、黄演等，分别拟以军徒，惩创以来，尚无私铸私贩之弊。[1]

再从1850年的一道上谕中看出，清廷发放的兵饷中，如果一千枚制钱中，掺入十文小制钱给士兵的话，那么就算工部、兵部一种比较严重的作弊行为，要受到相应的惩罚。[2]

由此可以证明，在流通渠道内小钱问题并不十分严重，对于银钱比价的影响自然是有限的。还有，随着银钱比价的大幅度上涨，即使铸造一钱重的制钱也无利可图，甚至要赔本。在这种情况下，也很难设想，私铸小钱会严重泛滥，而影响银钱比价。

---

[1] 《闽浙总督程祖洛福建巡抚魏元烺奏为遵旨体察钱贱银贵情形酌筹除弊事宜复奏事》，道光十三年八月二十八日，录副奏折，档号：03-9498-021。

[2] 王先谦编：《东华续录》，咸丰朝三，第10页。

从当时人们的感觉来看，道光时期的人并不把制钱的减重看成是什么严重的问题，尤其是随着道光时期银价的大幅度上涨，人们基本上放弃了制钱减重变劣导致"银贵钱贱"的观点，愈来愈注意其他的因素，很少有人坚持从铜钱的减重来说明银钱比价的变化。退一步说，即使道光时期的制钱较之嘉庆年间有所减轻，那么对当时的银钱比价至多有百分之几的影响。1852 年以后，制钱减轻了二分，按照重量为一钱的铜制钱推算，咸丰初年制钱减重所造成的钱贱也不过 16%。现在，假定咸丰三四年在社会上流通的制钱全部为重量一钱的制钱，那么由"钱小"导致的"银贵钱贱"的最高比率不会超过 16%。事实上假定咸丰初年流通的制钱全部是重量为一钱的制钱是不可能的，不独清初以来二百多年时间内所铸的制钱不可能在短短一二年时间内退出流通，即使让清朝各省的铸钱局全部开工也难于在短时期内铸造数量巨大的"一钱"制钱来全部代替原来的一钱二分铜钱，何况又有币材缺乏的限制和战争的严重影响。所以，道咸时期的制钱减轻与变劣不是当时银钱比价变化的主要原因，至多对银钱比价有百分之几的影响，绝对不可能超过 16%。

再退一步说，即使像马士所说的那样，从乾隆时期到道光末年，铸钱分量日渐减轻，"铜钱本身价值的损失足以使其交换价值丧失百分之二十至百分之三十"，也不能从中得出银钱比价的上涨完全是由"铜钱本身价值的损失"造成的结论，因为银价的上涨幅度远远超过了"百分之二十至百分之三十"，咸丰初年的银价由乾隆中期的 800 文上涨至 2600—2700 文，提高了两倍多。用钱价贬值"百分之二三十"来说明银价上涨了两倍多，岂不荒唐！即以嘉道之际的 1300 文上下而论，上涨至道光末年的 2200—2300 文，银价也提高了 1000 余文。以铜钱本身贬值"百分之二三十"来说明道咸时期银价大幅度上涨，只要稍有数学常识，不必经过细致推算，人们也不会相信这种令人可笑的说明。

经过以上三个方面的简单分析，可以得出这样的结论：铜钱本身的减轻与变劣就总体而言是有限的，不是银钱市场比价变化的主要原因。制钱减轻所造成的交换价值损失没有达到"百分之二三十"。即便是达到"百分之二三十"，也不能完全说明银价成倍上涨的原因。马士与《剑桥中国晚清史》的作者的观点是错误的，他们对中国银钱比价的上涨幅度不甚了解，依据个别资料作出的推论当然是靠不住的。

在初步分析了道光时期的“制钱”自身减轻所造成的铜钱交换价值损失的原因之后，我们感到仅仅注意这个因素是很不够的，必须同时考察白银紫铜价格的变化，也就是必须考察生产贵金属所需要的劳动时间的变化。首先看白银的价格，就世界范围来讲，如表 7-9 所示，从 1790 年到 1861 年金银比价处于 1∶15 和 1∶16 之间，相对稳定[1]。就中国内部而言，这一时期的金银比价也相当稳定，也在十五六之间。

表 7-9　1687—1861 年金银比价波动情况表

年份	金银比价	年份	金银比价	年份	金银比价
1687	13.94	1814	15.04	1847	15.7988
1695	15.02	1833	15.9323	1848	15.8486
1699	14.94	1834	15.7329	1849	15.7823
1701	15.07	1835	15.7988	1850	15.4431
1729	14.92	1836	15.7165	1851	15.4589
1732	15.09	1837	15.8320	1852	15.5867
1738	14.91	1838	15.8486	1853	15.3332
1746	15.13	1839	15.6190	1854	15.3332
1749	14.80	1840	15.6190	1855	15.3801
1762	15.27	1841	15.7002	1856	15.3801
1763	14.99	1842	16.8653	1857	15.2700
1790	15.04	1843	15.9323	1858	15.3801
1808	16.08	1844	15.8486	1859	15.1942
1809	15.96	1845	15.9155	1860	15.2866
1812	16.11	1846	15.8987	1861	15.5066

资料来源：张家骧：《中国币制史》第五编，北京大学出版社，1926 年，第 23—25 页。

---

[1] 康有为：《金主币救国论》，蒋贵麟编：《康南海先生遗著汇刊》第十五集，台湾：宏生出版社，1987 年，第 48—56 页。

上表说明中国金银比价与世界金银比价是完全一致的,不存在国际性银价增昂问题,国内银钱比价的增昂由此得不到肯定的证明。

九 铜价下跌与“银贵钱贱”

就在越来越多的学者把探索的目光投向域外时,我们认为有必要再次审视域内发生的问题。清代前期市场上无论是出现“银贵钱贱”还是发生“银贱钱贵”,银钱之间的比价波动情况实际反映的是银、铜、铅、锡等金属材料市场价格变化情况。

表 7-10 1800—1853 年铜铅锡价格及其金属比价变化一览表

年份	金属价格资料	金属比价	资料来源
1800	各省办解洋铜,“每铜百斤价银概以十三两五钱九分三厘为准”。	1:118	《清朝续文献通考》卷19,钱币1,第7689页。
1803	白铅“每一百斤合价银四两二钱三毫三丝九忽八尘”。	1:381	载龄编:《户部则例》卷37,第9页。
1806	商铜“按例价十二两采买”。	1:133	《清朝续文献通考》卷19,钱币1,第7690页。
1808	洋铜“每一百斤无分水陆以十二两为准”。	1:133	《钦定大清会典则例》卷218,户部。
1811	洋铜“每正铜百斤价银十四两”。	1:114	题本,档号:02－01－04－19156－006。
1813	洋铜“每正铜百斤价银十二两”。	1:133	题本,档号:02－01－04－19382－002。
1816	洋铜“正铜百斤价银一十二两”。	1:133	题本,档号:02－01－04－19639－003。

续表

年份	金属价格资料	金属比价	资料来源
1818	洋铜"每正银百斤价银十二两"。	1:133	题本,档号:02－01－04－19820－018。
1820	洋铜二十七万斤,照江苏减定价银十二两之数。	1:133	题本,档号:02－01－04－19979－010。
1821	洋铜"每正铜百斤价银十二两"。	1:133	题本,档号:02－01－04－19979－010。
1826	洋铜"每正铜百斤价银十二两"。	1:133	题本,档号:02－01－04－20257－015。
1829	滇铜"每百斤价银一十一两"。	1:145	题本,档号:02－01－04－20384－008。
1830	洋铜"每正铜百斤价银十二两"。	1:133	题本,档号:02－01－04－20435－013。
1837	滇铜"每正耗铜一百四斤六两价银十一两"。	1:151	题本,档号:02－01－04－20877－020。
1853	商铜"每百斤价脚银十二两"。	1:133	题本,档号:02－01－04－21566－005。

从表中的统计数据来看,1800—1853 年,洋铜价银大致稳定在每担 13 两的水平上,高不过 14 两,低不过 12 两。银铜之间的比价为1:133;滇铜价银 11 两,银铜之间的比价为 1:145;铅价在这一时期也比较稳定,大致每担价银 4.2 两左右。

就制钱的重量来说,尽管名义上仍然维持"一钱二分",实际上普遍达不到;就制钱的成分来说,道光年间的制钱金属比例是,铜 54%,白铅 42.75%,黑铅 3.25%。

白莲教起义被镇压之后,随着政治趋于稳定,经济得到恢复,流通领域逐渐恢复常态,铸币价值逐渐与金属材料的市场价格趋于一致。1820

年前后，白银一两换钱1300文左右。是时，洋铜的官商采购价格虽为每担12两，而市场价格一般在13.6两，黑白铅价接近，每担为4.2两；铸币合金比例为铜54%，白铅42.75%，黑铅3.25%，因此，一担的金属材料费价值9.322两。扣除9%的损耗，一担铜铅可以铸成12133枚标准制钱，再减去1959文加工费，平均每投资金属材料银一两可以铸成足重制钱1091枚。按照这种推算，对照市场比价，铸钱活动不仅无利可图，而且严重亏本。闽浙总督的报告也是这样。

1824年2月27日，闽浙总督赵慎畛奏报宝福局铸钱连年亏损，请求停铸。他说："合计铸钱一千文，应用铜铅价脚、工火，需银一两三分七厘八毫，加以外办捐加津贴银二钱二分二厘八毫，共银一两二钱六分六毫。现在省城市价每库平纹银一两换钱一千二百四十文不等，外府钱价约略相同。照此核算，局铸钱本每两亏折例价钱二百九十余文。"[1]按照这一推算，投资一两白银只能得到950文制钱(1240－290＝950)[2]。

事实上嘉庆时期市场上流通的制钱100枚重量只有10.73盎司[3]，折合8.05两，每文平均重量8.05分。投资一两白银可以铸造这样的制钱1730枚，根据这一推算，银钱比价在嘉庆末年尚未达到应有的水平，官局的铸币利益还是有一定空间的。道光钱每100文重10.80盎司，折合8.1两，每文平均重量为8.1分。当时每担铜价大致在12两，黑白铅价银4.2两，一担铜铅合金价银8.412两。扣除9斤消耗，再扣除1959文加工费，道光晚期投资一两白银可以得到8.1分重制钱1903文。这就是1840年代市场上银钱比价的根本原因。

任何金属货币的交换价值都不可能明显低于其所包含的金属价值，因为，以金属形式表现的硬币，如果比别种形式更便宜，这种金属货币势

---

〔1〕《闽浙总督赵慎畛奏为闽省银贵于钱及局铸成本亏折请暂停鼓铸事》，道光四年正月二十八日，朱批奏折，档号：04－01－35－1360－066。

〔2〕这里产生的小小误差，是由于赵慎畛的报告中"外办捐加银"和"加工费"有所不同造成的。

〔3〕梁启超：《各省滥铸铜元小史》，《饮冰室合集》文集二十一，北京：中华书局，1989年影印本，第22页。

必被投入熔化炉中，还原为条块状态，输入到国际市场上。另一方面，只有在铸币价值略高于其金属价值的情况下，才能体现铸币者花费劳动时间和费用。只有在这种情况下，才有人从事铸币活动。

总之，与重量为一钱二分的标准制钱相比，道咸时期（1821—1854年）流通的铜制钱减轻所造成的自身交换价值损失最多不超过16%，加之铜斤自身价格跌落相应引起的"钱贱"31%，总共对银钱比价造成的影响有47%。也就是说，由铜价下跌与铜钱减轻引起的钱贱，绝对不会超过50%。所以由这两种因素所引起的银钱比价变化不能低估。但也不应像马士和《剑桥中国晚清史》的作者那样，把"银贵钱贱"完全归咎于"铜钱质量变劣"。就"钱贱"来说，我们这里更加重视国际市场上铜价下跌的因素，更何况银价在国内市场上是成倍上涨的，应当还有"银贵"的因素。

王德泰通过对19世纪初至鸦片战争前洋铜价格的变化及洋铜在当时铸钱用铜中所占比重大小的分析，认为嘉道时期不同身份的商人采办洋铜的价格虽然有升有降，但总体是下降的，下降幅度并不大。"同一时期洋铜自乾隆初期以降输入中国的数量逐渐减少，到嘉道时期已占不到全国鼓铸用铜的十分之一。因此，洋铜价格的下降没有给铜钱质量带来多大影响，洋铜价格的下降与鸦片战争前的银贵钱贱之间也没有因果关系"。[1]这种看法主要从洋铜的输入量上思考问题，而忽视了洋铜价格下跌所造成的铸币成本大幅度降低的关键因素，对于嘉道时期的"银贵钱贱"现象不可能给予正确的解释。

十 "银贵钱贱"的动力与方向

从以上的考察分析中可以看出，"白银外流"不是"银贵钱贱"的决定

〔1〕 王德泰：《嘉道时期洋铜价格与银贵钱贱关系的考察》，《兰州大学学报》2002年第3期；《试论白银外流与鸦片战争前的银贵钱贱问题》，《中国经济史研究》2000年第4期；《论鸦片战争前的钱贱及其社会影响》，《福建论坛》2008年12月。

性原因,铜价下跌与制钱减重变劣虽然可以作为"银贵钱贱"的重要原因,却又不是银钱比价上涨的唯一原因,因为市场上的钱价毕竟低于其工本费用(1903 文),最高时达到 2300—2400 文。那么,究竟是什么力量决定了钱价下跌呢? 换而言之,它的动力何在呢?

按照马克思的货币理论,商品流通和货币流通是互相制约的,二者的相互关系是商品流通决定货币流通,"货币流通本身从商品流通得到它的动力和方向"。[1]毫无疑问,"银贵钱贱"是两种金属货币在流通领域相互依存冲突的结果,研究"银贵钱贱"必须联系商品的流通,必须联系晚清商品经济的发展变化,这样才有可能揭示"银贵钱贱"的真正奥秘,得出比较正确的结论。

货币周转的方向是与商品流通背道而驰的。它表现为商品交换的媒介,表现为交换手段。它是流通的车轮,是为商品周转服务的。前面已经说过,乾隆中期以后,中国的农业和手工业有了很大发展,国际国内市场进一步扩大,全国各地出现了南京、苏州、杭州、广州、开封、济南、太原、景德镇等工商业繁荣的大城市。商品贸易的发展不仅表现在大中城市,并且已经渗透到一大批中小城镇中,商品经济呈现出前所未有的繁荣。社会生产力的增强,社会财富的增长,商品贸易的扩大,尤其是茶丝大量走入资本主义市场,必然引起中国货币流通领域里发生相应的变化,以适应其资本迅速灵活周转的需要。

"随着流通中商品价值总额的增加,各个国家都觉得用银计算比用铜计算方便,用金计算又比用银计算方便。随着国家日益富裕,国家就使价值较低的金属变成辅币,使价值较高的金属变成货币"。[2]这是说,商品经济发展到一定程度之后,凡是在两种金属依法同时充当价值尺度和交换媒介的地方,势必产生金属货币相互排斥的现象,比较贵重的金属排斥不太贵重的金属,银排斥铜,金排斥银,直到把不太贵重的金属降为贵重金属的辅币,或完全逐出流通领域为止。在两种贵金属依法同时充当

[1] 【德】马克思:《资本论》第1卷,第101页。

[2] 【德】马克思著,中央编译局译:《政治经济学批判》,第190—191页。

价值尺度的地方,二者的比值在市场上随着供求关系和自身价值的变动而变动,并且总是估价较高的那种金属才真正起着价值尺度的作用。

根据上述原理,当我们认真地考察道光时期货币流通领域里货币的运行情况,就会发现,继乾嘉之后,制钱受到整个社会的冷落,已经沦落到了无足轻重的地步。1838 年有人这样对比银两与制钱在流通领域里的基本情况说:"钱质繁重,难以致远,各处行用,良恶贵贱又不一致,故民间会兑止于近城,间有舟车运载,尚不及银百分之一,积而见多,安得不贱?银则轻便易赍,所值又多,各处行用大概相同,数千里外皆可会兑。散而见少,安得不贵?"〔1〕"商贾转输百货则以银",道光时期已经成为十分普遍的流通现象。在日常零碎的交换中,制钱虽然流通,但须"科银价以定钱数",它的作用仅仅是银两的一种补充手段(或辅助手段),实际上已经接近于"辅币"的作用。

就清廷而论,它虽在口头上强调"银钱并重",多次试图"运钱法以握利权",顽固地维持早已过时的封建币制,但在具体执行时,又被迫以银两为价值尺度、流通手段和支付手段。"国家经营财用,凡一出一入,只论银数多寡"。〔2〕人们纷纷议论指出:"今也,出纳以银,而钱几若置于无用,虽曰国宝流通,然流于下而不转于上";"官之出纳必以银,民之致远往来必以银";"总天下之万货制之于银"〔3〕。这些观察家们就其本人来说,并不懂得货币的流通规律,也不懂得社会为什么要"重银轻钱",更不知道这是一种必然的趋势,甚至对于这种货币运动表示极大的疑惑和恐惧,对于制钱制度的动摇和清王朝的命运忧心忡忡。尽管如此,他们对于货币流通领域里已经发生的具体变化所作的描述,为我们研究当时的货币流通提供了必要的素材,由此我们可以直接感受到当时的贵金属白银排斥不太贵重的金属紫铜的撞击声。"一种商品变成货币,首先是作为价值尺度和流通手段的统一。换句话说,价值尺度和流通手段的统一是

〔1〕《贵州巡抚贺长龄奏鸦片事宜折》,《筹办夷务始末》(道光朝)卷 3,第 24 页。

〔2〕中国人民银行总行参事室金融史料组编:《中国近代货币史资料》第一辑,上册,北京:中华书局,1964 年,第 31 页。

〔3〕同上书,第175 页。

货币”。[1]制钱在许多地方既然已经丧失了价值尺度和流通手段的基本职能,因此也就在这些地方失去了货币的资格,仅仅作为一种辅币(事实上也不完全是辅币),即作为银两的补充手段,混合在货币流通渠道中。这个问题也被当时许多人模糊感到,他们直观地描述说:“今之钱贱,本非钱多,以上下皆便用银,富者又多藏银,银始不敷用。”[2]“今之银贵由于钱贱,实由于用银太重,用钱太轻。我朝承平数百代铸之钱流行宇内,然自小民日用之外,殆无用银之处,此制钱所以日轻也。部司库藏,皆以银为出入,此所以纹银日重也。”[3]“所有街市布棉等项物价,但随银行增长”。[4]

应当说,这种观点基本反映了当时社会存在的对白银和制钱不同需求的矛盾,反映了白银在流通渠道内排斥铜制钱的实际情况,是市场这只看不见的手起着推动作用。但他们没有进一步去根究其经济原因,只是停留在感性认识阶段,以为是一种“重银轻钱”的观念使然。

我们今天可以肯定,白银排斥制钱,尽管在人们的观念上表现为“重银轻钱”,表现为社会对二者需求的差异,实际反映了商品经济的发展程度。白银排斥制钱所造成的“银贵钱贱”是一种正常的货币运动现象,它的动力来自中国社会生产力的提高,社会财富的增加,商品经济的发展。

晚清商品经济的初步发展为货币流通提供了动力,同时也选择了方向。白银排斥制钱是要求中国货币制度逐步向银本位过渡。而银本位的确立又需要一定条件。最主要的条件之一是实行铸币形态。从乾隆初年到道光末年,作为价值尺度、流通手段、支付手段的银两已不能满足商业资本迅速周转的要求。因为每块银锭没有统一的规格、重量和成色,每次

---

〔1〕【德】马克思著,中央编译局译:《政治经济学批判》,《马克思恩格斯全集》第13卷,第113页。

〔2〕中国史学会编:《鸦片战争》第1册,上海人民出版社,1957年,第523页。

〔3〕《河南道监察御史刘良驹奏为银价日昂公司交困请饬定划一章程等事》,道光二十五年十一月初七日,录副奏折,档号:03-3385-075。

〔4〕《吉林将军湘康奏为银价渐昂请伯都讷新城所收大租钱文照银价搭放事》,道光十九年十一月初十日,录副奏折,档号:03-9500-015。

支付都需要经过鉴别成色、权衡轻重等复杂的手续。这种繁难的支付方法很不利于商业活动。中国商品市场上这时急需一种成色、重量、规格划一的银铸币，以满足社会的需要。正当此时，由于中外贸易的发展，“洋钱”（外国银币）以其取携便而无事称量，大量出现在中国商品市场上，受到人们的热烈欢迎。“番银之用广于库银”，“江浙市易皆以洋钱起算”，在两广、在闽浙洋钱“畅行无忌”，“内地银两反觉难于转运”，“民间用洋钱之处转比用银为多”，在这一连串的惊呼声中，人们可以想见“洋钱”疾步前进的速度。

“洋钱”作为一种银币，在中国市场上的迅速扩散，形成供不应求的局面，即是每“洋钱”一元与纹银相比有升水现象，人们亦乐于使用。“民间以其无成色之低昂，无弹兑之轻重，而且取携甚便，习惯自然，是以不胫而走，价虽浮而人乐为用，非特通都大邑人人能辨，即乡僻小村亦多有认识之人。不比纹银，必俟有钱铺始能辨其成色，权其轻重，是以民间即有纹银，亦皆兑易洋钱使用。不独市廛交易用之，闾阎收藏用之，即州县收纳地丁、漕粮亦无不用之。”〔1〕这些情况都说明银币作为主要交换手段已经成为社会的急需。道光皇帝虽然拒绝了林则徐等人的合理建议，顽固地维护落后的货币制度。然而，民间已经在商品经济较为活跃的地区，仿铸银币，以钱庄的名义进行发行。“洋钱”在市场上的广泛流通，“价虽浮而人乐为用”，都标志着银锭作为主要流通手段，已经到了必须采用铸币形态的时候，这是我国商品经济发展到一定阶段之后，对于货币流通方向的基本选择之一。

道光时期货币流通从商品经济中获得了动力，“银贵钱贱”主要是由于白银排斥制钱，通过加剧供求矛盾表现出来的。货币（这里指金属货币，不包括纸币一类价值符号）作为一种特殊的商品，与一般商品一样，其价值不仅决定于社会一般生产费用，而且“决定于需求与供给”。社会对白银的需求不断增强，白银的市场价格便会相对增昂，“银贵钱贱”，银

---

〔1〕 中国人民银行总行参事室金融史料组编：《中国近代货币史资料》第一辑，上册，第191页。

钱之间的市场比价波动恰好反映了当时的供求矛盾，这属于正常的银价波动。

按照正常的情况，这种由供求关系所造成的银价上涨幅度不可能过大。不过道光时期的“银贵钱贱”处在特殊的环境之中，一是中国银矿业发展规模与采集技术不够，无法满足中国社会对它的需求；二是正当中国流通领域需要大量吸收白银的时候，需要吸收国际市场上的银锭的时候，突然遭受到鸦片的袭击，不但银元停止了内注，而且纹银开始大量外溢。在这种情况下，供给不但没有随着需求的提高而增加，相反在急剧地减少，供求矛盾愈演愈烈，导致银价飞速上涨，大大超出了正常情况下所能允许的范围。从这个意义上讲，鸦片走私造成的白银外流，进一步加剧了社会对银两和制钱不同需求的矛盾，对“银贵钱贱”起了推波助澜的作用，它应当是导致当时“银贵钱贱”的重要原因之一。这里应当指出，鸦片走私偷漏白银，对于正常的白银排斥制钱运动是一种干扰，它使“银贵钱贱”处于病态运动之中，不利于银本位的确立，不利于对外贸易的发展，不利于国内市场的稳定。

白银外流对“银贵钱贱”的影响究竟有多大？很难估计。不过有一点是相当清楚的。一旦社会对银子的需求，由于某种原因，或者是政治上的突然事变，或者由于自然灾害破坏了商品经济，社会对银钱的需求与供给发生变化，白银外流不再加剧供求矛盾时，就会变得无足轻重。例如，太平天国起义时期银钱比价大幅度下跌，就是这样。

这里还需要指出的是，1853—1854 年，中国金融市场上的银价比以前上涨得更快更猛。之所以出现这种情况，显然是受到政治上的影响。当太平军在广西、湖南冲出包围圈之后，迅速攻占武昌、安庆、南京等长江沿岸重要城镇，定都天京，分兵西征北伐时，清朝统治大厦摇摇欲坠，统治阶级内部惶恐不安，许多官吏收拾细软，疏散家人，试图逃避造反农民的打击；富商大贾也纷纷收回资本，隐匿财产。以金银为代表的贵金属成为富人疯狂追求的对象，银价飞腾反映了当时供求矛盾的极度紧张情况。在一年时间内有的省区上涨千余文，或七八百文，这显然是由于政治不稳定造成的，不可能是其他原因促成的。因此，在研究晚清银钱比价问题时，还要适当考虑政治对经济对货币的冲击，适当考虑人们的心理趋向因素。

总之，导致道咸时期“银贵钱贱”的原因是十分复杂的。既要考虑商品经济发展情况下货币运动的一般规律，又要考虑特殊环境中外在因素对货币比价的影响；既要考虑货币供应量的大小，也要考虑社会需求的变化；既要考虑经济上的影响，又要考虑政治上的冲击。不能把当时的“银贵钱贱”简单归于鸦片偷漏白银，货币绝对数量减少。而应当研究贵金属价格的变化，研究社会的供求矛盾，并围绕着供求矛盾寻觅各种加剧或延缓矛盾的因素，最后才能得出比较科学的结论。

小　结

自嘉庆年间“银贵钱贱”问题再次出现，探索当时银价增昂的原因，一直是国际国内令人特别注目的重大课题。到目前为止，笔者认为两种比较有影响的观点都不能正确揭示道咸时期“银贵钱贱”的奥秘。

（一）白银外流说，仅仅从货币在国内绝对数量的变化来思考问题，以为银少则贵，银多则贱，没有考虑社会对它的需求与供给的变化，没有考虑贵金属的价值主要取决于生产费用的大小与时间变化，是用错误的货币数量观点思考问题的。

（二）“铜钱质量变劣说”，虽在某种程度上说出了钱贱的一些因素，但不能完全说明问题。铜钱质量变劣在当时并不十分严重，它仅仅是银价增昂的少量因素，不是银价大幅度上涨的根本原因。

（三）铜价跌落至12两，这是道光时期银价相应上涨的重要因素，不能低估，而以往的研究者对此注意不够。

（四）纵观直隶与八省粮价波动情况，我们没有看到粮价波动与钱价波动的一致性。不仅在发展趋势上没有一致性，而且在白银对于粮食和制钱的购买力方面，差异也很大。1840年代，银两对于制钱来说，它的购买力增强了一倍多,而银两对于粮食来说,购买力提高不过20%—30%。所以,用鸦片输入,白银外流,银价提高,银两的购买力增强,来解释"银贵钱贱"问题,处处存在矛盾。

(五)依照严中平的物价统计,可以认定嘉庆、道光时期的物价稳定,白银的购买力稳定;依照吴承明的统计,白银购买力在嘉庆、道光年间经历了一次先跌后涨的过程。只不过这种先跌后涨,是经过三次反复完成的。物价指数变化高不过160,低不过90。咸丰时期,物价最高,白银购买力最低;道光时期,物价有所下降,白银购买力有所提升。直到1843年以后,白银的购买力才提升到乾隆中后期的水平。这两个统计与均衡价值论存在着一个悖论。银价对于物价的变化尚且如此复杂,银价对于钱价的变化原因将更加复杂。尽管两个物价统计信息很不一致,但从中至少可以得到一个结论,即嘉庆、道光时期的白银购买力变化与其流通数量关系不大。因此,利用"鸦片输入—白银外流—国内白银减少—银价相应提高"这样的简单推理,来解释嘉庆、道光年间的银钱比价变化,无论从理论上看,还是从事实上说,都漏洞百出,难以令人信服。

(六)道咸时期的"银贵钱贱"的动力来自商品经济的发展,社会财富的增加,导致货币流通领域里发生相应的变化,产生银两排斥制钱运动。社会对白银的需求不断增加,银两作为价值尺度和流通手段愈来愈重要,制钱的职能日益削弱。由供求矛盾导致"银贵钱贱",这是银价适度增昂的重要因素。"白银外流"发生在社会对贵金属的需求不断增加情况之下,自然加剧了供求矛盾,导致银价超常上涨,越出了正常情况下所能允许的范围。"银贵钱贱"遂成为一种病态性的运动。由于中国白银储备不足,致使银本位制不能适时确定,银币的铸造一拖再拖。货币的流通方向与步伐都受到了严重干扰,从而对社会经济的发展产生了阻挠作用。这一切都需要从一个涵盖国际国内贸易,金属价格波动,制钱重量、质量变化的复杂框架来考虑。

第八章　咸丰同治年间银价暴跌及其成因（1853—1866年）

如前所说，嘉庆、道光时期银钱比价的不断上涨既是金属价格和铸币质量变化的结果，又是社会对贵金属需求不断增长的结果。如果继续正常发展下去，白银势必将制钱逐出流通领域而独占货币宝座，中国的货币制度将由银钱并用时期过渡到银本位时期。就在这时，以英国为主要代表的西方殖民者加紧了对中国的经济侵略，19世纪20年代末，走私鸦片大量偷漏白银，使中国白银由长期以来的入超变为出超，大大地加剧了中国社会对白银需求的矛盾，银钱比价飞速上涨，中断了中国货币的正常发展道路。同时也对中国社会经济造成了严重破坏，促使民族矛盾、阶级矛盾迅速激化，导致鸦片战争、太平天国革命等一系列重大历史事件的发生。关于道光时期的“银贵钱贱”的讨论，尽管存在肤浅的认识，但是必须承认，讨论还是比较多的。与道光时期的“银贵钱贱”相比，关于咸丰、同治时期银价突然大幅度跌落的问题讨论，显然不够充分。围绕着咸丰、同治时期的银价下落问题，有一些猜测，但这些猜测大都缺乏资料的支持。

一　1854—1865年银价暴跌形势

鸦片战后十年间，中国货币流通领域中发生的“银贵钱贱”问题更加严重,1854 年,全国大部分省区的银价上涨到 2500—2600 文,或 2700—2800 文,有的省甚至高达 3000 文。[1]这完全符合人们关于"咸丰三四年而极"的说法。然而这种情况从 1855 年突然发生变化,银价大幅度跌落,江浙地区在短短的三年时间里,银价下跌到 1100 文,[2]与该地区最高年度(1853 年)的 2600 文相比,下降了 1400—1500 文;1854 年湖南的银价是 2600 文,1856 年湖南的银价下跌到 1600 文,[3]短短两年时间就相差 1000 文;其他省区大抵如此。所以,全国银价在 1858 年以后十年间,大致都保持在 1400 文上下[4],与 1854 年相差 1000—1100 文,银价下跌率约为 38%—42%。在短短几年时间内,银价在全国范围内大幅度下跌,实在令人感到吃惊。现将 1851—1868 年银钱比价波动情况列表如下:

表 8-1　1851—1868 年银钱比价波动情况一览表

年份	银钱比价	原始资料	省区	资料来源
1851	1500—1600	惟向来兴举大工,往往银价骤落,钱价骤长。属瘠贫之所,钱店资本无多,加以转运艰难,现钱甚少。目下每银一两仅易制钱一千五六百文。	江苏	录副奏折,档号:03-4463-016。

[1] 咸丰四年陕西银钱比价为每两白银可以兑换 3000 文制钱,河南为 2700—3000 文,见中国人民银行总行参事室金融史料组编:《中国近代货币史资料》第一辑,上册,第 183 页。

[2] 1857 年江浙一带比价为 1100—1200 文,见席裕福、沈师徐编:《皇朝政典类纂》,上海图书集成局,1902 年版,钱币 4,第 11 页。

[3] 曾国藩:《请捐钱照湖南成案片》,咸丰六年十月十一日,《曾文正公全集》奏稿卷 8,第 70 页,台北:文海出版社,1974 年影印本。

[4] 1868 年京师的银钱比价是"每银一两合制钱一千二百文"(《清会典》卷 220),大致恢复到乾嘉时期的水平。尔后开始上涨,"以钱易银,连年银价日昂。"(王延熙、王树敏编辑:《道咸同光奏议》卷 34,台北:文海出版社,1969 年,第 11 页。)但到了光绪中期,银价又开始逐年缓缓下落。

续表

年份	银钱比价	原始资料	省区	资料来源
1852	2000	昔日两银换钱一千,则石米得银三两,今日两银换钱二千,则石米仅得银一两五钱。	江苏	录副奏折,档号:03-4185-009。
1853	2000	咸丰三年,粤匪窜陷金陵,长江梗塞,不得已改收折色,定为每石一两三钱,当时银价每两换钱二千余文,米价每石不过一千余文,故一两三钱,民犹病其重也。	江苏	曾国藩:《遵议筹运京仓疏》,同治二年,盛康编:《皇朝经世文续编》卷48,户政20,漕运中。
1853	1700—1800	近年银价固属昂贵,然系由渐而长,每两纹银不过合京钱四吊文,为日已久,军民相安。惟自二月十五日,关闭钱铺不下百余处之后,每两只合京钱三吊三四百文。现时每两换京钱四吊三四五六百文不等。	京师	录副奏折,档号:03-9506-059。
1853	2300 2600	现在都中已至二千三百文,外省有至二千六七百文者。	京师 各省	录副奏折,档号:03-9507-060。
1853	2000	每银一两折给钱文二千文。	河南	朱批奏折,档号:04-01-01-0861-092。
1854	2100—3000	豫省现时银价,据各属禀报:自二千一二百文至三千文不等。市侩居奇,长落无定。	河南	朱批奏折,档号:04-01-35-1369-052。
1854	2400—2500	银价每两两千四五百文。	山西	《中国近代货币史资料》第一辑,上册,第465页。

续表

年份	银钱比价	原始资料	省区	资料来源
1854	1800—1900	率以制钱一千八九百文作银一两,近来银价日昂,不敷报解……本年上忙新赋,准交制钱二千作银一两。	安徽	《清文宗实录》卷118,咸丰四年正月甲寅。
1854	3000	咸丰四、五、六年,每银一两易制钱三串有零,以两串制钱代银一两散放,于库款有盈无绌。	京师	朱批奏折,档号:04-01-30-0472-014。
1854	2000—2500	陕省银价,本年以来,每两自二千文递增至二千四五百文,以致官民交困。	陕西	朱批奏折,档号:04-01-35-1369-041。
1854	2700—2800	银价两千七八百文。	河道	《中国近代货币史资料》第一辑,上册,第465页。
1854	2500—2600	自去年以来,银价甚昂,每银一两换制钱两千五六百文。	直隶	《中国近代货币史资料》第一辑,上册,第439页。
1854	2500—2600	两千五六百文合银一两。	湖南	《中国近代货币史资料》第一辑,上册,第243页。
1855	3000—2500	银一两换钱三千文,忽跌至两千五百文。	河南	《第二次鸦片战争》第1册,第413页。
1855	2600—1800	库平银一两总易制钱二千五六百文及三四百文不等……迨至本年九月后银价骤落,每两易钱二千一二百文,虽节省无多,当可照办,及十月	陕西	录副奏折,档号:03-9514-030。

续表

年份	银钱比价	原始资料	省区	资料来源
		初间,银价日见低减,每两竟只易钱二千零数十文……本省及各属邻省地方已由每两仅易钱一千八九百文者。		
1855	2300—1800	浙省银价以旬日内比较,贵时每两易钱二千二三百文,贱时每两易钱一千八九百文。	浙江	《中国近代货币史资料》第一辑,上册,第443页。
1856	2050—1900	本年十月初一日每银一两易换京钱四吊一百文;十五日,易换京钱三吊九百文;十一月初一日,易换京钱三吊八百文。	黑龙江	朱批奏折,档号:04-01-35-1370-035。
1856	1600	查前办河工捐输成案,系以制钱一千五百文抵收银一两,此次应以制钱一千六百文抵收银一两。	福建	《福建省例捐输例》,《闽省劝捐防剿章程》,咸丰六年三月二十五日。
1856	2000	近来四乡商民贩卖食用等物来京,以货易大钱,而出京数十里,即不行使,势不能不以大钱买银,及携至京外,每两仅换京钱四千有零。	京师	录副奏折,档号:03-9515-025。
1856	2000	银一两换钱二千文上下。	直隶	《中国近代手工业史资料》第一册,第583页。

续表

年份	银钱比价	原始资料	省区	资料来源
1856	1600	地方糜烂,民力益形拮据。照江南、河南、湖北等省新例减二成外,仍以制钱一千六百文作银一两。	湖南	《曾文正公全集》奏稿卷8,第70页。
1856	1800	苏城金银价飞涨,迁徙者纷纷,银值制钱一千八百零。	江苏	《漏网喁鱼集》。
1857	1600—1300	今岁银价大减,每两仅值制钱一千三四百文,至多不过一千五六百文。	山东	录副奏折,档号:03-9518-070。
1857	1278	该道价捐钱三千六百八十七串,按照新章合银二千八百八十四两,请以道员指省陕西补用。	湖南	录副奏折,档号:03-4288-024。
1857	1600—1400	乃近日银价日形减落,每银一两不过易钱一千五六百文,附近军营之处,银价更低,每银一两仅能易钱一千三四百文。	河南	录副奏折,档号:03-4289-046。
1857	800—900	自本年四月以来,每银一两仅易制钱一串八九百文。	京师	朱批奏折,档号:04-01-30-0472-014。
1857	1400—1600	今岁银价大减,每两仅值制钱一千三四百文,至多一千五六百文。	山东	录副奏折,档号:03-9518-070。
1857	1100	江浙银价向来每两换制钱二千有零,自英夷在上海收买制钱,钱即涌贵,以银易钱之数渐减至半,现在每两仅易制钱一千一百余文。	江苏 浙江	《清文宗实录》卷235,咸丰七年九月己卯。

续表

年份	银钱比价	原始资料	省区	资料来源
1857	1100	江浙银价向来每两换制钱二千有零,自英夷在上海收买制钱,钱即涌贵。以银易钱之数渐减至半,现在每两仅易制钱一千一百余文,兵民交困。而夷人竟据为利薮。	浙江	李慈铭:《越缦堂国事日记》第1册,台北:文海出版社影印本,第66页。
1858	2300—2400	道光初年每银一两尚只易钱一千三四百文,自后渐次增长至二千文,近更增至二千三四百文。	湖南	骆秉章:《沥陈湖南筹饷情形疏》,咸丰八年四月二十三日,录副奏折,档号:03-4451-041。
1858	1600	又收钱六十二万六千七百六十八串,合银三十九万一千七百三十两。	甘肃	《张文毅公奏稿》卷7,第27页,《奏徽郡捐输数目折》。
1858	1100	银一两只能换钱一千一百文。	江苏 浙江	《筹办夷务始末》(咸丰朝),卷17,第594页。
1859	1200	每石给京钱二千四百文。	京师	《清文宗实录》卷281,咸丰九年四月壬戌。
1860	1600	又收钱六十二万六千七百六十八串,合银三十九万一千七百三十两。	甘肃	《张文毅公奏稿》卷7,第27页,《奏徽郡捐输数目折》。
1860	1566		京师	《越缦堂日记》,第420页,据银元价格推得。

续表

年份	银钱比价	原始资料	省区	资料来源
1861	1220	数日以来,钱价骤昂,各铺喧嚣,刻下每银一两仅换京钱六吊一百,商逐日加少,一日之内,早中晚三易其价。	京师	录副奏折,档号:03-9524-060。
1861	1300	银一两换钱一千三百文。	京师	《越缦堂日记补》第四册,第1865页。
1862	1400	计银一两作银一千四百文核算。	安徽	《曾文正公全集》卷21,第48页,《报销皖省抵征折》。
1862	1428		江西	《宝韦斋类稿》官书16,据资料推得。
1863	1200	捐纳职贡等,以钱一千二百文作银一两,交纳。	湖南	录副奏折,档号:03-9526-006。
1863	1300	今则情形迥异,价值悬殊,银价每两不过换钱千三百余文,米价虽各省不同,然大致相类。	江苏	曾国藩:《奏报遵筹办京仓米石缘由事》,同治二年九月二十二日,朱批奏折,档号:04-01-35-1216-010。
1864	1600	同治三年为始,每银一两作钱一千六百文,地丁每两征银一两三钱者,改收钱二千四百文,漕米每石征银一两九钱者,改收钱三千文。	江西	刘秉璋:《遵查江西征收地丁漕疏》,葛士浚编:《皇朝经世文续编》卷32,户政9,赋役下。

续表

年份	银钱比价	原始资料	省区	资料来源
1864	1400	计银一两作钱一千四百文核算。	安徽	《奏报皖省改办抵征两年收解简明总数事》,朱批奏折,档号:04－01－3－0161－003。
1864	1333	每年厘局共拨解钱十二万串,市价约合银九万两。	福建浙江	《左文襄公全集》卷11,据第47页推算。
1864	1500	银一两合钱一千五百文。	湖北	《皇朝掌故汇编》卷12,第51页。
1865	1400	同治四年,杜文澜奏定银价之时,每两易钱一千四百文,价收办公费六百文,足敷办公。	江苏	《丁中丞政书》卷1,第10—11页,《酌定上忙银价片》。
1865	1500	奏定每银一两连公费等收钱二千文(其中加收办公费五百文)。	江苏	录副奏折,档号:03－9538－008。
1865	1500—1600	今各省银价多在一千五六百文之则。	全国	《中国近代货币史资料》第一辑,下册,第562页。
1866	1600	甘肃捐输章程:奏定以钱一千六百文作银一两。	甘肃	录副奏折,档号:03－9526－014。
1867	1500—1600	现今各直省银价每两值钱一千五六百文。(今所名京墩者,其重自八分至一钱而止,本以二文作一文之用,今天津谓京钱二百,实则制钱一百,犹其遗意也。)	天津	钟大焜:《拟请改铸轻钱议》,《清朝续文献通考》卷21,钱币3,第7710页。

续表

年份	银钱比价	原始资料	省区	资料来源
1867	1500—1600	见时银价能算至一千五六百文者,指大钱价言,但使铸出之钱与见时通用之大钱分两相若,则换银价值自必与见时之大钱相准便,为有利无弊。	京师	《清朝续文献通考》卷21,钱币考3,第7711页。
1867	1333	银一两约合一千三百三十三文。	广东	《善善堂租簿》,《中山大学学报》1986年第一期。
1868	1240—1250	现在省城市价每库平纹银一两换钱一千二百四五十文不等,外府钱价约略相同。	福建	朱批奏折,档号:04-01-35-1360-066。

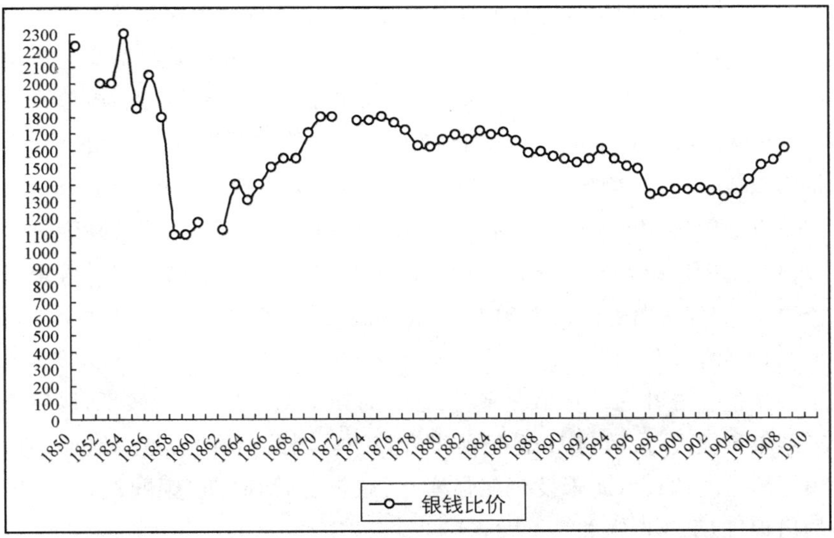

资料来源:此图数据依据附表13制成。主要摘自中国第一历史档案馆藏朱批奏折和录副奏折,也有相关文献。摘录的重点地区是江苏、浙江、江西和安徽等邻近省区。这一时期,京师与福建等省正在推行大钱和钞票,货币价格非常混乱,因此本图不取其价格数据。

表8-1所统计的银钱比价资料，就个别地区而言，尽管还不够系统，不够充分；但就全国而言，已可概见银钱比价变化趋势。

那么，是什么原因导致这一时期银价如此大幅度跌落呢？到目前为止，人们对于这一时期银价下落原因大致有三种看法：第一，“铜贵钱少说”，认为银价下落是由于外国人在通商口岸收买制钱和民间毁钱铸器造成的；第二，“白银入超说”，即认为中国对外贸易出超，白银大量入口，银多而价落；其三，“世界银价下落说”，认为中国银价下落是由世界银价下跌造成的。笔者认为上述三种看法均不能正确解释太平天国时期银价突然大幅度跌落问题。

二 银钱比价与粮价和物价

为了确切把握银钱比价波动的主要因素，我们需要首先看一看白银对粮食的购买力（表8-2）。1851—1855年，直隶保定的平均每担上等粟米价银1.636两，白麦价银1.6475两，高粱价银0.8988两，三担粮食合计价值4.1823两；1856—1860年，平均每担上等粟米价银1.858两，白麦价银2.064两，高粱价银1.176两，三担粮食合计价值5.644两；1861—1865年，平均每担上等粟米价银1.972两，白麦价银2.702两，高粱价银1.13两，三担粮食合计价值5.804两；1866—1870年，平均每担上等粟米价银2.258两，白麦价银2.912两，高粱价银1.469两，三担粮食合计价值6.639两。

从这个统计和计算情况来看，这一时期最初五年，粮价较低，以后十五年粮价较高，大致与19世纪前半叶持平。因此，我们说这一时期的白银对粮食的购买力尚未发生明显变化，咸丰、同治时期“银贱钱贵”问题的出现，似乎与白银关系不大。

再从表8-3看江南米价，1852年，米价指数一度下跌到71.43，但从1857年开始暴涨，到1862年米价指数达到229.43，太平天国等农民起义

表 8-2 京师与保定粮价波动情况一览表(1850—1870 年)

(单位:银两/担)

年份	上等粟米	白麦	高粱
1850	1.0500—2.5500	1.2800—2.6000	0.7400—1.4100
1851	1.0300—2.0500	1.2500—2.2000	0.7400—1.2100
1852			
1853	1.0900—2.1900	1.1200—2.2700	0.5400—1.2000
1854	0.9900—2.2500	0.9200—2.2700	0.4400—1.2200
1855	0.9900—2.1000	0.9200—2.2300	0.4400—1.2000
1856	0.9900—2.1000	0.9200—2.2300	0.4400—1.2000
1857	0.9900—2.1000	0.9200—2.5500	0.4400—1.6500
1858	1.2800—3.2600	1.2000—3.6000	0.8000—1.9800
1859	1.2400—3.2600	1.1400—3.0600	0.6600—1.9800
1860	1.1000—3.2600	1.3000—3.7200	0.6100—2.0000
1861	1.0300—3.2600	1.5000—3.5000	0.7500—1.9800
1862	1.1200—2.6000	1.8000—3.1000	0.7000—1.4200
1863	1.3000—2.5000	1.8200—2.8500	0.7000—1.4000
1864	1.3300—2.6000	1.5300—2.4000	0.6800—1.3400
1865	1.2800—2.7000	1.5100—2.7500	0.6900—1.6400
1866	1.3800—2.7000	1.8500—3.2200	0.7900—1.5200
1867	1.4200—3.0000	1.9900—3.9200	0.8300—1.8000
1868	1.6200—3.5000	2.2000—5.1500	1.0000—2.9500
1869	1.5100—3.0000	2.0400—3.3900	0.9200—1.9800
1870	1.4500—3.0000	1.9600—3.4000	0.9200—1.9800

资料来源:本表数据摘自中国第一历史档案馆藏的粮价清单。大致以顺天府尹和直隶总督奏报为主,选摘每年三月份京师与保定的粮价。如果缺乏三月份的粮价数据,则摘录邻近月份的粮价数据。因此,这一粮价表可以看成是该地区每年春天的粮食平均价格。

被镇压后,米价迅速下落,1867 年米价指数仅为 122.29;1868 年米价指数为 97.94。由此来看,江南稻米在太平天国起义时期价格一度涨至原价的两三倍。由于江南地区正是太平天国活动的重点区域,也是双方军队厮杀的主要战场,战乱对于粮价的影响显而易见。

而就当时的物价来看,也有大的起伏变化。1851 年,太平军起义时,江南物价为 101.23;1853 年,太平军占领南京时,物价尚未受到大的影响,不过 77.67;但是,到了 1855 年,战争对于社会巨大影响通过物价显现出来,到 1862 年,上涨至 163.17;1864 年,达到 187.47。也就是说,战乱时期的物价相当于战前的 1.9 倍,相当于战争初期的 2.5 倍。这种因战乱造成的物价飞涨是暂时的,战争一结束,物价迅速恢复,逐渐接近战前的水平。

战争时期,各种商品价格受到严重扰乱,银价、钱价概莫能外。江南米价、物价和钱价一齐高涨,虽然可以证明白银价格的相对贬值。但是,事物总是复杂的,战争对于粮价、物价造成的供求紧张局面,也完全可以导致粮价、物价单方面大幅度攀升。尤其是,华北的粮价并未大幅度上涨,不能证明白银价格发生了大幅度贬值。尽管货币运动是商品经济的反映,但货币运动又有着相对独立性。货币运动不完全是商品经济变化的必然结果。这一点已为货币学家所证实。因此,寻找银钱比价变化原因,既要关注外部因素,又要重视内部因素,具体问题具体分析,通过互相质证,最后才能找到真相。

表 8-3 从咸丰元年到光绪二年的米价物价指数(1851—1870 年)

年份	米价 1760/80 = 100	物价 1760/80 = 100	年份	米价 1760/80 = 100	物价 1760/80 = 100
1851	117.96	101.23	1861	160.17	130.50
1852	71.43	78.30	1862	229.43	163.17
1853	73.05	77.67	1863	206.70	166.20
1854	74.67	73.92	1864	214.28	187.47
1855	79.00	79.22	1865	153.68	157.61
1856	80.08	87.79	1866	162.33	142.37
1857	143.94	126.65	1867	122.29	114.95
1858	150.97	127.57	1868	97.94	117.76
1859	128.24	113.26	1869	106.06	119.16
1860	90.91	95.78	1870	112.55	117.76

资料来源:本表数据摘自《300 年来米价、物价及货币兑价》,载《清代以来的粮价:历史学的解释与再解释》,第 173—174 页。

三 “铜贵钱少说”

银价在短时期内大幅度下落，很快便引起朝野人士的关注和猜测。1857 年 9 月 10 日，浙江大儒李慈铭在他的日记中记载了当地“番钱”与制钱市价之比下跌的情况后，[1]认为下跌原因是由于“大军（即清军。——笔者注）驻江南，以浙省为外府，税银尽以给军，而即变价易钱于浙中，及内发帑银者，亦然。又铜钱极少，估舶多有私载铜出海及潜销为器物者。……铜贵而金银俱贱矣”。[2]同年十月，多年潜心研究货币问题的兵部左侍郎王茂荫上奏指出：“江浙银价向来每两换制钱二千有零，自英夷在上海收买制钱，钱即涌贵。以银易钱之数渐减至半，现在每两仅易制钱一千一百余文，兵民交困。而夷人竟据为利薮。”[3]请求清廷下令广铸制钱。李、王二人所提出的银价下跌原因可归结为一条，即外国人收买制钱和民间潜销制钱，使钱的总流通量减少而“涌贵”。

诚然，一些不法的西方殖民者曾经利用“银贵钱贱”的形势，在上海等地私下收买中国制钱偷运出境。例如，1853 年 2 月，广隆洋行向上海海关投文申请，运载 60 桶煤斤出口。但经海关检查，发现其中 40 桶内的碎煤底下全部装的是中国铜钱，价值约计 12000 两白银。另外还有 50 箱制钱，当即被全部没收[4]。如此大量违法收购制钱，肯定会暂时少量影响上海及其附近地区的制钱流通量，从而影响银钱比价。在世界体系构

---

〔1〕“番钱”，即外国银元，这里主要指西班牙银元，每元在中国市场上可以兑换 0. 72 两纹银。这时该地每元可以换制钱 973—997 文，据此可以推知，每两纹银可以换钱 1351—1385 文。又因为银元与制钱的比价通常略高于纹银与制钱的比价，可以断定浙江这时的银价当在 1300 文左右。

〔2〕李慈铭：《越缦堂国事日记》第 1 册，台北：文海出版社影印本，第 66 页。

〔3〕贾桢纂：《筹办夷务始末》（咸丰期）卷 17，中华书局 1979 年版，第 594 页。

〔4〕姚贤镐编：《中国近代对外贸易史资料》第 1 册，中华书局 1962 年版，第 449 页。

造者弗兰克看来,地球就是一个大赌场。在这个大赌场中,货币周游世界各地,推动着世界转动,它不断大量地供应着血液,润滑着农业、工业和商业的运转机制。自17世纪中期,日本大概是世界上主要的铜出口国。东亚、东南亚和南亚的日常小额交易主要使用铜钱。亚洲人与欧洲人一样对这种货币生意投入了巨大的经济、社会、政治、军事等方面的"精力"和注意力。因为这种生意往往比其他生意更有利可图。生产和出口作为货币的白银、黄金、铜和锡等的主要地区和一些次要地区,彼此之间进行套利交换。毫无疑问,这成功地把我们带入一个更为广阔的历史研究天地,让我们看到了世界历史复杂的互动关系。

然而,如果考虑到贵金属(金、银、铜)一直是中国严禁出口的物品,中外条约也明文规定制钱不准出口,西方的不法商人不可能公开频繁地以制钱海运出境;中国的银价下落也不仅是上海及其附近地区,而是全国性的急剧下落;特别是考虑到,这一时期每年仍有数量可观的"滇铜"、"洋铜"被送进铸币局,投入铸币炉,新的制钱源源不绝进入流通之渠;再加上清朝政府实行了货币膨胀政策,我们可以断言,偷运制钱出境不是太平天国时期银价突然大幅度跌落的主要原因。同样道理,由于潜销制钱为器是历代就有的老问题,只要有大批的铜器和铜斤存在,"化钱为器",就不可能导致银价大幅度跌落。

当时制钱的总流通量并未降低。1853年,太平军占领武汉、安庆,定都天京,切断了清政府的长江水运,滇铜的开采和运输更加困难。为了筹集充足的军费,除了征收赋税外,清廷还千方百计地搜罗币材,扩大铸钱数量。其主要措施有三:一是命令滇铜改由陆路,经河南运抵京师;二是命五口通商大臣在海关税收中划拨巨额款项,招商采买"洋铜";[1]三是制订严厉的法令,禁止民间打造和使用五斤或一斤以上的铜器,[2]勒令在限期内把铜器交给官府,"以裕铜斤,而济鼓铸"。[3]

---

〔1〕《清会典》卷215,钱币,第5页。

〔2〕1854年命令禁用五斤以上的铜器,后来又令收毁一斤以上的铜器,参见席裕福、沈师徐编:《皇朝政典类纂》卷65,钱币8,禁铜例,上海图书集成局1902年版。

〔3〕《清实录经济资料选辑》,第199页。

咸丰年间,每年有“洋铜”和“滇铜”百余万斤运往京师,投入宝泉、宝源局的铸币炉,再加上四川、云南继续大力鼓铸制钱,可以肯定这一时期仍有数量可观的制钱进入货币流通之渠。与此同时,清政府不顾一切后果地实行了通货膨胀政策。从 1853 年开始广铸当十、当五十、当百、当五百、当千等大钱,依靠国家法令强力推行,藉此以救燃眉之急,终因这些大钱的面额与其实际含铜量过于悬殊而无法在市场上流通。同一时期清政府还极力降低制钱的成色和重量,制钱遂“日益恶劣”。据梁启超统计:乾隆钱百文重 1219 盎司(原文是安士),嘉庆钱百文重 1073 盎司,道光朝百文钱重 1080 盎司,咸丰朝制钱最为低劣,百文仅重 900 盎司,[1]折合 6. 75 两,每枚重量只有 6. 75 分。按照通常情况下,清廷在采取了上述措施后,进入流通领域的总制钱量不但不会减少,而且有可能进一步导致银价上涨。事实也正是这样,1854 年所出现的银钱市价之比暴涨,正是通货膨胀政策促成的。可以设想,如果没有通货膨胀的干扰和影响,从 1855 年开始的银价大跌落将会更加严重。

总之,无论是从外国商人私易制钱出境情况看,还是从制钱的总流通量方面考察,都无法证明这一时期制钱的流通量有大幅度减少。因此,说太平天国时期的银价大幅度下落是由“钱少”引起的,缺乏足够的证明力。

但是,铜贵是否影响了银钱比价呢?史料告诉我们,咸丰朝的商铜仍然是每担价银十二两,于咸丰、同治之际开始上涨,每担洋铜价银快速上涨到十九两。

例如,1855 年,署理四川总督乐斌指出:“宁远府知府翁祖烈采买商铜四十一万三千七百六十斤七两四钱八分,每百斤价脚银十二两,共银四万九千六百五十一两二钱五分六厘一毫;收委员宁远府知府德裕采买商铜二十四万一千四百九十八斤,每百斤价脚银十二两,共银二万八千九百

〔1〕 梁启超:《各省滥铸铜元小史》,参见《饮冰室合集》文集第九册,第 16 页。

七十九两七钱六分。”[1]

1861 年,商铜价格有所上升,宝泉局、宝源局招商采买洋铜,“照江浙采买日本洋铜成案,每百斤给银十五两三钱,解交户、工两局鼓铸”。[2]1863 年,江苏巡抚李鸿章曾派人采购红铜,每担连价本运脚合银十九两。[3]1868 年,江苏巡抚丁日昌奏报:“洋商每由东洋贩运铜板铜条来沪买卖者,价值随时涨落,以现在市价计之,每百斤合库平银十六两三钱左右。”[4]这些资料不够系统,难以说明问题。幸好,海关贸易报告为我们留下了 1862 年以后的紫铜贸易资料。

从上述情况来看,商铜价格在 1855 年开始迅速上涨。商铜价格的上涨毫无疑问会影响银钱比价的变化,问题是,铜价上涨的影响比例有多大? 这需要通过计算来说明。这一时期,铸币的名义重量为“一钱”,铸钱的合金比例是京局铜 54%,白铅 42.75%,黑铅 3.25%,损耗仍是 9%,黑白铅价仍为 4.2 两左右,[5]工料费为 1959 文。

由此推得,1855 年,100 斤制钱合金价值 8.412 两。我们知道,咸丰时期制钱的实际重量只有 6.75 分,100 斤合金,扣除损耗 9%,可以铸造成 6.75 分的制钱 21570 枚,从中扣除加工费 1959 文,为 19611 枚,即投资一两白银可以得到 6.75 分重的制钱 2331 枚。1861 年,100 斤制钱合金价值 10.194 两,投资一两白银可以得到重量为 6.75 分的制钱 1924 枚。利用同样方法,我们按照当年进口铜价可以推算出 1862—1874 年铸造制

---

[1] 署理四川总督乐斌:《题请核销宝川局咸丰三年鼓铸钱文用过铅铜价脚银两事》,咸丰五年三月二十八日,题本,档号:02-01-04-21566-005。

[2] 《光绪朝大清会典事例》卷二一五。

[3] 湖广总督李鸿章:《奏请饬下两江总督等饬刘瑞芬订购洋铜事》,同治八年五月初三日,录副奏折,档号:03-4954-025。

[4] 《江苏巡抚丁日昌奏为江浙合办洋铜委员起解运京事》,同治七年九月初三日,录副奏折,档号:03-4980-027。

[5] “窃维制钱奇绌,各省皆然,其故由于铜贵而银贱。查从前铜价每百斤不过银十一二两,白铅每百斤不过四五两。近则东洋铜每百斤贵至二十六两,华啰啰铜每百斤贵至二十九两,白铅贵至九两有奇。”中国人民银行总行参事室金融史料组编:《中国近代货币史资料》第一辑,下册,第 659 页。

钱的成本费用表8-4：

表8-4 1862—1874年铜价波动情况一览表

（单位：海关两/担）

年份	紫铜价格	铸造制钱合金价	投资一两白银可铸制钱数量	
			规定标准制钱	流通的小制钱
1862	28.00	17.052	739	1150
1863	30.77	18.5478	679	1057
1864	26.00	15.972	789	1228
1865	19.18	12.2892	1025	1596
1866	17.10	11.166	1128	1756
1867	15.63	10.3122	1222	1901
1868	13.06	8.984	1403	2183
1869	20.00	12.732	990	1540
1870	15.26	10.1724	1239	1928
1871	15.05	10.059	1253	1950
1872	14.97	10.0158	1258	1958
1873	18.00	11.652	1081	1683
1874	16.21	10.685	1179	1835

咸丰、同治时期，规定的标准制钱为一钱的制钱，实际流通的制钱大多为6.75分。上表数据是按照标准制钱和流通制钱分别进行推算的。按照当年铜价推算，铸造的制钱假若都是标准的，制钱的市场价格还要更高一些。根据推算，投资一两白银，1862年到1864年，可以得到6.75分小制钱1100—1200文；1865—1866年，可以得到小制钱1600—2183文。这与市场上的银钱比价趋势基本一致，而变化幅度明显低于市场比价（1500—1600文）。出现这样的差异，不是我们的推算不合理，而是由于货币流通总是复杂的，前代的旧钱不可能一下子退出流通。至于1866—1874年，投资一两白银可以铸造1600—1950文制钱，与市场上的银钱比

价则趋于完全一致。因此，我们可以断定，铜价的变化是咸丰、同治年间“银贱钱贵”的主要原因。是不是还有其他原因呢？

四 关于“白银入超说”的商榷

第二种意见认为，太平天国时期的银价下落由于中国对外贸易出超，白银大量入超。冯桂芬说：“咸丰五年，泰西诸国大水，桑尽仆，中华丝市骤盛，一年中卖丝到六七千万两，各货及鸦片不足抵，则运银偿之，银遂骤贱，以迄于今。”[1]这一观点至今仍被肯定，[2]因此必须详加分析。

鸦片战后，中国白银继续大量外流，每年平均出口白银1000万元左右，有时高达1700万元。[3]和战前相比，并没有减少，反而继续维持上升的趋势。

1853年太平军攻占丝织业重要城市——南京，数万架织机停歇，大量生丝不能进入织造厂，只好投向国外市场，中国生丝出口迅速增加，特别是1860年，太平军占领苏州、常州地区，中国丝绸织造业几乎完全陷于停顿状态，生丝出口在这几年达到高峰。与此同时，茶的出口量也有所增加。毫无疑问，太平天国时期中国货的出口确实有很大发展。但须注意，同一时期，鸦片走私贸易更加猖獗，西方的工业产品也在极力寻求市场，外国输华货值（包括鸦片在内）增长也十分迅速。五口通商时期，中国对外贸易进出口总值，究有若干，并无确切统计可资参考。中国这时对外贸

---

〔1〕 冯桂芬：《显志堂稿》卷11，光绪二年（1876）校邠庐刻本，第30页。

〔2〕 王方中说：“五十年代初，英国工业品的输入，虽然有所回升，但是，连同输入中国的大量鸦片，也还是抵偿不了中国货（主要是丝茶）的输出，因此从1850年起，白银外流变成了白银流向中国的趋势。”（《中国近代经济史稿》，北京出版社，1982年，第113页。）

〔3〕 Report of Select Committee 1847, pp. 24 – 25. 原数字为英镑，现据当时兑换率换算为银元。

易的大宗商品仍然主要是丝茶，直到1875年，约占中国出口货值的90%左右[1]，同一时期，外国输华的货物，除英美的工业品外，主要是印度的鸦片和棉花，其中鸦片货值大约占输华货值的40%左右[2]。太平天国时期中国出口茶丝货值究竟有多大？是不是"各货及鸦片不足抵，则运银以偿之"？我们应当回答这些问题。

五口通商时期，由于海关管理混乱，没有留下中国出口茶丝的精确统计。现摘取马士和班思德的统计数字，按照当年茶丝出口的平均价格，推算出茶丝出口总值，再与输华鸦片值相比较，概略说明中国对外贸易的实际情况。

表8-5清晰地显示出，中国出口茶丝值确实有很大增长，但大量增加的茶丝出口货值尚不足以抵消鸦片走私的货值，在十六年的统计数据中，只有三年茶丝出口值略大于鸦片入口值，即使如此，也不能表明中国在这三年中会有大量白银流入。因为我们使用的是占中国出口额百分之八九十的茶丝值与大约占输华货值百分之四五十的鸦片相比的。除鸦片外，还应当注意英美国家数量可观的工业品和印度棉花输入值。以1860年的输华货值为例，英国为435万英镑，美国为890万美元。1850—1856年，每年输入印度棉花约244679包，价值500万—600万银元。

考虑到上述输华货值的三种因素，加上鸦片的价值，外国输华货物总值不可能低于中国出口茶丝总值，因此可以肯定这一时期不可能有大量白银流入中国。

或许有人对于推算数据表示怀疑，那么，我们还是列举几项统计资料吧！第一，有人认为，直到1854年，中国对英帝国的贸易（包括英国本土、印度和海外殖民地）仍处于逆差地位。1854年从英国和印度等地进口的鸦片、棉花和工业品价值为336万元，而中国输往英国、印度和澳大利亚的茶丝总值只有257万元，贸易逆差为79万元[3]。

---

〔1〕 姚贤镐编：《中国近代对外贸易史资料》第3册，北京：中华书局，1962年，第1609页。
〔2〕 同上书，第1608页。
〔3〕 同上书，第1册，第654页。

表 8-5 1850—1865 年中国出口茶丝价值与鸦片走私进口价值比较表

年份	中国出口茶丝的数量及其价值					输入鸦片及其价值		(A－B)
	丝	丝价(两)	茶	茶价(两)	茶丝总值(A)	鸦片(箱)	鸦片价值(B)	
1850	21548 包	3506291	77430400 磅	11327028	14833319	47509	25654860	－10821541
1851	23040 包	3749069	99190600 磅	16444953	20194022	48030	25936200	－5742178
1852	44842 包	7296690	93802100 磅	14918263	22214953	56089.5	30288330	－8073377
1853	62896 包	10234437	101227000 磅	15567543	22801980	56412.5	30462750	－4660770
1854	54233 包	7533837	109369100 磅	16819704	24453541	60054.5	32429430	－7975889
1855	56211 包	8195564	112660700 磅	17663981	25859545	69910.25	37751535	－11891990
1856	79196 包	12601668	130677000 磅	18626129	31227797	63427	34250580	－3022783
1857	59986 包	9544972	92435500 磅	12620601	22165573	66305.5	35804970	－13639397
1858	85970 包	13679546	103564400 磅	14761617	28441163	68003.5	36721890	－8280727
1859	52400 担	17540000	110915200 磅	15809368	33349368	74707	40341780	－6992412
1860	62800 担	21810000	121388100 磅	17302130	39112130	54863	29626020	9486110
1861	51400 担	17768000	1000000 担	19000000	36768000	59405	32078700	4689300
1862	61400 担	23875000	1300000 担	24700000	48557000	60012	32406480	16150520
1863	30200 担	10121000	1281000 担	24339000	34460000	75331	40678740	－6218740
1864	23800 担	9455000	1175000 担	22325000	31780000	62025	33493500	1713500
1865	40900 担	16405000	1210000 担	22990000	39395000	75128	40569120	1174120

资料来源:1850—1858 年出口丝的数字摘自马士著,张汇文译:《中华帝国对外关系史》第 1 卷;1859—1865 年的数字和价值均按班思德:《最近百年中国对外贸易史》第 125 页;1850—1856 年的丝价是按姚贤镐编:《中国近代对外贸易史资料》第 1 册所提供的上海平均价格推算得出。1850—1860 年出口茶的数量系根据《中华帝国对外关系史》第 1 卷;1861—1865 年的数字摘自《最近百年中国对外贸易史》。茶价系根据额尔金于 1857 年在上海英商总会上关于税则与一般贸易关系报告书所列举的茶的平均价格进行推算。鸦片按每箱平均 750 元加以推算。

第二,1859 年,密切注意世界经济形势的马克思,根据英国《经济学家》杂志提供的资料评论说,1858 年英国对华出口额为 287.6 万英镑,而最近三年来(1856—1858 年)英国从中国的进口额平均每年在 900 万英镑以上,中英直接贸易的总额约为 1200 万英镑。除了这种直接交易外,中国对澳大利亚每年有一定数量的茶叶出口,却没有可以在中国找到销路的货物作为交换。美国也得到大量的茶丝,其价值远超过它对中国的出口额。由于英国与这两地的特殊关系,这两个地方的差额也须由英国来弥补。“目前,英国、澳大利亚和美国对中国的这个贸易差额,大部分已由中国转移到印度,与中国输入印度鸦片和棉花而产生的贸易差额相抵消了。顺便指出,中国输入印度的总额从未达到过 100 万英镑,而印度输入中国的总额折算起来竟达 1000 万英镑”。[1]马克思在这里所说的中国对英美贸易的顺超,由于输入印度鸦片和棉花“相抵消了”,应当说这反映了 1856—1858 年中外贸易的实际情况吧!正是这几年中国发生了银价大幅度跌落。

第三,从 1864 年通商口岸开始公布进出口数字后,便无可怀疑地证明了中国对外贸易在 1860 年代中后期仍然处于入超地位,绝无大量白银流入中国。下面是 1864—1870 年中国进出口贸易货值表。

表 8-6　1864—1870 年进出口货物价值一览表

(单位:关平银两)

年份	进口货值(A)	出口货值(B)	顺超或出超 = A - B
1864	17136368	18042715	-906347
1865	19326299	18767073	559226
1866	23371122	17603269	5767853
1867	21275174	17766421	3508753
1868	21093935	20608758	485177
1869	22299606	19983767	2315839
1870	21098395	18316424	2781971

资料来源:姚贤镐编:《中国近代对外贸易史资料》第 3 册,第 1592 页。

[1] 【德】马克思:《新的对华战争》,《马克思恩格斯选集》第 2 卷,人民出版社,1975 年,第 52 页。

上面通过对茶丝出口货值和鸦片输入值的比较分析，概略地显示了中国对外贸易的基本状况，大量出口的茶丝总值尚不足以抵消印度鸦片与棉花的输入值，从而否定了"各货及鸦片不足抵，则运银偿之"的论断。

退一步说，即使按照有的人估计，1856 年有白银 1300 万盎司（约合 730 万两）流入中国，[1]到 1857 年为止，两年时间内不过有 1400 万两白银流入，这个数字远远不能改变鸦片战后每年平均出口白银 1000 万元左右，最高的年度达 1700 万元的情势，不可能导致中国银价在短短的两年时间内大幅度跌落。何况即使在白银流入的情况下，假定中国社会本身对白银的需求不发生变化，像乾嘉时期那样，白银的价格也不一定会随着白银的输入而下跌。我们必须牢记，金银等贵金属的价值，像其他商品一样，从长时段来说，取决于他们的生产费用，而不是其数量的多少。"白银入超说"不能正确地解释银价急剧跌落问题。

此外，如前所说，这一时期，白银对于粮食的购买力大致与 19 世纪上半叶持平，尚未发生明显变化。既然白银对于粮食的购买力没有明显变化，那么，说白银的少量输入，引起了白银价格的下跌，导致制钱价格相对升值，显然是讲不通的。

五　"世界银价下落说"析疑

认为太平天国时期的银价下跌是由世界银价下落造成的，这是第三种意见。石毓符先生在指出江浙地区的银钱比价下跌到 1100 文之后，根据 1904 年《美国国际汇兑委员会报告》，分析说，1882—1902 年的二十年间，银对于金跌价 49.7%，而铜对于金只跌价 26.6%，"以金为标准，银与铜虽然都有跌落，但银比铜下落得更多，因此这一时期的银钱比价变动，

---

〔1〕 余捷琼：《1700—1937 年中国银货输出入的一个估计》，长沙：商务印书馆，1940 年，第 26 页。

与其说是由于钱贵,莫如说是银贱更为恰当”。“这一时期银贱钱贵的主要原因是银价下落”。[1]这里石先生显然是想利用1882年以后世界金银铜的比价变化,来说明太平天国时期银价下落问题。毫无疑问,世界金银比价的变化会影响卷入资本主义市场的中国贵金属的价格,因此我们应当考察当时世界金银比价的情况。

一方面由于19世纪70年代世界资本主义经济发展到了一个新的水平,由对白银的贪婪追求转向更贵重的金属——黄金;[2]一方面由于澳大利亚发现了新的富有的金矿,为实行金本位提供了必要的条件,资本主义各国开始向金本位过渡。1871年德国开始铸造金币并废止银本位,1873年美国也开始实行金本位,引起世界性的币制改革,挪威、瑞典、丹麦相继发行金币,接着意大利、芬兰、法国、瑞士、西班牙也陆续停止银铸币。于是,大批白银抛向国际市场,世界金银比价从此开始逐年下跌,伦敦标准大条银每盎司平均价格由1870年的60便士,到1894年下跌到28便士。但这是从19世纪70年代才开始发生的,19世纪50—60年代世界金银比价并无明显变化。[3]1859年马克思在他的《政治经济学批判》中指出:“到目前为止,澳大利亚等地金矿的发现还没有影响金银价值的比例”,并且对银与金的比价相对升值进行了深刻分析:“诚然,伦敦市场上银的牌价表明,1850年到1858年用金表示的银的平均价格比1830年至1850年几乎提高3%,可是这种提高只能用亚洲对于银的需要来说明。1852年到1858年间个别年度和月份银的价格发生变动,完全是由于这种需要造成的,决不是由于新发现的金矿和金的供给造成的。”[4]马克思所注意的是银价相对升值问题,表明这一时期银与金的比价不是相对下落,而是升

---

[1] 石毓符:《中国货币金融史略》,第129—130页。

[2] 黄金在明清时期均非货币,但是作为贵金属,它的价格随着世界金银比价的波动在变化。据顾炎武考订:“万历中,赤金止七八换;崇祯中,十换;江左至十三换矣。”(《皇朝经世文编》卷52,户政27,钱币上,第1页。)

[3] 1850—1865年伦敦每盎司英国标准银英镑的比价表,《中国近代对外贸易史资料》第2卷,第1252页。

[4] 【德】马克思著,中央编译局译:《政治经济学批判》,《马克思恩格斯全集》第13卷,第147页注释。

值。世界银价既然尚未下落,怎么会影响中国银价的下跌呢?

再就中国的具体情况进行考察,整个19世纪50—60年代,中国的银两与黄金的比价也是相对稳定的。由于外国银元(主要是西班牙银币)在中国流通领域里使用简便,对英镑的汇率,在1850年代不但没有下跌,反而有上涨的趋势。既然在中国流通的西班牙银元对于英镑的汇率没有减少,反而有所上升,那么,把流通领域的"银贱钱贵"归之于世界的银价下落,显然是一个不攻自破的说法。表8-7是1851—1857年每银元与英镑的兑换率:[1]

表8-7　1851—1857年银元与英镑的兑换率

(单位:便士)

年份	1851	1852	1853	1854	1855	1856	1857
年平均兑换率	54	57	74	76	78	84	83

根据以上的考察分析,我们可以得出这样的结论:19世纪50—60年代世界银价没有下跌,中国的金银比价没有下跌;中国银钱比价的下落不是"世界银价下落"造成的;"世界银价下落说"也不能揭示太平天国时期银钱比价急剧下落的奥秘。

六　战争与银钱比价下落

从以上三方面的考察分析,可以清楚地看出,无论是"铜贵钱少说"、"白银入超说",还是"世界银价下落说",都未能正确地揭示太平天国时期银钱比价下落的奥秘。究竟是什么原因导致银钱比价在短期内急速下

[1] 此表系根据姚贤镐编《中国近代对外贸易史资料》第1册第576—577页和马士的《中华帝国对外关系》第1卷第530页上银元与英镑比价编制。

落呢？笔者认为回答这一问题，仍然需要从运动着的中国社会经济内部和货币的流通规律中寻找。

首先，我们就货币流通的一般规律方面进行考察。马克思说："作为一般的规律，可以这样说，在和平时期，以金银货币变成奢侈品为主，只有在动荡的局面下，才以奢侈品倒过来变成条块或铸币。"[1]在和平年代，由于社会政治生活相对安定和商品经济的繁荣，人们总是努力积累贵金属，以便购买高昂的奢侈品，如豪华的房屋和设备、金属器皿和首饰。为了防备意外的事故给人们的突然打击，还要大量贮藏贵金属（金银首饰也是贮藏的美学形式），这种做法特别在东方民族（中国和印度等地）中盛行；在动荡不安的时代，特别是在内乱外患时期，在遭受严重自然灾害的地方，社会对贵金属的需求就会发生很大的变化，战争和灾荒会迫使人们将金银器皿变成货币，将深深埋藏的金银取出来以便换取救命的粮食和招募兵员，这样一来加入货币流通之渠的贵金属就会突然增多，形成供大于求的局面。然而社会对作为贵金属辅币的价值符号（例如制钱）的需求不但不会因战争与自然灾害减少，反而由于战争破坏了商品流通，原来铜符号在极小的买卖中的流通速度相对减缓（制钱的流通次数减少），便会突然显得不足。社会对它的需求便随着战争的广度和深度，以及自然灾害的程度而增长。一言以蔽之，就是战争和自然灾害能急剧改变社会对贵金属及其辅币的不同需求，从而影响二者的比率，下面是几个鲜明的例证。

1826年，张格尔带领叛匪，进犯阿图什，煽动当地群众叛乱。新任喀什噶尔参赞大臣庆祥派遣军队进击，驱逐叛军。张格尔勾结浩罕，请兵一万余人攻打喀什噶尔，城破，庆祥自杀，南疆告急。道光皇帝调集吉林、黑龙江、陕西、甘肃和四川五省三万清军前往平叛。1827年，彻底击垮叛军，捕获张格尔，收复南疆等失地。此次战争，历时两年，战乱波及地区，经济破败，市场混乱。库尔喀喇乌苏奏报说："自去年军兴，银贱钱贵，兵

---

〔1〕【德】马克思著，中央编译局译：《政治经济学批判》，《马克思恩格斯全集》第13卷，第125—126页。

丁日形拮据。”[1]

1832年11月3日,天地会会众张丙、黄城、陈办、陈连等人在台湾发动起义,分别逼近嘉义、彰化等处,清廷一面下令驻台军队全力镇压,一面派遣瑚松额率领厦门清军迅速渡台督剿,同时还调集河南和陕西清军,开赴台湾。最后,张丙等人被擒杀,天地会起义失败。此次战乱持续三月之久,导致嘉义、彰化等地经济遭受重创[2]。据当年参与镇压天地会起义的周凯记载:“六月,奉程制军(程祖洛)调署台湾道事。七月七日,任事。十月二十日卸事。在任百余日,搜获余匪,斩枭凌迟者八十余人,中间小乱三,俱即扑灭。十月初,钱价一日顿长三倍,四远居民,纷纷搬移入城,谣言蜂起,不知所自。”[3]在战乱高峰期,“钱价一日顿长三倍”。这种极为反常的现象,显然不能用制钱数量多少来解释。

1840—1842年爆发的中英第一次鸦片战争,对于银钱比价的影响也是存在的。1839年,远离战场的直隶银钱比价已经达到1679文,战争打响后,该地银钱比价逐渐下跌,1840年,每两白银可以兑换制钱1644文;1841年,只能换到1547文;1842年,所换制钱不过1572文[4]。京师的银钱比价发生的变化更大,“即以道光二十年论,都中银价每两换制钱一千三百文。”[5]浙江的银钱比价变化也很大,1841年,有人奏报说:“上年冬间,商贾用银较多,骤长至一千六百文。幸为日不久,旋即减落。本年二月以后,又渐长至一千五百七十文,迄今未见减贱。”[6]由于第一次鸦片战争主要在沿海沿江等局部地区进行,时间短暂,对于银钱比价的影响也有限。

---

[1] 《清宣宗实录》卷122,道光七年七月庚午。

[2] 同上书,卷228,道光十二年十二月辛未。

[3] 《皇清诰授通议大夫加按察使衔福建台湾道周凯墓志铭》,《厦门志》附载;《芸皋先生自编年谱》,道光十三年。

[4] 严中平等编:《中国近代经济史统计资料选辑》,第36页。

[5] 《工科掌印给事中汪元方奏为银贵钱贱农民课税不堪重赋请酌变银价事》,咸丰三年十一月十六日,录副奏折,档号:03-9507-060。

[6] 《浙江巡抚乌尔恭额奏为钱贱银贵请暂停鼓铸钱文并发换钱本存银事》,道光二十年五月初四日,朱批奏折,档号:04-01-35-1366-046。

1841 年 8 月 2 日（道光二十一年六月十六日），黄河在开封附近决口，大水围了开封城。两天后开封"银价骤减，每两易钱一千文，复减至八九百文，较平时（开封银价在水灾之前通常是 1600—1700 文）几减至大半，粮价腾贵，米面俱价增一倍，蔬菜全无，城市几于罢市"。五天后，银价"愈降愈下，甚至每两只肯换钱六七百文，是银贱钱贵，较平时相去倍而又倍。以极难得之钱，买倍贵之物"。一个月后，开封府为解决制钱流通的困难问题，不得不专门设局征收制钱，试图缓解"银贱钱贵"的金融恐慌[1]。

1846 年 8 月，林则徐被调到陕西当巡抚。这位在鸦片战争时期曾经认为"银贵钱贱"由于鸦片偷漏白银，并力主严禁鸦片，积极领导抗英斗争的伟大爱国者，在到达西安三个月后，发现了一个令他不可思议的问题。他说："本年七月内，臣甫到西安省城，每纹银一两可换制钱一千八百余文，迨至九十月间，每两仅换一千二三百文不等。较前两月顿减五百余文之多。众人皆以为诧异，访询其故，则佥称：岁歉粮贵之时，银价必然跌落。……且当陕省银贱之际，邻省银价仍昂，而未闻有市侩贩钱来陕买银，以图获利者。"[2]仅仅由于粮食歉收，就能导致银价在几个月内"顿减五百余文之多"，并且还是一种必然的规律——"岁歉粮贵之时，银价必然跌落"。

1851 年 9 月，黄河水势在白露节后逐日上涨。15 日夜间，风雨交作，河水高过堤顶，徐州丰县三堡以上处所首先出现漫水，转致堤身坐蛰，很快刷宽至四五十丈，接着漫口迅速扩大至一百八十五丈，河水均由三堡决口漫溢而出，掣动大溜，分作两股，奔涌入海[3]。此次，黄河决口对于丰县、沛县等处造成严重损失。为了尽快堵住决口，两江总督拨银四百万两，准备动员数十万民工，以工代赈。此前，苏北每两银价在二千文以上，黄河决口之后迅速跌至一千五六百文，下跌 25%。两江总督陆建瀛意识

[1] 《汴梁水灾纪略》，河南大学图书馆藏稿本，署名痛定居士。

[2] 中山大学中国近现代史教研室编：《林则徐集》奏稿下，第 492 页。

[3] 《清文宗实录》卷 41，咸丰元年闰八月甲午。

到民工需要的是制钱,而钱价增昂,不利于发放工钱。“目下每银一两仅易制钱一千五六百文,雇役夫料皆须用钱,似此情形,是四百万两只当三百万之用。更恐市侩居奇,益形亏短。则平钱价,尤为急务”。[1]他还在奏折中明确指出,“向来兴举大工,往往银价骤落,钱价骤长。”于此可见,凡是黄河出现决口,需要兴举大工,必定会出现“银价骤落,钱价骤长”的现象,这是一种规律。

1853年3月,太平军占领安庆的消息传到北京,立即引起一场金融恐慌,导致银价大幅度跌落。3月25日御史陈庆镛上奏指出:“窃贼匪自武昌窜入安庆,京中民心纷纷,日甚一日。……自二月初间,内外城银铺关罢者,每日有五六号或十余号不等,及今日有罢至四五十号。查银价数日前,每两换制钱二千一二百文,继则每两换制钱一千六七百文,日内止换一千余文。甚至有银无处可换。……至于油米杂铺,价值也一时昂贵,旦夕顿异,百姓骇然。”[2]同日,礼部尚书奕湘、左副都御史文瑞等人也纷纷上奏,说十余日来,钱铺不断关闭,在3月24日这一天关闭的钱铺有二百余家,主要原因是银票和银子的持有者“昼夜填街塞巷”,兑换制钱,支取银钱,钱铺措办不及遂致关闭。因而出现了“银价顿贱,军民无钱可换,市井日用突然不便”的慌乱局面。政治不安定引起金融恐慌,在十几天内银价顿落一千一二百文,这就是战争的威力。上面所描述的情况,正是马克思所说的“一般规律”的最生动写照。

光绪初年,一场特大旱灾袭击了华北地区。此次大旱不仅时间长,而且范围大,后果特别严重。从1876年开始出现旱象,到1879年解除,旱灾持续了将近四年;重点受灾区是山西、河南、陕西、直隶和山东等五省,同时波及到苏北、皖北、陇东和川北等地区。旱灾导致农田大面积绝收,寸草不生,饥饿人群无处逃生,饿殍载途,饿死的人竟达一千万以上!此次大旱以1877年、1878年两年最为严重,而这两年的阴历干支纪年属丁

---

〔1〕《两江总督陆建瀛奏为兴举大工银价骤落钱价骤长请印票代钱事》,咸丰元年闰八月二十五日,录副奏折,档号:03-4463-016。

〔2〕中国人民银行总行参事室金融史料组编:《中国近代货币史资料》第一辑,上册,第342页。

丑、戊寅，所以人们称之为“丁戊奇荒”。又因为河南、山西旱情最为严重，又称其为“晋豫奇荒”。在旱魃肆虐时期，商贾阻滞，贸易不通，市廛一派萧索，出现奇怪现象，“银价骤坠，银贱物贵”。[1]“钱市不敢多收银，典肆不敢多典物”。人们的求生欲望胜过一切，在饥饿的逼迫下，各种奇异的现象随处发生，见怪不怪。

现在，我们回头来再思考太平天国时期全国性银价大幅度跌落问题，这个谜一下子就解开了。大致说来，在咸丰三年以前，太平军起义的规模不大，尚未造成全国性的影响，银价大体保持在道光末年的水平。1853 年，太平军连续攻克长江中游的重要城市武汉、安庆、南京，这一连串的军事胜利是威力强大的震源，极大地震撼着清王朝的统治。政治最敏感的北京城的金融恐慌随之发生，银价大幅度跌落。但由于这一年，清廷为筹集镇压太平军的军费，不顾一切后果地实行了通货膨胀政策，使暂时中落的银价又迅速回升。咸丰四年，全国“银贵钱贱”达到极点。随着太平军、捻军以及全国性的各族人民大起义所产生的政治震荡波及全国各地，清王朝统治大厦忽喇喇作响，这必然导致全国性的金融危机出现。江浙地区银钱市价之比，历来在 2000 文以上，在 1857—1858 年突然大幅度跌落至 1100 文，正是由于这一地区所感受到的政治震波最为强烈所致。50 年代末 60 年代初，全国性的银价大跌落，只能用农民与地主阶级在全国范围内殊死搏斗引起的政治大动荡来理解。由于政治的动荡，究竟有多少贵金属（这里主要指的是白银）突然加入流通之渠，很难估计，但是这一点是可以推想的。为了筹集军费，清政府卖官鬻爵，强制在各地推行“捐输”，遍及各个角落，这个数额不能低估；各地官绅为举办团练，保护他们的产业，招募乡勇，肯定会从深埋的银窖中拿出数额巨大的银两来；还有为维持生计，不得不将平时珍藏的金银首饰和器皿变成货币来使用。大量的银器和银两突然加入流通，供求关系发生了急剧变化，势必引起银钱比价的相应变

---

[1] 《詹事府右庶子宝廷奏为银价骤坠旗民商贾皆困请恩赐借局钱放给旗兵饷事》，光绪四年六月初八日，录副奏折，档号：03－6070－104。

化。这是太平天国时期银价下落的直接原因。

太平天国时期的银价下落,除了上述政治动荡直接引起的银钱兑换风潮以及由此而产生的比率变化外,还有一个比较间接的,但是非常重要的深刻的原因,就是商品经济遭到巨大破坏后,社会对贵金属的需求也发生了相应的变化。货币运动是商品经济的反映,按照马克思的观点,社会财富的增加和商品经济的进一步发展,会导致社会对贵金属需求的增强,在货币流通领域中会产生贵金属排挤不太贵重金属的现象。当社会经济遭受严重破坏后,社会对贵金属的需求也会相对减低。因此,我们必须进一步考察太平天国时期的商品经济情况。

战时,商品经济遭受的破坏是十分严重的,就时间上讲,双方激战与厘金制的推行,造成的商业萧条直到1871年左右一些省区尚未复苏;从商品经济遭受破坏的区域看,遍及全国各地,不仅向来商业繁荣的江浙地区遭受了严重破坏,一些边远省区(例如贵州、甘肃、福建等地)也未能幸免;就程度而论,全国大的商业活动区域大都陷于停滞状态,满目萧条,百货壅滞,商路梗阻,货乏行销之地,持银入市无物可买,"四民失其恒业"。历来商品经济比较发达的江苏,"军兴以来,江路梗阻,川、楚、江、皖等省商贾率皆裹足。……是以大宗货载到(浒墅)关,甚属寥寥"。[1]浙江也是这样,"大宗商贩裹足不前,即土产湖丝,亦因各路绸缎滞销,机多歇业,运到杭关者,甚属寥寥"。[2]战乱之后的甘肃,所在糜烂,"以致行商绝迹,……野无夫宿之所,货乏行销之地,商视甘肃已为畏途。……至于甘肃口外物产,如皮货水烟等项,均属大宗。今其地既残破,富者挈资远去,贫者无力经营,内鲜聚积之人,外少往来之贩"。[3]四川也是这样,"自粤匪倡乱以后,四处蔓延,江、浙、闽、广各商率皆闻风裹足。……大

---

〔1〕《苏州织造德毓奏为接征关税一年期满沥陈亏短实情请饬部核办等事》,咸丰五年六月二十四日,录副奏折,档号:03-4378-032。

〔2〕《杭州织造兼管北新关税务庆连奏为关税一年期满征收正余钱粮有盈无绌事》,咸丰七年六月二十七日,录副奏折,档号:03-4380-027。

〔3〕《陕西巡抚蒋志章奏为查明潼关商税支绌情形仍请暂行试办事》,同治十年十一月十二日,录副奏折,档号:03-4880-036。

江南北道路阻隔，货船几至绝迹”。[1]其他省区的商业破坏同样是十分严重的，限于篇幅，在此不再胪举。

货币是商品流通的车轮，商品也是货币流通的车轮，由于商品经济在战时遭受严重破坏，货币运动也会相应发生变化。在和平时期，由于商品经济的繁荣，便于大商业活动的贵金属（这里主要指白银），备受富商大贾的青睐；在商品经济萧条时期，大的商业活动几乎陷于停滞，社会（尤其是大商人）对贵金属的需求便会相对减弱。相反，制钱由于价值小，使用方便，在日常的零星的交易中须臾不能离开。商业繁荣时，制钱的流通速度十分快，不会感到缺乏；一旦商品经济遭受严重破坏，买与卖的商品活动发生严重分离，制钱的流通次数急剧减少，较之繁荣时期，就会相对感到缺乏（制钱的流通量不一定降低），社会对制钱的需求便会有所增加。总之，战争所引起的商品经济停滞和破坏，能够改变社会对银钱的不同需求，从而导致银钱市价之比的变化。所以，太平天国时期银价大幅度跌落与商品经济遭受的破坏程度关系颇为密切。

小　结

经过以上各个方面的考察分析，对于太平天国时期突然发生的银钱比价大跌落问题，不再会感到困惑莫解了。

（一）战争时期，各种商品价格受到严重扰乱，银价、钱价概莫能外。江南米价、物价和钱价一齐高涨，虽然可以证明白银价格的相对贬值。但是，事物总是复杂的，战争对于粮价、物价造成的供求紧张局面，也完全可以导致粮价、物价单方面大幅度攀升。尤其是，华北的粮价并未出现大幅度上涨情况，不能证明白银价格发生了大幅度贬值。

---

〔1〕《成都将军兼署四川总督崇实奏为查明夔州府知府葛之镛等短征关税有因请援案豁免事》，同治五年二月二十四日，录副奏折，档号：03－4873－035。

（二）“铜贵钱少”说，正误参半，我们应当分开来看。“钱少”说，是从制钱的数量来思考问题的，陷入了庸俗的货币数量说的圈套。但是，“铜贵”说，却看到了货币材料价格的变化，则抓住了问题的本质。

（三）白银数量增加说，无法解释这一时期以白银为价值尺度的粮价基本稳定现象。显然这只是根据货币运动的表象解释问题的，没有深入研究货币运动的规律，没有考虑货币的价值首先取决于它所体现的劳动量，因此得出的结论必然与事实有很大距离。

（四）以世界金银比价的变化来解释中国银钱市价之比的下落，虽然把我们带向了更加广大的空间，但由于忽视了历史的时间限制，也未能接近这个复杂的金融问题的迷宫之门。

（五）回答太平天国时期的银价下落问题，既要注意货币材料的价格变化，又要关注战争时期货币运动的“一般规律”，只能从相互制约相互联系的货币与商品流通的情势中得到比较正确的答案。

第九章　同治中后期银价增昂情况及其成因(1866—1874年)

同治中期,中国货币流通领域里再次出现银价增昂的趋势,清朝各级政府的财政再次被不断上涨的银价所困扰。由于这次银价上涨经历的时间不长,上涨幅度不及1854年以前的水平,常常被人忽视。

一　1866—1872年银价增昂情况

银钱市价之比自乾隆中期开始增昂,到1854年达到高峰,全国平均每两白银可以兑换2600文制钱,个别省区甚至可以兑换3000文。此后,银价突然大幅度跌落,在短短几年时间内,各省普遍下跌了1000文以上,有的省区一两白银只能兑换800文[1],或1100—1200文[2]。同治初年大体在1300—1400文上下波动。关于太平天国时期银价大幅度跌落的原因,笔者认为,既不是由于钱少,也不是对外贸易的"白银入超"导致的,更不是世界银价下落造成的,而是本期铜价上涨和旷日持久的大规模国内战争引起的。战争严重破坏了商品经济,从而导致银钱市价之比大

---

〔1〕 "咸同间每两白银贵至二千余文,贱至八百文,乱定增至千文。"卢家庆编:《富顺县志》卷5,第27—28页。

〔2〕 贾桢纂:《筹办夷务始末》(咸丰朝)卷17,北京:中华书局,1979年,第594页。

幅度跌落。[1]

随着太平军、捻军以及其他各地农民斗争的失败，清廷重新恢复了对全国的统治，政治动乱的局面结束，社会经济逐渐复苏，商品市场又日趋繁荣。随着商品经济的恢复和进一步发展，货币流通领域的银钱比价又出现了日渐上涨的势头。由于这一时期银价上涨经历的时间短暂，只有五年(1866—1871 年)，上涨幅度也不及 1854 年以前的水平，很少引起史学工作者的重视。在所有出版的有关晚清银钱比价的论著中，几乎无人提及此事。大都把太平天国时期银价下跌与光绪时期银价渐落视为同一阶段，把两个不同时期的银价资料错误地混用在一起。由此可见，人们没有注意到在二者之间还存在着一个银价短暂增昂时期。例如，杨端六先生在他的《清代货币金融史稿》中说："从咸丰七年到宣统三年(1857—1911)的 55 年间是银钱比价下落时期。在此时期，比价由一千五六百文跌到一千一百文。"[2]石毓符先生在他的著作中，也同样把两个不同时期的银价资料混为一谈，得出来的结论自然与事实有相当大的距离。[3]

事实是"银贱钱贵"的局面，自同治五年就开始发生了明显的变化。是时，各省督抚大臣纷纷上奏清廷，提出各种建议，要求采取相应的措施，应付省府州县衙门因银价上涨带来的财政危机。同治七年三月，江苏巡抚丁日昌在《酌定上忙银价片》中说："(同治)六年冬，银价已昂……本年银价大昂，每两须易钱一千七百文，办公愈形支绌。"[4]六月，江西巡抚刘坤一上奏指出："上年以来，银价渐长，州县照前收钱，易银解支，不敷渐巨。"[5]九

---

〔1〕 同治元年八月，江西某人手持 30 两白银到钱铺兑换制钱，"遍省中钱店无能应换"。参见李桓：《宝韦斋类稿》卷 20，官书 16；又参考《太平天国时期银价下跌问题》，《近代史研究》1987 年第 6 期。

〔2〕 这种提法不仅对银钱比价变化的时间没有精确把握，而且对于银价变化的幅度也没有搞清楚。参见杨端六：《清代货币金融史稿》，北京：生活・读书・新知三联书店，1962 年，第 192 页。

〔3〕 石毓符：《中国货币金融史略》，第 129 页。

〔4〕 《酌定上忙银价片》，《丁中丞(日昌)政书》抚吴奏稿一，台北：文海出版社，1980 年影印本，第 11 页。

〔5〕 《刘忠诚公(坤一)遗集》卷 4，第 16 页。

月，山东巡抚丁宝桢也报告说："年来银价大贵，计制钱六千文仅易银三两六七钱（每两约合1622文）。"[1]同年，署湖广总督李瀚章在《两湖漕粮难征本色河运疏》中说："以钱易银，连年银价日昂。"[2]同治九年，河南亦出现了"银价增涨，州县以钱易银，征不敷解"的局面；[3]同治十一年，两江总督曾国藩、四川总督吴棠、湖南巡抚王文韶也联名向清廷报告"银价日昂"所带来的财政困难；接着甘肃、陕西等省也向朝廷报告了当地银价上涨的情况。由此可见，同治中期的银价上涨，不是个别地区的偶然事件，而是全国性的趋势。从同治五年银价开始增昂，到同光之际银价重新下落为止，具体变化情况大致如下表：[4]

表9-1　各省银钱比价一览表（1863—1874年）

（单位：文/两）

年份	银钱比价	原始资料	省区	资料来源
1863	1200	捐纳职贡等，以钱一千二百文作银一两，交纳。	湖南	录副奏折，档号：03-9526-006。
1863	1300	今则情形迥异，价值悬殊，银价每两不过换钱千三百余文，米价虽各省不同，然大致相类。	江苏	曾国藩：《奏报遵筹办京仓米石缘由事》，同治二年九月二十二日，朱批奏折，档号：04-01-35-1216-010。
1864	1600	同治三年为始，每银一两作钱一千六百文，地丁每两征银一两三钱者，改收钱二千四百文，漕米每石征银一两九钱者，改收钱三千文。	江西	刘秉璋：《遵查江西征收地丁漕疏》，葛士浚编：《皇朝经世文续编》卷32，户政9，赋役下。

〔1〕《筹议东省运河并折漕窒碍各情折》，《丁文诚公（宝桢）遗集》卷6，光绪十九年刻本。

〔2〕李瀚章：《两湖漕粮难征本色河运疏》，《道咸同光名臣奏议》卷34，第1691页。

〔3〕《河南全省财政说明书》岁入部，田赋，第60页。

〔4〕凡表中没有注明资料来源者，均系海关统计，参见梁启超：《各省滥铸铜元小史》，《饮冰室合集》卷21，中华书局，1936年。原来数字以海关两为单位，为便于比较此处换算为库平银两，库平银一两相当于关平银九钱九分左右。

续表

年份	银钱比价	原始资料	省区	资料来源
1864	1400	计银一两作钱一千四百文核算。	安徽	两江总督曾国藩:《奏报皖省改办抵征两年收解简明总数事》,同治三年九月二十七日,朱批奏折,档号:04-01-3-0161-003。
1865	1500	奏定每银一两连公费等收钱二千文(其中加收办公费五百文)。	江苏	录副奏折,档号:03-9538-008。
1865	1500—1600	今各省银价多在一千五六百文之则。	全国	《中国近代货币史资料》第一辑,下册,第562页。
1866	1600	甘肃捐输章程:奏定以钱一千六百文作银一两。	甘肃	陕甘总督杨岳斌:《奏为甘省协饷不到钞本无资价值日减事》,同治五年九月初四日,录副奏折,档号:03-9526-014。
1867	1500—1600	现今各直省银价每两值钱一千五六百文。(今所名京墩者,其重自八分至一钱而止,本以二文作一文之用,今天津谓京钱二百,实则制钱一百,犹其遗意也。)	天津	钟大焜:《拟请改铸轻钱议》,盛康编:《皇朝经世文续编》卷59,户政31,钱币中。
1867	1500—1600	今各省银价多在一千五六百文之则。	京师	《清朝续文献通考》卷21,钱币考3,第7711页。
1867	1333	银一两约合一千三百三十三文。	广东	《善善堂租簿》,《中山大学学报》1986年第1期。

续表

年份	银钱比价	原始资料	省区	资料来源
1868	1240—1250	现在省城市价每库平纹银一两换钱一千二百四五十文不等，外府钱价约略相同。	福建	朱批奏折，档号：04-01-35-1360-066。
1868	1700	银价昂贵，每两易钱近一千七百文，始折收钱二千二百文（办公费为五百文）。	江苏	录副奏折，档号：03-9538-008。
1868	1621	年来银价大贵，计制钱六千文仅易银三两六七钱（每两合银1622文）。	山东	山东巡抚丁宝桢：《奏为筹议张秋以北运河挑浚仍恐无济事》，同治七年九月二十八日，录副奏折，档号：03-4867-007。
1868	1777	银一两换制钱一千七百七十七文。	江西	据《江西通志稿》卷85所载资料推算。
1868	1700	至七年，银价昂贵，每两银价近一千七百文，始折收钱二千二百文。	浙江	《中国近代货币史资料》第一辑，下册，第588页。
1870	1400—1800	银一两换钱一千四百至一千八百文。	广东	《朱九江家用册》，《中山大学学报》1986年第1期。
1871	1500	湖北每银一两约易钱一千五百余文。	湖北	曾国藩：《奏为楚岸淮南引地事》，《皇朝经世文编续集》卷50，户政二十五，盐课下。
1871	1800	银价更涨，每两易钱一千八百余文，乃折收钱二千四百文（办公经费为六百文）。	江苏	录副奏折，档号：03-9538-008。

续表

年份	银钱比价	原始资料	省区	资料来源
1871	1756	银一两换钱一千七百五十六文。	湖北	据《湖北通志》经政志第1407页资料推算。
1872	1800	初定章时,湖北每银一两约易钱一千五百余文,今则增至一千八百余文。	湖北	曾国藩:《奏为会商楚岸淮南盐引地与川盐分界行销事》,同治十一年正月二十八日,录副奏折,档号:03-4887-041。
1873	1600	遵照西宁府拟定章程,本署分府又酌为增减,每银一两换毛钱增成五千文,换制钱减作一千六百文,分别使用。	西宁	《循化厅为谕里民局董事等银两兑换制钱毛钱比值以制钱禁兑毛钱事》,同治十二年七月,青海档案库,档号:463001。
1873	1667—1779	地丁每两征银一两七八钱,征钱三千数百文。	江西	江西巡抚刘坤一:《奏报丁漕改章实在情形事》,同治十二年五月二十八日,录副奏折,档号:03-4870-061。
1873	1500	银一两约合钱一千五百文。	甘肃	《左文襄公全集》卷43,第31页。
1874	1775	银一两约合一千七百七十五文。	江苏	《中国厘金史》,第508页。

由表9-1可以看出,此次银价上涨大致从1866年开始,到1872年达到高峰,略作徘徊之后,便转入银价逐渐下跌时期,上涨幅度为400—500文。与1854年以前的银价上涨相比,尽管持续时间较短,但涨势却是相当猛烈的。

表9-2的统计也是这样。华北地区银价从1865年的1216文开始上

涨，到1870年涨至1731文，上涨幅度超过500文；江南地区稍稍晚一些，到1869年达到高峰，为1609文，比1866年的1293文涨了300余文。同一时期，米价和物价继续下跌，逐渐跌到乾隆中后期的水平。钱价、米价和物价一齐呈现下跌趋势，显然是“银贵”造成的。

表9-2 从同治四年到光绪元年的米价物价指数(1865—1874年)

年份	米价 1760/80 = 100	物价 1760/80 = 100	银钱比价 江南	银钱比价 华北
1865	153. 68	157. 61	1352	1216
1866	162. 33	142. 37	1293	1227
1867	122. 29	114. 95	1287	1365
1868	97. 94	117. 76	1342	1302
1869	106. 06	119. 16	1609	1577
1870	112. 55	117. 76	1556	1731
1871	102. 81	114. 96	1588	1812
1872	96. 86	117. 76	1583	1722
1873	93. 07	112. 15	1618	1678
1874	93. 07	93. 93	1601	1694

资料来源：本表数据摘自《300年来米价、物价及货币兑价》，载《清代以来的粮价：历史学的解释与再解释》，第174页。

因此，银价一开始上涨，就受到朝野人士的密切关注，立即出现了一连串的惊呼声。关于这次银价上涨的原因，经历了先前大起大落变化的人们，只是感到“银钱交易，贵贱时殊”，政府不能控制，商人不能操纵，变化莫测，不可解释。当时的清廷只能被动地随着银价的高涨，慌乱地调整征粮纳税的银钱兑换率，无力采取其他措施来平抑银价，没有干预银钱市价之比的变化。当时无人探索这次银价增昂的具体原因。

关于此次银钱比价波动，还有一些不同奏报值得注意。1868年12月19日，直隶总督官文奏请说：“直省地方始以灾歉，继以兵燹，刻因捻逆肆扰，商贩裹足，银贱物昂数倍于前。较之四年情形尤为艰难，且各路大兵云集，需粮浩繁，各州县所称采买维艰，必须不惜重价购备，委系实在情形。自应俯如所请，各按时价，以钱合银，实用实销，俾免藉口。"〔1〕这是说，本年由于捻军窜扰直隶，各路清军云集，州县官负责筹集粮草，由于粮草价格昂贵，加之商贩裹足，出现"银贱物昂"局面，采购军粮十分困难。为此，他们纷纷要求按照时价采买。"咸以直省地方上年旱涝交乘，枭匪肆扰，市集萧索，民鲜盖藏，购买米粮本为不易。刻因捻逆流窜，商贩裹足，采办尤属维艰，必须不惜重价，设法搜买，庶不致贻误要需。"〔2〕官文认为，州县官的请求合情合理，为此，奏请援照"同治四年"的先例办理，"各按时价，以钱合银，实用实销。"显然，同治七年直隶省的"银贱"是由于自然灾歉和兵燹造成的。在灾害和战争的双重袭击下，直隶的社会经济生活遭受重创，商贩裹足，"银贱物昂数倍于前"。

1866 年，直隶保定府每担上等粟米价银 2.04 两，白麦价银 2.535 两，高粱价银 1.155 两，三担粮食合计价银 5.73 两，属于正常粮价；1867 年，每担上等粟米价银 2.21 两，白麦价银 2.955 两，高粱价银 1.3153 两，三担粮食合计价银 6.4803 两，比前一年价格上涨了 0.7503 两；1868 年，平均每担上等粟米价银 2.56 两，白麦价银 3.675 两，高粱价银 1.975 两，三担粮食合计价银 8.21 两，比 1866 年上涨了 2.48 两。正是这一原因，导致直隶省有别于其他省区的"银贵"，表现为"银贱物昂"。如前所说，在政治动荡时期，在自然灾害袭击下，社会经济生活遭受破坏，中国流通领域必然出现一种银贱钱贵的现象，这是一种规律，是完全可以理解的。

就全国来说，此次银价上涨是不是白银外流造成的？会不会是世界市场上银价变化引起的？由于这两个问题与晚清银钱市场比价波动关系密切，有时确实是导致银价变化的重要原因，在此必须首先考察这两种因素。

---

〔1〕《直隶总督官文奏为直省各州县被兵银贱物昂请援案照时价采买军粮事》，同治七年十一月初六日，录副奏折，档号：03－4823－004。

〔2〕同上。

二　白银流出流入与银价增昂

第二次鸦片战争后，英法联军用大炮进一步敞开了中国的门户。根据《天津条约》和《北京条约》，中国被迫陆续开放了天津、营口、烟台、台南、淡水、潮州、琼州、镇江、南京、九江、汉口等新的沿海沿江口岸。资本主义列强不仅取得了内河航行权，还迫使中国降低了进口货的税率，并扩大了对中国商品输出的范围。西方各国输入中国的商品中，鸦片一直处于第一位。1860 年代，中国出口的商品依然是传统的茶、丝，在没有日本、印度茶叶进入国际市场进行竞争情况下，中国茶、丝对于西方人，仍然具有相当大的魅力，出口的茶、丝价值依然很高。1864 年前，由于海关管理异常混乱，没有比较精确的统计，这里只能摘录 1865—1875 年的贸易统计表，来帮助说明问题。

表 9-3 说明，同治时期中国对外贸易处于相对平衡时期，修正后的历年出口货值大于包括鸦片在内的入口货值，这些年度应当有相当数量的白银流入中国，银价的增昂显然不是由于白银在国内绝对数量的减少引起的。退一步说，按照修订前的数字，1865—1871 年中国出口货值略小于入口值，也不能由此得出银价增昂是由白银出超造成的结论。

原因在于，西方资本主义各国由于生产力的发展，商品生产量急剧增加，日益感到用银计算越来越不便，开始陆续向金本位货币制度过渡。从 1860 年代开始，就有意识地筹备黄金。当时，中国商品经济与西方资本主义发达国家相比差距很大，货币制度尚未过渡到银本位时代，黄金在商品市场上尚未成为急需的交换媒介和价值尺度，金价较低。西方列强竞相从中国搜购黄金。根据统计，1868—1875 年，中国向英国和印度输出的黄金总额为 10489545 英镑，参见表 9-4。

表 9-3　1865—1875 年中国进出口货物价值一览表

（单位:海关两）

年份	进口货值修正数额	香港鸦片走私估计价值	进口货值估计总数	出口货值修正额	修正后的出超或入超	修正前的出超或入超
1865	49271339	9175500	58446839	62325682	+3878843	-1612184
1866	59434283	6976216	66410499	58305622	-8104877	-16574258
1867	55150656	10831982	65982638	60253969	-5728669	-10300926
1868	55794431	6333243	62127674	71165400	+9037726	-1455529
1869	59181212	14496073	73677285	69521007	-4156278	-6969296
1870	55915337	15361568	71276905	63984707	-7292198	-8398402
1871	61617232	14645095	76262327	77447881	+1185554	-3249916
1872	59186093	9409558	68595651	87151436	+18555785	+7971076
1873	58434089	6212402	64646491	79985558	+15329067	+2814068
1874	56308471	7730622	64039093	77584938	+13545845	+2352004
1875	59425891	7454480	66880371	80066025	+13185654	+1109682

资料来源:姚贤镐编:《中国近代对外贸易史资料》第二册,第 1083 页。

表 9-4　中国黄金输出情况一览表(1868—1875 年)

（单位:英镑）

年份	输往英国	输往印度	合计
1868	1307	1501210	1502517
1869	780	1542785	1543565
1870	61579	1505352	1566931
1871	1500	1331746	1333246
1872	/	860968	860968
1873	128846	812651	941497
1874	282586	1083584	1366170
1875	341669	1032982	1374651
总计	818267	9671278	10489545

资料来源:摘自姚贤镐编:《中国近代对外贸易史资料》第二册,第 1064 页。

当时,世界金银比价是 1∶23.6。这个巨大的数额足以填补同一时期出口货值的不足。西方各国在当时购买中国货用的是银元,而中国支付外国的货值则使用金银两种贵金属，即使中国有时处于贸易逆差地位，在有大量黄金流出的情况下，可以断定不可能有大量白银流出。国内银钱比价的增昂显然不是由于对外贸易入超造成的，不是国内白银绝对数量的减少引起的。这是我们得出的第一个结论。

三　世界金银比价与中国银钱比价

跨入19世纪70年代，德国恢复了金币的铸造，美国很快废止了银本位，欧洲其他实行复本位制度（即同时流通金币与银币）的国家，先后开始限制银币的铸造，或者改行金本位，大量白银被抛向世界市场，加之美国内华达州（Nevada）发现了丰富的银矿。白银与对黄金的交换价值开始大幅度跌落，这毫无疑问会影响已经卷入世界金融市场的中国贵金属比价的一系列变化。但是，整个1860年代，国际金融市场上贵金属的比价是相对稳定的，上下波动幅度依然很小，没有大的变化。表9-5显示的是中国海关银两对外汇率和伦敦大条银的市场价格变化情况。

表9-5　伦敦银价与中国海关两对英镑的汇率（1862—1879年）

年份	伦敦银价（便士）	海关两对英镑汇率	年份	伦敦银价（便士）	海关两对英镑汇率	年份	伦敦银价（便士）	海关两对英镑汇率
1862	61.44	82.50	1868	60.50	80.00	1874	58.31	76.13
1863	61.38	85.00	1869	60.44	79.75	1875	56.69	74.20
1864	61.38	89.00	1870	60.56	79.50	1876	53.13	71.40
1865	61.06	83.25	1871	60.50	78.00	1877	54.81	72.00
1866	61.13	83.50	1872	60.31	79.75	1878	52.63	71.50
1867	61.56	81.75	1873	59.50	77.00	1879	51.25	67.33

资料来源：表中系伦敦英国标准大条银每盎司的平均价格和中国海关银两对英镑的平均汇价，此处为排印便利，将分数推算成小数。姚贤镐编：《中国近代对外贸易史资料》第二册，第1252页。

由上表可以看出,1862—1872 年伦敦金银的比价与关平两对英镑汇价相对稳定。严格地说是有一点变化。这个变化就是已经出现了银价下跌的趋势,尽管下跌幅度和速度不及 1873 年之后。如果说,世界金融比价的变化会影响中国银价的变化,那么,只能导致白银价格的少量下跌,而不可能导致 1865 年到 1871 年间中国银钱比价的增昂。由此可以断言,19 世纪 60 年代世界金银比价的微小变化,不是中国银钱比价增昂的原因。

另外,黄金、白银开采数量的增加与减少,尚且不能说明欧洲、美洲各国物价的变化,怎能说明中国银钱比价和物价的变化?例如,1851 年到 1860 年的十年间,世界黄金的开采量与过去五十年间的平均开采量相比,几乎提高了九倍。但是白银的开采条件并未发生很大变化。不足为怪的是,很多持货币数量理论观点的经济学家认为,黄金贬值将是不可避免的。但是,尽管他们试图证实这种贬值,而商品价格的实际变化却截然相反。物价不仅没有随着黄金产量的增加而下跌,反而表现为上涨。正如英国统计学家索尔贝尔所提供的平均价格运动证实的那样。在 1838—1847 年的十年间,物价不是上涨,而是下跌。到了 20 世纪末,物价比黄金开采量猛增时期以前还要低。贵金属生产费用上涨,则一切商品价格下跌;贵金属生产费用下跌,则一切商品价格上涨,这是一般规律。这个规律,会在个别情况下有所改变。各国物价变化,与其金属货币数量多少关系不大。

表 9-6　英国物价指数变化简表(1838—1897 年)

年份	物价指数	年份	物价指数
1838—1847	93	1868—1877	100
1848—1857	89	1878—1887	79
1858—1867	99	1888—1897	67

资料来源:【俄】M. N. 杜冈巴拉诺夫斯基著,赵维良、桂力生译:《政治经济学原理》上册,北京:商务印书馆,1997 年,第 326—330 页。

四　铜价下跌与银钱比价的变化

在考察了金银比价情况之后，我们还必须考察白银与紫铜价格的变化情况。这一时期国内市场上铜价资料很难找到，即使找到个别收买滇铜价格的资料，也因为很零碎，没有办法进行系统的比较分析。幸好，海关留下了比较可靠的统计资料，给我们提供了银钱比价变化的充足证据。根据统计，1862 年，每进口一担紫铜的价格为 28 两银，1863 年为 30. 77 两。这与当时“钱贵”的程度是相符的。这种情况在 1864 年便发生了显著的变化，铜价连年大幅度下跌。

表 9-7　1862—1874 年铜价波动情况一览表

（单位：海关两）

年份	价格	年份	价格	年份	价格
1862	28. 00	1867	15. 63	1872	14. 97
1863	30. 77	1868	13. 06	1873	18. 00
1864	26. 00	1869	20. 00	1874	16. 21
1865	19. 18	1870	15. 26		
1866	17. 10	1871	15. 05		

资料来源：摘自海关历年报告书。

从同治年间进口的每担紫铜的价格统计表中可以看出，每担紫铜价格由最高年度的 30 两白银，迅速跌至 13. 06 两，只有六年的时间。1869 年铜价虽有明显回升，但次年旋又跌至 15 两上下。铜价如此大幅度下跌，势必导致以铜斤为主要币材的“制钱”价值下跌，制钱的购买力相应降低，银价自然会相应增昂。从表 9-8 推算的结果来看，和梁启超提供的海关银两兑换制钱的统计数据相比，变化趋势基本一致，市场价格略高于铸造费用是正常的，那是因为在流通渠道内，应当还有一定量的旧钱。

表 9-8 铸造制钱成本费用与银钱市场比价比较表

年份	投资白银一两可以铸造小制钱数额	一海关两兑换制钱数额
1870	1928	1875
1871	1950	1875
1872	1958	1875
1873	1683	1800
1874	1835	1805

资料来源:梁启超:《各省滥铸铜元小史》,《饮冰室文集》之二十一,第 16 页。

从 1865 年以后开始的银钱比价波动与铜价下跌相比,尽管略微迟缓一些,但还是基本上反映了国际市场上贵金属价格的变化。应当说铜价的下跌是导致同治、光绪之际"银贵钱贱"的主要原因。这个问题以往的史学家大都忽视了。

五 银钱比价增昂与商品经济的恢复发展

除了铜价下跌之外,对于银钱比价变化的原因还应有具体的分析,还必须联系当时的商品经济情况来思考问题。总的来说,银钱价格的变化一方面决定于自身币材价格的变化,一方面决定于社会对它的需求与供给。

首先,就货币流通的一般规律进行考察。在和平年代,由于社会政治生活的相对安定和商品经济的繁荣,人们总是努力积累贵金属,以便购买高昂的奢侈品,如豪华的房屋和设备、金属器皿和首饰。为了防备意外的事故和突然的打击,人们还要贮藏贵金属(金银首饰也是一种贮藏方式,是一种贮藏的美学形式),这种做法特别在东方民族(中国、印度等地)中盛行。同治中后期,随着战争与自然灾害的解除,社会生活重趋安定,经济复苏,社会的需求与战时相比又发生了新的变化,贵金属又变成了人们追求和贮藏的目标，“银贵钱贱”又成为新的发展趋势。银价重新增昂之所以发生在1866年以后，只能从政治局面和经济生活所发生的变化中得到解释。这一时期恰好处于历时十六年之久的太平军、捻军等大规模的农民起义被血腥镇压之后，清廷在政治上又重新实行了控制。随着政治上“中兴”局面的确定，社会经济逐渐恢复和发展，货币流通中的银贵自然成为新的趋势。可以设想，如果同光之际不发生世界性的银价下落，如果世界下跌的银价不对中国形成大的冲击，随着中国商品经济的发展，银钱比价有可能恢复或超过1854年前的比价水平。

其次，考察商品经济的恢复和发展对银钱比价的影响。按照马克思的观点，社会财富的增加和商品经济的进一步发展将会导致社会对贵金属需求的增加，在货币流通领域里将产生比较贵重的金属（例如白银）排斥不太贵重的金属（例如铜）的现象，这是乾、嘉、道、咸时期“银贵钱贱”的决定性因素，也是同治时期银价增昂的主要原因。[1]

太平天国战争时期，中国商品经济遭受了严重破坏，全国大的商品市场都陷于停滞状态，百货壅滞。商路梗阻，货乏行销之地，“四民失其恒业”。广西“百货不能畅行”；广东为“货物不能流通”；湖南系“贸迁阻滞，生计萧条”；湖北是“道路梗阻，商路不通”；江西、江苏、浙江、福建、山东、安徽更是“商贾率皆裹足”。其他省区也大体类似。[2]

战后，随着政治局面的重新稳定，中国社会经济迅速恢复和发展。关于手工业商品生产增长情况，我们可以从1868—1875年中国对外贸易的统计中得到比较明确的答案。[3]1875年出口的陶瓷价值恰好是1868年的2倍；1874年出口的皮货相当于1868年的13倍；1875年出口的纸、糖、烟叶、绸缎、夏布和土布分别相当于1868年的1.75倍、3.95倍、13.7倍、2.3倍、3.42倍和4.29倍，茶丝出口额变

〔1〕 王宏斌：《乾嘉时期银贵钱贱问题探源》，《中国社会经济史研究》1987年第2期。

〔2〕 彭泽益编：《中国近代手工业史资料》第一册，北京：生活·读书·新知三联书店，1957年，第506—601页。

〔3〕 同上书，第54—56页。

化虽不明显，但并不能说明茶丝业陷于停顿。例如，生丝出口在个别年头有所下降，主要原因是以南京、苏州、杭州为基地的中国绸缎生产在战后逐渐在恢复，吸收大批生丝进入工厂，绸缎的出口迅速增长，以无可辩驳的事实证明了这一点。至于茶的出口不能迅速增长，原因在于国际市场上的竞争日益激烈所致。上述手工业产品的变化情况详见表9-9。

除了表中所列的传统手工业正在恢复发展外，洋务热潮正在各地掀起，新的近代化的机器被引进国内，新的工业产品相继投放市场，使商品市场更加活跃。如果说这一时期的生产尚未恢复到战前的水平，那么至少可以说较之战争时期的破败局面已有相当大的改观。

手工业生产的恢复和发展，又为商品贸易的活跃提供了条件。下面仅以丝绸为例，简单描述一下国内贸易情况。战后的南京产缎每年达二十万匹，价值260万海关两。一部分丝绸走向国际市场，另一部分"由芜湖出口，运往上海、广州及北京的约三万匹；由陆路直接从南京运往北京的约二万匹；经苏州运往上海，并在苏州完纳内地税者二万匹；估计还有一万匹是装帆船运往上海的。湖南、湖北、荆州、四川、汉口及贵州、云南共销八万匹；估计江苏、河南及山东共销四千匹"〔1〕。这一时期五千台织机生产量当然赶不上战前五万台织机的生产数额，自然不能满足国内的需求。但尽管如此，战争时期那种"江河梗阻，商路不通"的破败景象正在消失和改善。国内的丝绸市场日渐恢复和发展也可以通过一个小小市镇商业兴旺看到大概情景。1879年，一个外国人这样回忆说："我离开双林去南浔，虽然太平军在南浔甚久。而从现在人口之多、商业之盛看来，太平军占领的痕迹已完全消失。"〔2〕位于浙江吴兴东南的南浔镇的繁荣景象，有一位诗人如此描写道："蚕事乍毕丝事起，乡农卖丝争赴市。市中人塞不得行，千声万语聋人耳。纸牌高揭丝市座，沿门挨户相接连。喧哗

〔1〕《江宁府志》卷15，光绪朝编纂，第74页。

〔2〕彭泽益编：《中国近代手工业史资料》第二册，第82页。

表 9-9　中国出口货物价值及其指数一览表

（单位：关平银两）

年份	陶瓷		皮货		纸		糖		茶	
	价值	指数	价值	指数	价值	指数	价值	指数	价值	指数
1868	263443	100	1150	100	245092	100	407277	100	34265723	100
1869	411020	156	1732	151	254251	104	383710	94	33366953	97
1870	413109	157	4196	365	211323	86	1068860	262	27617224	81
1871	407873	155	1797	156	216002	88	1007139	247	36199080	106
1872	479444	182	11189	973	265308	108	1350419	332	40211101	117
1873	496329	188	7628	663	229052	93	1633044	401	35188635	103
1874	521321	198	15851	1378	289398	118	1267659	311	36826011	107
1875	527517	200	6267	545	429747	175	1609179	395	36697512	107

年份	烟叶		生丝		绸缎		夏布		土布	
	价值	指数	价值	指数	价值	指数	价值	指数	价值	指数
1868	10522	100	22539394	100	1747987	100	28564	100	12380	100
1869	229444	2181	17578853	78	1521776	87	24779	87	138512	1119
1870	51495	489	19426029	86	1702239	97	21390	75	26398	213
1871	10537	100	22862767	101	2112012	121	30306	106	6873	56
1872	199612	1897	25045551	111	2340262	134	55540	194	32227	260
1873	46173	439	25393987	113	1977865	113	42602	149	37848	306
1874	80619	765	19859284	88	2374225	136	67538	236	48173	389
1875	144138	1370	20107278	89	4022538	230	97695	342	53146	429

资料来源：彭泽益编：《中国近代手工业史资料》第二册，第 54—56 页。

鼎沸辰至午，骈肩累迹不得前。共道今年丝价长，番蚨三枚丝十两。市侩贩夫争奔走，熙熙而来攘攘往。一日贸易数万金，市人谁不利熏心。但教炙手即可热，街头巷口共追寻。茶棚酒肆纷纷话，纷纷尽是买与卖。小贾收买交大贾，大贾载入申江界。申江鬼国正通商，繁华富丽压苏杭。番舶来银百万计，中国商人皆若狂。今年买经更陆续，农人纺经十之六。遂使家家置纺车，无复有心种菽粟。吾闻荒本逐末圣人忧，蚕桑太盛妨田畴。纵然眼前暂获利，但恐吾乡田禾从此多歉收。"[1]这篇生动的诗文，为我们描绘了一幅生动而又逼真的写实画卷，于此可见市场繁荣的一般景象。

必须指出，同治中期以后，除了我国商品经济重新恢复和进一步发展之外，西方列强竞相在华倾销商品，几百种洋货挤进中国各地大小市场，虽然在某种程度上破坏了中国传统的手工业，但就刺激和活跃商品经济方面来说，毫无疑问也起到了一定促进作用。洋针很快成为普遍使用的日用品，洋火取代了燧石。西方的玩具、铅笔、洋伞、肥皂、图片，都成为大商店的商品。

如此等等，都说明战后的国内商品生产和销售都得到了迅速的恢复和发展，它自然对货币的流通会产生直接作用。贵金属（这里指白银）以其价值大、便于商业活动，自然会受到富商大贾的特别垂青；制钱由于价值小，不便携带，在较大的商业活动中必然受到冷落，"重银轻钱"的观念使货币流通领域里比较贵重的金属排挤不大贵重的金属，银贵而钱贱。这是乾嘉道咸时期的"银贵钱贱"的原因之一，当然也是同治时期银价增昂的原因之一。

最后需要指出的是，这一时期的银价增昂之所以没有恢复到战前的水平，自然有许多原因，其中最主要的是，商品经济尚未恢复到战前的水平，同光之际又突然遇到了世界银价大跌落的冲击，中断了银价增昂的趋势。这个问题只能留在另一篇文章中分析了。

---

[1] 周庆云:《南浔志》卷31，第2页。

小　结

综上所述,可以得出如下的结论:

(一)在太平天国时期与光绪时期两次银价大跌落期间,存在着一个短暂的银价增昂时期。持续时间不到十年,上涨幅度为400—500文。这次银价的上涨速度之快,引起朝野人士一片惊呼,市场贸易、财政收支都出现了严重混乱。

(二)分析这一时期银价增昂的原因,可以肯定,它既不是对外贸易白银流出造成的,也不是国际市场上银价变化造成的。

(三)导致这次银价上涨的主要原因是国际市场上铜价大幅度下跌。每担紫铜价格由最高年度的30两白银,迅速跌至13.06两,只有六年的时间。1869年铜价虽有明显回升,但次年又跌至15两上下。因铜贱而钱贱,因钱贱而银贵,这是当时银钱比价变化的主要原因。

(四)由于战后社会政治趋于安定,商品经济重新恢复和发展,使社会对白银和制钱的需求与战时发生了相反的变化,人们开始重新追求白银,而鄙薄制钱之流通作用,因供求关系导致二者比价相应变化。

第十章　光绪时期银价下落与币制改革（1875—1905年）

银钱比价在同治皇帝统治的后几年的飞速上涨，曾经引起朝野人士的密切关注。面对中国金融市场上变化莫测的情势，当时的人们不懂得这是金属货币时代正常的产物，不知道这是商品经济恢复发展的结果，不了解贵重金属驱逐不太贵重金属的货币运动规律，只是对盛行两千年的制钱制度的动摇表示莫大的恐慌。惊慌失措的清朝财政大臣找不到平抑银价的有效措施，只好被动地随着市场上比价变化的幅度，调整田赋商税的征收比例。

一　1875—1905年银价下落概况

1875年，年仅四岁的小载湉被人抱上皇帝的宝座，政治进入光绪时代，以此为重要转折点，在变动不已的中国金融市场上，银钱比价突然停止了上涨的势头，开始变为持续几十年的银价跌落过程。清朝的财政大臣们不再为暴涨的银价带来的社会经济紊乱所惊骇，相反陷入了银价下跌的惶惑之中。各省奏报银钱比价波动情况如下。

后人根据厘金史料，对于江苏、江西两省的银钱比价进行了系统推算，得到的结果与各省督抚的奏报也完全一致。

表 10-1　1875—1905 年各省银钱比价波动一览表

年份	银钱比价	原始资料	地区	资料来源
1875	3000	近来京市大钱五千余文方能换易制钱一千，而近在通州，每银一两仍仅易制钱三千内外。银价悬殊，相去倍蓰，物价攸关，势不得不以银计算。以现在当十大钱论，业经仅抵制钱二文。	京师	录副奏折，档号：03-9527-029。
1876	1770	省城七月份银价……库平银一两易小数钱八吊八百五十文；市平银一两易小数钱八吊五百八十文（小数钱千文合小制钱二百文）。	盛京	录副奏折，档号：03-6761-003。
1877	1600	银价骤减，每两减收钱二百文。下忙钱粮应仍每两折收钱二千二百文（含办公费用六百文）。	江苏	录副奏折，档号：03-9538-008。
1877	1800	九月份银价库平银一两易小数钱九千；市平银一两易小数钱八千七百三十文。	盛京	录副奏折，档号：03-6762-045。
1878	1600	上忙钱粮应仍每两折收钱二千二百文（含办公费用六百文）。	江苏	录副奏折，档号：03-6598-044。
1878	1600	自同治三年为始，每银一两作钱一千六百文，地丁每两征银一两五钱者（部定章程每两征一两三钱，本省另提二钱作为各项费用），改收钱二千四百文。	江西	录副奏折，档号：03-6300-031。
1878	1816	省城六月份银价……库平银一两易小数钱九千八十文；市平银一两易小数钱八千八百文。	盛京	朱批奏折，档号：04-01-25-0518-028。

续表

年份	银钱比价	原始资料	地区	资料来源
1879	1600	上忙钱粮应仍每两折收钱二千二百文(含办公费用六百文)。	江苏	录副奏折,档号:03-7068-073。
1879	2154	省城五月份银价……库平银一两易小数钱十千七百七十文;市平银一两易小数钱十千四百四十文。	盛京	朱批奏折,档号:04-01-25-0520-012。
1880	2220	省城四月份银价……库平银一两易小数钱十一千一百文;市平银一两易小数钱十千七百六十文。	盛京	朱批奏折,档号:04-01-24-0159-048。
1881	1960	库平银一两易小数钱九千八百八十文,市平银一两易小数钱九千五百八十文。	盛京	朱批奏折,档号:04-01-24-0159-045。
1881	2072	省城六月份银价……库平银一两易小数钱十千三百六十文;市平银一两易小数钱十千四十文。	盛京	朱批奏折,档号:04-01-25-0521-009。
1882	2064	省城十月份银价……库平银一两易小数钱十千三百二十文;市平银一两易小数钱十千文。	盛京	朱批奏折,档号:04-01-25-0523-021。
1882	1535	在1882年上半年,每一上海银两可兑换1535枚铜钱。	上海	上海《海关十年报告》1882—1891年。
1883	2132	省城六月份银价……库平银一两易小数钱十吊六百六十文;市平银一两易小数钱十吊三百二十文。	盛京	朱批奏折,档号:04-01-25-0524-015。

续表

年份	银钱比价	原始资料	地区	资料来源
1884	2030	省城银价:库平银一两易小数钱十吊一百五十文,市平银一两易小数钱九吊八百四十文。	盛京	朱批奏折,档号:04-01-24-0160-084。
1885	1550—1600	天津银价每两易钱(即京钱)三千一二百文不等。	直隶	朱批奏折,档号:04-01-35-0300-056。
1885	1918	省城银价:库平银一两易小数钱九吊五百九十文,市平银一两易小数钱九吊三百文。	盛京	朱批奏折,档号:04-01-24-0160-083。
1886	1550—1600	天津银价每两易钱三千一二百文不等。	天津	朱批奏折,档号:04-01-35-0300-056。
1886	2024	省城银价:库平银一两易小数钱十吊一百二十文,市平银一两易小数钱九吊八百一十文。	盛京	朱批奏折,档号:04-01-24-0160-082。
1887	1500	粤省钱价,一千五百文值银一两。	广东	朱批奏折,档号:04-01-35-1372-040。
1887	1600	上忙钱粮每两折收钱二千二百文(含办公费用六百文)。	江苏	朱批奏折,档号:04-01-35-0094-013。
1887	1824	省城银价:库平银一两易小数钱九吊一百二十文,市平银一两易小数钱八吊八百四十文。	盛京	朱批奏折,档号:04-01-24-0160-076。
1887	1587	目前江(西)省钱价,每制钱一千易银六钱二三分不等。	江西	录副奏折,档号:03-9529-049。

续表

年份	银钱比价	原始资料	地区	资料来源
1888	1600	下忙钱粮应仍每两折收钱二千二百文（含办公费用六百文）。	江苏	录副奏折，档号：03-6227-021。
1888	1978	省城银价：库平银一两易小数钱九吊八百九十文，市平银一两易小数钱九吊五百九十文。	盛京	朱批奏折，档号：04-01-24-0161-114。
1889	1878	省城六月份银价……库平银一两易小数钱九吊三百九十文；市平银一两易小数钱九吊一百文。	盛京	朱批奏折，档号：04-01-25-0535-012。
1890	1400	近因市廛钱价逐渐加增，银价日见减落。自上年以来，每湘平银一两仅易钱一千四百余文。	湖南	录副奏折，档号：03-6116-095。
1890	1808	省城银价：库平银一两易小数钱九吊四十文，市平银一两易小数钱八吊七百六十文。	盛京	朱批奏折，档号：04-01-24-0161-112。
1890	1330	最低的行情是1890年，每两兑换1330枚铜钱。	上海	上海《海关十年报告》1882—1891年。
1891	1600	上忙钱粮应仍每两折收钱二千二百文（含办公费用六百文）。	江苏	朱批奏折，档号：04-01-35-0100-047。
1891	1918	省城银价：库平银一两易小数钱九吊五百九十文，市平银一两易小数钱九吊三百文。	盛京	朱批奏折，档号：04-01-24-0161-111。

续表

年份	银钱比价	原始资料	地区	资料来源
1891	1370	在1891年,每两银子能够换到1370枚铜钱。	上海	上海《海关十年报告》1881—1891年。
1892	1600	下忙钱粮应仍每两折收钱二千二百文(含办公费用六百文)。	江苏	朱批奏折,档号:04-01-35-0102-049。
1892	1910	省城银价:库平银一两易小数钱九吊五百五十文,市平银一两易小数钱九吊二百六十文。	盛京	朱批奏折,档号:04-01-24-0162-100。
1893	1600	下忙钱粮应仍每两折收钱二千二百文(含办公费用六百文)。	江苏	朱批奏折,档号:04-01-35-0104-050。
1893	1900	省城银价:库平银一两易小数钱九吊五百六十文,市平银一两易小数钱九吊二百七十文。	盛京	朱批奏折,档号:04-01-24-0162-099。
1894	1646	省城银价:库平银一两易小数钱八吊二百三十文,市平银一两易小数钱八吊九百五十文。	盛京	朱批奏折,档号:04-01-24-0163-134。
1895	1300	冬间,每银一两尚易钱一千三百文。	江苏	朱批奏折,档号:04-01-24-0164-064。
1895	1200以上	近日大江南北各州县旬日之间,银价骤跌,每两仅易制钱一千二百数十文。上游皖楚等省情形亦复相同。	江苏安徽湖北	录副奏折,档号:03-9532-005。

续表

年份	银钱比价	原始资料	地区	资料来源
1895	1670	省城银价:库平银一两易小数钱八千三百五十文,市平银一两易小数钱八千一百文。	盛京	朱批奏折,档号:04-01-24-0163-132。
1896	1200	迩来东南各省纹银每两仅易制钱千二百文,洋钱每元仅换制钱八百余文,银贱钱贵有甚于京师者。	东南各省	录副奏折,档号:03-9513-077。
1896	1255	冬间,贵贱扯算,每银一两仅易钱一千二百五十五文。	江苏	朱批奏折,档号:04-01-24-0164-064。
1896	1200	直隶制钱日形缺乏,自上年以来,钱价腾贵,每银一两仅易制钱一千二百有奇。	直隶	录副奏折,档号:03-9532-042。
1896	1300	现在库平足色银每两抵(京)制钱二千六百余文。	山东	《清德宗实录》卷390,光绪二十二年五月丙申。
1896	1300	光绪二十二年,湖北征收册,每银一两征制钱一千九百文。其时市价实一千三百,是多征六百文矣。	湖北	《清朝续文献通考》卷4,田赋考4,第7535页。
1896	1400	银价更减,每两又减收钱二百文,仍复每两二千文之旧(含办公费用六百文)。	江苏	录副奏折,档号:03-9538-008。
1896	1650	省城银价:库平银一两易小数钱八千二百五十文,市平银一两易小数钱八千文。	盛京	朱批奏折,档号:04-01-24-0163-131。
1897	1782	省城银价:库平银一两易小数钱八千九百一十文,市平银一两易小数钱八千六百四十文。	盛京	朱批奏折,档号:04-01-24-0164-034。

续表

年份	银钱比价	原始资料	地区	资料来源
1897	1400	上忙钱粮应仍照案每两折收钱二千文（含办公费用六百文）。	江苏	朱批奏折，档号：04-01-35-0112-026。
1897	1300	以银易钱，按初时市价，每库平银一两仅易钱一千三百文左右，续后节节跌落，每银一两仅易钱一千二百四五十文不等。不独银价日跌，米价日贵。	江苏	朱批奏折，档号：04-01-24-0164-064。
1897	1200	今则银价落至千二百余文，加征公费之例，仍未革除。	江苏	《清德宗实录》卷407，光绪二十三年七月丁酉。
1897	1200	近年以来，钱荒益甚，银价愈低。自光绪二十三年起，每湘平银一两仅易钱一千二百余文。	湖南	录副奏折，档号：03-6146-059。
1898	1100	近二十年来，每两银价均一千六七百文。去年夏秋，已觉日减，自去冬至今，不过一千一百文上下。较从前每两少五六百文，而州县征收，仍每两收钱二千八九百至三四千文不等。是一两而收数两，平余反多于正供。	各省	录副奏折，档号：03-6161-067。
1898	1400	下忙钱粮应仍照案每两折收钱二千文（含办公费用六百文）。	江苏	朱批奏折，档号：04-01-35-0115-014。
1898	1300	近年以来，制钱骤形缺乏，省城及淮扬一带通衢市面银价跌至每两一千三百数十文，省外偏僻地方所报钱易银价，虽每两仍需一千四五六百文不等。	江苏	录副奏折，档号：03-6693-021。

续表

年份	银钱比价	原始资料	地区	资料来源
1898	1932	省城五月份银价……库平银一两易小数钱九千六百六十文,市平银一两易小数钱九千三百七十文。	盛京	录副奏折,档号:03-6974-009。
1898	1200	每湘平银一两仅易钱一千二百余文。	湖南	录副奏折,档号:03-6146-059。
1898	1100 1200	各省银价每两向兑一千五六百文,今只兑一千一二百文……京师内外城通行当十大钱,每两向兑十六七千,今止兑十一二千文。	各省	录副奏折,档号:03-9534-007。
1898	1100	近年每两银价均在一千一百文上下,而州县征收仍折钱二千八九百至三四千文不等……豫省各属征收章程虽参差不齐,大率每两折纳钱二千五六百文居多。	河南	录副奏折,档号:03-9534-088。
1899	1300	现在京师市面每银一两兑当十大钱不足五百,未抵制钱一千之用。而物价仍一切腾贵……而(吉林)每银一两换制钱一千三百余文。	京师 吉林	录副奏折,档号:03-9535-044。
1899	1400	上忙钱粮应仍照案每两折收钱二千文(含办公费用六百文)。	江苏	朱批奏折,档号:04-01-35-0116-023。
1899	1300— 1400	惟近省一带稍贱,其余各处每两亦尚易京钱二千五六百以及二千七八百文不等(每京钱二文合制钱一文)。	山东	录副奏折,档号:03-6263-041。
1899	1902	省城五月份银价……库平银一两易小数钱九千五百一十文,市平银一两易小数钱九千二百二十文。	盛京	录副奏折,档号:03-6986-011。

续表

年份	银钱比价	原始资料	地区	资料来源
1900	1050	本年天津每银一两仅易钱二千一百余文。	天津	朱批奏折,档号:04-01-35-0300-056。
1900	2826	省城六月份银价……库平银一两易小数钱十四千一百三十文,市平银一两易小数钱十三千七百文。	盛京	录副奏折,档号:03-6998-034。
1901	1480	纹银市价每库平一两易制钱一千四百八十七文。	陕西	录副奏折,档号:03-7010-006。
1901	1220	在过去的十年里却下降至1200文左右。	上海	上海《海关十年报告书》1892—1901年。
1902	1581	(元月)纹银市价库平一两易铜钱一千五百八十一文。	陕西	录副奏折,档号:03-7015-026。
1902	1513	(四月)纹银市价库平一两易制钱一千五百一十三文。	陕西	录副奏折,档号:03-7012-039。
1902	1580	纹银市估每库平一两易铜钱一千五百八十文。	陕西	录副奏折,档号:03-7015-026。
1903	1954	省城正月份银价……库平银一两易小数钱九千七百七十文,市平银一两易小数钱九千四百七十文。二月份银价库平银一两易小数钱十千文,市平银一两易小数钱九千六百九十文。	盛京	录副奏折,档号:03-7016-020。
1904	1400	每两易钱一千四百余文。	江苏	录副奏折,档号:03-9538-008。
1904	1100—1200	光绪三十年以前,每年收数约得钱四十万串上下,以钱一千一二百文合银一两。	安徽	《清朝续文献通考》卷5,田赋考5,第7542页。

续表

年份	银钱比价	原始资料	地区	资料来源
1904	2774—2554	省城四月份银价……库平银一两易小数钱十三千八百七十文,市平银一两易小数钱十三千四百四十文。五月份银价库平银一两易小数钱十二千七百七十文,市平银一两易小数钱十二千三百八十文。	盛京	录副奏折,档号:03-7024-021。
1905	1300—1400	近年江西寻常市价每银一两易钱一千三百文,见骤涨至一千四百余文。每银元一枚向易钱八百四五十文,见涨至九百六七十文。	江西	《清朝续文献通考》卷22,钱币考4,第7721页。
1905	1400—1690	上年银价骤涨,数月之间,每两易钱由一千四百余文涨至一千六百八九十文。	江苏	录副奏折,档号:03-9538-008。
1905	1600	下忙钱粮应请每两连同规复银价,共折收钱二千二百文(含办公费用六百文)。	江苏	录副奏折,档号:03-7331-069。
1905	2400	近日每银一两易当十大钱十二千有奇。	京师	录副奏折,档号:03-9537-002。
1905	1763	(二月)纹银市估库平一两易铜钱一串七百六十三文。	陕西	录副奏折,档号:03-7027-043。
1905	1690	(四月)纹银市价库平一两易铜钱一串六百九十文。	陕西	录副奏折,档号:03-7030-014。
1905	2598—3016	省城十月份银价……库平银一两易小数钱十二吊九百九十文,市平银一两易小数钱十二吊五百九十文。十一月份银价库平银一两易小数钱十五吊八十文,市平银一两易小数钱十四吊六百二十文。	盛京	录副奏折,档号:03-7030-001。

表 10-2 1875—1905 年江苏与江西银钱比价一览表

年份	海关	江苏		江西	
		上半年	下半年	上半年	下半年
1875	1778	1795	1795	/	/
1876	1722	1761	1761	/	/
1877	1655	1722	1716	/	/
1878	1598	1627	1624	/	/
1879	1620	1616	1618	/	/
1880	1653	1661	1659	1694. 14	1705. 29
1881	1690	1694	1680	1684. 69	1675. 51
1882	1685	1666	1655	1634. 38	1649. 24
1883	1685	1711	1704	1659. 11	1696. 32
1884	1651	1694	1685	1699. 33	1732. 68
1885	1650	1700	1703	1723. 74	1712. 46
1886	1648	1655	1654	1636. 75	1616. 07
1887	1557	1593	1560	1598. 87	1610. 97
1888	1580	1589	1578	1612. 02	1599. 43
1889	1585	1559	1554	1567. 49	1541. 60
1890	1488	1540	1540	1529. 25	1536. 43
1891	1496	1526	1523	1533. 23	1548. 84
1892	1552	1548	1540	1576. 48	1584. 13
1893	1552	1599	1597	1527. 55	1557. 86
1894	1508	1547	1533	1559. 45	1549. 86
1895	1465	1500	1500	1550. 16	1448. 54
1896	1378	1481	1485	1355. 46	1355. 01
1897	1378	1330	1333	1352. 98	1354. 10
1898	1305	1341	1345	1354. 65	1355. 01

续表

年份	海关	江苏		江西	
		上半年	下半年	上半年	下半年
1899	1325	1362	1364	1421. 06	1428. 57
1900	1328	1362	1362	1428. 57	1428. 57
1901	1350	1375	1359	1428. 57	1408. 45
1902	1345	1356	1353	1388. 89	1388. 89
1903	1278	1323	1312	1333. 33	1333. 33
1904	1225	1329	1340	1369. 86	1369. 86
1905	/	1413	1425	1562. 50	1691. 93
1906	/	1503	1507	1724. 14	1721. 38
1907	/	1534	1538	1724. 14	1754. 39
1908	/	1601	1617	/	/

资料来源:江苏和江西的银钱比价系由各省厘金报告书提供的数据推定。参见罗玉东:《中国厘金史》,第 242、291、508、541 页,台北:文海出版社;梁启超:《各省滥铸铜元小史》,《饮冰室文集》之二十一,第 17—18 页,中华书局 1989 年影印。

由表 10-2 可以看出,先是光绪二、三、四年,银价突然下跌,下跌幅度为二三百文;接着在光绪五、六年间出现了一个短暂的恢复期,银价提升到每两换钱一千六七百文上下;而后是银价徐徐下落,到 1903 年大约下跌到 1300 余文,相当于嘉庆时期的水平。马士在他的《中华帝国对外关系史》中所提供的银两与铜钱的比价在 1904 年降到最低点,每关平一两白银只能换 1200 文铜钱[1]。根据清朝官方文书所提供的数据,在 1895 年江南各省的银价已经下跌到 1200 余文。当时两江总督张之洞奏称:“各省停铸制钱以来,市用铜钱日见其少,加以私销不绝,钱价因之日昂。近日大江南北各州县旬日之间,银价骤跌,每两仅易一千二百数十

〔1〕 马士著,张汇文等译:《中华帝国对外关系史》第 2 卷,商务印书馆,1963 年,第454 页。

文。上游楚皖等情形,亦复相同。”[1]1898 年前后,全国银价大都跌落到 1200 文左右[2]。北京的银价还曾一度跌到 1000 文以下。这种情况一直持续到 1904 年为止[3]。尔后由于其他原因,银价又重新开始上涨。

由上述情况可知,银价由同治、光绪之际的 1800 文左右[4],跌落到 1200 文上下,其间相差 600 余文。这种下跌幅度尽管不及太平天国战乱时期严重,但如果考虑到光绪时期市场上流通的制钱已经严重变劣减重的因素[5],可以想见,银价相对下跌的幅度比表面的比价更大。银价长时期的持续下跌,势必引起清朝财政收支的混乱,贸易的紊乱,从而引起人们的普遍关注,迫使人们去寻求各种救济的方案。

二　银价持续下跌与粮价上涨

为了准确把握银钱比价变化的原因,我们先把目光转向白银的购买力。如表 8-2 所示,1866—1870 年,平均每担上等粟米价银 2.258 两,白麦价银 2.912 两,高粱价银 1.469 两,三担粮食合计价值 6.639 两。1871—1911 年的直隶省保定府春季粮价如表 10-3 所示。

---

[1] 席裕福、沈师徐编:《皇朝政典类纂》卷 64,钱币 7,第 20 页。

[2] 中国人民银行总行参事室金融史料组编:《中国近代货币史资料》第一辑,下册,第 643 页。

[3] 《清代四川财政史料》上册,第 341 页。

[4] 梁启超:《各省滥铸铜元小史》,《饮冰室文集》之二十一,中华书局 1989 年影印。

[5] 光绪十三年到二十五年间,全国开始采取各种措施大力鼓铸重量为一钱、八分、七分、六分、五分等不同样式的小制钱;铜与铅的比重亦由 7∶3 下降为 5∶5。这些变劣的小制钱投向市场之后,按照格雷欣法则,迅速代替了符合规格的制钱,参见中国人民银行总行参事室金融史料组编:《中国近代货币史资料》第一辑,下册,第 579—583 页。

表 10-3　直隶保定每年春季粮价变化情况一览表(1871—1911 年)

(单位:两/担)

年份	上等粟米	白麦	高粱
1871	1. 5800—3. 0500	2. 1200—3. 8400	1. 0000—2. 7500
1872	1. 6500—3. 5500	2. 0700—3. 9000	1. 0200—2. 7000
1873	1. 6300—3. 4500	1. 5400—3. 3000	1. 0000—2. 6000
1874	/	/	/
1875	1. 5500—3. 0100	1. 4000—2. 8000	0. 8000—2. 1000
1876	1. 6900—2. 6900	1. 4000—2. 9000	0. 9600—1. 8300
1877	2. 1000—3. 3200	1. 8500—3. 0000	1. 3200—2. 0000
1878	2. 1000—3. 6000	2. 1000—3. 6000	1. 4000—2. 3500
1879	1. 8300—2. 8600	2. 3000—3. 6000	1. 0400—1. 9200
1880	1. 7500—2. 8600	1. 7900—3. 8000	1. 0500—1. 8200
1881	1. 5700—2. 8400	1. 9000—3. 2700	1. 1000—1. 7900
1882	1. 4700—2. 4200	1. 5900—2. 8100	0. 8200—1. 6200
1883	1. 3900—2. 3800	1. 7300—2. 2200	0. 8500—1. 6200
1884	1. 9200—3. 4000	1. 6200—3. 0000	1. 2000—2. 2000
1885	1. 4600—2. 5800	1. 6800—2. 8000	0. 9000—1. 9500
1886	1. 6800—2. 6400	1. 7000—2. 8500	1. 0000—2. 1000
1887	1. 8000—2. 9000	1. 6800—2. 5000	0. 9800—2. 1000
1888	/	/	/
1889	1. 9000—2. 6300	1. 8000—2. 6400	1. 2500—1. 7700
1890	1. 5900—2. 7000	1. 9600—2. 6500	0. 9000—1. 7100
1891	2. 4100—3. 4500	1. 9300—3. 1000	1. 5000—2. 5000
1892	1. 8000—2. 9600	1. 7700—2. 6400	1. 0700—2. 2000
1893	1. 9400—3. 0000	1. 9200—2. 6000	1. 1100—2. 2000
1894	2. 3800—3. 5000	2. 0500—2. 8800	1. 0700—2. 3000
1895	2. 4700—3. 8000	2. 2500—3. 2800	1. 5600—2. 7000

续表

年份	上等粟米	白麦	高粱
1896	2. 3500—3. 5000	2. 4000—3. 0400	1. 2600—2. 3000
1897	1. 9600—3. 5000	2. 1000—2. 8000	1. 0000—1. 9100
1898	2. 4700—3. 7500	2. 3200—3. 9800	1. 2500—2. 3300
1899	2. 6000—4. 9500	2. 3500—4. 8000	1. 3000—2. 6000
1900	2. 6000—4. 9500	2. 3700—5. 0000	1. 4700—2. 8000
1901	/	/	/
1902	2. 0000—5. 0400	2. 3800—5. 7000	1. 1000—2. 2000
1903	2. 6000—5. 5000	2. 5800—6. 1000	1. 4600—3. 1000
1904	2. 4000—4. 8000	2. 5400—4. 5000	1. 0700—2. 6000
1905	2. 2000—4. 8000	2. 3500—4. 4000	1. 4600—2. 6000
1906	2. 2000—4. 4000	2. 3000—4. 2000	1. 4500—2. 7000
1907	2. 5000—4. 7000	2. 7800—5. 9200	1. 5000—2. 9000
1908	2. 5400—5. 1000	2. 4700—5. 8200	1. 5000—3. 3000
1909	/	/	/
1910	2. 0500—5. 2000	2. 4200—6. 1000	1. 5000—3. 2000
1911	2. 2000—5. 4000	1. 2000—5. 9000	1. 3000—3. 2500

为了便于观察和比较，现将表10-3 整理成表10-4 和图10-1。现在以1866—1870 年的三担粮食价格指数为100，从中可以看出，粮价指数在1890 年以前尚无大的变化，大体与19 世纪上半叶持平。但是，从1891—1895 年粮价开始快速上涨，呈现出“粮贵银贱”的发展趋势，最高年代为1906—1910 年，平均上涨了48%。那么，导致这一时期“粮贵银贱”的原因是什么？究竟是“银贱”导致粮价的普涨，还是“粮贵”导致了白银购买力的降低呢？二者或有一是。

表 10-4　直隶春季粮食价格上涨情况一览表(1866—1911 年)

(单位:两/担)

年份	上等粟米	白麦	高粱	合计	指数
1866—1870	2. 2580	2. 9120	1. 4690	6. 6390	100. 00
1871—1875	2. 4338	2. 6213	1. 7463	6. 8014	102. 44
1876—1880	2. 4800	2. 6340	1. 5690	6. 6830	100. 66
1881—1885	2. 1430	2. 2620	1. 4050	5. 8100	87. 51
1886—1890	2. 2300	2. 1688	1. 5350	5. 9338	89. 38
1891—1895	2. 8210	2. 4400	1. 8210	7. 0820	106. 67
1896—1900	3. 2630	3. 1160	1. 8220	8. 2010	123. 53
1901—1905	3. 6675	3. 8188	1. 8350	8. 9913	135. 43
1906—1910	3. 5863	4. 0013	2. 2563	9. 8439	148. 27
1911	3. 8000	3. 5500	2. 2750	9. 6250	144. 50

资料来源:此表根据表 10-3 制成,第二、三、四栏为各种粮食五年平均价格,第五栏为三担粮食合计价格。

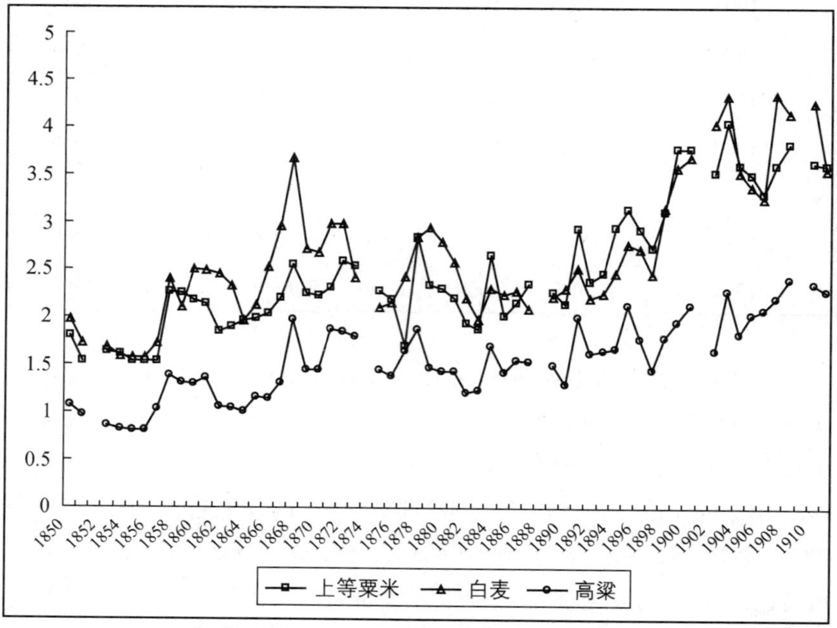

图 10-1　该图数据摘自中国第一历史档案馆藏的粮价清单。大致以顺天府尹和直隶总督奏报为主，选摘每年三月份京师与保定的粮价。如果缺乏三月份的粮价数据，则摘录邻近月份的粮价数据。因此，该图可以看成是该地区每年春天的粮食平均价格。

三　银价下跌的原因

就银钱比价来说，光绪初年的银价是徐徐下落的，所以开始时并未引起人们的重视，到了1883年，它才逐渐成为清廷讨论的议题。1887—1904年，关于银价下跌原因的讨论形成一个小小热潮，“银贱粮贵”正好发生在这一时期。当时人们对于银钱比价波动原因的探索归纳起来有三种看法：

其一，铜钱日少，钱价日昂，银价相对下跌。1883年，御史陈启泰首先提出这类看法，他认为“通商以来，海禁大弛，旧铸之钱，奸民多私贩出洋，各口青铜紫铜作坊、洋商复重价收买，以致直省均苦钱荒”。[1]1887年，署湖广总督裕禄等人也说：“湖北为水陆通衢，用钱最广，近来铜钱日少，钱价日昂，民间资用甚艰，商贾因此折阅，臣察其报，由轮船、洋船报运出口之铜钱甚多，其为囤积居奇，显而易见，目前各省制售、开炉鼓铸之器甚多，奸商贪利，难保不偷运外洋。”[2]外商购买中国铜钱，导致国内流通的制钱数量减少，引起钱荒，钱贵而银贱。还有人认为，制钱之所以迅速减少是由于官局停铸制钱和民间私毁所致。“各省停铸以来，市用铜钱日见其少，加以私毁不绝，钱价因之日昂”。[3]都是说“银贱钱贵”是由钱少引起的。“银价日落，物价日昂，皆由钱少之故”。[4]这种观点，只是反映了货币流通领域的表面现象，并未抓住问题的本质，并未深究外国人

---

〔1〕《掌山西道监察御史陈启泰奏为请变通钱法折》，光绪九年正月初八日，录副奏折，档号：03－9528－024。中国人民银行总行参事室金融史料组编：《中国近代货币史资料》第一辑，下册，第632页。

〔2〕《总理各国事务王大臣奕劻奏为遵议湖广总督裕禄等奏请禁运铜钱出口应毋庸议》，光绪十三年二月初二日，录副奏折，档号：03－9529－009。

〔3〕《南皮张宫保（之洞）政书》卷九，上海图书集成印书局光绪二十七年铅印本。

〔4〕中国人民银行总行参事室金融史料组编：《中国近代货币史资料》第一辑，下册，第551页。

为何收购制钱。就其认识水平来说，仍然属于"物多则贱，物少则贵"的原始的货币流通观念。

其二，铜产少，洋铜贵，导致银贱钱贵。持这种观念的人，大都认为当时的钱贵，主要由于中国铜矿日塞，铜苗不旺，铜本难筹，铜产日少。国际市场上，洋铜的价格日益昂贵，不能按照原来的价格大量进口，铜斤日少。"窃维制钱奇绌，各省皆然，其故由于铜贵而银贱。查从前铜价每百斤不过银十一二两，白铅每百斤不过四五两。近则东洋铜每百斤贵至二十六两，华啰啰铜每百斤贵至二十九两，白铅贵至九两有奇"。[1]既然铸造制钱的金属材料价格已经成倍上涨，那么制钱自身价格自然要上涨。查阅海关报告书所统计的进口铜价资料，在光绪初年每担紫铜的价格一般在十五六两上下波动，中期以后逐渐增昂，1893 年每担铜的价格超过 20 两白银。此后，继续上涨，到 1900 年前后涨到 30 两左右，铜价的最高年度是 1902 年，36 两白银才能买一担紫铜。由于国际市场上铜价昂贵，势必影响国内的铜价，不法的投机者便销熔制钱，出卖铜块，制钱日少，价格日昂。

大致说来，这种观点已经接近光绪时期"银贱钱贵"的真实原因。不过，因为它只注意到钱贵与铜贵的联系，尚未站在更好的角度观察银贱的世界性趋势，尚未觉察到银钱二者比率的变化主要决定于"银贱"，所以，也没有完全把握住问题的真正症结。

海关税务司针对钱价昂贵的现象，于 1901 年曾经分析指出：过去的二十年里，铜钱的价值是和这种金属的价格一起在上升的。1880 年代的上升虽属显著，但尚不能和 1891 年以来的上升相比。那一年进口的铜块为 17 海关两，日本黄铜为 11.50 海关两，直到中日战争前，铜价一直在稳步而快速上涨。而到中日战争爆发时，则一变而为直线上升了。现在日本铜要卖到 26 海关两，进口的铜块要卖到 30 至 32 海关两。"铜的时价既然这么高昂，把铜钱熔成工业用铜也就有利可图了，这就加速了从流通

---

〔1〕 中国人民银行总行参事室金融史料组编：《中国近代货币史资料》第一辑，下册，第 659 页。

领域剔除分量较重的和较为完好的铜钱的过程。到现在为止，流通中的普通的1000枚一串的铜钱仅重5斤左右，而同样数目的铜钱在十年之前约重6斤，二十五年之前重达7斤或7斤以上。当然，在考察银两与铜钱之间兑换率的变化时，对同时发生的银价下跌也须加以一定的考虑”。[1]这个观点是正确的。光绪时期“银贱钱贵”的因素是复杂的，既有银贱的原因，又有铜贵、钱小、钱贱的因素，必须加以仔细分析。

其三，金价贵，银价贱，导致百物腾贵，钱价随之增昂。这一观点是在政治多事的1898年提出的，主事彭毂孙等人指出：“试论今日银贱钱贵之弊，商务以中英交涉为最多，故各口岸皆以英镑为准，法之佛朗、德之马克、俄之卢布次之。通商之初，每磅合规银三两上下，至光绪初年每磅由三两以外至五两上下，已有金贵之患。至光绪二十年前后，竟由五两涨至六七两，今年则八两上下矣。故知银贱钱贵断由磅价日昂之故。”[2]他认为“银贱钱贵”是由金贵银贱引起的，由于银贱而钱价相对增昂。这种观点已经抓住了问题的本质。

金贵银贱的观点最早见于《申报》和《万国公报》，后来维新人士在《时务报》、《清议报》、《新民丛报》中也介绍了西方金价增昂、银价下跌的一些情报资料，康有为到1908年又作了系统的总结。在《金主币救国议》中，康有为详细论述了世界货币的发展历程，以进化论的观点指出，货币的出现是社会经济发展的产物，随着商品经济的发展，铁、铜、银、金等依次成为各种金属货币的材料。20世纪初世界经济已经发展到“金主币”时代，大多数国家相继采用了金本位，这是一种不可逆转的趋势。正是由于世界各国，特别是经济发达的国家使用金主币，白银大量过剩，被抛向世界市场，银价大幅度跌落。

金银价值首先决定于出产金银国家里的金银生产费用。在出产金银的国家里面，一切价格最后决定于贵金属的生产费用。在未拥有金银矿

[1] 徐雪筠等译编：《上海近代社会经济发展概况（1882—1931）》，第70页。

[2] 中国人民银行总行参事室金融史料组编：《中国近代货币史资料》第一辑，下册，第667页。

产的国家里，一切不受垄断支配的商品的金价值或银价值，决定于一定数量的劳动，从拥有金银矿产的国家那里所直接或间接获得的金银数量。正像其他任何商品一样，黄金、白银、紫铜等金属的生产，也可以由于蕴藏量丰富，采集技术的改良，生产成本降低，所以，它们对于其他商品的相对价值自然会有所降低；同样道理，当丰饶的矿产已被开采净尽，只剩下零落的矿源，勘探和采集又呈现困难局面，因此，它们的生产费用不得不有所提高，其价值自然有所增加，也是情理之中的。

光绪初年，世界金银比价为1:17，光绪三十年涨至1:40。联系世界金银市场上的这种变化，康有为明确指出："吾国百物之腾，实因银价之落"，"银之落于金者既两倍，钱之落于银者又半，而物价之涨于昔者亦两倍"，所以，银钱比价的关键问题是"银贱"[1]。他还预言，金价日益上涨，银价日益下跌，中国后患不已。呼吁当局改行金本位，整顿中国的金融市场，用金主币挽救祖国经济的衰败。

康有为对于"金贵银贱"引起的包括制钱在内的百物腾贵局面的认识，已经抓住了问题的本质。大致说来，全世界白银的生产，自17世纪以来，每年约有1000万两左右，到19世纪40年代，每年生产量达到2000万两左右。尔后白银产量急剧增加，19世纪末年的生产能力比40年代提高了五倍左右[2]。恰恰在白银生产量急剧增加的时刻，世界各发达国家的商品价值总额也急剧增加，日益觉得用金计算比用银计算更为方便，越来越多的国家实行金本位，纷纷下令停铸银币，白银的使用范围急剧缩小，大批白银被抛向世界市场，形成严重的供大于求的局面，白银过剩，价格大幅度下跌。

日益开放的中国市场，自然要受到金贵银贱的猛烈冲击，自1875年开始，银价日渐下跌，百物因之腾贵。根据统计资料(表10-5)，1875年金银比价是1:17，1904年变为1:38。同一时期，如表10-3和表10-8所示，

---

[1] 蒋贵麟编:《康南海先生遗著汇刊》十五，《金主币救国议》(写成于1908年)，上海广智书局，1910年。

[2] 彭信威:《中国货币史》，上海人民出版社，1958年，第858页。

每担紫铜的价格在1875年为16两上下，到1900年涨到32两，1902年为36两。此后，略有下跌，大致保持在30两左右。这说明白银对于紫铜的价格也下跌了一半。铅在同一时期也上涨了一倍。总之，金、铜、铅的价格以白银衡量都增昂了两倍。以白银为价值尺度的粮价在同一时期也上涨了50%。因此，与其说是金、铜、铅和粮食价格的普遍上涨，不如说是“银贱”更为准确。这正是光绪时期“银贱铜贵”、“银贱钱贵”和“银贱粮贵”的根本原因。

表10-5　铜铅等金属比价一览表（1875—1909年）

（单位：两/担）

年份	金属价格资料	金属比价	资料来源
1875	上海县叶廷春开报：购买红铜二万斤，每百斤实须价银十六两六钱五厘八毫，黄铜十八万斤，每百斤实须价银一十二两一钱二分五厘二丝，共银二万五千一百六十四两一钱九分六厘，并麻袋捆扎及在沪出栈起驳等经费银一百七十八两。	1:96 1:132	署理两江总督刘坤一：《奏为苏浙购买洋铜实需铜价运脚等银事》，光绪元年二月十五日，录副奏折，档号：03-9527-002。
1878	购买黄铜二十万斤，每百斤实给价银一十二两四钱八厘八毫，共银二万四千八百一十七两六钱，并麻袋捆扎及在沪出栈驳运经费一百七十七两二钱四分九厘七毫。	1:129	两江总督沈葆桢：《奏为苏浙四次购买洋铜实需铜价运脚等银事》，光绪四年十一月二十九日，录副奏折，档号：03-9527-078。
1878	购买洋红铜一十万斤，每百斤实给价银一十八两一钱一分一厘三毫一丝三忽，共银一万八千一百一十一两三钱一分三厘。	1:88	两江总督沈葆桢：《奏为四次买洋铜实需价银事》，光绪四年二月初一日，录副奏折，档号：03-9527-959。

续表

年份	金属价格资料	金属比价	资料来源
1878	购买洋红铜二十万斤,每百斤实给价银一十八两九钱,共银三万七千八百两,并麻袋捆扎及在沪出栈驳运经费银一百七十七两二钱二分六厘六毫。	1:85	《奏为苏浙五次购买洋铜实需铜价运脚等银事》,光绪三年四月二十六日,录副奏折,档号:03-9527-043。
1884	购买洋红铜一十万斤,每百斤实给价银一十七两八钱九分,共银一万七千八百九十两。	1:89	两江总督曾国荃:《奏为江浙两省六次购买洋铜需价脚等项银两事》,光绪十年十二月十八日,录副奏折,档号:03-6683-065。
1885	上海奉部咨,采买东洋片红铜斤,铜价及水脚每百斤需银二十两。现日本紫铜价及运至天津费用、保险费等,每百斤不过银十二两上下。请拨银三十万两,可以采购紫铜二三百万斤。	1:80	出使大臣徐承祖:《奏为日本铜价甚贱请采买日本铜运京济需事》,光绪十一年四月二十八日,录副奏折,档号:03-6683-068。
1885	现在滇省解运京铜岁不过五十万斤,较承平时每岁正加六运不及十分之一。其价脚、厂运各员薪水杂费等项,每铜百斤辄开销银二十两零,而铜色不过八成,更有铁砂低铜掺杂其间。……臣上年行经上海,知该处方奉部咨采买东洋红片铜斤价值,及由沪运至京局水脚每百斤共需银二十两。核其铜价运费与办运滇铜不甚悬殊,而铜质纯净,且又便捷。	1:80	出使大臣徐承祖:《奏为日本铜价甚贱请采买日本铜运京济需事》,光绪十一年四月二十八日,录副奏折,档号:03-6683-068。

续表

年份	金属价格资料	金属比价	资料来源
1887	晋省鼓铸事宜，向由额定铜商领价前赴江苏、汉口等处采运滇铜，发交宝晋局鼓铸，水陆运脚及帮贴、折耗，每滇铜百斤计需银三十五两零。	1:46	山西巡抚刚毅:《奏为遵议钱法拟购洋铜开炉鼓铸事》，光绪十三年三月二十九日，录副奏折，档号:03－9529－024。
1887	洋铜价每百斤上年合银十二两，现长至十八两有奇。白铅价上年合银四两零，现长至六两零。	1:133 1:400	直隶总督李鸿章:《奏请拨铜铅并工费供省津各局续铸制钱事》，光绪十四年三月二十三日，朱批奏折，档号:04－01－35－1373－005。
1888	镇安县铜价连运费并计，每百斤共须银十两，洋铜原价本昂，加以水陆运脚，每百斤共须银十二两七钱八分有零。以镇安铜与洋铜比较，所省几及三两，自以镇安铜为合算。但本地铜质松脆，铸钱易于破碎。	1:160 1:125	陕西巡抚叶伯英:《奏报筹办开局试铸新钱事》，光绪十三年十二月十四日，朱批奏折，档号:04－01－35－1372－066。
1888	洋铜价每百斤上年合银十二两，现长至十八两有奇。白铅价上年合银四两零，现长至六两零。	1:89 1:267	直隶总督李鸿章:《奏请拨铜铅并工费供省津各局续铸制钱事》，光绪十四年三月二十三日，朱批奏折，档号:04－01－35－1373－005。
1888	由天津机器局代购洋铜五万斤，每百斤用铜价并保险银一十五两六钱五分，共用银七千八百二十五两。	1:102	山西巡抚刚毅:《呈宝晋局光绪十年初次试办洋铜五万斤价脚帮贴数量清单》，光绪十四年五月十六日，录副奏折，档号:03－9530－027。

续表

年份	金属价格资料	金属比价	资料来源
1888	铜板一百万斤,净铜价合库平银十两一钱九分五厘二毫,共计库平银十万一千九百五十二两整。铜砖一百五十万斤,每百斤净铜价合库平银九两五钱五分八厘,共计库平银十四万三千三百七十两整。	1:157	户部《为购买东洋铜板查明款目银数抄录请奖清单事》,光绪十四年十二月十一日,录副奏折,档号:03-6683-113。
1888	日本洋银长短牵计约值规银七钱三四分不等,报销时合作库平入册。第一次购铜板一百万斤,每百斤实价洋十四元四角,每元作规银七钱四分计,合规银十两零六钱五分六厘,折合库平银九两七钱二分二厘六毫,以报销之价核校,应浮销银四千七百二十六两。又购铜砖一百五十万斤,每百斤实价洋十三元五角,每元作规银七钱四分计,合规银九两九钱九分,折合库平银九两一钱一分四厘九毫,以报销之价核校,应浮销银六百四十六两。	1:150	两江总督曾国荃:《奏为遵查已革道员徐承祖浮冒铜价各款研讯确情拟赔缴事》,光绪十五年三月二十八日,录副奏折,档号:03-9530-044。
1889	洋铜每百斤值银十一两七钱二分,洋铅每百斤值银五两五钱。	1:137 1:291	两广总督张之洞:《奏陈广东购办机器开铸制钱事》,光绪十五年八月初六日,朱批奏折,档号:04-01-35-1373-016。
1890	铜价据洋行银价十四两九钱五分,因嫌贵,屡议减去五分,来春交货,应否订货,乞示。	1:107	《收上海道台电》,光绪十六年十一月初二日,电报档,档号:2-02-12-016-0580。

续表

年份	金属价格资料	金属比价	资料来源
1890	变通铜价,已概定给价十两三钱。	1:155	《清朝续文献通考》卷45,征榷17,第7999页。
1891	那一年的贡铜开价为14海关两,进口铸块为17海关两,日本货为11.5海关两。		上海《海关十年报告》1892—1901年。
1892	请准加价一两,七月以前均给价十两三钱,七月以后均给价十一两三钱。	1:142	《清朝续文献通考》卷45,征榷17,第7999页。
1892	连日与洋行议,照前购铜,每担十三两二钱,应否照购若干担,乞示。	1:121	《为照旧购买洋铜事》,光绪十八年二月初九日,电报档,档号:2-02-12-018-0067。
1893	补购铜万担,约三月中运津,余续催运铅,已定八千五百担,每担六两四钱三分,照此价应否再购若干,乞示。	1:249	《代户部详北洋大臣电》,光绪十九年正月初九日,电报档,档号:2-02-12-079-0009。
1894	光绪十五年司库用机器铸钱,奏定每文重一钱,嗣以铜价渐增,奏改八分,彼时洋铜每百斤计银十三四两有奇,递年增至十七八两。二十年冬前督臣李瀚章因赔累太多,遂停鼓铸。	1:89	两广总督谭钟麟:《奏为鼓铸八分重制钱俟铜价稍平再行开铸事》,光绪二十五年正月十九日,录副奏折,档号:03-9535-011。
1895	恳请每铜百斤加价一两,合银十一两三钱……由滇至都交纳,每铜百斤合计调剂各费,共需银十八两零,今则价外并无浮费,合计一切需银十六两。闻现在采买洋铜每百斤价银十六两零,而滇价只十一两三钱。夫厂情困苦既已数倍昔年,铜价不及成案之数……合无仰恳俯准,嗣后百斤加价二两,连前共银十三两三钱。	1:89 1:100	署云贵总督崧蕃:《奏为厂情困苦恳恩赏加铜价事》,光绪二十一年七月初四日,录副奏折,档号:03-9531-051。

续表

年份	金属价格资料	金属比价	资料来源
1896	二十二年,江南、湖北运铜托粤代铸,奏准每文重七分,时铜价已二十两,铸钱一千,赔钱二三百文。	1:80	两广总督谭钟麟:《奏为鼓铸八分重制钱俟铜价稍平再行开铸事》,光绪二十五年正月十九日,录副奏折,档号:03-9535-011。
1898	恳恩准自光绪二十四年为始,每年二批实解到京运铜百斤概加价银二两,共银十三两三钱。	1:120	《清朝续文献通考》卷45,征榷17,第7999页。
1899	铜则每担须规银二十四两,铅亦每担九两左右,成本愈重。	1:67 1:178	江苏巡抚德寿:《奏陈办理鼓铸制钱情形事》,光绪二十五年正月三十日,朱批奏折,档号:04-01-35-1375-024。
1899	至二十四年,每百斤价至二十八两矣。照此铜价核计,每文六七分重,每千文须赔钱四五百文。	1:57	两广总督谭钟麟:《奏为鼓铸八分重制钱俟铜价稍平再行开铸事》,光绪二十五年正月十九日,录副奏折,档号:03-9535-011。
1899	现时民间制造器具,以铜缺少,每百斤价至二十四五两,是民价高于官价已几一倍。又闻湖北、江苏鼓铸,收买洋铜每百斤价至三十四两。	1:47	督办云南矿物大臣唐炯:《奏为厂困民穷吁恳破格给铜价事》,光绪二十五年九月初六日,录副奏折,档号:03-9535-058。
1899	现在铜价每百斤值银三十一二两,铅价每百斤值银十一二两。	1:51 1:133	奉天将军增祺:《奏报奉天变通试铸钱文事》,光绪二十五年九月十三日,朱批奏折,档号:04-01-35-1375-049。

续表

年份	金属价格资料	金属比价	资料来源
1899	就现时时价通盘核计，每铜百斤合银三十一两，每铅百斤合银十两有零。	1:52 1:160	直隶总督裕禄：《奏为筹办鼓铸制钱情形事》，光绪二十五年三月初八日，录副奏折，档号：03-9535-017。
1900	今则铜价涨至二十六两上下，与官价相去悬殊。	1:61	四川总督奎俊：《奏为四川铜价不敷采购请旨暂行加价事》，光绪二十六年二月十八日，录副奏折，档号：03-9536-011。
1901	现在日本货要卖到 26 海关两，进口铸块要卖到 30 至 32 海关两。	1:51	上海《海关十年报告》1892—1901 年。
1909	滇省改炼京运净铜，非宽筹铜本，厚给铜价，矿务万难振兴……应以例价二十两尽数给商。每净铜一百斤由滇运至泸州，应准以三十七两开支。	1:43	《清宣统政纪》卷 9，宣统元年闰二月乙酉。

上海海关税务司在《海关十年报告》中指出："在 1882 年上半年，每一上海银两可兑换 1535 枚铜钱（即 1 海关两可以兑换 1710 枚铜钱）。从那以后，兑换的数量逐渐减少，最低的行情是 1890 年，每两兑换 1330 枚铜钱（1 海关两兑换 1482 枚铜钱）。后来，铜钱价值稍为便宜一些，并有更为便宜的趋向。在 1891 年，每两银子能够换到 1370 枚铜钱（1 海关两兑换 1526 枚铜钱）。"[1]到了 1901 年进一步下跌到 1200 文（1 海关两兑换 1337 枚铜钱）左右（表 10-2）。

[1] 徐雪筠译编：《上海近代社会经济发展概况（1882—1931）》，上海社会科学出版社，1985 年，第 16 页（1.114 上海银两 =1 海关两）。

对此,他们分析说:"在1882年,海关银两的平均价值为5先令8.5便士。从这以后,它与金价的比价逐渐下跌。1883年和1884年下降较慢,尔后下降较快。1888年到了最低点,平均值是4先令8.375便士,这就使上海通用银两的价值等于4先令2.25便士。1890年,由于美国立法的缘故,银价上升,在这年秋天达到了多年来未见过的比价,上海银两有一段极短的时间每两可兑换5先令3便士多。这一年的海关银两的平均价值是5先令2.25便士。从那以后又趋下跌。我们有充分机会可看到,不久以后银子将跌到前所未有的低价。"[1]"海关两在1892年1月份达到了它的最高值,可以兑换4先令8.5625便士;1897年9月时跌到最低值,2先令6.375便士。"从这些数字可以看出过去十年的银价经历了何等明显的贬值过程。1892—1901年这十年与前一个十年相比,下降的幅度更为惊人。银价在上一个十年下跌了18%,而在1892—1901年竟然下跌了33%。显然,上海海关税务司也认为本时期的银价下跌主要受到国际市场上银价变化的影响(表10-6)。

表10-6 1892—1901年上海银两兑换英镑时价一览表

(单位:便士/上海两)

年份	最高兑换率	月 日	最低兑换率	月 日	平均兑换率
1892	66.750	1月3日	56.500	12月8日	59.625
1893	58.375	5月4日	47.375	12月30日	54.500
1894	49.750	1月19日	39.875	3月3日	42.750
1895	48.875	10月12日	40.375	1月17日	43.000
1896	49.000	3月12日	42.625	10月14日	43.875
1897	43.125	1月4日	35.250	9月2日	39.875
1898	47.875	12月19日	37.375	3月4日	39.000
1899	46.500	12月18日	39.000	10月5日	40.375
1900	43.250	10月24日	40.000	2月9日	41.250
1901	42.500	1月3日	37.000	12月3日	40.125

资料来源:徐雪筠译编:《上海近代社会经济发展概况(1882—1931)》,上海社会科学出版社,1985年,第67页。

---

[1] 徐雪筠译编:《上海近代社会经济发展概况(1882—1931)》,第16页。

大致说来,光绪时期的世界性银价下跌是不争的事实。导致这一时期银价下跌的原因有二:一方面是原来以金银为复本位制的国家,纷纷开始采用金本位,大量白银被抛向国际市场,使白银的供求关系发生了急剧变化;另一方面是生产白银的技术进一步提高,白银产量大幅度提高。1816 年,英国率先停止了银币的铸造;1853 年,美国也停止了银币的生产;尤其是 1873 年,德国、法国相继确立金本位制,接着是拉丁语系的国家纷纷废除复本位制,对于国际贵金属市场造成了很大冲击,白银被大量抛售,势必影响其价格变化。但是,更加关键的因素是生产技术的进一步提高,白银生产费用的降低,或者"由于在铜锡铅等矿砂中副产的银增加的缘故",或者由于贮藏丰富的银矿的发现,使白银产量大幅度提高。

关于世界白银产量,人们已经进行了许多推算和修正,将来可能还会有不断的估算和修正,对此进行详细的评述,似乎有些累赘。从表 10-7 中我们可以看到,1871 年以后世界白银产量急剧增加的情形。一方面是白银的需求急剧减少,另一方面是白银产量的大幅度提高,供应急剧增加,在这两方面因素相互作用下,银价开始持续下跌。

表 10-7 世界白银总产量一览表(1493—1928 年)

(单位:盎司)

年份	年平均总额	年份	总额	年份	总额
1493—1520	1511050	1871	63317014	1880	74795273
1521—1544	2899930	1872	63317014	1881	79020872
1545—1560	10017940	1873	63267187	1882	86472091
1561—1580	9628925	1874	55300781	1883	89175023
1581—1600	13467635	1875	62261719	1884	81567801
1601—1620	13596235	1876	67753125	1885	91609859
1621—1640	12654240	1877	60679916	1886	93297290
1641—1660	11776545	1878	73385451	1887	96123586
1661—1680	10834550	1879	74383495	1888	108827606

续表

年份	年平均总额	年份	总额	年份	总额
1681—1700	10992085	1889	120213611	1909	212149023
1701—1720	11432540	1890	126095062	1910	221715763
1721—1740	13563080	1891	137170000	1911	226192923
1741—1760	17140612	1892	153151762	1912	224310654
1761—1780	20985591	1893	165472621	1913	223907845
1781—1800	28261779	1894	164510394	1914	168452942
1801—1810	28746922	1895	167600860	1915	184204745
1811—1820	17385755	1896	157061370	1916	168843000
1821—1830	14807004	1897	160421082	1917	174187800
1831—1840	19175867	1898	16955253	1918	198168408
1841—1850	25090342	1899	168337452	1919	176459609
1851—1855	28488597	1900	173591364	1920	174212686
1856—1860	29095428	1901	173011283	1921	171310322
1861—1865	35401972	1902	162763483	1922	213637744
1866—1870	43051583	1903	167689322	1923	243329995
		1904	164195266	1924	239131107
		1905	172317688	1925	243386392
		1906	165054497	1926	243000000
		1907	184206984	1927	254000000
		1908	203131404	1928	267000000

资料来源:资耀华:《金贵银贱之根本研究》,上海华通书店,1930 年,第 181—188 页。

表 10-8 和表 10-9 告诉我们,从 1665 年开始,1: 15 这一金银比价足足保持了两个世纪,到了 1874 年终于被突破。此后,银价持续下跌,到 1911 年,金银的比价扩大为 1: 38,也就是说 1873 年用金表示的银价相当于 1911 年的 2. 5 倍。正是由于世界市场上的金贵银贱,导致白银大量输入中国,黄金大量流出中国。

大致说来,中国的金银比价与欧洲相当。宋代金银比价为1:4,“易赤金一两,当银四两”。明洪武年间金银比价为1:5,“金每两准米十石;银每两准米二石。是金一两,当银五两也”。永乐年间金银比价为1:7.5,“金每两准米二十石,则当银七两五钱也”。万历中金银比价为1:7或1:8,“赤金只七八换”。崇祯年间金银比价为1:10,即“十换”。天启年间金银比价为1:13,“江左为十三换矣”。[1]明清之际金银比价为1:14,即为十四换上下,清雍正、乾隆时期金银比价大致为1:15。到了晚清时期,欧洲金价开始暴涨,中国金价上涨较为缓慢,低于欧洲,投珠抵璧在所难免。因此,引起欧洲冒险家的套利活动。“对远东贸易的一般方式是,用开往中国的商船转运欧洲或墨西哥出口的白银,在中国用白银交换黄金和商品,然后把这些东西再输入到印度,用这种收入再购买运回欧洲的货物”。[2]

货币,尤其是银币,是循环系统中流通的血液,润滑着生产与交换的轴轮。任何一种货币都既是价值存储器,又是各种货币和商品之间的交换媒介。各种面值和纯度的货币都可以相互兑换或套利,也可以换取其他商品。因此,正是在全球范围内的这种货币之间的套利兑换性以及它们与商品之间的交换性,也使得实际上所有的商品都可以在世界市场真正地运转起来。

表10-8　美国金银比价一览表(1793—1911年)

年份	金银比价	年份	金银比价	年份	金银比价
1793	15.00	1797	15.41	1801	15.46
1794	15.37	1798	15.59	1802	15.26
1795	15.55	1799	15.74	1803	15.41
1796	15.65	1800	15.68	1804	15.41

〔1〕 贺长龄辑,魏源编:《皇朝经世文编》卷52,户政27,钱币上,《日知录》。

〔2〕 【德】贡德·弗兰克著,刘北成译:《白银资本:重视经济全球化中的东方》,第97页。

续表

年份	金银比价	年份	金银比价	年份	金银比价
1805	15.79	1831	15.72	1857	15.27
1806	15.52	1832	15.73	1858	15.38
1807	15.43	1833	15.93	1859	15.19
1808	16.08	1834	15.73	1860	15.29
1809	15.96	1835	15.80	1861	15.50
1810	15.77	1836	15.72	1862	15.35
1811	15.33	1837	15.83	1863	15.37
1812	16.11	1838	15.85	1864	15.37
1813	16.25	1839	15.62	1865	15.44
1814	15.04	1840	15.62	1866	15.43
1815	15.26	1841	15.70	1867	15.57
1816	15.28	1842	15.87	1868	15.59
1817	15.11	1843	15.93	1869	15.60
1818	15.35	1844	15.85	1870	15.57
1819	15.33	1845	15.92	1871	15.57
1820	15.62	1846	15.90	1872	15.63
1821	15.95	1847	15.80	1873	15.93
1822	15.80	1848	15.85	1874	16.16
1823	15.84	1849	15.78	1875	16.64
1824	15.82	1850	15.70	1876	17.75
1825	15.70	1851	15.46	1877	17.20
1826	15.76	1852	15.59	1878	17.92
1827	15.74	1853	15.33	1879	18.39
1828	15.78	1854	15.33	1880	18.05
1829	15.78	1855	15.38	1881	18.25
1830	15.82	1856	15.38	1882	18.20

续表

年份	金银比价	年份	金银比价	年份	金银比价
1883	18.64	1893	26.49	1903	38.10
1884	18.61	1894	32.56	1904	35.70
1885	19.41	1895	31.60	1905	33.87
1886	20.78	1896	30.59	1906	30.54
1887	21.10	1897	34.20	1907	31.24
1888	22.00	1898	35.03	1908	38.64
1889	22.10	1899	34.36	1909	39.74
1890	19.75	1900	33.33	1910	38.22
1891	20.92	1901	34.68	1911	38.33
1892	23.72	1902	39.15		

资料来源:1793—1911 年的数据摘自 Reti S. p. *Silver and Gold: The Political Economy of International Monetary Confrences, 1867 – 1892* (Westport, Conn: Greenwood Press, 1998) 所列美国造币厂发表的金银比价。另外,乔恩所著《货币史》第 125—130 页所列 1815—1895 年的法国金银比价与 Reti 所列数据一致,可以互为参考。

表 10-9 英国伦敦金银比价一览表(1687—1911 年)

年份	最高额	最低额	平均额
1687	/	/	14.94
1695	/	/	15.02
1699	/	/	14.94
1701	/	/	15.07
1729	/	/	14.92
1732	/	/	15.09
1738	/	/	14.91
1746	/	/	15.13
1749	/	/	14.80
1762	/	/	15.27

续表

年份	最高额	最低额	平均额
1763	/	/	14.99
1790	/	/	15.04
1808	/	/	16.08
1809	/	/	15.96
1812	/	/	16.11
1814	/	/	15.04
1833	15.7494	16.0680	15.9223
1834	15.5225	15.7823	15.7329
1835	15.7165	15.9155	15.7988
1836	15.5225	15.8154	15.7165
1837	15.5891	15.9829	15.8320
1838	15.6839	15.9820	15.8486
1839	15.5545	15.7185	15.6190
1840	15.5225	15.6839	15.6190
1841	15.6163	15.7823	15.7002
1842	15.7165	15.9155	16.8653
1843	15.8154	15.9829	15.9323
1844	15.7823	15.9155	15.8486
1845	15.7467	16.0141	15.9155
1846	15.6839	15.9829	15.8987
1847	15.6190	16.0141	15.7988
1848	15.7165	16.1195	15.8486
1849	15.7165	15.8486	15.7823
1850	15.3332	15.8486	15.4431
1851	15.3021	15.7165	15.4589
1852	15.2378	15.7467	15.5867

续表

年份	最高额	最低额	平均额
1853	15. 2378	15. 5545	15. 3332
1854	15. 2378	15. 4481	15. 3332
1855	15. 3021	15. 7165	15. 3801
1856	15. 1485	15. 5867	15. 3801
1857	15. 1181	15. 4589	15. 2700
1858	15. 2378	15. 5225	15. 3801
1859	15. 0278	15. 2700	15. 1942
1860	15. 1181	15. 3958	15. 2866
1861	14. 8797	15. 6839	15. 5066
1862	15. 1790	15. 4589	15. 3488
1863	15. 2700	15. 4589	15. 3583
1864	15. 0879	15. 5545	15. 3583
1865	15. 3021	15. 5867	15. 4431
1866	15. 1485	15. 8151	15. 4273
1867	15. 3958	15. 8154	15. 5706
1868	15. 4273	15. 6839	15. 5867
1869	15. 4589	15. 7165	15. 6028
1870	15. 5255	15. 6513	15. 5706
1871	15. 4589	15. 6582	15. 5867
1872	15. 4273	15. 9155	15. 6351
1873	15. 7329	16. 2908	15. 9323
1874	15. 8486	16. 4715	16. 1714
1875	16. 3643	16. 9909	16. 6416
1876	16. 1195	20. 1710	17. 7504
1877	16. 1887	17. 7088	17. 2040
1878	17. 0677	19. 0504	17. 9191

续表

年份	最高额	最低额	平均额
1879	15. 5441	19. 2940	18. 3999
1880	17. 8555	18. 3105	18. 0908
1881	17. 8344	18. 5355	18. 2662
1882	18. 0046	18. 8599	18. 2001
1883	18. 4224	18. 8274	18. 6501
1884	18. 3551	19. 0504	18. 6041
1885	18. 8599	20. 1172	19. 4172
1886	20. 0637	22. 4542	20. 6996
1887	20. 0105	21. 8033	21. 1019
1888	21. 2032	22. 6545	21. 9940
1889	21. 2506	22. 4857	22. 0906
1890	17. 2630	21. 6159	19. 7486
1891	19. 7486	21. 6780	20. 9263
1892	21. 5541	24. 4975	23. 7231
1893	24. 3353	30. 9158	26. 5165
1894	29. 7006	34. 9257	32. 5873
1895	30. 0556	34. 6848	31. 6308
1896	29. 5262	31. 6973	30. 6043
1897	31. 6308	39. 9151	34. 2129
1898	33. 2331	37. 7198	35. 0067
1899	32. 5170	35. 4176	34. 3688
1900	31. 1734	34. 9257	33. 3066
1901	31. 8983	37. 8143	34. 6848
1902	36. 2690	43. 4810	39. 1893
1903	33. 0875	43. 4810	38. 1008
1904	33. 0151	38. 5880	35. 7110

续表

年份	最高额	最低额	平均额
1905	31. 1091	37. 0710	33. 9054
1906	28. 4677	32. 5170	30. 5423
1907	29. 0711	38. 8864	31. 2379
1908	34. 9257	42. 8634	39. 2914
1909	37. 9093	40. 8886	40. 2881
1910	35. 9236	40. 6682	39. 2914
1911	36. 0955	39. 8098	38. 3428

资料来源:本表所列金银比价系 1687—1911 年伦敦市场价格。

但不应把“银贱”视为当时银钱比价变化的唯一的原因。晚清的货币流通毕竟是一个比较复杂的系统,由于它始终处在不停的运动过程之中,不时受到不断变化的内力与外力的不同作用,任何一种力量大小的变化都可能带来全局性的影响。

总体观之,金贵银贱决定了百物腾贵,铜价提高,银价相对贬值的形势;在这种形势影响下,各地的铸币局日益感到铸造制钱的工本过重,相继关停了机器和熔炉,制钱的供应来源断绝,产生了“钱荒”问题。同时,由于每百斤铜价在中国由咸同时期的“十一二两”上涨到“二十六两”以上,相对升值了两倍,熔炼制钱,出卖铜块,或者铸造器皿,可以获取比制钱价值更高的利润,大量优质的制钱便被人锤碎,投入那熊熊燃烧的熔炉之中[1];加之西方不法商人与内地钱商相勾结,以跌价的白银抢购制钱,钱荒因之更加严重;又由于中国广大农村尚处在不发达的手工业时代,在这些商品经济落后的地区,制钱还是流通的必要手段。制钱数量的不足,严重影响着农村集镇市场上的小商品贸易,以致出现求大于供的局面,制

〔1〕 清朝制钱制度规定,每枚铜钱重一钱二分,铜与铅的比例为 7:3。每二万枚足重的制钱即可销熔 100 余斤铜,40 余斤铅。仅铜块价值即达 26 两白银,加上铅的价格,共值三十余两白银。而二万枚铜钱价值无论如何超不过二十两白银,故销毁制钱可以获得高额利润。

钱的价值便可能升值到它的实际含量的水平之上。制钱的严重变劣减重，发生在铜贵之时，非但没有引起自身对银两的贬值，价格反而更趋坚挺。因此，既不能把金贵银贱视为唯一的原因，也不要把各种因素简单地加在一起，而应当把银钱比价的变动，看成是各种因素相互联系、相互作用的共同产物。

四 光绪时期的币制改革

面对“银贱钱贵”所带来的财政亏损和贸易紊乱，密切注意经济问题的朝野人士，提出了种种改良币制的建议。他们希望通过货币制度的改革，挽救清朝的金融危机，扭转财政收支以及对外贸易的混乱局面。由于人们对于“银贱钱贵”的原因认识不同，提出来的改革币制的方案也有很大差异。光绪时期所提出的币制改革方案主要有四种：

第一种方案是规复制钱制度〔1〕。这是那些将银钱比价变化归因于“钱少”的人所提供的，是一种抱残守缺的方案。一般说来，这种方案在1900年以前较为流行，以后逐渐被抛弃。他们认为，钱价日昂是制钱日少造成的，而钱少则由于外商贩运出洋和莠民私毁。针对洋商收购制钱问题，建议严厉查禁，军机处为此重申了1858年《通商章程善后条约》第五款关于铜钱不准运出国外的规定，要求各海关严格检查，“不得徇纵”，以杜铜源外溢。对于私毁，他们觉得单靠法令禁止不行，便建议大力鼓铸不足重量的制钱，以为“惟有铸极轻极精之钱，使私毁者无利可图”，是一种最为有效的办法。清朝中央和地方机关正为铜斤筹集困难和铸造一钱二分标准制钱过于亏本所苦恼，他们以为铸造减重的铜钱或许是条出路。

工部主事船政学堂监督钟大焜建议铸造八分重的小制钱。在他看

〔1〕 李慈铭：《越缦堂日记》六，台湾文海出版社影印本，第3389页，光绪十三年正月十四日。

来,要想恢复制钱制度,就要研究铸造制钱的工本费用,就要研究杜绝私毁的方法,找到一条经久无弊的办法。否则的话,"即勉强筹款鼓铸,而亏折太甚,铸亦无多。且一铸而百毁,而千毁,适以有限之财源填无穷之溪壑,仍恐制钱日减,小钱日增。"[1]为此,他建议在汉代五铢钱、唐代的开通元宝、香港洋人的铜钱之间寻找到一种重量和质量合适的制钱,"取中铸库平八分之钱,方可以塞私铸私毁之源,乃钱法宜古宜今,有利而无弊。"无非是说,汉代五铢钱和唐代开通钱流行时间最长,香港的铜币最为精美,现在铸钱应当在这三者之间选择一个合适的重量,"若铸八分,轻于开通而重于五铢,究之五铢虽轻而铜甚精,今以铅和之,重逾五铢,其实五铢也。"本朝康熙年间曾经铸造小钱,名为京墩,已有前例。按照银铜比价推算工本费用,铸造八分制钱较为合适;私毁与私铸相比,两害相权取其轻,防止私毁最重要。铸造八分制钱,奸商私毁,无利可图。

钟大焜的这种看法对于闽浙总督杨昌濬产生了影响。1887 年,杨昌濬奏报中说:"钱文轻重本无一定,大约钱重则私毁必多;钱轻,则盗铸更炽。必先计工本,官办无亏,私铸无利,方能垂诸久远。顷据船政学堂监督刑部主事钟大焜确切校核,以红铜、白铅各重一百斤入炉一五火耗,应除三十斤,可铸成钱一百七十斤,以枚计之,得三十二千文,东洋红铜每百斤连运脚共合钱一十八千二百六十文,白铅每百斤连运脚共合钱七千三百四十文,工炭每千需钱二百文,共应用钱六千四百文。与铸出新钱数目相准,试铸之钱每文重八分五厘,民间堪以行用。似此变通办理,系为严杜私毁,利益民用起见。"[2]于是,福建率先开始以机器铸造八分五厘重的制钱,此后各省纷纷效法,相继出现了一钱、八分五厘、八分、七分四厘、七分、六分、五分等不同样式的小制钱。由于"钱少"并非是"银贱钱贵"的症结所在,上述的这种币制改革方案,虽可以减缓银价下跌的幅度,并不能真正扭转"银贱钱贵"的大趋势。

1886 年,清廷谕令各省督抚,一律设法恢复制钱制度,统一铸造重量

---

〔1〕 钟大焜:《拟请变法铸钱议》,刘锦藻编:《清朝续文献通考》卷 21,钱币考 3,第 7709 页。
〔2〕 刘锦藻编:《清朝续文献通考》卷 21,钱币 3,第 7712 页。

为一钱的制钱。直隶总督李鸿章经过研究，认为鼓铸一钱重制钱，“按照时价通盘牵算，每制钱一千五百二十六文，合库平银一两。”[1]成本昂贵，无利可图，担心难以为继。

同一年，山东巡抚张耀、陕西巡抚叶伯英、吉林将军希元也都持同样看法。张耀的计算方法是，“每铸制钱一文，计重一钱。每制钱一千文，计用铜铅七斤十三两，以铜五成四、铅四成六配铸，所需铜铅、炭价及各项器具、匠夫、工食，约合银七钱六分九厘七毫一丝，其建厂设炉、员役薪工等费在外。”[2]

叶伯英的实验结果是，“按每钱一文，定重一钱铸造，连工料、炭罐及例定折耗并计，每铸钱一串，约需费钱一串三百四十文。”[3]

希元认为，吉林地处偏僻，购买和运输铜铅价格昂贵，如果按照统一要求，铸造一钱重制钱，“核计每铸制钱一千，赔费三百数十文。”[4]

由于鼓铸一钱重的制钱一千文，不仅是无利可图，还要“赔费三百数十文”，各省铸币机关自然缺乏铸钱的积极性。但是，由于清廷三令五申，要求各省必须开工铸造。各省铸币官员显然缺乏积极性，或者名为兴办，虚与委蛇；或者象征性地开工，敷衍应付。

两广总督张之洞热心于机器化生产，经过一番精心准备和实验，他在1889年秋天根据当时的金属材料和人工费用，对于压铸制钱成本费用进行了仔细核算。“今就每日成钱五百缗计之，洋匠每七日休息一日，一月做工二十五日，得制钱一万二千五百缗，每钱一文重库平一钱，每千文重一百两，折合六斤四两，内配铜六成、铅四成。洋铜每百斤值银十一两七钱二分，洋铅每百斤值银五两五钱，连倾熔、火耗，共用铜四万八千零四十

[1] 《直隶总督李鸿章奏报代京铸钱勉力凑齐所费银两抵解本年京饷事》，光绪十三年八月初八日，朱批奏折，档号：04－01－35－1372－059。

[2] 《山东巡抚张耀奏报在东海关设局开炉试铸制钱事》，光绪十三年六月十三日，朱批奏折，档号：04－01－35－1372－056。

[3] 《陕西巡抚叶伯英奏报筹办开局试铸新钱事》，光绪十三年十二月十四日，朱批奏折，档号：04－01－35－1372－066。

[4] 《吉林将军希元奏陈筹办鼓铸制钱情形事》，光绪十三年闰四月初十日，朱批奏折，档号：04－01－35－1372－051。

七斤,值银五千六百三十余两;用铅三万三千九百八十四斤,值银一千八百七十两,合计铜铅价本、火耗,共合银约七千五百余两,煤炭、泥罐、钢模约需银二千六百四十余两,委员司事华洋匠役薪工各费约需银二千七百余两。总计铜铅价本、工火等费每一月约需银一万三千两,铸成制钱一万二千五百缗。若以银一两易钱一千文计之,尚不敷银数百两。此指日铸五百缗而言。若同此匠役人数,而技艺纯熟,一日可铸千缗,一月以做工二十五日计之,可铸钱二万五千缗,核计价本、工费约二万四五千两,便可敷用,是则不至亏折也"。[1]在张之洞看来,采用机器大规模压铸铜钱可以节约工本费用,生产规模越大越好。如果每日生产500缗(即500串),"若以银一两易钱一千文计之,尚不敷银数百两"。如果每日生产1000缗,铸钱25000缗,核计价本、工费约二万四五千两,便可敷用,"是则不至亏折也"。

张之洞的推算显然建立在铜铅等金属价格不变的基础之上,一旦金属价格发生了变化,这个推算结果就难以成立。半年后,新任两广总督李瀚章奏请改铸八分重的制钱。他说:"每钱一文质重一钱,每千文作银一两,原系定例,但钱质过重,私铸者竞取销毁,虽立法甚严,无如拿不胜拿……广东铸钱工本既贵,若不力杜销毁,则所损官款甚巨。今开铸已数万缗,而市面仍然缺乏,皆由钱质尚重,难免非奸民收买囤积,希图渔利。当此铜价日昂,来源不旺,成之累日,销之俄顷,纵各省多增炉座,亦复何益!"[2]为此奏请将制钱重量由"一钱"减为"八分"。此处李瀚章尽管口口声声强调的是"力杜私毁",但明眼人一看,最真实的用意在于,铸钱工本既贵,"所损官款甚巨",必须设法扭亏为盈。

对于李瀚章的做法,张之洞表示理解和支持。1895年,为了解决市面制钱流通较少,民间完纳丁漕厘课困难,张之洞在江苏筹集16万两白银,分别汇寄上海,转交广东钱局,要求为其代铸"八分"重制钱20万串,

[1] 《两广总督张之洞奏陈广东购办机器开铸制钱事》,光绪十五年八月初六日,朱批奏折,档号:04-01-35-1373-016。

[2] 《两广总督李瀚章奏报广东拟将改铸钱文分数量为变通以便周转事》,光绪十六年闰二月二十六日,朱批奏折,档号:04-01-35-1373-030。

分别划拨给宁、苏、淮、扬四属。[1]事实上，在铜价昂贵的情况下，即使铸造“八分”重制钱仍然是亏本。为此，新任两江总督刘坤一以“八分钱质较重，折耗较多”为由，于1896年，奏请改为“七分”重制钱。他说：原来确定每文重八分，核计铸钱千文，须亏折制钱二百三十余文，若改重七分，亏折制钱不过一百二十余文，尚可承受。“现拟改铸七分，仍系粤局合计工料，斟酌定议。因照铜斤时价，若铸八分，不独亏折过多，私毁仍恐难免”。[2]

1896年，广东开始铸造“七分”制钱。浙江巡抚廖寿丰认为本省铸钱“成本过亏”，要求仿照广东办法，铸造“七分”制钱。他说：“近来铜铅价值较昂，每文铸重一钱，成本过亏。且难免私毁之弊，不得不因时制宜，量为变通，仿照广东等省现在办法，每文铸重七分，仍按铜五铅五配搭熔铸。计铜铅各一百斤，除折耗三十斤，可铸净钱一百七十斤，合钱三十八千八百五十七文。核该工炭钱六千四百文，铜铅由沪运杭，每百斤需运费库平银三钱七分二厘，统计铸钱一千文，该工本银七钱九分，局用一切仍在外销款内筹动。”[3]这是说，铸造“七分”重制钱，成本是“铸钱一千文，该工本银七钱九分”，换而言之，投资一两白银，可铸造1265文制钱，这与市场上的比价基本一致。铸造这样的制钱仍然无利可图，局用办公经费尚未包括在内。

1897年，直隶总督王文韶援例要求，仿照广东、江苏、浙江办法，奏请自光绪二十四年正月起，“每文改铸七分，以资持久。”即使改铸“七分”重小制钱，由于铜价不断上涨，各省铸钱仍然未能扭亏为盈。

1899年，江苏巡抚德寿对此进行了分析。他说：“两年以来，铸成新钱三十六万五千余串，行用市廛，稍舒民困。惟是铜铅各价逐渐增长，目

---

〔1〕《署两江总督张之洞奏为钱缺民困拟拨款购铜交粤局赶铸制钱事》，光绪二十一年十二月二十二日，录副奏折，档号：03-9532-005。

〔2〕《两江总督刘坤一奏请江苏铸造制钱每文仍改七分缘由事》，光绪二十二年，朱批奏折，档号：04-01-35-1374-043。

〔3〕《浙江巡抚廖寿丰奏报试铸新钱并暂设官钱局事》，光绪二十二年五月二十二日，朱批奏折，档号：04-01-35-1374-031。

下市情，铜则每担须规银二十四两零，铅亦每担九两左右，成本愈重，蚀耗愈多。即照铸重七分而论，亏本在一成以上。经费竭蹶，难以维持。"[1]

直隶总督裕禄也说，若以每文八分为准，"惟中国铜铅出产日少，必须购自外洋，而现在外洋金镑日涨，铜铅价值异常昂贵，就现时时价通盘核计，每铜百斤合银三十一两，每铅百斤合银十两有零，加以一切工费，每铸成八分重制钱一千文，合银一两三钱零七厘四毫七丝三忽六微。按照市价合制钱一千四百九十一文，计铸制钱一千文，实亏成本制钱四百九十一文"。[2]

同一年，奉天将军增祺奏请改铸"五分"重小制钱。在他看来，铸造"八分"重小制钱，"每千钱即需一两一钱有奇，加以工耗、运脚，赔款甚巨"。[3]事实上"五分"重的制钱是很难铸造的。因为铸造制钱，中间需要打成方孔，以便穿绳携带；周围需要铸上"光绪通宝"等字样，以便识别。一块"五分"重的圆形铜铅合金片上，在中间打成方孔以后，周边空间无多，很难在上面铸成清楚的字样。

表 10-10　紫铜进口价格一览表(1862—1911 年)

(单位:海关两/担)

年份	平均价格	年份	平均价格	年份	平均价格
1862	28.00	1867	15.63	1872	14.97
1863	30.77	1868	13.06	1873	18.00
1864	26.00	1869	20.00	1874	16.21
1865	19.18	1870	15.26	1875	16.61
1866	17.10	1871	15.05	1876	16.66

[1]《江苏巡抚德寿奏陈办理鼓铸制钱情形事》，光绪二十五年正月三十日，朱批奏折，档号:04－01－35－1375－024。

[2]《直隶总督裕禄奏为筹办鼓铸制钱情形事》，光绪二十五年三月初八日，录副奏折，档号:03－9535－017。

[3]《奉天将军增祺奏报奉天变通试铸钱文事》，光绪二十五年九月十三日，朱批奏折，档号:04－01－35－1375－049。

续表

年份	平均价格	年份	平均价格	年份	平均价格
1877	16.65	1889	14.00	1901	30.02
1878	17.00	1890	14.00	1902	36.05
1879	14.97	1891	16.13	1903	27.97
1880	15.24	1892	16.00	1904	28.15
1881	14.27	1893	21.99	1905	29.35
1882	15.00	1894	20.01	1906	31.00
1883	15.00	1895	23.11	1907	32.00
1884	15.03	1896	18.82	1908	30.00
1885	13.47	1897	24.65	1909	29.02
1886	12.12	1898	22.25	1910	29.66
1887	9.61	1899	31.00	1911	28.77
1888	14.00	1900	32.30		

资料来源:本表摘自海关历年报告书。

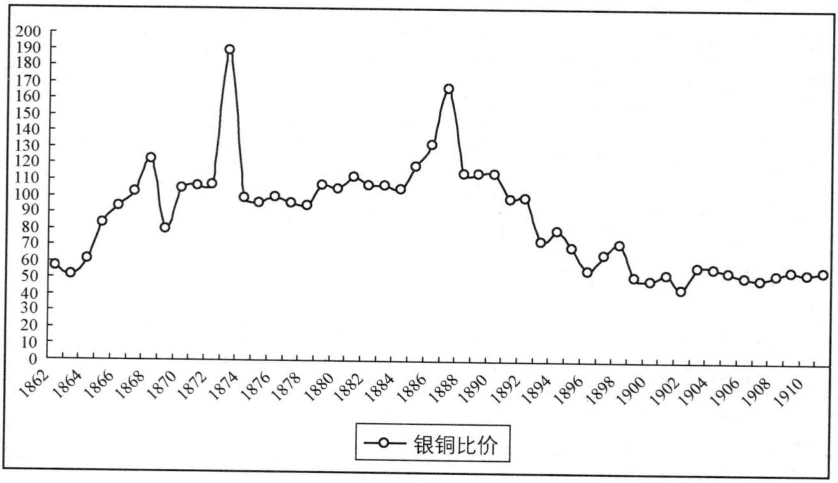

图 10-2　根据表 10-8 提供的数据制成

在这种情况下，各省钱币局由于铜价高昂，亏损过甚，纷纷关机停炉。如表 10-11 所示，制钱制度陷入穷途末路，必须改弦更张。规复制钱这种方案，非但对于解决“银贱钱贵”问题起不了多大作用，反而使制钱制度严重紊乱。1901 年，由于福建、广东等省铸造铜元，试用获得成功，清廷下令各省仿照。“近来各省制钱缺少，不敷周转，前经福建、广东两省铸造铜元，轮廓精良，通行市肆，民间称便。近日江苏仿照办理，亦极便利，并可杜私铸私销之弊。著沿江沿海各督抚筹款仿办，即就各该省搭铸通行，至京师制钱亦应照办”。[1]这尽管不是在全国停铸制钱的命令，也不是禁止制钱的流通，而且还保留了宝泉局继续铸造制钱的权利，但从此以后大规模的铸造制钱活动事实上已经停止[2]。

表 10-11　各省铸造制钱重量变化一览表（1887—1900 年）

年份	机构	制钱重量	资料来源
1887	宝津局	一钱	直隶总督李鸿章折，朱批奏折，档号：04 - 01 - 35 - 1372 - 059。
	宝晋局	一钱	山西巡抚刚毅折，录副奏折，档号：03 - 9529 - 024。
	东海关	一钱	山东巡抚张耀折，朱批奏折，档号：04 - 01 - 35 - 1372 - 056。
	宝苏局	一钱	总督曾国荃折，朱批奏折，档号：04 - 01 - 35 - 1372 - 050。
	宝昌局	一钱	湖北布政使李嘉乐单，录副奏折，档号：03 - 9529 - 048。
	宝福局	八分五厘	闽浙总督杨昌濬折，录副奏折，档号：03 - 9529 - 036。
	机器局	一钱	浙江巡抚卫荣光折，录副奏折，档号：03 - 9529 - 071。

〔1〕 朱寿朋编：《光绪朝东华录》四，北京：中华书局，1984 年，总第 4808 页，光绪二十七年十二月二十四日上谕。

〔2〕 各省钱局大都在 1900 年以前停铸，京师的钱局在 1905 年大部裁撤，所留宝泉局也于 1910 年停止，制钱终结。

续表

年份	机构	制钱重量	资料来源
1887	宝武局	一钱	湖广总督裕禄折,朱批奏折,档号:04-01-35-1372-047。
	宝陕局	一钱	巡抚叶伯英折,朱批奏折,档号:04-01-35-1372-066。
	宝吉局	八分	吉林将军希元折,朱批奏折,档号:04-01-35-1372-051。
1889	机器局	一钱	两广总督张之洞折,朱批奏折,档号:04-01-35-1373-016。
1890	宝广局	八分	两广总督李瀚章折,朱批奏折,档号:04-01-35-1373-030。
1894	宝川局	一钱二分	四川总督刘秉璋折,录副奏折,档号:03-9531-001。
1895	机器局	八分	署两江总督张之洞折,录副奏折,档号:03-9532-005。
1896	宝南局	八分八厘	湖南巡抚陈宝箴折,录副奏折,档号:03-9532-027。
	制造局	七分	浙江巡抚廖寿丰折,朱批奏折,档号:04-01-35-1374-031。
	江宁局	七分	两江总督刘坤一折,朱批奏折,档号:04-01-35-1374-043。
1898	宝川局	八分	按察使文光折,朱批奏折,档号:04-01-30-0484-028。
	机器局	七分	直隶总督王文韶折,朱批奏折,档号:04-01-35-1374-061。
1899	宝苏局	七分	江苏巡抚德寿折,朱批奏折,档号:04-02-35-1375-024。
	宝奉局	五分	奉天将军增祺折,朱批奏折,档号:04-01-35-1375-049。
1900	宝晋局	七分四厘	山西布政使何枢折,录副奏折,档号:03-9536-008。

第二种方案是设立银行,铸造银币,实行银本位制。这种意见在光绪中后期非常盛行,是多数人的主张。持这种观点的人,大都认为铸造银

币，一则可济制钱之不足，便利民间货物流通；一则可以抵制洋钱在中国市场上的流通，使洋人不能专擅铸造银币之利，可以稳定中国的金融市场和促进对外贸易，此所谓“俾中国银元流行日广，则洋钱进口不禁自稀，保利源而塞漏卮，计无便于此者”。有的人认为银币的流通还可以整顿国家的财政，可以杜绝官吏的舞弊行为，“改用银钱，成色轻重毫无轩轾，诸弊悉屏绝而不能行。”这些认识在当时是有一定道理的。

光绪时期的中国商品经济与以前相比，又有一定程度的发展。陈腐的制钱与银两货币制度，确实对中国的经济发展起着严重阻碍作用。在较大的商业活动中，由于银锭充当主要交换手段，每次交易必须经过辨认成色、权衡轻重等繁难的手续，极不利于商品贸易。所以早从嘉庆年间，人们便开始呼吁铸银币，以利商业活动，并抵制洋钱在中国市场上的流通。但这种合理的要求，被清廷认为是改变祖宗成法，遭到严厉拒绝。此后几十年间，没有人敢于挺身而出，再次要求铸银币。到了光绪时期，由于制钱制度日趋没落，铸银币的呼声日益高涨，成为一种社会性的要求，清朝的官吏对此亦日益重视。他们从不同角度提出自己铸银币的具体方案。有人主张铸造重量为一钱、二钱、三钱、五钱和一两等五种样式的中国龙元；有的则建议仿照洋钱，用机器压铸重量为七钱二分、二钱六分等不同重量的银币；有的则建议仿造藏式银币。他们都极力敦促清朝政府赶紧改革币制。清廷对此反应非常迟钝，直到甲午战后才迫于财政困难和各阶层的舆论压力，着手筹备银币铸造发行工作。

事实上，银币的铸造早已在地方开始实行。有的人说中国自铸银币是从林则徐开始的[1]，这话不一定准确，到现在为止，查遍鸦片战争前后几十年间的有关资料，除了1833年林则徐与两江总督陶澍联名上奏建议铸造重量为五钱的银币外[2]，别无任何资料能够证明江苏开始铸造银币。而当时林则徐的建议则被道光皇帝斥为“太变成法，不成事体”，这

〔1〕 中国人民银行总行参事室金融史料组编：《中国近代货币史资料》第一辑，下册，第638页。

〔2〕 《两江总督陶澍、江苏巡抚林则徐会奏查议银昂钱贱除弊便民事宜折》，《林文忠公政书》甲集，江苏奏稿，上海：商务印书馆，1935年，第15—17页。

对于具有强烈忠君观念的林则徐来说无疑是当头一棒。可以断言，在专制政治的威压之下，改铸银币，发行银币，这类事关国家政典之类的大事，不经皇帝批准，任何官员也不敢擅自行事。林则徐自然不会冒着欺君杀头之罪，擅自发行重量为“七钱三分”的银饼。

至于说道光时期，中国是否有土造的银币流行，笔者在《乾嘉时期银贵钱贱问题探源》一文中，已经指出民间仿铸的各种银币已在东南沿海地区流通。这不涉及国家货币制度。中国地方政府试铸银币，除西藏之外，以吉林为最早，时间是1884年。吉林所铸银币共分五等，一面刻记监制年号，一面镌印重量与吉林厂平满汉字样[1]。这种银币流通范围与时间十分有限。1887年，广东省开始筹议机制银元事宜，几经试铸，到1890年定型，由英国汇丰银行代铸，银元共分五号，重量分别为七钱二分、三钱六分、一钱四分四厘、七分二厘、三分六厘，正面刻有“广东省造”等字，背面镌刻蟠龙纹，外附英文。这种银元最初流通情况较好。湖北、南洋、北洋、江宁、盛京以及其他各省陆续开铸。由于清朝中央政权日益虚弱，对于各地的铸币无力实行严格控制，以致发生了银币规格大小的激烈争论，并引起了流通领域的一些混乱。尽管如此，白银作为铸币形态较之银两，更适合中国经济发展水平，它还是冲破各种阻力广泛流通起来。

1910年清政府终于公布了币制则例，确定银币为本位货币。事实上，这种本位货币已经远远落后于世界经济形势，自然也已不适应卷入世界金融市场的中国经济的发展。事隔一年之后，中华民国便在南京宣判了银本位制的死刑[2]。

---

[1] “吉省制钱久缺，市廛创有凭帖、抹兑、过账等名目。农民小贩往往不得现钱使用，受累滋深，银价银之增昂，百货靡不腾贵。奴才等博访周咨，此固由于奸商趋时渔利，其势实因制钱过少，不敷周转。若不变通一法，将见弊端无所底止，市面宜形萧条。于是筹商再四，惟有仿照式样，铸造银钱，以济现钱之缺，而代凭帖之用。”（《中国近代货币史资料》第一辑，下册，第688页。）

[2] 中国人民银行总行参事室金融史料组编：《中华民国货币史资料》第一辑，上册，第4页。

应当指出，人们在要求铸造银币的同时，已经普遍意识到建立近代化的专门的金融机构——银行，取代已经十分落后的钱庄钱铺非常必要。他们从现实的经济活动中直接感受到，"大利之原莫急于商务；商务之本莫急于银行"，一致呼吁设立银行，希望通过银行将社会上各种闲散的资金聚积起来，振兴工商业，解决国家面临的财政危机。有的主张"以官本为主"，广招民股；有的主张以殷实绅商为总董事，招集商股，"合天下之商力"，在上海、北京设立总行，于各省会和通商口岸设立分行，成功之后，逐渐改为国家银行。在他们看来，设银行至少有六大利："夺洋银行行势，足以制欧商营运之权，其利一；出口货与入口税皆可实收金镑，以资银行程本，其利二；所铸金镑寄储于银行，接济不穷，转输又便，其利三；内地解截支拨各款，统归银行出纳，既不致存为朽蠹，又免转运之烦费、经手之侵渔，其利四；以官银行为主，商家入股，或另设分行亦附于官，一气相联，随地兴工拨饷，应手立办，其利五；民间有财，皆得寄行生息，程本既益，源源不匮，其商业民业亦随地可察盈虚，其利六。"[1]清廷对于建立银行意见大约在1896年才有反应，同意盛宣怀在南方招商试办。次年，中国通商银行等相继出现，近代中国银行业由此产生。

第三种方案是铸金币，实行金本位。这种意见提出得较晚，盛行于清末民初。19世纪末年，随着人们对"金镑日贵而华银日贱"形势的认识水平提高，通政使司杨宜治、主事彭穀孙等人率先提出铸造金币的要求。他们认为不铸金币，"不能定银钱行市"，对外贸易损失过重[2]。希望铸金币，"弥大亏"，抵制英镑。这种意见最初也曾受到总理衙门的重视，为此曾行文户部，建议设立官金银行。由于政治动荡，铸造金币在19世纪末限于纸上谈兵，并无实际措施。到了20世纪初，又有更多的人提出实行

---

〔1〕 中国人民银行总行参事室金融史料组编：《中国近代货币史资料》第一辑，下册，第650页。

〔2〕 郑观应：《圜法》，《郑观应集》，上海人民出版社，1982年，第699页。

金本位的建议。[1]他们大都旅居海外,或是流亡在外的维新党人,或是出使欧美各国的中国外交使臣。1904年,梁启超发表《中国货币问题》一文,明确指出,世界数千年货币史之变迁,"大率由铁本位进为铜本位,复进为银铜本位,复进为银本位,复进为金银本位,而归宿于金本位"。[2]由于银产旺盛,形成供大于求的局面,银价日益下跌,一泻千里而注入用银的中国,使其蒙受巨大的损失。断言中国"今日改革币制,必以求得与金本位国有同一法定平价为第一义"。几年后,康有为提出了更为明确的主张,极言其不改用"金主币"中国有大害,以金主币为救国的方案之一。[3]

驻外使臣方面,以出使俄国大臣胡惟德、出使英国大臣汪大燮和出使美国大臣张荫棠等人为代表,也相继提出了实行金本位的建议和具体实施方案。他们也指出实行金本位乃是一种世界性的趋势,"用铁用铜用银用金,自有其渐进之理,不容遏亦不容强"。[4]环球既已用金,惟独中国不然,金贵银贱,中国独受其害。有的提供的方案是:"定名称"、"铸新币"、"收旧银"、"筹铸本"、"广行用"、"昭信实";有的则为"宜首定金本位也","宜确定金银比较价格也","宜略定补助货之限制也"。这些都是

---

〔1〕 江苏候补道刘世珩在其《条陈圜法刍议》中,主张实行金本位,以银币和铜币为辅助。金元以库平三分一厘二毫五丝为重量单位,铸造五元(库平一钱五分六厘二毫五丝)、十元(库平三钱一分二厘五毫)、二十元(库平六钱二分五厘)三种金币;银币三种,分别重量为库平一钱(十枚合银一两,抵一金元)、库平二钱(五枚合银一两,抵一金元)和库平五钱(两枚合银一两,抵一金元);铜币六种,分别为一厘(寻常铜一钱,一千枚合库平银一两,抵一金元)、二厘(寻常铜二钱,五百枚合库平银一两,抵一金元)、五厘(库平紫铜一钱,二百枚合库平银一两,抵一金元)、一分(库平紫铜二钱,一百枚合库平银一两,抵一金元)、二分(库平紫铜三钱九分,五十枚合库平银一两,抵一金元)和五分(库平白铜一钱三分,二十枚合库平银一两,抵一金元)。实行办法是,首先统一国家铸币局,再统一各地流通银行,再统一各地金库。铁良南下,清理财政,得知刘氏刍议,遂奏报清廷,中枢机构请其入讲。(《清朝续文献通考》卷21,钱币3,第7716页。)

〔2〕 《新民丛报》第46、47、48号合本。

〔3〕 康有为:《金主币救国议》,第48—56页。

〔4〕 中国人民银行总行参事室金融史料组编:《中国近代货币史资料》第一辑,下册,第1223页。

敦促清廷尽快筹集黄金,确定贵金属比价,实施金本位。

清廷对于康梁等人的呼吁可以漠然置之,而对于出使大臣的建议则不能置之不理。1904 年,它被迫承认:“现在环球各国皆已用金,中国独无金币。金贵银贱,交易诸多受亏,非开铸金币,不能抵制。”[1]于是,下令筹集金款,具体办法是要求捐复捐升人员,按照收捐银数,“一律搭收库平足金五成,以交金一两交银三十二两核收”。后来他们邀请美国货币学家精琪氏来华,制订金本位的实施草案。但由于湖广总督张之洞极力反对而停议。1907 年,各部院再次会商汪大燮的建议,认定“环球各国莫不用金,独中国用银,势成孤立,时会相迫”,不改定金本位不行,决议实行“虚定金本位”。[2]由于清末政局动荡,铸造金币、筹集黄金等措施,不可能得到认真的执行,随着清王朝的终结而化为泡影。进入民国时期,百务待理,金本位又成为整顿财政的中心问题之一。

第四种方案是改铸铜元,挽救钱荒。19 世纪末年,由于银贱铜贵,各省铸币局停炉停产,大量制钱又被私毁或运出国外,市场上钱价增昂,不敷流通,钱荒日益严重。而银元又无法完成零星货物的交易。“银元之极小者,每角亦七分二厘,再小者三分六厘,市廛零星贸易,必尽数用之,或多或少,欲求数文制钱,互相找给,皆不可得,不独市面未能流通,而小民之恃力作负贩为衣食者,其窘滞尤甚。”[3]1892 年,江西道监察御史陈其璋率先提出改铸铜元问题,他认为机制铜元与制钱相比具有许多优点,不仅需铜少而值钱多,可以防止私毁,而且由于制作精工,可以防止伪造;不仅工省价廉,铸造可以赢利,而且由于“成式定而抵值准”,便于商人取携行用,市廛实用,可补制钱之不足。1898 年,刘庆汾也呈请改铸铜元,强调铸造铜元“成本极轻,获利增倍”[4]。这项建议因此受到清政府的特别重视,尽管受到御史熙麟等人的激烈反对,但总理衙门经过几番研

---

[1] 陈度:《中国近代币制问题汇编》,第 10 页。

[2] 《东方杂志》第 4 卷第 12 期,光绪三十三年十二月。

[3] 《奉天将军增祺奏报奉天变通试铸钱文事》,光绪二十五年九月十三日,朱批奏折,档号:04 - 01 - 35 - 1375 - 049。

[4] 李宗棠编:《奏议初编》卷 6。

究，决议奏请皇帝改铸铜元。1900 年在广东由李鸿章等人负责开始试铸，所铸铜元每枚重二钱，正面铸“光绪元宝”四个汉字，周围附有“每百个换一元”字样，背面中央有蟠龙纹，周围刻有“广东一仙”的英文字样。因新铸铜元在流通中受到欢迎，1901 年，清政府又下令沿江沿海各省仿造。那时铸造铜元约有三成以上的利润，可以作为财政补充，所以各省纷纷向外国采购机器，大量生产铜元。最初由于制钱缺乏，铜元精美，求大于供，每 80—95 枚即可兑换银元一枚。1905 年之后铜元铸造量激增，形成供大于求的局面，价值逐渐低下。到 1908 年，每一元银元可以换到 120—130 枚铜元，后来一度涨至 170—180 枚。清政府虽曾几次试图统一币制，宣布限制铸造铜元的数量，或关停铸币机器，但收效甚微。

总之，上述为挽救“银贱钱贵”造成的金融危机，所提供的改革币制的各项方案，除了规复制钱一项比较陈腐落后不合时宜之外，或者符合当时中国经济的实际状况（例如实行银本位和铸银币），或者可以暂时缓解钱荒，或者符合根本的长远利益，都不失为缓解中国金融危机的积极方案。可以设想，清政府如果对于后几项积极的方案能够作出积极的反应，能够认真地加以贯彻落实的话，那么，对于清末的金融危机，或许能够得到稍许的好转，不至于使人民的生活困境更加恶化。但是，清廷已经彻底腐朽，所进行的每一项币制改革，不是严重失败，便是毫无成效，反而导致金融进一步混乱。金融的混乱又促使社会经济严重紊乱，各种社会矛盾都在迅速激化，清王朝覆亡的时日也就屈指可数了。

小　结

（一）光绪时期，银钱比价继续波动不已。这一时期银价变化的特点是长时期持续下落，下跌幅度 500—600 文。光绪时期制钱的质量进一步变小，实际重量只有五分左右，与雍正、乾隆年间的一钱二分标准制钱相比，重量下降了 50% 左右。考虑到光绪制钱两枚不抵一枚雍正、乾隆制钱的重量的这一因素，光绪钱价实际升值的幅度更大。

（二）与咸丰、同治时期相比，光绪初期的粮价没有发生明显变化，但是，到了19世纪90年代，粮价开始快速上涨，在短短二十年时间里，以上等粟米、白麦和高粱为代表的保定粮价提高了50%左右，呈现出“银贱粮贵”的局面。

（三）仔细研究国际市场上贵金属数量和价格的变化，可以发现，由于生产技术的改良，白银产量大幅度提高。加之，欧洲、美洲等国实行金本位制，大量白银被抛向市场，使贵金属的供求关系发生变化，导致银价大幅度跌落。由于银价下跌，各种物价相应升值，这才是光绪时期“银贱铜贵”的根本原因。

（四）不过，事物总是复杂的，要揭示光绪时期银钱比价变化的原因，必须仔细研究铜价、铅价的变化，必须研究制钱质量和重量的变化。在掌握比较系统的金属市场价格变化数据之后，推算的结果与市场上的银钱比价基本一致。因此，我们认为，光绪时期的银钱比价变化，不仅与白银的数量关系不大，而且与制钱数量的变化关系也不大。银钱比价变化的幅度，主要决定于金属价格和制钱质量与重量的变化，白银与制钱的数量对于银钱比价的影响是相当有限的。

（五）光绪时期，围绕着银钱比价变化，人们提出了各种货币改革方案。这些方案或者符合当时中国经济的实际状况（例如实行银本位和铸银币），或者可以暂时缓解钱荒，或者符合根本的长远利益，都不失为缓解中国金融危机的积极方案。但是，清廷已经彻底腐朽，所进行的每一项币制改革，不是严重失败，便是成效不大，因此丧失了自救的机会。

第十一章　光宣之际银价增昂与制钱制度的终结(1905—1911 年)

自 19 世纪 70 年代开始,由于澳洲丰富金矿的发现,由于白银产量的急剧增长,更由于经济较为发达的国家相继改行金本位,大批白银被抛向世界市场,白银的需求日渐减少,世界金融市场上银价逐渐下跌。日益卷入世界市场的中国自然也遭受了金银比价波动的冲击,国内货币流通领域里出现了非常严峻的“银贱铜贵”、“银贱钱贵”、“银贱粮贵”等危机,导致财政贸易、经济生活严重混乱。为了挽救王朝衰落的政治命运,为了挽救没落的制钱制度,当时的理财家们提出了许多种改良币制的建议,清廷为此进行了一系列尝试,大都效果不佳。就在清廷被银贵钱贱困扰得一筹莫展时,银钱比价于 1905 年又发生了戏剧性的变化,由先前的“银价日渐下跌”突然转为“银价异常飞涨”。[1]随之带来的是财政金融更加严重混乱。几年之后,深深陷入“银贵钱贱”困境中的爱新觉罗王朝便被政治革命的浪潮所吞没。

---

〔1〕《察哈尔都统诚勋奏应征厘改钱为银片》,光绪三十四年正月十三日,《政治官报》第 105 号。

一　1905—1911 年银价上涨的幅度与范围

“银贵钱贱”在清朝最后几年造成的社会经济生活混乱同样是十分严重的。过去由于比较重视辛亥革命时期政治事件、思想文化宣传方面的研究，相对忽略了“银贵钱贱”影响下的财政危机的作用，很少有人对这个问题进行专门研究，就是专门研究货币史的专家，对于 1905 年以后银钱市场比价波动情况的认识也相当模糊。例如，杨端六先生虽然看到了 1905 年银价猛烈上涨的资料，而未引起重视，仍然把 1857 年到 1911 年视为同一“银钱比价回落时期”。石毓符先生在其著作中沿袭了杨端六先生的错误观点，对于清末长达七年之久的银价上涨事实也略而不论；彭信威在他的《中国货币史》中，对于这一时期银价腾贵的事实也毫无论及。有人会产生这样的疑问，清末的银价增昂是否因限于局部地区，或是银价上涨的幅度不大，或是造成的社会震动不够强烈，不足以引起重视呢？答案是否定的。

清末七年间的银价增昂，就区域而言，尽管不是全国性的普遍上涨，但也波及到了经济比较发达的大部分省区。1905 年 7 月，署两江总督周馥敏锐地觉察到江西“钱价大跌”的动向，以为是铜元过多造成的，立即向清廷报告说：“近年江西寻常市价，每银两易钱一千三百文，现涨至一千四百余文。每银元一枚，向易钱八百四五十文，现涨至九百六七十文。”[1]奏请限制铸造铜元，平抑银价上涨风潮。由江西、江苏开始的银价上涨风潮，迅速波及到浙江、安徽、湖南、湖北、山东、直隶、广东、广西和福建等省区，甚至像察哈尔、吉林这些商品经济相对比较落后的省区也受到了严重

〔1〕 朱寿朋编：《光绪朝东华录》，光绪三十一年六月，北京：中华书局，1958 年，第 5368 页。

冲击,银价“日高一日”。[1]不过,银价上涨风潮似乎对陕西、四川、甘肃和云南影响不大,直到宣统皇帝被赶下宝座,上述几个省区的银钱比价仍未上涨,甚至出现了大幅度逆势下跌现象。这说明银价在清末各省区的变化是不平衡的。

就银钱比价上涨幅度而言,以江苏、江西、安徽和直隶为最大,已经接近道光末年的最高水平。1904 年的江苏,每两白银仅易“一千二三百文”,到 1909 年初上涨至“二千数十文”;[2]安徽每两银价在 1904 年为“一千一二百文”,到 1909 年底涨到“一千九百及二千文不等”;[3]江西 1904 年每两银价为“一千三百余文”,到 1909 年上涨至每千文制钱“仅易银五钱内外”;[4]1911 年的直隶“二千一百文合库平银一两”。[5]

表 11-1　1905—1911 年各省银钱比价市场波动情况一览表

年份	银钱比价	原始资料	省区	资料来源
1905	1300—1400	近年江西寻常市价每银一两易钱一千三百文,见骤涨至一千四百余文。每银元一枚向易钱八百四五十文,见涨至九百六七十文。	江西	《皇朝续文献通考》卷 22,钱币考 4,第 7721 页。
1905	1400—1690	上年银价骤涨,数月之间,每两易钱由一千四百余文涨至一千六百八九十文。	江苏	录副奏折,档号:03-9538-008。

[1] 吉林地方官吏报告:“吉省银价,光绪三十二年以后,日高一日。从前省城每银一两合钱三千一二百文,在外城已至四千左右。今日省中每两合钱五千有奇,其外城昂贵更可想见。”宣统元年十月十九日,《政治官报》第 754 号。

[2] 《两江总督端方、江苏巡抚陈启泰奏银价益涨州县赔累更深请仍改征银解银另收公费折》,宣统元年三月二十四日,《政治官报》第 553 号。

[3] 《安徽巡抚朱家宝奏请将丁漕加捐一项变通办理折》,宣统元年十一月二十八日,《政治官报》第 793 号。

[4] 《江西州县征收丁漕困难情形折》,《政治官报》第 733 号。

[5] 陈度:《中国近代币制问题汇编》第四册,第 170 页。

续表

年份	银钱比价	原始资料	省区	资料来源
1905	1600	下忙钱粮应请每两连同规复银价，共折收钱二千二百文（含办公费用六百文）。	江苏	录副奏折，档号：03-7331-069。
1905	2400	近日每银一两易当十大钱十二千有奇。	京师	录副奏折，档号：03-9537-002。
1905	1763	（二月）纹银市估库平一两易铜钱一串七百六十三文。	陕西	录副奏折，档号：03-7027-043。
1905	1690	（四月）纹银市价库平一两易铜钱一串六百九十文。	陕西	录副奏折，档号：03-7030-014。
1905	2598—3016	省城十月份银价……库平银一两易小数钱十二吊九百九十文，市平银一两易小数钱十二吊五百九十文。十一月份银价库平银一两易小数钱十五吊八十文，市平银一两易小数钱十四吊六百二十文。	盛京	录副奏折，档号：03-7030-001。
1906	1680—1690	（每两易钱）一千六百八九十文。	江苏	录副奏折，档号：03-9538-008。
1906	1650—2000	光绪三十二年前将军达桂奏请仿照治理办法，……以官价吉钱三千三百文折银一两，其时市价每银一两易吉钱四千左右。	吉林	《清朝续文献通考》卷41，征榷考13，第7959页。

续表

年份	银钱比价	原始资料	省区	资料来源
1906	1600	苏省忙银折价向收钱二千文,另因赔款奏明规复银价,加收二百文。近以银价骤涨,各厅府州县不敷办公,请将规复之二百文,拨还各厅州县,计每两折收二千二百文。	江苏	《清德宗实录》卷557,光绪三十二年三月壬午。
1906	1600	下忙钱粮应请每两连同规复银价,共折收钱二千二百文。	江苏	录副奏折,档号:03-6325-063。
1906	1650—1700	前之每银一两易京钱二千一二百文者,今则易铜元一百六七十枚,核京钱三千三四百文(京钱二文合制钱一文)。	山东	录副奏折,档号:03-6685-069。
1907	1680—1690	近年银价昂贵,各属亏耗益甚,现任者皆意存引退,新委者多托故不行。人人视州县为畏途,以钱漕为重累,几若一膺民社即不能保其身家也。州县征收忙银每两仍折价钱二千文,内除公费六百文,计存钱一千四百文,合之目下库平银价,每两在一千六百八九十文,是仅得银八钱二分八九厘,中间空耗,不啻三百文。	江苏	录副奏折,档号:03-9539-035。
1907	1667	地丁每两征收钱二千六百八十二文,漕米每石折收钱三千四百二十文。其时钱价每千文犹易银六钱之谱。	江西	《清朝续文献通考》卷5,田赋考5,第7541页。

续表

年份	银钱比价	原始资料	省区	资料来源
1908	1800—1900	银一两可易钱一千八九百文。	察哈尔	察哈尔都统诚勋：《奏应征厘改钱为银片》，光绪三十四年正月十三日，《政治官报》第105号。
1908	2000	（每两）仅易银五钱内外，今年钱价亦无起色。	江西	江西巡抚冯汝骙：《奏报州县征收地丁困难情形事》，宣统元年九月初六日，朱批奏折，档号：04-01-35-0133-002。
1908	900	近数年来，钱价奇贵，每银一两只能换制钱九百文。	甘肃	陕西总督升允：《奏设立官钱局以便民用事》，光绪三十四年十月十六日，录副奏折，档号：03-9540-029。
1909	1900—2000	现在银价奇贵，每银一两需钱一千九百及二千文不等。	安徽	安徽巡抚朱家宝：《请将丁漕加捐一项变通办理片》，宣统元年十一月二十八日，《政治官报》第552号。
1909	2000	银一两约合钱“二千数十文”。银价益涨，州县赔累更深……改为征银解银，每银一两随收公费银六百文，苏属并带收规复钱二百文。	江苏	《银价益涨州县赔累请仍征银解银另收公费事》，宣统元年三月二十四日，《政治官报》第552号。

续表

年份	银钱比价	原始资料	省区	资料来源
1909	1600	比年以来,银价昂贵,每两易钱一千六百文左右,较昔加增已三分之一。	河南	朱批奏折,档号:04-01-35-1787-042。
1909	1923	年来市面银价腾涨,每钱一千仅易库平银五钱一二分。湘省各州厅县征收钱粮,以钱折征者,照近来银价计之,平余无几。	湖南	朱批奏折,档号:04-01-35-1787-036。
1909	2000	(光绪三十三年)钱价每千文犹易银六钱之谱,上年秋冬以后,仅易银五钱内外。	江西	江西巡抚冯汝骙:《奏报州县征收地丁困难情形事》,宣统元年九月初六日,朱批奏折,档号:04-01-35-0133-002。
1910	1900	银一两约合钱一千九百文。	江苏	《中国厘金史》,第508页。
1910	1805	银一两约合钱一千八百零五文。	江西	《中国厘金史》,第508页。
1911		京城市面异常摇动,钱铺关闭多家,银价每两自十八吊文以上落至十四吊以下。米价每斤自七八百文涨至一吊二三百文。	京师	录副奏折,档号:03-7522-009。
1911	2100	二千一百文合库平银一两。	直隶	陈度:《中国近代币制问题汇编》第四册,第170页。

如表 11-1 所示，每两银价上涨低于 2000 文的省区有湖南、湖北、浙江、广东、山东、山西、河南、察哈尔等省区。如湖南、湖北 1904 年每两银价为 1400 文左右，到 1909 年，“每钱一千仅易库平银五钱三分”，即每两银价为 1900 文左右。[1] 相对比较偏僻的察哈尔，1908 年每银一两可易钱“一千八九百文”。[2] 河南银价上涨得较晚，直到 1908 年上半年，尚在“一千三四百文”，下半年发生“钱价日落”风潮。[3] 广东、浙江、山西、山东等省都报告了银价增昂的情况，上涨幅度大抵如湖南、湖北，没有超过 2000 文。只有陕西、甘肃、四川和云南等处的银价仍然保持在 1904 年的水平上，而且还略有下跌。1908 年，陕西、甘肃连年大旱，饥民哀号遍野，商品经济遭受严重破坏，以致“钱价奇贵，每银一两只能换制钱九百文”。[4] 四川、云南与贵州的银价没有上涨，原因尚不十分清楚。从上述情况来看，此次银价上涨的地方都是商品经济比较活跃的省区，商品经济愈发达，银价上涨的幅度越大；商品经济相对比较落后的内陆省区，或者是遭受自然灾害袭击的地方，银价变化不甚明显。在银价腾贵的地方，有的增昂了 400—500 文，有的上涨了 800—900 文。在七年时间内，银价上涨幅度之大，令人吃惊。

后人根据清代厘金资料，对于江苏、江西两省的银钱比价进行了系统推算（表 11-2），得到的结果与各省督抚的奏报基本一致。

清末银价的飞速上涨在当时也造成了相当强烈的社会震动，这可以从各地官员的奏报中得到说明。有的说：“现在银贵钱贱，市面情形辄被牵动”；有的说：“近以银价陡昂，物值增高，京城市面拮据，商民闲苦”；有

〔1〕《湖南巡抚岑春煊奏请将提解州县丁漕钱价平余等项一律停免折》，宣统元年四月二十七日，《政治官报》第 548 号。

〔2〕《察哈尔都统诚勋奏应征厘改钱为银片》，光绪三十四年正月十三日，《政治官报》第 105 号。

〔3〕《河南巡抚奏开铸当十铜元片》，光绪三十四年七月二十二日，《政治官报》第 291 号。

〔4〕《陕西总督升允奏设立官银钱局折》，光绪三十四年十月初六日，《政治官报》第 364 号。

表 11-2　1900—1911 年江苏与江西两省银钱比价情况一览表

年份	江苏		江西		海关银两的兑换率
	上半年	下半年	上半年	下半年	
1900	1362	1362	1428. 57	1428. 57	1328
1901	1375	1359	1428. 57	1428. 57	1305
1902	1356	1353	1388. 89	1388. 89	1345
1903	1323	1312	1333. 33	1333. 33	1278
1904	1329	1340	1369. 86	1369. 86	1225
1905	1413	1425	1562. 50	1691. 93	
1906	1503	1507	1724. 14	1721. 38	
1907	1534	1538	1724. 14	1754. 39	
1908	1600	1900	1850	1900	
1909	2000	2000	2000	2080	
1910	1900	1710	1805	1805	
1911	1800	1700	1700	1700	

资料来源:1900—1907 年的江苏、江西银钱比价数据摘自罗玉东:《中国厘金史》,第 242、291、508、541 页。1908—1911 年数据摘自《政治官报》、《内阁官报》公布的官员报告。

的说:“银价腾贵,百货价值日益飞腾,官、商、兵、民同受此害。”他们在极力呼吁“官、商、兵、民同受此害”时,实际上偏重于强调官府财政税收方面遭受的损失,极力说明地方官员因“银贵钱贱”赔累不堪的情形。

1906 年,署两江总督周馥奏报:“上年银价骤涨,数月之间,每两易钱由一千四百余文涨至一千六百八九十文。而各属折价仍每两二千文。其书吏之辛工、差保之盘费、饭食易银上兑之倾熔火耗、宝申、解费,近又另有奉提报拨之三、四、五分平粜以及常年办公经费,弭不取给于羡余,银价一涨,不敷抵支。”〔1〕

〔1〕《署两江总督周馥奏为江苏省银价骤涨拟请各属所收规银价暂行拨还事》,光绪三十二年三月初一日,录副奏折,档号:03-9538-008。

1907年，直隶总督杨士骧强调征不敷解，使地方官员“人心恐慌，全局牵动，几有不可终日之势”[1]；两江总督端方认为，银价腾贵，州县官员征解赔累，“不独病其身家，蚀于库款之丰耗，吏治之长消所关甚大”。他说，江苏地方官员由于赔累不支，1908年到1909年初，“委任力辞者十余人，在任求去者数十县，谈虎色变，捧檄增愁”，许多人把当官看成是一种危险职业[2]；山东巡抚袁树勋哀告说：“银价增涨，丁漕不敷报解，而州县亏累更不能支……以臣目击山东州县情形，屡有求免去任、典请交卸之事。甚有因亏无抵，发为心疾，佯狂涕泣，以求苟免于监追者。”[3]人们逃避当官，在任的官员装疯卖傻，这是一种多么不正常的政治现象。这种不正常的政治现象深刻反映了封建王朝的政治危机，而政治危机的产生与“银贵钱贱”有着密切的关系。

总而言之，清末银价上涨不仅幅度大、范围广，而且也引起了强烈的社会震动。既然如此，探索其原因，揭示其奥秘，也就十分必要。

二　铜元的冤词

关于清末银价波动的原因，当时朝野人士几乎毫无例外地一致认为，滥铸滥发铜元是“银贵钱贱”的根本原因。山东巡抚杨士骧如是说：“自铜元畅行，各省承办之员既多方扩充，市侩奸商复牟利浸灌，银价遂日涨一日，民间虽已通用，仍百端顾忌，相戒不肯存积，输之于官，以十作十；行之于市，以十作八，即不作区别，而暗中高抬价值，禁无可禁。州县经征钱

〔1〕《奏银价骤涨查禁铜元并请饬筹办法折》，光绪三十三年十一月初七日，《政治官报》第47号。

〔2〕《两江总督端方、江苏巡抚陈启泰奏银价益涨州县赔累更深请仍改征银解银另收公费折》，宣统元年三月二十四日，《政治官报》第553号。

〔3〕《山东巡抚袁树勋奏东省知县异常亏累亟应变通办理折》，宣统元年闰二月二十九日，《政治官报》第528号。

漕，全收铜元则盈余无著，搭放制钱则群疑勒揹，实属上下交受所困。前之每银一两，易京钱二千二百文（约合制钱1100文），今则易铜元一百六七十枚，标京钱三千三四百文（约合制钱1650—1700文）矣。”[1]这是说，银价昂贵是由铜元太多造成的。“银价之贵，多由铜元充斥”。[2]实际上这是一种严重误解。

铸造铜元最初开始于广东。本意在于挽救钱荒，维持早已过时的“圜法”。1900年，广东首先试铸“每枚当制钱十文”的铜元。这种铜元投入流通领域后，受到社会各界的欢迎。接着，福建也仿铸成功。一方面由于所铸铜元“通行市肆，民间称便”；另一方面由于铸造铜元的机构可以获取20%—30%的利润，作为地方政府财政来源的补充。最初，各省铸造铜元专用紫铜，发行十分顺利。浙江巡抚又以黄铜试铸万元，发交市面行使，视紫铜元毫无低昂。“愈铸愈多，愈推愈广。商民但论其为铜元，不问其为紫铜、黄铜。浙省固人人乐用，即外省亦随在流通。”[3]

清廷关于沿江沿海各省仿铸的命令下达后，各省衙门纷纷向外国采购铸币机器和铜材。到1905年，“铜元开铸已有十七省，设局多至二十余处”。[4]1902年以前，全国用于购买铜斤的经费不足200万银两；1904年增至700多万海关两；1905年激增至2100余万两，购买的紫铜高达730138担[5]。铜元的产量因而也急剧增加，据梁启超估计，1904年到1908年，中国铸造的铜元总数高达12426671000枚[6]。关于铜元与银元的比价，海关报告书中说：“当光绪三十一年以前，在胶州铜元每八十枚即兑洋一元。同时，安庆则一元合九十五枚。光绪二十八年，苏州一元合

---

[1] 《山东巡抚杨士骧奏为东省银价昂贵请试铸银元官民两便事》，光绪三十二年二月十六日，录副奏折，档号：03－6685－069。

[2] 朱寿朋编：《光绪朝东华录》，光绪三十三年九月，第5764页。

[3] 《安徽巡抚诚勋奏为安徽省铜元局采购紫铜价昂货少拟请添造黄铜元以广鼓铸事》，光绪三十年正月二十八日，录副奏折，档号：03－9536－097。

[4] 陈度：《中国近代币制问题汇编》第四册，第236页。

[5] 中央研究院社会科学研究所：《六十五年来中国国际贸易统计》，南京，1931年，第43页。

[6] 梁启超：《各省滥铸铜元小史》，《饮冰室合集》文集二十一，中华书局，1989年影印本，第22页。

八十枚。同时,杭州合九十枚。二十一年,宁波平均为九十五枚。是年,在上海则每元合九十一至九十五枚不等。"[1]到了宣统时期,每枚银元在许多地方可以兑换到130枚铜元[2]。每枚银元在市场上从兑换80—90枚变为130余枚,这说明铜元相对于银元的价值正在下跌,这是无可争辩的事实,但这不能证明银两相对于制钱的升值是由于铜元发行量过多造成的。

首先,铜元是否充斥问题。铜元在清末进入流通渠道时,并不是任何一种货币的辅币,更不是一种本位货币。铜元价值的确定,同当时的银元与制钱一样,主要取决于金属的实际含量与社会的实际需求。在它最初加入流通时,尽管清廷曾经明确规定每枚重量为七钱二分的银元可以兑换百枚铜元,每枚铜元可换十枚制钱。但在流通领域,这种规定如同银两与制钱的比价定为"每银一两值钱一千"一样,完全是形同虚设。铜元投放的初期,由于制造精美,发行量有限;由于钱荒处在特别严重时期,社会对于铜元的需求远远超过其供应量。它因此能以比它本身价值高的价格被流通渠道接纳,北京、天津、广州、苏州、杭州、宁波、胶州、安庆等大中城市中,每80—90枚铜元便可兑换一枚银元。1905年以后,随着国际市场上银价的增昂,随着铜元发行量的急剧增加,社会对它的需求相对减弱,铜元的价值相对下跌。1905年,每银元一枚可兑换90枚铜元;1906年为107枚;1907年为110枚;1908年为116枚;1909年为123枚;1910年为127枚;1911年为131枚[3]。1910—1911年的北京每枚银元可以兑换130枚铜元,个别地方的兑换率甚至一度达到180枚。但直到清朝垮台以前,铜元的市场价格仍然没有跌落到它的金属含量的实际价值水平上。清朝最后几年,国际市场上每担铜块的价格一般在关平银30两左右。按照这

---

〔1〕 耿爱德(Edward Kann)著,蔡受百译:《中国货币论》,商务印书馆,1929年,第390页。

〔2〕 张家骧:《中华币制史》第五编,北京大学出版社,1926年,第35页。

〔3〕 彭泽益编:《中国近代手工业史资料》第二册,第582页。

种价格推算，每银元一枚可以兑换 190 枚铜元[1]。而实际上，铜元与银元的比价均未达到和接近这种水平，也就是说，铜元在市场上的价格仍然超过它的铸造工本费用，从这方面看不出铜元的发行量已经超出流通的需要量。

许多事实也说明铜元在流通渠道尚未出现壅滞的现象。当清廷感到银钱比价发生大幅度上涨并带来了严重财政危机时，在一些督抚大臣的建议下，立即下令各省停铸或减少铜元制造量，并禁止向其他省区贩运铜元。这项命令当即遭到一些省区的抵制和质疑。1905 年，湖广总督张之洞上奏说，武汉为通商大城市，“近年制钱缺乏，全赖铜元为周转，市面需用铜元之数迄未减少”，铜元并未充斥，反对清廷对于湖北机制铜元的数额加以限制。1906 年，两江总督周馥也认为，江浙地区铜元并未充斥，“目前尚在短缺之时，未至充溢之候”。他指出，偏僻的州县城镇流通的铜元数量很小，商会要求继续制造，并发行铜元。1908 年，湖广总督陈夔龙、两江总督端方、湖南巡抚岑春煊联名奏请说：“铜元停铸之后，银价既未稍跌，而市面交易转欠流通。”岑春煊后来又单独上奏说：铜元流通数量仍然不足。“现在省城及常德、湘潭各官钱局尚且不敷周转。此外，各钱铺以及各府州厅县镇市店铺更属难于购求。有欲兑数十枚铜币而不可得者，市面艰窘异常。”[2]与此同时，河南、四川等省督抚也都极力向清廷说明铜元并未充斥，强调必须添造铜元的种种理由。

清末的铜元进入流通领域不像咸丰时期的大钱那样，通过强制手段，而是通过官钱局自由销往市场的。既然铜元像一般商品那样作为销售的对象，它在市场上也必然同一般商品一样，服从其供求规律。如果它能够以高于自身成本的价格顺利被流通渠道接纳，显然不能认为已经壅滞。

---

〔1〕 梁启超是按“铜之市价每担三十五两”进行推算的。他推得每龙元一枚应得 169 枚。查阅海关统计，洋铜每担在清末九年间，只有 1907 年为 32 两白银，其余八年均为 30 两以下。所以，梁启超的推算结果是不正确的。参考中央研究院社会科学研究所编：《六十五年来中国国际贸易统计》，南京，1931 年，第 43 页。

〔2〕 《岑春煊奏湘省市面钱少吁恳增铸铜币折》，光绪三十四年三月初九日，《政治官报》第 169 号。

清末的官钱局既然能够以合适的价格，把铜元顺利投向市场，说明市场上对铜元的需求尚未得到满足。因此，不能说铜元已经充斥市场。既然各省的官钱局从来没有提出过推销铜元的困难，并且一直在争取添铸铜元，说明制造铜元仍有余利可图。如果铸造铜元没有利益可图，不用下令，铸币机构就会自动关闭机器和熔炉。即使官府不愿自行停铸，价值规律也将迫使其停铸。再者，商人一再要求继续鼓铸铜元，说明市场上的铜元尚未出现供大于求的局面。如此等等，都说明铜元在清末尚未壅滞。至于铜元的价格下跌，并不能说明铜元数量过多，超出了流通需要。退一步说，即使铜元的发行数量已经超出了流通需要，由于它是金属货币，它的多余部分会自行退出流通渠道，成为窖藏货币，它的价格也不会过度低于金属实际含量价值。铜元数量的多少不是铜元价格变化的根本原因。

其次，即使铜元在清末市场上已经壅滞，也只能影响它自身的价格，从逻辑上得不出“银贵钱贱”是由铜元数量过多造成的结论。在清末商品市场上，铜元的发行基本限于大中城市，在州县乡镇集市上流通尚不广泛。广大的农村集市仍然以银两与制钱为主要交换媒介。农民在出卖自己的产品时，得到的仍然是制钱，他们向官府交纳赋税时，自然也是背着沉重的钱袋子，把自己的血汗注入官府衙门的仓库。清末银钱比价的上涨，指的是每两白银兑换制钱数量的增加。当时各级官员所强调的征不敷解，银贵钱贱，指的是基层集市上的制钱贬值。与银两相比，制钱相对贬值；与银元相比，铜元价值跌落。二者同时同步贬值，显然它们彼此之间并无因果联系，说制钱的贬值由于铜元数量太多，过于武断。假定有人反过来说，铜元的贬值是由于制钱数量太多造成的，人们该作何解释呢？再者，我们发现，发行铜元多的省区，如四川，银价不一定就上涨；而不发行铜元或铜元流通不多的地方，如吉林，银价却在大幅度上涨。这从事实上进一步证明，“银贵钱贱”与铜元的发行数量并无必然的因果联系。

当然，这并不是说铜元与制钱之间毫无关系，我们强调的是，铜元的发行数量并不对制钱的价格造成直接影响。清廷发行铜元的最初本意是为了挽救所谓的钱荒，即补充制钱流通量的不足。二者之间的比价在最初虽曾规定铜元每枚当制钱十文，但在实际流通时，它们之间的比价必须服从其价值规律，主要依靠金属实际含量和市场供求关系来调节，不可能屈从于当局者的一纸命令。在市场上铜元与制钱一旦发生兑换关系，由于铜元的币面价格高于其实际价值，立刻被折扣使用。“今铜元实质既不过值钱四五文，故民间交易亦有私自折扣，以求还其实在之渐”，很快自 8—9 枚减至 6—7 枚。〔1〕有的州县官员根据市场流通情况，“创立章程，专收制钱。有以铜元交纳者，俱六折合算”。〔2〕这就是清末市场上出现的所谓“钱贵元贱”现象。

清末市场上流通的制钱重量大多在 6—8 分之间，其中含铜量约为 50% 左右。铜元的重量为二钱，含铜量约在 95% 上下，以重量平均为 7 分的制钱加以推算，每枚铜元“所含的铜只值 6. 5—7 文铜钱”，〔3〕加上工费，每铸当十铜元一枚，“需成本制钱六文之谱”。〔4〕这说明市场上被折扣使用的铜元大体与其实际含铜量相符合；事实上，有的地区铜元与制钱的比价仅仅降到“七折”，主要是由于使用铜元比制钱较为便利，社会需求大于供给造成的，这也完全合乎金属货币的价值规律。由此可见，铜元与制钱相比，它的价格跌到它的含铜量的实际水平上是在情理之中的，产生“钱贵元贱”的现象是十分正常的。既然制钱与铜元的比价实际上决定于它们各自的含铜量和社会的供求关系，而不决定于铜元数量的多少，那么，把制钱相对于银两的跌价归于铜元数量的变化，显得十分荒谬。

法国著名经济学家莎伊明确指出：“在私人之间的交易，国家机关没

---

〔1〕 光绪三十三年，北洋大臣杨士骧指出：“各省试铸有利，贪多加铸，折价出售，或以一作八，以一作六七不等。”这里他虽然把铜元的贬值错误地归因于本省铜元数量的增加，但反映了铜元与制钱之间兑换的实际情形。（《查禁铜元并请饬筹办法折》，《政治官报》第 41 号。）

〔2〕 中国人民银行总行参事室金融史料组编：《中国近代货币史资料》第一辑，下册，第 984 页。

〔3〕 徐雪筠译编：《上海近代社会经济发展概况（1882—1931）》，第 70 页。

〔4〕 光绪三十年六月，江苏巡抚奏报说“苏省铜元局每铸铜元一枚，需成本制钱六文三四毫之谱”，同年七月，两江总督又奏报说：江宁银元局开铸当十铜元，“每枚需成本制钱六文之谱”。

有力量通过印模印记,使充当货币的货物能具有比它的内在价值加上铸造得来的价值总和更大的价值。想凭借打在硬币上的印记,以法律力量把一定价值授予一盎司银,结果必定是徒劳无功的。打上印记的一盎司银,决不能买到超过在那时候与它等值的数量的东西。"〔1〕

总而言之,清末发行的铜元虽然数量很大,投放过猛,但尚未满足社会的总需求,尚未在州县等较小的集市上普遍流行。它在流通过程中,尽管对银元的比价逐渐下跌,但尚未跌到它的金属含量的实际水平上,它的价格跌落不是铜元充斥造成的。退一步说,即使铜元已经超过了流通的需要,那也只能影响铜元自身的价格,从逻辑上讲,不可能对制钱的市场价格造成大的影响。铜元与制钱相比,它的价格跌到其金属的实际水平附近是应当的,完全符合商品(金属货币也是一种商品,是一种比较特殊的商品)的一般价值规律。铜元作为一种货币,它的价值变化尚且不取决于其本身数量的多少,那么,制钱作为另外一种自由兑换的货币(它不是铜元的真正意义上的辅币,更不是一种主币),它的价格变化更不能以铜元数量的多少来解释。所以,可以得出这样的结论:制钱、铜元相对于银两、银元的大幅度贬值,不是制钱与铜元中的任何一种货币数量的增加所决定的。

三 清末银价上涨的主要原因

在研究清末银钱比价波动问题时,人们把目光集中于铜元发行数量是错误的。我们的目光应调整一下方向,铜元与制钱对于银元与银两同时发生贬值,究竟意味着什么?是什么原因导致银价的重新升值?这需要观察国际市场上的金属价格变化,需要研究中国社会对于白银和紫铜的需求变化。经过分析比较,大体可以肯定,清末的货币比价波动主要是

〔1〕【法】萨伊著,陈福生、陈华驿译:《政治经济学概论》,第259页。

由下面三个原因促成的。

第一,国际白银汇价的增昂决定了国内白银价格的相应上涨。国际市场上贵金属价格的任何微小变化,都会影响它们相互之间比价的变化,也必然通过国际汇率的变化反映到国内市场上。从 19 世纪 70 年代开始的银价大跌落,持续了二十多年后,于 1902—1903 年降到了最低点,在中国市场上的“银贱钱贵”也到了极点。从 1903 年开始,国际市场上的银价出现了一个短暂的回升时期。具体变化情形如表 11-3:

表 11-3　1901—1911 年中国海关两的国际汇率

年份	对英镑汇率	对美元汇率	纽约	上海市钱
	1 关两 = 便士	1 关两 = 美元	1 盎司 = 美元	
1901	32. 75	0. 72	0. 597	119 千
1902	29. 875	0. 63	0. 528	119 千
1903	25. 875	0. 64	0. 542	113 千
1904	31. 75	0. 66	0. 578	111 千
1905	31. 625	0. 73	0. 610	111 千
1906	34. 875	0. 80	0. 674	132 千
1907	36. 625	0. 79	0. 660	134 千
1908	30. 125	0. 65	0. 535	138 千
1909	27. 50	0. 63	0. 522	151 千
1910	27. 50	0. 66	0. 542	152 千
1911	32. 25	0. 65	0. 542	150 千

资料来源:海关两与英镑的汇率摘自《申报》每年 3 月 1 日登载的汇价。海关两与美元的汇率摘自中国海关的报告。纽约的银价摘自郑友揆的《中国的对外贸易和工业发展》。上海市钱的价格摘自《申报》每年 3 月 1 日的报价。

表 11-3 说明,这次白银对于黄金的比价上涨时间短暂,幅度较小。就海关银两对于英镑的汇率来讲,由 1903 年的 25. 875 便士上涨到 1907 年的 36. 625 便士,一共上涨了 11 便士,上涨率为 40%;海关两与美元相比,上涨幅度较小,不过在 1906 年和 1907 年也出现了一次峰期。纽约市

场上银价的变化与中国海关两对外汇率的情况完全吻合。这说明20世纪最初十年间出现的银价向上波动是世界性的。这次银价波动自然会对中国货币流通领域里的银钱比价产生直接影响,上海市钱价格的变动反应得有些迟缓,但银价的变化趋势与国际银价变化是一致的。这些变化都一致说明,清末钱价、铜元价格的下跌与国际市场上银价上涨关系密切。当然,从表中也可以看出,银钱比价的波动并不完全取决于国际市场上的银价回升。因为,当1909年海关两对外汇率向下调整时,中国的银钱比价虽然停止了上涨的势头,却没有立即跟着跌下来。再者,银钱比价上涨的幅度较大。例如,有的地区每两银价高达2000文以上,超出了同一时期国际市场银价上涨的幅度。这实际上意味着还有其他原因起着作用。

第二,清末社会对白银的需求在急剧增加。20世纪初,由于西方经济发达的国家在中国努力扩大投资规模和扩充商品市场,中国民族工业在艰难的环境中又有了进一步发展,中国的商品经济有了长足进步。对外贸易方面,1900年的通商口岸有45个,1910年增加到82个;1900年对外贸易总值为37006万海关两,1911年增加到84884万海关两,相当于1900年的2.29倍。1911年,各国投资建筑的铁路总长度为9618.1公里,京汉、沪宁、京奉、津浦、胶济、中东、南满等铁路,分别成为华东、华中和东北的经济命脉。沿江沿海的水上航运也发展得很快。交通运输的发展,刺激了商品贸易的空前活跃,茶、丝、棉纱、粗布、大豆、芝麻、羊毛等通过各种近代化的交通工具进入国际市场,或成为沿江沿海地区人民的生活必需品。这一时期,农产品的商品化程度也有所提高。

商品经济的迅速发展,必然要求货币制度与之相适应,但当时的银两与制钱制度已经十分落后。早在乾嘉年间出现的银两排斥制钱,银元代替银两的趋势,由于国内战争破坏而延缓下来。太平天国战争结束之后,商品经济在恢复和发展,白银排斥制钱的运动又开始进行,同治年间的“银贵钱贱”正是这个运动的产物。然而进入光绪时期,中国又遇到世界性银价跌落的冲击,发生了“银贱钱贵”的现象,这又延缓了制钱被逐出流通渠道的时日。20世纪初,世界银价暂时停止了下跌的趋势,并且出现了短时期的银价增昂。在这种情况下,贵金属又成为人们热烈追求的圣杯，白银的价格便会因需求增大而略有抬高，而制钱由于价值低，体积大，不便携带运输，在流通渠道受到排斥。例如，1908 年的江苏，每石大米合 7000 文制钱，以每枚重量为 7 分计算，每购买一石大米需要携带 30 余斤制钱上市，把这 7000 文制钱交给卖粮的农民要花费相当长的时间。这位农民如果要向官府交纳折色银两，也要花费同样长的时间，才能结算清楚。所以，携带制钱进行重要的商业活动是十分困难的。大势所趋，制钱迟早要被逐出流通领域。清末的银价增昂主要发生在沿江沿海商品经济比较发达的地区，并且是商品经济发展程度越高，银价上涨幅度越大，这足以说明银钱比价上涨与商品流通加快加大有密切的关系。清末商品经济的发展很不平衡，有的地区发展迟缓，有的地区遭到自然灾害的袭击，银钱比价没有明显变化，甚至有所下跌(例如陕西和甘肃)，也从另一个侧面证明银钱比价的波动与商品经济的状况有密切关系。

第三，银根紧缩加剧了“银贵钱贱”的趋势。由于各种原因，20 世纪最初十年对外贸易有了很大发展。随着中国对外贸易总额的增加，中国对外贸易的逆差越来越大。贸易逆差在近代中国是一个长期存在的经济问题。1900 年以前，每年逆差大都在几千万两以下，以 19 世纪逆差最大的最后十年为例，每年的平均逆差额不过 4000 万—5000 万两。进入 20 世纪以后，每年贸易逆差迅速突破 1 亿海关两；最高的年度，如 1905 年，甚至超过了 2 亿海关两(表 11-4)。

表 11-4　1900—1910 年对外贸易进出口情况表

(单位:千海关两)

年份	出口净值	进口净值	总值	贸易平衡
1900	158997	211070	370067	-52073
1901	169657	268303	437960	-98646
1902	214182	345364	529546	-101182
1903	214352	326739	541091	-112387
1904	239487	344061	583548	-104574

续表

年份	出口净值	进口净值	总值	贸易平衡
1905	227888	447101	679989	-219213
1906	236457	410270	646727	-171813
1907	264381	416401	680782	-152020
1908	276660	394505	671165	-117845
1909	338993	418158	757151	-79165
1910	380833	462965	843798	-82132

资料来源:摘自郑友揆编:《中国的对外贸易和工业发展》,第335—336页。

上表所列举的贸易差额,竟然高达129305万海关两。这个巨大的差额,加上《辛丑条约》所规定的45000万海关两的赔款,共计174305万海关两。如此巨大的差额要用白银去补充,势必使国内流通渠道日渐枯竭,各海关对于白银进出口的统计就是这样。

表11-5显示出大量白银迅速退出中国的流通渠道,注入国际市场。这件事正好发生在社会对白银的需求急剧增加时期,不可能不加剧中国社会对白银需求增加的矛盾,自然导致中国社会的银根空前紧缩。“银贵钱贱”的呼声因而到处回荡,这又进一步刺激了社会对白银的需求心理,“银贵钱贱”由此而加剧。虽然国内白银数量的多少并不直接决定银钱比价的变化,但在社会对白银需求量日益增加的情况下,通过加剧社会供求矛盾间接地影响银价的变动是可能的。基于这种理由,可以肯定,银根紧缩对于银价的增昂起了相当重要的作用。

表11-5　1901—1910年中国进出口白银情况

(单位:海关两)

年份	进口	出口	入超	出超
1901	14362496	20460298		6097802
1902	18437479	32282133		13844654
1903	23001165	29046532		6045367
1904	23518638	37128368		13609730

续表

年份	进口	出口	入超	出超
1905	31428734	38624911		7196177
1906	19332738	38010506		18677868
1907	7069620	38277750		31208130
1908	20116602	3283518		12266916
1909	30864308	24023671	6840637	
1910	44598534	22803887	21794647	
1911	61082957	22776935	38306002	

资料来源：摘自海关贸易报告。

总之，导致清末银价增昂的原因是十分复杂的。20 世纪初，国际市场上银价的相对回升决定了国内流通领域里的白银价格再度增昂；同时，中国商品经济的迅速发展，导致对白银的需求不断增大，要求制钱退出流通领域，当时发生的货币改革运动，例如铸银元、铸铜元等措施都证明了这一点。社会对白银和制钱的不同需求，影响着二者比价的相应变化；对外贸易的巨大逆差和赔款则造成国内银根紧缩，银根紧缩又加剧了社会的供求矛盾，这对于银价的相对上涨又起了间接促进作用。一言以蔽之，上述三种因素，虽然有直接、间接之别，而对清末银价的波动都起了推波助澜的作用，是它们的合力促成了银价的大幅度上涨。

四　制钱制度的终结

从 19 世纪 70 年代开始的银价下跌，铜价增昂，使清朝的制钱制度遭遇到猛烈的冲击。伴随着钱价的增昂，一些不识时务的清朝官员曾试图努力规复制钱制度。他们以为铸造不足质的制钱，“使私毁者无利可图”，便可以保证制钱的绝对数量，阻止银价的下跌，由此可以维持制钱制度。1887 年，闽浙总督杨昌濬率先于福建开始铸造重量为八分五厘的制钱。此后,在清廷的督促下,各省开始启动所有造币机器和熔炉,大批生产减重的制钱。社会上很快出现了一批重量分别为一钱、八分五厘、八分、七分四厘、七分、六分、五分等官制小制钱。即使这样,由于银价的下跌,铜价相对上涨,也没有办法稳定他们心目中的理想比价。1899 年以前,各省铸币局都因铜价昂贵,铸造制钱成本过高,严重亏损,而停机停炉。[1]

1900 年,两广总督李鸿章等人在广东试铸铜元,投向市场后,受到社会欢迎。清廷鉴于广东、福建的成功,下令沿江沿海各省仿造,这是中国制钱制度被废止的开端。对于顽固保守的清朝大臣来说,废止一项流传两千年之久的货币是非常困难的,是难于接受的。他们虽然知道继续铸造制钱对于王朝的财政并无益处,但是,他们仍然留恋过去,仍在北京保留了宝泉局和宝源局,每年仍象征性地铸造几卯制钱,以帮助他们回忆"祖制成法",同时也维持着财宝泉源象征性的控制。这里也充分反映了王朝衰老的心态。

1905 年,度支部由于经费不支,奏请裁撤宝泉、宝源局,但仍然象征性地保留了宝泉局的西、北二厂,继续铸造六分小制钱。不过,每月所出"不足三卯"[2]。同年开始的银钱比价激烈波动,使铸造最小的制钱也变得毫无意义。

前面已经说过,清末的银价上涨,在有的省份每两白银可以兑换 1800 文或 2000 文小制钱。以重量为六分的小制钱来推算,每 30 两白银可以在市场上换到 202—205 斤铜制钱(铜与铅的比例各为 50% ,30 两白银可易 100 斤铜,9 两银可以买卖 100 斤铅),经过销熔,出卖材料可以得到 40 余两白银;若以重量为五分的最小制钱计算,每 30 两白银可以在市场上购买到 168—188 斤铜制钱,销熔后出卖币材也可以得到 30—37 两银子。所以,制钱的铸造不仅无利可图,而且还要严重亏损。这说明制钱的市场价格已经跌落到它的币材价值之下,它正在被排挤出流通领域。

[1] 中国人民银行总行参事室金融史料组编:《中国近代货币史资料》第一辑,下册,第 579—583 页。

[2] 同上书,第872 页。

制钱小到六分、五分，已经无法再小了，清廷无论采取什么措施都不能挽救其废止的命运了。1911 年元月 18 日，度支部尚书载泽上奏指出，改铸六分制钱，每月所铸不过三卯，但以全年计算，"铸钱工料等项，岁亏甚巨"，故以节约经费，统一币制为理由，奏请将"宝泉局制造制钱即行停止"。[1]铸造制钱的活动终于停止，这标志着制钱制度的终结。

货币是一种特殊的商品，从某种意义上讲，它除了担负经济作用外，本身还带有政治的含意，具有权力的象征。拥有铸造钱币的权力，意味着一个政权的有效统治。因此，中国历史上的改朝换代，无不在建元伊始废除旧的铸币机构，无不在新的铸币上打上具有政权特色的符号。与此同时，旧的王朝在退出历史舞台的同时无不丧失其铸币的权力。清王朝停止铸造制钱的当年也随之失去了政权，事属偶然，偶然的背后却隐藏着必然的推手。

不过，事物是复杂的。由于中国社会经济发展不平衡，在商品经济落后的地区，在广大农村市场上，制钱仍作为交易的一种媒介物，一直到 1943 年，国民党中央造币厂再一次大规模以法币收兑制钱后，制钱在市场交易中才基本销声匿迹。

小　结

（一）清末的银钱比价上涨不仅幅度大，最高时超过 2000 文，范围广，涉及大部分经济比较发达的省区，而且也激起了强烈的社会震动。清末的银价上涨是不平衡的，商品经济愈是发达的地区，银价上涨幅度愈大；在商品经济遭受破坏的地方，银价不但没有随之上涨，反而有所下跌。[2]

---

〔1〕 中国人民银行总行参事室金融史料组编：《中国近代货币史资料》第一辑，下册，第 872 页。

〔2〕 【德】马克思著，中央编译局译：《政治经济学批判》，《马克思恩格斯全集》第 13 卷，第 125—126 页。

（二）清末发行的铜元数量虽然很大，但尚未满足社会的总需求，铜元在乡镇的集市上尚未普遍流通。铜元价值的下跌不是铜元数量过多造成的，制钱价格的下跌与铜元数量的增加更无因果联系。

（三）清末的银钱比价上涨，主要是国际市场上银价相对回升造成的；商品经济的发展要求货币流通领域排斥制钱，以及银根紧缩所造成的供求矛盾，都对银价的增昂、钱价的下跌起着推波助澜的作用。它们的合力促成了银价的大幅度上涨。

（四）制钱制度在清末已经到了山穷水尽的地步，20 世纪初的“银贵钱贱”形势使铸造制钱成为一个沉重的包袱，严重亏损使清政府不能再继续维持其象征性的发行权，通行两千年的“孔方先生”随着清王朝的灭亡而寿终正寝。

第十二章 清代银钱比价波动与官吏贪污手段

有清一代，银钱比价波动相当激烈，引起的社会经济混乱也是相当严重的。各级地方官吏利用银价波动造成的经济混乱，明抢暗夺，大肆贪污，很有时代特点，现就这一现象加以评述。

一 清代银钱比价波动的概况

在清代商品市场上，依法充当主要交换媒介的银两与制钱之间的比价变动十分激烈。从乾隆中期到宣统皇帝统治宝座被掀翻，银钱市场比价始终在激烈变动之中，不是银价持续不断地上涨，便是银价相对大幅度下跌，几乎没有相对稳定时期。大致说来，可以分为十一个时期：

1. 从顺治元年到康熙十三年(1644—1674 年)，这是清代第一个"银贵钱贱"时期。一两白银可以换到 1200 文、1300 文、1400 文、1500 文、2000 文，有时高达 2800 文、3300 文，最高时甚至达到 8000 文左右，这比道光朝、咸丰朝发生的"银贵钱贱"问题，还要严重得多。

2. 从康熙十四年到康熙二十九年(1675—1690 年)，这是清代第一个银价暴跌时期。此次银价变化先是大幅度上涨，接着是暴跌。1673 年，银价暴涨至 3000 余文，而后是持续不断的下跌，到 1684 年下跌至每两换钱 850 文，而后徘徊在 800—900 文之间。

3. 从康熙二十九年到康熙四十四年(1690—1705 年),这是清代第二个“银贵钱贱”时期。1690 年,云南市场上突然发生“千钱值银不三四钱”的现象,这种情况迅速影响到全国。1691 年,京畿“钱价益减,现在每千市价三钱二三分不等”局面,即一两白银换钱 3030—3125 文。

4. 从康熙四十五年到乾隆三十五年(1706—1770 年),此次银价下跌始于 1706 年,终于 1770 年,持续时间最久,长达六十五年,历经康熙、雍正和乾隆三个皇帝统治。银钱比价长时间徘徊在 700—900 文之间,最低时为五六百文,最高时在 1200 文。这是清代第二个“银贱钱贵”时期。

5. 从乾隆三十六年到嘉庆二年(1771—1797 年),这是清代第三次“银贵钱贱”时期。这一时期的银价上涨起于 1771 年,迄于 1797 年。在这二十七年间,也可以 1787 年为界,分为两个阶段。前一阶段有十七年,银价上涨得较为缓慢,参照的基点是此前的 800—900 文,上涨的幅度不大,每两白银合制钱大致在 900—1000 文之间。后一阶段有十年,于 1787 年银价突破 1000 文;1794 年,达到高峰,“库平纹银每两可易钱一千三四百文”。

6. 从嘉庆二年到嘉庆十年(1797—1805 年),历时不过八年,这是清代第三个银价下跌时期。此次银价暴跌与白莲教起义密切相关,大部分省区一两银价由“一千三四百文”下跌到 900 余文。

7. 从嘉庆十一年到咸丰三年(1806—1853 年),这是银钱市场比价长时期大幅度上涨时期。每两纹银价钱由 1000 文上涨至 2500—2600 文,这是清代第四个“银贵钱贱”时期。

8. 从咸丰四年到同治四年(1854—1865 年),每两纹银由价钱 2500—2600 文急剧下跌至 1200 文上下,这是清代出现的第四次“银贱钱贵”时期[1]。

9. 从同治五年到同治十一年(1866—1872 年),每两银价由战时的

---

〔1〕 所谓“银贱钱贵”,本书是指银两相对制钱升值,制钱相对银两贬值的一种趋势。关于这一时期银价暴跌的详细情况和原因,请参考拙作《论太平天国时期银价下落问题》,原载《近代史研究》1987 年第 6 期。

“一千一二百文”迅速增昂至1800文以上，这是清代第五个“银贵钱贱”时期，时间虽然短暂，上涨速度却很快。[1]

10. 从同治十二年到光绪三十年（1873—1904年），每两白银由1800文左右，日渐下落到“一千一二百文”。这是晚清第五个“银贱钱贵”时期。[2]

11. 从光绪三十一年到宣统三年（1905—1911年），每两银价由1100—1400文，急剧上涨至“一千八九百文”，或“二千数十文”。[3]这是清代第六个“银贵钱贱”时期。

上述银钱比价反复无常的大幅度变化，严重困扰着清代整个社会的经济生活，它不仅导致国际国内贸易严重紊乱，而且使清廷的财政收支也出现了严重混乱。清朝各级官吏借此机会，极力搜刮社会财富，欺上瞒下，贪污中饱，破坏王朝的财政制度，导致社会矛盾日益加深，到处引起社会骚动，不断加速着王朝的崩溃。那么，清王朝的各级官吏具体是怎样利用银钱比价的波动，上下其手，巧取豪夺呢？封建王朝的财政危机是如何产生的？吏治腐败与银钱比价波动有何关系呢？这些问题应当一一得到具体解释。

清代中后期地方官吏加赋加税的方法多种多样，有“赔款捐”、“规复捐”，又有“规复差徭”、“加收耗羡”等等，“名称虽异，实与加赋无大异”。[4]一般说来，这些不同项目的附加税限于临时性的局部摊派，影响不大。利用银钱比价的变化，通过不断调整赋税的征收比例来增加社会负担，借机贪污中饱，这是清代官吏司空见惯的手段，方法比较隐蔽，影响深远，很有时代特点。下面着重谈一下晚清官吏聚敛财富的手段。

---

〔1〕《略论同治中期银价增昂问题》，原载《河南大学学报》1988年第1期。

〔2〕《论光绪时期银价下落与币制改革》，原载《史学月刊》1988年第5期。

〔3〕《银价益涨州县赔累更深请仍改征银解银另收公费折》，载《政治官报》第552号。

〔4〕《江西州县征收丁漕困难情形折》，载《政治官报》第733号。《清史稿》卷121，中华书局，1986年，总第3543页。

二 “银贵钱贱”形势下官吏聚敛财富的手段

在“银贵钱贱”时期（这里指1806—1853年，1866—1872年，1905—1911年），清朝地方官吏逐渐认识到银钱市场比价之“权”，“非官吏所能操纵，亦非奸商所能把持”，是一种不可违抗的经济规律。为了按时完成清廷所规定的赋税定额，为了从中渔利，他们便以“征不敷解，州县赔累严重”为口实，采用以下两种方法增加赋税征收数额。

第一种，随着银钱市场比价向上波动，不断提高征收折色钱粮和商税的比例，这种方法叫“以市肆银价之涨落，定忙银折价之增减”。

1829年，河南银价每两换钱1400文，地方官征收钱粮，“如新郑、禹州、许州、灵宝等州县，每两竟折至大钱两千及两千三四百文，较之去年各加二百文之多。现在大河南北粮价尚贱，麦、米、豆仓斗每石不满两千，地方官任意折收，如临漳县，麦每石折大钱九千，米每石折大钱八千，豆每石折大钱七千，其余州县亦大略相同。”〔1〕

1844年，江西银价每两一千六百三十余文。农民完粮“皆以钱折”。例如，“新喻现行事例：每钱一两，柜收花户钱一千八百八十五文，除归外纸、饭、辛劳钱五十八文，实归官钱一千八百二十七文。”〔2〕这是说随着银钱比价的上涨，官方随时调高征收的比例。农民完纳钱粮也不是按照一两纹银换钱一千文的固定比例，不仅要按照银钱市价交纳钱粮，而且要交付各种名目的附加费。江西交纳赋税每两的附加费是255文，并不算高。

咸丰初年的河南，以“银贵钱贱”为由，官定米价每石折色征收白银

---

〔1〕 席裕福、沈师徐编：《皇朝政典类纂》卷27，田赋27，台北：文海出版社，1982年影印本，第4页a—b。

〔2〕 包世臣：《安吴四种》卷26，台北：文海出版社，1968年，第15页。

五两一钱，“计钱则十五千一石米”。[1]1865 年，江苏经曾国藩奏定，地丁银每两按市价 1400 文，加上 600 文的“办公费”，[2]共征收 2000 文；1871 年，每两纹银市场价格增昂至 1800 余文，地方政府立即将地丁银每两相应提高到 2400 文，以确保财政收入的绝对数量，而不考虑百姓是否能够承受。到了光绪末年，也就是晚清第三个“银贵钱贱”时期，各省更是纷纷加征钱文。江苏全省三十五州县曾多次联名列表胪陈赔累不支，办公经费拮据，要求按照银钱比价在市场上增昂的幅度，再加征制钱数百文作为办公费。[3]嘉定、宝山二县连同公费、脚费在内，每担漕粮征收制钱“八九千文”，远远超出平时标准。由此可以看出，农民靠出卖农产品所得到的钱文，用以交纳赋税的比例在“银贵钱贱”形势下是不断地加重，官府经过调整银钱比价之后，所获得的以白银为标准的财富不可能有丝毫的减少。这说明，在“银贵钱贱”形势下，通过随时提高对农民的征收比例，确保了封建政府对农民群众的最大限度掠夺。不过，在这里，我们似乎看不清地方官吏从中贪污的痕迹。

如果我们继续深入观察地方官吏改变征收比例的实况，那么，就会发现其贪污中饱的奥秘所在。例如，1865 年经清廷批准，湖北漕米每石折收制钱 3000 文左右，到了 1868 年，有漕州县随着市场上银价的上涨，不断向上大幅度提高漕价比例，“每石折收钱五六千，或七八千，或十二三千，或十五六千，竟有多至十八九千者；其征收本色，每石浮收米五六斗，或七八斗，或加倍收，竟有多至三石零者”。[4]再如，同一时期的山东，征解折色也是任意浮收，“随时加增，各处征漕原系下耗分别征收者居多，至武定一带（今惠民县）从前有每石折钱至二十余千，折银至七八两者。民间不免抗违，州县浮收过多，则巧称让耗于串票内，含混注写”。[5]很明显，这些任意增加的浮收不可能归入国库，也不可能积累于府库，而只能注入

---

〔1〕 李棠阶：《李文清公日记》卷 14，民国初年石印本。

〔2〕 各种名目的杂税合称。

〔3〕 《两江总督端方等奏州县征忙赔累仍请试办加征钱文折》，载《政治官报》第 71 号。

〔4〕 《道咸同光奏议》卷 34，台北：文海出版社，1969 年，第 1689 页。

〔5〕 丁宝桢：《查覆济阳县征收钱漕折》，《丁文诚公遗集》卷 1。

各级官吏的私人囊橐之中。

当然，上述情况是就一般而言，在实际征收时，地方官吏对于绅户和民户也不是平均摊派的。例如，同治时期江苏“江北漕价向有绅户、民户之别，又有城户、乡户之别。绅户每石有全不完者，有收二千余文者，有收三千余文者。官吏口恨而心德之，以绅户无多，而可以作垫欠之明证。乡户、民户则有收至六七千文者，甚有收至十五六千文者，低昂悬殊，骇人听闻。上司或责其浮收，则曰：‘我挹民户之有余，注绅户之不足也。’”〔1〕这一资料把官吏勾结地方绅士榨取农民的血汗，欺上瞒下，从中渔利的方法和借口揭露得淋漓尽致。“是十余年来，国家未加赋，而小民已苦倍征。从前之征收，州县皆有盈余，今则不堪赔累。是以每年于定价之外，皆逐渐加钱办理，稍有不善，贫民动辄轻生毁署戕官之案遂层见叠出。州县之进项皆钱，出项皆银，公私交迫，而多征少解之弊，亦相习成风”。〔2〕

第二种，强调征收制钱赔累不支，实行“征银解银”措施，这被称为“不居加赋之名，阴收加赋之利”。道光时期，“州县征收地丁钱粮，乡村农户无从得银，大都以钱折银完纳，不以钱合市价则官以征解为苦，如必按市价计算，即如定解银一两，耗银一钱，便须制线一千六七百文，加以火工解费，约计征银一两便应完制钱二千余文。朝廷正赋并未稍有加增，小民完交实已多至过半，缕丝斗粟，粜易维艰，勉力输将，盖藏已罄，是虽年谷顺成，而民困不苏”。〔3〕

一般说来，当银钱比价最初向上波动时，地方官吏主要采用调整提高征收银钱比价，来保证聚敛社会财富的绝对数量。但当银钱市场比价持续大幅度上涨时，地方官吏感到把握不住银钱比价上涨的势头，预测不到银价上涨的高低，而又不愿承担擅自加赋的责任，为了争取更大的机动性，他们便推行“征银解银”措施，拒绝接收农民上交的制钱，而勒收银

〔1〕丁日昌：《抚吴公牍》卷22，第638页。

〔2〕《工科掌印给事中奏为银贵钱贱课税不堪重赋请酌变银价事》，咸丰三年十一月十六日，录副奏折，档号：03－9507－060。

〔3〕《掌陕西道监察御史刘梦兰奏为京畿及各省地方银价过昂请严申海口一体严禁纹银出洋鸦片入关以平银价事》，道光十七年六月初三日，录副奏折，档号：03－9499－017。

两,以不变应万变。这种手法通行于道咸“银贵钱贱”时期,在第二、第三次“银贵钱贱”时期的中后阶段也出现类似的现象。

“商民完纳粮课,均须重价易银”,[1]也就是说当时的纳税者在出卖自己的产品之后,所得到的制钱还必须兑换成银两才能上交。例如,江苏的情况就是这样,曾国藩描写说:“收本色者少,收折色者多,即使漕粮或收本色,而帮费必须折银,地丁必须纳银。小民力田所得者,米也,持米以售钱,则米价苦贱而民怨;持钱以易银,则银价苦昂而民怨。东南产米大区,大率石米卖钱三千,自古迄今不甚悬远。昔日两银换钱一千,则石米得银三两;今日两银换钱二千,则石米仅得银一两五钱。昔日卖米三斗输一亩之课而有余,今日卖米六斗输一亩之课而不足。朝廷自守岁取之常,而小民暗加一倍之赋。”[2]同样的情况也可以在广西和湖南看到。广西“民间完纳钱粮必须易银投柜,银贵钱贱,较从前输纳之数,几加一倍”。湖南也因银价渐次上涨2000文以上,农民以钱易银完纳粮漕,暗增一倍之费。同治中期银价上涨到一定高度之后,江西、江苏、浙江、安徽、湖北等省也都相继提出了不收制钱,“改收银两”的请示,并且还得到了朝廷的批准。[3]宣统时期江西、江苏等省再次提出了类似要求。江苏巡抚陈启泰奏报说,州县赔累高于百仞,大县岁赔二三万串,小县岁赔一二万串,以致州县官员谈虎色变,“在任求去者数十县,言哀语切,声泪俱下”,要求征银解银。[4]

实行“征银解银”,表面看来只是为了避免州县官员的赔累,确保国家和地方的财政收入,究其实质则是为了最大限度地搜刮社会财富。因为在实际征收过程当中,地方官吏不仅对于银锭的成色进行苛刻的挑剔,而且还要加上折耗、运费等名目,每征地丁银一两,通常要提高到一两六七钱、一两七八钱不等。道咸时期人们曾经尖锐地指出,这种方法是“不

---

[1] 《河南布政使英棨奏请收鸦片烟税折》,《第二次鸦片战争》第1册,第412—413页。

[2] 曾国藩:《请陈民间疾苦疏》,《曾文正公全集》奏稿卷1。

[3] 《刘忠诚公(坤一)遗集》卷4,第16页。

[4] 《端方等奏宁苏两属上下忙改为征银解银另收公费折》,《政治官报》第359号。

居加赋之名，阴收加赋之利”；[1]宣统年间亦有人揭露，这种方法是“外无加赋之名，而内有加赋之实”。地方官吏对于农民征收赋税，不要制钱铜元，不要官票钱钞，专门勒收银元，所收银元又以成色不足为借口，每枚银元必短作三四百文，或五六百文，丝毫不顾及农民的承受能力。清朝中央政府也深知其弊，承认“州县征解未免暗中亏折，而又不能于定价之外以取盈，于是不收铜元，专收银元。复将银元亏折钱价，往返扣折，强抑勒索在所不免”。[2]清廷对此无可奈何，只好听之任之。

三 “银贱钱贵”形势下官吏聚敛财富的手段

在“银贱钱贵”时期（即1854—1865年，1873—1904年），晚清各级地方政权一般采用固定“银贵钱贱”时期的征收比例，强调征收制钱，对农民实行最大限额的剥削。太平天国战争时期，每两银价由2600文急剧下跌至“一千一二百文”，而后在“一千三四百文”上下徘徊。各省州县征收地丁一般仍按银贵时的水平强迫农民交纳制钱。1864年，浙江银价已经下跌到1200文，而地方政府仍以“二千八九百文，或三四千文”的比例强制浙东八府征收赋税。1904年以前，银钱市场比价徐徐下落，而官定银钱征收比价却长期不变，“不随市价升降”。四川银价每两落至1200文以下，而征收比例“仍以二千文算纳”。[3]1898年的江苏，每两银价已经跌至1200文，而地丁折色仍按每两白银兑换2000文制钱的比例征收。根据官员奏报，这种情形，“凡折征省分皆是”。军机大臣礼亲王世铎经过查阅各省档册，表示承认。“从前银价甚昂，折钱较多，而民不为累。今则银价日贱，折钱照旧，而民已不堪。臣部检查档案，如江苏每银一两

〔1〕 汤成烈：《治赋篇》，葛士浚编：《皇朝经世文续编》卷34，第9页。

〔2〕 《度支部奏遵议御史萧丙炎奏各省丁漕未能持平请严加整顿折》，《政治官报》第858号。

〔3〕 《清代四川财政史料》上册，第575页。

折钱二千文，河南折钱二千五六百文，江西折钱二千五百八十二文，山东折京制钱四千八百文（京钱每二文约合一文制钱——笔者注）。至征收漕粮，每石折钱三千四百余文及三千七百余文不等。按之时价，均属大相悬殊。此外无确数可稽者，参以人言，每系折钱完纳，比较时价，总不免有浮多。且浮多之数互有不同。不惟此省与彼省不同，即一省之中亦复有不尽相同。此丁漕钱数折合银两各省参差不齐之情形也。"[1]如此等等，都说明在"银贱钱贵"时期，地方官吏聚敛的社会财富总量较之"银贵钱贱"时期有增而无减，农民所付出的劳动血汗比以往更多更严重。

总之，可以这样说，在"银贱钱贵"时期，各地官吏采用固定银钱比价的高比例办法，可以获取"倍取于民"的实惠，而很少有人再喊"赔累"。然而，按高比例交纳制钱的农民负担更加沉重，苦不堪言，闹漕抗粮事件往往因此而起。

四　贪污与吏治腐败

从以上叙述可以看出，无论是"银贵钱贱"，还是"银贱钱贵"，地方官吏所搜刮的社会财富总量总是有增而无减。统计资料表明，1838 年道光末年各地上交中央的丁粮钱漕等项赋税正额约为 3280 余万两白银，与极盛时期的乾隆末年的 2990 余万两相比，超额 290 余万两。太平天国时期，由于战乱等原因，赋额锐减。不过，在"同治中兴"之后，尽管出现了有利于官府征收的条件，然而正赋税额始终没有恢复到战前的水平，1885—1904 年每年丁银平均不超过 2300 万两。正赋亏额每年几百万两，农民手中的劳动果实又被罗掘一空，社会财富到哪里去了？明眼人一语破的："财既不在国，又不在民，大率为贪官墨吏所侵蚀。""取之于民，其

〔1〕 中国人民银行总行参事室金融史料组编：《中国近代货币史资料》第一辑，下册，第586 页。

浮收之数反倍多于正供，以闾阎奉公之款，徒供吏胥侵蚀之资，积弊相仍，牢不可破。"[1]

晚清社会贪污中饱是司空见惯的事实。"三年清知府，十万雪花银"，大小官吏无事不索贿，无官不贪污。具体说来，地方官吏贪污手法多种多样，有报灾报荒不实，要求大量蠲免的；有诡称挪作他用，延宕不交，征税留存不解者；而借口"征不敷解"、"捏作完欠"则是最常见的手法。所谓"征不敷解"是指征收到的制钱，由于银价增昂，完不成原来应当上交的定额；所谓"捏作完欠"，则是强调各种原因，难于完成定额的亏欠。例如，道光时期，全国累计地丁亏欠高达9084900两白银。[2]这种情况越往后越严重。光绪初年，户部奏称："累计近年赋税短征，以安徽及江苏之江宁为最，苏州、江西次之，河南又次之。多者所收不及五分，少者亦亏一二分不等。"[3]这样一来，经过各级地方政府的扣留、贪污之后，实际交到中央的丁银自然大大减少。清朝中央政府对于上述弊端早已察觉，也曾试图加以纠正革除，但由于晚清国家机器的各个环节已经严重锈腐，无不归于失败。"终清之世，诸弊卒未能尽革"，不过是一种委婉的说法。

由于地丁漕粮等正赋收入大量减少，必然造成财政的亏空，财政支出自然日形困难，左支右绌，捉襟见肘，难于支持。幸亏晚清海关税收和厘金多多少少可以弥补财政上的严重亏欠，不然的话，仅仅靠日渐缩小的田赋收入，维持日益膨胀的王朝开支，恐怕后果早已不堪设想了。在晚清"银贵钱贱"形势下，封建地方政权只注意赋税收入的绝对数量，官吏只知道贪污中饱，毫不顾及农民的生产生活，这种最大限度的剥削完全是杀鸡取卵式的掠夺。沉重的国家赋税定额，加上巨大的官吏贪污数额，势必摧毁小生产者的生产热情，打断农民再生产的过程，破坏社会的稳定。贪

[1] 中国人民银行总行参事室金融史料组编：《中国近代货币史资料》第一辑，下册，第586页。

[2] 转引自《鸦片战后十年间银贵钱贱波动下的中国经济与阶级关系》，《历史研究》1961年第6期。

[3] 《清史稿》卷121，志96，中华书局，1986年，总第3542页。

污不仅如此,还严重败坏着政府的声誉,动摇着统治基础。晚清吏治的腐败,固然因其没落阶级统治的腐败性决定,同时也有许多社会原因。在各种复杂的原因之中,银钱比价的波动所引起的经济生活的混乱,进而引起的严重贪污风气,也起了一定作用,这主要通过以下两个方面具体表现出来。

其一,银钱比价的波动,迫使清政府根据市场的变化,随时调整征收丁银与制钱的货币比价。银钱比价的不断变化打乱了正常税收制度,这就容易引起混乱,为官吏贪污中饱留下了可乘之机。贪官们总是通过比价的调整,选择最有利的纳税方式和手段,以便最大限度地榨取社会各阶层的财富。当“银贵钱贱”时,无论是提高征收比例,还是勒征白银,都可以保证其对于社会财富的最大限度掠夺;当“银贱钱贵”时,千方百计固定银钱比价高涨时的比例,向纳税人勒收制钱,也可以相对满足其对财富的贪婪需求。对于上级国家机关,贪官们又编造种种谎言,强调征收工作的困难,夸大征不敷解,赔累不支的严重程度,大肆侵吞贪污。如此欺上瞒下,公开贪污中饱,严重败坏了官场风气,促使吏治更加腐败。

其二,银钱比价波动造成的财政危机和贪污导致的财政亏空,又迫使清政府大力推行“捐纳”措施,力求搜罗官吏、商人和地主阶级知识分子手中的白银,借以弥补国库的空虚。据户部统计,1843—1850 年,报捐人数高达 62068 人,捐纳银两共计 6734874 两。[1]太平天国时期,为了筹集镇压农民起义的军费,清政府一再降低捐纳标准,招诱报捐人员,通过招诱报捐掠取财富,来为腐败的统治肌体注射强心剂,这种捐纳制度直到清末不废。道光末年有人分析说:“凡殷实之民情愿报效者不及什之三。而外官子弟亲戚及其幕友之报捐者不可胜计。”当时捐班而为道府州县官员者,“已居天下十分之半”。之所以有大批的暴发户愿意捐款加入官员的行列,就在于他们认定当官是致富的捷径,“以官阶为利薮”。权力虽然不能直接满足人们的生物要求,但它可以支配满足人们需求的物质

〔1〕《道光朝捐监之统计》,载《社会科学杂志》第 2 卷第 4 期,1931 年 12 月。道光皇帝统治的三十年间,全国捐监人数为 315825 人,捐银总额高达 33886630 两。参考汤象龙著:《中国近代财政经济史论文选》,成都:西南财经大学出版社,1987 年,第 43 页。

资料，有了权力，就有了财富；有了财富，就有了行贿的资本；有了金钱，就可以平步青云。根据文献记载，这些捐输得官的人，身坐堂上，手伸民间，“自认为捐班，而以为贪婪之数皆其分所应得者”。不贪不占，当官何用。贪污所得，一部分拿去孝敬长官，一旦被人告发受到追查，由于大家都不干净，问案者生怕拔起萝卜带起泥，或阴纵之使去，或累逮而不治，或批驳以相延，或蒙混以幸免，生怕触动“护官符”。捐输虽可以暂时弥补国帑空虚，却又导致吏治更加腐败，使贪污更加严重，由此形成恶性循环。贪风不禁，吏治更加腐败。

小　结

综上所述可知，晚清银钱比价的波动，极大地搅扰着中国社会的经济生活，不仅使国际国内贸易受到严重影响，而且导致了财政制度的破坏，财政收支的混乱又直接影响到政治生活。在银钱比价激烈波动下，农民阶级承受了最大的打击。各级地方官吏则利用银钱比价带来的经济混乱，借机贪污中饱，聚敛社会财富，欺上瞒下，使吏治更趋腐败。由于吏治腐败，贪污索贿成风，一发不可收拾，不仅使王朝的赋额日益减少，财政危机不断加重，而且使各种社会矛盾日益激化，破坏了社会的稳定。所以，银钱比价波动对于晚清经济生活、政治生活都有相当大的影响。

第十三章　清代货币数量学说与银钱比价波动

自1644年马上得天下始，到1911年被颠覆止，在清王朝统治的二百六十七年间，银钱比价几乎没有稳定时期。除了由于战争等原因引起的暴跌与暴涨外，银价不是持续不断地上涨，便是大幅度地下跌。银钱比价的这种激烈波动极大地困扰着当时的整个社会经济生活，必然引起朝野上下各阶层人民的广泛关注。清朝的理财家、经世派的学者、洋务派的官员与维新派的人士，在不同时期从不同角度对导致银钱比价波动的原因进行过认真的考察和分析。由于他们中间的大多数人像英国古典经济学家休谟那样，仅仅看到了货币的流通手段和支付手段职能，而忽视了以贵金属为材料的货币的内在价值，既不懂得货币作为价值尺度的首要职能，也不了解金属货币的贮藏作用，总是以货币绝对数量的增减来思考和解释货币的价值和商品价格的变化。这样根本不可能找到问题的真正症结，所提供的各种救济方案和相应采取的措施，自然很少能产生预期的效果。

按照货币数量的增减来解释货币价值和商品价格的变化是一种错误的货币理论。这种理论是马克思在他的《政治经济学批判》和《资本论》等著作中重点批判的对象，也是当代中国政治经济学否定的东西。然而，货币数量学说在中国近代历史学中尚未得到应有的批判和彻底的纠正，在所有有关近代货币的论著中几乎毫无例外地沿袭着这种错误观点，依旧用货币数量的增减来描述清代银钱比价的波动，这实在是一件令人遗憾的事情。为此，有必要对清代社会流行的“货币数量说”进行简略的叙述和批判，以便澄清由此引起的种种误解，清除人们头脑里的错误观念。

一　清代前期的货币数量学说

1673年，银价暴涨至3000余文，而后是持续不断的下跌，到1684年下跌至每两换钱850文，而后徘徊在800—900文，直到1691年银价才再次出现大幅度增长，此次“银贱钱贵”前后持续了十六年。关于此次银价下跌的原因，钱法侍郎陈廷敬的看法具有一定代表性。1684年，他建议改制小钱说：“今日民间所不便者，莫过于钱价甚贵。定制每钱一千，值银一两。今则每银一两仅得钱八九百文。其故由于制钱之少。夫国家岁岁制钱，宜乎钱日多而贱，今乃日少而贵。盖因奸宄不法毁钱作铜，以牟厚利之所致耳。夫销毁制钱，著之律令，其罪至重。然而不能禁止者，厚利之所在故也。今铜价每斤值银一钱四五分，计银一两仅买铜七斤有余。而毁钱一千，得铜八斤十二两，即以今日极贵之钱，用银一两所换之钱，可毁铜至十余斤者乎？铜价既贵，奸人争毁制钱以为射利之捷径。鼓铸之数有限，销毁之途径无穷，安得不日少而日贵乎？苟不因时变通，其将无所底止矣。”〔1〕

发生在1706—1770年的“银贱钱贵”，持续时间最久，长达六十五年，历经康熙、雍正和乾隆三个皇帝统治。银钱比价长时间徘徊在700—900文，最低时为五六百文，最高时在1200文以上。

闽浙总督郝玉麟认为，“物多则价贱，物少则价贵。”制钱之所以价格昂贵，在于钱文数量不足，“欲求钱价平减，必须钱文充裕。惟有照前鼓铸。”〔2〕正白旗蒙古参领四十七也认为：“钱贵由于钱少，而钱少由于私

〔1〕 陈廷敬：《制钱销毁滋弊疏》，康熙二十三年八月十七日，《午亭文编》卷30。

〔2〕 《闽浙总督郝玉麟奏为浙江钱价过昂请开炉鼓铸钱文事》，乾隆四年三月十八日，朱批奏折，档号：03－01－35－1229－014。

毁、囤积者之多。”[1]他接着猜测道：“何以见其销毁之弊也？京城制造黄铜器皿匠户不下几百铺，而铜自设官买运以来，并未见有商人贩铜到京售卖者，若非销毁制钱，则彼制器之铜何所从出？即人家旧碎铜器出卖，其为铜几何，安能以有限之废铜供无穷之制造？况制钱每年鼓铸，而今顺治、康熙时钱已皆不见于京城，即雍正时钱近亦觉其甚少，若非销毁，未必尽关转运外省之故也。”[2]为此，他建议控制市场，限制黄铜等各种器皿的价格，“每斤定价银一钱八分”，以为这样就可以杜绝销毁。

在雍正皇帝看来，钱价昂贵由于钱少，钱少是民间毁钱铸器造成的。为了保障铸造制钱的铜源，为了抑制铜价，雍正皇帝屡颁谕旨，禁止藏匿、私用，“务令法在必行，事期有济”。1726年(雍正四年)，再严官民使用铜器之令，规定除三品以上官员准用铜器外，其余人等一概不许使用铜器，要求在三年内，官民人等应将黄铜器具全部呈报官府，按价收购。1727年，严禁铺户铸造黄铜器具，违者，要求照例治罪。是年，进一步限制铜器的使用范围，规定除了一品官员外，其余官民人等一概不得使用铜器。1735年(雍正十三年)，进一步规定，各地铺户不得将黄铜器皿充作白铜和古器货卖，所有黄铜器皿限制在一年全部缴官收买，限满不交，照私卖黄铜器皿例治罪。这些措施都是为了保障制钱流通的绝对数量。

乾隆中期银价开始缓慢上涨，到1797年为止，持续时间二十七年之久。银钱比价由每两八九百文上涨至一千三四百文，于乾隆末年引起朝野热烈讨论。1791年，江苏巡抚长麟奏请调剂本省市集钱价。在他看来，钱价下跌是“银少钱多”造成的，乾隆皇帝表示完全认同。谕令指出：“该省现在钱价过贱，诸物未免增昂。推原其故，自因银少钱多，以致钱价日贱，物价愈昂。朕即想及该省暂停鼓铸，自可调剂得宜……本日复与军机大臣讲求，推原该抚所称：将江省各营兵饷暂以银两散放，并请来春暂缓开炉一节，系为一时调剂起见，与朕初意相合。看来长麟于地方事务

[1] 《正白旗蒙古参领四十七奏报铜价日昂请禁囤积事》，乾隆三年五月二十九日，录副奏折，档号：03-0768-017。

[2] 同上。

尚能留心,应照所请办理。"[1]

通过以上叙述,我们看到,清朝君臣一致认为,货币数量少则价值贵,货币数量多价值贱。这种货币数量学说与西方流行的货币数量学说有所不同。西方的货币数量说,强调的是货币与物价之间的联系,最典型的是费雪的公式:MV = PT。它的意思是,货币(Money)数量乘以流通速度(Velocity)等于商品和服务的价格(Price)乘以其生产和销售的交易量(Transactic)。他们认为货币数量增加,而流通速度和交易量不变,那么商品和服务的价格就应该随着货币的增加而相应地上涨。中国的货币数量论者很少联系物价看问题,单纯强调货币自身数量的多少,认为"物多则贱,寡则贵"。制钱数量多了,制钱价格就会下跌;制钱数量少了,制钱价格就会提高。银两的高低价格变化,情况亦然。

二　鸦片战争前后"银贵钱贱"形势下的货币数量学说

1820 年每两银价上涨至 1300—1400 文,到 1850 年超过 2200 文,1854 年高达 2600 文以上。随着银价的飞速上涨,"银贵钱贱"便成为天朝社会经济生活的中心议题。最初,由于银价上涨幅度较小,人们只是从金属主义观点出发,认为银价日昂是由"官局制钱不能如式"和民间盛行私铸造成的,也就是说,制钱本身的减重和质量变劣(即含铜量减少)是银价相对增昂的原因。为此,清政府采取了许多措施来平抑银价,可是收效甚微。后来,人们感到制钱减重的因素远远不能抵偿银价上涨的幅度,于是开始把目光转向白银的数量,试图从中寻找出导致"银贵钱贱"的真实原因。

我们现在知道,最早用"白银外流说"来解释"银贵钱贱"的人是户部

---

[1] 《清高宗实录》卷 1389,乾隆五十六年十月庚申。

左侍郎苏楞额。他在1814年就认为,“银贵钱贱”由于银少,而银少则由于“洋钱”私易纹银出洋所造成。[1]1820年,经世派的著名学者包世臣更进一步指出,银价上涨由于鸦片走私偷漏白银。他说:“惟买食鸦片,则其银皆归外夷,每年国家正供并盐关各课不过四千万,而鸦片一项散银于外夷者,且倍差于正赋。夫银币周流不息。何以近来银价日高,市银日少?究厥漏卮,实由于此。”[2]这里已把“银贵钱贱”问题与国内白银绝对数量的减少联系在一起,显然是用货币数量的增减来解释货币价值的变化。

19世纪30年代,人们目睹鸦片烟毒流传日广,银价日益上涨,普遍认为鸦片偷漏白银是“银贵钱贱”的主要原因。这种看法特别是得到了林则徐、黄爵滋等人的肯定和宣传,遂成为一种不可怀疑的观点。林则徐认为:“银贵”在于鸦片输入引起国内大量白银外流,“银之所以贵者,无他,岁去五千万有数可稽,其以洋银入者不及一也。”又说,“鸦片流毒中华,每年外溢金银数千万,漏卮不塞,足以贫民。”[3]很明显,这是用国内白银绝对数量的减少来猜测银价的变化。黄爵滋在《严塞漏卮以培国本疏》中,同样也是按照货币的价值取决于货币的数量的观点思考问题的。他认为银价增昂与国内白银绝对数量的减少成反比例,指出:“近来银价递增,每银一两易制钱一千六百有零,非耗银于内地,实漏银于外夷也。”[4]

鸦片战后,从酣梦中惊醒的第一代中国知识分子,对于货币的价值究竟由什么来决定,几乎全然不懂。他们依旧沿袭自管子以来传统的中国货币数量学说,以为货币的价值取决于货币的绝对数量。侍读学士朱嶟应诏筹议“银贵钱贱”问题,尽管当时他已经意识到“银价日益贱”是一种

---

〔1〕 苏楞额说:“近年以来,夷商贿通洋行商人,藉护夷兵盘费为名,将内地足色银两私运出洋,复将低潮洋钱运进,任意欺蒙商贾,以致内地银两渐形短绌。”王先谦编:《东华续录》(嘉庆朝)卷27,第3页。

〔2〕 包世臣:《庚辰杂著二》,《安吴四种》卷26,同治壬申(1872)注经堂重刻本。

〔3〕 林则徐:《复邵蕙西中翰书》,《云左山房文钞》。

〔4〕 《黄少司寇奏疏》,《第二次鸦片战争》第1册,第464页。

“自然之势”，却不懂得商品经济发展到一定程度后，贵金属在货币流通领域排斥不太贵重的金属。他认为银贵由于“银之日趋于少”，建议用调剂铸币的数量的办法来限制银价的增昂，指出：“物贱由乎钱少，少则重，重则加铸而散之使轻；物贵由乎钱多，多则轻，轻则作法而敛之使重。一轻一重，张弛在官，而权操于上。”[1]这段话是道光时期人们观察和解释货币价值变化的最为流行的观点，也是清政府调整货币比价的基本理论依据。这种货币价值观点与生活在2500年前管仲的货币思想相比，如出一辙，并无任何发展。[2]

关于货币价值的解说，鸦片战后相当长一段时间内，不仅一般人囿于传统的观点，就连思想界的重要代表人物和多年潜心货币问题的专家，也都未能突破货币数量观点。魏源是鸦片战后中国思想界的泰斗，思想方面有很多建树，在货币问题上也有一些独到的见解，但关于货币价值由什么来决定，他也没有找到正确的答案。在他看来，任何一种物品的价格都取决于数量的多少，货币作为一种特殊“物”（特殊的商品）也毫不例外。假如黄金的生产数量达到与土同样多的程度，那么金与土就可以以同等的价格相交换，[3]贵金属的价格高昂是因为数量的相对稀少。基于这种认识，很自然地推出银贵由于银少的结论，“使无鸦片之毒，则外洋之银有入无出，中国之银且日贱”。[4]显然，他也不知道货币价值的大小是由物化在其中的社会必要劳动量来决定的。

许楣作为一个货币学专家，在道咸时期是反对王鎏的代表人物，影响很大[5]。1846年他写成《钞币论》，专门批驳货币名目主义者王鎏的观点，对于货币流通，提出了不少正确看法。关于货币的价值，他认为，与其

---

〔1〕《清史稿》卷421，列传208，第12157页。

〔2〕管子曰：“夫物多则贱，寡则贵；散则轻，聚则重。人君知其然，故视国之羡不足而御其财物。”《管子·国蓄》，见《诸子集成》卷22，第261页。

〔3〕魏源说：“使黄金满天下多于土，则金土易价矣。”又说：“及至汉世，金无耗减，惟恐过多则贱，矿无事于采。”《元史新编·食货志》卷87。

〔4〕魏源：《筹海篇四》，《海国图志》卷1，道光丁未（1847）古微堂刻本。

〔5〕许楣（1797—1870），字辛木，浙江海宁人。道光进士，曾任户部主事，后因病回家，从事著述。

他物品一样，贵贱是由它的绝对数量来决定的。按照“物多则贱，少则贵”的观点，他分析指出：“天下之物，惟有尽故贵，无尽故贱。淘沙以取金，金有尽而沙无尽也；凿石以出银，银有尽而石无尽也。天下之至无尽者莫如土，烧土以为甓，范其文曰一两，人必不以当金当银。”[1]对于鸦片战争时期的“银贵钱贱”问题，他具体分析说：“银贵，一事也；钱贱，一事也。”“泉府充溢，贯朽沉积，而银不加多，是谓钱贱而银贵。”这是说，在银的绝对数量不变的情况下，由于制钱数量的增多，导致钱价下跌，银价因而相对增昂，这叫做“钱贱而银贵”；相反，在制钱数量不变的情况下，由白银绝对数量减少而引起的银价增值，钱价相对下跌，叫做“银贵而钱贱”。根据这种看法，他认为当时的“银贵钱贱”主要是白银外流，绝对数量的减少造成的。

从以上的简单叙述中可以看出，道光时期人们一致认为“银贵钱贱”是由白银绝对数量的减少引起的，白银数量的减少是由鸦片大量走私造成的。

诚然，鸦片大量偷漏白银出境，使国内的白银绝对数量急剧减少，势必加重国内商品市场上对白银求大于供的矛盾，因而成为导致“银贵钱贱”的重要原因，这是无可辩驳的事实。但把白银绝对数量的减少看作是“银贵钱贱”的决定性原因则是错误的。货币价值的变化原因是十分复杂的，纵观清代银钱比价和白银输入输出的变化，我们发现，白银的价值并不一定随着国内白银数量的增减而发生相应的变化。撇开人们已经公认的光绪时期国内银价跌落受到国际市场上银价大跌落的影响之外，乾隆、嘉庆时期的全国性银价上涨便是在白银大量流入情况下发生的。[2]太平天国时期的全国性银价暴跌也恰恰发生在鸦片输入量急剧增加，白银继续滔滔不绝流出的情况下。[3]这些事实证明：货币价值的变化与国内白银绝对数量的增减并无必然的联系，所以用

---

〔1〕《钞币条论第一》，参见盛康编：《皇朝经世文续编》卷60，第42页。

〔2〕王宏斌：《乾嘉时期银贵钱贱问题探源》，《中国社会经济史研究》1987年第3期。

〔3〕王宏斌：《论太平天国时期银价下跌问题》，《近代史研究》1987年第6期。

白银绝对数量的减少无法揭示“银贵钱贱”的真正奥秘。采用科学的方法，实事求是地研究“银贵钱贱”的资料，就会发现，首先是国际市场上“洋铜”（从日本和东南亚国家购入的铜斤）价格的下跌，也就是铸造制钱的主要金属材料的价格的跌落起着重要作用；[1]其次是当时商品经济有了较大发展，货币流通领域里出现了白银排挤制钱，向银本位过渡的趋势，社会对白银与制钱的不同需求从而影响了二者比价的变化；复次，鸦片偷漏白银，使国内白银流通数量紧缩，加剧了社会原已发生的供求矛盾，间接地影响着银钱比价的变化。上述三种因素相互影响，相互促进，共同导致了银价上涨的幅度，所以，不能把鸦片偷漏白银（也就是白银数量的减少）视为当时“银贵钱贱”的唯一的决定性因素。

鸦片战争前后，人们在分析“银贵钱贱”时，大都是从货币数量出发的。他们把“物多则贱，寡则贵”视为一种法则，把“银少则贵，钱多则贱”奉为铁律，[2]不加怀疑。他们不考虑白银作为货币的内在价值，不懂得货币的价值取决于物化在其中的社会必要劳动量，也不考虑商品市场上供求矛盾的变化，更不了解商品经济发展到一定程度后，必然产生贵重金属排挤不太贵重金属的现象。他们的基本看法应当归属于货币学上的“货币数量说”。

三　太平天国时期银价暴跌形势下的货币数量学说

1854 年，全国大部分省区的银钱比价已经上涨至 2500—2600 文，或

---

〔1〕 乾隆中期 100 斤“洋铜”价银十七两五钱，嘉庆时期一度跌到十二两，道光时期为十三两五钱。参见《清会典》卷 218，钱法；中山大学中国近现代史教研室编：《林则徐集》上册，中华书局，1965 年，第 217 页。

〔2〕 中国人民银行总行参事室金融史料组编：《中国近代货币史资料》第一辑，上册，第 145 页。

2700—2800 文,有的省区一度高达 3000 文。[1]然后发生突然变化,银钱比价大幅度暴跌,富庶的江浙地区在短短三年时间内,每两白银的价格跌至 1100—1200 文;湖南、湖北等省同时亦猛然跌至 1400—1500 文,与原来的 2500—2600 文相比,跌落了 1000 余文;其他各省亦都处在一片银价暴跌的惊呼声中。这种情况一直持续到太平天国等农民战争结束为止。银价的这次暴跌对于当时社会各阶层的震动都是十分强烈的,此所谓"旦夕顿异,万姓骇然"。很多人都认为,银价暴跌是一种变化莫测的力量造成的,"非商人所能操纵,非国家所能控制",对导致银钱比价突然变化的原因感到困惑不解。

当然,也有个别人试图揭破这次银价暴跌的谜底。1857 年 8 月,浙江大儒李慈铭在他的国事日记中记载了当地"番钱"与制钱的比价下跌情况后,分析说:"大军(指清军)驻江南,浙省为外府,税银尽以给军,而即变价易钱于浙中,及内发帑银者亦然。又,铜钱极少,估舶多有私载铜钱出海及潜销为器物者。"于是"铜贵而金银俱贱矣"。[2]这是说,白银数量在当地相对增加和制钱流通总量的减少是这次"银贱钱贵"的基本原因。同年 11 月,多年潜心研究货币问题的兵部左侍郎王茂荫亦上奏指出:"江浙银价向来每两换制钱二千有零,自英人收买制钱,钱即涌贵。以银易钱之数渐减至半,现在每两仅易制钱一千一百余文。兵民交困,而洋人竟据为利薮。"[3]李、王二人所提出的银价暴跌原因可以归结为一条,即外国人在华收买制钱和民间潜销制钱为器,使国内制钱的绝对数量减少,从而导致钱价增昂,银价相对贬值。一言以蔽之,制钱数量的减少决定了银钱比价的变化,"钱贵而银贱"。非常明显,这也是从货币的绝对数量大小来推测货币价值变化的。

---

[1] 陕西每两银可兑换 3000 文,河南可易 2700—3000 文。中国人民银行总行参事室金融史料组编:《中国近代货币史资料》第一辑,上册,第 183 页。

[2] "番钱",即西班牙银元。按每元相当于 0.72 两纹银推算,每两银价为 1351—1385 文。又因银元比银两略有升水,可以断定银价当在 1300 文左右。《越缦堂国事日记》第 1 册,台北:文海出版社影印本,第 66 页。

[3] 贾桢纂:《筹办夷务始末》(咸丰朝)卷 17,中华书局,1979 年,第 594 页。

与李、王二人观点相近，冯桂芬认为，太平天国时期银价暴跌是由白银在国内绝对数量的增多引起的。他说："咸丰五年，泰西诸国大水，桑尽仆，中华丝市骤盛，一年中卖丝到六七千万两，各货及鸦片不足抵，则运银偿之，银遂骤贱，以迄于今。"[1]这是说，由于自然灾害的原因，西方的生丝生产受到了严重破坏，中国的生丝于是大批进入世界市场，西方输入中国的货物总值（包括鸦片价值在内）不能与中国出口的生丝价值相抵，大批白银因而注入中国。白银在华绝对数量的增加，决定了它自身价值的相对下跌。事实上这也是一种错误的推断。

五口通商时期，由于海关管理混乱，没有留下中国出口茶丝值的精确统计。现在我们知道，在太平军攻占了南京、苏州、杭州等重要丝织业城市之后，织工与业主四散逃命，数万架织机突然停歇，大量生丝不能进入织造厂，被迫抛向国外市场，生丝出口在咸丰年间突然增加，这就是冯桂芬所看到的"中华丝市骤盛"。但须注意，同一时期，鸦片走私贸易更加猖獗，西方的各种工业产品也在中国极力扩大市场，外国的输华货值（包括鸦片价值在内）也在急剧增加。根据目前所掌握的有关茶丝和鸦片的统计资料，按照当时市场价格加以推算，可以得知：约占中国出口总值90%左右的茶丝值，与占西方输华货值40%左右的鸦片值相比，在太平天国存在的十六年内，只有三年的茶丝值略大于鸦片走私值。如果加上西方的输华工业品价值，可以断然否定，太平天国时期有大量白银进入中国的说法。[2]在白银并无入超的情况下，以白银绝对数量的增加来说明当时银钱比价的变化，当然是靠不住的。

至于太平天国时期制钱流通数量是否减少，笔者在《论太平天国时期银价下跌问题》中已经作了分析，认为制钱数量并无大的变化，它不是银钱比价变化的决定因素，我们无须就事实方面在此详加讨论。这里需要指出的是，李慈铭、王茂荫和冯桂芬等人，对于太平天国时期银价下跌问题的探索是建立在假想基础上的。他们从货币流通的现象来推测货币

[1] 冯桂芬：《显志堂稿》卷11，光绪二年（1876）校邠庐刻本，第30页。

[2] 王宏斌：《论太平天国时期银价下跌问题》，《近代史研究》1987年第6期。

数量的增减，又由货币数量的增减说明货币价值的变化。他们既没有深入研究在动乱年代货币运动的特殊规律，也没有考虑货币的价值取决于它所体现的劳动量，更没有考察战争时期由于商品经济的破坏，人们对货币供求的变化。由此得出的论断必然与事实有很大的距离。

四　清末银贵形势下的货币数量观点

1865 年，随着太平军、捻军以及其他各地农民斗争的失败，清朝又恢复了它对全国的统治。政治动乱局面结束，社会经济复苏，商品经济日趋繁荣，使同治中期又出现了银价上涨的势头。尽管这次银价上涨时间较短（只有六年），上涨幅度不及 1854 年前，全国主要省区上涨至 1800 余文，比战时高 400—500 文，也受到了朝野人士的密切关注。不过经历了先前银价大起大落变化的人们，只是觉得“银钱交易，贵贱时殊”，不能操纵，无法解释，茫然不知所措，很少有人去认真探索这次银价上涨的原因。清朝的官员们也提不出对付的策略，只能被动地随着银价上涨的幅度，来确定征粮纳税的比率。

光绪时期，世界白银产量急剧增长，发达国家相继改行金本位，白银的用途日渐减少，大批白银被抛向国际市场，白银的价格急剧下跌。日益卷入世界市场的中国自然遭受到猛烈冲击，货币流通领域里再度出现所谓“银贱钱贵”危机。关于这次银价的变化，当时许多人已经意识到这是世界白银价格下跌造成的，很少有人用货币数量观点来解释中国银钱比价的变化。

可是，到了 1905 年，中国货币流通领域内又发生了戏剧性的惊人变化，由先前的“银价日渐下跌”，一变而为“银价异常飞涨”，[1]随之而来

〔1〕《察哈尔都统庆勋奏应征厘改钱为银片》，光绪三十四年正月十三日，《政治官报》第 105 号。

的便是财政金融的空前混乱。几年之后，深深陷入“银贵钱贱”困窘中的爱新觉罗王朝便被政治革命的浪潮所吞没。清朝最后七年银价的上涨，就区域而言，尽管不是全国性的普遍上涨，但也波及到了经济比较发达的大部分省区；就银价上涨的幅度来看是不平衡的，江苏、江西、安徽、直隶上涨幅度最大，均由 1905 年前的“一千一二百文”，上涨至“二千数十文”；湖南、湖北、浙江、山东、察哈尔等处涨至“一千八九百文”；而甘肃、陕西、四川、河南等省则上涨幅度不大。银价在清末的飞速上涨像先前那样，也产生了强烈的社会震动，各级官吏政治心理上由此蒙受了严重损伤，纷纷要求辞官归里。人们在研究这次银价增昂的原因时，没有觉察到世界市场上银价暂时回升，也没有注意到对外贸易的巨大差额和巨额赔款所导致的国内银根紧缩。他们在看到机制铜元数量急剧增加的情况下，尽管已注意到制钱数量并无明显增加，却把“银贵钱贱”和银元相对铜元的升值归因于铜元数量的增加，几乎一致认为“银价之贵多由铜元充斥”。[1]

居于清末论坛重要地位的梁启超的观点最有代表性。梁启超接触了不少货币问题，发表了很多文章，几乎成为一个货币学专家，加之政治上的声名，他的观点影响很大。现在看来，梁启超的货币理论亦如其他思想那样，相当驳杂不纯。关于货币的价值，他说：“盖货币价值之腾落与物价之贵贱成反比，而货币流通额之多少又与价格之腾落成反比例。”[2]这是非常典型的货币数量观点。根据这种观点，他在《各省滥铸铜元小史》中分析说，铜元是祸国殃民的元凶，“其祸烈于洪水猛兽，而其惨过于凶荒兵燹”；“数千万人之财产生命与国家数百年所培养之元气”都被铜元所断送。在他看来，滥发铜元是清末银价上涨的根本原因。他说，铜元铸造之初，由于需求大于供给，铸造发行铜元有余利可图，各省督抚为了争夺余利纷纷向国外购置铸币机器和铜斤，“如饮狂泉，与影奔走”。“于光绪三十一年内，向外国购入铜二十五万七千担，铸成十七万万枚；明年，更购入铜七十四万九千担，铸成四十六万万余枚。于是供给远过于需要，

---

〔1〕 朱寿朋编：《光绪朝东华录》，光绪三十三年九月，第 5764 页。

〔2〕 梁启超：《管子传》，《饮冰室合集》第 28 册，中华书局，1989 年重印本，第 58 页。

而价值遂一落千丈矣”。[1]这是说,铜元发行量过大,导致了它的价值的下跌;铜元价格的下跌,又引起制钱价值的贬低,“钱贱而银贵”。这种观点不仅在清末相当流行,即使到了现在,有的论著仍持类似看法。

然而,认真考察一下清末铜元的发行情况,就会发现,铜元发行量尽管很大,尚未满足社会的总需求,因为在州县等较小的市镇中尚未普遍流通,它在流通过程中相对银元价值有所下跌,但还没有跌到它的金属价值实际水平之下,不存在铜元充斥问题;各省竞相购置“洋铜”并顺利发售铜元,亦说明铸造和发行铜元仍有余利可图,这在事实上证明铜元尚未满足社会对它的总需求。退一步说,即使是铜元的发行量已经超过了社会的总需求,它的多余部分也会像其他金属货币一样,会被拦蓄在货币的蓄水池中,它的价值的跌落自然是有限度的,至多贬到它的金属价值水平附近。再退一步说,铜元充斥只能影响其自身的价值,不可能导致制钱价值的变化。因为,铜元与制钱在流通过程中谁也不是谁的辅币,[2]二者的比价取决于它们的实际含铜量和社会的供求关系。确切地说,清末铜元与制钱相对于银元与银两的比价下跌是同时发生的,二者之间并不存在因果关系。银钱比价在清末波动的真实原因是,国际市场上银对金的比价短时期的相对升值,决定了中国货币流通领域里白银价格的回升,由此产生“银贵钱贱”和银元对于铜元的升值;同时,由于中国商品经济有所发展,导致了社会对白银需求量的不断增加,制钱作为交换媒介愈来愈不适应流通需要而遭到白银的排斥,供求矛盾在一定程度内影响了二者比价的变化;此外,对外贸易所出现的巨大差额和战争失败的巨额赔款使国内银根空前紧缩,势必加剧社会对白银的供求矛盾,也会多多少少影响银钱比价的变化。这三种因素的合力决定了白银价格的增昂和铜元、制钱价格的下跌。

清末人士在当时的历史条件下不能正确解释货币价值的变动,众口

---

[1] 梁启超:《各省滥铸铜元小史》,《饮冰室合集》文集二十一。

[2] 清政府在发行铜元之初,曾规定铜元一枚当制钱十文,但在进入流通渠道后上述规定形同虚设,在市场上铜元一枚只能兑换六文或七文制钱。

一词地把铜元与制钱价值的下跌归因于铜元数量的增加，令人不足为奇，因为他们没有接受过马克思主义货币学的基本训练，也不具备当代货币学的常识。不过，今天的一些论著仍然株守货币数量观点说明清末货币价值的变动，就不能不令人感到遗憾了。

五　清代货币数量学说批判

通过以上简单的叙述和分析，可以看出，关于货币价值由什么来决定的问题，清代人士的回答大多停留在货币数量的观点上，以为货币的价值取决于国内货币的绝对数量，认识水平依然停留在管子所生活的春秋时代。更为令人遗憾的是，这种传统的货币数量观点至今仍对科学地研究中国货币史起着障碍作用，干扰着人们的正常思维活动。在分析清代货币比价波动的原因时，人们还没有完全摆脱这种错误观念的纠缠。例如，在分析鸦片战争时期“银贵钱贱”问题时，几乎所有论著都把白银价值的上涨归因于国内白银绝对数量的减少。[1]人们为了证明白银数量不足与银价上涨的关系，花费很大的气力去搜集统计鸦片走私入境数量，用鸦片偷漏白银的严重程度来说明银价的上涨幅度。甚至有的人干脆用银钱比价上涨的幅度来反证白银绝对数量的减少程度。[2]很少有人从市场上“洋铜”价格的变化和国内商品市场发展需要来思考问题。这里我不是

---

〔1〕“外国侵略者把杀人的鸦片运到中国，抢走了中国以千万计的白银，就使中国社会愈来愈感到银荒的威胁。首先是因银子减少而引起银价高涨。”（林增平：《中国近代史》，第27页。）

〔2〕“从银之价格看，在道光以前每银一两易制钱1000文，道光初年每两易1200文，鸦片战前亦不过1600文。至咸丰时银价则更高，且成全国普遍的现象。此种现象即证明现银的缺少。”汤象龙：《中国近代财政经济史论文选》，西南财经大学出版社，1987年，第51页。

说搜集统计走私偷漏白银数量资料没有多大意义,[1]而是说这种方法对于研究和解释货币价值的变动没有多大帮助,错误的货币数量观点有可能把人们的理解力引入歧途。再如,人们在研究清末银价相对铜元、制钱升值问题时,既不注意国际市场上银价的相对回升,也不考虑中国对外贸易巨大差额和赔款造成的银荒对社会产生的压力,更不深入研究国内商品经济的发展程度和需要,像梁启超那样,把铜元的贬值归于其数量的增加,[2]甚至把制钱的贬值也归罪于铜元,当然是不正确的。乍一看来,已经接受了马克思货币理论的训练并按照马克思的货币原理分析货币问题的人,仍然沿袭传统的货币数量观点,解释货币价值的波动,显得有些荒唐。但在人类生活中,一种错误的理论一旦形成传统的观念,便会顽固地干扰人类的正确思维。这正像科学启蒙思想家培根所说的那样,"现在劫持着人类理解力并在其中扎下深根的假象和错误的概念,不仅围困着人们的心灵,以致真理不得其门而入,而且即使在得到门径以后,它们也还要在科学刚刚更新之际聚拢一起来搅扰我们"。[3]

今天,人们在分析金属货币问题时,既然尚未摆脱中国传统的货币数量学说的束缚,因而有必要就这个问题在理论上做进一步分析。

前边已经说过,货币的价值取决于货币数量的多少,是清代社会非常流行的观点。这种观点主要建立在"物多则贱,寡则贵"的认识基础之上。如果用 M 代表货币的数量(Money),用 P 代表货币的价格(Price),1 代表一种货币的总价值,则方程式为 $MP=1$。这个方程式既可以解释银价的变化,又可以解释钱价的增减,还可以解释银钱比价的变化。当白银的公式为 $M_1P_1=1$,制钱的公式为 $M_2P_2=1$ 时,便假定 P_1 与 P_2 之间的比

---

〔1〕 利用精确的鸦片走私统计资料,谴责英美鸦片贩子毒害中国人民的身心健康和破坏中国政府的财政收支是十分有力的,同样可以说明中国禁烟行动是正义的。

〔2〕 魏建猷在分析铜元价值下跌时说:"无限制的增铸,这是第一个重大因素。"(《中国近代货币史》,黄山书社,1986 年,第 138 页。)石毓符也说:"铜元无限制的铸发是产生各种严重问题的直接原因。"(《中国货币金融史略》,天津人民出版社,1984 年,第 107 页。)

〔3〕 【英】培根著,许宝骙译:《新工具》,商务印书馆,1984 年,1986 年第 2 次印刷本,第 18 页。

价应是1/1000,即一两白银兑换1000文制钱。这样当银价增加或减少时,自然会影响到制钱价格的高或低;当钱价增加或减少时,也会影响到银价的高或低。清代的银钱比价变化就是这样形成的,属于典型的中国货币数量说。

清代货币数量学说与英国古典经济学家休谟的看法非常近似而又有不同。休谟认为,货币的价值与商品的价格,是由货币的数量与商品数量之间的比例决定的。货币和商品的数量发生变化,货币的价值和商品的价格就会涨跌。即货币数量增加,商品价格腾贵;货币数量减少,商品价格下落;商品的数量增加,价格就会下跌;货币价值昂贵,商品价格下落;商品的数量减少,价格就会上涨,货币的价值就会贬低。他还认为,货币价值和商品价格不是取决于一国货币和商品的绝对数量,而是取决于实际进入流通的货币和商品的数量,贮藏不用的货币和保存不售的货物对商品的价格和货币的价值不发生作用。针对休谟的这种观点,马克思评论指出,休谟所考察的货币价值是贵金属本身发生革命时代(即价值尺度发生革命时代)。在这个时代,随着金属货币量的增加同时发生了商品价格的提高。休谟把片面观察到的事实不加批判地变成为"一般原理"。他的错误货币理论是建立在这样一种荒谬假设之上的:即在进入流通过程时,货币没有价值,商品也没有价格。然后在这个过程中,商品堆的一定部分同金属堆的相应部分交换,货币价值"是由它们自己的数量和商品数量之间的比例决定的,因为这两个数量是必定相抵的"。[1]按照这种假设,贵金属在进入流通之前是没有价值的,只是在流通过程中作为商品的代表获得了一个虚拟的价值量。

"货币数量理论的基本错误是把国内的社会需求同国内货币数量看成差别不大,或者混为一谈。但是,前者和后者不存在任何直接的比例关系。在一定的时期内,国内购买和出售总额通常超过一个国家所拥有货

[1] 【德】马克思著,中央编译局译:《政治经济学批判》,《马克思恩格斯全集》第13卷,第154页。

币额的数倍。"[1]因此,马克思一针见血地指出,休谟"完全不了解贵金属作为价值尺度的职能"。

清代货币数量论者与休谟相比,共同存在的错误是:他们都按照货币数量的多少解释货币价值的增加或减少,而不懂得货币价值是由物化在其中的社会必要劳动量来决定的,同时社会的供求关系也起着相当重要的作用;他们都忽视了货币作为价值尺度的首要职能,而不懂得作为货币材料的贵金属也是劳动产品,它们本身具有内在价值;他们都不真正了解货币贮藏手段的意义,而不懂得货币的贮藏会像蓄水池那样自发地调节流通中所需要的货币量,通过这种调节,流通中的金属货币数量不会发生过多的现象,因而不可能由此引起货币价值的跌落和商品价格的上涨。马克思针对货币数量论者一针见血地指出:"你们如果以为劳动和其他任何一种商品的价值归根到底仿佛是由供给和需求决定的,那你们完全就错了。供给和需求只调节着市场价格一时的变动。供给和需求可以说明为什么一种商品的市场价格会涨到它的价值以上或降到它的价值以下,但决不能说明这个价值本身。假定说,供给和需求是相互平衡的,或如经济学家所说,是相互抵消的。当这个相反的力量相等的时候,它们就相互抑制,而停止发生任何一方面的作用。"[2]

清代货币数量学说与休谟观点的不同之处,表现在以下三个方面:其一,休谟的货币数量观点建立在这样一种错误假设之上,即认为在进入流通过程之前,货币没有价值,商品也没有价格,然后通过流通过程,商品堆的一定部分同金属堆的相应部分交换。货币的价值取决于加入流通的货币数量和商品数量。而清代货币数量学说的理论前提是:"物多则贱,寡则贵。"即认为货币价值的大小取决于它自身的绝对数量的多少。白银和制钱的价值与其数量之间,存在着两种反比例关系。第一,白银与铜钱的价值决定于本身的数量。随着白银、铜钱数量的增大,其价格相应降

[1] 【俄】M. И. 杜冈巴拉诺夫斯基著,赵维良等译:《政治经济学原理》,北京:商务印书馆,1997 年,第 325 页。

[2] 【德】马克思:《工资价格和利润》,《马克思恩格斯选集》第 2 卷,北京:人民出版社,1972 年,第 167 页。

低;随着白银、铜钱数量的减少,其价格相应提高。第二,银两与钱文这两种货币之间构成反比例关系,银两数量增加,银价下跌,则引起钱贵;银两数量减少,银价上涨,则导致钱贱。同样推理,制钱数量增加,制钱价格降低,就会引起银贵;制钱数量减少,制钱价格提升,就会导致银贱。这种货币学说的错误在于,他们不懂得货币材料的多与少、贵与贱是通过劳动量的转化实现的,不懂得贵金属之所以贵,主要由于其自然蕴藏量相对稀少,人们开采时必须付出艰辛的劳动和较多的劳动时间。

其二,休谟在研究货币价值时,不仅考虑货币的数量,而且紧密联系商品的数量。在他看来,货币的价值不是取决于国内货币的绝对数量,而是取决于加入流通的货币和商品数量。清代货币数量论者在研究货币价值时,不是从商品价格的变化考虑货币价值的涨落,而是从两种货币的比价变化来解释货币价值的波动。不能使用足够的商品价格资料来考察货币价值,就很难判定货币价值是如何变化的,甚至在两种货币的比价发生变化时,搞不清究竟是哪一种货币价值变化引起的。在"银贵钱贱"时,不知道是由银贵引起钱贱,还是钱贱导致了银贵;在"银贱钱贵"形势下,通常搞不准究竟是银贱引起了钱贵,还是钱贵导致了银贱。

清代货币数量论者还认为货币的价值取决于国内货币的绝对数量。并且设想在商品市场上流通的银两与制钱之间应当存在着一个合适的固定的比例,即每一两银子可以兑换制钱一千文,超越或低于这个比例都是不正常的。银两与制钱之间比率的任何变化,都意味着其中一种或两种货币的数量发生了变化,与商品流通量的多或少没有直接关系。假定制钱的数量增加或减少,就意味着制钱价值的下跌或增昂,相应引起银价的上涨或下落;同样,白银在国内绝对数量的增加或减少,必然导致白银自身价值的贬值或升值,由此引起制钱价值的增昂或下跌。这在当时被称为"银贵钱贱",或"银贱钱贵"。因此,人们在寻找币值变化的原因时,要么考察铸发制钱的绝对数量增减情况,要么从白银的流入与流出中寻求答案,都是从货币的绝对数量变化思考问题。由于考察问题的方法是错误的,他们的努力总是徒劳的。

其三,清代货币数量论者与休谟都不懂得货币贮藏手段的职能,不知道贮藏的货币可以自发地调节商品流通中需要的货币量,不懂得多余的金属货币通过贮藏手段的调节一般不会引起贬值。他们的不同点在于:休谟认为不加入流通的货币是没有价值的(贮藏不用的货币没有价值);而清代货币数量论者则认为,贮藏的货币属于国内货币总量的一部分,贮藏货币数量的大小,影响着流通的供给和需求,贮藏货币是有价值的。不过,他们对货币贮藏的调节机能不甚了解,有的人还误以为货币的贮藏加剧了社会的供求矛盾,把它看成是影响货币价值的原因之一。例如,在分析鸦片战争前后的"银贵钱贱"问题时,有的人就误认为富商大贾藏银是当时银价升值的原因之一。

货币数量论盛行的原因在于它的简单和表面上与通用的价格理论相符合。任何人都不怀疑,市场价格取决于供求关系。价格的一般水平同样也应当取决于供求关系。但是,商品需求表现在什么地方呢?不是表现在别处,而正是表现在用于购买商品的货币上面。所出售的商品数额就是供应量。看来,由此得出的结论,货币数量理论主张:商品平均价格取决于所供应的商品数量和国家手中的货币数量。货币数量论者是这样思考问题的。好像在一个国家里,在规定的时刻里,全部货币一次用于购买商品,没有剩余。而商品也一样,在规定的时刻里一下子全部卖出去。例如,我们知道,携带一定货币数量的商人自远方而来,而这个国家的居民同样决定把他们全部的商品出卖给这个商人。在这种情况下,所出卖的商品一般价格水平,当然要用商人货币的数量除以商品数量得到的数额来确定。但是,试问所设想的这条途径,是否起码符合国民经济的实际条件呢?

小　结

由上观之,关于货币的价值,清代货币数量论者所提供的分析问题的方法是完全错误的。所以,他们不可能正确地揭示货币价值变化的真正奥秘。令人遗憾的是,这种古典的货币数量学说至今仍被沿袭,在许多论著中,依然采用这种错误的理论分析货币比价的波动,认为道光、咸丰时期银价上涨是由鸦片偷漏白银造成的;认为太平天国时期银价暴跌是制钱数量减少和大量白银输入的双重因素造成的;认为清末银价的增昂是铜元铸发过量造成的。我们并不否认,货币数量的增减在一定条件下会对货币的价值产生一定影响,因为货币本身也是一种特殊的商品。既然货币是一种特殊商品,就会受到供求关系的影响,当出现供大于求或求大于供的矛盾时,金属货币的价值就会受到一定影响。不过,这种影响是有限度的,金属货币的价值不可能低于它的金属的实际含量水平之下,所以它对货币价值的大幅度变化不起决定性作用。正是在这个意义上,我们在研究清代货币比价时,十分重视货币数量变化对社会供求矛盾的影响,肯定鸦片偷漏白银是"银贵钱贱"的重要原因之一,肯定清末"银荒"对银价上涨的影响,但明确说明,货币数量的增减对清代银钱比价的大幅度变化不起决定性作用。我们还明确肯定国际市场上贵金属价格的变化对国内货币比价的波动起着决定作用,因为国际市场上贵金属价格的变化通常表现出生产贵金属所花费的社会必要劳动时间发生了变化。同时我们还密切注视着与货币运动相关的商品经济的发展变化情况及其对货币流通的影响,把货币流通看成是一种复杂的运动,并透过货币比价的变化把握商品经济的发展水平和货币运动的方向。

当代一些史学家在分析清代货币比价变动的原因时,之所以囿于传统的货币数量学说,主要是因为他们的思维方法较为陈旧,没有从史料堆中站出来,受到了清代人士的思想影响。由于思考问题的方法不正确,在探寻货币比价变化的原因时,无论花费多大气力,寻找到多少有关货币数量的宝贵资料,对于正确回答货币价值变化的原因都无济于事。这里我想引用科学思想史上一位哲人的话作为本篇论文的结束语:"若是使用冒测的办法,纵使尽聚古往今来的一切智者,集合并传递其劳动,在科学方面也永远不会做出什么大的进步,因为在人心里早已造成的根本错误不是靠机能的精良和后来的补救所能治好的!"[1]

---

〔1〕【英】培根著,许宝骙译:《新工具》,第15页。

第十四章　货币名目主义与咸丰钞票发行始末

纸币作为单纯的价值符号，不是由它自身的使用价值所决定的，而是直接从金属货币流通或简单商品流通中产生出来的，它是商品经济发展到一定阶段的产物。作为象征性的价值符号，它是商品经济发展到一定阶段的产物。作为象征性的价值符号，它必须取得一定范围内商品所有者的认可，也就是说，必须取得法定存在而具有在社会上强制通行的效力。否则的话，它是很难在商品市场上顺利承担交换媒介任务的。纸币流通虽然直接由金属货币流通中产生，在社会发展到一定阶段时受金属货币流通规律所制约，但一经产生之后，就有了自己的特殊流通规律。除了信用货币属于社会商品生产过程的较高阶段受完全不同的规律支配之外，强制性流通的纸币在贵金属依法仍然充当主要价值尺度的地方，由于它刚刚从金属货币流通中脱胎出来，与母体还保持着较多的联系，它的流通较多地受到金属货币流通规律的影响。纸币流通既然有其内在的客观规律，在社会经济生活中人们只能认识它，顺应它，而不能戏弄它，违背它。古今中外许多历史事实证明：戏弄纸币流通规律者反被戏弄，违背流通规律者最终受其惩罚。

在中国，自从交子出现在北宋商品市场上之后，历代封建王朝都做过点纸成金的美梦，多次进行过推行纸币的尝试，企图通过这种手段而获取不匮之源，稳操“不资之富”，建立万世一系的基业。由于当时人们对于纸币流通规律尚未正确认识，由于封建政府发行纸币的主要目的不是考虑流通的需要，而是着眼于聚敛社会财富和摆脱面前的财政危机，所以总是滥制滥发难以兑换的纸币，导致通货膨胀，物价暴涨，市场混乱。物价暴涨、市场混乱又迫使当权者进一步增加货币投放量以维持财政需要，形成恶性循环，直到纸币变为一捆捆毫无价值的废纸，被迫退出流通渠道为止。两宋的交子、会子，金代的交钞，元明的宝钞，清朝的钞票无不因此而停废，概莫能外。探索这些纸币的发行和停废原因，总结其经验教训，无疑是一件很有意义的事情。本文拟就咸丰时期的官票宝钞的兴废进行初步的评析。

一　道光时期关于发行纸币的学术争论

晚清历史上先后出现了两次货币改革思潮，引发了两场货币改革运动：一次发生在道咸年间，一次出现在光宣时期。道咸时期的货币改革是在两股思潮冲动下激起的，一是由于商品经济的进一步发展和白银大量外流，导致贵金属货币流通量严重不足，社会需要更多的贵金属采用铸币形态，以满足商业资本的迅速周转，需要一定量的轻便的价值符号作为当时金属货币的补充；一是清朝政府面临财政危机和政治危机的双重压力，它急于摆脱这种充满危险的困境，需要借助货币改革，转嫁社会危机。

嘉庆时期，镇压烽火连天的白莲教农民起义，医治黄河泛滥造成的巨大灾难，都需要清廷支付庞大的经费，而这时“各省逋负日增月积”，累计积欠二千余万两白银，财政收入锐减，加之皇室挥霍无度，各级官吏贪污成风，国库空虚异常，乾隆年间积聚的七千余万两白银陆续支空，财政危机已经露出端倪。进入道光时期，由于国际市场上铜价大幅度下跌，由于国内商品经济有所发展，导致金融市场出现了白银排斥制钱的现象；加之鸦片大量偷漏白银出境，银根空前紧缩，“银贵钱贱”更加严重。在这种情况下，清朝政府征收赋税更加强调以银两为标准。按银两交纳赋税，农民的负担大大加重，因而采用各种方法拖欠钱粮，地方政府征收钱粮日益困难，中央财政收入日渐减少。而这时的财政开支是连年膨胀，巨额战争赔款和日益增多的军费开支使清王朝入不敷出，十分严重。这种情况不能不使清王朝财政大臣焦虑不安，不能不使朝野上下一切有识之士忧心忡忡。危机需要拯救，手段需要寻觅。

"银贵钱贱"的日益加重，不仅加剧了财政危机，同时也动摇着清朝的货币制度。当时以银两与制钱并行的货币制度已经严重落后于商品经济的发展需要。制钱以其价值小，体积大，不便于携带，"难以致远"，不利于大商业的活动；银两则因银锭大小、规格和成色各不相同，每次贸易结算必须经过专业技术人员辨认成色，权衡轻重，推算砝平等繁难复杂的手续。这种繁难的支付方法很不适合商品市场上的资本迅速周转的需要。恰在这时，外国银币（主要是西班牙在墨西哥铸造的银元）以其大小规格成色一定，计算方法简单，取携方便而无事称量，大量出现在中国发达地区的商品市场上，普遍受到欢迎，供不应求，以致发生升水现象。[1]道光时期，在商品市场上出现了人们鄙弃制钱，欢迎白银；挑剔银锭，选择银币的心理趋向，从而导致贵金属（银）排斥不太贵重的金属（铜），银币代替银两充当主要媒介和价值尺度，向银本位过渡的发展趋势。再者，银两与制钱并行，在清初就规定了二者之间兑换比例为"银一两值钱一千文"，但在实际流通领域这个规定形同虚设，有清一代大量事实证明，银钱之间的市场比价是按照贵金属自身的价值和社会的需求不断变化的。由于银钱比价不断变化，使商品市场经常处于混乱状态。人们对于银钱比价的不断变化很不习惯，不仅老百姓不适应，而且连政府也感到这种变化不利于稳定财政收支，普遍要求稳定货币价值。陈腐的银两与制钱并行的货币制度必须改革已成为社会普遍性要求。

财政危机逼迫清政府去寻求摆脱困境的有效方案，陈腐的货币制度不适应社会经济发展的弊端亦已摆在人们面前，这首先引起封建地主阶级经世派学者的密切关注。他们纷纷就当时货币制度指陈利弊，相互辩难驳议，提出了一套套改革货币制度方案。有的主张闭关禁海，停止对外贸易，控制白银流出；有的主张禁止鸦片输入，堵塞漏洞，平抑银价；有的

〔1〕《清实录》（道光朝）卷 288，中华书局，1985 年重印本，第 3—4 页。

主张铸大钱，子母相权，废除银两；有的主张发行钞币取代白银的流通地位，银钱钞并用；有的干脆主张废除白银，单纯行钱，或单纯行钞；有的建议禁止民间已经盛行的商人兑换券流通；有的建议阻止外国银币在中国的流通。各种见解纷然杂陈，积极与消极，先进与落后，新观念与旧观念相互冲突，混杂在一起。在这些众多的方案当中，发行钞币主张特别令人注目。

清朝发行纸币并非始于咸丰时期，早在清朝贵族入关抢占中国统治宝座以后不久，即1651年，就曾发行过钞贯，当时因“经费未定，用度浩繁”，每年造钞128072贯，[1]迄于1661年停废，前后约十年左右。关于这次发行钞币的过程史籍记载不甚详细，很难具体来描述它的兴废原因，但可以肯定它是一次失败性的尝试。因为一百五十年后，当侍讲学士蔡之定重新提出仿照前代发行“楮钞”时，嘉庆皇帝大为震怒，当即批示道：“所奏泥古迂谬，断不可行”，“前代行用钞法，其弊百端”，并以“妄言乱政”为由，给予建议者以严厉处分。[2]由此可见，清帝对于印发纸币这件事相当忌讳。蔡之定的建议被严词拒绝后，相当长一段时间内，无人敢在朝中公开议论此事。

1831年，一位潜心三十余年研究钱币问题的学者，印发了一本中国历史上最早的货币学专著——《钞币刍言》，后来易名为《钱币刍言》，并有《续刻》、《再刻》本行世。作者的名字叫王鎏，字亮生，江苏吴县人，秀才出身。在他看来，经世派其他学者提供的救世方案，诸如开采银矿、裁减浮费、改革漕运、严禁鸦片等措施都不能有效地解决财政困难，唯有发行钞币可以解决一切困难。他说：“世有言开矿者，夫矿之有无不可必，而骚扰民间，取之有尽，不如行钞之安也。……又或谓裁减浮费，专务节省，然今州县办公竭蹶，节之而无可节，不如行钞之常也。又有谓行海运可岁省漕运费数百万，然粮艘之水手，沿途水短纤以无以为生计，且万一

---

〔1〕 宋文蔚、张寿镛等编纂：《皇朝掌故汇编》内编卷19，钱法1，第1—2页，光绪二十八年求实书社刻印。

〔2〕 刘锦藻编：《清朝续文献通考》卷19，钱币考1，北京：商务印书馆，1955年，第7691页。

失事，使谁偿之，不如行钞之常也。又有谓严禁鸦片可岁省出洋银累千万，然闽广滇省之人，嗜者十而六七，未易猝禁，但使行钞，则中国银皆易钞，外洋无所得银而自止，则禁以严刑，不如行钞之要也。”〔1〕“言经济莫切于理财，理财尤以行钞为急务”，他把发行钞币看成是解决一切社会问题的关键。他充分肯定行钞的特点，“造之本省，行之途广，赍之也轻，藏之也简，无成色之好丑，无称兑之轻重，革银匠之奸偷，杜盗贼之窥伺”。还胪举发行钞贯大利二十二项，鼓吹“造百万即百万，造千万即千万，可以操不涸之财源；万物之利权，收之于上，布之于下，则尊国家之体统”。此外如“免外洋之耗蚀”，“除鸦片之贻祸”，“绝钱庄之亏空”，“顺民心之所欲”，“无火耗之加派”，“绝胥吏之侵渔”，“去民心之诈伪”，“戢奸回之遗志”，“弭边界之生衅”，“同天下之风俗”，“去壅滞之恶习”，“寓教民之微意”，“致百物之流通”，“广谋生之途径”，“杜官吏之勒捐”，“清仕途之拥挤”，“除万事之积弊”，“行千载之仁政”，〔2〕如此等等，仿佛发行钞币之后，社会的一切问题都可以得到解决。既可以富国，也可以富民；既可以兴利，又可以除弊；既可以发展经济，又可以弭边衅、戢内乱；既可以清仕途，又可以正人心，真是一付解决封建社会一切矛盾一切弊病的灵丹妙药。不仅可以有效地解决财政危机，而且可以消弭政治动乱，挽救社会道德的沉沦。如此夸张纸币的作用，恐怕在中外古今历史上都是罕见的。他的这些设想完全是痴人说梦，这表明他根本不懂货币作用和流通规律。

王鎏不懂得金银铜这些金属的价值决定于物化在其中的社会必要劳动时间，具有内在的使用价值；更不了解贵金属在商品市场上充当一般等价物的媒介作用。认为金银这些贵金属在“饥不可食，寒不可衣”方面与纸一样，没有直接使用价值，由此来否定贵金属的交换价值，说什么“言乎银有形质，则钞亦有形质；言乎饥不可食，寒不可衣，则银钞皆同”。“铜之为物，寒不可衣，饥不可食，圣人制为钱以奔走天下，是亦以无用为

〔1〕《上林制军少穆先生书》，《钱币刍言续刻》，艺海堂藏版。

〔2〕本节引文俱引自王鎏：《钱钞议一》，《钱币刍言》，艺海堂藏版。

有用也”。[1]这实际是把金属货币的价值仅仅看成是一种像纸币那样的符号,是圣人赋予的价值符号,从而抹杀了贵金属与纸作为货币的根本区别。他公然鼓吹“造百万即百万,造千万即千万”,是一种典型的货币名目主义。

王鎏既不了解纸币是怎样从流通中产生的,也不懂纸币之所以成为金属货币的代用品是金融信用事业发展的结果。他认为钱商能够发行“钱票”,民间乐以行用,那么国家依靠皇帝至高无上的权威,赋予白纸一定的价值符号,令行禁止,没有行不通的道理。诚然,富足的钱商可以在一定范围内发行一定量的“银票”或“钱票”,得到社会的承认,这是钱庄信用事业发展的结果,而不是商人随心所欲造成的。钱商所发行的“银票”、“钱票”,实际上是一种兑换券,如果不能兑换到与票面等量的现银现钱,它是不能行通的。如果封建国家发行纸币,既不规定兑现,又不控制发行数量,实际上等于完全空虚的价值符号,就很难取得社会的信用,保证其顺利流通。这一点,经世派主要官员贺长龄看得非常清楚,他说:“钱之有票,犹银之有票,盖以运实于虚,方能流转无滞。而虚不废实,仍有现钱可资。非如楮币之即以纸为钱,不能课实也。”[2]可以兑换现银现钱的兑换券与不能课实的空楮,性质不同,发行目的不同,作用与效果自然也不同。在商品经济尚未达到一定高度,金融事业尚未充分发展,纸币发行数量难以科学预测的情况下,王鎏鼓吹印发不能兑现的纸币是很难行得通的。

关于纸币的发行数量,王鎏提出:“国家制钞,但求足用而止,自可为之限量。”[3]看来他似乎也主张对发行数量加以限制,但事实上并无限制。因为,王鎏的“足用”是足“国用”,而不是足流通之用。封建王朝的国用,即国家的财政支出往往是一个无底洞,永远不可能得到满足。如果国家需要便可以开动机器印发钞币,发行数量便毫无限制,无限制地发行

---

〔1〕 王鎏:《与包慎伯明府论钞币书》,参见《钱币刍言续刻》,及《附钞币问答三十》,见《钱币刍言》。

〔2〕 席裕福、沈师徐编:《皇朝政典类纂》卷60,钱币3,上海图书集成局,1902年。

〔3〕 王鎏:《与包慎伯明府论钞币书》,《钱币刍言续刻》,艺海堂藏版。

不能兑换的纸币,势必导致通货膨胀。国家可以凭借军队和法律,强制性地将任何数量的纸币投入流通,但纸币一经进入流通,就失去了国家的控制,被它的特殊流通规律所支配。因为流通中价值符号量决定于它在流通中所代表的金属铸币量,随着价值符号量的增加,每一符号所代表的金量都按同一比例减少。一旦价值符号量超越它的极限,它的流通速度便会猛然加快,导致价值符号量急剧膨胀,价格急剧下跌,物价暴涨。货币价值失去了社会的信任,失去了信用的货币流通速度进一步加快,形成恶性通货膨胀。在纸币尚未成为唯一流通手段的地方,纸币价值的下跌,可能从它和它所代表的金属货币的市场比价中显示出来;在纸币成为唯一流通手段的地方,货币价值的下跌幅度则通过商品价格的上涨程度曲折反映出来。〔1〕

王鎏的货币名目主义是粗糙的,也是野蛮的,他的根本目的是利用发行钞币这种手段,为封建帝王聚敛社会财富,解决财政困难,巩固封建统治。这一点他丝毫不加掩饰,公然宣扬"足君尤先"的观点。在他看来,"百姓足君孰不足"这种藏富于民的儒家传统信条已经不再适用,"三代以上,君民相通,但有足民之事,更无足君之事,必民足而后君足,犹子孙富而父母未有贫焉。……三代以下,君民相隔,既有足君之事,又有足民之事,且必君足而后民足,犹父母富而子孙亦免于贫焉"。"故足君尤先","欲足君莫如操钞币之权",〔2〕这是赤裸裸地主张通过无限制地发行不能兑换的纸币,为封建帝王搜刮社会财富。

上述王鎏的各项主张尽管在今天看来十分荒谬,但对于封建蒙昧主义笼罩下的士大夫具有相当大的蛊惑力,在当时产生了一定社会影响。"学士大夫往往宝藏其书",〔3〕"中朝言事之臣颇采用君(王鎏)书以进"。〔4〕王鎏的主张,也引起一些有识之士的怀疑和批驳。他们不赞成

---

〔1〕【德】马克思著,中央编译局译:《政治经济学批判》,《马克思恩格斯全集》第13卷,第111页。

〔2〕王鎏:《钱钞议一》,《钱币刍言》,艺海堂藏版。

〔3〕陈其泰:《钞币论叙》,许楣:《钞币论》,道光二十六年(1846)古筠阁版。

〔4〕张履:《王亮生传》,《积石斋文稿》。

发行不能兑换的纸币愚弄百姓，不赞成使用通货膨胀这样的聚敛之术，希望采用其他较好的措施，稳定当时货币的价值。这方面的著名代表人物有魏源、包世臣、许楣和许梿等人。

魏源的货币思想属于金属主义的派别，他不赞成“废银行钞”的观点，也不赞成发行不能兑换的纸币，更不赞成通过发行纸币搜刮民财的做法。首先，他指出，国家发行纸币，应该“主于便民，而不在罔利”。这里所说的“便民”应当是便利民间的商品贸易，“罔利”是搜刮民财。他认为利用滥发钞币来弥补财政支出，是“以盗贼之道，诱赚商旅之财”。同时又说：“以百十钱之楮，而易人千万钱之物，是犹无田无宅之契，无主之券，无盐之引，无钱之票，不堪覆瓿，而以居奇。宜乎奸伪竞起，影射朋生，不旋踵而皆废。”[1]这就一针见血地揭露了滥发不兑现纸币对民间进行掠夺的本质，驳斥了王鎏“足君尤先”，“足君莫如操钞币之权”的谬论。

其次，魏源针对王鎏的纸币购买力由国家任意规定的货币名目主义，驳斥说，货币购买力是客观的，而不是由国家所能任意决定的。他认为金银铜金属货币的价值是由天然的稀少程度和市场上的供求来决定的，而纸币则不然。国家可以强制性地发行不兑现的纸币——“空楮”，却不能决定它的实际购买力。“重以帝王之力，终不能强人情之不愿”。他并不真正知道纸币的流通规律，只是从许多历史事实中得出直观的经验。在他看来，“空楮”进入流通之后，或迟或早要贬值，物价因而腾涌，引起市场混乱，“百物遂涩而不行”，相互影响，楮币终至“不及工墨之费”，变为一捆捆废纸。魏源的货币思想在当时是较为深刻的，他不像有的人那样一概反对发行纸币，反对的只是不兑现的纸币。他认为像宋代的交子、会子那样有官钱为本的兑现性纸币，“如同盐与茶之有引，引至则茶盐立得”，是可行的。“唐之飞钱，宋之交、会，皆以官钱为本，使商民得操券以取货，特以轻易重，以母权子。其意一主于便民，而不在罔利”。[2]这是比较正确的观点。因为纸币兑现，既可以限制发行数量，又可以稳定其价

〔1〕 魏源：《军储篇三》，《魏源集》下册，中华书局，1976年，第479—480页。

〔2〕 同上。

值,是有利于纸币顺利流通的。针对造钞十便的观点,[1]魏源认为是十不便,"窃恐造之劳,用之滞,敝之速,伪之多,盗之易,禁之难,犯之众,乐之苦,抑钱而钱壅于货,抑银而银尽归夷。有十不便而无一便矣"。[2]

包世臣面对银贵钱贱的金融形势,从货币数量观点出发,认为"银少则价高,银价高则物值昂"。"欲救此弊,惟有专以钱为币。一切公事皆以钱起数,而以钞为总统之用,辅钱之不及"。[3]他的货币改革思想是贵钱贱银,"专以钱为币"。在包世臣看来,银贵固然由于银少,同时也由于社会上形成了重银的观念,为了平抑银价,就必须使人们改变重银的观念,"专以钱为币"。而专以钱为币又有缺点,"钱质繁重,难以致远",不利于大宗商品长途贩运,发行钞币以"辅钱之不及"。"不以银为币",白银的社会需求减少,白银就会从窖藏中走出来,市场上供给需求发生变化,银价就会相对下跌。

包世臣的行钞计划与王鎏相比有很大不同。首先,他认为"银钱实而钞虚",如果"行钞而废银,是为造虚而废实",自然是很困难的。主张发行可以兑现的钞币,以为"轻重相权不相废,为古今之至言"[4]。针对王鎏"造百万即百万,造千万即千万"无限制发行钞币的观点,他主张纸币的发行额要有一定限制,指出:"从来钞法难行而易败,正坐此耳。初届造钞以足当一岁钱粮之半为度,陆续增造至倍于岁入钱粮之数,循环出入,足利民用而止。"[5]尽管这里以国家每年征收钱粮总数(即4000万两白银)的一倍(8000万两)为发钞的最高限额,未必恰好符合流通需要,不一定完全正确,但主张有步骤地陆续投放,逐渐达到最高限额是基本正确的。其次,他不赞成王鎏"足君尤先"的观点,反其道而行之,主张"损上益下"。他的"损上益下"方法,是按照每银一两征收制钱1000文,而支

---

〔1〕"造之省,用之广,藏之便,赍之轻,无成色之好丑,冶炼之消耗,绝银匠之奸伪,盗贼之窥伺,铜钱废而尽铸为兵,白金贱而尽充内帑"。

〔2〕魏源:《圣武记》,卷14,台北:文海出版社,1967年影印本,第39页。

〔3〕包世臣:《再答王亮先生书》,《安吴四种》卷26,同治壬申治经堂重刻本。

〔4〕同上。

〔5〕同上。

出则以一两折钞1300文。如此收支，国家财政就会有一定亏空，“初行之年，上之所损当至千有余万”。“损上愈多，则下行愈速”。钞币顺利流通，就会反过来“益上”。这里仅仅是把行钞看成是“救弊之良策”，而不以其为“理财之大经”。所以包世臣的纸币思想也具有金属主义的色彩。

继包世臣、魏源之后，许楣、许梿兄弟对王鎏的行钞主张进行了更全面的批驳。许氏兄弟都是典型的货币金属主义者，他们对王鎏的批判既有一些正确的观点，同时也流露了一些错误的思想，但瑕不掩瑜，其思想在当时还是相当深刻的。许氏兄弟与王鎏争论的首要问题是能否以纸代钱，以纸代银。实质是讨论货币的价值由什么来决定。王鎏认为，在“饥不可食，寒不可衣”方面，金银铜与纸一样，都没有直接使用价值，无所谓谁实谁虚。圣人以铜作钱使之流通，制钱才有了价值。现在靠皇帝至高无上的权威，赋予白纸一定的价值符号，它就可以代钱代银，顺利流通。许楣则认为天生五金各有贵贱品级，彼此不能替代，因为人们的一般心理是不愿为贵易贱，银不能代替金，铜不能代替银，纸也不能代替制钱，不能代替银子，因为这样违背人们的心理习惯。“夫天生五金，各有定品，银且不可以代金，而谓纸可以代钱乎？”〔1〕这是从事物的自然属性上来否定以纸代银的可能性。关于货币的价值，他是从数量的观点思考问题的。“天下之物，惟有尽故贵，无尽故贱。”金银铜等金属以其数量少而贵。“天下之至无尽者莫如土，烧土以为甓，范其文曰一两，人必不以当金当银。造纸以为钞，印其文曰一贯，独可以当钱乎？”〔2〕货物的贵贱既然是以其数量的多寡而确定的，金银铜纸各以其数量的多寡决定了贵贱，任何人不能改变它们的贵贱品级，以纸代钱代银当然是行不通的。从这种观点出发，他坚决否定发行不能兑现的纸币。

其次，针对王鎏造钞足国用的观点，许楣批驳说：“宋、金、元之钞，未尝不以足用而止也。……用度稍不足矣，势不得不于常赋之外诛求于民。而行钞之世，则诛求之外，惟以增钞为事。然不增则国用不足，增之则天

〔1〕 许楣：《通论一》，《钞币论》，道光二十六年（1846）古䓫阁刻本。

〔2〕 许楣：《钞利条论一》，《钞币论》。

下之钞固已足用,而多出则钞轻,国用仍不足。"[1]这里明确指出,为弥补财政需要而发钞,结果必然导致发行量超出流通需要量,"多出则轻",引起纸币贬值,由此引起财政愈不足,需要发行更多的纸币,形成通货膨胀。通货膨胀后,富家之银钱,"一朝悉化为纸",迫使商民亏空破产,造成商业混乱,市场萧条,物价暴涨,商品阻滞。既给社会各阶层带来严重灾难,又减少了商业税收,于国于民都不利。

其三,许楣在批判王鎏的过程中,还敢于指斥前代帝王滥发钞币的掠夺行为,是"绝天下之利源而垄断于上",断言"取民九倍十倍之银而偿以丈尺之纸,国家之利矣!其如民之不利何?民既不利,钞必不行"。[2]又说:"行钞之利,以纸取利也。……君操其权,而民受其害。"[3]这就有力地揭露了封建国家机关滥发纸币,借以掠夺社会财富的丑恶目的。

总之,魏源、包世臣、许氏兄弟等人关于纸币的论述,在许多方面,尤其是关于发行目的与方法方面,有力地驳斥了王鎏的货币名目主义观点,揭露了历史上封建帝王滥发纸币的掠夺性和危害性,这在当时对于货币名目主义的泛滥无疑起了一定的抵制作用。但由于论争的双方所依托的货币理论都是非科学的,自然很难驳倒对方。就他们整体而言,尽管彼此意见相歧,或者主张无限制发行不能兑现的纸币,或者主张有限制地发行可以兑现的纸币;或者主张"足君尤先",或者主张"损上益下";或者力主以纸代银代钱,或者明确表示反对,但在货币制度必须改革、纸币可以发行这二点上是基本一致的。并且由于他们同属关心国计民生的经世派,又都是当时的知名学者,他们的言论不可能不产生较大的影响。不过,就道光时期而论,这种议论基本限于学术讨论范围,作为一种国策尚未引起特别的重视。

---

〔1〕 许楣:《钞币条论七》,《钞币论》。
〔2〕 同上。
〔3〕 许楣:《通论一》,《钞币论》。

二　咸丰时期统治集团内部的争论与抉择

道咸之际，"各省入款有减无增，出款有增无减，是以各省原来封存的正杂等项，渐致通融抵垫，解部之款日少一日"，中央政府的财政"入不敷出为数甚巨"。[1]这种情况使清朝财政大臣极度不安，连次密折上奏，报告司库空虚，财政窘迫情况。太平天国起义后，在前线镇压农民起义的清军，"请饷纷纷，日不暇给"。这时，"被兵省分既已无可催征，而素称完善之区，如江苏则已请缓征，山东则早请留用，山、陕、浙江则办防堵，是地丁所入万难足额矣；扬州久被贼占，汉口疮痍未复，淮南全纲不可收拾，是盐课所入去其大桩矣；芜湖、九江、江宁、凤阳先后被扰，夔关、苏关商贩亦多裹足，甚至崇文门亦请尽收尽解，是关税所入仅存虚名矣"。[2]上述情况表明正常的地丁银、纲盐税和内地关商税的收入锐减。于是，清廷开始卖官鬻爵筹集军饷。1852 年颁布捐输章程，要求"王公、文武、京外各官，及致仕、休致、降革、丁忧、告病大小官员，一体量力捐输"[3]。但"捐输"开办后不久，收入大减于前。"捐输"不可恃，乞求于内帑。内务府虽将大批金银器皿熔化，移作军费，但毕竟数额有限，难于同时满足皇室挥霍和庞大军费开支。此外补苴之术，如"停养廉"、"开银矿"、"提当本"、"收铺租"不下数十种应急措施，都不能解决问题。可以说财政大臣为了筹集军饷，"罗掘之方，实已无微不至"[4]，到了山穷水尽的地步，仍旧不能满足日益膨胀的军费开支。有人这样描写当时的财政困难情形："军兴以来，各省移缓救急，悉索不遗，封储之款一空，征解之难数倍，不特部

---

〔1〕 中国人民银行总行参事室金融史料组编：《中国近代货币史资料》第一辑，上册，第 170—171 页。

〔2〕 同上书，第 175 页。

〔3〕 《清实录》（咸丰朝）卷 74，第 22—23 页。

〔4〕 中国人民银行总行参事室金融史料组编：《中国近代货币史资料》第一辑，上册，第 175 页。

库时时支绌，而且外库处处拮据。”[1]在这种严峻形势下，“滇铜亦因道梗不至”，币材空前紧张。统治集团开始筹议铸大钱、行钞币，希望以点金术来解决财政困难，摆脱政治军事危机。

王茂荫是咸丰时期第一个提出发行纸币的重要官员。他既是一个干练的官员，又是一个博学多识的经世派学者。[2]他的货币思想，一方面来自丰富的历史知识，受到传统货币思想的哺育；一方面得自对现实生活的敏锐观察，受到当代货币学者思想的启示和滋润，因而达到一定高度，成为马克思在写作《资本论》时，注意到的唯一的中国货币学者。他的发行纸币的主张有以下几点：

第一，应付军需，解决财政困难。他说：“今日之需财急矣，而理财亦正不容缓。粤西之军务未息，河工之待用尤殷。国家经费有常，岂能供额外之用？……臣观自汉以来，不得已而为经国之计者有二：一曰铸大钱，一曰行钞币。”[3]在他看来，铸大钱与行钞币各有利弊，大钱利小而弊大，钞币利大而弊小。两利相权取其重，两害相较取其轻，故反对铸大钱而力主发行纸币。这些地方既与王鎏的主张有明显的不同，而又受其一定影响。

第二，继承了传统的钞虚而银实的观点，认为在货币流通领域里可以“虚实兼行”，原则是“以实运虚”。“以实运虚”有两层含意：一是“以数实辅一虚”。[4]从货币数量观点出发，他认为钞币“少则重，多则轻”。反对滥发钞币，“钞无定数则出之不穷，似为大利。不知出愈多，值愈贱，……种种扰民，皆由此出”，主张发行钞币应有一个最高限额。按照他的设想，国家岁入四千万，发钞应“以一千万两为限”，[5]这叫做“以数

---

〔1〕 中国人民银行总行参事室金融史料组编：《中国近代货币史资料》第一辑，上册，第353页。

〔2〕 王茂荫于“朝政之得失，人才之贤否，军事之利害，知无不言，言无不详”。近代著名学者方宗诚赞曰：“故海内称大臣清直者，必曰王公（茂荫）。”

〔3〕 王茂荫：《条议钞法折》，《王侍郎（茂荫）奏议》卷1。

〔4〕 同上。

〔5〕 同上。

实辅一虚”。关于投放纸币的方法，他主张“行之以渐”，初行时造钞10万两，试行一二年后，如果能够顺利流通，再适当增加投放量，直到达到最高限额1000万两为止。这些地方他似乎受到了包世臣的影响。“以实运虚”的另一层意思是纸币必须兑现。他不赞成王鎏等人用钞废银的观点，主张用钞币来弥补银两（货币手段量）的不足，明确说明“用钞以辅银，而非舍银而从钞”[1]。他反对王鎏发行不兑现钞币的观点，主张纸币应当随时兑现。按照他的设想，发行以库平银两为单位的钞币，票面额分为十两、五十两两种。每州每县设立一个收钞银号，“无论本地异乡民人，有持钞至者，或作交钱粮，或兑换银钱，均即如数兑交”。[2]不具体规定搭放搭收比例，减少官吏勒索机会。民间交银交钞，任从其便。如此，钞币便可顺利流通。

第三，他从历代行钞失败的教训中得出这样一个结论，“官吏出纳，民人疑畏而难亲”。希望发行钞币首先要得到商民的支持，并且建议给钱商以适当利益，由他们帮助发放收兑银钞。“非有商人运用其间皆不行，非与商人以可运之方，能运之利，亦不可行”。[3]这些话虽是1854年讲的，实际在咸丰元年建议设立商人银号时已寓此意。具体方法是：由殷实钱商将以库平银两为单位的银钞领走，将来以市平银向政府交还钞价，其间差额（库平1两=市平1.1936两）是国家给予商人的余利。王茂荫利用商业资本使纸币顺利流通的思想，在商人仍然受到政治歧视的环境中，是难能可贵的。

第四，他认真考察和分析了历史上行钞和失败的教训，指出行钞易于产生十种流弊：“一则禁用银而多设科条，未便民而先扰民；二则谋取擅利而屡更法令，未信民而先疑民；三则有司喜出而恶入，适以示轻；四则百姓以旧而换新，不免多费；五则纸质太轻而易坏；六则真伪易淆而难识；七则造钞太多则壅滞而物力必贵；八则造钞太细则琐屑而诈伪滋繁；九则官吏出纳，民人疑畏而难亲；十则制作草率，工料偷减而不一。”[4]接着，他

---

〔1〕 中国人民银行总行参事室金融史料组编：《中国近代货币史资料》第一辑，上册，第318页。

〔2〕 同上。

〔3〕 王茂荫：《再议钞法折》，《王侍郎（茂荫）奏议》卷6。

〔4〕 同上书，卷1。

草拟九条措施来防范这些流弊的发生。这十种弊病的每一种虽然都可以在王鎏所列举的十五条弊端中引申出来,但毕竟经过了他的认真分析和思索。这是对我国历代行钞失败教训较为完备而中肯的总结。

王茂荫的这套发行钞币方案,尽管还有许多缺点,但在当时应是一种较好的方案。如果清廷能够认真实施的话,或许能够收到较好的效果。可惜他的意见没有被采纳,也没有得到应有的重视〔1〕。

王茂荫的行钞意见被议驳后,又有一些大臣紧急呼吁发行钞币以济燃眉之急。先后提出建议的有体仁阁大学士祁寯藻、翰林院检讨沈大谟、福建巡抚王懿德、江苏巡抚杨文定、左都御史花沙纳等人〔2〕。归纳他们的意见主要有三点:

第一,均以筹集军饷,应付财政危机为发行纸币的主要目的。王懿德认为广西用兵、河工岁修,在在需用,而入不敷出,强调"与其筹划现银而常患不足,莫如改行钞法而可变有余"〔3〕。祁寯藻则着重强调"银贵钱贱"导致财政困难,要求以钞代银,解救民穷财竭之患,宣称"无银而有钞,则所以流通百货者自若"〔4〕。花沙纳更露骨地说,度支告匮,筹划艰难,唯有发行钞币可以立即见效,鼓吹"元之赋税最轻,兵威最盛,终其世不闻军需之不给者,行钞之利也"。如此等等,都是把发行纸币视为"不匮之源","不资之富"。

第二,他们都认为"信用"是纸币能否流通的关键,但讳言纸币兑现,而空言国家以钞为贵,至多谈及搭放搭收。王懿德以为钱商发行银票,市民"合城皆信而用之",那么靠皇帝的权威颁行宝钞"人人应无不乐从"〔5〕。只需要向士、农、工、商讲明这种钞币永远通行,使家喻户晓,都

〔1〕"大学士会同户部公同酌核,证以前人论说,参以部臣众议,将一切窒碍难行之处,缕晰条分",表示难以采纳。参见中国人民银行总行参事室金融史料组编:《中国近代货币史资料》第一辑,上册,第323页。

〔2〕"中外臣工志切国事者,无不竭力殚忱,各抒所见,而请行钞法者为多。"刘锦藻编:《清朝续文献通考》卷20,钱币2,商务印书馆,1955年。

〔3〕中国人民银行总行参事室金融史料组编:《中国近代货币史资料》第一辑,上册,第322页。

〔4〕同上书,第325页。

〔5〕同上书,第322页。

以钞为贵，便可顺利流通。祁寯藻设想的也很简单，他强调用法令的形式，大张旗鼓地宣传，告诉老百姓，“继今之后，民取此钞完纳钱粮关税、盐课等项，永远通行”，人们便会以钞为千百年可恃之物，坦然受之，无所顾虑。有的人考虑得更简单，以为在钞面上加上朝廷的印信，纸币就能顺利流通。这些人都是把货币的价值看作是一种人为的规定。皇帝具有至高无上的权威，既然可以一句话改变人的贵贱地位，物的贵贱皇帝也是能够改变的，货币的价值应由皇帝来决定，这是非常典型的货币名目主义。

第三，关于纸币发行的数量。王懿德没有直接谈及，不过就其以发行钞币为源源不竭之利源来看，可以肯定他是主张无限制发行。祁寯藻认为：“发钞之数，务在慎重，宜视岁入之数而量增之，勿至一倍。自非兵荒大役不轻议发，以合古人会子少则重，多则轻之意。”〔1〕这里虽申明“发钞之数，务在慎重”，并以不超过岁入的一倍为最高限额，但言下之意是，如果财政特别困难，用兵紧急，在不得已情况下还是可以大量发行的。花沙纳主张发行的最高限额为十二万两，与现有金属货币同时流通。这“十二万两”钞币的发行不是去补充流通量的不足，而是为了满足财政需要。一言以蔽之，关于发行钞币的数量，他们都不是考虑流通需要量，主要是为了满足封建政府的开支。一旦付诸实施的话，由于封建政府欲壑难填，根本不可能有效地控制任何限额。

从上述几项内容来看，他们的意见与王茂荫的行钞计划相比，除了挽救财政危机这个目的之外，其他方面有着明显的不同。如果说，王茂荫的行钞意见更接近于货币金属主义的话，那么，花沙纳、王懿德、祁寯藻等人更多地接受了王鎏的影响，具有货币名目主义的倾向。正因为他们发行钞币的目的相同，咸丰皇帝不顾其他方面的严重分歧，在“请饷纷纷”奏折催逼之下，于1853年2月26日（咸丰三年正月十九日）匆忙决定发行钞币，令左都御史花沙纳、陕西道御史王茂荫会同户部堂官速议章程。尔后，经过近一个月的讨论，发行官票章程很快出笼。同年11月又公布了宝钞章程。“官票”，又称“银票”，是以库平银两为单位的钞币；“宝钞”，

〔1〕 中国人民银行总行参事室金融史料组编：《中国近代货币史资料》第一辑，上册，第351页。

又称“钱钞”,是以制钱钱文为单位的钞币。二者合称“官票宝钞”,或“银票钱钞”,简称为“钞票”。从此以后,在日常生活中,“钞票”遂成为纸币的代名词,中国文化词典中又增添了一个新词汇。

清政府的官票章程共有18条,后来在推行时又以告示的形式对某些条款做了说明。宝钞章程共有12条。除了对钞票的印制样式、防伪措施和发行机构做了具体规定之外,这两个章程的精神完全一致。主要是:〔1〕

第一,发行钞币的根本目的是“济国用之不足”。〔2〕两个章程虽然讳言其事,但在皇帝的命令中是公开承认的。

第二,钞票与银钱并重,同时流通。规定:“凡各衙门领到官票,赴银钱号兑换银钱者,或换现银,或换钱票,均按照票上所开平色照数付银,及按本日市价换给钱文钱票,毋许克扣。”这是说在市场上钞票可以自由兑换,而没有规定钞票持有者在官银钱号中能否兑现银钱,实际上是根本不打算予以兑现。

第三,部库出入可以搭配。部颁银票如果按“银八票二”发放的话,收回时亦以“银八票二”回笼。如果发放比例为银钞各半,那么亦以银钞各五成收回。初期定为“银八票二搭放搭收”,后来改为搭放搭收各为五成。

第四,没有规定发放钞票的最高限额,仅规定初行时造钞票若干,待流通后随时增添。

总的来说,钞票章程及其有关文件的主要精神,是采纳了花沙纳的意见,反映了王鎏的纸币思想,具有货币名目主义的色彩。因为它既没有规定钞票如何兑现,也没有对发行总额进行必要的限制;既没有考虑由殷实钱商代为流转,也没有规定钞票持有者与其发行者在什么地方进行兑现。因此,它与王茂荫的发钞意见是相左的,难怪1854年王茂荫抱怨说,现行官票宝钞,“非臣原拟之法”。〔3〕王茂荫的意见之所以被否定,固然在于

---

〔1〕 中国人民银行总行参事室金融史料组编:《中国近代货币史资料》第一辑,上册,第355—360页。

〔2〕 《清穆宗实录》卷85,第14页。

〔3〕 王茂荫:《再议钞法折》,《王侍郎(茂荫)奏议》卷6。

他与花沙纳的官阶相悬，同时也由于清政府国库空虚已很严重，没有足够的准备金用于兑换；还由于王茂荫主张有限制地发行钞币，无法满足清政府的无限需要；此外，军事傍午，兵饷孔亟，不采取紧急措施，措置军费，后果不堪设想。这也迫使清政府只能暂顾眼前利益，逃避灭亡打击。咸丰钞票的兴起主要是由货币名目主义鼓动起来的，以王茂荫为代表的货币金属主义者对之进行了批评和抵制，但他们的意见没有被采纳。所以，咸丰钞票的兴废应当由货币名目主义者负责。

三 咸丰钞票发行始末及其社会危害

1853 年4 月 5 日，户部拟定的试办银票章程被批准施行，经过一番紧张筹备之后，6 月 8 日开始加紧印制，到 8 月 4 日印完第一批 12 万两银票。银票分为一两、五两、十两、五十两四种，分别以“天地宇宙”四字排列。票面上方及左右作龙纹，下方作波浪纹。中部顶端印有“户部官票”四字，满汉文印于一方格内，下为准二两平足色银若干两，左为某年某月某日，右为某字第某号。下边方格内镌小字八行，文曰：“户部奏行官票，凡愿将官票兑换银钱者与银一律，并准按部定章程搭交官项。伪造者依律治罪不贷。”数额上盖有“户部官票永远通行”方形印记，骑缝处盖有“户部官票所关防”长方形印信，均为满汉文合璧。第一批 12 万两银票在京城搭放时，太平北伐军已经跨越黄河天险，羽檄纷驰，清军兵饷刻不容缓，户部顾不得观察银票的试行结果，又加紧印制了大批银票，总数为 200 万两，18 万张，其中增加了一种面额为三两的银票。

8 月 25 日，经咸丰帝批准，户部开始在全国范围内正式推行银票。对原来的试办章程做了一些修改：(一) 由户部直接下发各地粮台的银票分为五种，分别以“仁义礼智信”五字编排一两、三两、五两、十两和五十两；经由各省藩库发放的银票亦是五种，分别以“宫殿盘郁楼”为字头排列，票面按省名加用红戳。(二) 由户部直接颁发各地粮台 25 万两票银，

22500 张；经各省藩库发行的票银是 175 万两，计 157500 张。共颁行票银 200 万两，共计大小票 180000 张。（三）搭收搭放比例改为银钞各半。（四）为了维持银票的最初信用，将原来准备下放二成实银移到官钱局，作为兑换的"本钱"。但规定只准兑现钱文（后来只能兑换贬值的大钱），"不准于官钱铺取银，其在私铺银钱并兑，仍听其便"。事实上，手持银票往官钱局兑现，连制钱也很难兑换。因为官钱局不仅缺乏白银，连制钱也严重不足。

咸丰钞币的发行从一开始就不顺利。银票搭放不久，给事中英绶便报告说，近日部发俸银官票约六七万两，初出时商民尚且乐于行用，"旋因官铺倡言户部无本不肯收换，于是市廛观望，收者渐稀。间有持票向铺理论者，该商伙声言任人告发，自有大部作主。不数日，户部有不必专归官铺收买之印示张贴铺门，众目咸观，相顾骇愕。因而相约不收，官票几成废纸"。[1]京城能够领到官票的人家，有权势的将官票搭交捐输，没有多大损失。无权无势而又依靠俸银生活的人，手持银票，无处可以易钱，只好贱价售予不法商人，由他们去进行非法活动。这是银票刚刚发放时的情况。

银票甫经发行，即形壅滞，没能使热心推行钞币的人清醒过来。他们或者认为需要制定法律，强制流通；或者认为银票数额太大，难于市场交易，建议印制以钱文为单位的钞币。同年 10 月 20 日，由惠亲王绵愉主持，召开了军机大臣、户部堂官会议，专门研究银票发行情况，会议决议印制"钱钞"，"济银之穷，通钱之用"。他们说："臣等公同会议，有银票以便出纳，必须有钱钞以利通行。"当即得到皇帝的批准。下令由户部制造钱钞，"与现行银票相辅通行"。[2]12 月 17 日，户部拟定"宝钞章程"。12 月 24 日得到批准。12 月 31 日印制成第一批钱钞。1854 年初，"取之而不尽，用之而不竭"旨在搜刮民财的宝钞正式开始搭放。宝钞分为五百文、一千文、一千五百文和二千文四种，按"天地宇宙"字号排列，"每字自

---

〔1〕 中国人民银行总行参事室金融史料组编:《中国近代货币史资料》第一辑，上册，第 365 页。
〔2〕 《清穆宗实录》卷 106，第 35 页。

一号至一万号止，接用日月盈昃，以次递推”。宝钞四周环饰花纹，上中为双龙戏珠纹，下沿为波浪纹，左右及顶端为云纹。上面为“大清宝钞”四字，两旁各书“天下通行”、“均平出入”。正中为准足制钱若干文，右为某字号，左为某年制。下方长方形格内书写：“此钞即代制钱行用，并准按成交纳地丁钱粮，一切税课捐项，京外各库一概收解，每钱钞二千文抵换官票一两。”

自1854年初开始搭放宝钞，到2月下旬就投放了“一百数十万串”。在如此短的时间内，将大批不能兑现的钱钞强制投入流通，势必导致流通渠道阻塞，引起市场混乱。2月24日，咸丰帝便接到通政使崇实的报告：“开正以来，奴才留心查访，内外城兵民及大小铺面，均视钞法为畏途，未见行钞之利，但见行钞之害。”[1]大商小贾奔走相告，普遍担心毕生贸易所积锱铢，异日悉成废纸，拒绝行用钱票，或故意提高价值，或以货尽为词拒绝出售，物价因而腾贵。人们持钞入市买不到急需物品，只好折价兑换。刚刚发行的宝钞一千，在市场上的购买力仅相当于七八百文。清政府虽三令五申，商民仍然阳奉阴违，“群存观望”。在京城生活的八旗兵民，别无生计，所领钞票，不能买物，生活骤形困窘。如果强欲买物，必致争吵，滋生事端。市场混乱，连日吵闹不休。难怪有人将“钞票”戏谑称为“吵票”。[2]真是莫大的讽刺！

钱钞与银票甫经发行即形壅滞跌价的情况，不能不引起一些大臣的深切忧虑。二月伊始，光禄寺少卿程恭寿、通政使崇实、克勤郡王庆惠，御史贾世行、伍辅祥等人便连续上奏指陈弊端。他们或者认为百货腾贵，钞票不通，非商民有意阻挠钱法，而是在京各衙门不按章程办事。京城凡有收项，各衙门商民交纳，绅士捐输，均不肯按照奏定成数接受，由此引起商民群疑。或者认为，钞票不通是因为崇文门收税，内务府收租，大兴、宛平等县征收地丁，不按规定比例收钞。一些官吏故意高价征取实银，贱价收

---

〔1〕 中国人民银行总行参事室金融史料组编：《中国近代货币史资料》第一辑，上册，第381页。

〔2〕 鲍康在《大钱录》中曰：“如都城市肆也，凡以钞买物者，或坚执不收，或倍昂其值，或以货尽为词。有戏呼为‘吵票’者，殊谑。”

买钞票,按部定比例上交,每两可获利"四五百文"。[1]都是说,钞票不能顺利流通,主要在于"官吏奉行不善",弄法作弊。一致要求制订处罚条例,予以严惩,采取更加强硬的措施,推行钞票。

诚然,各级官吏弄法舞弊必然影响钞票的顺利流通,但能否按比例搭收搭放并不是钞票流通的根本原因。退一步说,即使各衙门及征收赋税机构在严厉的法律督促之下,严格执行章程所定比例搭放搭收,也不能保障钞票顺利流通和价值稳定。因为,钞票必须取得社会公认之后才能顺利流通。而这种公认依赖于社会对发行机关的信赖程度,依赖于钞票制度的完善程度。在金属货币依然充当主要流通手段和价值尺度的情况下发行机关对钞票不承担兑现的责任,就不可能取得社会的信任。这种不能兑现的价值符号在进入流通时,连发行它的机关都不信任,采取种种方法拒绝接纳,说明它自身的信用程度不高。随着信用程度的降低,它的价值必然一落千丈。

4 月 2 日,升任户部右侍郎的王茂荫针对钞票发行过程出现的种种弊病,提出了一项全面修正案。他认为钞票壅滞的主要原因是,发行太多太骤,而不能随时兑换,做到"以实运用"。所提出的纠正办法是:(一)筹集 30 万串大钱或制钱作为兑换本钱,"以示信用,而安人心";(二)银票在各地随时可以兑换现银,以示贵重,"处处能取银,即处处能行用"。一旦信用确定,商人以银票行使方便,银票就能流通;(三)令典铺出入均可搭钞易银,"其暗中的目的是要把官票宝钞改为可兑现的钞票",[2]"使银钱处处扶钞而行",如此"虚实兼行,商民交转,庶几流通无滞"。[3]他还引咎自责说:"现行官票、宝钞,虽非臣原拟之法,而言钞实由臣始。今兵丁之领钞而难行使者多怨臣,商民之因钞而致受累者多恨臣,凡论钞之

---

〔1〕 中国人民银行总行参事室金融史料组编:《中国近代货币史资料》第一辑,上册,第 381—390 页。

〔2〕 【德】马克思著,中央编译局译:《资本论》第 1 卷,第 107 页注释,北京:中国社会科学出版社,1983 年。

〔3〕 中国人民银行总行参事室金融史料组编:《中国近代货币史资料》第一辑,上册,第 390—394 页。

弊而视为患害者莫不归咎于臣,凡论钞之利而迫欲畅行者又莫不责望于臣。而臣仰蒙简任户部业经数月,一无筹措,上负天恩,下辜人望,夙夜愧悚,实切难安。相应请旨将臣交部严加议处,以谢天下,而慰人心。"〔1〕希望钞票顺利通行解救财政危机,而又痛惜自己的正确意见得不到采纳,难免要发泄几句代人受过的牢骚。

但是,被政治、财政双重危机逼得已经焦头烂额的咸丰皇帝听不进去正确意见,当即在奏折上批示说:"王茂荫身任卿贰,顾专为商人指使,且有不便于国而专利于商者,亦周虑而附于条款内,何漠不关心于国事,至如是乎?……看伊奏折,似欲钞之通行;细审伊心,实欲之不行。且有挟而求,必应照伊所奏。如是欺罔,将谓朕看不出耶!此折著军机大臣详阅后,传与恭亲王载铨,速行核议,以杜浮言。"〔2〕在皇帝眼中,王茂荫是个受商人指使不关心国事的人,是个负气相怄的小人,是个阻挠钞法的阴谋家。批示颠倒了一切。一个忠心维护王朝利益的大臣,一个建议行钞挽救财政危机的人,首先成为这个制度的牺牲品。在皇帝批示之后,军机处与户部对王茂荫的《再议钞法折》草率讨论了一下,得出这样一个结论,"所论专利商而不便于国,殊属不知大体,所奏均不可行"。〔3〕王茂荫的正确意见再一次被否决,清政府因此失去了纠正钞票弊端的机会,钞票的废止也就难以避免了。

继王茂荫之后,另一个主张行钞最力的人物是福建巡抚王懿德,他对现行钞票办法也表示了不满,从另一个角度提出了修正案。他认为,钞票难于流通,"良由部臣分票与银为二,以此发不以此收"。建议干脆废除白银的流通作用,"不以银为银,而以钞为银。普天之下,以此发即以此收,示天下以非钞不用,即人人无不乐于用钞"。〔4〕如此可以造百万即有百万之利,造千万即有千万之利,国家可以永操不涸之财源。这是要把本来已经荒唐的钞票方案,更进一步推到荒谬绝顶的地步。这种方案非但

〔1〕 王茂荫:《再议钞法折》,《王侍郎奏议》卷6。

〔2〕 中国人民银行总行参事室金融史料组编:《中国近代货币史资料》第一辑,上册,第393页。

〔3〕 《清穆宗实录》卷123,第46页。

〔4〕 中国人民银行总行参事室金融史料组编:《中国近代货币史资料》第一辑,上册,第399页。

不能疏通钞票的流通之渠，而且加速钞票制度的灭亡。由于种种原因王懿德的意见也被搁置。

5月份以后，钞票的价值进一步下跌，钱钞一千在京城的金融市场上只能兑换到四五百文制钱，银票由于额数较大，又没有现银可资兑换，较之钱钞流通更加困难，价值下跌幅度更大。1855年，清廷在给事中蒋达、御史孙观等人提议下，修改了钞法章程，规定民间完纳钱粮，由原来搭交官票改为搭交宝钞。这显然是一种脚疼医脚、头疼医头的应付措施，对于改善钞票的阻滞与贬值情况，不可能有什么明显效力，钞票被流通渠道排挤淘汰出来只是时日问题了。

随着钞票发行数量的激增，市场阻滞情形日益严重，钞票的价值日益下跌。到1859年，银票一两在市场上的购买力，"不及实银二钱五分"，价格跌落了75%以上。1860年，"省钞每串不过值一百余文，京钞值京钱三百文，银票值京钱四百文"。[1]也就是说，每钱钞一千相当于制钱一百文，或一百五十文，每两银票相当于二百文制钱，价值均下跌了90%左右。钞票的发行事实上已彻底失败。

1860年3月1日，惠亲王绵愉会同军机大臣、户部堂官联合上奏，承认"造钞无已，弊端百出"，决定停止发行钞票，得到皇帝批准。但这不是废止命令。因为在市场上还有大量贬值的钞票需要处理。在财政紧急情况下，清政府当然不愿用现银现钱把它兑回，只好听任其死亡。钞票停止印发之后，很多人都认为钞票将要废止，于是把手中的钞票尽快抛向市场，钞票价值愈加不可收拾。1861年7月彻底崩溃，钱钞由每千兑换制钱五六十文，很快跌至"十余文"。后来干脆"皆屏不用"，[2]钞票变成为一捆捆无人问津的废纸。然而废止钞票的正式命令却迟迟不肯下达，咸丰皇帝到死也不愿意公开承认失败。同治皇帝即位后清廷发现，欧美商人贱价购取钞票，"以五成纳海关税，悉照原票价目计算"，中国官员无法拒绝。1862年12月27日，才正式谕令："来年京饷并各省地丁等项，一

〔1〕 每京钱两文相当于制钱一文。

〔2〕 李慈铭：《越缦堂日记补编》第4册，1926年影印本，第1865页。

律停收钞票。”[1]历时不到十年的钞票制度寿终正寝。

上述情况主要是京城推行钞票的情形，各省区实际上也遭受了同样失败的命运。1853年8月25日，推行银票的上谕发出后，唯有福建、陕西、甘肃三省比较积极，立即筹设官钱局，其余省区反应十分冷淡，编制各种口实，拖延推行钞票。“各直省于叠奉部文后总未实力奉行，但以钞票、大钱难以适用为解”。[2]在清廷三令五申督促之下，才开始陆续设立官钱局，有的省区一直拖到1855年底或1856年初仍不肯行用钞票。各省发行钞票的数量尽管不及京城之大，但由于它是一种强制性的不能兑换的价值符号，在市场上也很难行通。现以福建为例简单看一下各省区发行钞票失败的情况。

王懿德是咸丰时期主张发行钞票最力的人物之一，由于他先后担任福建巡抚、闽浙总督等职务，福建成为推行钞票最积极的省份。前面已经说过，王懿德的货币思想主要是接受了货币名目主义者王鎏的影响，他不仅对金属货币的价值不予承认，采取虚无主义的态度，试图通过发行纸币完全取代贵金属，他还公开鼓吹“造百万即有百万之利，造千万即有千万之利”，主张无限制地发行钞币，使封建国家获取不资之富。持这种观点的人，作为福建发行钞票的决策者，势必要把钞票的发行弄到荒唐的地步。

1853年8月25日，推行官票章程甫经皇帝批准，署闽浙总督王懿德一接到上谕，便按捺不住激动的心情，当即拟定福建推行办法，于28日上奏清廷，表示认真执行。先后于省城福州、厦门、福宁、汀州等府设立官钱局大力推行钞票。1854年4月钞票在各地已经壅滞不通，王懿德并不认为是空虚价值符号难以取得社会的信任导致的，反而以为是户部将银与票分为两种货币，要求搭放搭收造成的。请示咸丰皇帝，“迅敕部臣，不以银为银，而以钞为银”。[3]无论征收钱粮关税、捐项及一切度支，废除

[1] 中国人民银行总行参事室金融史料组编：《中国近代货币史资料》第一辑，上册，第428页。

[2] 《咸丰起居注》，咸丰五年十月十三日上谕。

[3] 中国人民银行总行参事室金融史料组编：《中国近代货币史资料》第一辑，上册，第399页。

白银,一律使用钞票,“示天下以非钞不用,即人人无不乐于用钞”。同年11月9日,他再次上奏,批评户部“名为用票而先不收票,名曰支钱而无钱以给,是欺人者先以自欺,信于何有!”建议官钱局出入银项,均以钞票为主,凡遇持票支银者,大票则分以小票,小票则以现银为主,希望以此博得社会对钞票的信用。这里他虽然仍坚持“以钞为主”的货币名目主义,但毕竟开始承认现银现钱对钞票的影响作用。此后,随着钞票日形壅滞,福建民生困苦,官钱局现银现钱支空,而难于继续维持,王懿德不再侈谈其货币主张,多次要求中央政府拨放现银现钱,挽救危机。特别是托病请改京职的请求未得批准之后,他的日子越来越不好过。

1858年御史陈濬上奏弹劾福建官局营私舞弊情形,报告福建发行钞票,通货膨胀,物价上涨的情况。他说:“臣伏见闽省官钱局自开设以来,民困日深,向来闽省米价每石不过三千文,今则贵至三十余千文。银价不过一千五百文,今则贵至九千文。其余日常物价无不增昂十倍。富者转贫,贫者待毙。推源钱法壅滞之故,皆由该委员店伙视官局为利薮,惟知肥己不顾病民,银价则高下任心,票根则有无莫辨,虚出虚入,买空卖空,以及亏短侵挪,种种舞弊,不可穷诘。”[1]由于滥发钞票,导致民生困苦,市场混乱,激起众怒,社会骚动接连发生。同年4月,钦差大臣黄宗汉视察海口通商事务,路过福州,看到福州市民“十百成群,纷纷递呈”,控诉钞票带来的社会灾难。附近城郊居民也千百为群,以钱法、粮价为词相率入城,将前尚书廖鸿荃拉到督署,要求废黜钞票,并与闽浙总督王懿德展开辩论。这场风波在许多绅士的劝解下暂时平息。同年9月,福州市民再度因“官局票本全虚”,市场贸易有票无银,钞票价值暴跌,物价暴涨相约聚集起来,千百为群到总督衙门门前请愿示威。[2]这是发生在咸丰年间的最为有名的“钱票风潮”。

福建之外,凡是钞票强制推行较多的地方也都激起了较大的社会骚

---

〔1〕 中国人民银行总行参事室金融史料组编:《中国近代货币史资料》第一辑,上册,第456页。

〔2〕 “市廛贸易依然有票无钱,银价米粮仍复增长无已。小民迫不能待,藉以乞平米价,求用铜钱为词,赴督臣王懿德衙门及廖鸿荃家中,肆行喧闹。”中国人民银行总行参事室金融史料组编:《中国近代货币史资料》第一辑,上册,第460页。

动。例如，河南就因官吏不肯收纳贬值钞票，而屡次激起民众“杀差抗粮”事件，还发生了“联庄会”武装暴动事件。[1]总之，钞票在各省区也无法顺利流通，清政府推行钞票的活动在全国范围内遭到了同样的失败。

不可否认，货币名目主义诱导下的通货膨胀，通过转嫁危机的方式，对于应付清朝财政困难应当说起到了一定作用。但滥发钞票是对社会进行普遍性掠夺，因而也带来了普遍性社会灾难，产生了三种社会恶果。

第一，货币贬值导致物价暴涨，市场混乱，商业萧条。咸丰钞票的发行从一开始就没有取得社会的信任。1853 年初，清廷内部正在加紧酝酿发行钞票的消息传到社会上之后，立即引起京城商民一片恐慌，到处讹传政府将责令钱商缴银领钞。富商大贾普遍担心存储在钱庄里的资本变为空票，纷纷到银号收回银本，运载出京，以致发生挤兑风潮，“昼夜填街塞巷，拥挤争先，钱铺一时措办不及，遂致关闭”。[2]“凡有钱铺之处，必有数百人围绕喧竞。一日之间钱铺关闭几二百余家”。典当业与钱铺互相表里，钱店关罢，典当业也难以维持，纷纷歇业。与此同时，“商贾互相猜疑，贸易不能流通”。粮店、布店相继关罢，街市扰攘。人人都有朝不保夕的恐惧感。当年七八月份京城开始推行银票，市廛观望，商人疑惧，“相约”抵制不能兑现的银票，纷纷停业，市场一片混乱。附近地区的农民不再进城卖粮，粮食空前紧张。次年，宝钞开始推行，北京居民又是一片恐慌，市场混乱比以前更加严重，人们持票入市买不到东西而怨声载道。此后，钞票价值不断下跌，它所引起的市场混乱情形，我们不难从人们把“钞票”戏称为“吵票”中得到理解。这里我们还需要简单描述一下钞票废止时的情形。1861 年 5 月，北京市场上每两白银可换银票“二十余千”，此后银价每日上涨，到 6 月初，涨至“三十余千”，钱票一千仅换五十二文制钱。人情惶惶，众口喧哗，百十成群聚集在官银号前。10 月，更

---

〔1〕 中国人民银行总行参事室金融史料组编:《中国近代货币史资料》第一辑，上册，第 440—442 页。

〔2〕 同上书，第 340 页。

是早中晚三易其价，每钱票一千只能换到二十余文铜钱，后来成为一片废纸，人们“皆屏不用”，市场混乱到了极点。

第二，通货膨胀，物价上涨，使社会各阶层都蒙受了巨大损失。1853年推行银票所引起的市场混乱，首先使京城居民的生活受到了很大影响。除了极少数的投机商人之外，银钱挤兑风潮不仅使一些“素日资本富厚”的钱商倒闭破产，同时引起连锁反应，各类商贾破产者不计其数。由于钱铺、当铺关闭，京城下层官吏又被停了养廉费，借贷无门，生活异常艰窘。而一向生活比较优裕的八旗兵民，这时也因手持钱票，不能买物，生活骤形困苦，以至多次发生叩阍事件。在推行钞票过程中，农民也深受其害。因为农民必须交纳赋税，每年卖粮所得钞票，在上交时遇到官吏需索百端，负担大大加重。总之，“富者转贫，贫者待毙”，社会各阶层都蒙受了一场浩劫。

第三，滥发钞票激化了社会矛盾。为了钞票的流通，清政府唯一采取的措施是规定搭收搭放比例。在实施过程中，各级政府向下搭放时，凭藉其强制性的命令，相对比较容易做到。然而，由于钞票进入流通渠道后立即贬值，并且是随着时间的推移，贬值幅度越来越大。按照规定，农民商人可以将上交额的50%用钞票抵交。地方官吏则以接收钞票吃亏为由，任意改变征收比例，或者征收80%左右的现银现钱，或者100%地征收现银现钱，再用多征的现银现钱，低价购买钞票，按章程所定比例上交，从中谋取暴利。咸丰时期利用这种手段贪污中饱相当普遍。“此其弊上下通知而莫能禁止”。官钱局一般由地方长官的亲信控制，即是“寻常市井小民，一为管钱局管事，无不广置田产，立成巨富”。[1]钞票的发行又为地方官吏贪污提供了一个绝好的机会。贪污使吏治更加腐败，社会矛盾也随之恶化。杀差抗粮、请愿示威、武装暴动在各地屡次发生，都充分展示了官民之间矛盾的深化。

---

〔1〕 中国人民银行总行参事室金融史料组编：《中国近代货币史资料》第一辑，上册，第508—510页。

小　结

道咸时期的货币改革运动的动因有两个：一是由于国内商品经济的发展，加之西方商品、鸦片和银元的冲击，陈腐的银钱并用货币制度已经不适合流通需要，社会各阶层，尤其是富商大贾，一致呼吁对货币制度进行改革；二是清王朝经济上出现了财政危机，亟须采取措施摆脱面前的困难。在这两股力量作用下，货币名目主义应运而生。名目货币的主要代表人物王鎏提出了“行钞币，铸大钱，禁铜器”的大胆设想，试图通过发行各种各样的价值符号，解决当时的财政危机，帮助清政府渡过难关。这种设想，是通过国家垄断发行价值符号的权力，来获取所谓的“不资之富”，因而特别符合财政困难时期统治集团的需要。尽管它遭到了魏源、包世臣、许楣兄弟等货币金属主义者的批判和抵制，仍然在统治集团中产生了相当大的影响，终于诱发了咸丰时期行钞币、铸大钱的双重通货膨胀。

咸丰时期，为了镇压烽火连天的农民起义，清政府需要增加庞大的军费开支。统治集团在罗掘之方实已“无微不至”，仍旧不能满足军需的情况下，开始求助于点金术。统治集团在发行纸币问题上出现了很大的意见分歧，王茂荫主张有限制地发行可以兑现的纸币，另外的人则主张靠皇帝的权威，无限制地发行不能兑现的价值符号。经过激烈争论，清廷否定了王茂荫的正确意见，采纳了花沙纳等人的方案，决议发行实际不能兑现的银票钱钞，以解燃眉之急，这实际是一种饮鸩止渴式的方案。

咸丰钞票的发行从一开始就没有取得社会的认可。在发行过程中，在一些地方投放得过多过猛，立形壅滞，钞票购买力不断下跌，不到十年便成为一捆捆毫无用处的废纸。滥发钞票导致货币贬值，物价暴涨，引起市场混乱，商业萧条，给社会带来了严重灾难，“富者转贫，贫者待毙”，社会各阶层都蒙受了巨大损失，封建政权与人民大众的矛盾因而进一步激化。

滥发钞票是与滥铸名实十分悬殊的大钱同时进行的。由于各地推行大钱、钞票的范围程度不同，通货膨胀给社会带来的灾难程度自然也不同。一般说来，京城是推行钞票、大钱的主要试验场，通货膨胀给北京及其附近居民带来的灾难最为深重。大钱在各省区没有得到普遍推行，所造成的社会危害相对来说是比较小的。钞票的发行范围比大钱大一些，各省都在省城做过这种尝试。不过多数省区由于种种原因对推行钞币虚与委蛇，敷衍应酬。推行最力的省区主要是福建、河南、直隶和陕西，在这些地区滥发钞票的结果是货币贬值，物价暴涨，市场混乱，屡次激起杀差抗粮、请愿示威和武装暴动等政治事件。

钞票流通有自己的特殊规律，戏弄这种规律的人反被戏弄，违背这种规律的行为最终受其惩罚。实行通货膨胀政策是中国历代王朝政治衰落的显示，通货膨胀政策的实施则进一步加速王朝的政治衰落。多少个点纸成金的美梦，多少次通货膨胀，多少个王朝衰落，历史的教训多么沉痛！

第十五章　货币名目主义与咸丰大钱的兴废

在自由交换的商品市场上，货币流通的作用是极其重要的。合理而正确的货币政策，通过调节和控制货币的供应量，疏通货币流通之渠，使社会对货币的需求与供给大体均衡，可以促进商品的流通和经济的发展；错误的货币政策则往往干扰货币正常流通，使货币的供求失去平衡而发生严重紊乱，并导致商品流通阻滞和社会经济萎缩。所以，凡是要求商品顺畅流通的地方，无论任何民族、国家，无论处于何种社会发展阶段，都需要制订正确的货币政策。

在人类社会发展史上，中国是可赞的，也是可叹的。在华夏族建立的奴隶制国家分崩离析的春秋时代，用以充当人们商品交换媒介的物品正由大自然生产的贝壳与珠玉向人工创造的青铜转化，中国在这时就产生了一种含意相当丰富的货币理论。《国语·周语》中载有一段话，单穆公劝诫周景王说："古者天灾降戾，于是乎量资币，权轻重，以拯救民。民患轻，则为之作重币以行之，于是乎有母权子而行，民皆得焉；若不堪重，是多作轻而行之，亦不废重，于是乎有子权母而行，大小利之。今王废轻而作重，民失其资，能无匮乎？"[1]这段话的含义是相当丰富的，它不仅隐含着国家政权对货币的垄断权力，而且明确主张统治者可以利用"轻重"币的发行来调节社会对货币的供求矛盾。这里我们无须就它的原始意义进行详细的考释，需要特别指出的是，这种"子母相权"的原始货币主张

[1]《国语·周语》下，第三。

在封建王朝统治的两千多年历史中影响是深远的，后世的论者每次讨论货币问题时，总是缅怀过去，把它作为自己货币主张的理论依据。中国的不幸在于周期性的大动乱，一次又一次把生产力的积累无情地摧毁掉，使商品经济一直处于不发达的状态，货币理论也因此很少有什么大的发展，以至于到了晚清时期，上述那种原始的“母子相权”的货币主张依旧被一些人奉为疏通货币渠道，挽救财政危机的灵丹妙药。更为糟糕的是，由国家对货币的垄断和国家对铸币价格的虚幻规定产生的货币名目主义，总是在历代王朝政治经济出现危机的时候，诱发封建统治者采取饮鸩止渴的办法，发行远远超出实际价值的“大钱”，实行货币膨胀政策，掠夺社会财富。许多历史事实说明，货币名目主义在中国总是扮演着与封建政治联合绞杀社会生产力的帮凶角色，一次又一次地把社会生活搅乱，而很少能够帮助统治者渡过难关。

“溯自汉元鼎二年，始铸赤仄钱，以一当五，行之未久而废。其后三国、五代以及唐之肃宗，宋之神宗，明之洪武、天启，凡铸当五、当十大钱，并当千、当百、当五十者，亦屡见诸史册，大约旋用旋罢，旋铸旋废，从未有行之数年而物价能平，公私称便者”。[1]历史教训如此沉痛，使历代明智的皇帝不敢轻易一试。不过，当封建王朝出现全面政治、经济危机，采取其他措施无法摆脱困境时，在走投无路的情况下，统治者势必孤注一掷，采用铸大钱等货币膨胀政策，罗掘社会财富，企图侥幸渡过难关。咸丰时期，在农民战争和财政危机的煎迫下，清政府也不顾一切后果地进行了铸大钱的冒险尝试。

一　道光时期关于铸发大钱的初步酝酿

嘉庆年间，白莲教起义者在川、楚、陕、甘、豫辽阔土地上的纵横驰骋，

〔1〕中国人民银行总行参事室金融史料组编：《中国近代货币史资料》第一辑，上册，第156页。

不仅显示了爱新觉罗王朝政治统治的急剧衰落，而且带来了严重的财政危机。同时"黄河泛滥，大役频兴"。为了镇压铤而走险的农民造反者，为了漕运的顺畅，嘉庆皇帝不得不将乾隆年间积聚的七千万两白银用于军饷和河工开支，国库逐渐空虚。当时，各省积欠钱粮日益增多，例如，"嘉庆十七年户部综计各省积欠钱粮及耗羡杂税之数，安徽、山东各四百余万，江宁、江苏各二百余万，福建、直隶、广东、浙江、江西、甘肃、河南、陕西、湖南、湖北各积欠百余万、数十万、数万不等"。[1]国库空虚所显露的财政危机，使朝野上下深为焦虑。为了挽救王朝的政治危机，人们煞费苦心地开列了种种救济方案。在解决财政危机的众多方案中，已经有人建议在全国征收红铜，铸造当百、当二百、当三百、当五百、当千等五种大钱，用严刑峻法强制发行，"而擅赢余"。按照建议者的设想，"每铜一斤可以铸当千大钱八枚，作银八两"。除了鼓铸工料之费、州县运铜脚费和运钱脚价共五钱之外，"实存银七两五钱"。"每得铜一斤，除矿费、运费、鼓铸各等费，总可净余银六两有零。此则不资之富，取之无穷，不须损下，自然益上，是又谓藏富于君也"。[2]这位名叫许画山的货币名目主义者计算得多么周密美妙！在他看来，银和铜都没有内在的价值，它们的市场价格全在于国家的规定。如果国家规定重量为二两的一枚铜大钱可以当千文制钱，那么它在流通领域里就相当于一两白银；如果国家规定重量为一两的铜大钱每枚可以当五百文制钱，那么它的实际价值就会相当于半两白银。显然，这种观点是一种较为幼稚的货币名目主义。这种利用货币名目主义为帝王筹集财富的方法，绝对不像它的设计者宣称的那样，"不须损下，自然益上"。

进入道光时期，一方面由于国际市场上铜价大幅度下跌，一方面由于国内商品经济的发展，金融市场上出现了白银排斥制钱的现象；加之鸦片大量偷漏白银出境，银根空前紧缩等原因，银钱比价涨势比以前更猛。由嘉庆末年全国各地每两银价平均为"一千二三百文"，到咸丰初年高涨至

---

〔1〕《清史稿》第13册，卷121，中华书局，1977年，第3538页。

〔2〕梁章钜：《铸大钱》，《归田琐记》卷2。

2600 文以上。在"银贵钱贱"形势下,清政府征收赋税更加强调以银两为标准。按银两交纳赋税,人民的负担大大加重。因为农民出售农产品和手工业产品在通常情况下得到的是制钱,原来交纳 1300 文制钱可抵一两白银,而这时必须交纳 2000—3000 文才能抵一两白银。农民不愿按照地方官吏所定银钱比价交纳钱粮,地方政府征收钱粮日益困难,财政收入日渐减少。这种情况使王朝的大臣们深为焦虑不安,于是有人主张利用名目货币解决国家的财政危机,而另一些人则坚持认为铸大钱不可能帮助国家渡过难关,只能加重社会负担,搅乱经济生活。在清政府中因此引发了一场关于铸大钱的激烈争论。

1833 年,江苏吴县秀才王鎏赤裸裸地提出了"足君尤先"的观点。他说:"三代以上,君民相通,但有足民之事,更无足君之事,必民足而后君足,犹子孙富而父母未有贫焉。此有子所言,而天下所共知也。三代以下,君民相隔,既有足君之事,又有足民之事,且必君足而后民足,犹父母富而子孙亦免于贫焉。此昔人所未及言,而天下或未知也……故足君尤先。"〔1〕在他看来,最有效的足君之法便是掌握货币的发行权。"欲足君莫如操钱币之权","行钞以收银,使银贱而不为币;行钞以收铜,使铜多而广铸钱,则国用常足",把发行钞币作为解决当时财政困难的主要手段。

《管子·轻重篇》说珠玉、黄金和刀布三种货币,都是先王创造出来的,用于便利交换的。但是,又说:"三币,握之,则非有补于暖也;食之,则非有补于饱也。先王以守财务,以御民事,而平天下也。"这是说货币没有实用价值,只不过是一种治理天下的工具。西汉时期的著名思想家晁错主张重农抑商,要求"贵五谷而贱珠玉"。他说:"夫珠玉、金银,饥不可食,寒不可衣,然而众贵之者,以上用之故也。"在他看来,珠玉与金银之所以贵重,并不是由于它们自身有较高的价值,而是由于"上用之"。这种对于货币价值的认识对于后世影响很大。王鎏的货币名目主义的源头可以直接追溯到晁错和管子这里。

---

〔1〕 王鎏:《钱钞十议》,《钱币刍言》卷 1,1837 年艺海堂藏版。

王鎏发行钞币的计划是与“禁铜器”、“铸大钱”配合进行的，三种措施的相互作用是，“不行钞法则无资本以收铜，而禁铜将至于累民；不铸大钱则无以佐钞，而行钞苦难于零析；不禁铜器则钱不免有私铸私毁之虞，而钞因以有过多过少之虑”。[1]这里行钞是主，禁铜器和铸大钱为辅。具体推行的步骤和目的是“先行钞，次禁铜，次铸大钱，举天下之利权而操之于上”[2]，让封建统治者牢牢掌握货币的印发权，垄断天下之大利。王鎏要铸的“大钱”，自然是一种超出贵金属材料价值的虚拟价值符号。这种虚拟的价值符号按照他的设想是可以顺利流通的。这种认识建立在他对货币价值的错误认识之上，来自于他的货币名目主义。

随着银价的飞速上涨和国内政治混乱的加重，征收赋税更加困难，尤其是鸦片战争以后，由于战争和赔款使清政府的财政支出更加艰窘。封建统治集团内部有相当多的人受了王鎏的影响，纷纷要求铸大钱，缓解财政危机。广西巡抚梁章钜于1838年正式上奏建议铸大钱，此后，御史雷以諴、张育修，安徽巡抚王植等人相继提出类似意见。将这些人的意见归纳起来，大致可以分为五个方面：第一，从货币名目出发，不承认金属货币具有内在的价值，以为货币的价值完全由统治者的主观意志所决定，“上之权可以顷刻变人之贵贱，独不可以顷刻变物之贵贱乎？”要求采用强制性的行政措施推行大钱，改变社会的“贵银”观念；第二，引证春秋时代单穆公的“子母相权”的原始货币主张，作为铸大钱的理论依据，宣称“以重钱视制钱，则制钱为子，而重钱为母以权之，而子可以畅其流”；第三，以为“草野颛蒙，未有达识，稍涉新异，或致惊疑”。鼓吹赤裸裸的愚民政策，“换易银两仍按现时市价不必求减。盖铜质既轻，暗中已几乎以一当二，无贵贱之名，而收贵贱之实。可谓民可使由之，不可使知也”；第四，通过搭放搭收推行各种大钱。“凡有应放应收银项，银七成重钱三成；应放应收钱项，制钱七成，重钱三成”。“报捐及捐输各项凡以银者，准以银

〔1〕 王鎏：《钱钞十议》，《钱币刍言》卷1。

〔2〕 同上。

七成重钱三成交纳，其以钱者则以制钱一半重钱一半交纳”；[1]第五，要求制订法令，严禁制造和使用各种铜器，防止私销私毁，以便保证封建国家垄断铸造大钱的高大权益。[2]

道光时期货币名目主义者的意见从一开始就受到一些有识之士的批驳和抵制。王鎏的《钱币刍言》印发后，他的铸大钱主张立即受到包世臣、许梿、许梋等人的批驳。至于来自朝中一些大臣的铸大钱建议，同样也遭到一些当权大臣的反对。他们胪举历代铸大钱失败的教训，严肃地指出：“前代创铸大钱，皆以有害无利，屡试辄罢。”“凡铸当五、当十大钱，并当千、当百、当五十者，亦屡见诸史册，大约旋用旋罢，旋铸旋废，从未有行之数年而物价能平，公私称便者。”[3]同时指出，铸大钱必然招致“盗铸纷起”，虽严刑峻法而不能遏，铸大钱只能扰乱钱法，而于财政无益。他们还指出利用名目货币愚弄百姓是困难的，“小民至愚而难欺，恐不得以此为不可使知，而可使由也”。[4]这种反驳尽管引证历史事实说明了铸大钱难以成功的一面，却缺乏理论上的说服力，不可能再驳倒货币名目主义。货币名目主义的建议尽管没有被采纳而暂受挫折，并没有完全失败，一旦遇到了合适的机会势必会重新抬头。

---

〔1〕 中国人民银行总行参事室金融史料组编：《中国近代货币史资料》第一辑，上册，第175—196页。

〔2〕 顺便在这里指出，道光时期铸大钱的各种建议中，也有一种与名目货币截然相反的意见。这些人已经看到了制钱价值低，不适应商品经济发展，不利于资本迅速周转的一面，希望有一种价值较大，流通方便的铜大钱作为白银的补充。这方面以孙鼎臣、吴嘉宾、江鸿升等人为代表。他们要求铸当五、当十、当五十等三种大钱，“当五者宜重二钱四分，当十者宜重四钱八分。当五者，铜三斤，为钱二百，值今钱一千；当十者，铜三斤，为钱一百，值今钱一千；今市价钱一千，买铜三斤，与今大钱适相当，私毁则不能多得铜，私铸则不能多得钱。凡用钱者，只以斤两为准，不论官铸私铸，盖直以铜交易耳”。这种意见不属货币名目主义，却不能解决财政困难，不可能受到清廷重视。中国史学会编：《鸦片战争》第1册，第52页，吴嘉宾：《钱法议》。

〔3〕 中国人民银行总行参事室金融史料组编：《中国近代货币史资料》第一辑，上册，第156页。

〔4〕 同上。

二　名目主义的得势与咸丰大钱的铸发

咸丰初年，清朝财政更加困难，为了筹集镇压农民起义的军费，"移缓就急，提后尽前，罗掘之方，实已无微不尽"。仍然不能供应军需，在前线镇压农民的清军"请饷纷纷，日不暇给"。

在财政危机严重形势下，"滇铜亦因道梗不至"，铸造制钱的币材亦空前紧张。封建统治集团内部又有一批人主张以铸大钱来缓解财政困难，四川学政何绍基、御史蔡绍洛、刑部尚书周祖培、大理寺卿恒春等人纷纷上疏，请求改变货币制度，聚敛社会财富。他们提出的铸大钱理由中，除了承袭道光年间梁章钜、雷以諴等人的主要观点之外，又有一些新的发展。

第一，从顽固保守的观念出发，认为白银成为价值尺度，充当主要交换手段是一种错误。他们认为白银作为货币不符合先王之制，是一种不道德的物品，"害农工而利逐末，便居积而长奢淫，为患于人心风俗甚巨"。[1]他们坚持认为以铜作为货币的主要材料，乃是"圣帝明王所贻不可易之良法"。当时，他们中的一些人也看到了白银价值高，体积小，易于携带，便利流通的优点，希望有一种价值同样高的铜钱来代替白银在货币流通领域里的位置，"今必欲得一物以易银，有其用而无其弊，惟有大钱而已矣"。这种货币改革主张还用"变法复古"的旗号装潢起来，用周祖培的话，叫做"仿照汉唐成法，因古制而酌今宜"；用何绍基的话，叫做"变法以救时"，"仍不外乎复古"。显然，这是一种相当落后的货币观念。

第二，他们把当时的财政危机归罪于在货币流通领域里使用白银，以

〔1〕何绍基：《拟请铸用大钱折》，《东洲草堂文钞》卷1，台北：文海出版社，1974年影印本，第2页。

为征收赋税困难是由于银贵钱贱,而银贵钱贱是由于银的数量不足造成的。在白银无可筹措的情况下,感到铜钱只要充足也可以解决国家财政困难。无奈滇铜道路梗阻,洋铜无资购买,铜斤异常短缺,只有改铸大钱,才能补充制钱数量的不足,此所谓“改铸大钱以通钱之用者”。如此可以“所费者少而获息者多”,“盖铸一制钱需费一钱之工本。若改铸大钱,则费三四钱,足成一当十大钱;费三四十钱,足成一当百之大钱”,〔1〕这才是他们通过铸大钱聚敛财富的根本目的。

以上这些建议都是围绕着如何解决财政问题而提出的,在当时各种解决财政危机的方案中,由于它表面上并不直接伤害统治集团任何成员的利益,也算是一种比较诱人的办法。何绍基的建议提出之后,咸丰皇帝当即批示说:“所奏不为无见……此折着户部存记,若有可行时,不妨采择入奏。”〔2〕这里已经流露了可能推行大钱的主观意图。当接二连三的铸大钱建议到达皇帝御案时,在财政危机和筹集兵饷已经一筹莫展的情况下,咸丰皇帝及其统治集团不再犹豫,决定不顾一切后果地进行冒险尝试。1853 年春天开铸大钱,货币名目主义者的意愿得到了实现。

1853 年 4 月,首先开铸的是当十大钱,每枚重六钱。雍正以来制钱的标准重量是每文一钱二分,1852 年减为一钱。当十大钱与制钱相比,减重 40%—50%。同年七月,开铸当五十大钱,每枚重一两八钱。十一月增铸当百、当五百、当千三种,重量分别为一两四钱、一两六钱、二两;同时将当十、当五十大钱分别减重为四钱四分和一两。1854 年增铸当五大钱,重量为当十大钱的一半,二钱二分。此后又增铸当二百、当三百、当四百大钱。大约在一年多的时间里,陆续开铸的铜大钱有当五、当十、当二十、当五十、当百、当二百、当三百、当四百、当五百和当千等十种。此外,还铸有当一、当五、当十等三种铁大钱。“纷纷扰扰,圜法大坏”。〔3〕京城里铸造大钱的机关,除宝泉、宝源两局之外,又批准庆惠、文瑞等人筹建专铸当百以

〔1〕 中国人民银行总行参事室金融史料组编:《中国近代货币史资料》第一辑,上册,第 201 页。

〔2〕 何绍基:《拟请铸用大钱折》,《东洲草堂文钞》卷 1,第 4 页。

〔3〕 徐珂:《清稗类钞》第 4 册,度支类,商务印书馆,1917 年,第 24 页。

下大钱局。京城以外，陆续开铸的省区有福建、广西、甘肃、陕西、直隶、山东、云南、湖南、河南、湖北、热河、四川、江苏和浙江。1854 年，大钱的铸造达到了极盛时期。

三　反名目主义的批评与大钱的停废

在清政府强制推行大钱的过程中，一开始就有人表示异议和反对，这方面主要代表人物有户部侍郎王茂荫和左庶子庞钟璐等人。王茂荫是当时大钱的有力反对者，为此触怒清帝，受到严厉申斥，丢掉了户部右侍郎兼管钱法堂事务的职务。他认为制造铜钱“总以不惜工本为不易之常经”，而超出实际价值的大钱“以虚非实，似实而虚”，分量悬殊，折当过重，在市场上不可能长时期顺利流通，断言“折当过重，废罢尤速”。[1]针对那种认为国家可以任意规定币值的名目主义观点，他批驳说：“论者又谓国家定制，当百则百，当千则千，谁敢有违，是诚然矣。然官能定钱之值，而不能限物之值。钱当千，民不敢以为百；物值百，民不难以为千。”这是说国家可以规定币面价值，但无力控制这种货币的实际购买力，货币购买力的降低就是货币的贬值。

王茂荫还警告说，铸造大钱必然引起严重的经济后果，“自来大钱之废，多由私铸繁兴，物价涌贵”。在他看来，大钱的名义价值与实际价值过于悬殊，一些不法之徒便会利用这种差价，大肆进行伪造活动，大钱因此过多地进入流通渠道，势必引起壅滞，“继之盗铸而多弊，终之改当而折阅”。大钱迅速贬值，物价因而大幅度上涨，市场因之严重混乱，影响国计民生，大钱最终被迫废止。事实上盗铸不是大钱废止的根本原因。因为大钱的铸造主要是封建国家机关推行的，即使社会上不出现盗铸现象，封建政府自身不会自觉地限制其铸额。大钱的最终废止，是由于折当

---

〔1〕 王茂荫：《论行大钱折》，《王侍郎奏议》卷 6，光绪十一年（1885）刻本。

过重，无论发生盗铸与否，都不可能长时期顺畅流通。

王茂荫针对当时连续发行多种大钱，预言说："今大钱分两式样，甫经奏定颁行，各省大张晓谕，当一百者较向之五十犹见轻，且当五百、当千纷见错出，民情必深惶惑，市肆必形纷扰，而一切皆不敢信。"[1]这种预见是相当准确的。应当指出，王茂荫反对铸大钱的根本目的仍然是为了维护封建统治者的长远利益。他在反对铸大钱的时候，也曾流露出这种思想，"为裕经费起见，诚为至计"，只要能够行得通，铸大钱还是可行的。问题是这种方法根本行不通，他才坚决反对。

这里还需要指出的是，有人在分析大钱问题时，曾经认为，发行有限的大钱是可行的。[2]这种观点未必正确。作为贵金属辅币的价值符号，通常是这种贵金属的小额代表，而不可能是自身价值的无限扩大，谁也没有见过重量为一两的金银铸币，在币面镂刻上价值一千两，可以进入流通之渠。"大钱"严格地讲，并不是任何一种本位货币的辅币，它只是国家意志在币面上的一种任意表现，它是不能随时随地兑换的价值符号。而不能随时兑换的价值符号是违反货币流通规律的，是根本行不通的。它与纸币的主要区别在于，纸币是一种贵金属的代表，或者代表社会的一定劳动量，具有信用性质，在它可以顺畅流通的地方，代表着一定量的金银或劳动量，并随时可以交换相应的金银或商品，而大钱不具备这些特点，只是一种虚拟的符号。这一点，王茂荫看得很清楚。他说："钞法以实运虚，虽虚可行，大钱以虚作实，似实而虚。"[3]

尽管遭到王茂荫等人的激烈反对和批评，在兵饷难以筹措的情况下，咸丰皇帝仍然一意孤行，继续滥铸各种大钱。这只能由事实来罚惩他了。

所铸当千、当五百大钱以折当过多，"商民多不愿使用"，"甫经发行，即形壅滞"。搭放到八旗兵丁手中的当千大钱在市场上开始时折价七八百文，或五六百文，当五百大钱则只能折价三四百文，或一二百文，市场上

---

〔1〕 王茂荫：《论行大钱折》，《王侍郎奏议》卷6。

〔2〕 侯厚吉、吴其敬编：《中国近代经济思想史》第1册，第411页。

〔3〕 王茂荫：《论行大钱折》，《王侍郎奏议》卷6。

一片怨声。清廷不得已于 1854 年 8 月下令停铸和收回。当二百、当三百、当四百不久也因市场阻滞，奉令停铸，当一百以下大钱也只能在京城内外勉强使用，百里之外不能通行，只好下令撤销庆惠、文瑞专设的铸币局。当百、当五十的大钱不久亦“缘市肆折算日贱”，壅滞不行，被迫于 1855 年停铸[1]。当五大钱铸额有限，在市场上很少流通。只有当十大钱一种，在市场上流通时间较长，但它与制钱的市场比价实际是由它自身的金属含量来决定的。最初当十大钱重量为六钱，相当于重量为一钱的制钱六枚，在市场上因此也只能当六、当七使用；后来当十大钱每枚减重至四钱，在市场便只能当四当三；不久当十大钱每枚重量减至二钱左右，在市场上便只能兑换到二枚制钱，才算最后稳住。在北京，当十大钱的最后停铸虽然是 1905 年的事[2]，而就事实来讲，大钱制度在 1858 年就已名存实亡，没有实际意义了[3]。就各省来说，当千、当五百大钱均未敢尝试，所铸当百以下大钱亦因“商贾不肯行使，兵役不愿承领”，旋铸旋废，难以流通，自行消亡。

对于大钱的发行困难，英国经济学家威廉·配第早就明确指出：“如果新铸的先令缩小到它现在重量的四分之三，我们所拥有的货币是否因此会比现在多出三分之一，从而我们的财富也增加三分之一呢？你确实会比现在多得三分之一的新命名的先令，但不会多得一盎司的白银，也不会多得货币。尽管同先前相比，你拥有更多的新币，你也买不到比先前更多的外国货，甚至也买不到更多的本国货。”[4]这是说，人为地减少单位金属货币重量，丝毫不能增加财富；同样，人为地提高单位金属的货币的名目价值，也丝毫不能提高它的实际价值。

---

[1] 《大清会典事例》，户部，钱法门。

[2] 章宗元：《中国泉币沿革》第 4 册，北京经济学会，1915 年，第 234 页。

[3] “当十钱行独久，然一钱当制钱二，出国门即不通行。”（《清史稿》卷 124，志 99，第 3648 页。）

[4] 【英】威廉·配第著，陈冬野等译：《赋税论　献给英明人士　货币略论》，北京：商务印书馆，1978 年，第 119 页。

四　市场的混乱与兵民的贫困

国家机关有意提高或降低货币的价值，是一种对于人民很坏而且不公平的掠夺方法。它也是国家趋于衰弱的象征，这样的政府，为了继续对人民进行统治，就连一根稻草也要抓住。它为了使赝品变成真品，不惜采取一切措施，或者把国王的头像镌刻在铸币上，或者将国家机关的印信加盖在纸币上，想尽一切办法，将实际不存在的东西说成是存在，破坏国家机关的信誉。

咸丰时期，各省所铸大钱种类较少，数额不多，加之难于流通，发行范围十分有限，“旋铸旋废”，在商品市场上停留的时间较短，对于商品正常的流通干扰不大。

京师所铸大钱的发行范围限于北京，流通范围超不过百里。大钱对商品市场的破坏自然限于京城内外。由于咸丰时期京师所铸大钱种类多，数额大，而且发行集中在狭小的区域，加之大钱进入市场时不是流通领域自愿吸收的，而是通过强制性的搭配措施发放的，因而它对市场的扰乱就局部地区来讲，是相当严重的。

根据各种记载，1854 年夏天，麦子大丰收。8 月，北京城外每斤麦面价值制钱 16—17 文，而城中每斤麦面售价为 38 文，其他各种食物亦同样昂贵。“推原其故，皆由城中行使当百、当五十大钱，畿辅州县尚未通行，各庄户持麦入城换归大钱，不便使用，因即裹足不前”，外来粮食日益减少，粮店纷纷歇业。“南城数日之间，粮食铺关闭五十余家”，城中粮价因供应困难而陡涨，市民一片怨声。[1]同年秋天，当千、当五百、当百、当五十大钱相继不能流通，“始而每吊价值五六百文”，继而减至“三百余文”。到了冬季“竟无行市”。各行各业商人“心皆摇动，议论沸腾”，相约一概不行

---

〔1〕 中国人民银行总行参事室金融史料组编：《中国近代货币史资料》第一辑，上册，第 265—270 页。

大钱，以致兵民虽有大钱，无处买物。马兰峪一带商民纷纷关门罢市。[1]

掌广西道监察御史认为，大钱不能顺利流通乃是奸商把持钱价造成的。他说："奸商轨迹百出，于兵民以当百之钱买物者不惟不肯找给余钱，并假口字画不清，声音不响，不肯使用。必须买物之人极力央求，方告以大钱价值若干，小钱若干，愿买则听其付给。如不愿买，及至他处，亦复如是。是以兵民人等只得忍气售买，不敢与较。盖恐一与争论，即贵价亦不肯卖给矣。有终日持钱，竟至不能买得一物者。各行如是，而惟粮行、盐行为尤甚。"[2]

1855 年，清政府为了维持当十铜钱和铁钱的流通，颁布了一道法令，规定：无论何项买卖还是赎当还债，铜铁当十大钱与制钱一律使用，不准藉口挑拣。"其银市交易，尤不准另定价值，致大钱制钱互有低昂"。并派巡防兵役各处认真访拿。尽管如此，"京城大小铺户及各项买卖，于当十铜钱藉口花漏，百端挑剔，不肯一律行使。旬日之间，又间有挑拣铁钱者，闾阎颇形纷扰"。

1856 年，已是当十铜大钱发行的第三个年头。然而，京畿各州县仍不通行，大钱不能出都城，充斥京师市场，价值日益低落。按照格雷欣法则，劣币加紧驱逐良币，制钱被大量收藏和运送出京，迅速退出流通之渠，"以致制钱日少，民间零星日用，几于无处购取制钱"，金融市场一片混乱。

1857 年 2 月 5 日，清廷发布强制推行铁大钱的谕令。当日北京"所有米店及零卖食物铺户大半关闭，几于罢市"。铁大钱连日贬值，各行商人拒绝使用铁大钱交易，以致手持铁大钱无处买物，竟至出现情急自杀者。物价昂贵日甚一日，"人情汹汹"。持钱入市买物，价各不同，铁大钱比铜大钱加一倍，铜大钱又比钱票宝钞加增。"若以当十铜钱买物，价值虽昂，尚得真正货物；若以当十铁钱买，则得滥恶货物"。到了 5 月，虽经朝廷多次晓谕，巡防营严格稽查，当十铁大钱仍然变成一堆废物。而后，

---

〔1〕中国人民银行总行参事室金融史料组编：《中国近代货币史资料》第一辑，上册，第 273 页。

〔2〕《掌江西道监察御史奏为奸商把持钱价请拿办事》，咸三四年八月十一日，录副奏折，档号：03-9511-020。

都中商民开始挑剔当十铜大钱。每铜大钱百枚,经过挑选之后可用者不过二三十枚,以致市场争讼,叫骂不绝。旦夕顿异的大钱市价变动,不仅使商民难以维持正常的营业,时刻面临着破产的威胁,而且使贫民生计更加困窘。他们竟日劳作,“仅得数十文以为养生之资”,手持大钱到市中买物,什么也买不到。

骗人的制度决不能历久而不瓦解,它的结果必定是得不偿失。在和个人利益有关的事情上,官方最难运用巧智欺骗人民,官员难于施展欺诈手段愚弄人民。人民是多数,是弱者,虽然无法运用手段直接防范官员的侵害,无法防止政府机关的背信弃义,但政府的欺骗行为无论掩饰得如何巧妙,隐瞒得如何严密,总有一天会被人看穿,结果将使政府博得狡猾无赖的臭名。

1858 年,京城物价粮价更加昂贵,“至于杂粮、杂货、零星食物以及一切日用之类,无一不腾贵异常”,“京师百物翔贵。米薪蔬菜以及日用品必需之物较之当日,皆增价十倍,圜法壅滞”。对当十铜大钱更加挑剔,“即光美者,民间于当十大钱仅作铜制钱一文行用”,[1]或者折二折三。每石大米由前一年的“十余吊文”,涨至“二十余吊不止”;每斤猪肉则由前一年的“二三百文”,骤然涨至“六七百文不止”。“贫民流为乞丐者不少,乞丐至于倒毙者益多”。大街小巷啼饥号寒者日益增多,抢劫不断。抢夺食物事情频繁发生在京师,可见社会经济生活多么混乱。八旗子弟,不工不农不商,别无生计,每月仅靠支领官费过活。这时所领月饷以铜大钱居多。大钱贬值,物价昂贵,生活异常困难,因而连续发生旗民“叩阍”事件,申诉大钱不便生计。[2]这不能不使统治集团感到极端忧虑。

1859 年,各省白银一两只能兑换 1400 文制钱,而京师“每银一两易

[1] 张集馨:《道咸宦海见闻录》,北京:中华书局,1981 年,第 250 页。

[2] “叩阍”,阍,即宫门。叩阍是直接找皇帝的意思。咸丰八年二月,北京发生多起旗民拦住皇帝去路,陈诉困苦情形事件。中国人民银行总行参事室金融史料组编:《中国近代货币史资料》第一辑,上册,第 297 页。

大钱至十七八千”。故“京师之患不在遍灾之害，而在大钱之不便”。[1]每见鸠形鹘面之人在街市沿门求乞。甚至皇家宗室亦有散而为盗者，“纠众横行劫夺仓米，犯案累累”。这种普遍的社会灾难是清廷发行大钱和钞票造成的，“近年来近京一带收成甚好，并无奇荒，而此百姓亦非流亡外来之人，乃至坐困如此，此可见大钱之弊政矣！”[2]

光绪初年，针对大钱在各地废止和京城的流通情况，有人说：“咸丰年间，军务迭兴，铜斤支绌，经户部奏请，改铸铜铁等各项大钱，并令各省分铸，虽有数省遵办，而大钱、铁钱终未畅行。惟京城行铜当十钱至今未改，各省则皆用制钱也。”[3]有人指出：“自军兴改铸大钱已二十余年，行用当十大钱地方，曾不能出都门四十里之外。”[4]

由上述情况来看，咸丰大钱的发行不仅使京城市场长期处于萧条混乱状态，而且由于欺骗性的掠夺使社会各阶层都蒙受了巨大损失，更把贫民推向了苦难的深渊。咸丰大钱的发行，正像当时的批评者所指出的那样，是一种“架空腾挪之计”。它的设计者的目的是借用虚幻的价值符号来掠夺社会，转嫁财政危机。诚然，大钱的推行在转嫁经济危机，缓解财政压力方面多多少少起到了一些作用。不过，这种作用是很有限的。大钱的发行不仅不像货币名目主义者所期望的那样，可以取之不竭，稳操“不资之富”，而且使统治集团付出了高昂的代价。大钱的发行严重破坏了京城的商品流通，商人不愿贩货入京，货物短绌，关税亏损，“阳获锱铢之微，阴失倍蓰之利”。大钱的兴铸和停废浪费了大量的人力和物力，没有起到节约币材的实际效果。在当时人们就认为，铸大钱仅以收充盈之名，并未得节省之实。因为，市场交易只比较铜大钱的重量，“而不问名

〔1〕 赵树吉：《请罢大钱疏》，王延熙、王树敏编：《道咸同光奏议》卷38，台北：文海出版社，1969年，第9页。

〔2〕 中国人民银行总行参事室金融史料组编：《中国近代货币史资料》第一辑，上册，第302页。

〔3〕 《京畿道监察御史刘国光奏为请饬户部转行各省开铸铜钱事》，光绪二年正月二十一日，录副奏折，档号：03－9527－019。

〔4〕 《通政使于凌辰奏为大钱太贱银价太昂请改铸制钱事》，光绪二年十月初六日，录副奏折，档号：03－9527－029。

之多寡”,一枚重量为四钱的当十大钱,只能在市场上兑换到四枚重量为一钱的制钱;一枚重量为二钱左右的当十大钱,它的实际购买力仅仅相当于二文制钱。所以,铸大钱“徒博虚名而不得实用”。最为严重的是,大钱的强制推行严重扰乱了商品市场,使京城社会各阶层生活明显贫困化,由此引起一连串社会骚动,政治危机明显加重。值得清王朝庆幸的是,大钱的流通范围主要限于京城一隅,它所造成的社会危害尚未在全国大部分地区蔓延开来。否则的话,清王朝的统治在农民起义的打击下,加以大钱造成的各种破坏,恐怕早已不堪设想了。

小　结

在“银贵钱贱”形势下,在财政危机的逼迫下,人们开始寻觅平抑银价,增加财政收入的措施,以便帮助王朝渡过危机。在众多的建议中,铸发超出货币实际价值的大钱是颇为诱人的方案之一。

在“子母相权”的古老货币思想影响下,早在嘉庆时期就有一个名叫许画山的人提出了征收红铜,铸造当百、当二百、当三百、当五百和当千的大钱建议。在他看来,银和铜这类金属都没有内在的价值,它们的价格完全可以由国家来规定。这种意见在嘉庆时期没有引起统治集团的重视。

进入道光时期,随着“银贵钱贱”的形势日益严峻,随着财政危机的加重,有些人力主铸大钱解决财政困难,有的人则坚持认为铸大钱在历史上没有成功的先例,不可能帮助国家渡过难关。因此,在清政府中引发了一场关于铸大钱的激烈争论。

王鎏是道光时期在货币学上很有影响的人物。他不仅提倡印发毫无限制的不能兑现的纸币,而且主张同时铸大钱解决社会经济问题。他漠视金属货币的内在价值,用“饥不可食,寒不可衣”来抹杀货币的流通作用。

道光时期在廷臣中主张铸大钱最力的人物有梁章钜、雷以諴、张育修、王植等人。他们与王鎏一样,不承认金属货币的内在价值,以为货币的价格完全可以由最高统治者的主观意志来确定，鼓吹赤裸裸的愚民政策，建议搭收搭放，强制发行大钱，与制钱子母相权，同时流通。建议制订法令严厉打击私铸，以便保证封建国家的高度垄断权益。

道光时期反对铸大钱的重要代表人物是包世臣、许梱等人，还有户部大臣潘世恩等。他们并未从理论上加以深刻的论证，只是引证历代铸大钱失败的教训说明不可行，“前代创铸大钱，皆以有害无利，屡试辄罢”。因此不能驳倒货币名目主义。

咸丰初年，财政危机空前加重，铸造制钱的币材由于战争阻断交通空前紧张，清廷中又有一批人主张铸大钱，摆脱财政危机和政治困境。四川学政何绍基、御史蔡绍洛、刑部尚书周祖培、大理寺卿恒春等要求改革币制，利用大钱为国家机关聚敛社会财富。他们认为白银日渐成为价值尺度是非常有害的，乃是一种不道德的物品，“害农工而利逐末，便居积而长奢淫”。他们试图用大钱来代替价值昂贵的白银，他们还把财政危机的出现归咎于社会重视白银，要求在流通领域废除白银。在财政危机和筹集兵饷已经一筹莫展的情况下，咸丰皇帝及其统治集团决定不顾一切后果地进行冒险尝试。

从1853年开始铸发当十大钱，此后在不到一年时间里先后铸有当五、当十、当二十、当五十、当百、当二百、当三百、当四百、当五百和当千等十多种大钱，此外还铸有铁铅等大钱。名目繁多，旋铸旋废，圜法大坏。

在清政府强制推行大钱的过程中，遭到许多人的批评和反对。王茂荫是反对大钱的最重要的代表。尽管遭到王茂荫等人的激烈反对和批评，咸丰皇帝仍然一意孤行。

咸丰时期的京师大钱发行范围主要限于京城及其近郊地区。大钱所造成的社会危害也主要限于北京城内外。“自通行大钱以来，所有制钱大都运往外省。”市面制钱紧缺，交易混乱，京城市场长期处于萧条混乱状态，社会各阶层都蒙受了相当大的损失。大钱的发行不仅严重破坏了商品流通，而且还助长了当地的盗铸风气。大钱的发行不仅没有起到节约币材的实际效果，而且还因为旋铸旋废，浪费了大量的人力物力。大钱的强制推行，使京城人民生活明显贫困化，由此引起一连串的社会骚动，政治危机明显加重。

简短的结语

一　劳动价值论得到了检验

当今世界，关于商品价值的理论，主要有三种：即劳动价值论、均衡价格论和边际效用价值论。劳动价值论由英国古典经济学家提出，认为商品的价值决定于社会的必要劳动时间。充当货币的金属同其他商品一样具有内在的价值，金属的价值也同其他商品的价值一样决定于在生产中所消耗的劳动时间。

劳动价值论是英国古典经济学最辉煌的成就之一。马克思在评论配第的《赋税论》时，指出："用需要等量的劳动来生产贵金属和谷物具有同一价值的例子来说明价值量，这样他就为贵金属的价值下了第一个也是最后一个'理论上的'定义。"[1]配第注意到贵金属之所以能够充当货币，并非是其本身具有某种神秘性质，而是因为它的自然属性最适合充当货币。铜、锌、铅、锡等金属也曾充当过货币，后来逐渐被金银所替代，只是因为这些金属价值较低，比较笨重，不便于携带而已。配第还明确指出："纯金和纯银之间价值的比例，是随着土地和人类劳动生产这两种东西的多少而变动的；这是说，按重量计算，黄金的价值原只是白银的十二

[1] 《马克思恩格斯选集》第3卷，第271—272页。

倍,近来由于生产出来的白银更多些,黄金的价值是白银的十四倍了。黄金生产的多少是与此相称的,也就是说,生产出来的白银约为生产出来的黄金的十二倍,这就使得黄金比白银更贵重些。"[1]

亚当·斯密也说:"只有劳动才是价值的普遍尺度和正确尺度,换言之,只有用劳动作为标准,才能在一切时代和一切地方比较各种商品的价值。"[2]又说,"劳动是第一性格,是最初用以购买一切货物的代价。世间一切财富原来都是用劳动购买而不是用金银购买的。所以,对于占有财富并愿用以交换一些新产品的人来说,它的价值恰恰等于使他们能够购买或支配的劳动量。"[3]亚当·斯密认为,商品的价值主要决定于物化在其中的"劳动量"。不过,商品的供需关系也影响其价格,但这种影响是有限的。如果市场上商品一旦超过它的有效需求,那么,它的价格必定会降到自然价格以下。反之,如果市场上商品量不够供应它的有效需求,那么,它的价格必定会上升到自然价格之上,这里的"自然价格",也可以叫做"中心价格"。一切商品价格都不断为中心价格所吸引。各种意外的事件,固然有时会把商品价格抬高到这个中心价格之上,有时会把商品价格压抑到这个中心价格之下。尽管有各种因素使得商品价格不能固定在中心价格上,但是,商品价格时时刻刻都向着这个中心,不可能偏离得太远。

关于金银等贵金属价格的变化原因,亚当·斯密这样分析说:"金银条块市价不时变动的原因和一切其他商品市价不时变化的原因相同。此类金属常因海陆运输途中的意外事件而遭受损失。在镀金、包金、镶边和绣花过程中都会有不断的消耗。在铸币及器皿上都会有磨损。所以,自己不占有矿山的国家为了弥补此等损失和消耗,就需要不断输入金银。我相信金银进口商也像其他商人一样会竭力使金银的输入适合于当时的

---

〔1〕【英】威廉·配第著,周金如译:《爱尔兰的政治解剖》,北京:商务印书馆,1964年,第59—60页。

〔2〕【英】亚当·斯密著,郭大力、王亚南译:《国民财富的性质和原因的研究》上卷,北京:商务印书馆,1982年,第32页。

〔3〕同上书,第26页。

需要。可是,无论他们对供求的考虑如何周到,也总不免有时输入太多,有时输入太少。假如,金银条块输入多于需要,他们往往不愿冒再输出的危险与困难,而情愿以略低于一般价格在国内售去若干。反之,如果输入少于需要,他们可得的市价就会高于一般价格。但是,在这种偶然变动下,金银条块的市价若竟能在好几年内稳定地持续地保持着略高于造币厂价格或略低于造币厂价格的状态,我们敢说,那一定起因于铸币本身的某种情况,使得一定数量铸币的价值在这几年内高于或低于铸币中应含有的纯金量或纯银量。"〔1〕面对这样一部著作,人们不得不学习它、引用它,即使想建立自己的解释体系,也需要与其展开争论,才能找到新起点。

李嘉图认为,一切物品的价值的大小和生产它们过程中所投下的劳动量成正比例。"黄金和白银也同其他商品一样,有其内在的价值,这并不是随便决定的,而是取决于他们的稀少性,为取得这些金属而使用的劳动量,以及在开采它们的各矿所用资本的价值。"〔2〕又说,"金价约比银价贵十五倍,这不是由于黄金的需求大,也不是因为白银的供给比黄金的供给大十五倍,而是因为获取一定量的黄金必须花费十五倍的劳动量。"〔3〕

著名哲学家约翰·穆勒同样认为,"货币同一般商品一样,其价值最终并不取决于需求和供给,货币价值的最后规定者是生产费用","在自由状态下,货币的价值与其所包含的金银块的价值相一致","各种物品的暂时价值或市场价值取决于需求和供给,它们的平均价值和永久价值取决于它们的生产费用。这些道理适用于物物交换,也适用于货币

〔1〕【英】亚当·斯密著,郭大力、王亚南译:《国民财富的性质和原因的研究》上卷,第41页。

〔2〕【英】彼罗·斯拉法主编,郭大力、王亚南译:《李嘉图著作和通信集》第3卷,北京:商务印书馆,1981年,第56页。

〔3〕同上书,第1卷,第301页。

交换”[1]。

马克思曾经指出：“我的价值、货币和资本的理论就其要点来说，是斯密、李嘉图学说的必然发展。”[2]只有劳动才是价值的普遍尺度和正确尺度。换而言之，只有用劳动作为标准，才能在一切时代和一切地方比较各种商品的价值。

均衡价格论与边际效用价值论是现代西方经济学中较为重要的两大学派。均衡价格论侧重于对市场供求与价格之间关系的分析。边际效用价值论则是从商品的稀缺性和商品效用入手，分析效用对消费者的作用，从而得出效用决定价值的结论。均衡价格论，是由马歇尔等人提出的价值理论。他认为“价值”是由社会的供求关系决定的，而供求作用直接决定于市场价格。通过对供求作用的分析得出了市场供求均衡时的价格，发现该“价格”是最完美的，是价值最充分的表现，从而提出市场价格决定商品价值的观点。边际效用价值论，是由英国的杰文斯、奥地利的万格尔和法国的瓦尔拉斯提出的，后由奥地利的庞巴维克和维塞尔加以发展的价值理论。他们认为商品的价值是人对物品效用的感觉和评价；效用随着人们消费的某种商品的不断增加而递减；边际效用就是某物品一系列递减的效用中最后一个单位所具有的效用，即最小效用，它是衡量商品价值量的尺度。

劳动价值论与均衡价格论、边际效用价值论之间既有对立又有联系。第一，劳动价值论认为商品的价值主要决定于物化在其中的社会必要劳动时间，但从不否认商品的需求和供给会影响商品的价格。马克思明确指出：“要使一个商品按照它的市场价值出售，也就是说，按照它包含的社会必要劳动来出售，耗费在这种商品总量上的社会劳动的总量，就必须同这种商品的社会需要量相适应，即同有支付能力的社会需要相适应。”[3]显然，在重视供求关系上，劳动价值论与均衡价格论者的观点并不矛盾。二

[1] 【英】约翰·穆勒著，胡企林、朱泱译：《政治经济学原理及其在社会哲学上的若干应用》下卷，北京：商务印书馆，1991年，第14—27页。

[2] 【德】马克思著，中央编译局编译：《马克思恩格斯全集》第13卷，第159页。

[3] 中央编译局编译：《马克思恩格斯全集》第25卷，第215页。

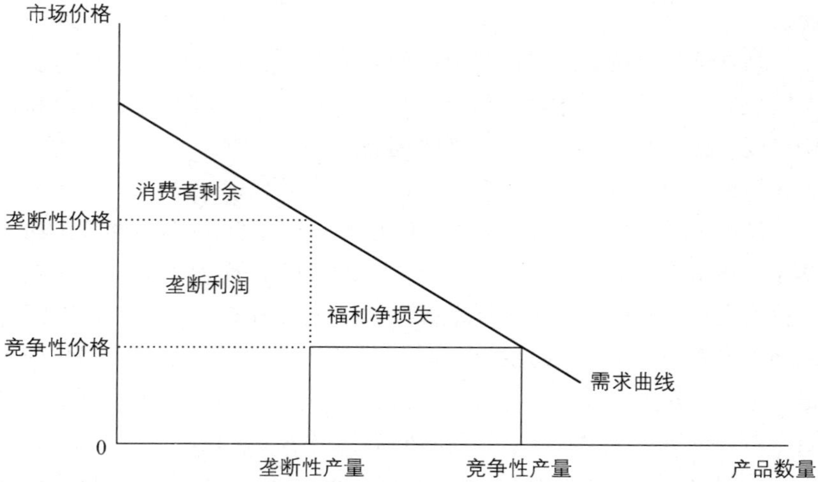

者的对立在于，劳动价值论是一种关于价值的本质分析，而均衡价格论是一种关于价格的现象分析。第二，马克思认为价值与使用价值是统一于商品体内的两个因素，二者互相依赖，不可分割。使用价值是价值存在的前提，是价值的物质承担者。没有使用价值则失去了价值存在的基础。可见马克思和边际效用价值论者几乎同样重视使用价值。区别在于，马克思认为价值是人类抽象劳动的凝结，价值量由生产该商品的社会必要劳动时间决定，商品交换以价值量为基础实行等价交换；而边际效用价值论者认为价值是人对商品满足欲望程度的感觉和评价。由于主观评价常因主题不同而迥异，必然使价值的衡量缺乏统一的标准。马克思认为价值的源泉是唯一的，即人类的劳动。而边际效用价值论者认为价值源于商品效用与人的欲望之间的满足关系而引起的感觉和评价，即价值来源于主观评价。

劳动价值论诞生了三百余年，人类社会发生了翻天覆地的变化。但是，当代的经济生活并未超出劳动价值论涵盖的范畴，反而为劳动价值论提供了更加广阔的应用空间。尽管人们对于劳动价值论的质疑在所难免，尽管劳动价值论作为相对真理需要进一步完善和修正，但其基本思想并未受到真正的强有力的挑战，劳动价值论依旧放射着真理和智慧之光。因此，笔者认为，在考察晚清的银钱比价时，既要重视金属生产长时段的价值量的变化，又要关注其供求矛盾引起的短时段的价格变化。

商品是用来交换的劳动产品。商品的价值是凝结在商品中的无差别的人类劳动。由此可见，衡量商品价值的大小，就应当看凝结在商品中的劳动量的大小。而衡量劳动的天然尺度是劳动时间。商品价值的大小决定于物化在其中的社会必要劳动时间的多少。在生产黄金的各国，一磅重的黄金最后趋向于与其生产费用相等的其他一切商品相交换；黄金本身的生产费用是指，当时为了满足实际需求而必须加以开发的生产能力最为低下的供给来源所需花费的劳动和费用。黄金的价值趋向于与它的自然价值相一致，一如其他各种物品的价值趋向于它们的自然价值。假定黄金的售价高于它的自然价值（黄金的自然价值等于开采黄金的劳动和花销加上失败机会极大的产业部门的风险报酬），则寻找投资场所的大量流动资金就会有一部分投向采金企业。因而，供给将增加，而价格则将降低。反之，如果黄金的售价低于它的自然价值，金属矿主得不到通常的利润，他们将会缩小他们的业务；如果售价大大低于自然价值，有些劣等矿山或许会停止开采。[1]

二　清代银钱比价波动的特点

金属货币是市场经济自然进化的产物，是人类最为信赖的最诚实的货币，最能体现商品的交换价值。以金属货币为尺度的价值体系，一般来说是比较稳定的。1974 年 7 月 13 日，《经济学人》杂志发表了一份英国的物价统计报告。自 1664 年到 1914 年，在这二百五十年间，英国的物价一直保持平稳状态。期间虽有所增减，但起伏变化幅度并不大。[2]欧洲、

〔1〕【英】约翰·穆勒著，胡企林、朱泱译：《政治经济学原理及其在社会哲学上的若干应用》下卷，第 31 页。

〔2〕宋鸿兵：《货币战争》，北京：中信出版社，2007 年，第 256 页。

美洲国家在银本位或金本位时代,也都是这样。法国法郎自 1814 年到 1914 年,保持了百年的货币稳定;荷兰盾从 1816 年到 1914 年保持了九十八年的货币稳定;瑞士法郎从 1850 年到 1936 年也保持了八十六年的货币价值稳定;比利时法郎自 1832 年到 1914 年,保持了八十二年的货币价值稳定;美国自 1800 年到 1913 年,物价波动幅度上下不超过 26%。观察晚清时期的货币价格变化,可以发现三个特点:

第一,在两种金属依法充当本位货币的情况下,货币的价格波动是非常正常的现象。一般来说,两种金属按规定的比价都成为法定货币,较之以一种金属为唯一的本位货币时,货币的价值似乎更容易经常发生变动。它容易受多种金属的生产费用变化的干扰,而在后一种情况下则只受一种金属的生产费用变化的影响。[1]

"如果黄金与白银都是法偿币,可以同样偿付任何数额的债务,那么,主要的标准价值尺度就会不断改变。有时是黄金,有时是白银,情形完全取决于这两种金属的相对价值的变化。"[2]同样道理,银两与制钱在清代都是自由兑换的货币,都是交纳赋税、抵偿债务的"偿币",这两种货币作为价值尺度,不仅随着各自金属价格的变化而变化,而且随着制钱重量和质量的变化而变化。变化是绝对的,不变则是相对的。

人们最初规定两种金属的相互价值(例如,英国最初规定 20 先令等于 1 金镑,21 先令等于 1 畿尼;再如,清初规定一两银子兑换制钱一千文)时,也许已经尽可能使这一比例与以两种金属的生产费用为依据的它们通常的相对价值相一致。如果这种自然价值或费用价值持续不断地保持同一比例,这样的办法似乎是理想的。然而,事实远非如此。在所有的商品中,黄金和白银的价值虽然最不易变动,但也并不是永恒不变的,而且它们并不总是同时变动的。假定任何一种贵金属价值发生变化,保

[1] 【英】约翰·穆勒著,胡企林、朱泱译:《政治经济学原理及其在社会哲学上的若干应用》下卷,第 38 页。

[2] 【英】彼罗·斯拉法主编,郭大力、王亚南译:《李嘉图著作和通信集》第 1 卷,第 315 页。

持两种贵金属之间的比价不变则是十分困难的[1]。对此，清人已有比较清醒的认识。

“大抵钱文轻重应视铜价为准，一千之钱合铜若干，一斤之铜值银几何。合而计之，千钱之铜适值一两，然后千钱之价市得一两之数。纵或稍有长落之时，不过上下三五十文之间。倘千钱之铜只值银七八钱，而欲以一千兑银一两，必不能也。铜贱钱贵，利徒必冒法而私铸；如千钱之铜值银一两二三钱，而欲银一两兑钱一千，必不能也。铜贵钱贱，利徒必干禁而私毁。是又理势之所必至者也”。[2]这种关于银钱价值交换的本质的认识是完全符合金属货币流通规律的，也完全符合有清一代银钱比价变化的实际情况。制钱以铜为主要原料，钱即铜，铜价决定钱价。铜价贵，钱价亦贵；铜价贱，钱价亦贱。在铜价昂贵的情况下，无论是谁想让钱价贱，都是办不到的。在铜价低贱的情况下，无论何人想使钱价保持昂贵，也是枉费心机的。

两种商品的普通价值比例与其在市场上普遍存在的比例不必一致。一头牛价值十两银子，相当于羊的价值的十倍。如果我们以此推想市场上有一头牛，就一定有十头羊，那是十分可笑的。同样道理，认为有一两白银，就应当有一千文制钱；有一百万两白银，就应当有一百万串制钱。钱价低了，就是制钱数量多了；钱价高了，就是制钱数量减少了。这种思维逻辑同样是荒唐的。

有清一代，许多人都把“一两白银换一千文制钱”看成是理想的标准，如果用 M 代表货币的数量（Money），用 P 代表货币的价格（Price），1 代表一种货币的总价值，则方程式为 $MP=1$。如下图所示，当我们把纵轴 y 看成是银两或制钱的数量，把横轴 x 看成是这两种货币的价格时，这个反比例的函数图形既可以解释银价的变化，又可以解释钱价的增减，还可以

[1] 【英】约翰·穆勒著，胡企林、朱泱译：《政治经济学原理及其在社会哲学上的若干应用》下卷，第 34 页。

[2] 《直隶按察使多纶奏请改铸钱文以缓钱价事》，乾隆三年二月初六日，朱批奏折，档号：04-01-35-1227-024。

解释银钱比价的变化。当白银的公式为 $M_1P_1 = 1$,制钱的公式为 $M_2P_2 = 1$ 时,便假定 P_1 与 P_2 之间的比价应是 1∶1000,即一两白银兑换一千文制钱。这样当银价增加或减少时,自然会影响到制钱价格的高或低;当钱价增加或减少时,也会影响到银价的高或低。一两白银在市场上兑换的制钱低于一千文时,这种现象被人们称为"银贱钱贵";一两白银在市场上兑换的制钱超过一千文时,这种现象被人们称为"银贵钱贱"。每一个时期都有大臣根据"银贵钱贱"或"银贱钱贵"的现象,提出各种调剂办法,干预市场上的银钱比价。这些政治干预措施,有的顺应了价值规律,就会产生一定成效;有的违背了价值规律,就会遭受失败。历史事实反复证明,违背价值规律的政治权力干涉无不归于失败。

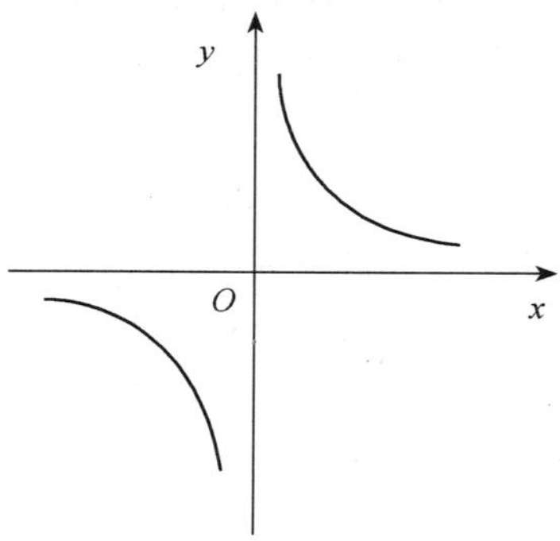

例如,1744 年 8 月,由于京城钱价长期居高不下,清朝官员认为是经纪与钱商相互勾结,生意投机造成的。为了控制钱市上的投机活动,将朝阳门及西直门钱市归并正阳门外一处,设立经纪十二名,每日上市,召集买钱卖钱铺户商人,照官定市价公平交易,并设立官钱局,将宝源局、宝泉局铸造的制钱拿出一部分,每日发卖,用以调剂银钱比价。这个用意很好。但是,由于所定价格尽可能靠近官定"一两换钱一千文"的比价,这就违背了市场规律,因此弊端百出,最后不得不以失败告终。是年 12 月 14 日,山东道监察御史杨开鼎奏报指出:"如,官局五钱九分换制钱五百,立法洵为平允,而臣屡过钱市,见每日上市买钱者不下千余人,携银而返者居其大半。细访其故,皆因官局发卖之钱,原不能敷,众人所买则有赖于铺户者实多。现今多端留难,不肯轻售。欲借此高抬钱价以获利,奸户大概皆然,以致京城开钱铺者一日上市不得钱,即一日生计无所出。凡资本充裕之家,不得已每五十两外暗贴银一两七八钱至二两不等,铺户得此暗贴方肯卖钱。则是凡买钱者名虽五钱九分换制钱五百,其实作价六钱一分,加以经纪使用以及车载、马驮之费计算,六钱三分余矣。如此成本出卖当能减少,亦是名虽五钱九分而重于平,格外高抬,依然六钱四分,钱价终未可平。即此等暗贴而得钱者亦仅十之三四。而资本不足之小户不能暗贴而得钱者十之六七。除得官钱交易外,千余人之携银空返者居大半矣。以故现今各钱铺铺中缺钱者甚多,小民甚是不便。"[1]

第二,系统研究清代的银钱比价变化,可以发现,这种变化首先决定于银、铜、锌、铅、锡等金属市场价格的波动。其次,银钱比价的变化与制钱的铸币质量有很大关系,每一次制钱质量的改变都会引起其价格的相应变化,事实上仍然反映的是金属价格比例的关系。从人们对于真理的追求和完备理论来看,这种尝试也许还存在一些局限性,但是,很明显这种研究方法无疑是朝着正确方向前进的。

第三,在特殊情况下,银钱的数量通过加剧供求关系可以起到一定助推作用,但是,这种影响毕竟是暂时的。换而言之,清代的银钱比价变化与银、铜、锌、铅、锡的市场价格高度一致,而与流通渠道内的银两和制钱数量的多少关系不大。英国古典经济学家关于金属货币流通规律的论述在清代的中国流通领域得到了完全证实,令人信服。

"夫物多则贱,物少则贵。理势之所必然。"[2]"钱贵由于钱少,而钱少由于私毁、囤积者之多。"[3]在清朝人看来,此属一定之理。他们的思维逻辑是,"物以稀为贵",这多多少少具有边际效用价值论的特征。在

---

〔1〕《山东道监察御史杨开鼎奏陈酌筹钱法使钱价渐平而国宝流通事》,乾隆九年十一月十一日,录副奏折,档号:03-0770-034。

〔2〕《直隶按察使多纶奏请改铸钱文以缓钱价事》,乾隆三年二月初六日,朱批奏折,档号:04-01-35-1227-024。

〔3〕《正白旗蒙古参领四十七奏报铜价日昂请禁囤积事》,乾隆三年五月二十九日,录副奏折,档号:03-0768-017。

清人看来，甚至在今人思想中，是银两与制钱的货币量决定着彼此之间的价格。问题是，这只是一种猜测和感觉。对于清代各个时期的货币量来说，要完成一个总体估计困难重重。因为清代货币的构成有白银、铜钱以及信用货币等几个方面，每一个方面都没有现成的统计数字可以利用。现有的研究，通过以海外贸易资料对于白银流出流入有一些粗略估计，又通过官方的铸钱定额、云南铜产量以及东洋铜斤采买对制钱的铸造量也有几个粗略的估计。然而，中国的本土白银存量到底有几何？每一时期白银走私流出流入有多少？窖藏的数量有多大？铜钱的铸造量到底有几何？每一时期盗铸盗销的铜钱有多少？流通的频率有多高？这些都难以估计。至于信用货币的规模，更是难以估计。迄今为止，在清代各个时期的货币构成中，约略知道的仅仅是白银的合法流出与流入量。即使在这一方面，各家的估计仍有相当大的出入〔1〕。因此，我们认为，货币数量论者始终局限于商品的表象，并没有真正认识到物品贵贱与其数量多少之间的内在关系。

白银与制钱都是一般商品，既然是商品，无论是银价还是钱价，它们的长时期的平均价值取决于生产费用，而暂时的价值则取决于需求和供给〔2〕。例如，1822 年 6 月，浙江产蚕甚旺，生丝大量上市，外地商人闻信云集。由于生丝的出售者大多是农民，“惟以钱文为利于行用”。而生丝购买者，自远方而来，“均携带银两，必须到地兑换钱文，始能交易。一时

---

〔1〕 彭泽益认为，清代产银无多，年产量不过四五十万两（彭泽益：《十九世纪后半期的中国财政与经济》，1983 年，第 26 页）；王业键认为，1680 年为 3 亿—3.5 亿银元，1830 年增至 11.4 亿—13.3 亿银元，白银外流导致 1850 年的存量下降到 9 亿—11 亿银元，1880 年又反弹至 15 亿—16 亿银元（王业键：《中国近代货币与银行的演进》，1981 年，第 24 页）；吴承明估算 17 世纪后期至 18 世纪白银流入总计 1.8 亿两，19 世纪前期流出 3 千万两（吴承明：《18 至 19 世纪上叶的中国市场》，《中国的现代化：市场与社会》，北京：生活·读书·新知三联书店，2001 年，第 277—278 页）；林满红的估算结果是，1814—1850 年白银的外流量为 2.3 亿银元，约合 1.6 亿两（林满红：《银线：19 世纪的世界与中国》，南京：江苏人民出版社，2011 年，第 85 页）。

〔2〕 “货币是一种商品，同其他各种商品一样，它的暂时价值取决于需求和供给，永久的、平均的价值取决于生产费用。”（【英】约翰·穆勒著，胡企林、朱泱译：《政治经济学原理及其在社会哲学上的若干应用》下卷，第 14 页。）

银多钱少，以致银价日减，钱价日昂”。由于杭州地区钱价高昂，影响丝市贸易，影响赋税交纳。“外来贾贩，类多观望，停买；而乡农持丝入市，求售维艰。不特上忙钱粮未能踊跃输完，即市集别项交易，因此亦多不便”。[1]为了解决市场上制钱流通数量不足问题，浙江巡抚帅承瀛与布政使阿霖不得不采取调剂措施，从钱局支取八万串制钱，发交杭州府知府，督同仁和、钱塘二县知县，设厂收换银两，“以平市价而便民生”。市场上的银钱供应紧张局面因此得以缓解。我们说由供求关系紧张引起的银钱比价波动通常是短暂的，可以调剂的。这是市场供求关系影响银钱比价变化的最能说明问题的典型例证。

各地征收赋税时期，银钱供求通常会出现紧张局面。例如，山东征收赋税时，“每年州县开征之际，乡民出钱易银，以为纳粮之用，故而钱多价减，一经停征，钱价仍渐增长”。[2]农民在交粮时，“出钱易银，故而钱多价减”，成为一种规律。但是一经停征，供求关系平缓，钱价仍旧涨回原来的水平。由此可见，市场上制钱数量的突然增加，多多少少会影响银钱比价的变化，但这种影响通常是暂时的少量的。

第三，金属货币流通规律在和平时期与战乱时期有所不同。一般来说，在和平时期，在经济比较繁荣时期，白银的价值尺度、交换手段、支付手段、贮藏手段和世界货币的各种职能可以得到充分发挥，银价稳定，略有提高；相反，制钱的货币职能已经不够健全，除了在零售市场上继续扮演媒介作用之外，已经失去了大额贸易的交换手段、支付手段、贮藏手段和世界货币的职能，尤其是在经济比较发达的省区，制钱的货币作用已经大为降低，由于受到白银的排挤，制钱价格一般低于国家机关的期望，铸币利益大为减少，使铸钱活动变得无利可图，甚至有所亏损，不得不关炉停卯。但是，无论如何制钱价格一般不会低于其金属含量价值，多余的货币自然会被贮藏起来，绝对不会出现被抛售一空的纸币现象。

---

〔1〕《浙江巡抚帅承瀛奏为浙省丝价增昂暂行支钱发换银两以平市价事》，道光二年五月二十四日，朱批奏折，档号：04－01－01－0632－046。

〔2〕《署理山东巡抚杨应琚奏复令民间交易银钱并用富户出易余钱以至钱价承平事》，乾隆十八年五月初二日，录副奏折，档号：03－0771－034。

在战乱时期，在经济遭受严重破坏时期，白银的各种货币职能未必发生变化，但是由于政治、经济生活严重紊乱，大量贵金属被迫从窖藏进入流通，例如，镇压白莲教起义，清廷耗费军饷2亿两，相当于四年的全国财政收入，其中相当一部分属于户部库款。此外，为了动员兵力，躲避战乱，交换生活必需品，民间贮藏的贵金属也会大量进入流通之渠；相反，制钱作为在零售市场上的交换媒介，平时由于流通频率较高，不会感到紧张，一旦遭受战乱影响和自然灾害袭击，商品市场紊乱，商业出现萧条局面，制钱的流通速度立即受到严重影响，供求关系立即出现紧张局面，钱价因此增昂，银价因此跌落。这在清代市场上成为一种规律，几乎无一例外，非常值得重视。供求关系紧张对于特殊时期的银钱比价的幅度影响有多大？这要看经济破坏的程度和时间的长短。一般来说，社会经济生活破坏程度越深，钱价上涨幅度越大；经济萧条范围越大，时间越长，银价下跌幅度越大。如果战乱和自然灾害发生在局部地区，对于银钱比价的影响也是局部的；如果战乱和自然灾害是大范围的，对于银钱比价的影响也是大范围的，甚至是全国的；如果战乱和自然灾害的袭击是暂时的，对于银钱比价的影响也是暂时的；如果战乱和自然灾害的袭击是持久的，对于银钱比价的影响也是持久的。[1]战争与自然灾害对于银钱比价的影响是基

---

〔1〕 从近四十年来的局部战争统计数据发现，战争对金价的影响多是短暂性的。一般情况下，战争前二三十个交易日，金价涨幅超过10%，但不会改变中长期走势，战争爆发当日，金价涨幅最大，甚至超过5%，而战争爆发九十个交易日后，金价走势趋于理性。对比近四十年来九次较大规模战争爆发前后金价的表现，我们可以发现：第一，战争的突然性、规模、大国参与程度以及对原油（91.36%，-1.30%，-1.40%）供应的影响程度决定着金价的上涨幅度。第二，战争在爆发前后的一两个月内对金价的影响最大，战争爆发约九十个交易日后，影响逐渐减弱。我们把战争爆发前九十个交易日的金价作为基准价格，计算直到战争爆发九十个交易日后金价的涨幅，发现在此期间，金价累计涨幅保持在正负10%以内，且金价高峰出现在战争爆发前后的一两个月里。通常情况下，战争爆发后，黄金价格会有一个冲高的过程，随后逐渐回落。观察战争开始后的十个交易日内黄金价格与战争爆发当日收盘价的收益，可以发现：在战争开始后的五个交易日内，黄金价格出现一定程度的回落，平均来看，第五个交易日金价回落幅度最大。综合来看，战争爆发当日，黄金价格普遍走高，随后涨幅收窄，价格逐渐趋于平稳。

本一致的，略有不同的是，在战乱初期，在政治动荡的初期，银钱比价的变化，可能不直接表现为“银贱钱贵”，反而是反常的“银贵钱贱”，银价大幅度提高，这主要是在金融机构大量挤兑银两造成的。后来才是银价持续下跌，钱价大幅度上涨。哲学家提醒我们，研究任何问题，都要小心翼翼，既要关注问题的普遍性和一般性，又要注意其特殊性。

最后，需要说明的是，历史学的研究没有止境，货币史的研究也是这样。许多问题看似已经解决，实际只是登上了一个新的台阶。无论我们把研究课题规定得多么狭窄，我们不可能洞察一切，甚至不可能对任何一件事有足够的知识。因此，笔者衷心欢迎同行专家的批评。

附论 1
林则徐关于“银贵钱贱”的认识与困惑

林则徐是道光时期著名的政治家，他非常关心民间疾苦，具有浓厚的民本主义思想倾向。在经济方面，他主张重本而不抑末，对于当时在金融领域里发生的各种流通现象，他非常重视商人们的意见，处理方法十分谨慎。过去，人们在研究林则徐思想时，比较注意他的早期主张，很少关注他的后期看法。事实上在不同时期他的看法是有变化的。

一　关于“洋钱”的看法与处理办法

1833 年，给事中孙兰枝奏陈江浙两省“银贵钱贱”，商民交困。他认为导致中国“银贵钱贱”的主要原因有二：一是鸦片走私偷漏白银出境，二是洋钱在江浙地区大量流通。因此，奏请禁止鸦片走私，限制洋钱流通。同年 9 月 4 日(道光十三年七月二十一日)，御史黄爵滋也上奏指出，中国内地向来有仿铸外国银元的现象。“盖自洋银流入中国，市民喜其计枚核值，便于运用，又价与纹银争昂，而成色可以稍低，遂有奸民射利，摹造洋板，消化纹银，仿铸洋银。其铸于广东者，曰广板；铸于福建者，曰福板；铸于杭州者，曰杭板；铸于江苏者，曰苏板、曰吴庄、曰锡板；铸于江西者，曰土板、行庄。种种名目，均系内地仿铸，作弊已非一日，流行更非一省。则今日内地之洋银，即内地之纹银也。既禁纹银出洋，又准以洋银易货，则商民知纹银有禁，而洋银无禁，将尽以纹银铸为洋银，不过一炉火转旋之间，遂可置身法外。是一面禁之，一面纵之，臣恐内地纹银且相率化为洋银，而纹银自是益日少而日贵也。”[1]为此，他上奏道光皇帝，建议刑部设法禁止“洋银”出洋，禁止各地仿铸“洋银”。

道光皇帝将孙兰枝和黄爵滋的奏折先后发交沿海各省督抚，要求他们体察情形，妥议章程，禁止“洋钱”流通；谕令两江总督陶澍和江苏巡抚林则徐，“悉心筹议，体察情形，务当力除积弊，平价便民，不得视为具文。”[2]

林则徐在江南做官多年，对于当地的货币流通状况是清楚的。他认为江南地区的“银贵钱贱”现象与“洋钱”的广泛流通没有必然的联系，不赞成用行政干预的手段来抑制“洋钱”的市场流通。在奏折中他这样说：

> 惟是银钱贵在流通，而各处情形不同，时价亦非一定。若不详加体察，欲使银价骤平，诚恐法有难行，转滋窒碍。即如洋钱一项，江苏商贾辐辏，行使最多，民间每洋钱一枚大概可作漕平纹银七钱三分，当价昂时并有作至七钱六七分以上者。夫以色低平短之洋钱而其价浮于足纹之上，诚为轻重倒置。该给事中奏称以内地足色纹银尽变为外洋低色银钱，洵属见远之论。无如闾阎市肆久已通行，长(涨)落听其自然，恬不为怪。一旦勒令合平价，则凡生意营运之人，先以贵价收入洋钱者，皆令以贱价出之，每洋钱一枚折耗百数十文，合计千枚即折耗百数十千文。恐民间生计因而日绌，非穷蹙停闭，即抗阻不行，仍属于公无裨。且有佣趁工人，积至累月经年，始将工资易得洋钱数枚存贮待用，一旦价值亏折，贫民见小，尤恐情有难堪。[3]

---

〔1〕 中国人民银行总行参事室金融史料组编：《中国近代货币史资料》第一辑，上册，第43页。

〔2〕 林则徐：《林文忠公政书》，江苏奏稿，卷1，光绪二年福州林氏刊本，第15页。

〔3〕 同上书，第16页。

在林则徐看来,“洋钱”与纹银兑换“价虽浮而人乐用”,正说明白银采取铸币形态便利流通,是一种必然的趋势。洋钱在本地流通既然受到市场欢迎,人们“图省图便”,因此没有必要禁止。林则徐的这一看法显然是正确的,在当时解决问题的最好办法是国家对白银尽快采用铸币形态。

乾隆、嘉庆与道光时期,我国的商品经济有了明显的发展,作为流通手段、支付手段的纹银因为保持原始的条块形态,已不能满足资本周转迅速的要求。因为每块银锭在全国没有统一的规格,重量、成色、平法各异,每一次支付都需要经过鉴别成色和权衡轻重等复杂的手续。这种繁难的支付方法很不利于商业活动,中国商品市场上这时急需一种成色、重量和规格一定的银铸币。尽管社会各界不断提出铸造银币的要求,由于保守势力强大,清廷一再表示拒绝。然而就在这时,由于中外贸易的发展,“洋钱”以其计算方便而无须称量大量出现在中国商品市场上,受到人们的欢迎。“洋钱”由南而北,自广东、福建、江西、浙江、江苏,渐至黄河以南各省。“番银之用,广于库银”[1],“江浙市易,皆以洋钱起算”[2]。

郑观应后来比较了纹银与“洋钱”在中国各地的流通情况,揭示了“洋钱”在中国顺利流通的奥秘,“盖洋钱大者七钱二分,小者递减以至一角五分(应是二角五分。——笔者注)。市肆可以平行,无折扣之损;囊橐便于携带,无笨重之虞。较之纹银,实属简便。纹银大者为元宝,小者为锭,或重百两,或重五十两,以至二三两,用之于市肆,则耗损颇多,有加耗,有贴费,有减水,有折色,有库平、湘平之异,漕平、规平之殊,畸重畸轻,但凭市侩把持垄断,隐受其亏。若洋钱则一圆有一圆之数,百圆有百圆之数,即穷乡僻壤亦不能乐价居奇,此民间所以称便也。”[3]

当时在中国流通的“洋钱”有荷兰的“马钱”(又名“马剑”),西班牙的“本洋”,西欧的“十字钱”和美国的银元。“马钱”、“十字钱”和美国的银元流通数量和范围有限,只有“本洋”流通范围最广。“本洋”的产地是

---

〔1〕 汪辉祖口授,汪继培、汪继壕记录:《病榻余痕录》卷下,嘉庆间刻本。

〔2〕 包世臣:《安吴四种》卷35,台北:文海出版社,1968年影印本。

〔3〕 夏东元编:《郑观应集》上册,上海人民出版社,1982年,第691页。

西班牙的殖民地——墨西哥，铸造于 1535—1821 年间，原定成色为 937/1000，后来降低到 902/1000；在中国流通的“本洋”分为大、中、小三号，以大的为主，重量为七钱二分，中号为半元，小号相当于大“本洋”的四分之一。“洋钱”在中国如此盛行，兑换中又有浮额，因此有人认为中国的银贵由于银少，而银少是由于外国人利用银元套购纹银的结果。在嘉庆年间，为此专门订立章程，禁止“洋钱”流通，禁止纹银出洋，禁止“洋钱”兑换纹银，甚至规定只准以货易货，不准以“洋钱”易货。以为如此便可以使“洋银塞其来源，其用不禁而自绌；纹银断其去路，其价不减而自平”。〔1〕事实上他们并没有找到“银贵钱贱”的真实原因。

诚然，“洋钱”大量出现在中国商品市场上必然会影响中国当时的银钱并用制度，但影响毕竟是有限的。因为，“货币一越出国内流通领域，便失去了在这一领域内获得的铸币、辅币、价格标准和价值符号等地方形式，又恢复为原来的条块的形式”。〔2〕“洋钱”进入中国也必然脱掉其民族服装，还原为条块形态，经过检验成色，权衡轻重，才能按它的实际含量进入中国流通之渠。中国当时所实行的银两制度对于“洋钱”的进入必然起着限制作用。有人对于“洋钱”的浮额做过比较精细的分析，在广州的兑换率是，“一百块西班牙银元相当于七十四两银锭；一百块新西班牙银元相当于七十二两银锭。而银锭的纯度一般是 94%，旧西班牙银元的纯度只有 90%，加上西班牙银元重量不足，因此一百块旧西班牙银元有纯银 41600 谷(grains)，而七十四两标准银锭则有 42120 谷，比西班牙银币多 520 谷，或者说多 1.25%”。〔3〕也就是说，“洋钱”对于银锭的浮额一般在 1.25%。对于国际贸易来说，这种商品利润并不高。对于金融投机商人来说，也是不合算的。由于在中国没有铸造银元的机器，他们如果利用“洋钱”套利的话，既要负担往返的运输费用，又要付出加工费，还要经

〔1〕 中国人民银行总行参事室金融史料组编：《中国近代货币史资料》第一辑，上册，第 20 页。

〔2〕 马克思：《资本论》第 1 卷，北京：中国社会科学出版社，1983 年，第 123 页。

〔3〕 Tan Chung, *China and the Brave New World*, pp. 172 – 173. 转引自萧致治、杨卫东编：《鸦片战争前中西关系纪事》，武汉：湖北人民出版社，1986 年，第 29 页。

受海洋贸易的不测风险。因此，我们认为，利用“洋钱”与纹银之间的微小差价进行套利活动即使存在这种可能性，也不会是经常的大规模的。

再从商人所具有的那种天生的“计及锱铢”的心理来看，他们也不会盲目接受外国的银币。有的“洋钱”在中国市场上之所以无法流通，而被中国商人熔成条块使用，就在于其本身成色和规格不稳定，得不到市场的认可。1830 年，两广总督李鸿宾对于“洋钱”在中国的流通情况进行了调查，他认为外国商人利用“洋钱”大规模套购纹银的事情很少发生，对于银钱比价的影响不大。他说：“其偷换纹银不过纸包布裹，夹入他货之内，零星收取，以冀积而成多。若专载洋钱收买纹银，则为数甚巨，势难掩人耳目，岂非自寻败露。至内地商贾贸易，洋钱与纹银价各不同，皆按色扣算。”[1] 至于说“洋钱”为什么会大量出现在中国市场上，道理很简单，那是中国对外贸易长期处于出超地位所形成的。据彭信威估计：“自康熙二十年（1681）到道光十三年（1833）那一百五十三年中，输入中国的银币和银块纯额有七千多万两，合银元约一亿。”[2]

林则徐认为“洋钱”在江浙地区流通，“每洋银一元作漕平纹银七钱三分，虽成色远逊足纹，而分两尚无轩轾”，因此，老百姓“恬不为怪”。在他看来，利用行政的手段禁止“洋钱”流通既是困难的，也是没有必要的。他借用年老商人之口说：“百年以前，洋钱尚未盛行，则抑价可也，即属厉禁，亦可也。自粤贩愈通愈广，民间用洋钱之处，转比用银为多。其势断难骤遏。盖民情图省图便，寻常交接应用银一两者，而用洋钱一枚，自觉节省，而且无须弹兑，又便取携。是以不胫而走，价虽浮而人乐用。此系实在情形。”[3]

针对“洋钱”流通引起的问题，林则徐曾先后提出三项建议：第一项建议是“稍示限制”的截流之法。“此时抑价固多窒碍，究宜设法以截其流，只得于听从民便之中稍示限制。嗣后，商民日用洋钱，其易钱多寡之数虽不必官为定价，致涉纷更，而成色之高低，戥平之轻重，应令悉照纹银为准，不得

---

〔1〕 中国人民银行总行参事室金融史料组编：《中国近代货币史资料》第一辑，上册，第 7 页。

〔2〕 彭信威：《中国货币史》，第 782 页。

〔3〕 林则徐：《林文忠公政书》，江苏奏稿，卷 1，第 15 页。

以色低平短之洋钱反浮于足纹之上。如此则洋钱与纹银价值尚不致过于轩轾，而其锤烂剪碎者尤不敢辗转流行，或亦截流之一道也”。[1]在中国尚无银铸币的情况下，既不便限制商业使用“洋钱”，又着意防范银元非法套利等流弊的发生。这一方法应该说是正确的。这个建议后来得到道光皇帝的批准。谕令：“洋钱行用内地既非始自近年，势难骤禁，要当于听民便之中，示以限制其价值，一以纹银为准，不得浮于纹银，庶不致愈行愈广。”[2]

第二项建议是铸造五钱重的银币。林则徐陈述年老商人的意见说：“欲抑洋钱，莫如官局先铸银钱。每一枚以纹银五钱为准，轮廓肉好，悉照制钱之式，一面用清文铸其局名，一面用汉文铸‘道光通宝’四字。暂将官局铜钱停卯，改铸此钱，其经费比铸铜钱省至十倍。先于兵饷搭放，使民间流通使用，即照纹银时价兑换，而藩库之耗羡、杂款亦准以此上兑，计银钱两枚即合纹银一两，与耗银倾成小锞者，不甚参差，库中收放，并无失体。盖推广制钱之式以为银钱，期于便民利用，并非仿洋钱而为之也……初行之时，洋钱并不必禁。俟试行数月，察看民间乐用此钱，再为斟酌定制。似此逐渐改移，不致遽形亏折。”[3]陈述完商人们的这些意见，林则徐、陶澍非常谨慎地建议说：“臣等察听此言，似属有理。然钱法攸关，理宜上出圣裁，非臣下所敢轻议。故商民虽有此论，臣等不敢据以请行。”[4]

陶澍和林则徐的这项建议是完全正确的。白银采取铸币形态不仅有利于改变当时货币市场上的落后、紊乱状况，而且有利于商品经济的进一步发展，完全符合中国经济发展的要求。但是，道光皇帝不懂这个道理，从维护传统钱法出发，拒绝采纳，谕旨以非常严厉的语气驳斥了陶澍和林则徐的建议，“官局议请改铸银钱，太变成法，不成事体。且洋钱方禁之

---

〔1〕 林则徐：《林文忠公政书》，江苏奏稿，卷1，第18页。

〔2〕 “苏松一带，洋钱每元概换至曹（漕）纹八钱一二分以上，较比三四年前每元价值实已抬高一钱，即兑换制钱，亦比纹银多至一百文。”林则徐：《林文忠公政书》，江苏奏稿，卷8，第15页。

〔3〕 林则徐：《林文忠公政书》，江苏奏稿，卷1，第17页。

〔4〕 同上。

不暇，岂有内地亦铸银钱之理耶？”[1]

现在的问题是，林则徐在江苏巡抚任内是否进行过银币铸造的尝试。按照郑观应的说法，林则徐曾经制造过“七钱三分”重的银饼，因发行不成功而失败。他说：“道光中，言官陈洋钱之害，廷旨饬筹平准之法。时侯官林文忠公抚江苏，见民间洋价日增，遂铸七钱三分银饼以代之。初亦甚便于用，未几而伪者、低者日出，遂使美意良法废而不行。”[2]

笔者认为这一资料不可信，主要理由有三：第一，郑观应所说缺乏原始资料根据，《铸银》一文最早刊于《易言》二十篇本，作于1875年前后，上距林则徐在江苏任巡抚已有四十余年，在没有资料来源情况下，无以凭信。第二，像铸造银币这种关系国家政典之类的大事，在没有得到皇帝亲自批准情况下，任何官员都不敢冒着杀头的危险，跨越这一步。以林则徐的一贯谨慎作风和政治精明，他绝对不敢冒着欺君的罪名，擅自发行“七钱三分”重的银币。尤其是谕旨以非常严厉的语气明确驳斥其建议之后，这对于陶澍、林则徐等人来说无疑是当头一棒，依照君主专制制度政治常识判断，我们认为林则徐等人绝对不敢冒险进行这种尝试。即使林则徐个人有这种想法，他也不敢擅自行动。因为，上有两江总督，下有藩、臬二司。此类大政方针需要他们相互配合支持，不是任何个人的行动。第三，按照陶澍和林则徐的设想，他们建议铸造的银币应当与纹银相辅而行，重量为五钱，形状类似于铜钱，即圆形方孔，一面为满文，一面为汉文。而郑观应所说的银币重量为七钱三分，形状为圆饼，这与林则徐等人的设想差距太大。更何况现在没有任何实物能够证实林则徐进行了这方面的尝试。

第三项建议是不必禁止民间的银铸币。1835年8月，针对黄爵滋的要求，林则徐在复奏中指出江苏并未发生所谓“洋钱”出洋的弊端。从商业资本周转的实际情况出发，他明确表态不赞成用法律的手段禁止“洋钱”的流通。强调用法律和行政手段禁止“洋钱”流通，不仅不利于资本周转和商业发展，也不利于国家税收。他说：

---

[1] 《清宣宗实录》卷235，道光十三年四月初六日。

[2] 夏东元编：《郑观应集》上册，上海人民出版社，1982年，第192—193页。

江苏本居腹地，市肆买卖行用较多，其滨海之区虽设有江海一关，准令商船出入，然止北至山东、奉天，南至浙江、闽粤，并无与外夷互市之事。较之粤海关例准夷船贸易者，情形迥不相同。且奉天、山东二省向不行用洋银，故上海出口沙船只有带货北行，并无带洋银前往者。盖南货贩北，可以取赢。若带洋银，全不适用，是以不待禁止而人自不肯为。其浙江、闽粤海船携带洋银来至上海置买苏松货物者往往有之，若将苏省洋银载运往南，则又百不得一。盖江浙洋银价值向比闽粤等省为昂。缘其物本由南来，辗转流行，愈远则作价愈贵。浙江贵于闽粤，江苏又贵于浙江。商贾计及锱铢，岂肯贵买贱售，甘心折耗。且即使有人带往，亦只于浙江、闽粤互为流通，而非遽资外夷之利。以苏省情形而论，洋银行用只在内地，不往外洋。今若创立例禁，则闽粤洋船来至上海者，均不得携带洋银，是欲截其去路，而先断其来路。于商民买卖、海关税务未免皆有窒碍。[1]

林则徐还陈述了民间仿铸外国银币的情况，实事求是地分析了民间仿铸的银元在各地市场上无法顺利流通，“民禁严于官禁”的事实。认为这种假币经受不住市场检验，大多得不到中外商人的认可。“至谓内地熔化纹银，仿铸洋银，如原奏所称苏板、吴庄、锡板等名目，向来诚有此种作伪之弊……而近来民间兑验洋银极为精细，苏板等类较洋板成色悬殊，以之兑钱，价值大减。是以客商皆剔出不用，民禁严于官禁，行商公估丝毫不能隐瞒。是仿铸之洋银在本地已不能通用，更何能行及外洋”[2]。

因此，林则徐明确表态不赞成用法律手段禁止“洋钱”流通，他说：“就江苏言之，似可无庸多立科条，致滋纷扰。”而对于立法禁止仿铸洋钱，他虽然倾向于由市场机制来解决，但也表态立即执行刑部有关法律规

[1] 林则徐：《林文忠公政书》，江苏奏稿，卷5，第2—3页。

[2] 同上书，第3页。

定,“严禁仿铸,有犯必获。”[1]通过这一奏折,我们也可以判断,林则徐绝对不敢冒险尝试仿铸外国银币。因为,仿铸外国银币是违法的,作为江苏巡抚林则徐必须执行国家的法令,阳奉阴违不是他的行政作风。

通过以上考察,我们认为林则徐对于“洋钱”在中国流通作用的认识是实事求是的。他充分考虑了商人的意见,既不赞成用法律的强制手段禁止“洋钱”在中国市场上的流通,又对民间仿铸外国银币的活动表示某种程度的理解,他的处理方法是得当的,也是符合当时商品市场要求的。尤其是建议铸造五钱重的银币,强调利用市场手段排斥外国银币的流通,使中国白银逐渐脱离原始的条块形态,完全符合中国商品经济的发展需要。

二　关于“钱票”的正确认识与处理意见

由于在商业活动中运送大宗金属铸币和条块既不安全又不方便,于是一种信用纸币诞生了,它实际上是一种金融行业用于随时支付金银的承诺。中国的这种可以兑现的纸币最早出现于宋代,叫做“交子”和“会子”。18世纪末和19世纪初,欧洲银行开始大量发行银行券以代表适当的金银,这种可以兑换金银的纸币成为成长中工业经济的主要货币。由于国家银行制度的日益完善,纸币逐渐脱离了金属依靠,现在各国的纸币大多没有固定的金属含量,是一种凭借国家信用,而不是凭借金银贮藏量发行的货币。

乾隆、嘉庆、道光时期中国的钱庄、银号也利用自身的信用发行“钱票”。这标志着我国金融业的进步与发展水平。而当时有的人对于这种金融现象不能理解,认为钱票大量出现乃是一种社会欺诈行为。1838年,成都将军宝兴奏请说:“近年银价日昂,纹银一两易制钱一串六七百文之多,由于奸商所出钱票,注写外兑字样,辗转磨兑,并无现钱,请严禁各钱铺不准支吾磨兑。”为此,道光皇帝谕令各省督抚,妥议章程,奏明办理。

---

〔1〕 林则徐:《林文忠公政书》,江苏奏稿,卷5,第2—3页。

是时，林则徐在湖北巡抚任上，他经过调查之后，得出的结论是，钱票的发行与流通使用，虽有个别欺诈行为，而就总体来说，是有利于商业发展的，可以加强管理，而不必设法禁止。这是一个非常理智的判断。

关于钱票发行的流弊，他分析指出："钱票之流弊在于行空票而无现钱。盖兑银之人，本恐钱重难携，每以用票为便，而奸商即因以为利，遇有不取钱而开票者，彼即啖以高价，希图以纸易银。愚民小利是贪，遂甘受其欺而不悟，迨其所开之票积之盈千累百，并无实钱可支，则于暮夜关歇潜逃。兑银者持票控追，终成无着。此奸商以票骗银之积弊也。"针对这种金融诈骗伎俩，林则徐建议采用五家钱庄、票号相互担保的方法。"如有一家逋负，责令五家分赔。其小铺五家互结，复由年久之大铺及殷实之银号加结送官。无结者，不准开铺。如违，严究，并拘拿脱逃之铺户，照诓骗财物例计赃，从重科罪。"〔1〕要求金融行业相互担保，共同承担责任，直到如今仍然是国家立法防范金融欺诈的重要方法。

林则徐非常清晰地认识到钱票是金融业发展的合理产物，便民而利商，与"银贵钱贱"无关。他驳斥说："钱票之通行业已多年，并非始于今日。即从前纹银每两兑银一串之时，各铺亦未尝无票，何以银不如是之贵。即谓近日奸商更为诡猾，专以高价骗人，以只能每两多许制钱数文及十数文为止，岂能因用票之故，而将银之仅可兑钱一串者，忽抬至一串六七百文之多。恐必无是理也。"〔2〕接着，他指出，市侩骗人无论银贵还是钱贵都可能发生，不必抬高银价或钱价。在他看来，在出现银荒的情况下，"钱票"流通正好补助了白银的流通之缺，不仅没有必要禁止，一旦禁止将会加重银荒形势，担心出现"捉襟见肘"的局面。"近来纹银之绌，凡钱粮、盐课、关税一切支解皆已极费经营，犹藉民间钱票通行，稍可济民用之不足。若不许其用票，恐捉襟见肘之状更有立至者矣"。〔3〕

林则徐关于钱票的认识是基本正确的，既没有因为市侩利用钱票进

〔1〕 中山大学历史系编：《林则徐集·奏稿》中册，北京：中华书局，1965 年，第 599 页。
〔2〕 同上。
〔3〕 同上。

行欺诈活动，也没有因为有人指责其扰乱金融秩序，导致“银贵钱贱”，而否定其流通作用。这种主张在当时是难能可贵的。林则徐的正确判断与其特别重视社会调查有关。林则徐任职经过的地方，如苏州之南濠，湖北之汉口，都是商业比较发达的城市，每到一地，他都虚心听取各种意见，“叠向行商、铺户暗访密查”，所以，林则徐的建议应该说反映了商人们的正当要求和社会的实际情况。

三　林则徐的困惑与“杰科布的定律”

关于道光时期的“银贵钱贱”问题，同多数官员一样，林则徐一开始就认为是鸦片造成的。1833 年，他说：“鸦片烟由洋进口，潜易内地纹银，此尤大弊之源，较之以洋钱易纹银其害愈烈。盖洋钱虽有折耗，尚不至成色全亏，而鸦片以土易银，直可谓之谋财害命。”〔1〕1838 年，林则徐在湖广总督任上，同样认定鸦片走私，偷漏白银出洋，是导致“银贵钱贱”的主要原因。正是这种观念使林则徐抱定决心前往广东，为中国彻底查禁鸦片走私而殚精竭虑。

但是，十年之后面对陕西突然发生的银价大幅度跌落，他还是陷入难以理解的困惑之中。1846 年 8 月 30 日，林则徐在西安接任陕西巡抚，三个月后发现了一个令其百思不得其解的货币流通现象。他在奏折中这样写道：“本年七月内臣甫到西安省城，每纹银一两可换制钱一千八百余文，迨至九十月间，每两仅换钱一千二三百文不等，较前两月顿减钱五百余文之多。众人皆以为诧异，访询其故，则佥称：‘岁歉粮贵之时，银价必然下落’。”〔2〕

对此，林则徐感到非常困惑，他说：“其理亦不可解，如果此后银皆落

〔1〕 林则徐：《林文忠公政书》，江苏奏稿，卷 1，第 15 页。

〔2〕 同上书，第 8—9 页。

价，似亦相宜。然又忽低忽昂，不能预料。且当陕省银贱之际，邻省银价仍昂，而未闻有市侩贩钱来陕买银以图获利者。”[1]1846年秋季，陕西省发生的银价跌落虽然是局部的，也是暂时的，但是在短短三个月时间内跌落了五百余文，跌幅是相当大的。经过林则徐调查之后，他确认此次银价波动既不是市侩投机、套利造成的，也不是白银与制钱的绝对数量发生变化引起的，惟一的答案是当地老百姓按照既往的生活经验提供的——“岁歉粮贵之时，银价必然跌落”。

在林则徐生活的时代，中国的货币理论尚停留在比较原始的阶段，《管子·轻重篇》提出的“物多则贱，寡则贵”这一主张，一直成为中国货币政策的重要理论根据之一。当时，人们以为银贵就是因为银少，钱贱就是因为钱多，始终在货币的简单数量上打转转。不懂得金属货币价值首先决定于物化在其中的劳动量，不懂得金属货币作为一般商品在国际国内市场上的价格变化受供求关系的影响，不懂得货币流通与商品运动的紧密联系，总是孤立地、片面地看待金属货币价格的变化。林则徐不知道“岁歉粮贵之时，银价必然跌落”的真实含义，无法正确解读出其中的深刻道理，是十分正常的。这个问题的答案就是“杰科布定律”。

杰科布（Jacob，William，1762—1851）是一位英国商业家，著有许多经济方面的著作。他在研究金属货币的流通情况时发现了这样一个定律：“在动荡不安的时期，特别是在内乱外患时期，金银器皿急速变成货币；而在太平繁荣时期，货币就变成食品、用具和首饰。”[2]马克思在对欧洲古典经济学进行批判时，对于杰科布的这一观点曾予以充分肯定，并多次援引杰科布的观点来说明金属货币流通的规律。他说：“作为一般的规律可以这样说：和平时期，以金银货币变成奢侈品为主，只有在动荡的局面下才以奢侈品倒过来变成条块或铸币为主。从下面的情况看出，以奢侈品形式存在的金银贮藏货币同充当货币的贵金属对比起来占的比例是多么大：在

〔1〕 林则徐：《林文忠公政书》，江苏奏稿，卷1，第15页。

〔2〕 【英】Jacob，W. 4 *An historial inquiry into the precious metals*，London，1831，Vol. II，ch. XXVI.

1829年,据杰科布说,在英国这个比例是2∶1,而在整个欧洲和美洲,以奢侈品形式存在的贵金属比以货币形式存在的贵金属多1/4。”[1]

这是说在和平年代,由于政治稳定、社会生活安定和商品经济比较繁荣,金属货币的购买力较强,人们总是努力购买和贮藏金银器皿、首饰与珠宝等“奢侈品”。这种做法特别在东方民族(例如中国、印度和日本)中盛行。在动荡不安的时代,特别是在内乱外患较为严重时期,在遭受自然灾害袭击之后,商品经济陷入严重混乱时期,社会对贵金属的需求就会发生很大变化,战争和自然灾荒迫使人们将金银器皿、首饰和珠宝变成货币,将贮藏的金银取出来以便招募兵员和换取救命的粮食和衣物,这样一来,加入货币流通之渠的贵金属就会突然增多,形成供大于求的局面。与此同时,社会对于作为贵金属符号的辅币(例如铜钱)不但不会因为战争和自然灾害而减少,反而由于战争破坏了商品流通,原来的铜符号在较小的买卖中的流通速度相对减缓,便会显得相对不足。因此,社会对它的需求便会随着战争与自然灾害的程度加重而增长。金属货币价格变化犹如粮价波动,首先决定于生产成本,其次是社会的供求关系。当粮食丰收的时候,供应比较充足,粮价一般在生产成本附近徘徊;当出现自然灾害的时候,一方面受生产成本增加的影响,一方面受供求关系的影响,粮食消费缺乏弹性,处于紧张状态,价格必然大幅度增长。一言以蔽之曰:战争和自然灾害能急剧改变社会对贵金属及其辅币的不同需求,从而影响二者的比价变化。马克思在《政治经济学批判》中非常明确地指出:贵金属价值的变动的纯经济原因,必须归之于生产这些金属所需要的劳动时间的变动;同时也承认在古代社会,政治事变曾经对金属价值的变动发生过重大的影响;而在近代社会战争等政治事变也仍然起着“局部的暂时影响”。[2]

战争造成的社会动荡与自然灾害袭击导致的商品经济破坏在道光、

---

〔1〕【德】马克思著,中央编译局编译:《政治经济学批判》,《马克思恩格斯全集》第13卷,第125—126页。

〔2〕《马克思恩格斯全集》第13卷,第146页。

咸丰时期一而再、再而三地对中国市场上的银钱比价产生了重要影响，并且反复验证了“杰科布定律”。1841 年 8 月 2 日（道光二十一年六月十六日），黄河在开封附近溃堤而出，大水很快包围了开封城。在此以前，开封市的银价通常是“一千六七百文”。8 月 4 日，也就是水围开封的第三天，开封城内“银价骤减，每两易钱一千文，复减至八九百文，较平时几减至大半，粮价腾贵，米面俱增一倍，蔬菜全无，城市几于罢市”。第六天，开封“银价愈降愈下，甚至每两只肯换钱六七百文，是银贱钱贵，较平时相去倍而又倍。以极难得之钱，买倍贵之物”，民生困难异常。一个月后，严重受灾的开封为解决制钱流通的困难，为解决“银贱钱贵”问题，不得不采取行政措施，强制征收钱铺的制钱，来缓解金融混乱的压力。[1]这次局部地区的银价大幅度跌落就大的环境来说，发生在白银外流时期；具体到开封来说，被洪水包围之后，白银无法流入，制钱也不可能大量外流。“银贱钱贵”，显然不是银钱数量变化造成的。实际上与市场混乱，商品流通遭受阻断有密切关系。这种情况与林则徐在陕西看到的情况是类似的。

1853 年 3 月，太平军攻占安庆，消息传到北京，立即引起一场金融大恐慌，导致北京银价大幅度跌落。3 月 25 日，御史陈庆镛奏报说：“贼匪自武昌窜入安庆，京中民心纷纷，日甚一日……自二月初，闻内外城银铺关罢者，每日有五六号或十余号不等。及今日有罢至四五十号。查银价数日前每两换制钱二千一二百文，继则每两换制钱一千六七百文，日内止换一千余文，甚至有银无处可换。”同日，其他官员也报告说：银票与银锭的持有者纷纷到钱铺挤兑制钱，使“银价顿贱，军民无钱可换，市井日用突然不便”。[2]对于北京市场来说，仅仅是一条太平军占领安庆有可能北窜的消息，就使“银价顿贱”，几天之间，从每两换制钱 2200 文，下跌到 1000 余文，可见政治动荡对市场经济的巨大影响。这显然不是北京白银

---

〔1〕《汴梁水灾纪略》，河南大学图书馆藏稿本，署名痛定居士。

〔2〕中国人民银行总行参事室金融史料组编：《中国近代货币史资料》第一辑，上册，第 342—345 页。

绝对数量的大幅度增加造成的。

总之,林则徐不懂得“岁歉粮贵之时,银价必然跌落”的深刻道理,是很正常的。在弄不懂的情况下,林则徐在奏折中如实地记录了西安在1846年发生的银价大幅度跌落的事实,认为银价“忽低忽昂,不能预料”,并留下了“其理亦不可解”的困惑。他的态度是实事求是的,这种政治品质是十分优良的。“知之为知之,不知为不知”,无论在任何时代,官员都应该保持这种正直、诚实的政治品格。

(原载《史学月刊》2006年第9期)

附论2
清代社会动荡时期银钱比价变化规律之探析

有清一代，实行银两与制钱并行的货币制度。在市场上，二者之间没有形成真正的铸币和辅币的关系。它们之间的比价主要由其金属价格和重量、成色来决定，有时也受供求关系之影响。在研究银钱比价波动问题时，我们发现有一个规律，但凡在战乱时期，但凡在自然灾害时期，流通领域通常会出现"银贵钱贱"的现象。探索这一规律的成因，对于认识清代社会经济的发展状况，很有价值，很有意义。

一　荒歉时期银价突然下跌的若干事例

在清代，伴随着重大自然灾害和战乱的发生，流通领域一般会出现"银贱钱贵"的现象。这一流通规律的发现，不仅有助于理解清代的货币运动，而且对于认识清代的社会经济结构很有帮助。这里我们先看一看荒歉年代发生的银价下跌事例。

（一）1627年（清天聪元年，明天启七年），在满族贵族控制下的东北地区出现了严重饥荒，"斗米价银八两，人有相食者。国中银两虽多，无处贸易，是以银贱，而诸物腾贵。良马一，银三百两；莽缎一，银百五十两；

布匹一,银九两。盗贼繁兴,偷窃牛马,或行劫杀”。[1]

《皇清开国方略》也如是说:“(天聪元年六月)戊午,发帑赈饥。时大饥,斗米价银八两,国中银虽多,无处贸易,是以银贱,而诸物腾贵。良马一,银三百两;牛一,银百两;莽缎一,银百五十两;布一匹,银九两。盗贼繁兴,窃马牛,或行劫杀。”[2]

从上述这两段史料来看,在饥荒时期,“诸物腾贵”,属于正常现象,可以理解。但“国中银两虽多,无处贸易,是以银贱”,却是一个很有趣的金融现象。

(二)1737 年,巡视南城御史王文璇奏报:“近日京城内外,钱价日昂。”在他看来,京城的钱价昂贵是由钱少造成的。他说:“臣遍行访察,缘自七月以来,雨泽过多,民间乏食,争向五城米厂籴买恩发平粜官米,计八、九两月解入户部买米钱文已至二三万串,未经发出,民间转运自觉短少,更兼奸商闻有恩旨借给兵饷,居奇囤积,希图重利,奸牙串通,高抬时价,以致日渐昂贵。”[3]王文璇知其一不知其二,钱商囤积居奇是假象。真实的原因在于,在自然灾害的袭击下,由于商品供应突然断绝,日常小额贸易发生严重问题,在这一领域扮演媒介作用的制钱无法迅速完成周转,流通频率随之发生问题,一下子紧张起来。市场上之所以产生制钱缺乏的现象,这是关键的问题。至于钱商囤积居奇,有意抬高市价,那也是他们利用了制钱供应紧张的局面,无非是起到了推波助澜的作用而已。

(三)1749 年(乾隆十四年),漕运总督瑚宝认为,长期以来各省“银贱钱贵”,主要是民间制钱数量太少造成的,而制钱之所以减少则是奸徒毁钱的结果。“欲杜盗销之源,必杜毁钱之利”。为此,他建议:“请仿照

---

[1] 《清太宗实录》卷 3,北京:全国图书馆文献缩印中心,2003 年影印本,天聪元年九月戊午。

[2] 阿桂等撰:《皇清开国方略》卷 10,第 34 页,《四库全书》第 341 册,史部 99,编年类,台北:商务印书馆股份有限公司,2008 年。

[3] 《巡视南城御史王文璇奏为钱价日昂兵食不敷请增发兵饷钱文事》,乾隆二年闰九月初一日,朱批奏折,档号:04 - 01 - 01 - 0018 - 058。

以一当二之法，将钱文铸重一钱六分，并于钱文内铸明二厘字样，则每钱百文止重一斤，毁之仅值银二钱，不惟无利，而反折钱四十文。”[1]这种把铜钱作为辅币，其价值与银两直接挂钩的主张，已经接近于西方银本位制思想，在货币史上很有价值。

乾隆皇帝接到瑚宝的奏折后，认为他的建议“是欲杜盗销之一弊，而更滋盗铸、盗销之二弊”，拒绝采纳。在乾隆皇帝看来，“钱价时有低昂，此亦与年丰相为赢缩。当时和年丰，百昌滋殖，物阜直贱，钱价自平。至立法之减轻、加重，当十、当百，皆前此所讲论。一法行而诸弊起。但经置议，民间即受钱贵之累，不如以不治治之。”[2]

这里我们暂且不讨论弘历与瑚宝的主张孰是孰非，需要关注的则是乾隆皇帝把钱价的高低与粮食的丰歉收成相联系。“当时和年丰，百昌滋殖，物阜直贱，钱价自平。”推而言之，在灾害之年，粮食歉收，物价飞涨，钱价必定昂贵。当年的乾隆皇帝已经明确意识到自然灾害与钱价波动关系密切。只要出现天灾，粮食歉收，物价飞涨，钱价就会昂贵，这是一个关于规律性的认识。这一结论与下文所述林则徐关于“岁歉粮贵之时，银价必然跌落”的认识完全一致。

（四）1771年秋天，直隶省近京各州县出现水灾，河水冲毁大量农舍和庄稼，旋即出现“钱价腾贵”局面。由于需要修理河堤，工部划拨白银五十万两。为此，工部尚书裘曰修奏请将其中一部分在京师换成制钱，带往灾区[3]。

（五）1801年7月，“京师大雨，西北诸山水下注，永定河骤涨，冲决堤岸，淹没村舍和庄稼。这场水灾似乎相当严重，直隶省被灾州县达到一百二十三个，其中较重的州县有香河、霸州等三十五县。由于永定河靠近首都，必须尽快堵住决口，广储司立即划拨二千两，作为抢险工钱。“因钱

[1] 《清高宗实录》卷341，乾隆十四年五月戊辰，北京：中华书局，1985—1986年影印本。
[2] 同上。
[3] 《工部尚书裘曰修奏为直隶河工需钱文甚多请饬下所司凡办公各员许交银领买钱文出城事》，乾隆三十七年二月初十日，朱批奏折，档号：04-01-05-0049-030。

价昂贵，每两合制钱九百六十八文，共合制钱一千九百三十六串。”[1]而在此两年前，每两银价尚在一千二百文左右。[2]

（六）1802年，京师“银价日贱，钱价日增”。[3]给事中鲁兰枝认为，这是当年的自然灾害造成的。“本年麦收不足六七分之数”；“物价倍之又倍，物力艰且益艰”。为此，他以节约靡费为由，奏报嘉庆皇帝，请求停止本年木兰围猎之行。嘉庆皇帝认为钱价昂贵，既与“国家生齿日繁，物力艰难”有关，又与镇压白莲教，“所发内帑过多”有关，也与自然灾害有关，因此拒绝纳谏。理由是木兰行围是国家大典，寓意深远，不能因为粮食歉收，钱价昂贵而停止。何况即使停止木兰行围，也改变不了歉收局面。“固不因行围而物价顿增，亦岂因停围而遽能平减耶！”“言官之言必当听，若不经之瞽说，朕亦不肯沽纳谏贤主之名，听而用之耶。”此处，我们对于君臣二人的主张不必给予是非评判，需要关注的是，二人都认为自然灾害与“银价日贱，钱价日增”有密切关系。[4]

（七）1803年（嘉庆八年），河南每两白银只能兑换“七百二三十文”，这样的银价要比其他省区低得多，很不正常。查阅历史资料，我们得知，河南当年的社会经济受到了双重破坏，既遭受了白莲教起义产生的政治动荡的冲击，又受到了当年夏天旱灾、蝗灾和黄河漫溢的严重影响。是年春天，旱魃袭击河南，大面积缺少雨水，夏粮歉收。然而，祸不单行，接着遭受蝗灾。夏天，蝗虫在江苏沿海地方迅速滋生，而后形成迅速向周边省区飞行之势，豫东也受重灾。据河南巡抚马慧裕奏报，蝗虫自考城东北一带入境，飞向豫东虞城、商丘、宁陵、睢州、兰阳、陈留、祥符等处地方，又造

---

〔1〕《钦定辛酉工赈纪事》卷7，《中国荒政全书》第二辑，第2卷，北京：北京古籍出版社，2003年，第239页。

〔2〕《兼管顺天府府尹张若汀呈京城大兴、宛平二县嘉庆三年六月份粮价钱价单》，嘉庆三年六月三十日，录副奏折，档号：03－1902－078。

〔3〕《清仁宗实录》卷99，嘉庆七年六月丁卯，北京：中华书局，1985—1986年影印本。

〔4〕到1803年，在京师的金融市场上，钱价仍然居高不下，“元宝银一两合制钱九百零十七文；俸禄银一两合制钱九百零九文。”《呈京城嘉庆八年粮价钱价清单》，录副奏折，档号：03－1908－047。

成八州县粮食歉收。[1]秋天，又遭黄河水灾。10 月 24 日（九月初九日），大雨昼夜不停，河水陡涨，卫粮厅属衡家楼地方南岸忽生滩嘴，挺入河心，将全河大溜逼向北岸，冲刷河堤。27 日夜间风雨大作，溜势益猛，河堤告急，派人抢修。27 日下午，正在抢修之际，堤身突然倾倒，登时过水三十余丈，由于地势建瓴，东西两岸冲刷，漫口逐渐扩大至一百八十余丈，河水大溜途经长垣，侵及直隶、山东，淹没大量房屋和田地，并于张秋横穿运河，东趋盐河，至利津入海。[2]水灾发生后，嘉庆皇帝立即颁发谕旨，免去嵇承志河南巡抚职务，令马慧裕接任，全力整顿河务。正是这一连串灾难，使河南经济遭受重创，钱价陡长。“自衡工漫口以后，省城钱价骤昂，每银一两不过易钱七百二三十文。”[3]由于钱价昂贵，官府拨付二十五万两白银抢修险工，如果兑换成制钱发放土方工钱，钱数势必大减，担心民工滋事。河南巡抚马慧裕奏请适当提高银价，按照水灾发生之前的银价（八百五十文）发放引河民工工钱，得到皇帝批准。

（八）1841 年 8 月，开封银价在水灾之前通常是一千六七百文。8 月 2 日（六月十六日），黄河在开封附近决口，大水很快包围了开封城。二天后开封“银价骤减，每两易钱一千文，复减至八九百文，较平时几减至大半，粮价腾贵，米面俱价增一倍，蔬菜全无，城市几于罢市”。五天后，银价“愈降愈下，甚至每两只肯换钱六七百文，是银贱钱贵，较平时相去倍而又倍。以极难得之钱，买倍贵之物”。一个月后，开封府为解决制钱流通的困难问题，不得不专门设局征收制钱，试图缓解“银贱钱贵”的金融恐慌。[4]

（九）1846 年 8 月，林则徐被调到陕西当巡抚。这位在鸦片战争时期曾经认为“银贵钱贱”由于鸦片偷漏白银，并力主严禁鸦片，积极领导抗英斗争的伟大爱国者，在到达西安三个月后，发现了一个令他不可思议的

---

〔1〕《清仁宗实录》卷 115，嘉庆八年六月壬辰。

〔2〕《清仁宗实录》卷 121，嘉庆八年九月庚戌、庚申。

〔3〕《河南巡抚马慧裕奏为查明工次现在钱价并酌定料物土方价值事》，嘉庆八年十一月二十六日，朱批奏折，档号：04－01－05－0094－028。

〔4〕《汴梁水灾纪略》，河南大学图书馆藏稿本，署名痛定居士。

问题。他说："本年七月内，臣甫到西安省城，每纹银一两可换制钱一千八百余文，迨至九十月间，每两仅换一千二三百文不等。较前两月顿减五百余文之多。众人皆以为诧异，访询其故，则佥称：岁歉粮贵之时，银价必然跌落。……且当陕省银贱之际，邻省银价仍昂，而未闻有市侩贩钱来陕买银，以图获利者"。[1]仅仅由于粮食歉收，就能导致银价在几个月内"顿减五百余文之多"，并且还是一种必然的规律——"岁歉粮贵之时，银价必然跌落"。

（十）1851年9月15日（咸丰元年八月二十日），在徐州丰县三堡以上处所黄河首先出现漫水，转致堤身坐蛰，很快刷宽至四五十丈，接着漫口迅速扩大至一百八十五丈，河水均由三堡决口漫溢而出，掣动大溜，分作两股，奔涌入海[2]。此次，黄河决口对于丰县、沛县等处造成严重损失。为了尽快堵住决口，两江总督拨银四百万两，准备动员数十万民工，以工代赈。此前，苏北每两银价在二千三四百文，黄河决口之后迅速跌至一千五六百文。两江总督陆建瀛意识到民工需要的是制钱，而钱价增昂，不利于发放工钱。"目下每银一两仅易制钱一千五六百文，雇役夫料皆须用钱，似此情形，是四百万两只当三百万之用。更恐市侩居奇，益形亏短。则平钱价，尤为急务。"[3]他还在奏折中明确指出，"向来兴举大工，往往银价骤落，钱价骤长。"于此可见，凡是黄河出现决口，需要兴举大工，必定会出现"银价骤落，钱价骤长"的现象，这是一种定律。

（十一）1876年（光绪二年），一场特大旱灾开始袭击华北地区。此次大旱不仅时间长，而且范围大，后果特别严重。从1876年开始出现旱象，到1879年解除，旱灾持续了将近四年；重点受灾区是山西、河南、陕西、直隶和山东等五省，同时波及到苏北、皖北、陇东和川北等地区。旱灾导致农田大面积绝收，寸草不生，饥饿人群无处逃生，饿死的人竟达一千万以上！此次大旱以1877年、1878年两年最为严重，而这两年的阴历干

---

〔1〕中山大学中国近现代史教研室编：《林则徐集》奏稿下，第492页。

〔2〕《清文宗实录》卷41，咸丰元年闰八月甲午，北京：中华书局，1985—1986年影印本。

〔3〕《两江总督陆建瀛奏为兴举大工银价骤落钱价骤长请印票代钱事》，咸丰元年闰八月二十五日，录副奏折，档号：03－4463－016。

支纪年属丁丑、戊寅，所以人们称之为“丁戊奇荒”。又因为河南、山西旱情最为严重，又称其为“晋豫奇荒”。在旱魃肆虐时期，商贾阻滞，贸易不通，市廛一派萧索，出现奇怪现象，“银价骤坠，银贱物贵”。[1]“钱市不敢多收银，典肆不敢多典物”。人们的求生欲望胜过一切，在饥饿的逼迫下，各种奇异的现象随处发生，见怪不怪。

上述事件显然都是孤立的，彼此之间看似缺乏联系，内中却隐藏着一个定律：凡是遭受严重自然灾害袭击的地区，凡是商品经济遭受严重破坏的市场，伴随着粮价与物价的高涨，流通领域通常会发生“银贱钱贵”的现象。无论是乾隆皇帝所说的“钱价时有低昂，此亦与年丰相为赢缩”，还是林则徐所说的“岁歉粮贵之时，银价必然跌落”，或是陆建瀛所说的“向来兴举大工，往往银价骤落，钱价骤长”，这些说法绝不是一种历史的巧合，尽管表达方法有所不同，却都是关于灾荒时期发生“银贵钱贱”流通现象的归纳和概括。

仔细观察上述灾荒事例，可以发现，其中一些事例的“银贱钱贵”都是突然发生的，并且都是在当地货币数量没有改变情况下发生的。例如，1803 年，黄河在衡家楼漫口，河南省城开封钱价骤昂，每银一两不过易钱七百二三十文。1841 年 8 月黄河在开封附近决口，大水很快包围了省城，开封城内突发的“银贱钱贵”，显然没有受到银两与制钱运出运入的影响。1846 年 8 月，陕西发生“银贱钱贵”之后，林则徐为此专门进行了调查，结果却是“未闻有市侩贩钱来陕买银，以图获利者”。1851 年，黄河在徐州丰县的决口也是这样，黄河决口之后每两银价由二千三四百文迅速跌至一千五六百文。在其余事例中，当“银贱钱贵”发生时，货币数量究竟有无改变，难以判断。

历史的记录是后人对于历史事件的观察和体悟，无论这种观察角度多么全面，无论这种体悟多么深刻，由于事物复杂性的限制，由于主观因素的限制，任何人对历史事件的观察都难以做到面面俱到，任何人对于事

---

〔1〕《詹事府右庶子宝廷奏为银价骤坠旗民商贾皆困请恩赐借局钱放给旗兵饷事》，光绪四年六月初八日，录副奏折，档号：03－6070－104。

物的本质的体悟都难以做到百分之百的真实。从这种意义上讲,历史的记录都是不完整的。关于荒歉时期的银钱比价波动情况也是这样,大量的荒灾记录,却很少涉及流通领域的银钱比价变化。我们所列举的这些资料显然只是冰山的一角,要得到确切的答案,还需要更丰富的资料和证据。检验我们的理论前提,看看是否隐藏着未经证实的先验的假设,乃是当今社会科学首先考虑的一个程序。笔者对于灾歉时期的银价变化的各种情况非常留意,但是迄今为止,还没有发现一例相反的记录。

现在的问题是,在物价飞涨的情况下,为什么不是充当价值尺度的银两与制钱同时购买力减低?为什么单单是白银贬值,而制钱反而要升值呢?

二　战乱时期银价下落的事例

仔细观察有清一代的银钱比价的变化,可以发现,每当国内政治局势发生大动荡之时,物价开始暴涨,随之发生短暂的银价腾贵的现象;但是,随着战争的持续进行,卷入战争的地区商品经济遭受严重破坏,银钱比价就会朝着相反的方向发展,紧随着银价腾贵,便是银价的持续大幅度下跌。银价下跌,钱价上涨的幅度之大,一般会大大低于战争爆发之前的水平。这与自然灾害袭击下局部地区发生的"银贵钱贱"现象一样,也是一种规律。

(一)"三藩之乱"时期的银价暴跌。此次银价变化先是大幅度上涨,接着是暴跌。1673 年(康熙十二年),银价暴涨至三千余文,而后是持续不断的下跌,到 1684 年(康熙二十二年)下跌至每两换钱八百五十文,"定例每钱一串值银一两,今每银一两仅得八九百文不等。"[1]而后徘徊

---

〔1〕《清圣祖实录》卷 116,康熙二十三年九月丙寅,北京:中华书局,1985—1986 年影印本。

在八百文至九百文之间,“官钱每千几值纹银一两二钱矣。”[1]直到1691年,银价才再次出现大幅度增长,前后持续了十六年。这是清朝的第一个所谓“银贱钱贵”时期。

关于这一时期银钱比价波动情况,清初文人叶梦珠曾经分析指出:“四月,闻八闽之变,三吴钱价顿减,初犹五六钱一千,后直递减至三钱。积钱之家,坐而日困,典铺尤甚。有司严禁曲喻之而不可挽。十五年以后,封疆渐宁,钱价以次渐长。十七八年之间,每千价银又兑至八钱七八分及九钱二三分,几乎厘钱矣。”[2]在他看来,这一时期的银钱比价变化与“三藩之乱”有密切关系。银价在三吴地区的暴涨和暴跌是“八闽之变”的结果,银价在后来渐趋稳定也是“封疆渐宁”的结果。这种看法虽然只是直观的描述,缺乏深度的理论思辨,然而却很有道理,因为他触及了流通领域的一个规律性问题。

(二)1746年(乾隆十一年),陕西巡抚陈弘谋奏报说:“陕西钱价向来每银一两易钱八百文以上,近则只易钱七百二三四十文,其昂贵为历年所未有。”[3]然而这并非是该省银价的最低点,两年后,“西安省城每银一两止换钱六百十余文,各省未有如此贵价者”。[4]西安此次银价下跌,钱价增昂,既是由于四川大规模用兵,又是由于历年“陕省积歉”造成的。1747年,四川大金川土司莎罗本起兵反抗,清廷派遣重兵前往镇压,大兵经过陕西,该省供役浩繁,政治动荡,加之自然灾害袭击,连年歉收,市场混乱,“钱价之昂为历来所未有。”[5]为了平抑钱价,陕西巡抚将二千八百八十串钱文立即投入市场,“省城有此钱文易银,市价日渐平减。上年冬内

---

〔1〕 叶梦珠:《阅世编》卷七,钱法,北京:中华书局,2007年,第195页。

〔2〕 同上。

〔3〕 陈弘谋:《申铜禁酌鼓铸疏》,《皇朝经世文编》卷53,北京:中华书局,1992年影印本,第27页。

〔4〕 《陕西巡抚陈弘谋奏报开炉试铸钱文以平钱价事》,乾隆一三年十二月二十九日,朱批奏折,档号:04-01-35-1239-018。

〔5〕 《陕西巡抚陈弘谋奏报陕省钱价渐平事》,乾隆十四年六月二十五日,朱批奏折,档号:04-01-35-1240-008。

每银一两易钱六百余十文,今则每银一两易钱七百余十文。”[1]经过官方干预,陕西省的银价仍然没有恢复到“向来每银一两易钱八百文以上”的水平上。

(三)乾隆初期,大小和卓木相继在新疆发动叛乱,战火燃烧至甘肃一带。1754 年(乾隆十九年),清廷派遣军队平叛,历时七年之久,打败叛军,活捉大小和卓木,天山南北完全归入清朝版图。战前,西北各省每两银价大都在八百文至九百文之间,“甘肃一带,向因钱少,价本昂贵”。战乱发生后,“钱价益见昂贵,每银一两仅易钱六百文”。[2]战争时期,西北一带经济破败不堪。“甘肃地方连年办理军需,以致兰、凉、甘、肃一带钱价昂贵……每银一两易钱六百七八十文至七百四五十文不等。”1759 年,兰州一带又遭受旱灾袭击,在战争与灾害双重打击下,经济再度遭受重创,钱价高腾,“每银一两仅易钱五百七八十文至六百二三十文不等。”[3]这是清代历史上极为罕见的银价最低点,钱价最高点。

(四)乾隆后期,天地会活动比较活跃,清廷视其为异端,必欲除之而后快。天地会众被逼无奈,只好起兵反抗。1786 年(乾隆五十一年),林爽文在台湾率众起义,攻克彰化,建立政权,年号天顺。天地会众庄大田在凤山起义响应。清廷派出大批军队前往镇压。当时,清军在台湾遇到的困难之一就是“钱价增昂”。1787 年 12 月 7 日,福建巡抚徐嗣曾奏报说:“台湾自用兵以来,车运军装夫脚并给发义勇口粮,在在需用钱文,以致钱价增昂,即内地亦有日增之势,恐将来逐渐增昂,于民用官需均有窒碍,不可不急筹调剂。”[4]为此,他请求朝廷敕令浙江、江苏两省各借拨制钱十万串,尽快解送福建,以济要需。1788 年春天,浙江解送的第二批

---

〔1〕《陕西巡抚陈弘谋奏报陕省钱价渐平事》,乾隆十四年六月二十五日,朱批奏折,档号:04-01-35-1240-008。

〔2〕《陕甘总督刘统勋奏请拨省局钱文解赴甘肃平钱价事》,乾隆十九年十一月初四日,录副奏折,档号:03-0772-037。

〔3〕《署理甘肃按察使明德奏为兰、凉、甘、肃一带钱价昂贵请敕湖北督抚陆续拨钱万串转送泾州事》,乾隆二十四年八月二十五日,朱批奏折,档号:04-01-01-0233-009。

〔4〕《清高宗实录》卷 1291,乾隆五十二年十月壬戌。

制钱五万串尚未运到，闽浙总督李侍尧已奏报，“军务已经告竣，闽省钱价已平。”关于此次台湾战乱的钱价增昂幅度有多大，在奏报中没有提及确切的数目。

（五）乾嘉之际，在华北市场上，白银一两通常可以兑换制钱一千三四百文，清廷为此采取了许多措施，试图将银钱比价维持在白银一两兑换制钱一千文的水平上，然而很难奏效。1796 年（嘉庆元年）春天，白莲教起义烈火迅速蔓延，清廷闻讯立即调动大批军队前往镇压。这场战争历时九年之久，战争波及川、楚、陕、豫、甘等省二百零四个州县，清军副将以下将弁被击毙四百余名，提镇等武职大员二十余名被杀。战乱使中国的商品经济遭受重创，长江上游地区满目萧条。随着时间的推移，银价一步步下跌。到 1799 年，西安府，“库平每纹银一两换钱自一千五十文至一千一百二十文”[1]；受此影响，京师的银价也大幅度下跌。“近来市价较昂，四月以前每库平纹银一两易制钱九百二三十文不等，现在时价库纹一两易钱八百九十余文至九百一二十文不等。”[2]

战争时期，清廷从十六个省征调了大批军队，耗费军饷二亿两，相当于四年的全国财政收入。据《清高宗实录》记载：国库存银之多，空前绝后。康熙中年，国库存银已经很多，四十五年、四十八年有银五千余万两，超过前代。雍正七年、八年，库银有六千余万两，又超过了前代。乾隆时期，国库存银不仅数量巨大，而且持续稳定。乾隆三十七年，户部银库存银多至八千余万两，超过了雍正朝，前代各君更加无法与之比较。乾隆三十七年正月，库银有八千余万两；四十一年十月，部库存银六千余万两；四十二年正月，库银还有七千余万两；四十六年八月，库银有七千余万两；四十九年八月，库银七千余万两；五十一年闰七月，七千余万两；六十年，七千余万两。与此同时，“各省藩库，积存充裕”。各省布政使司的藩库存银，也非常多。乾隆二十八年，广东藩库的“田房税契银两”积至一百二

---

[1] 《护理陕西巡抚马慧裕呈陕西省嘉庆四年二月份各属钱价粮价单》，嘉庆四年，朱批奏折，档号：04－01－25－0344－009。

[2] 《兵科掌印给事中汪镛奏请酌平钱价以裕兵民事》，嘉庆十一年四月二十五日，录副奏折，档号：03－1855－023。

十余万两之多。三十六年，陕西藩库贮存之银“现有四百三十三万三千余两”。四十七年，浙江藩库存银一百零一万余两。四十九年，河南藩库存银二百五十余万两，甘肃有四百七十余万两。五十年，山东藩库有银三百九十六万余两。正是由于乾隆时期国库、藩库贮藏的白银数量巨大，使嘉庆皇帝在镇压白莲教起义时，可以通过军饷的支出，向社会大规模投放白银。

短短几年间，川、楚、陕、甘、豫五省的市场上突然增加了二亿两白银，必然对各种物价造成影响，对于流通领域的银钱比价造成相应影响。不过，这只是问题的一个方面。在动荡时期，在商品市场受到扰乱的地方，货币运动与和平时期不同，制钱的价格将有所增昂。有许多例证，可以互相佐证。

（六）1826 年（道光六年），张格尔带领叛匪，进犯阿图什，煽动当地群众叛乱。新任喀什噶尔参赞大臣庆祥派遣军队进击，驱逐叛军。张格尔勾结浩罕，请兵一万余人攻打喀什噶尔，城破，庆祥自杀，南疆告急。道光皇帝调集吉林、黑龙江、陕西、甘肃和四川五省三万清军前往平叛。1827 年，彻底击垮叛军，捕获张格尔，收复南疆等失地。此次战争，历时两年，战乱波及地区，经济破败，市场混乱。库尔喀喇乌苏领队大臣常格奏报说：“回疆自去年军兴以来，银价渐贱，钱价渐贵，兵丁所关，银两换钱无多，当差日形拮据。且街市普钱缺乏，商贾亦苦于不能流通。”[1]

（七）1832 年 11 月 3 日（道光十二年闰九月十一日），天地会会众张丙、黄城、陈办、陈连等人在台湾再次发动起义，分别逼近嘉义、彰化等处。清廷一面下令驻台军队全力镇压，一面派遣瑚松额率领厦门清军迅速渡台督剿，同时还调集河南和陕西清军，开赴台湾。最后，张丙等人被擒杀，天地会起义再次失败。此次战乱持续三月之久，导致嘉义、彰化等地经济遭受重创[2]。据参与镇压天地会起义的周凯记载，1833 年，“六月，奉程制军（程祖洛）调署台湾道事。七月七日，任事。十月二十日卸事。

---

〔1〕《常格奏为喀喇沙尔库贮普尔钱日渐积余请准筹酌变通抵放兵丁盐菜以平市价事》，道光七年七月初六日，录副奏折，档号：03－9497－030。

〔2〕《清宣宗实录》卷 228，道光十二年十二月辛未，北京：中华书局，1985—1986 年影印本。

在任百余日，搜获余匪，斩枭凌迟者八十余人，中间小乱三，俱即扑灭。十月初，钱价一日顿长三倍，四远居民，纷纷搬移入城，谣言蜂起，不知所自。"[1]在战乱高峰期，"钱价一日顿长三倍。"这种极为反常的金融现象，显然不能用制钱数量的增加和减少来解释。

（八）1840—1842 年爆发的中英第一次鸦片战争，对于银钱比价的影响也是存在的。1839 年，远离战场的直隶银钱比价已经达到一千六百七十九文，战争打响后，该地银钱比价逐渐下跌，1840 年，每两白银可以兑换制钱一千六百四十四文；1841 年，只能换到一千五百四十七文；1842 年，所换制钱不过一千五百七十二文[2]。京师的银钱比价发生的变化更大，"即以道光二十年论，都中银价每两换制钱一千三百文。"[3]浙江的银钱比价变化也很大，1841 年，有人奏报说："上年冬间，商贾用银较多，骤长至一千六百文。幸为日不久，旋即减落。本年二月以后，又渐长至一千五百七十文，迄今未见减贱。"[4]由于第一次鸦片战争主要在沿海沿江等局部地区进行，时间短暂，对于银钱比价的影响也有限。

（九）太平军与捻军起义时期的银价暴跌。1854 年，全国大部分省区的银价上涨到二千五百文至二千六百文，或二千七百文至二千八百文，有的省甚至高达三千文[5]。这完全符合人们关于"咸丰三四年而极"的说法。然而这种情况从 1855 年突然发生变化，银价大幅度跌落，江浙地区在短短的三年时间里，银价下跌到一千一百文[6]，与该地区最高年度

---

〔1〕《皇清诰授通议大夫加按察使衔福建台湾道周凯墓志铭》，《厦门志》附载；《芸皋先生自编年谱》，道光十三年。

〔2〕严中平等编：《中国近代经济史统计资料选辑》，北京：科学出版社，1955 年，第 36 页。

〔3〕《工科掌印给事中汪元方奏为银贵钱贱农民课税不堪重赋请酌变银价事》，咸丰三年十一月十六日，录副奏折，档号：03－9507－060。

〔4〕《浙江巡抚乌尔恭额奏为钱贱银贵请暂停鼓铸钱文并发换钱本存银事》，道光二十年五月初四日，朱批奏折，档号：04－01－35－1366－046。

〔5〕咸丰四年陕西银钱比价为每两白银可以兑换 3000 文制钱，河南为 2700—3000 文，见中国人民银行总行参事室金融史料组编：《中国近代货币史资料》第一辑，上册，北京：中华书局，1964 年，第 183 页。

〔6〕1857 年江浙一带比价为 1100—1200 文，见席裕福、沈师徐编：《皇朝政典类纂》，上海：上海图书集成局，1902 年，钱币 4，第 11 页。

(1853年)的二千六百文相比,下降了一千四百文至一千五百文;1854年湖南的银价是二千六百文,1856年湖南的银价下跌到一千六百文,[1]短短两年时间就相差一千文;其他省区大抵如此。所以,全国银价在1858年以后十年间,大致都保持在一千四百文上下,[2]与1854年相差一千文至一千一百文,银价下跌率约为38%—42%。在短短几年时间内,银价在全国范围内大幅度下跌,实在令人感到吃惊。

(十)中日甲午战争与八国联军入侵时的钱价昂贵。1874年以后,欧美各国相继实行金本位制,白银被抛向世界市场。中国的金融领域受到世界银价下跌影响,银价一路缓缓下跌,到1894年,每两白银只能兑换一千三四百文。甲午战争爆发后,开始快速下跌,到1901年初华北与江南地区的每两银价只有一千数十文。例如,京城"元宝银一两合小制钱一千一百一十八文,俸禄银一两合小制钱一千零九十六文"。[3]因为这一时期的制钱重量只有五六分,两枚不及乾隆、嘉庆制钱一枚之重,一千余文的重量不及乾隆、嘉庆五百文的重量。"而物价一切腾贵,官民交困,于是为极"。"近年物贵钱荒,直省几同一辙"。[4]这种情况持续到1905年以后才得以缓解。

纵观上述事例,我们得到一个结论:凡是战乱时期,在流通领域就会发生"银贵钱贱"的现象。这个道理,如同自然灾害时期发生"银贱钱贵"现象一样,都是由于社会经济生活混乱,商品经济遭受重创,市场萧条,导致钱价相对增昂,银价相对跌落。不过,这种因突发事变引起的银钱比价

---

〔1〕 曾国藩:《请捐钱照湖南成案片》,咸丰六年十月十一日,《曾文正公全集》奏稿卷8,第70页,台北:文海出版社,1974年影印本。

〔2〕 1868年京师的银钱比价是"每银一两合制钱一千二百文"(《清会典》卷220),大致恢复到乾嘉时期的水平。尔后开始上涨,"以钱易银,连年银价日昂。"(王延熙、王树敏编辑:《道咸同光奏议》卷34,台北:文海出版社,1969年,第11页。)但到了光绪中期,银价又开始逐年缓缓下落。

〔3〕 《兵部尚书兼理顺天府尹事务徐会沣、顺天府尹陈夔龙呈京城正月份钱粮价值单》,光绪二十七年二月初三日,录副奏折,档号:03-9536-031。

〔4〕 《御史吴鸿甲奏折》光绪二十五年七月二十五日,中国人民银行总行参事室金融史料组编:《中国近代货币史资料》第一辑,下册,第851页。

变化往往是暂时的，通常是局部的，也是可以调剂的。

后人关于战乱时期的银钱比价记录仍然是不完备的，而与荒歉时期的记录相比，相对好一些。上述事例显示，比较大的战乱事件都留下了这方面的记录，尽管这些记录是不经意的和不够详尽的。因此，我们认为，战乱时期流通领域必定发生“银贱钱贵”现象，是一个可以成立的定律。现在的问题是，如何认识这一定律的真相。

三　特殊时期的银钱比价波动原因

在自然灾害肆虐时期，在政治动荡时期，清代货币流通领域为什么会发生银价暴跌钱价暴涨的现象？这是清代中国特有的现象吗？当我们阅读欧洲经济学著作时，看到类似的现象也在英国出现了。

英国商业家杰科布（Jacob，William，1762—1851）著有许多经济方面的著作。他在研究金属货币的流通情况时发现了这样一个定律：“在动荡不安的时期，特别是在内乱外患时期，金银器皿急速变成货币；而在太平繁荣时期，货币就变成食品用具和首饰。”[1]马克思在对欧洲古典经济学进行批判时，对于杰科布的这一观点曾予以充分肯定，并多次援引杰科布的观点来说明金属货币流通的规律。他说：“作为一般的规律可以这样说：和平时期，以金银货币变成奢侈品为主，只有在动荡的局面下才以奢侈品倒过来变成条块或铸币为主。从下面的情况看出，以奢侈品形式存在的金银贮藏货币同充当货币的贵金属对比起来占的比例是多么大：在1829年，据杰科布说，在英国这个比例是2∶1，而在整个欧洲和美洲，以奢侈品形式存在的贵金属比以货币形式存在的贵金属多1/4。”[2]

---

〔1〕【英】Jacob, W. 4*An historical inquiry into the precious metals*, London, 1831, Vol. II, ch. XXVI.

〔2〕【德】马克思著，中央编译局编译：《政治经济学批判》，《马克思恩格斯全集》第13卷，北京：人民出版社，1975年，第125—126页。

和平年代，由于社会政治生活相对安定和商品经济的繁荣，人们总是努力积累贵金属，以便购买高昂的奢侈品，如豪华的房屋和设备、金属器皿和首饰。为了防备意外的事故给人们的突然打击，还要大量贮藏贵金属（金银首饰也是贮藏的美学形式），这种做法特别在东方民族（中国和印度等地）中盛行；在动荡不安的时代，特别是在内乱外患时期，在遭受严重自然灾害的地方，社会对贵金属的需求就会发生很大的变化，战争和灾荒会迫使人们将金银器皿变成货币，将深深埋藏的金银取出来以便换取救命的粮食和招募兵员，这样一来加入货币流通之渠的贵金属就会突然增多，形成供大于求的局面。这是杰科布在英国观察到的事实。

诚如上述，在灾荒和战乱年代的中国，贮藏的白银大量加入流通渠道。问题是在同一时期制钱的数量为什么不是同时增加，而是感到明显不足？清代中国实行的是银两与制钱并用的货币制度，二者的比价是市场这只看不见的手决定的。为什么会反复发生“银贱钱贵”的现象呢？这个答案只能在中国社会经济内部来寻找。

在清代，制钱由于价值较低，已经失去了窖藏的职能，主要在零售商品市场上，扮演媒介作用。在战乱与灾害发生时，社会对制钱的需求不但不会因战争与自然灾害减少，反而由于战争破坏了商品流通，制钱的流通次数突然减少，便会显得不足。社会对它的需求随着战争的广度和深度，以及自然灾害的程度而增长。货币是商品流通的车轮，商品也是货币流通的车轮，由于商品经济遭受严重破坏，货币运动也会相应发生变化。一言以蔽之，就是战争和自然灾害能急剧改变社会对贵金属及其制钱的不同需求，从而影响了二者的比率。

流通所需要的货币数量，不但决定于投入流通的商品价格，而且还决定于货币周转的速度。货币的周转既不是由一个中心点出发，也不是由周围的一切点复归于一个中心点，而是从无限众多的点上出发，而又复归于无限众多点上。流通手段的速度因此只能在一定限度内代替流通媒介的数量。同一数量的货币不论速度如何，只能陆续地完成一系列的支付。因此，流通需要一定数量的货币。这个数量始终处在流通之中，始终处在变化之中，很难计算，也很难把握。这只能根据商人们交换商品时的感觉。

凡是饥荒时期，凡是战乱年代，流通领域必定发生“银贱钱贵”，这是一种规律。几乎无一例外，非常值得重视。供求关系紧张对于特殊时期的银钱比价的幅度影响有多大？这要看经济破坏的程度和时间的长短。一般来说，社会经济生活破坏程度越深，钱价上涨幅度越大；经济萧条范围越大，时间越长，银价下跌幅度越大。如果战乱和自然灾害发生在局部地区，对于银钱比价的影响也是局部的；如果战乱和自然灾害是大范围的，对于银钱比价的影响也是大范围的，甚至是全国的；如果战乱和自然灾害的袭击是暂时的，对于银、钱比较的影响也是暂时的；如果战乱和自然灾害的袭击是持久的，对于银钱比价的影响也是持久的[1]。战争与自然灾害对于银钱比价的影响是基本一致的，略有不同的是，在战乱初期，在政治动荡的初期，银钱比价的变化，可能不直接表现为“银贱钱贵”，反而是反常的“银贵钱贱”，银价大幅度提高，这主要是在金融机构大量挤兑银两造成的。后来才是银价持续下跌，钱价大幅度上涨。哲学家提醒我们，研究任何问题，都要小心翼翼，既要关注问题的普遍性和一般性，又要注意其特殊性。

现在，我们来重点观察咸丰、同治时期的银钱比价变化情况。1853年3月，太平军占领安庆的消息传到北京，立即引起一场金融恐慌，导致银价大幅度跌落。3月25日御史陈庆镛上奏指出：“窃贼匪自武昌窜入安庆，京中民心纷纷，日甚一日。……自二月初间，内外城银铺关罢者，每

---

〔1〕 从近四十年来的局部战争统计数据发现，战争对金价的影响多是短暂性的。一般情况下，战争前二十个至三十个交易日，金价涨幅超过10%，但不会改变中长期走势，战争爆发当日，金价涨幅最大，甚至超过5%，而战争爆发九十个交易日后，金价走势趋于理性。对比近四十年来九次较大规模战争爆发前后金价的表现，我们可以发现：第一，战争的突然性、规模、大国参与程度以及对原油（91.36%，-1.30%，-1.40%）供应的影响程度决定着金价的上涨幅度。第二，战争在爆发前后的一两个月内对金价的影响最大，战争爆发约九十个交易日后，影响逐渐减弱。我们把战争爆发前九十个交易日的金价作为基准价格，计算直到战争爆发九十个交易日后金价的涨幅，发现在此期间，金价累计涨幅保持在正负10%以内，且金价高峰出现在战争爆发前后的一两个月里。通常情况下，战争爆发后，黄金价格会有一个冲高的过程，随后逐渐回落。

日有五六号或十余号不等，及今日有罢至四五十号。查银价数日前，每两换制钱二千一二百文，继则每两换制钱一千六七百文，日内止换一千余文。甚至有银无处可换。……至于油米杂铺，价值也一时昂贵，旦夕顿异，万姓骇然。”[1]同日，礼部尚书奕湘、左副都御史文瑞等人也纷纷上奏，说十余日来，钱铺不断关闭，在3月24日这一天关闭的钱铺有二百余家，主要原因是银票和银子的持有者“昼夜填街塞巷”，兑换制钱，支取银钱，钱铺措办不及遂致关闭。因而出现了“银价顿贱，军民无钱可换，市井日用突然不便”的慌乱局面。政治不安定引起金融恐慌，在十几天内银价顿落一千一二百文，这就是战争的威力。

1853年，太平军连续攻克长江中游的重要城市武汉、安庆、南京，这一连串的军事胜利是威力强大的震源，极大地震撼着清王朝的统治。政治最敏感的北京城的金融恐慌随之发生，银价大幅度跌落。但由于这一年，清廷为筹集镇压太平军的军费，不顾一切后果地实行了通货膨胀政策，使暂时中落的银价又迅速回升。1854年，全国“银贵钱贱”达到极点。随着太平军、捻军以及全国性的各族人民大起义所产生的政治震荡波及全国各地，清王朝统治大厦忽喇喇作响，这必然导致全国性的金融危机出现。江浙地区银钱市价之比，历来在二千文以上，在1857—1858年突然大幅度跌落至一千一百文，正是由于这一地区所感受到的政治震波最为强烈所致。

咸丰同治时期，全国性的银价大跌落，只能用农民与地主阶级在全国范围内殊死搏斗引起的政治大动荡来理解[2]。由于政治的动荡，究竟有多少贵金属（这里主要指的是白银）突然加入流通之渠，很难估计，但是这一点是可以推想的。为了筹集军费，清政府卖官鬻爵，强制在各地推行“捐输”，遍及各个角落，这个数额不能低估；各地官绅为举办团练，保护他们的产业，招募乡勇肯定会从深埋的银窖中拿出数额巨

---

〔1〕 中国人民银行总行参事室金融史料组编：《中国近代货币史资料》第一辑，第342页。

〔2〕 关于其他原因，详见拙著《论太平天国时期银价下跌问题》，《近代史研究》1987年第6期。

大的银两来；还有为维持生计，不得不将平时珍藏的金银首饰和器皿变成货币来使用。大量的银器和银两突然加入流通，供求关系发生了急剧变化，势必引起银钱比价的相应变化。这是咸丰、同治时期银价下落的直接原因。

咸丰、同治时期的银价下落，除了上述政治动荡直接引起的银钱兑换风潮以及由此而产生的比率变化外，还有一个比较间接的，但是非常重要的深刻的原因，就是商品经济遭到巨大破坏后，社会对贵金属的需求也发生了相应的变化。货币运动是商品经济的反映，按照马克思的观点，社会财富的增加和商品经济的进一步发展，会导致社会对贵金属需求的增强，在货币流通领域中会产生贵金属排挤不太贵重金属的现象。当社会经济遭受严重破坏后，社会对贵金属的需求也会相对减低。因此，我们必须进一步考察太平天国时期的商品经济情况。

战时，商品经济遭受的破坏是十分严重的，就时间上讲，双方激战与厘金制的推行，造成的商业萧条直到 1871 年左右一些省区尚未复苏；从商品经济遭受破坏的区域看，遍及全国各地，不仅向来商业繁荣的江浙地区遭受了严重破坏，一些边远省区（例如贵州、甘肃、福建等地）也未能幸免；就程度而论，全国大的商业活动区域大都陷于停滞状态，满目萧条，百货壅滞，商路梗阻，货乏行销之地，持银入市无物可买，“四民失其恒业”。历来商品经济比较发达的江苏，“军兴以来，江路梗阻，川、楚、江、皖等省商贾率皆裹足。……是以大宗货载到（浒墅）关，甚属寥寥”[1]。浙江也是这样，“大宗商贩裹足不前，即土产湖丝，亦因各路绸缎滞销，机多歇业，运到杭关者，甚属寥寥”[2]。战乱之后的甘肃，所在糜烂，“以致行商绝迹，……野无夫宿之所，货乏行销之地，商视甘肃已为畏途。……至于甘肃口外物产，如皮货水烟等项，均属大宗。今其地既残破，富者挈资远

---

〔1〕《苏州织造德毓奏为接征关税一年期满沥陈亏短实情请饬部核办等事》，咸丰五年六月二十四日，录副奏折，档号：03－4378－032。

〔2〕《杭州织造兼管北新关税务庆连奏为关税一年期满征收正余钱粮有盈无绌事》，咸丰七年六月二十七日，录副奏折，档号：03－4380－027。

去，贫者无力经营，内鲜聚积之人，外少往来之贩”。[1]四川也是这样，“自粤匪倡乱以后，四处蔓延，江、浙、闽、广各商率皆闻风裹足。……大江南北道路阻隔，货船几至绝迹”。[2]其他省区的商业破坏同样是十分严重的，限于篇幅，在此不再胪举。

嘉庆初年的战乱也是这样，在镇压白莲教起义过程中，清廷耗费军饷二亿两，相当于四年的全国财政收入，有案可稽。此外，为了动员兵力，躲避战乱，交换生活必需品，民间贮藏的贵金属也会大量进入流通之渠。相反，制钱作为在零售市场上的交换媒介，平时由于流通频率较高，不会感到紧张，一旦遭受战乱影响和自然灾害袭击，商品市场紊乱，商业出现萧条局面，制钱的流通速度立即受到严重影响，供求关系立即出现紧张局面，钱价因此增昂，银价相应跌落。

局部的战争引起局部钱价暴涨，全局性的战争引起全国性的银价大幅度下跌。1747 年的金川起义、1754 年大小和卓木的叛乱、1787 年的台湾天地会起义、1826 年的张格尔叛乱、1832 年台湾天地会的再次起义，1841 年的中英战争，1894 年的中日战争和 1900 年的八国联军入侵均属于局部战争。一般来说，银价下跌幅度、钱价上涨幅度有限，随着社会局面的稳定，国家机关调剂措施的落实，银钱比价很快会恢复到战前的水平。康熙时期的“三藩之乱”、嘉庆初年的白莲教起义，咸丰、同治时期的太平天国、捻军起义和第二次鸦片战争，属于全国性的政治大动荡，对于社会经济影响巨大，因此在这三个时期出现了全国性的银价暴跌和钱价上涨。

同样道理，局部的灾害引起局部的钱价暴涨，大范围的灾害引起大范围的银价下跌。自然灾害时有发生，旱涝方式年年不同，受灾地区广狭有别，银钱比价的波动也随时发生变化。清代没有全国性的大灾害，也就没有全国性的大影响，自然灾害造成的“银贱钱贵”通常是局部的和暂时

---

〔1〕《陕西巡抚蒋志章奏为查明潼关商税支绌情形仍请暂行试办事》，同治十年十一月十二日，录副奏折，档号：03－4880－036。

〔2〕《成都将军兼署四川总督崇实奏为查明夔州府知府葛之镛等短征关税有因请援案豁免事》，同治五年二月二十四日，录副奏折，档号：03－4873－035。

的，也是可以调剂的。

总之，在战乱与灾歉年代，必定发生“银贱钱贵”现象，这是一个可以确定的定律。要彻底揭示这些已经被尘封的历史，还需要继续探索。这些只是笔者对于上述事例的归纳和分析。由于个人阅读范围毕竟有限，我们期待着新的事例被继续发现，当然也欢迎反证资料的出现，真诚地期望这一定律得到进一步证实、限定和修正，或者是推翻。

（原载《河北师范大学学报》2013 年第 6 期）

附论3
论北洋政府时期银元与铜元市场比价波动问题

北洋军阀统治时期(1912—1927年),中国币制最为混乱。在全国各地商品市场上,不仅银元与铜元同时流通,银锭与制钱继续使用,而且还发行多种多样的纸币。银元以开国纪念币、"袁大头"币、鹰洋、龙洋为主,此外又有各种各样的银角;铜元有当二百、当一百、当五十、当二十、当十、当五、当二之别,即使同一种铜元也因各地造币厂的不同,成色重量各异;银锭以银两为单位,各地所有之银两平色、名目,纷综杂错,羼然并处。即以北京、上海而言,北京有京公砝平、三六库平、二七京平、二六京平、三四库平、六厘京市平、七厘京市平等七种,上海则有九八规元、库平、漕平、关平、申公砝平、公估平等六种。由于成色重量不一,支付换算十分不便,很不利于商品流通;制钱虽在商业较为发达的市场上退出流通,但在偏僻落后的集市上依然扮演媒介角色。与这些金属货币流通的同时,还有形形色色的价值符号,仅就东三省来说,发行的纸币就有铜元票、汇兑券、哈大洋券、吉林官帖、吉大洋券、吉小洋券、江帖、四厘债券、江大洋票等十余种。在大城市的流通渠道中,还混杂着不同的外币和兑换券。货币如此混杂,加之政治动乱不已,北洋政府时期的货币价格波动十分剧烈,时常激起社会风潮。研究这一时期货币比价的变化,对于把握当时的政治演变和测验经济发展状况是很有意义的。搞清北洋政府时期,两种主要货币(即银元与铜元)市场比价的变化情况和原因,其他货币价格的变化原因便可以迎刃而解。

一　1912—1927 年银元与铜元比价波动情况

北洋政府统治时期，在货币流通渠道中银元和铜元两种货币居于主导地位。银锭虽未完全退出流通领域，而在商品市场上充当价值尺度的作用已大不如前，基本为银元所取代；制钱在较大的商品市场上已经完全退出，只在偏僻落后的集市上残留，它的流通职能基本上被铜元代替；各种各样的钞票又以银元和铜元为发行基础。所以，只要弄清了银元与铜元的比价变化原因，其他各种货币价格问题便不难弄清。

中国银元铸发于 1890 年，十年之后，也就是 1900 年正式铸发铜元。最初，清政府试图实行银本位制，以铜元作为辅币，规定每枚铜元当制钱十文，每百枚铜元可兑换银元一枚。这种规定在流通领域里实际不起任何作用，银元与铜元一投入市场，政府便失去控制，它们的价格基本取决于各自币材在国际市场上的价格变化和国内供求关系的弛张。其中任何一种因素的变化都会影响二者比价的波动。1902 年铜元投放市场，受到社会的欢迎，形成求大于供的局面，80—90 枚就可以在市场上兑换到一枚银元。此后，随着国际市场上铜价的相对下跌和国内铜元供应量的增加，铜元相对银元的比价很快下落到每 130 枚才能兑换到银元一枚。这是清末银元比价变化的基本情况和主要原因。

北洋政府统治时期，银元与铜元的市场比价变化幅度很大，震动各地市场，严重影响下层群众的生活。现将北京、上海、武汉的铜元市价列表如下，与读者共同观察一下波动情况。

从表 1 中的情况来看，大致以 1919 年为界，前后可以分为两个阶段，自 1912 年到 1919 年为第一阶段，银元与铜元的市场比价相对稳定，1917 年为铜元市价最高年度，北京、上海每 120 余枚便可兑换到一枚银元，武汉的铜元市价虽稍高一些，但就本地区来说，1917 年也为铜元市价最高年度。1920 年以后是第二阶段，北京、上海、武汉的银元与铜元的比价开

表1　1912—1927年每枚银元兑换铜元市价表

年份	北京	上海	武汉	年份	北京	上海	武汉
1912	135.2	123		1920	141	141.5	152
1913	134.7	130		1921	152.8	154.6	168
1914	132.0	139		1922	170.7	174.7	212
1915	135.4	136	144	1923	193.2	181.6	189
1916	133.9	127	149	1924	232.9	206.4	269.3
1917	123.5	129	140	1925	285.5	246	310
1918	134.2	132.9	142	1926	348	261	316
1919	138	136	147	1927	375		

始急剧变化，八年之间铜元市价跌了两倍多，引起全国性的金融恐慌。其他各大中小城市的铜元市价跌落情况大体如是。

二　1912—1919年银元与铜元市场比价相对稳定的原因

1912年到1919年间，银元与铜元的市场比价表面上相对稳定，没有引起社会各界的关注，自然也没有人探索其原因。事实上，这一时期银元与铜元比价的相对稳定只是一种表象，在这种表象之后隐藏着相当复杂的原因。完全可以说，相对稳定的表象是由世界市场上贵金属价格的激烈波动造成的。

金属货币流通有这样一个规律，在和平时期以金银货币变成奢侈品为主，在动荡的局面下又以奢侈品倒过来变成条块或铸币为主。也就是说，在和平年代，由于社会政治生活相对安定和商品经济的相对繁荣，金属货币购买力较强，人们总是努力积累贵金属，以便购买高昂的奢侈品，如豪华的房屋和设备、金银器皿和首饰。为了防止意外的事故给人们带来的突然打击，人们还要贮藏大量的贵金属。在动荡不安的时代，特别是战争时期，社会对贵金属的需求就会发生很大变化，战争迫使人们将大量金银器皿变成货币使用，并将贮藏的金银取出来换取救命的粮食和招募兵员。这样一来，加入货币流通之渠的贵金属就会突然增多，形成供大于求的局面〔1〕。一言以蔽之，战争能急剧改变社会对贵金属及其辅币的不同需求，从而影响金属货币之间的比价变化。第一次世界大战时期，金属货币价格的变化就充分证明了这一规律。

第一次世界大战是一场空前的人类大灾难，战争历时四年三个月，参战国家有33个，卷入战争漩涡的人口有15亿以上，死伤3000万余人。第一次世界大战造成空前的社会大动荡，导致金属价格急剧变化，金价暴跌，银价上涨，铜价比银价上涨幅度更大。战前，世界大多数发达国家实行的是金本位制，以银为辅币，当时世界市场上的金银比价是1∶37，或1∶39。随着战争时间的推移，战争范围扩大，战争烈度加重，战争破坏严重，金价暴跌，银价腾贵，到1920年时金银比价变为1∶15，各国金融市场一片恐慌。下表是世界市场金银比价波动情况和中国海关银两与各国货币兑换情况〔2〕。

表2　1912—1927年金银与货币比价表

年份	金银比价	英镑（便士）	美元	法郎	年份	金银比价	英镑（便士）	美元	法郎
1912	33.62	36.83	0.74	3.85	1916	30.11	39.81	0.79	4.63
1913	34.19	36.25	0.73	3.81	1917	23.09	51.81	1.03	5.94
1914	37.37	32.75	0.67	3.45	1918	19.84	63.44	1.26	7.11
1915	39.84	31.13	0.62	3.39	1919	16.53	76	1.39	10.12

〔1〕《马克思恩格斯全集》第13卷，第125—126、141页。

〔2〕本表摘自杨端六著：《六十五年来中国国际贸易统计》，第151页。第一项金银比率摘自 Treasury Annual Report of the Mint，1928，U. S. A. p. 122；各国货币均以首都价格为准，是指中国每海关银两兑换外币数量。

续表

年份	金银比价	英镑（便士）	美元	法郎	年份	金银比价	英镑（便士）	美元	法郎
1920	15.31	81.5	1.24	17.79	1924	27.76	43.94	0.81	15.60
1921	25.60	47.44	0.76	10.29	1925	29.38	41.88	0.84	17.92
1922	27.41	45	0.83	10.23	1926	32.88	37.38	0.76	23.85
1923	29.52	41.75	0.80	13.16	1927	36.22	35.06	0.69	17.46

从表2中可以看出，银价自1915年开始大幅度上涨，在短短五六年时间里暴涨了一倍多。第一次世界大战一结束，金银比价又迅速恢复到战前的水平。同样，中国海关银两对英镑、美元的汇价与当时世界金银的比价变化完全相符，在1920年上升为最高值，此后也逐年下跌，到1926年已恢复到战前的水平。

战争时期，铜、锌、铅、锡等贵金属作为重要战略物资，价格同样飞涨，其上涨幅度又超过白银。表3是每担紫铜在国际市场上的价格。

表3　1912—1925年每担紫铜海关银两

年份	价格	年份	价格	年份	价格
1912	28.6515	1917	41.0608	1922	25.4026
1913	30.5352	1918	35.1947	1923	25.2280
1914	25.4365	1919	23.3126	1924	23.3256
1915	29.5745	1920	25.3239	1925	22.0172
1916	28.0606	1921	25.2651		

从表3中可以看到，每担紫铜价格在世界大战最激烈的1917年达到最高水平，价值银41两，1918年为35两。1919年世界大战一结束便暴跌到23两左右。这一价格与战时铜价最高时期相差18两，与战前相差6两左右。值得注意的是，我们推算1919年前铜价的上涨是以白银为计算标准的，而当时的白银价格处于不断上涨的过程中，还不能充分显示铜价

上涨的水平。如果我们以黄金为计算标准，那么铜价上涨的幅度就会更大。以美元为例，1912 年 21.2 美元可以购买一担紫铜，1917 年则需要 42 美元才能购得。这表明，第一次世界大战时期，铜价的增昂幅度超过了银价的上涨水平。

正是由于铜价的大幅度上涨，进口紫铜铸铜元无利可图，国内各铸币厂的机器纷纷停止转动或大幅度减产；正是由于作为主要币材的紫铜价格上涨超出了白银上涨的水平，铜元的市场价格不仅停止了下跌的趋势，而且在 1917 年还相对有所增值；也正是由于国际市场上紫铜价格的大幅度上涨，中国进口铜的数量不得不减低到最低水平，1917 年只有 27658 担。而当年数以千计日本投机商不顾中国政府的禁令和一次次严重警告，在中国各通商口岸疯狂地大量收购制钱，熔成铜块出口，1917 年达到高峰，出口 989223 担，相当于当年中国进口的 25 倍[1]。因此，我们可以肯定，银元与铜元市场比价在 1919 年前相对稳定，是由于其币材价格的激烈波动保持的，紫铜价格的上涨幅度超过了白银增昂水平，形成了银贵而铜更贵的局面，国内银元与铜元的市场比价才得以相对稳定。很明显，这种相对稳定是由于国际市场贵金属价格激烈波动造成的，稳定是在不稳定中得到的。

三　1920—1927 年铜元市价大幅度下跌的原因

铜元相对于银元价格的大幅度跌落开始于 1920 年的下半年，并立即引起社会的密切关注。1921 年 2 月，有人便以《新铜币增加问题》发表评论，认为铜元价格的下跌是由于数量过多，而数量过多是由于当局无限制的添铸造成的，激烈批评当局的滥铸滥发措施，“实剥夺中国国民及凡使

〔1〕 金国宝：《中国币制问题》，第 93 页。

用该铜币之财产之一种最巧辣手段"[1],要求当局尽快采取措施,限制铜的进口,停铸各种各类铜元。同年5月,又有人发表《铜币问题平议》一文,在认真分析了当时流通的铜元成色重量变化不大之后指出,铜元市价的跌落,根本的原因是"供给过多"。他说:"余以为铜币市价跌落,非纯系成色、重量问题,实由于铸造无度,供给过多之关系。"[2]此后,又有许多人在各种报刊杂志上谈论铜元市价跌落问题,几乎一致认为,发行数量过多是铜元跌价的主要原因。由此可见,当时的论者尚未脱出货币数量说的窠臼。

诚然,清末民初以来投放市场的铜元数量巨大,据北洋政府民政部可靠统计,到1918年8月,全国十一家铸币厂铸的当十文铜元总额已达35939034896枚,当二十文铜元有445239012枚,此外尚有数目不等的当二百文、当一百文、当五十文、当五文、当二文等不同规格的铜元投放市场。仅当十、当二十两种铜元合计总额就超过400亿枚[3]。更何况自1918年到1924年又进口紫铜2725365担,这些紫铜在当时主要用于铸币是没有疑问的,若以其中七成铸为当十铜元,又可铸162亿枚。所以,北洋政府统治时期,投放市场的铜元数量巨大是毫无疑问的,但不能以此来说明铜元价格暴跌的原因。

按照马克思在《资本论》和《政治经济学批判》中反复阐述的观点,以货币数量的多少解释货币价值的变化是一种错误的古典学说。金属货币的价值与其流通领域里吸收的多少金属没有多大关系。马克思曾经针对休谟等人的错误观点,明确指出:"它们(贵金属)的生产费用的每一增减,在世界市场上以同样的程度影响着它们的相对价值。这种相对价值,与不同各国流通领域吸收多少金银完全无关。"[4]在另外的地方,马克思又说,"任何商品的市场价格都暂时地取决于供求关系,只有在几年以

---

〔1〕 陈度:《中国近代币制问题汇编》(辅币),第46—47页。

〔2〕 徐沧水:《铜币问题平议》,参见《上海银行周报》1921年5月,第198号。

〔3〕 黄玉珂:《中国今日之铜辅币问题》,参见《经济学季刊》第一卷第二号,民国十九年七月。

〔4〕 【德】马克思著,中央编译局编译:《马克思恩格斯全集》第13卷,第141页。

内平均起来，才取决于生产费用。”这是说，金、银、铜这类特殊的商品与一般商品一样，除了短时期内受供求关系影响之外，它的价值必须归之于生产这些金属所花费的劳动时间和强度的变动。也就是说，贵金属的价格取决于社会必要劳动量，供求关系对它的价格也有重要影响。在生产金、银、铜等金属的国家，一定量的劳动时间直接体现在一定量的金银价值中，在不生产贵金属的国家，是通过迂回的办法达到同样结果的，就是用本国的商品，即本国平均劳动的一定部分去同那些生产贵金属的国家，直接地或间接地交换物化在金银中的劳动时间的一定量，来决定贵金属的相互比价。

如前所说，铜元作为金属货币，在中国并不是任何一种本位货币的辅币，它的价值的确定主要取决于金属含量的价值和供求关系。也就是说，铜元的价值应当取决于国际国内市场上铜、锌、铅价格的变化和社会的供求关系的弛张。铜元数量的大小增减只能影响其供求关系，而不能直接决定其价格变化。一般说来，社会需求大于供给时，铜元的价格可能略高于其实际价值；当社会需求小于供给时，铜元的市价可能会跌到实际金属含量附近，多余的部分会被货币贮水池拦蓄起来，不可能大大低于其实际金属含量的价值水平。根据这些道理，我们不应当以铜元数量的多少来解释1920年以后铜元价格的大幅度下跌，而应当从国际市场上金属价格的变化中求解，应当研究铜元在国内的供求关系。

从表3中可以明显看出，世界市场上铜价的大幅度下跌开始于1919年，在短短两年时间里就暴跌了十余两，即使与战前相比，紫铜每担价格也跌落了六七两。国际市场上贵金属的大幅度变化显然不是由于某种金属出产太多造成的，而是由于战后人们对贵金属的需求变化所致，金相对于银贵，银相对于铜贵。国际市场上银价铜价大幅度跌落，铜价下跌幅度又大于银的变化，这势必影响国内市场上银元与铜元的比价变化，这才是北洋政府时期铜元市价大幅度下跌的根本原因。

那么，铜元的数量与其价格关系如何呢？当时的人们以货币数量观点解释问题，以为铜元价格的下跌就意味着铜元数量过多。铜元的数量与其价格是一种简单的反比例关系，铜元价格高就意味着铜元数量少，铜元价格低就意味着铜元数量多,很明显这是一种错误的推论。它既没有考虑金属价格的变化,也没有考虑铜元的供求关系如何,究竟是供大于求,还是求大于供?笔者以为,回答供求关系必须有一个科学的标准。铜元的市场价格相当于它的工本费可以作为这样的标准,这实际上也是一般商品的供求尺度。假如说,铜元的市场价格高于铜元的生产工本费,这说明社会的需求大于供给;铜元的市场价格相当于或低于其生产工本费,这说明铜元的供应量相对饱和或超过了社会的需求。按照这个标准,我们来研究一下铸造铜元的工本费与其市价的关系。依据《国币条例》所规定的当十文铜元的成色和重量,每担料铜可压制8600枚。由于铅锡成分合计仅占5%,价格又略低于铜,并且缺乏系统的价格资料,我们暂时不考虑其可能造成的少量误差,均以每担紫铜当年的平均进口价格,再加每铸一担铜元所需铸费银5两,粗略计算出每年每投资一枚银元可铸铜元数额。

表4　1912—1918年铜元工本费与市场价格比较表

年份	投资一银元可铸铜元	一枚银元在市场兑换铜元	差额	年份	投资一银元可铸铜元	一枚银元在市场兑换铜元	差额
1912	179.2	123	56.2	1919	212.8	136	76.8
1913	169.4	130	39.4	1920	250.5	141.5	79
1914	198.1	139	59.1	1921	198.8	154.6	44.2
1915	195.3	136	59.3	1922	219.8	174.7	45.1
1916	182	127	55	1923	199.5	181.6	17.9
1917	130.9	129	1.9	1924	212.8	206.4	6.4
1918	149.8	132.9	16.9	1925	224	246	-22

资料来源:本表以表3所列紫铜价格为基础进行推算。每担铸造费为5两银。每银元约合0.72两。银元与铜元的市场比价均以上海为准。

表4清晰地说明,在1922年以前,铜元的市场价格一直高于铸造工本费数十枚,铸币厂每投资一枚银元,便可获取数十枚铜元余利,这正是

铸币厂竞相压铸铜元的秘密，也是每年有大量铜元投放市场的根本原因。从 1923 年开始市场价格逐渐接近甚至低于铸造工本费，这说明铸造标准铜元已无余利可图，各地铸币厂因而相继减产或停产。必须说明，在铜元市场价格低于铸造工本费用情况下，我们仔细加以研究，铜元仍高于它的材料价值。例如 1925 年，每投资一枚银元可以铸 224 枚铜元，而市场上每枚银元能兑 246 枚铜元，亏损 22 枚铜元；但若除去每担计入的 5 两铸造费，则每枚银元实值 273 枚，铜元的市价为 246 枚，二者仍相差 27 枚，铜元的市场价格仍高于其币材价值。另外，我们的这些推算是假设各地铸币厂所铸成的铜元完全符合《国币条例》所规定的成色重量。事实上，在各地流通的铜元都不同程度地存在着成色重量的不足。考虑到铜元的重量的减轻和成分中增加了杂质，我们可以肯定，在北洋政府垮台以前的几年里，铜元的市价仍然略高于币材价值。换而言之，铜元的市价尽管大幅度跌落，但仍未跌到实际金属含量的价值水平上。

根据以上的分析，可以得出这样的结论：1920 年到 1927 年国内金融市场上铜元相对于银元市价的跌落主要原因有三：首先是由国际市场上紫铜价格的下跌引起的。第一次世界大战结束后，国际金融市场上对于金、银、铜的需求发生急剧变化，金价大幅度增昂，银价与铜价大幅度跌落，金银比价恢复到战前的水平，铜价的跌落幅度大于银价，不仅低于战时的价格，而且也低于战前的水平。国际市场上贵金属价格的变化严重影响了国内银元与铜元市场比价，铜元市价因而大幅度下跌；其次是铸发数量太多，形成供大于求的局面，影响了铜元的价格。因铸币余利较大，各地军阀视为利薮，竞相进口紫铜和机器，追逐铸币余利，结果因铜元投放市场过多过猛，导致供求相对饱和，从而加重了铜元市场价格下跌的幅度；其三，铜元的减轻变劣也影响了自身的价格。大体说来，自 1919 年以后，因铸币利益减小，一些铸币厂开始采取减轻铜元重量和掺入其他金属成分的办法，牟取利益。例如 1921 年上海发生的拒用铜元风潮，就是因为发现大量新的铸币掺了杂质引起的。所以说，铜元的减重掺假也多多少少影响了自身价格的下跌。

四　铜元市价下跌的影响及北洋政府的应对措施

1919年以前，银元与铜元的市场比价表面上相对稳定，社会购买力有所增强，加之政治事变频繁，人们很少关注银元与铜元的比价问题。1920年以后，随着铜元相对银元价格的大幅度下跌，人们感受到铜元贬值所带来的生活费用的上涨威胁，纷纷关注铜元问题，抨击当局的货币政策。“现银日益缺乏，货物愈行昂贵，则小民生计与市面金融均受莫大影响”；“铜元充斥，影响生计，扰乱市面，流弊无穷”；“铜元价值低下，物价腾翔”。这些描写如实反映了社会的看法和忧虑。但实事求是地说，铜元市价的跌落对于市场震动不很大，因为当时各地物价大多以银元为计算标准。铜元的市价跌落主要冲击了以收入铜元为主的企业和下层市民的生活。“例如货物以银元计取者，中人之收入为银元，贫民之收入为铜元，贫民受害；又如货物以铜元计数者，入货之价值低，出货之价值高，小商折本”[1]。对于下层群众来说，日常生活媒介于其间者，皆以铜元为单位。故铜元价格下跌，小民首当其冲。因贫民小贩做工所得薪水多为铜元，“铜元价贱，百物腾贵，贫民故不堪其苦，劳动更啧有烦言”[2]。铜元价格跌落影响了工人的生活水平，为了维持最低的生活，他们不能不提出增加薪水的要求，增薪的风潮屡屡激起。根据报载，1922年初天津兴起的工人运动便与当时铜元价格的下跌有着密切的关系。4月16日天津《华北新闻》报道说，铜元价格跌落，物价增高，劳动者所得不敷所用，生活艰难，社会现象日形危殆，“推原祸始，靡不因货币不良，使百物之价格紊乱。则此项铜元之流行，实有累于市

〔1〕《各地总商会联合呈国务院币制局文》，参见北京《银行月刊》第1卷第5期。

〔2〕《芜湖商会呈安徽省省长文》，参见北京《银行月刊》第2卷第5期第18页。

场，影响于商业，其害昭然显著”。又说，“查津埠自铜币日贱，物价日增，人民生计异常艰窘，凡百工人屡起增薪风潮，而市民顿呈恐慌景象”。铜元价格下跌，不仅下层群众生活受到较大影响，而且使一些以收入铜元为主的大型企业也受到相当大的损失。上海英法租界电车公司和华商电车公司都是当时上海屈指可数的大型企业。由于客票收入多为铜元，铜元市价的大幅跌落不能不严重影响各家公司的利益。根据上海英法租界公司的推算，1920 年以后，每年因铜元币价跌落所受的损失均在百分之二三十以上[1]。1921 年 5 月，因铜元市价下跌幅度太大，为保护该公司利益而发布通告，拒绝使用新制减重变劣的铜元，而激起风潮，迫使上海市政当局下令禁止外地商民将铜元继续运往上海。然而纷扰一年，效果全无。

铜元市价的大幅度跌落，严重影响了下层劳动群众的生活，“以劳力所得之薪工，几不能赡其身家”，加上其他各种政治风潮相互激荡，社会秩序异常混乱。社会各界强烈要求当局采取措施，制止铜元价格的下跌。归纳起来，基本要求有两种：一是禁止和限制紫铜的进口，禁止添铸各种铜元；二是认真实行银本位制，以铜元为辅币，并严格控制其数量。针对第一种建议，1922 年 5 月，北洋政府财政部曾会同内务部、农商部向国务会议提议停铸铜元并获得通过。但北洋政府根本缺乏制止铜元市价下跌的诚意，各地军政当局又不愿意放弃铸币利益，继续设法添铸铜元，各自为政，采取措施禁止外省铜元输入。这不仅对铜元市价的下跌毫无调节作用，反而会加重币制的混乱。对于社会的第二种建议，北洋政府毫无兴趣，事实上也没有能力使铜元成为银元的辅币。从上述情况来看，北洋政府统治时期，铜元的铸造和发行始终处于无限制状态，铜元的市场价格也只能由市场自发地调节。币制的混乱反映了政治的混乱。

---

〔1〕 陈度：《中国近代币制问题汇编》（辅币），第 54 页。

五 结 论

综上所述可知,在中国北洋政府统治的前八年,金融市场上银元与铜元比价的相对稳定是由于世界大战时期国际市场上贵金属价格激烈波动造成的。因为紫铜价格上涨的幅度超过了白银,影响了中国银元与铜元比价的变化。在北洋政府统治的后八年,银元与铜元市价的激烈波动,也主要是国际市场上贵金属价格变化的结果。由于铜价下跌幅度大于白银,故铜元相对于银元价格下跌幅度增大;当然,铜元数量过大,使供求关系相对饱和,也是影响铜元市价下跌的重要因素;至于铜元减轻变劣也是自身价格贬低的因素之一。铜元市价的大幅度跌落,主要冲击了以收入铜元为主的下层群众的生活,加重了劳动人民的苦难,同时也使以收入铜元为主的企业遭受了一定损失。

(原载《河南大学学报》1991 年第 4 期)

参考文献

一　档案与资料汇编

1. 中国第一历史档案馆藏朱批奏折，军机处录副奏折，电报档，雨雪粮价单，灾赈档，户科题本等。

2. 贺长龄辑，魏源编：《皇朝经世文编》，光绪十二年(1886)思补楼重校本。

3. 盛康编：《皇朝经世文续编》，光绪二十年(1894)思补楼刊本。

4. 邵之棠编：《皇朝经世文统编》，上海：光绪辛丑(1901)宝善斋石印本。

5. 席裕福、沈师徐编：《皇朝政典类纂》，上海：上海图书集成局，1902年。

6. 刘锦藻编：《清朝续文献通考》，北京：商务印书馆，1955年。

7. 朱寿朋编：《光绪朝东华录》，北京：中华书局，1958年。

8. 杨端六、侯厚培编：《六十五年来中国国际贸易统计》，《国立中央研究院社会科学研究所专刊》第四号，1931年。

9. 严中平等编：《中国近代经济史统计资料选辑》，北京：科学出版社，1955年。

10. 彭泽益编：《中国近代手工业史资料》，北京：生活·读书·新知三联书店，1957年。

11. 徐义生编：《中国近代外债史统计资料》，北京：中华书局，1962年。

12. 姚贤镐编：《中国近代对外贸易史资料》，北京：中华书局，1962年。

13. 中国人民银行总行参事室金融史料组编：《中国近代货币史资料，1840—1911》第一辑，北京：中华书局，1964年。

14. 陈度编：《中国近代币制问题汇编》，台北：文海出版社，1972年。

15. 赵靖、易梦虹编:《中国近代经济思想资料选辑》,北京:中华书局,1982 年。

16. 王庆云:《石渠余记》,北京古籍出版社,1985 年。

17. 徐雪筠等译编:《上海近代社会经济发展概况(1882—1931)》,上海:上海社会科学出版社,1985 年。

18. 中国人民银行总行参事室编:《中华民国货币史资料,1912—1923》第一辑,上海人民出版社,1986 年。

19.《清实录》,北京:中华书局影印本,1986—1987 年。

20. 宋文蔚等纂:《皇朝掌故汇编》,扬州:江苏广陵古籍刻印社,1987 年影印本。

21. 江苏省钱币研究会编:《中国铜元资料选编》,南京:江苏省钱币研究会编印,1989 年。

22. 中国人民银行总行参事室编:《中华民国货币史资料,1924—1949》第二辑,上海人民出版社,1991 年。

23. 汤象龙编著:《中国近代海关税收和分配统计,1810—1910》,北京:中华书局,1992 年。

24. 中国第一历史档案馆编:《光绪朝朱批奏折》,北京:中华书局,1995 年。

25. 中国第二历史档案馆编:《中国旧海关史料》,京华出版社,2001 年。

26. 伊桑阿编:《大清会典》,北京:全国图书馆文献缩印中心,2005 年。

27. 中国社会科学院经济研究所编:《清道光至宣统间粮价表》,柳州:广西师范大学出版社,2007 年。

二　中文著作

1. 屈大均:《广东新语》,康熙三十九年(1700)刻本。

2. 王鎏:《钱币刍言》,道光五年(1825)刻本。

3. 许楣:《钞币论》,道光二十六年(1846)古筠阁刻本。

4. 痛定居士:《汴梁水灾纪略》,河南大学藏稿本。

5. 包世臣:《安吴四种》,咸丰元年(1851)白门小倦游阁刊。

6. 冯桂芬:《显志堂稿》,光绪二年(1876)校邠庐刊本。

7. 王茂荫:《王侍郎奏议》,光绪十三年(1887)刻本。

8. 蒋贵麟编:《康南海先生遗著汇刊》,上海广智书局,1910 年。

9. 邵金铎:《银价之研究》,上海:学术研究会丛书部印,1928 年。

10. 夏赓英:《金贵银贱问题之研究》,上海:北新书局,1930 年。

11. 谷春帆:《银价变迁与中国》,上海:商务印书馆,1935 年。
12. 杨荫溥:《货币与金融》,上海:中华书局,1935 年。
13. 章乃器:《中国货币制度往哪里去》,上海:新知书店,1935 年。
14.《林文忠公政书》,上海:商务印书馆,1935 年。
15. 杨荫溥:《中国金融研究》,上海:商务印书馆,1936 年。
16. 章乃器:《中国货币金融问题》,上海:生活书店,1936 年。
17. 张家骧:《中华币制史》,北京:民国大学出版部,1936 年。
18. 实业部银价物价讨论委员会:《中国银价物价问题》,上海:商务印书馆,1936 年。
19. 余捷琼:《1700—1937 年中国银货输出入的一个估价》,长沙:商务印书馆,1940 年。
20. 严中平:《清代云南铜政考》,上海:中华书局,1948 年。
21.《黄爵滋奏疏许乃济奏议合刊》,北京:中华书局,1950 年。
22. 杨端六:《清代货币金融史稿》,北京:生活·读书·新知三联书店,1952 年。
23. 彭信威:《中国货币史》,上海:上海人民出版社,1958 年。
24. 叶世昌:《鸦片战争前后的货币学说》,上海:上海人民出版社,1963 年。
25. 陈昭南:《雍正、乾隆年间的银钱比价变动,1723—1795》,台北:中国学术著作奖助委员会,1966 年。
26. 李慈铭:《越缦堂国事日记》,台北:文海出版社影印本,1978 年。
27. 王业键:《中国近代货币与银行的演进》,台北:“中研院”经济研究所,1981 年。
28. 王方中:《中国近代经济史稿》,北京:北京出版社,1982 年。
29. 彭泽益:《十九世纪后半期的中国财政与经济》,北京:人民出版社,1983 年。
30. 石毓符:《中国货币金融史略》,天津:天津人民出版社,1984 年。
31. 郑友揆:《中国的对外贸易和工业发展,1840—1949》,上海:上海社会科学出版社,1984 年。
32. 魏建猷:《中国近代货币史》,合肥:黄山书社,1986 年。
33. 千家驹、郭彦岗:《中国货币史纲要》,上海:上海人民出版社,1986 年。
34. 严中平:《中国近代经济史,1840—1894》,北京:人民出版社,1987 年。
35. 汤象龙:《中国近代财政经济史论文选》,成都:西南财经大学出版社,1987 年。
36. 梁启超:《饮冰室合集》,北京:中华书局,1989 年影印本。

37. 王宏斌:《晚清货币比价研究》,开封:河南大学出版社,1990 年。
38. 贾秀岩、陆海平:《民国价格史》,北京:中国物价出版社,1992 年。
39. 陈争平:《1895—1936 年中国国际收支研究》,北京:中国社会科学出版社,1996 年。
40. 江苏省钱币学会:《中国近代纸币史》,北京:中国金融出版社,2001 年。
41. 王宏斌:《近代中国价值尺度与鸦片问题》,北京:东方出版社,2001 年。
42. 张家骧:《中国近代货币思想史》,武汉:湖北人民出版社,2001 年。
43. 叶世昌:《中国金融通史》第一卷,北京:中国金融出版社,2002 年。
44. 张国辉:《中国金融通史》第二卷,北京:中国金融出版社,2003 年。
45. 叶世昌:《中国货币理论史》,厦门:厦门大学出版社,2003 年。
46. 戴建兵:《白银与近代中国经济》,上海:复旦大学出版社,2005 年。
47. 彭凯翔:《清代以来的粮价:历史学的解释与再解释》,上海:上海人民出版社,2006 年。
48. 戴建兵:《中国近代银两史》,北京:中国社会科学出版社,2007 年。
49. 黄冕堂:《中国历代物价问题考述》,济南:齐鲁出版社,2008 年。
50. 仲伟民:《茶叶与鸦片:十九世纪经济全球化中的中国》,北京:生活·读书·新知三联书店,2010 年。
51. 林满红:《银线:19 世纪的世界与中国》,南京:江苏人民出版社,2011 年。

三　外国人的译著和原著

1. 【美】耿爱德(Edward Kann)著,蔡受百译:《中国货币论》,上海:商务印书馆,1929 年。
2. 【英】格理葛蕾(T. E. Gregory)著,余文若译:《银问题与中国》,上海:民族书局,1934 年。
3. 【美】马士著,张汇文译:《中华帝国对外关系史》,北京:商务印书馆,1963 年。
4. 【日】山胁悌二郎:《长崎の唐人贸易》,东京:古川弘文馆,1964 年。
5. 《马克思恩格斯全集》,北京:人民出版社,1975 年。
6. 【德】马克思:《资本论》,北京:中国社会科学出版社,1983 年。
7. 【美】费正清、刘广京等著:《剑桥中国晚清史》,北京:中国社会科学出版社,1985 年。
8. 【英】弗朗西斯·培根著,许宝骙译:《新工具》,北京:商务印书馆,

1986 年。
9. 【英】麦迪森(Angus Maddison):《世界经济二百年回顾》,北京:改革出版社,1997 年。
10. 【德】贡德·弗兰克著,刘北成译:《白银资本:重视经济全球化中的东方》,北京:中央编译出版社,2011 年。
11. 【法】布尔努瓦著,耿昇译:《西藏的黄金和银币:历史、传说与演变》,北京:中国藏学出版社,1999 年。
12. 【英】约翰·F. 乔恩著,李广乾译:《货币史:从公元 800 年起》,北京:商务印书馆,2002 年。
13. 【英】麦迪森(Angus Maddison):《世界经济千年史》,北京:北京大学出版社,2003 年。
14. 【日】黑田明伸:《货币制度的世界史:解读非对称性》,北京:中国人民大学出版社,2007 年。
15. 【美】米尔顿·弗里德曼、安娜·J. 施瓦茨著:《美国货币史(1867—1960)》,北京:北京大学出版社,2009 年。
16. 【日】岸本美绪著,刘迪瑞译:《清代中国的物价与经济波动》,北京:社会科学文献出版社,2010 年。
17. 谭中(Tan Chung):《中国和勇敢的新世界》(*China and the Brave New World*)。
18. William Nassau Lees, *The Drain of Silver to the East and the Currency of India*, W. H. Allen, 1864.
19. R. H. Hollingbery, *A Handbook on Gold Silver*, Longmns, Green, and Co. , 1878.
20. Edward Monson George, *The Silver and Indian Currency Questions Treated in a Practical Manner*, E. Wilson & Co. , 1894.
21. Karl Ellstaetter, *The Indian Silver Currency: an Historical and Economic Study*, Chicago: University of Chicago Press, 1895.
22. Pierre Vilar, *A History of Gold and Money, 1450 – 1920*, NLB, 1976.
23. W. E. Cheong, *Mandarins and Merchants: Jardine Mastheson & Co., a China Agency of the Early Nineteenth Century*, Bangkok, 1979.
24. Roy W. Jastram, *Silver: The Restless Metal*, New York: John Willey & Sons Inc, 1981.
25. William S. Atwell, "Notes on Silver, Foreign Trade, and the Late Ming Economy", *Ching-Shil Wen-ti*, 3/8: 1 – 33, 1977.
26. "International Bullion Flows and the Chinese Economy Circa 1530 – 1650", *Past and Present*, 95: 68 – 99, 1982.
27. Lee J. Alston , *Thrainn Eggertsson*,

and Douglass C. North. *Empirical Studies in Instiutional Change*, Eng.: Cambridge University Press, 1996.

28. Richard Von Glahn, "Myth and Reality of China's Seventeenth Century Monetary Crisis", *The Journal of Economic History* 56, No. 2, June 1996.

29. Peter Bakewell, ed., *Mines of Silver and Gold in the Americas*, Aldershot, U. K.: Voriorum, 1997.

30. Roy W. Jastram, Jill Leyland, *The Golden Constant: The English and American Experience 1560 – 2007*, Edward Elgar Pub., 2009.

四　论文

1. 林满红:《银与鸦片的流通及银贵钱贱现象的区域分布,1808—1854》,《近代研究所集刊》第 22 期。

2. 林满红:《对外汇率长期下跌对清末国际贸易与物价之影响》,台北:《教学与研究》1979 年第 1 期。

3. 林满红:《中国的白银外流与世界金银减产》,《中国海洋发展史论文集》第 4 辑,台北:中山人文社会科学研究所印,1991 年。

4. 林满红:《嘉道钱贱现象之产生原因钱多钱劣论商榷》,《中国海洋发展史论文集》第 5 辑,台北:中山人文社会科学研究所印,1993 年。

5. 全汉昇:《再论明清间美洲白银的输入中国》,《陶希圣先生八秩荣庆论文集》,台北:食货出版社,1979 年。

6. 王宏斌:《论太平天国时期的银价下跌问题》,《近代史研究》1987 年第 6 期。

7. 王宏斌:《乾嘉时期银贵钱贱问题探源》,《中国社会经济史研究》1987 年第 2 期。

8. 王宏斌:《论光绪时期银价下落与币制改革》,《史学月刊》1988 年第 5 期。

9. 王宏斌:《略论同治时期银价增昂问题》,《河南大学学报》1988 年第 1 期。

10. 王宏斌:《晚清银钱比价波动与官吏贪污手段》,《中州学刊》1989 年第 4 期。

11. 王宏斌:《论北洋军阀时期银元与铜元比价波动问题》,《河南大学学报》1991 年第 4 期。

12. 王宏斌:《林则徐关于银贵钱贱的认识与困惑》,《史学月刊》2006 年第 9 期。

13. 王德泰:《关于鸦片战争前银贵钱贱变化的探索》,《西北大学学报》1995 年第 4 期。

14. 王德泰:《试论白银外流与鸦片战

争前的银贵钱贱问题》,《中国经济史研究》2000 年第 4 期。
15. 王德泰:《嘉道时期洋铜价格与银贵钱贱关系的考察》,《兰州大学学报》2002 年第 3 期。
16. 王德泰:《论鸦片战争前的钱贱及其社会影响》,《福建论坛》2008 年 12 月。
17. 许立新:《略论鸦片战争前后银贵钱贱的原因》,《故宫博物院院刊》2003 年第 5 期。
18. 杨胜勇:《清道光末年银贵钱贱加剧原因探析》,《学术研究》2001 年第 4 期。
19. 周广元:《1870—1894 年中国对外贸易平衡和金银进出口估计》,《经济研究》2008 年第 8 期。
20. 刘巍:《对近代中国的银价、汇率与进出口关系之实证分析》,《中国社会经济史研究》2004 年第 4 期。
21. 刘宪堂:《白银在明清社会经济中的双重效应:兼评弗兰克和彭慕兰的全球经济观编造出来的新神话》,《河北学刊》2005 年第 2 期。
22. 贺力平:《鸦片贸易与白银外流关系之再检讨》,《社会科学战线》2007 年第 1 期。
23. 彭凯翔:《近代北京货币行用与价格变化管窥》,《中国社会经济史研究》2010 年第 3 期。
24. Dennnis O. Flyon and Arturo Giraldez, "Born with a 'Silver Spoon': the Origin of World Trade in 1571", *Journal of World History*, Vol. 6: 201 – 221, No. 2, 1995.
25. William S. Atwell, "Ming Observations on the 'Seventeeth-Century Crisis' in China and Japan", *Journal of Asian Studies*, Vol. 45: 223 – 244, 1986.

附　表

附表 1　世界白银总产量一览表(1493—1928 年)

(单位:盎司)

年份	年平均总额	年份	总额	年份	总额
1493—1520	1511050	1871	63317014	1891	137170000
1521—1544	2899930	1872	63317014	1892	153151762
1545—1560	10017940	1873	63267187	1893	165472621
1561—1580	9628925	1874	55300781	1894	164510394
1581—1600	13467635	1875	62261719	1895	167600860
1601—1620	13596235	1876	67753125	1896	157061370
1621—1640	12654240	1877	60679916	1897	160421082
1641—1660	11776545	1878	73385451	1898	16955253
1661—1680	10834550	1879	74383495	1899	168337452
1681—1700	10992085	1880	74795273	1900	173591364
1701—1720	11432540	1881	79020872	1901	173011283
1721—1740	13563080	1882	86472091	1902	162763483
1741—1760	17140612	1883	89175023	1903	167689322
1761—1780	20985591	1884	81567801	1904	164195266
1781—1800	28261779	1885	91609859	1905	172317688
1801—1810	28746922	1886	93297290	1906	165054497
1811—1820	17385755	1887	96123586	1907	184206984
1821—1830	14807004	1888	108827606	1908	203131404
1831—1840	19175867	1889	120213611	1909	212149023
1841—1850	25090342	1890	126095062	1910	221715763

续表

年份	年平均总额	年份	总额	年份	总额
1851—1855	28488597	1911	226192923	1920	174212686
1856—1860	89095428	1912	224310654	1921	171310322
1861—1865	35401972	1913	223907845	1922	213637744
1866—1870	43051583	1914	168452942	1923	243329995
		1915	184204745	1924	239131107
		1916	168843000	1925	243386392
		1917	174187800	1926	243000000
		1918	198168408	1927	254000000
		1919	176459609	1928	267000000

资料来源:资耀华:《金贵银贱之根本研究》,上海华通书店,1930 年,第 181—188 页。

附表 2　世界金银产量一览表(1741—1910 年)

(单位:1000 盎司)

年份	世界黄金产量	世界白银产量
1741—1760	791	17100
1761—1780	665	21000
1781—1800	572	28300
1801—1810	572	28700
1811—1820	368	17400
1821—1830	457	14800
1831—1840	652	19200
1841—1850	1762	25000
1851—1860	6313	26500
1861—1870	6108	39000
1871—1880	5472	66800
1881—1890	5200	97200
1891—1900	10165	161400
1901—1910	18279	182600

资料来源:Vilar, *A History of Gold and Money*, p. 331;【日】早阪喜一郎:《银价と银为替》,第 53 页。

附表3 世界金银产量一览表(1741—1910年)

(单位:1000盎司)

年份	平均年产量		年份	平均年产量	
	金	银		金	银
1741—1760	791	17100	1841—1850	1762	25000
1761—1780	665	21000	1851—1860	6313	26500
1781—1800	572	28300	1861—1870	6108	39000
1801—1810	572	28700	1871—1880	5472	66800
1811—1820	368	17400	1881—1890	5200	97200
1821—1830	457	14800	1891—1900	10165	161400
1831—1840	652	19200	1901—1910	18279	182600

资料来源:Vilar, *A History of Gold and Money*, p. 331;【日】早阪喜一郎:《银价と银为替》,第53页。(1金盎司等于31.103克,约合中国库平银0.8336两。)

附表4 英国伦敦金银比价一览表(1687—1911年)

年份	最高额	最低额	平均额
1687	/	/	14.94
1695	/	/	15.02
1699	/	/	14.94
1701	/	/	15.07
1729	/	/	14.92
1732	/	/	15.09
1738	/	/	14.91
1746	/	/	15.13
1749	/	/	14.80
1762	/	/	15.27
1763	/	/	14.99
1790	/	/	15.04
1808	/	/	16.08

续表

年份	最高额	最低额	平均额
1809	/	/	15. 96
1812	/	/	16. 11
1814	/	/	15. 04
1833	15. 7494	16. 0680	15. 9223
1834	15. 5225	15. 7823	15. 7329
1835	15. 7165	15. 9155	15. 7988
1836	15. 5225	15. 8154	15. 7165
1837	15. 5891	15. 9829	15. 8320
1838	15. 6839	15. 9820	15. 8486
1839	15. 5545	15. 7185	15. 6190
1840	15. 5225	15. 6839	15. 6190
1841	15. 6163	15. 7823	15. 7002
1842	15. 7165	15. 9155	16. 8653
1843	15. 8154	15. 9829	15. 9323
1844	15. 7823	15. 9155	15. 8486
1845	15. 7467	16. 0141	15. 9155
1846	15. 6839	15. 9829	15. 8987
1847	15. 6190	16. 0141	15. 7988
1848	15. 7165	16. 1195	15. 8486
1849	15. 7165	15. 8486	15. 7823
1850	15. 3332	15. 8486	15. 4431
1851	15. 3021	15. 7165	15. 4589
1852	15. 2378	15. 7467	15. 5867
1853	15. 2378	15. 5545	15. 3332
1854	15. 2378	15. 4481	15. 3332
1855	15. 3021	15. 7165	15. 3801
1856	15. 1485	15. 5867	15. 3801
1857	15. 1181	15. 4589	15. 2700

续表

年份	最高额	最低额	平均额
1858	15. 2378	15. 5225	15. 3801
1859	15. 0278	15. 2700	15. 1942
1860	15. 1181	15. 3958	15. 2866
1861	14. 8797	15. 6839	15. 5066
1862	15. 1790	15. 4589	15. 3488
1863	15. 2700	15. 4589	15. 3583
1864	15. 0879	15. 5545	15. 3583
1865	15. 3021	15. 5867	15. 4431
1866	15. 1485	15. 8151	15. 4273
1867	15. 3958	15. 8154	15. 5706
1868	15. 4273	15. 6839	15. 5867
1869	15. 4589	15. 7165	15. 6028
1870	15. 5255	15. 6513	15. 5706
1871	15. 4589	15. 6582	15. 5867
1872	15. 4273	15. 9155	15. 6351
1873	15. 7329	16. 2908	15. 9323
1874	15. 8486	16. 4715	16. 1714
1875	16. 3643	16. 9909	16. 6416
1876	16. 1195	20. 1710	17. 7504
1877	16. 1887	17. 7088	17. 2040
1878	17. 0677	19. 0504	17. 9191
1879	15. 5441	19. 2940	18. 3999
1880	17. 8555	18. 3105	18. 0908
1881	17. 8344	18. 5355	18. 2662
1882	18. 0046	18. 8599	18. 2001
1883	18. 4224	18. 8274	18. 6501
1884	18. 3551	19. 0504	18. 6041
1885	18. 8599	20. 1172	19. 4172

续表

年份	最高额	最低额	平均额
1886	20.0637	22.4542	20.6996
1887	20.0105	21.8033	21.1019
1888	21.2032	22.6545	21.9940
1889	21.2506	22.4857	22.0906
1890	17.2630	21.6159	19.7486
1891	19.7486	21.6780	20.9263
1892	21.5541	24.4975	23.7231
1893	24.3353	30.9158	26.5165
1894	29.7006	34.9257	32.5873
1895	30.0556	34.6848	31.6308
1896	29.5262	31.6973	30.6043
1897	31.6308	39.9151	34.2129
1898	33.2331	37.7198	35.0067
1899	32.5170	35.4176	34.3688
1900	31.1734	34.9257	33.3066
1901	31.8983	37.8143	34.6848
1902	36.2690	43.4810	39.1893
1903	33.0875	43.4810	38.1008
1904	33.0151	38.5880	35.7110
1905	31.1091	37.0710	33.9054
1906	28.4677	32.5170	30.5423
1907	29.0711	38.8864	31.2379
1908	34.9257	42.8634	39.2914
1909	37.9093	40.8886	40.2881
1910	35.9236	40.6682	39.2914
1911	36.0955	39.8098	38.3428

资料来源:本表所列金银比价系 1687—1911 年伦敦市场价格。

附表5　美国金银比价一览表(1793—1911年)

年份	金银比价	年份	金银比价	年份	金银比价
1793	15.00	1824	15.82	1855	15.38
1794	15.37	1825	15.70	1856	15.38
1795	15.55	1826	15.76	1857	15.27
1796	15.65	1827	15.74	1858	15.38
1797	15.41	1828	15.78	1859	15.19
1798	15.59	1829	15.78	1860	15.29
1799	15.74	1830	15.82	1861	15.50
1800	15.68	1831	15.72	1862	15.35
1801	15.46	1832	15.73	1863	15.37
1802	15.26	1833	15.93	1864	15.37
1803	15.41	1834	15.73	1865	15.44
1804	15.41	1835	15.80	1866	15.43
1805	15.79	1836	15.72	1867	15.57
1806	15.52	1837	15.83	1868	15.59
1807	15.43	1838	15.85	1869	15.60
1808	16.08	1839	15.62	1870	15.57
1809	15.96	1840	15.62	1871	15.57
1810	15.77	1841	15.70	1872	15.63
1811	15.33	1842	15.87	1873	15.93
1812	16.11	1843	15.93	1874	16.16
1813	16.25	1844	15.85	1875	16.64
1814	15.04	1845	15.92	1876	17.75
1815	15.26	1846	15.90	1877	17.20
1816	15.28	1847	15.80	1878	17.92
1817	15.11	1848	15.85	1879	18.39
1818	15.35	1849	15.78	1880	18.05
1819	15.33	1850	15.70	1881	18.25
1820	15.62	1851	15.46	1882	18.20
1821	15.95	1852	15.59	1883	18.64
1822	15.80	1853	15.33	1884	18.61
1823	15.84	1854	15.33	1885	19.41

续表

年份	金银比价	年份	金银比价	年份	金银比价
1886	20. 78	1895	31. 60	1904	35. 70
1887	21. 10	1896	30. 59	1905	33. 87
1888	22. 00	1897	34. 20	1906	30. 54
1889	22. 10	1898	35. 03	1907	31. 24
1890	19. 75	1899	34. 36	1908	38. 64
1891	20. 92	1900	33. 33	1909	39. 74
1892	23. 72	1901	34. 68	1910	38. 22
1893	26. 49	1902	39. 15	1911	38. 33
1894	32. 56	1903	38. 10		

资料来源:1793—1911 年的数据摘自 Reti S. P. *Silver and Gold: The Political Economy of International Monetary Confrences, 1867 - 1892* (Westport, Conn: Greenwood Press, 1998)所列美国造币厂发表的金银比价。另外,乔恩所著《货币史》第 125—130 页所列 1815—1895 年的法国金银比价与 Reti 所列数据一致,可以互为参考。

附表 6　法国的金银比价(1815—1895 年)

年份	金银比价	年份	金银比价	年份	金银比价
1815	15. 26	1829	15. 78	1843	15. 85
1816	15. 28	1830	15. 82	1844	15. 92
1817	15. 11	1831	15. 72	1845	15. 90
1818	15. 35	1832	15. 73	1846	15. 80
1819	15. 33	1833	15. 93	1847	15. 85
1820	15. 62	1834	15. 73	1848	15. 78
1821	15. 95	1835	15. 80	1849	15. 70
1822	15. 80	1836	15. 72	1850	15. 46
1823	15. 84	1837	15. 85	1851	15. 59
1824	15. 82	1838	15. 62	1852	15. 33
1825	15. 70	1839	15. 62	1853	15. 33
1826	15. 76	1840	15. 70	1854	15. 38
1827	15. 74	1841	15. 87	1855	15. 38
1828	15. 78	1842	15. 93	1856	15. 27

续表

年份	金银比价	年份	金银比价	年份	金银比价
1857	15.38	1870	15.57	1883	18.57
1858	15.19	1871	15.63	1884	19.41
1859	15.29	1872	15.92	1885	20.78
1860	15.50	1873	16.17	1886	21.13
1861	15.35	1874	16.59	1887	21.99
1862	15.37	1875	17.88	1888	22.10
1863	15.37	1876	17.22	1889	19.76
1864	15.44	1877	17.94	1890	20.92
1865	15.43	1878	18.40	1891	23.72
1866	15.57	1879	18.05	1892	26.49
1867	15.59	1880	18.16	1893	32.56
1868	15.60	1881	18.19	1894	31.60
1869	15.57	1882	18.64	1895	30.66

资料来源:【英】约翰·F. 乔恩著,李广乾译:《货币史》,北京:商务印书馆,2002年,第125—131页。John F. Choun, *A History From Ad 800*, pp. 78 – 82, First Published 1994, by Routledge and the Institute of Economic Affairs.

附表7　伦敦银价与中国海关银两对英镑的汇率(1833—1911年)

(单位:便士)

年份	伦敦每盎司银价	海关两对英镑汇率	年份	伦敦每盎司银价	海关两对英镑汇率
1833	59.5625	/	1843	59.1875	/
1834	59.9375	/	1844	59.5000	/
1835	59.6875	/	1845	59.2500	/
1836	60.0000	/	1846	59.3125	/
1837	59.5625	/	1847	59.6875	/
1838	59.5000	/	1848	59.5000	/
1839	60.3750	/	1849	59.7500	/
1840	60.3750	/	1850	61.0625	/
1841	60.0625	/	1851	61.0000	/
1842	59.4375	/	1852	61.5000	/

续表

年份	伦敦每盎司银价	海关两对英镑汇率	年份	伦敦每盎司银价	海关两对英镑汇率
1853	61.5000	/	1883	50.5625	67.25
1854	61.5400	/	1884	50.6875	67.00
1855	61.3125	/	1885	48.5625	63.50
1856	61.3125	/	1886	45.3750	60.125
1857	61.7500	/	1887	44.6875	58.25
1858	61.3125	/	1888	42.8750	56.375
1859	62.0625	/	1889	42.6875	56.75
1860	61.6875	/	1890	47.7500	62.25
1861	61.8125	/	1891	45.0625	59.00
1862	61.4375	82.50	1892	39.7500	52.25
1863	61.3750	85.00	1893	35.5625	47.25
1864	61.3756	89.00	1894	48.9375	38.375
1865	61.0625	83.75	1895	/	39.25
1866	61.1250	83.50	1896	/	40.00
1867	60.5625	81.75	1897	/	35.75
1868	60.5000	80.00	1898	/	34.625
1869	60.4375	79.75	1899	/	36.125
1870	60.5625	79.50	1900	/	37.25
1871	60.5000	78.00	1901	/	35.5625
1872	60.3125	79.75	1902	/	31.20
1873	59.5000	77.00	1903	/	31.67
1874	58.3125	76.125	1904	/	34.40
1875	56.6875	76.20	1905	/	36.10
1876	53.1250	71.40	1906	/	39.50
1877	54.8125	72.00	1907	/	39.00
1878	52.6250	71.50	1908	/	32.00
1879	51.2500	67.333	1909	/	31.1875
1880	52.2500	69.125	1910	/	32.3125
1881	51.6250	66.50	1911	/	32.25
1882	51.1875	68.50			

附表 8 金银比价与海关两对各国货币汇率(1868—1911 年)

年份	金银比价	英国(便士)	美国(金元)	法国(法郎)	德国(马克)	印度(卢比)	日本(金元)	墨西哥(银元)
1868	15.59	77.00	1.55	8.00	/	/	/	/
1869	15.60	79.75	1.60	8.43	/	/	/	/
1870	15.57	/	/	/	/	/	/	/
1871	15.57	78.00	1.58	8.14	/	/	/	/
1872	15.63	79.75	1.60	8.43	/	/	/	/
1873	15.93	77.00	1.56	8.09	/	/	/	/
1874	16.16	76.125	1.54	8.01	/	/	/	/
1875	16.64	74.20	1.50	7.82	/	/	/	/
1876	17.75	71.40	1.45	7.51	/	/	/	/
1877	17.20	72.00	1.47	7.60	/	/	/	/
1878	17.92	71.50	1.45	7.52	/	/	/	/
1879	18.39	67.33	1.35	7.10	/	/	/	/
1880	18.05	69.625	1.38	7.24	/	/	/	/
1881	18.25	66.50	1.36	7.15	/	/	/	1.53
1882	18.20	68.50	1.38	7.13	/	/	/	1.53
1883	18.64	67.25	1.35	7.05	/	/	/	1.53
1884	18.61	67.00	1.35	7.06	/	/	/	1.25
1885	19.41	63.50	1.28	6.64	/	/	/	1.53
1886	20.78	60.125	1.22	6.34	5.11	/	/	1.45
1887	21.10	58.25	1.20	6.18	4.95	/	/	1.54
1888	22.00	56.375	1.15	5.93	4.75	/	/	1.54
1889	22.10	56.75	1.15	5.95	4.85	/	/	1.54
1890	19.25	62.25	1.27	6.47	5.29	/	/	1.54
1891	20.92	59.00	1.20	6.20	5.00	/	/	1.53
1892	23.72	52.25	1.07	5.49	4.44	/	/	1.54
1893	26.49	47.25	0.96	4.97	4.02	/	/	1.54
1894	32.56	38.375	0.77	4.02	4.26	/	/	1.51
1895	31.60	39.25	0.80	4.11	3.34	2.94	/	1.53
1896	30.59	40.00	0.81	4.20	3.39	2.78	/	1.53
1897	34.20	35.75	0.72	3.73	3.03	2.34	/	1.50

续表

年份	金银比价	英国（便士）	美国（金元）	法国（法郎）	德国（马克）	印度（卢比）	日本（金元）	墨西哥（银元）
1898	35.03	34.625	0.70	3.76	2.94	2.17	/	1.51
1899	34.36	36.125	0.73	3.79	3.06	2.25	/	1.53
1900	33.33	37.25	0.75	3.90	3.16	2.32	/	1.55
1901	34.68	35.5625	0.72	3.73	3.02	2.22	/	1.52
1902	39.15	31.20	0.63	3.28	2.65	1.95	/	1.51
1903	38.10	31.667	0.64	3.34	2.68	1.97	1.28	1.54
1904	35.70	30.40	0.66	3.60	2.92	2.14	1.40	1.55
1905	33.87	36.20	0.73	3.78	3.07	2.25	1.47	1.55
1906	30.54	36.50	0.80	4.12	3.36	2.46	1.60	1.54
1907	31.24	39.00	0.79	4.09	3.33	2.42	1.58	1.51
1908	38.64	32.00	0.65	3.37	2.74	2.02	1.31	1.48
1909	39.74	31.1875	0.63	3.28	2.68	1.95	1.27	1.48
1910	38.22	32.3125	0.66	3.40	2.76	2.01	1.31	1.49
1911	38.33	32.25	0.65	3.40	2.75	2.00	1.32	1.48

资料来源：本表按江海关所定汇兑比值统计。According to Shanghai Customs rate of exchang，转引自《六十五年来中国国际贸易统计》。

附表9　洋铜进口价格一览表（1684—1861年）

（单位：两/担）

年份	价脚银两	年份	价脚银两	年份	价脚银两
1684	14.5	1716	17.5	1746	17.5
1686	13.0	1721	17.5	1747	17.0
1688	13.0	1724	17.5	1748	17.5
1690	13.0	1729	20.0	1749	17.5
1697	15.0	1740	22.0	1750	17.0
1699	13.0	1741	19.0	1753	17.5
1703	15.0	1743	17.5	1755	19.0
1706	15.0	1744	17.5	1756	17.5
1715	15.5	1745	17.5	1762	18.27

续表

年份	价脚银两	年份	价脚银两	年份	价脚银两
1763	19.0	1800	13.59	1818	12.0
1768	25.79	1803	14.0	1820	12.0
1773	17.5	1805	14.0	1821	12.0
1777	16.1	1806	14.0	1829	11.0
1781	17.5	1807	12.0	1830	12.0
1782	18.0	1808	12.0	1837	11.0
1790	14.0	1811	14.0	1853	12.0
1796	15.3	1813	12.0	1861	15.3
1797	14.7	1816	12.0		

资料来源：本表摘自清史数据库中有关采购洋铜的录副奏折和朱批奏折。其中价脚银两是指运到中国的政府大宗采购价格和运到目的地的水脚费用等。按语：1686年、1687年和1688年的铜价是每担十两，另外应给五两脚价费，实际给三两，合计为十三两。

附表10　紫铜进口价格一览表（1862—1911年）

（单位：海关两/担）

年份	平均价格	年份	平均价格	年份	平均价格
1862	28.00	1879	14.97	1896	18.82
1863	30.77	1880	15.24	1897	24.65
1864	26.00	1881	14.27	1898	22.25
1865	19.18	1882	15.00	1899	31.00
1866	17.10	1883	15.00	1900	32.30
1867	15.63	1884	15.03	1901	30.02
1868	13.06	1885	13.47	1902	36.05
1869	20.00	1886	12.12	1903	27.97
1870	15.26	1887	9.61	1904	28.15
1871	15.05	1888	14.00	1905	29.35
1872	14.97	1889	14.00	1906	31.00
1873	18.00	1890	14.00	1907	32.00
1874	16.21	1891	16.13	1908	30.00
1875	16.61	1892	16.00	1909	29.02
1876	16.66	1893	21.99	1910	29.66
1877	16.65	1894	20.01	1911	28.77
1878	17.00	1895	23.11		

资料来源：本表摘自海关历年报告书。

附表 11　清代银铜比价一览表(1684—1911 年)

年份	银铜比价	年份	银铜比价	年份	银铜比价
1684	110.3	1773	91.4	1867	102.4
1886	123.1	1777	99.4	1868	122.5
1888	123.1	1781	91.4	1869	80.00
1690	123.1	1782	88.9	1870	104.8
1697	106.7	1790	114.2	1871	106.3
1699	123.0	1796	104.6	1872	106.9
1703	106.7	1797	108.8	1873	188.9
1706	106.7	1800	117.7	1874	98.7
1715	103.2	1803	114.3	1875	96.3
1716	91.4	1805	114.3	1876	99.6
1721	91.4	1806	114.3	1877	96.1
1724	91.4	1807	133.3	1878	94.1
1729	80.0	1808	133.3	1879	106.9
1740	72.7	1811	114.3	1880	105.0
1741	84.2	1813	133.3	1881	112.1
1743	91.4	1816	133.3	1882	106.7
1744	91.4	1818	133.3	1883	106.7
1745	91.4	1820	133.3	1884	104.6
1746	91.4	1821	133.3	1885	118.9
1747	94.1	1829	145.5	1886	132.0
1748	91.4	1830	133.3	1887	166.5
1749	91.4	1837	145.5	1888	114.3
1750	94.1	1853	133.3	1889	114.3
1753	91.4	1861	104.6	1890	114.3
1755	84.2	1862	57.1	1891	99.2
1756	91.4	1863	52.0	1892	100.0
1762	87.6	1864	61.5	1893	72.7
1763	84.2	1865	83.4	1894	80.0
1768	62.0	1866	93.6	1895	69.2

续表

年份	银铜比价	年份	银铜比价	年份	银铜比价
1896	55.5	1902	44.4	1908	53.30
1897	64.9	1903	57.2	1909	55.1
1898	71.9	1904	56.8	1910	53.9
1899	51.6	1905	54.5	1911	55.6
1900	49.5	1906	51.6		
1901	53.3	1907	50.0		

资料来源:本表系根据附表 8 和附表 9 推算而来。

附表 12　从顺治朝到嘉庆初年的中国银钱比价(1644—1800 年)

(单位:文/两)

年份	每两合铜钱	年份	每两合铜钱	年份	每两合铜钱
1644	3000	1690	971	1734	860
1645	8000	1691	3030	1735	840
1646	2439	1702	1429	1736	1000
1651	2083	1705	1450	1737	800
1661	1818	1706	750	1738	760
1663	3000	1707	750	1739	770
1670	1250	1720	780	1740	714
1671	1182	1721	780	1741	830
1672	1111	1722	780	1742	800
1673	2575	1723	780	1743	845
1674	2813	1724	909	1744	831
1678	1113	1726	945	1745	830
1679	1339	1727	1000	1746	835
1681	1057	1728	900	1748	700
1682	1111	1729	1020	1749	800
1684	850	1731	950	1750	690
1685	833	1732	900	1751	780
1689	990	1733	880	1752	785

续表

年份	每两合铜钱	年份	每两合铜钱	年份	每两合铜钱
1753	755	1770	952	1791	1100
1754	755	1771	990	1792	1025
1759	819	1772	935	1793	1040
1760	813	1774	952	1794	1350
1761	870	1776	892	1795	1300
1762	853	1778	943	1796	1250
1763	832	1779	800	1797	1205
1764	838	1780	900	1798	1195
1765	908	1785	996	1799	1100
1766	935	1786	977	1800	1300
1767	926	1787	1000		
1769	935	1788	1000		

资料来源:此表数据主要摘自中国第一历史档案馆藏朱批奏折和录副奏折,也有相关文献,如《阅世编》等。摘录的重点地区是京师和江南,如果当年没有这两个地方的银钱比价资料,就摘取与其邻近省区的数据。所以,这些数据主要来自京师、江南、直隶、山东、河南、山西、浙江、安徽、江西、湖北和湖南。

附表 13　雍正乾隆两朝的京师直隶银钱比价(1723—1795 年)

(单位:文/两)

年份	每两合铜钱	年份	每两合铜钱	年份	每两合铜钱
1723	780	1734	880	1745	825
1724	800	1735	860	1746	850
1725	820	1736	840	1747	825
1726	845	1737	820	1748	850
1727	900	1738	800	1749	775
1728	925	1739	755	1750	790
1729	950	1740	830	1751	805
1730	980	1741	830	1752	820
1731	950	1742	830	1753	840
1732	925	1743	815	1754	850
1733	900	1744	800	1755	850

续表

年份	每两合铜钱	年份	每两合铜钱	年份	每两合铜钱
1756	850	1770	950	1784	955
1757	850	1771	950	1785	970
1758	850	1772	950	1786	985
1759	850	1773	950	1787	1000
1760	850	1774	950	1788	1020
1761	850	1775	955	1789	1040
1762	825	1776	960	1790	1060
1763	800	1777	910	1791	1080
1764	850	1778	890	1792	1100
1765	870	1779	870	1793	1120
1766	890	1780	850	1794	1140
1767	910	1781	910	1795	1150
1768	930	1782	925		
1769	950	1783	940		

资料来源:陈昭南:《雍正乾隆年间的银钱比价变动》,第 12 页,台北:中国学术著作奖助委员会印,1966 年。

附表 14　从嘉庆初年到道光末年的中国银钱比价(1798—1850 年)

(单位:文/两)

年份	每两合铜钱	指数	年份	每两合铜钱	指数
1798	1090	86. 1	1808	1040. 4	82. 1
1799	1033. 4	81. 6	1809	1065. 4	84. 1
1800	1070. 4	84. 5	1810	1132. 8	89. 4
1801	1040. 7	82. 2	1811	1085. 3	85. 7
1802	997. 3	78. 7	1812	1093. 5	86. 3
1803	966. 9	76. 3	1813	1090. 2	86. 1
1804	919. 9	72. 6	1814	1101. 9	87. 0
1805	935. 6	73. 9	1816	1177. 3	93. 0
1806	963. 2	76. 1	1817	1216. 6	90. 1
1807	969. 9	76. 6	1818	1245. 4	98. 3

续表

年份	每两合铜钱	指数	年份	每两合铜钱	指数
1820	1226.4	96.8	1836	1487.3	117.4
1821	1266.5	100	1837	1559.2	123.1
1822	1252.0	98.9	1838	1637.8	129.3
1823	1249.2	98.6	1839	1678.9	132.6
1824	1269.0	100.2	1840	1643.8	129.8
1825	1253.4	99	1841	1546.6	122.1
1826	1271.3	100.4	1842	1572.2	124.1
1827	1340.8	105.9	1843	1656.2	130.8
1828	1339.3	105.3	1844	1724.1	138.1
1829	1379.9	109.0	1845	2024.7	159.9
1830	1384.6	107.7	1846	2208.4	174.4
1831	1388.4	109.6	1847	2167.4	171.1
1832	1387.2	109.5	1848	2299.3	181.5
1833	1362.8	107.6	1849	2355.0	185.9
1834	1356.4	107.1	1850	2230.3	176.1
1835	1420.0	112.1			

资料来源：严中平：《中国近代经济史统计资料选辑》，北京：科学出版社，1955 年，第 37 页。这一资料系根据河北宁津县大柳镇统泰升记商店出入银两流水账、买货总账统计。在统计时，已经剔除了最高和最低的一些数据。

附表 15　咸丰与同治两朝的银钱比价（1852—1874 年）

（单位：文/两）

年份	每两合铜钱	年份	每两合铜钱	年份	每两合铜钱
1852	2000	1859	1100	1867	1550
1853	2000	1860	1170	1868	1550
1854	2300	1862	1126	1869	1700
1855	1850	1863	1400	1870	1800
1856	2050	1864	1300	1871	1800
1857	1800	1865	1400	1873	1779
1858	1100	1866	1500	1874	1775

资料来源：此表数据主要摘自中国第一历史档案馆藏朱批奏折和录副奏折，也有相关文献。摘录的重点地区是江苏、浙江、江西和安徽等邻近省区。这一时期，京师与福建等省正在推行大钱和钞票，货币价格非常混乱，因此本表不取其价格数据。

附表 16　1875—1908 年江苏与江西银钱比价一览表

年份	江苏		江西	
	上半年	下半年	上半年	下半年
1875	1795	1795		
1876	1761	1761		
1877	1722	1716		
1878	1627	1624		
1879	1616	1618		
1880	1661	1659	1694. 14	1705. 29
1881	1694	1680	1684. 69	1675. 51
1882	1666	1655	1634. 38	1649. 24
1883	1711	1704	1659. 11	1696. 32
1884	1694	1685	1699. 33	1732. 68
1885	1700	1703	1723. 74	1712. 46
1886	1655	1654	1636. 75	1616. 07
1887	1593	1560	1598. 87	1610. 97
1888	1589	1578	1612. 02	1599. 43
1889	1559	1554	1567. 49	1541. 60
1890	1540	1540	1529. 25	1536. 43
1891	1526	1523	1533. 23	1548. 84
1892	1548	1540	1576. 48	1584. 13
1893	1599	1597	1527. 55	1557. 86
1894	1547	1533	1559. 45	1549. 86
1895	1500	1500	1550. 16	1448. 54
1896	1481	1485	1355. 46	1355. 01
1897	1330	1333	1352. 98	1354. 10
1898	1341	1345	1354. 65	1355. 01
1899	1362	1364	1421. 06	1428. 57
1900	1362	1362	1428. 57	1428. 57
1901	1375	1359	1428. 57	1408. 45
1902	1356	1353	1388. 89	1388. 89

续表

年份	江苏		江西	
	上半年	下半年	上半年	下半年
1903	1323	1312	1333. 33	1333. 33
1904	1329	1340	1369. 86	1369. 86
1905	1413	1425	1562. 50	1691. 93
1906	1503	1507	1724. 14	1721. 38
1907	1534	1538	1724. 14	1754. 39
1908	1601	1617		

资料来源:江苏和江西的银钱比价系由各省厘金报告书提供的数据推定。参见罗玉东:《中国厘金史》,第242、291、508、541页,台北:文海出版社。

附表17 黄金进出口情况一览表(1890—1912年)

(单位:海关两)

年份	进口	出口	入超	出超
1890	/	/	/	1783228
1891	/	/	/	3693246
1892	245717	7685331	/	7339614
1893	461083	7921018	/	7459935
1894	39477	12812339	/	12772862
1895	304774	7182422	/	6877648
1896	768166	8882755	/	8114589
1897	1126302	9368044	/	8511742
1898	868625	8572468	/	7703843
1899	696036	8335815	/	7639779
1900	6193621	4991306	1202315	/
1901	909785	7545098	/	6635313
1902	193277	9603498	/	9410221
1903	4003980	3899265	104715	/
1904	9930850	1484435	8446415	/
1905	11109608	4050544	7059064	/

续表

年份	进口	出口	入超	出超
1906	7006516	3166393	3840123	/
1907	8274021	5823774	2450247	/
1908	1514425	13032010	/	11517585
1909	1013797	7835167	/	6821370
1910	3559424	4536252	/	976828
1911	4023530	2490648	/	1532882
1912	9296528	1838423	/	7458105

附表 18　英国东印度公司对华白银输出(1760—1823 年)

(单位:海关两)

年份	对华输入	年份	对华输入	年份	对华输入
1760	765414	1773	81452	1796	120960
1761	216000	1776	394016	1797	626965
1762	322410	1777	230400	1798	1326830
1763	528690	1778	90720	1799	1623171
1764	338781	1783	8460	1800	421442
1765	1690479	1786	2062082	1801	7792
1766	1930593	1787	1912320	1803	1376886
1767	620040	1788	2094878	1804	795062
1768	521427	1789	1321920	1815	1048272
1769	489186	1790	2106041	1816	2452511
1770	822044	1791	172800	1820	1898863
1771	879630	1792	518400	1823	659998
1772	574872	/	/	/	/
				总计	33121032

资料来源:1760—1799 年的数字见:Pritchard, p. 399;1800—1823 年的数字见:W. E. Cheong, *Mandarins and Merchants: Jardine Mastheson & Co., a China Agency of the Early Nineteenth Century*, p. 19, Bangkok, 1979。

附表 19 白银进出口情况一览表(1890—1911 年)

(单位:海关两)

年份	进口	出口	入超	出超
1890	/	/	/	3557772
1891	/	/	/	3131886
1892	10325713	15170444	/	5384732
1893	19988738	10217507	9771231	/
1894	36405700	10654391	25751309	/
1895	46936209	11019437	25916772	/
1896	17652591	15932184	1720407	/
1897	20405158	18595594	1809564	/
1898	31357360	26372141	4985219	/
1899	24701865	23352068	1349797	/
1900	39158766	23713754	15445012	/
1901	14362496	20460298	/	6097802
1902	18437479	32282133	/	13844654
1903	23001165	29046532	/	6045367
1904	23518638	37128368	/	13609730
1905	31428734	38624911	/	7196177
1906	19332738	38010606	/	18677868
1907	7069620	38277750	/	31208130
1908	20116602	32383518	/	12266916
1909	30864308	24023671	6840637	/
1910	44598534	22803887	21794647	/
1911	61082957	22776955	38306002	/

附表 20　乾隆道光年间日本输入中国的铜斤(1755—1795 年,1821—1851 年)

(单位:斤)

年份	输入铜斤	年份	输入铜斤	年份	输入铜斤
1755	1869729	1779	1528218	1828	902912
1756	1862738	1780	1354218	1829	202500
1757	1714985	1781	1606843	1830	922875
1758	2148013	1782	1535981	1831	631968
1759	2097789	1783	1336238	1832	947953
1760	1847638	1784	2338334	1833	526640
1761	2453885	1785	1811643	1834	737296
1762	1733698	1786	1645451	1835	937921
1763	1824163	1787	1384899	1836	551718
1764	1712505	1788	1879647	1837	963000
1765	1648262	1789	1377858	1838	601875
1766	1901893	1790	1106874	1839	802500
1767	1512685	1791	1308124	1840	401250
1768	1523764	1792	1207500	1841	702187
1769	1228565	1793	1220162	1842	401250
1770	1865988	1794	1106874	1843	601875
1771	1516197	1795	905640	1844	702187
1772	1408505	1821	702187	1845	601875
1773	1352483	1822	601875	1846	601187
1774	1933596	1823	702187	1847	501562
1775	1600977	1824	902812	1848	601875
1776	1851172	1825	902812	1849	601875
1777	1254276	1826	860881	1850	401250
1778	1447577	1827	944743	1851	401250

资料来源:摘自日本人山胁悌二郎的《长崎的唐人贸易》,转印自《明清时期中日长崎商船贸易》,《中国史研究》1986 年第 2 期。

附表 21 紫铜与铜币进口情况一览表(1892—1911 年)

(单位:海关两)

年份	铜锭进口(担)	每担平均价格	进口价值	进口铜币价值	合计价值
1892	/		/	1104	/
1893	/		/	6134	/
1894	/		/	2866	/
1895	/		/	4785	/
1896	/		/	184793	/
1897	/		/	85600	/
1898	/		/	149127	/
1899	/		/	96660	/
1900	14878	35. 45	527531	27970	555501
1901	10236	30. 23	309434	3088	312522
1902	23012	28. 53	656573	18346	674919
1903	75111	25. 62	1924479	453150	2377629
1904	242877	29. 01	7046685	670313	7716998
1905	730318	29. 29	21392970	380627	21773597
1906	9074	23. 31	211516	94828	306344
1907	138657	30. 32	4204262	125918	4330180
1908	204372	28. 63	5851304	1906	5853310
1909	4256	30. 34	129148	1427	130575
1910	20520	32. 47	666293	70657	736950
1911	55796	26. 90	1501292	13549	1514841

资料来源:摘自海关贸易报告。

附表 22 户部银库存银数目表(1736—1775 年)

(单位:万两)

年份	国库存银	年份	国库存银	年份	国库存银
1736	3395	1741	3146	1747	3463
1737	3438	1742	3274	1748	3236
1738	3485	1743	2912	1749	2746
1739	3258	1745	3190	1750	2807
1740	3048	1746	3317	1751	3079

续表

年份	国库存银	年份	国库存银	年份	国库存银
1752	3249	1760	3673	1768	6650
1753	3863	1761	3549	1769	7182
1754	3987	1762	3663	1770	7622
1755	3760	1763	4192	1771	7729
1756	4299	1764	4706	1772	7894
1757	4322	1765	5427	1773	7874
1758	4015	1766	6033	1774	6967
1759	3638	1767	6661	1775	7390

资料来源:《大学士管理户部事务傅恒题为奏销乾隆二十八年份出入银钱旧管新收开除数目事》,乾隆二十九年五月二十五日,题本,档号:02-01-04-15664-002。《大学士管理户部三库事务阿桂等题为奏销乾隆五十五年份出入户部银库存银数目事》,乾隆五十六年五月十一日,题本,档号:02-01-04-17635-016。

附表23　白银流出流入情况简表(1764—1834年)

(单位:银两)

年度	合法商品每年出口值Ⅰ	合法商品每年入口值Ⅱ	合法贸易出超Ⅲ=Ⅰ-Ⅱ	走私鸦片估计每年值Ⅳ	白银流入流出情况Ⅴ=Ⅲ-Ⅳ
1764	3637143	1908704	1728439		1728439
1765—1769	4177909	1774815	2403094		2403094
1770—1774	4362676	2094336	2268340		2268340
1775—1779	4752989	1995913	2730076		2730076
1780—1784	5008263	1994617	3013646		3013646
1785—1789	8454720	4489527	3965193		3965193
1790—1794	7348420	5876663	1471757		1471757
1795—1799	7937254	5908937	2028317		2028317
1800—1804	10391797	8727364	1664433	1869993	-205560
1805—1806	11168783	12348319	-1179536	2092779	-3272315

续表

年度	合法商品每年出口值Ⅰ	合法商品每年入口值Ⅱ	合法贸易出超Ⅲ = Ⅰ - Ⅱ	走私鸦片估计每年值Ⅳ	白银流入流出情况Ⅴ = Ⅲ - Ⅳ
1817—1818	11910183	10449605	1460578	3008520	-1547942
1818—1819	14415017	10002162	4412855	3416400	996455
1819—1820	14987020	6708128	8278892	4172400	4106492
1820—1821	13374090	7173709	6200381	6048576	151805
1821—1822	15567652	8639688	6927964	6351840	576124
1822—1823	15150148	6896615	8253533	5752080	2501453
1823—1824	13877022	7869570	6007452	6224114	-216662
1824—1825	15422345	9182859	6239486	5707800	531686
1825—1826	16707521	9710322	6997199	5477904	1519295
1826—1827	13734706	10284627	3450079	6957216	-3507137
1827—1828	13784148	8380235	5403913	7506137	-2102224
1828—1829	13901480	8805107	5096373	9899280	-4802907
1829—1830	13822689	8626282	5196407	9124920	-3923513
1830—1831	13316534	8462825	4853709	9895680	-5041971
1831—1832	14215838	8192732	6023104	9468000	-3444896
1832—1833	15988204	9498107	6490097	10240056	-3749959
1833—1834	10253991	10616970	-362779	9272304	-9635982

资料来源：1770—1806 年的进出口值，根据严中平等编《中国近代经济史统计资料选辑》第 4—5 页；缺少 1807—1816 年的统计数据。1817—1829 年的白银出入数根据《中国近代经济史统计资料选辑》第 36 页（选自马士：《东印度公司贸易编年史》卷 3—4）；1800 年前的鸦片贸易已计入合法商品入口值中；1800 年东印度公司正式宣布不再经营鸦片，鸦片偷漏白银应从这一年开始算起；1800—1807 年的鸦片值是根据姚薇元《鸦片战争史实考》所统计的鸦片箱数，按市价估算。

附表 24　中国出口茶丝价值与鸦片走私进口价值比较表(1850—1865 年)　(单位:海关两)

年份	中国出口茶丝的数量及其价值					输入鸦片及其价值		(A－B)
	丝	丝价(两)	茶	茶价(两)	茶丝总值(A)	鸦片(箱)	鸦片价值(B)	
1850	21548 包	3506291	77430400 磅	11327028	14833319	47509	25654860	－10821541
1851	23040 包	3749069	99190600 磅	16444953	20194022	48030	25936200	－5742178
1852	44842 包	7296690	93802100 磅	14918263	22214953	56089.5	30288330	－8073377
1853	62896 包	10234437	101227000 磅	15567543	22801980	56412.5	30462750	－4660770
1854	54233 包	7533837	109369100 磅	16819704	24453541	60054.5	32429430	－7975889
1855	56211 包	8195564	112660700 磅	17663981	25859545	69910.25	37751535	－11891990
1856	79196 包	12601668	130677000 磅	18626129	31227797	63427	34250580	－3022783
1857	59986 包	9544972	92435500 磅	12620601	22165573	66305.5	35804970	－13639397
1858	85970 包	13679546	103564400 磅	14761617	28441163	68003.5	36721890	－8280727
1859	52400 担	17540000	110915200 磅	15809368	33349368	74707	40341780	－6992412
1860	62800 担	21810000	121388100 磅	17302130	39112130	54863	29626020	9486110
1861	51400 担	17768000	1000000 担	19000000	36768000	59405	32078700	4689300
1862	61400 担	23875000	1300000 担	24700000	48557000	60012	32406480	16150520
1863	30200 担	10121000	1281000 担	24339000	34460000	75331	40678740	－6218740
1864	23800 担	9455000	1175000 担	22325000	31780000	62025	33493500	1713500
1865	40900 担	16405000	1210000 担	22990000	39395000	75128	40569120	1174120

资料来源:1850—1858 年出口丝的数字摘自马士著,张汇文译:《中华帝国对外关系史》第 1 卷;1859—1865 年的数字和价值均按班思德:《最近百年中国对外贸易史》第 125 页;1850—1856 年的丝价是按姚贤镐编:《中国近代对外贸易史资料》第一册所提供的上海平均价格推算得出。1850—1860 年出口茶的数量系根据《中华帝国对外关系史》第 1 卷;1861—1865 年的数字摘自《最近百年中国对外贸易史》。茶价系根据额尔金于 1857 年在上海英商总会上关于税则与一般贸易关系报告书所列举的茶的平均价格进行推算。鸦片按每箱平均 750 元加以推算。

附表 25　中国出入口货价总值统计表(1864—1911 年)

(单位:海关两)

年份	出口价值	入口价值	总值	出超(+) 或入超(-)
1864	48654512	46210431	94864943	+2444081
1865	54103274	55715458	109818732	-1612184
1866	50596223	67174481	117770704	-16578258
1867	52158300	62459226	114617526	-10300926
1868	61826275	63281804	125108079	-1455529
1869	60139237	67108533	127247770	-6969296
1870	55294866	63693268	118988134	-8398402
1871	66853161	70103077	136956238	-3249916
1872	75288125	67317049	142605174	+7971076
1873	69451277	66637209	136088486	+2814068
1874	66712868	64260864	131073732	+2352004
1875	68912929	67803247	136716176	+1109682
1876	80850512	70269574	151120086	+10580938
1877	67445022	73233896	140678918	-5788874
1878	67172179	70804027	137976206	-3631848
1879	72281262	82227424	154508686	-9946162
1880	77883587	79293452	157177039	-1409865
1881	71452974	91910877	163363851	-20457903
1882	67336846	77715228	145052074	-10378382
1883	70197693	73567702	143765395	-3370009
1884	67147680	72760758	139908438	-5613078
1885	65005711	88200018	153205729	-23194307
1886	77206568	87479323	164685891	-10272755
1887	85860208	102263669	188123877	-16403461
1888	92401067	124782893	217183960	-32381826
1889	96947832	110884355	207832187	-13936523
1890	87144480	127093481	214237961	-39949001
1891	100947849	134003863	234951712	-33056014
1892	102583525	135101198	237684723	-32517673

续表

年份	出口价值	入口价值	总值	出超(+) 或入超(-)
1893	116632311	151362819	267995130	-34730508
1894	128104522	162102911	290207433	-33998389
1895	143293211	171696715	314989926	-28403504
1896	131081421	202589994	333671415	-71508573
1897	163501358	202828625	366329983	-39327267
1898	159037149	209579334	368616483	-50542185
1899	195784832	264748456	460533288	-68963624
1900	158996752	211070422	370067174	-52073670
1901	169656757	268302918	437959675	-98646161
1902	214181584	315363905	529545489	-101182321
1903	214352467	326739133	541091600	-112386666
1904	239486683	344060608	583547291	-104573925
1905	227888197	447100791	674988988	-219212594
1906	236456739	410270082	646726821	-173813343
1907	264380697	416410369	680782066	-152020672
1908	276660403	394505478	671165881	-117845075
1909	338992814	418158067	757150881	-79165253
1910	380833328	462964894	843798222	-82131566
1911	377338166	471503943	848842109	-94165777

资料来源:1874 年以前的各项价值均是按银两计算,并未折成海关两;从 1900 年起,民船运载的货物出口入口的价值未包括在总数之内;本表摘自《六十五年来中国国际贸易统计》第 1 页。

图书在版编目（CIP）数据

清代的价值尺度：货币比价研究／王宏斌著．—北京：生活 · 读书 · 新知三联书店，2015.9
ISBN 978－7－108－04539－3

Ⅰ．①清… Ⅱ．①王… Ⅲ．①货币史－研究－中国－清代
Ⅳ．① F822.9

中国版本图书馆 CIP 数据核字（2013）第 098847 号

责任编辑 张 荷
装帧设计 蔡立国
责任印制 郝德华
出版发行 生活 · 讀書 · 新知 三联书店
（北京市东城区美术馆东街 22 号 100010）
网 址 www.sdxjpc.com
经 销 新华书店
印 刷 北京市松源印刷有限公司
版 次 2015 年 9 月北京第 1 版
2015 年 9 月北京第 1 次印刷
开 本 635 毫米 × 965 毫米 1/16 印张 36
字 数 531 千字
印 数 0,001－3,000 册
定 价 75.00 元
（印装查询：01064002715；邮购查询：01084010542）